DIBUJO
TÉCNICAS ARTÍSTICAS

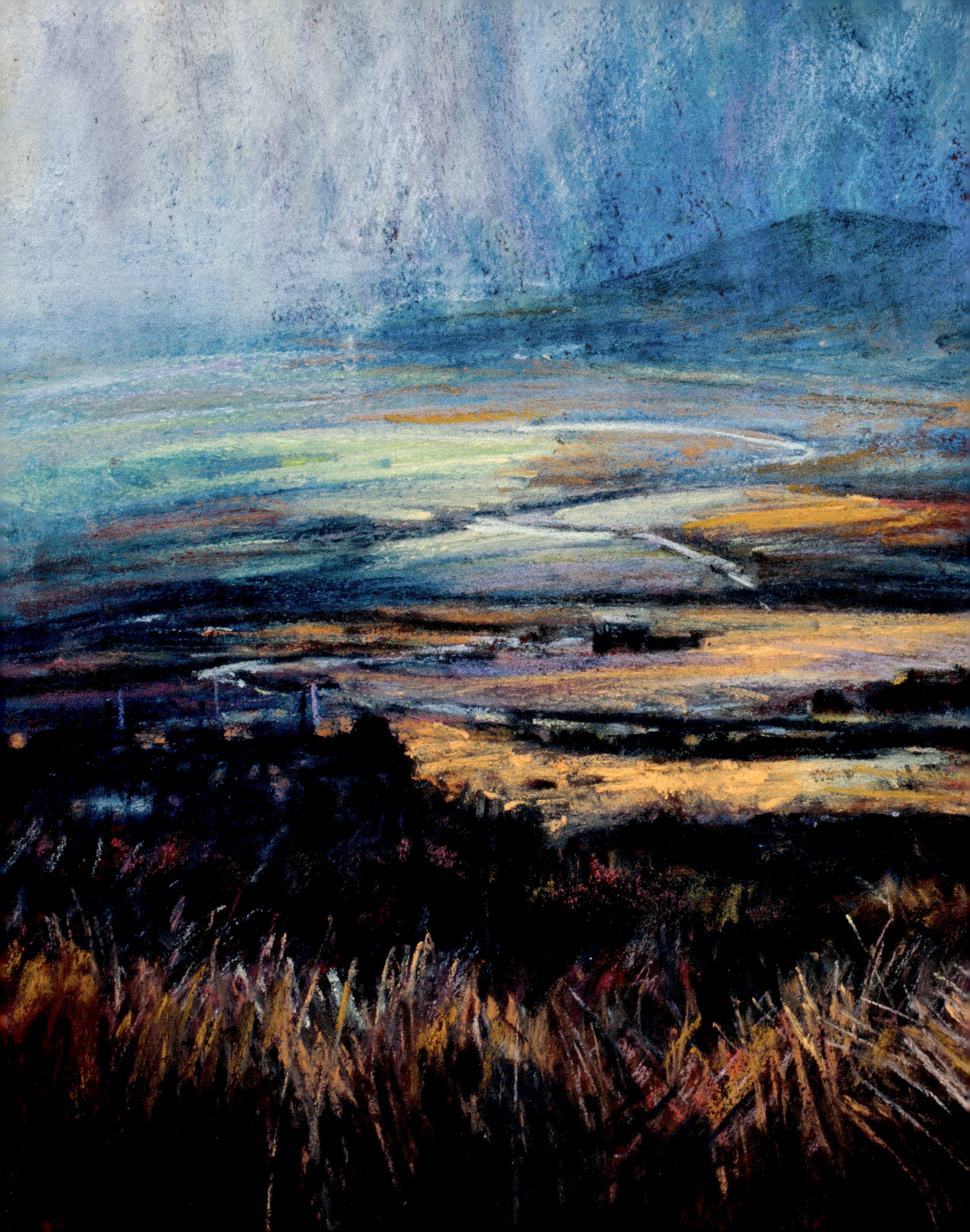

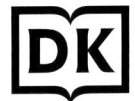

DIBUJO
TÉCNICAS ARTÍSTICAS

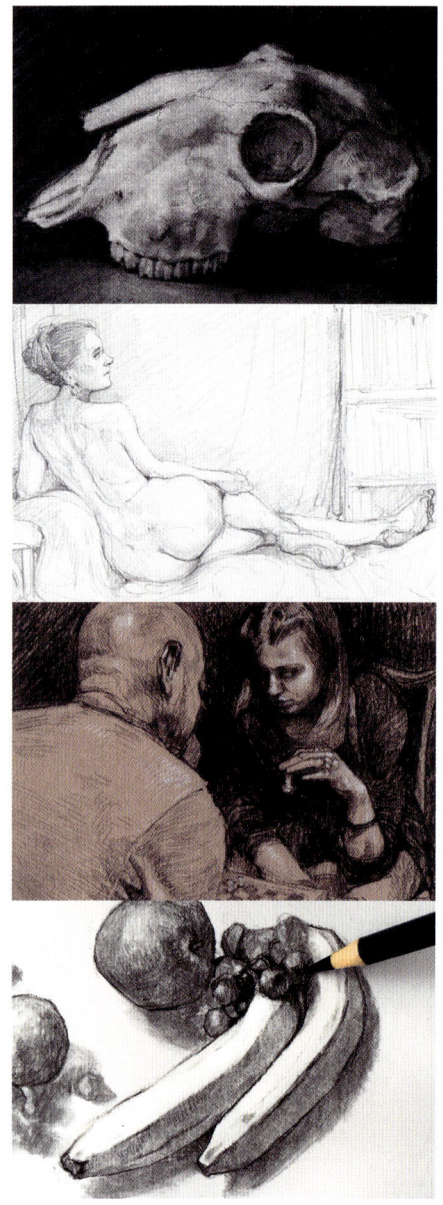

Contenido

Lo básico

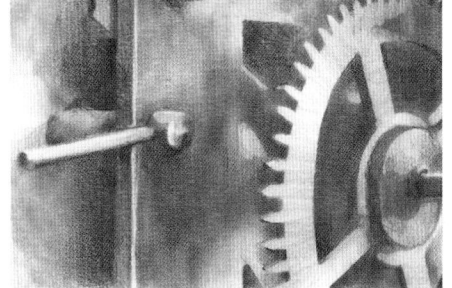

Lápiz

1 Técnicas de iniciación

2 Técnicas intermedias

3 Técnicas avanzadas

Carboncillo

1 Técnicas de iniciación

2 Técnicas intermedias

3 Técnicas avanzadas

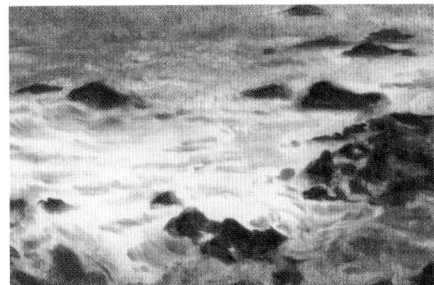

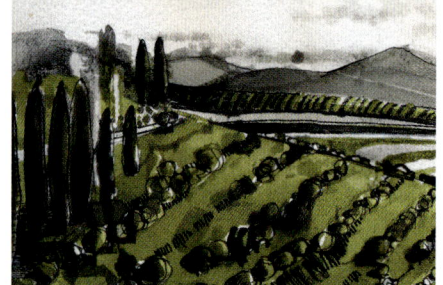

Tinta

1 Técnicas de iniciación

2 Técnicas intermedias

3 Técnicas avanzadas

Lápices de colores

1 Técnicas de iniciación

2 Técnicas intermedias

3 Técnicas avanzadas

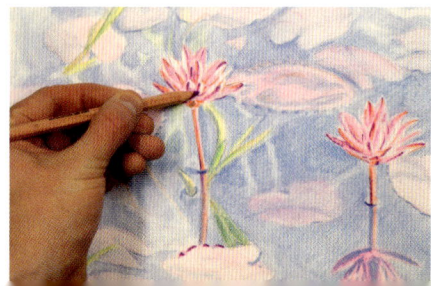

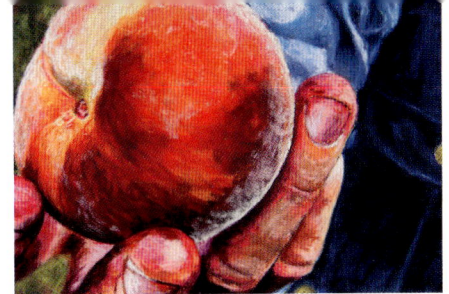

Pastel

1 Técnicas de iniciación

2 Técnicas intermedias

3 Técnicas avanzadas

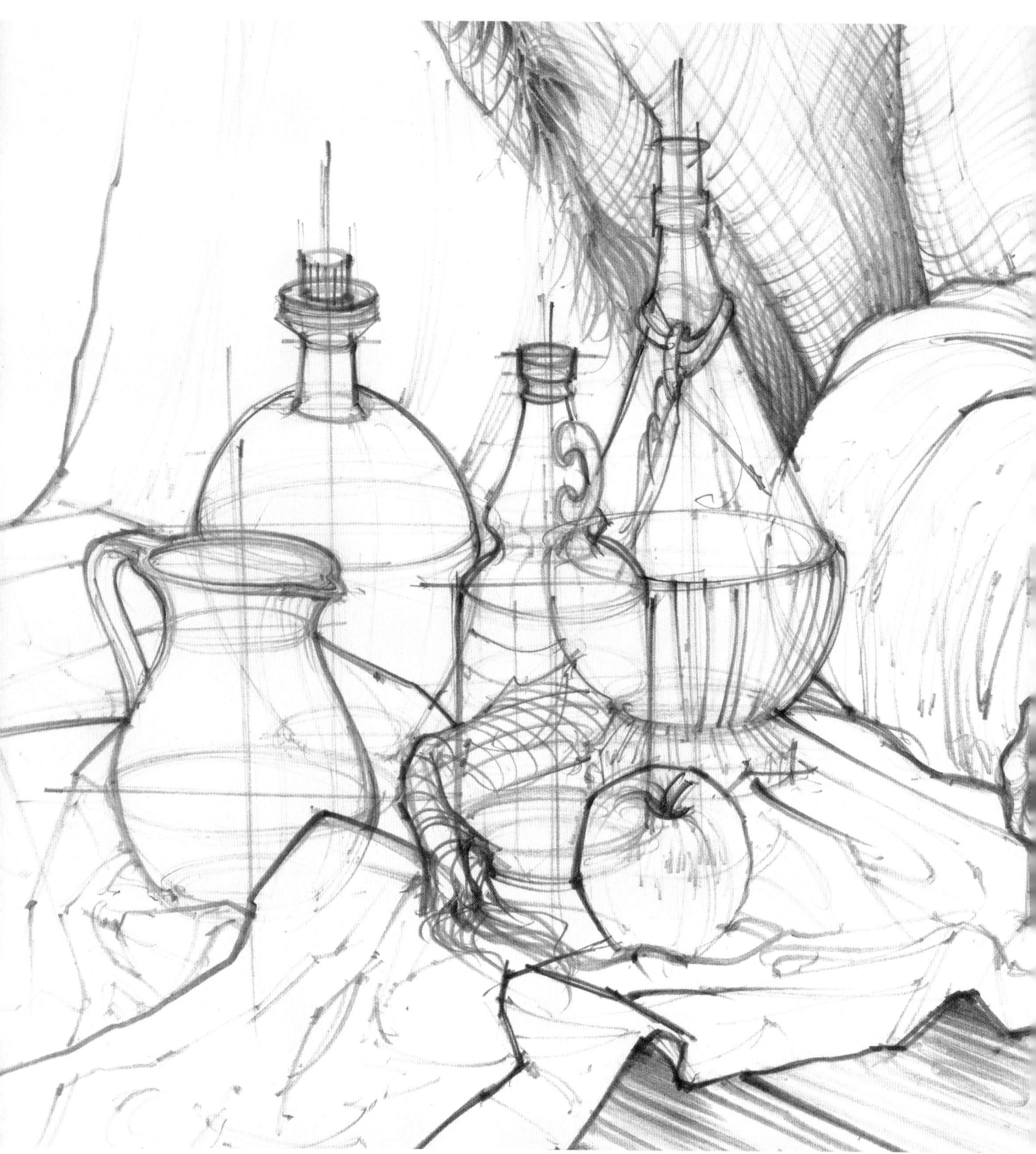

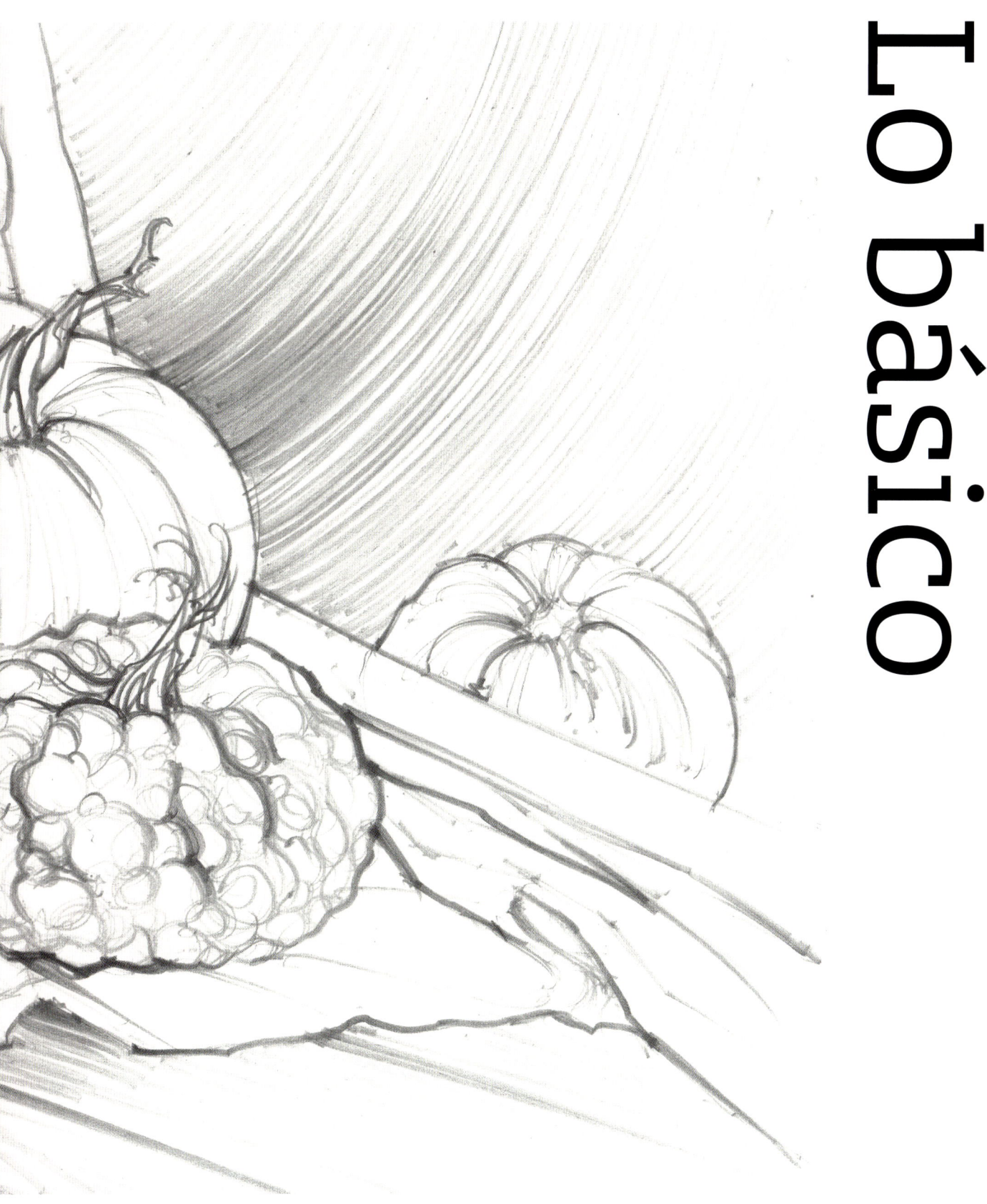

Lo básico

Primeros pasos

HAZTE CON LÁPIZ Y PAPEL Y COMIENZA A DIBUJAR

El dibujo es la base de la que parten todas las obras de arte. Es una disciplina que mejora con la práctica y que solo necesita de lápiz y papel. La necesidad de plasmar lo que nos rodea es tan antigua como la humanidad, y solo tú decides qué te interesa y te emociona, tanto si se trata de una representación natural como de una creación más expresiva y abstracta. Dibujar te dará seguridad a la hora de componer escenas, elegir temas o crear obras de arte completas.

Adquirir seguridad

No hay maneras correctas ni incorrectas de dibujar, solo la tuya. Y todo el mundo puede hacerlo. Es posible que no hayas dibujado demasiado desde la infancia, pero los niños dibujan con total seguridad en sí mismos y con mucho placer. Has de saber que puedes mejorar tu técnica y, al mismo tiempo, disfrutar de la actividad de dibujar.

Tanto los principiantes como los artistas expertos pueden mejorar y desarrollar las habilidades que ya poseen; aunque lanzarse puede resultar abrumador para quienes hace tiempo que no dibujan. Si puedes dejar a un lado ansiedades o preocupaciones por cómo encontrar tu estilo personal o cómo sacar el máximo partido al tema que elijas, dibujar se convertirá en un ejercicio gratificante e inspirador.

El dibujo es un arte cuyos resultados mejoran con la práctica, y puedes tener la certeza de que, cuanto más dibujes, más seguro te sentirás haciéndolo. Dibujar no solo tiene que ver con la fidelidad y la precisión (aunque tomar medidas es importante, como verás en las pp. 20-21), sino también con cómo ves el mundo, y te permite captar lo esencial (los colores, el ambiente y la emoción) para mostrárselo al público. Sea cual sea tu punto de partida, este libro está repleto de técnicas que te ayudarán a mejorar y a explorar el mundo del dibujo, desde el dibujo monocromo a lápiz y carboncillo hasta el mundo multicolor con el uso de pasteles.

Elegir el tema

Lo único que necesitas para empezar es lápiz, papel y algo que dibujar. Mira a tu alrededor e inspecciona lo que tengas a tu alcance en casa: dibujar objetos de tu entorno doméstico puede ser un punto de partida útil. Para crear un dibujo interesante, basta con que encuentres un tema que te interese y te

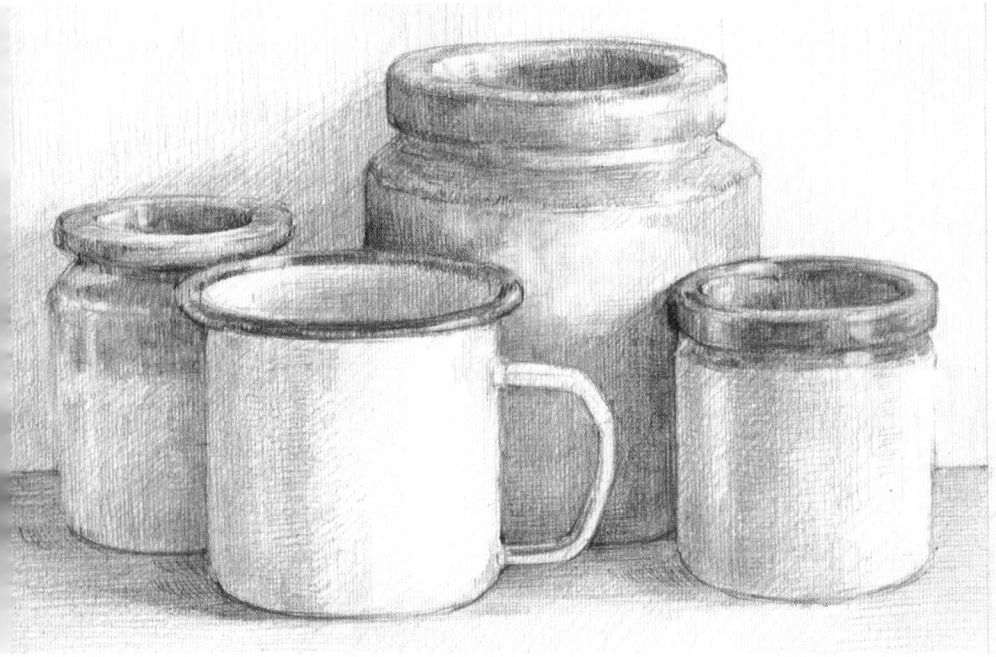

Medios monocromáticos
El lápiz es el primer medio al que recurren muchos artistas. Es asequible, fácilmente disponible y efectivo para esbozos rápidos, trazado de líneas y trabajo tonal, como aquí, donde las formas se han construido con el rayado y el rayado cruzado.

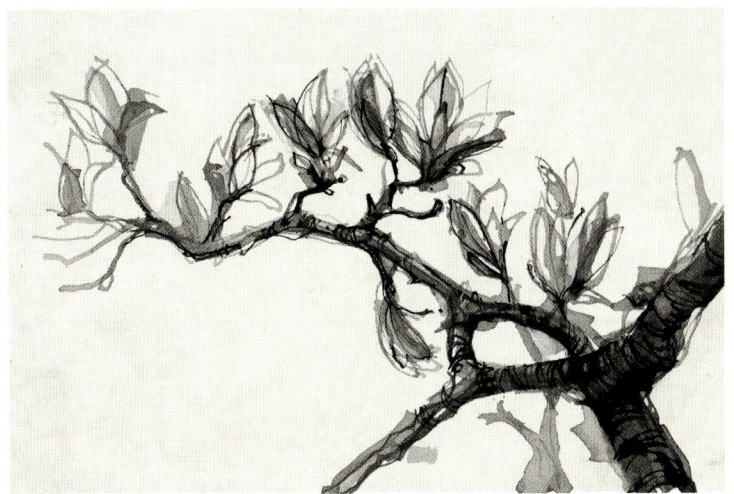

Experimentar con el dibujo

Por seguro y satisfecho que te sientas con tu medio o material preferido, sea cual sea este, probar otros nuevos te abrirá un universo de posibilidades en términos de calidad de la línea, sombreado tonal y énfasis.

Realismo y representación

Antes de empezar a dibujar, reflexiona acerca de tu intención: ¿quieres representar el tema de un modo realista, plasmar una memoria visual o jugar con la realidad de alguna manera?

inspire. Dibujar un par de zapatos o una taza de café con su platillo puede resultar estimulante para algunos artistas, mientras que otros quizá prefieran algo natural u orgánico, ya se trate de un bodegón clásico o de un paisaje rural. Si, por ejemplo, disfrutas dibujando los múltiples orificios de un coladar, el resultado final también será placentero.

Sin embargo, encontrar algo que te apetezca dibujar no significa necesariamente que vaya a ser sencillo. Mirar el mundo (mirarlo de verdad) y plasmarlo en un papel exige tiempo, energía y práctica. Mejora tus habilidades y explora medios distintos usando las múltiples técnicas y consejos que hallarás en este libro. La recompensa será infinita.

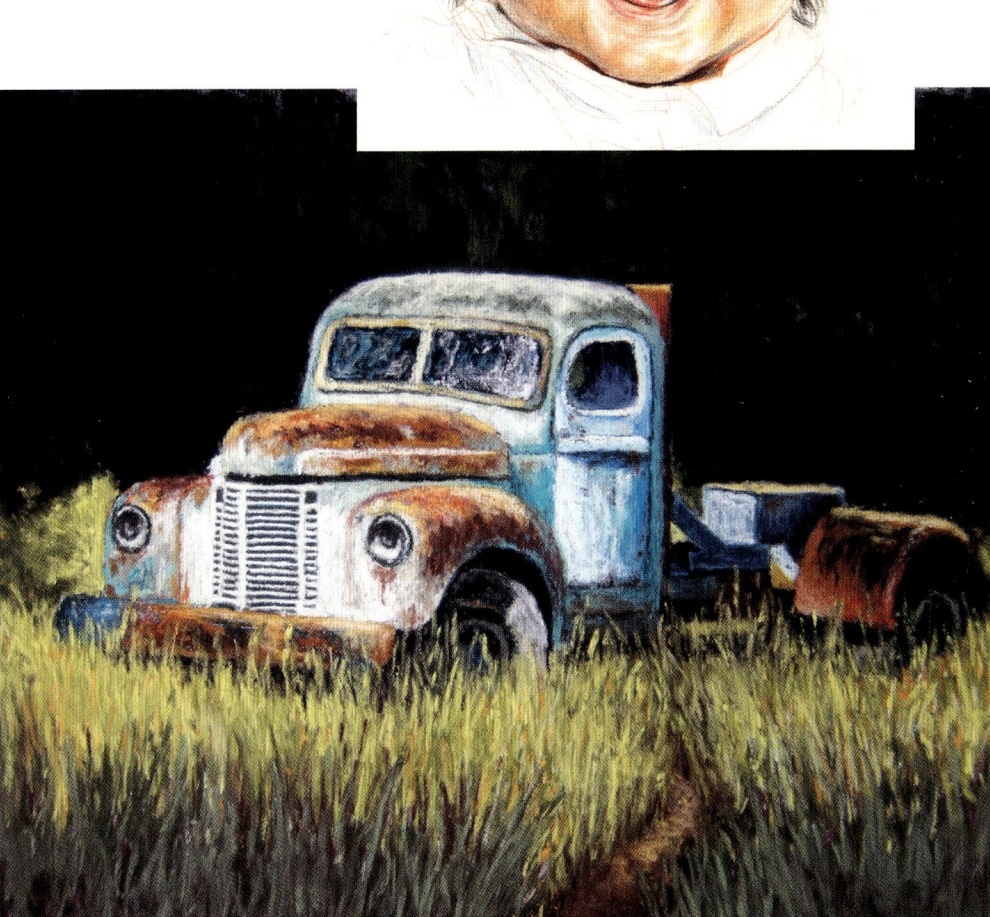

Explorar el color

El mundo del color está al alcance de tus dedos, tanto si eliges el pastel, los lápices de colores o la pluma y la tinta. Trabajar con el color puede llevar tus habilidades y tu expresión creativa como dibujante por nuevos derroteros.

Elementos de un dibujo

ELEMENTOS BÁSICOS PARA EL ÉXITO

Tanto si te vas a embarcar en una sucesión de esbozos rápidos como en un estudio largo y detallado de un bodegón, merece la pena que valores algunos elementos básicos que influirán en el efecto global de tu obra. Ser consciente de ellos te ayudará a desarrollar tu propio estilo, ya sea realista y representacional o abstracto e inexpresivo.

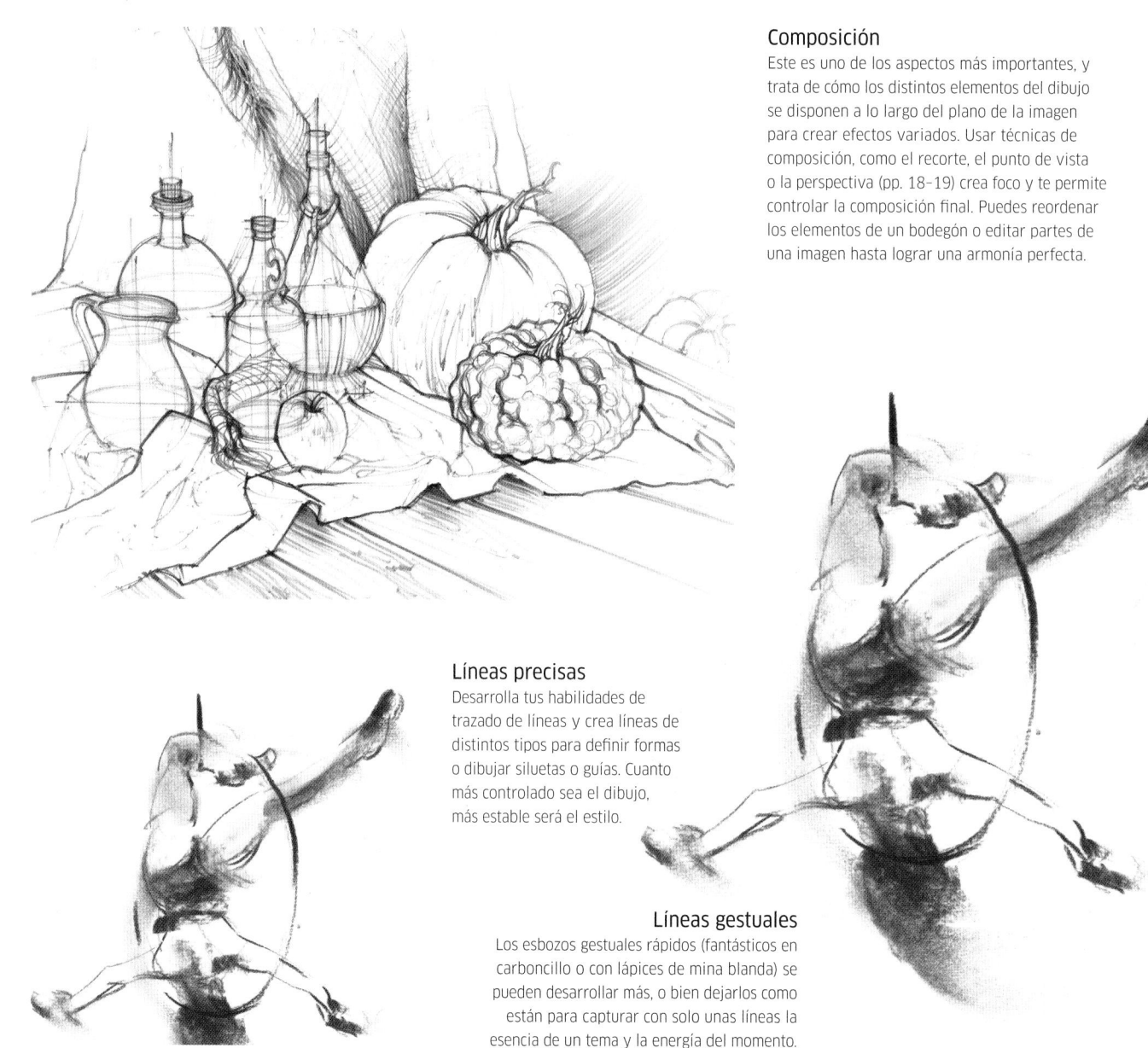

Composición

Este es uno de los aspectos más importantes, y trata de cómo los distintos elementos del dibujo se disponen a lo largo del plano de la imagen para crear efectos variados. Usar técnicas de composición, como el recorte, el punto de vista o la perspectiva (pp. 18-19) crea foco y te permite controlar la composición final. Puedes reordenar los elementos de un bodegón o editar partes de una imagen hasta lograr una armonía perfecta.

Líneas precisas

Desarrolla tus habilidades de trazado de líneas y crea líneas de distintos tipos para definir formas o dibujar siluetas o guías. Cuanto más controlado sea el dibujo, más estable será el estilo.

Líneas gestuales

Los esbozos gestuales rápidos (fantásticos en carboncillo o con lápices de mina blanda) se pueden desarrollar más, o bien dejarlos como están para capturar con solo unas líneas la esencia de un tema y la energía del momento.

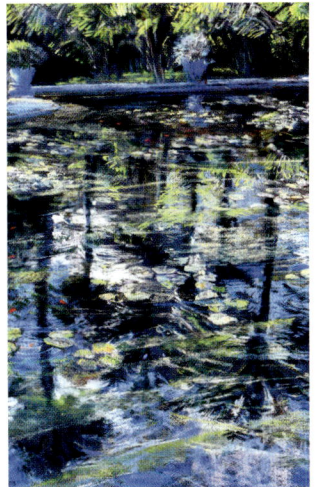
Representación figurativa

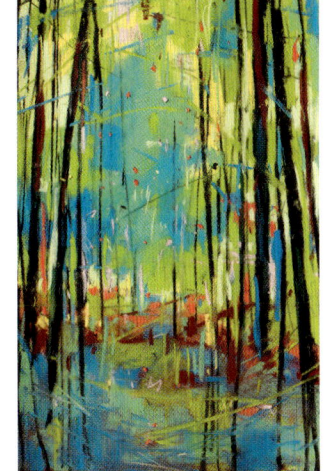
Interpretación abstracta

«Lo mejor del dibujo es que **no hay un solo estilo correcto,** porque cada uno **interpreta** la realidad **a su manera.**»

Expresión

Lo mejor del dibujo es que no hay un solo estilo correcto, porque cada uno interpreta la realidad a su manera. Entender los elementos que aborda el libro te ayudará como artista, pero tu respuesta individual y los medios de representación que uses los harán especiales para ti. Las obras más detalladas y controladas son tan válidas como las más gestuales y expresionistas.

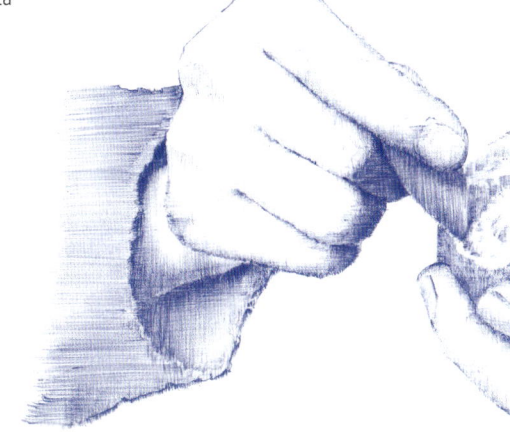

Tono

Identificar contrastes potentes entre las áreas claras y oscuras del dibujo te ayudará a dar vida al resultado. Las diferencias tonales no solo sugieren el estado de ánimo, sino que también aportan un toque tridimensional. De hecho, basta con el tono para sugerir la forma o el volumen.

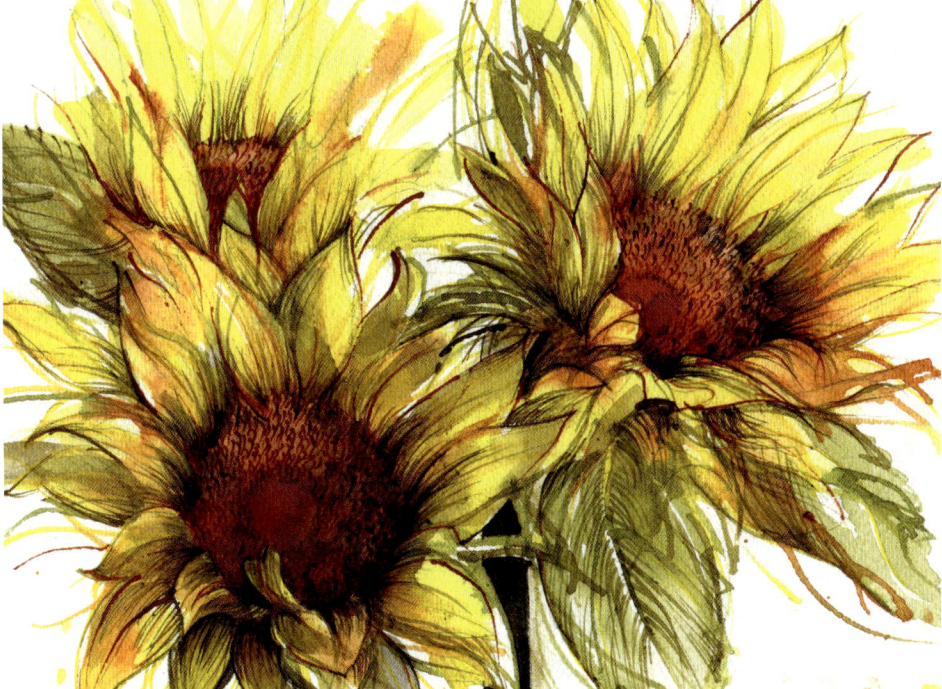

Color

Hay varios medios, o técnicas, desde la tinta hasta los pasteles, que permiten añadir la energía del color a los dibujos. El color no solo representa lo que se ve en la vida real, sino que puede añadir sentimiento, expresión y dramatismo. La seguridad en el uso del color puede ser útil en la composición, porque guía la mirada y crea puntos de interés.

Dibujar desde la observación y la imaginación

EXPLORAR DISTINTAS MANERAS DE ENCONTRAR TEMAS INTERESANTES

Salir a la calle y dibujar lo que ves puede ser muy gratificante, pero también puede serlo tomar como modelo una escena de interior o doméstica. La cuestión es encontrar algo que te interese. En ocasiones, quizá solo puedas usar fotografías como modelos para dibujar los temas elegidos, pero, si asumes los inconvenientes de eso, podrás lograr resultados interesantes y sorprendentes igualmente.

DIBUJAR DEL NATURAL

Dibujar el mundo que te rodea, ya sea en una clase de dibujo o al aire libre, te permite ver y reproducir las estructuras y las formas de la vida real. Para hacerlo, necesitarás observar muy bien y trabajar con rapidez a fin de captar los detalles. Sin embargo, dibujar un bodegón o una naturaleza muerta te permite tener más tiempo para observar y plasmar las texturas, las siluetas y los colores.

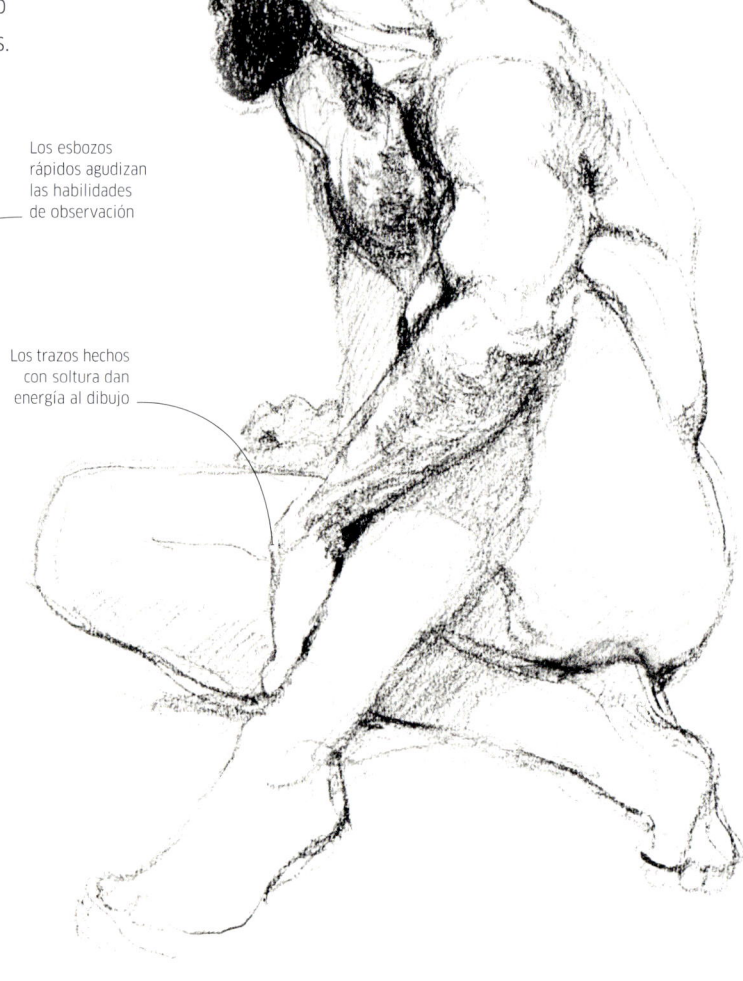

Cada postura ofrece puntos de vista nuevos y, en ocasiones, hasta retadores

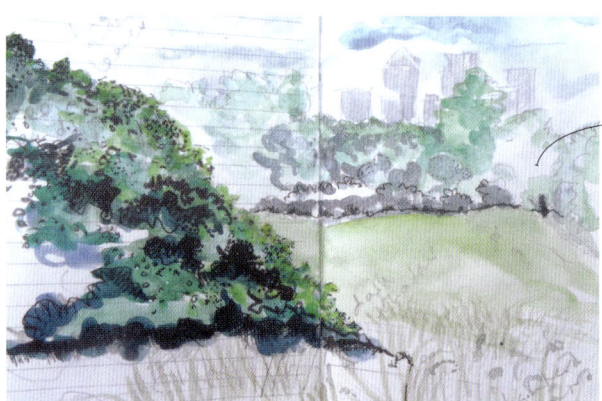

Los esbozos rápidos agudizan las habilidades de observación

Los trazos hechos con soltura dan energía al dibujo

Dibujar del natural: pros y contras

PROS

- Permite hacer esbozos rápidos
- Permite practicar las líneas gestuales
- Hay una amplia variedad de localizaciones
- Hay la posibilidad de cambios de escala y de técnica

CONTRAS

- Limitaciones de tiempo –hay que trabajar con rapidez para captar a las personas en movimiento y lidiar con la meteorología
- Exige compromiso
- Puede ser intimidante en público

DIBUJAR A PARTIR DE FUENTES SECUNDARIAS

Usar una cámara fotográfica para tomar imágenes en exteriores o capturar escenas efímeras en interiores permite usar después las fotos para dibujar los temas. Reunir imágenes que te interesen (fotografías propias, recortes de revistas, imágenes en línea) también es una manera fantástica de alimentar la inspiración y de realizar dibujos interesantes. Un álbum de recortes puede ser útil si lo usas junto con tu cuaderno de bocetos (pp. 22-23). Ten en cuenta que, en determinadas circunstancias, quizá debas pedir permiso antes de hacer fotografías.

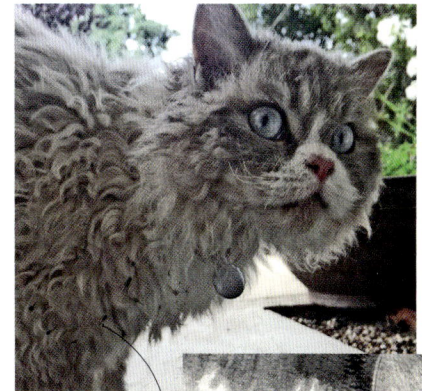

Dibujar a partir de fotografías
Usar tus fotografías de eventos memorables, miembros de la familia o mascotas es una manera magnífica de crear dibujos singulares. Estas fotografías te pueden ayudar a completar esbozos hechos en vivo.

Dibujar a partir de referencias: pros y contras

PROS
- Información detallada de temas que no siempre son muy accesibles (como los animales salvajes)
- Gran variedad de imágenes disponibles
- Amplio repertorio de temas

CONTRAS
- Las imágenes pueden parecer planas o tener menos definición
- Cuestiones de derechos de autor (si se hace una copia directa)
- Puede desalentar la investigación personal y el salir a la calle

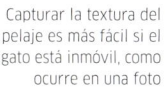

Capturar la textura del pelaje es más fácil si el gato está inmóvil, como ocurre en una foto

El lápiz y la tinta aplicada con pluma funciona muy bien para sugerir suavidad

COMBINAR AMBAS ESTRATEGIAS

Dibujar escenas del natural con el apoyo de bocetos o de fotografías es una estrategia ideal para muchos artistas. Aunque no todos usan fotografías, muchos usan bocetos preliminares para plasmar los detalles de un dibujo, y después usan la imaginación para añadir el resto. Una escena imaginaria será más realista si la basas en detalles que hayas observado.

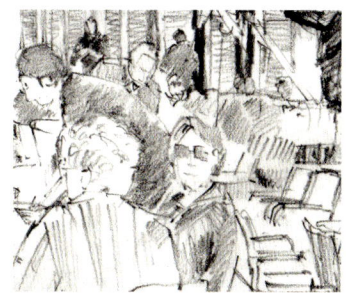

Añadir personalidad a un boceto preliminar
Dibuja esbozos rápidos o haz fotografías de los rostros que destaquen entre la multitud para poder incluirlos más adelante.

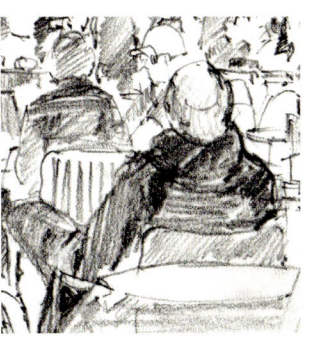

Colocar a personas
La gente suele estar en movimiento, por lo que esbozar posturas básicas, como las de personas en una cafetería, te permitirá completar los detalles del dibujo más adelante. Estos bocetos concisos también te ayudarán a decidir la composición final.

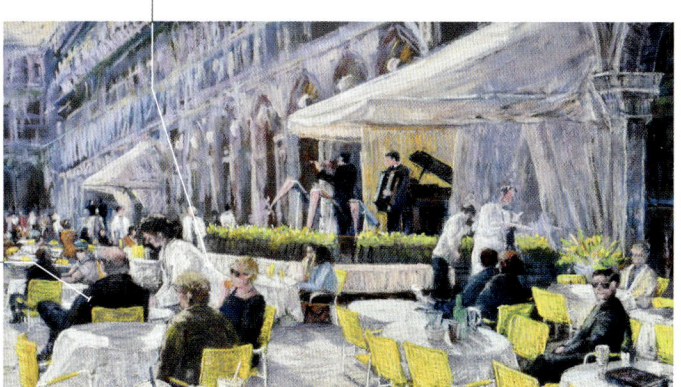

Dibujar en interiores y en exteriores

LA INFLUENCIA DEL ENTORNO EN EL DIBUJO

Es innegable que dibujar en distintas localizaciones puede influir en la seguridad que sientes al dibujar. Dibujar en interiores ofrece continuidad, control y tiempo, mientras que trabajar en exteriores añade todo tipo de retos y de exigencias y amplía el repertorio de temas posibles. Las escenas exteriores pueden ser transitorias y apabullantes, e incluso estar a merced de la climatología, pero pueden ofrecer vistas extraordinarias, entornos muy diversos y referencias útiles.

DIBUJAR EN INTERIORES

Si no eres de las pocas personas que gozan del lujo de contar con un estudio propio, seguramente trabajes en la mesa de la cocina o en un escritorio de tu casa. Los interiores tienen sus ventajas, porque ofrecen un entorno más controlado y una luz y unos temas más constantes. Si trabajas en un espacio más estable, contar con material de referencia colgado en la pared y con lápices y pinceles siempre a mano te ayudará a aprovechar momentos sueltos para desarrollar o acabar tus dibujos y ser creativo con más frecuencia.

Dibujar en interiores: pros y contras

PROS
- Condiciones muy controladas, incluida la luz
- Permite dejar el proyecto en su lugar para continuar más adelante
- Amplia variedad de temas

CONTRAS
- Ocupa espacio en casa
- Hay que guardar y sacar gran parte del material cada vez que dibujas
- Si uno dibuja solo, puede parecer algo solitario

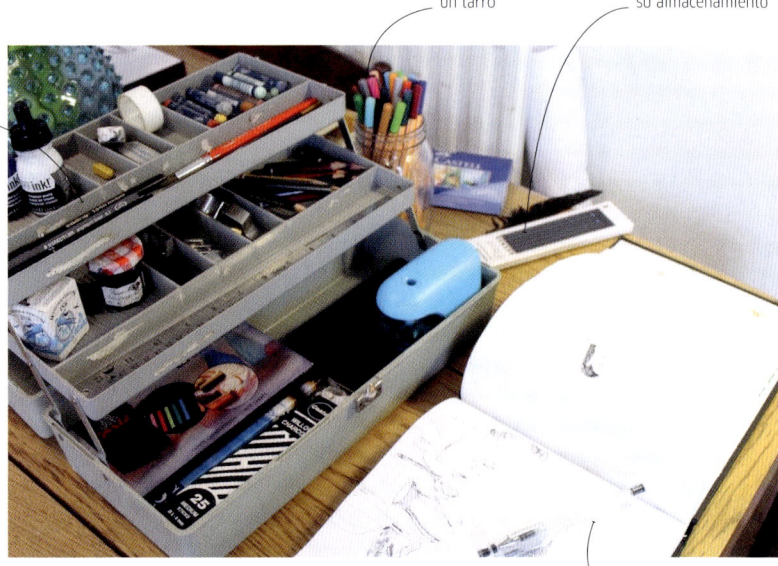

Ten cerca lápices multicolores en un tarro

Mantén los lápices en la caja, para facilitar su almacenamiento

Organiza los materiales en las bandejas extensibles

Organización del estudio
El caballete te será de gran utilidad si has de trabajar en una superficie vertical o ajustar la posición en función de la luz. Deja el dibujo en el caballete hasta que lo acabes, pero estúdialo de vez en cuando.

Organízate para aprovechar el tiempo al máximo
Los maletines para materiales de pintura y dibujo ahorran mucho espacio y tiempo. Basta con abrirlos para poder empezar a dibujar o pintar.

Los cuadernos pequeños de bocetos también pueden caber en el maletín

Dibujar en grupo o en solitario

Dibujar solo o en compañía (ya sea en el interior o en el exterior) es cuestión de preferencia personal. Dibujar se presta a trabajar en solitario, y aprender a solas puede ser productivo: esbozar un grupo de objetos o una vista en momentos de tranquilidad puede ser la base de tu obra. Por el contrario, la dinámica de un grupo aporta ideas que debatir y consejos y sugerencias sobre medios, técnicas y sobre tu evolución como artista. Las clases de dibujo de desnudos pueden ser el catalizador que te haga comenzar. El compromiso de asistir te motivará, y el tutor guiará tu capacidad de observación. En muchos centros cívicos y de barrio puedes encontrar talleres y actividades dirigidas por artistas que te pueden enseñar técnicas de dibujo básicas, además de aconsejarte sobre medios, técnicas y materiales. Esos lugares pueden ser fantásticos para experimentar antes de invertir en comprar tus materiales.

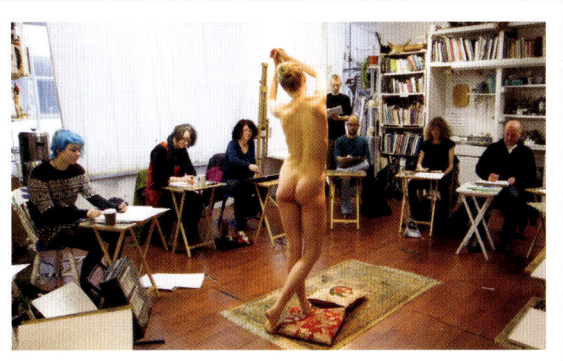

DIBUJAR EN EL EXTERIOR

La romántica imagen de un pintor plantando el caballete en plena naturaleza para empezar a trabajar es muy conocida, pero, si vas a dibujar, solo necesitarás pocos utensilios. Con frecuencia, bastará con unos cuantos lápices y una goma de borrar, aunque un taburete plegable también te será útil a veces. Usa un cuaderno de bocetos de tapa dura, o bien sujeta el papel con clips en una tabla de dibujo. En función de lo que vayas a dibujar, haz varios bocetos distintos desde distintos puntos de vista antes de entrar de lleno a dibujar con más detalle. Es posible que el tema que elijas condicione tu tiempo de ejecución: por ejemplo, los animales se mueven sin cesar, por lo que exigen dibujos más rápidos y concisos. En este caso, será fundamental que cuentes con fotografías de apoyo.

Dibujar en exteriores: pros y contras

PROS
- Amplia variedad de escenas y vistas
- Fantástico para relajarse y practicar esbozos rápidos
- Puede ser una actividad social

CONTRAS
- Se está a merced de los elementos y de la transitoriedad del tema elegido
- Quizá algunos espacios públicos sean incómodos
- Cambios estacionales o en el nivel de luz

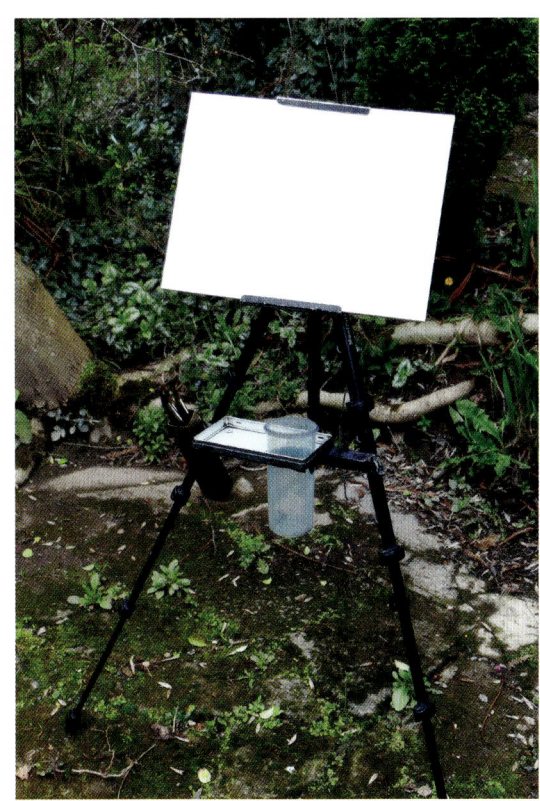

Equipo portátil

Prepárate bien para aprovechar bien el tiempo cuando dibujes en exteriores. Las gomas elásticas siempre son útiles para sujetar las hojas si hace viento; transporta el material básico en un estuche o maletín pequeño; y, si lo prefieres, usa taburete plegable para sentarte a dibujar.

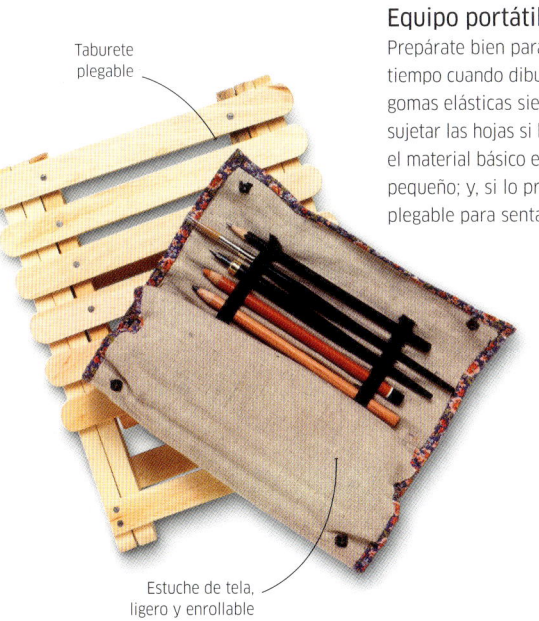

Taburete plegable

Estuche de tela, ligero y enrollable

Caballete plegable

Los caballetes plegables, como el resto de material portátil, son fáciles de transportar y facilitan colocar el material y mantener el papel seco y bien sujeto.

Composición

CONSEJOS PARA MEJORAR TUS DIBUJOS

Puedes aprender a entrenar la mirada para determinar cómo colocar los objetos en un dibujo o espacio pictórico (la disposición de sus elementos). Esto es lo que da propósito a una imagen, y, en cierta medida, depende del tema: por ejemplo, un bodegón se puede conformar a voluntad, disponiendo los objetos según una finalidad formal y eligiendo aquellos cuyas dimensiones y formas encajen con una composición ideal; cuando se trata de un dibujo en el exterior, elegir una vista concreta puede ser más difícil, pero, aun así, hay normas o reglas que tener en cuenta.

RECORTES O ENMARQUES

La forma en que enmarques la vista influirá en el efecto que cause la composición del dibujo, ya que se pueden crear diversos puntos focales y recortar elementos distractores. Si dibujas a partir de una fotografía, puedes definir distintos encuadres Usando una sencilla herramienta, el visor: usa dos cartulinas negras (o de color neutro) en forma de «L» para acotar la imagen y escoger el encuadre que encuentres mejor o más interesante.

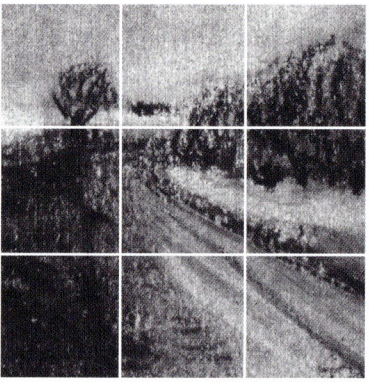

La regla de los tercios

Esta regla te ayuda a crear imágenes equilibradas; si la usas a menudo, pronto la aplicarás automáticamente. Divide el plano de la imagen en tercios con líneas verticales y horizontales, de modo que obtengas una cuadrícula de 3 × 3. El equilibrio se consigue si el horizonte de la imagen está a un tercio de la base o a un tercio del extremo superior. Prueba ambas opciones...

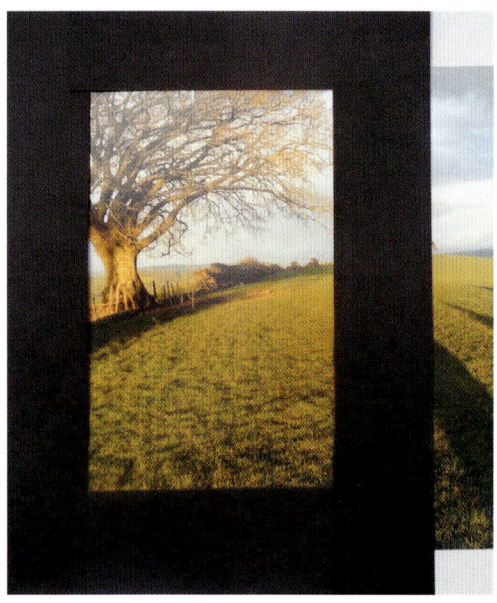

Retrato

Los objetos verticales son ideales para este enmarque, que se adapta bien a figuras humanas, edificios y primeros planos.

Cuadrado

El recorte o enmarque cuadrado resulta fantástico para centrar la imagen principal y eliminar detalles superfluos. Funciona muy bien en los bodegones y en las escenas con un foco descentrado.

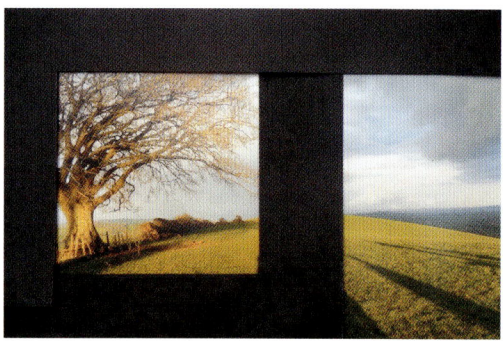

Apaisado

Esta opción de enmarque rectangular es perfecta para los paisajes. Funciona muy bien cuando el foco parece extenderse a lo largo del plano horizontal.

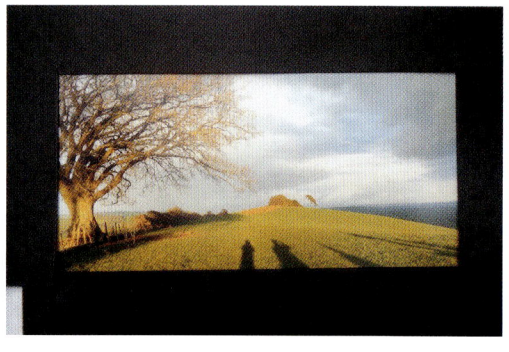

CAMBIOS EN EL PUNTO DE VISTA

Decidir desde dónde dibujar el objeto puede cambiar drásticamente el efecto de la obra. En algunas escenas, como en exteriores, el horizonte dictará el punto de vista más natural. Sin horizonte, el punto de vista más natural será la altura de tus ojos; pero explorar otros ángulos siempre es interesante, porque pueden sugerir un foco más dinámico.

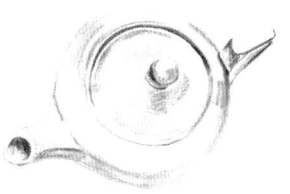

A vista de pájaro
Se miran los objetos desde arriba. Se usa en los paisajes y en la fotografía aérea, y es ideal para crear sensación de altura.

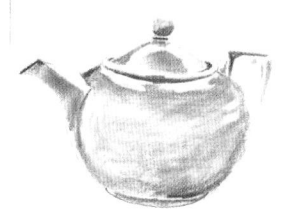

Al nivel de la vista
Se mira donde se encuentra el horizonte con el suelo. La mayoría de los dibujos se realizan mirando al frente, que es la vista natural.

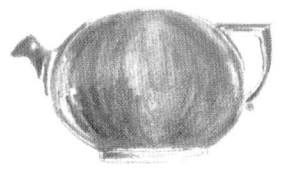

A vista de gusano
Es el punto de vista más exagerado, y alza la mirada al objeto desde el suelo. Ideal para el dibujo de edificios y de modelos vivos del natural.

UNA COMPOSICIÓN LOGRADA

Cuando comiences a componer dibujos, te resultará útil contar con indicadores que te ayuden a crear un bodegón logrado o a seleccionar una escena exterior que se plasme bien sobre el papel. Cuando dibujes al aire libre, el horizonte y el propio paisaje te ayudarán a definir la composición. Sin embargo, tanto si dibujas escenas de interior como de exterior, ten en cuenta estos tres tipos de composición: en S, en V y en L.

La planta del jarrón termina el trazo vertical de la L

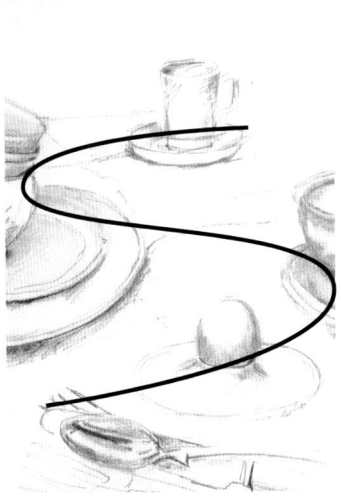

Composición en S
Se usa sobre todo en paisajes, y se vale de una línea sinuosa para llevar la mirada desde el extremo más próximo de la «S» al objeto en el extremo más distante.

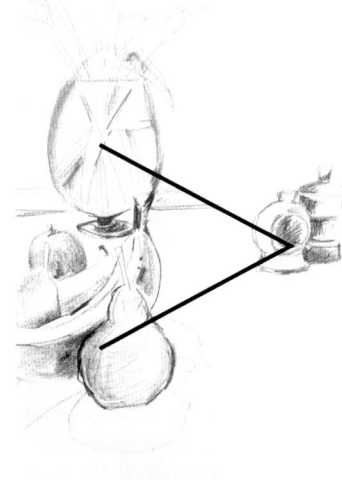

Composición en V
Funciona mejor como una forma triangular aplanada, como en las líneas de perspectiva (pp. 20-21), cuya dinámica natural lleva la mirada a un punto focal.

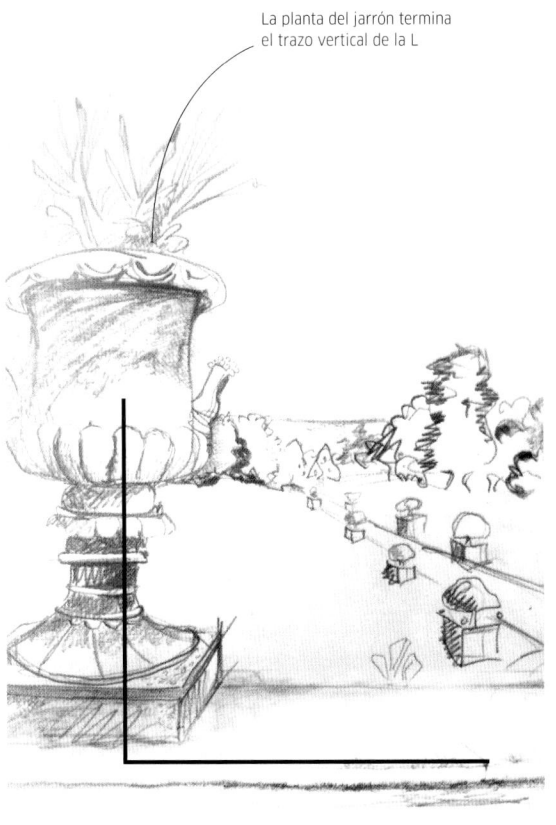

Composición en L
Busca una línea vertical potente que enmarque el dibujo en un lateral (no necesariamente el izquierdo), y equilíbrala con una línea horizontal en ángulo recto para llevar la mirada hacia abajo y hacia el otro lado del dibujo.

Perspectiva y medidas

PLASMAR ESCALAS Y PROPORCIONES REALISTAS

La naturalidad con la que leerás y usarás la perspectiva en tus dibujos te dejará sorprendido. La perspectiva es lo que te permite ubicar los objetos en el espacio que dibujas, y saber cómo funciona la perspectiva lineal te ayudará a recrear la profundidad y el espacio tridimensional. Si sabes medir objetos en la vida real para plasmar sus proporciones con realismo, obtendrás dibujos agradables y equilibrados.

PERSPECTIVA LINEAL

Es importante que sepas que, aparentemente, todas las líneas paralelas convergen en un mismo punto que se desvanece en el horizonte. Por ejemplo, si dibujaras sendas líneas sobre los techos y los suelos de estas casetas de playa, verías que ambas convergen a medida que se alejan de ti (como observador). El término *lineal* significa que objetos de semejantes dimensiones ubicados en esas dos líneas convergentes te parecerán más pequeños conforme estén más lejos de ti.

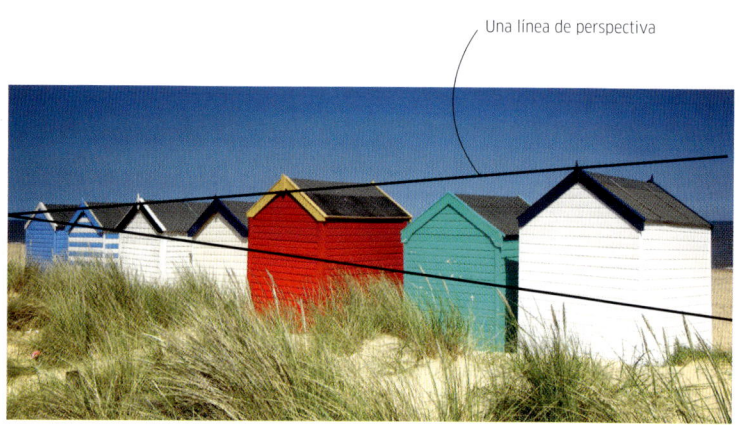

Una línea de perspectiva

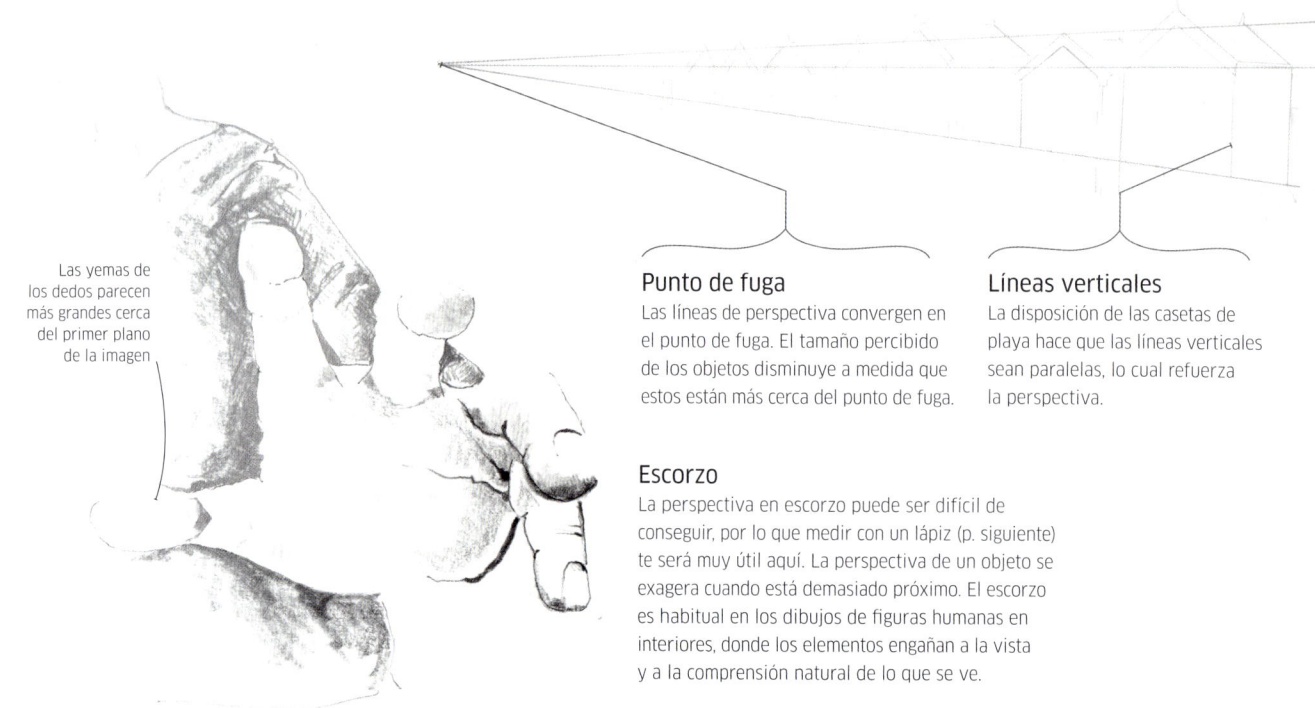

Las yemas de los dedos parecen más grandes cerca del primer plano de la imagen

Punto de fuga
Las líneas de perspectiva convergen en el punto de fuga. El tamaño percibido de los objetos disminuye a medida que estos están más cerca del punto de fuga.

Líneas verticales
La disposición de las casetas de playa hace que las líneas verticales sean paralelas, lo cual refuerza la perspectiva.

Escorzo
La perspectiva en escorzo puede ser difícil de conseguir, por lo que medir con un lápiz (p. siguiente) te será muy útil aquí. La perspectiva de un objeto se exagera cuando está demasiado próximo. El escorzo es habitual en los dibujos de figuras humanas en interiores, donde los elementos engañan a la vista y a la comprensión natural de lo que se ve.

MEDIR

Aprender cuestiones básicas sobre las proporciones de la figura humana o cómo determinar el tamaño de objetos cercanos con ayuda de un lápiz puede exigir cierto tiempo, pero pronto se convertirá en parte natural de tu procedimiento de dibujo. Aunque aprenderás a determinar las proporciones trazando líneas sencillas y medidas a ojo, colocar líneas verticales y horizontales precisas antes de invertir mucho tiempo en un dibujo te dará seguridad. Esbozar la colocación de los objetos principales evitará que se concentren todos en el centro de la página y que haya errores de escala en algunos detalles.

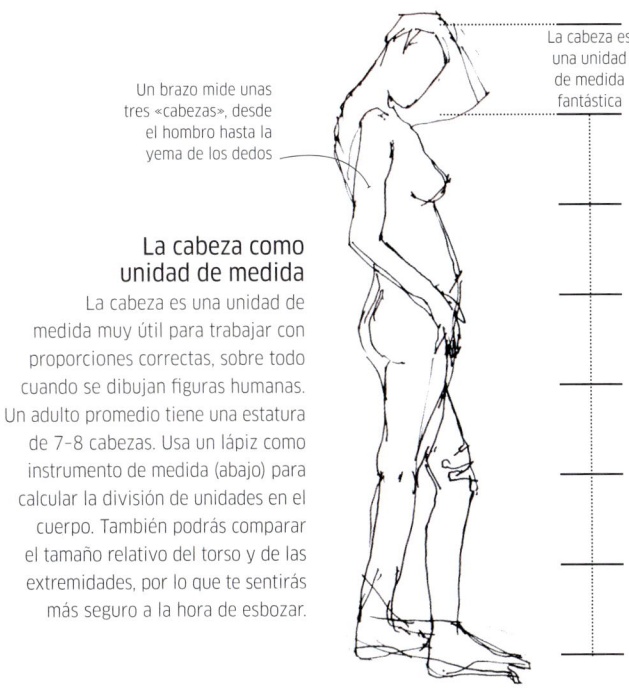

Un brazo mide unas tres «cabezas», desde el hombro hasta la yema de los dedos

La cabeza es una unidad de medida fantástica

La cabeza como unidad de medida

La cabeza es una unidad de medida muy útil para trabajar con proporciones correctas, sobre todo cuando se dibujan figuras humanas. Un adulto promedio tiene una estatura de 7-8 cabezas. Usa un lápiz como instrumento de medida (abajo) para calcular la división de unidades en el cuerpo. También podrás comparar el tamaño relativo del torso y de las extremidades, por lo que te sentirás más seguro a la hora de esbozar.

■ Usar un lápiz

Sostén el lápiz frente a ti, con el brazo extendido. Alinea el extremo superior del lápiz con el extremo superior de la línea que estés midiendo. Cierra un ojo y usa el pulgar como nivel corredizo: deslízalo sobre el lápiz hasta que coincida con el extremo inferior de la línea. Mantén el pulgar en su sitio y coloca el lápiz sobre la línea correcta del dibujo en la página, y ajusta para que coincida.

Desliza el pulgar para medir la longitud de la línea

Dibuja la misma longitud de lápiz sobre la página

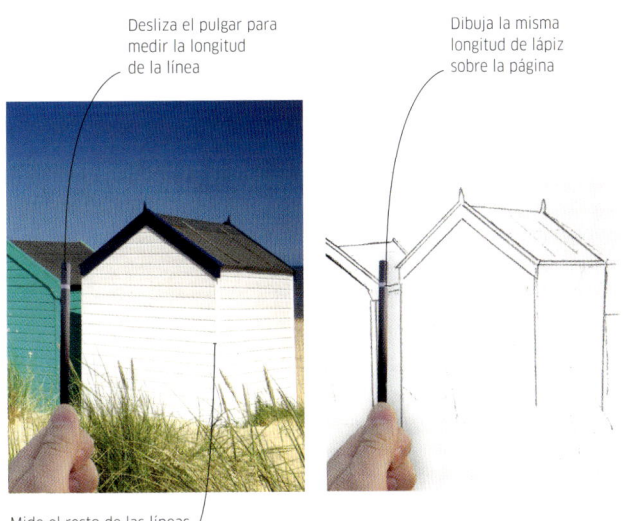

Mide el resto de las líneas

Medir una línea clave

Elige una línea como unidad y construye el resto del dibujo con las proporciones adecuadas determinando cómo se relacionan el resto de las líneas con la primera: por ejemplo, si son la mitad o el doble de largas.

Mide algunos ángulos contra las verticales

Medir ángulos

Usa un lápiz de un modo similar al anterior, pero esta vez gira la mano, de modo que el lápiz coincida con la línea y te puedas centrar en el ángulo. Por ejemplo, determina cómo se une el alero del tejado con la pared lateral de la caseta, y traslada el ángulo al papel. Marca la posiciones principales con líneas horizontales y verticales. Usar así las líneas verticales y horizontales te permite ver si el ángulo es demasiado cerrado o abierto.

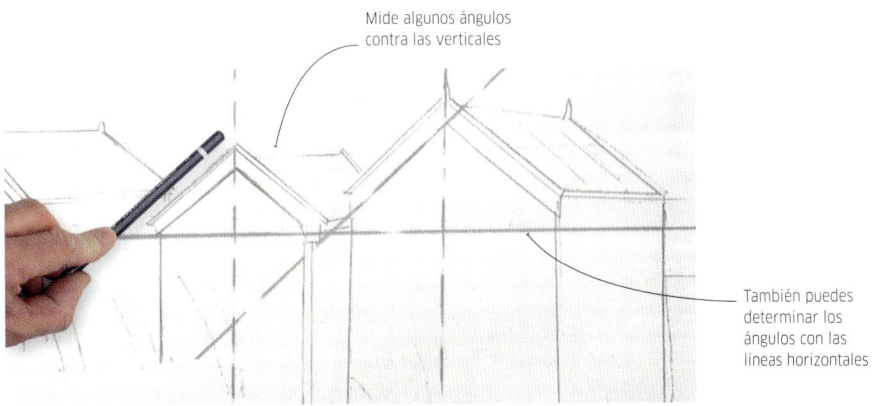

También puedes determinar los ángulos con las líneas horizontales

Cuadernos de bocetos

UN RECURSO FABULOSO PARA DIBUJAR

Los cuadernos de bocetos son uno de los elementos más importantes y más apreciados de todo el material de dibujo. Acostúmbrate a llevar siempre encima uno pequeño y anota ideas o esboza elementos de tu vida cotidiana. Cualquier garabato o reflexión puede ser la semilla de una gran idea.

Ventajas del cuaderno de bocetos

El cuaderno de bocetos es como una extensión de tu memoria, y te permite registrar ideas: detalles que has visto en una exposición, nubes con formas interesantes o esbozos de gente corriendo en el parque. En casa, te permite trabajar con ideas y experimentar con distintos materiales o líneas sin necesidad de terminar el dibujo o de que quede perfecto. Las páginas del cuaderno de bocetos no tienen por qué ser obras de arte: su función es registrar un tema para ti, de modo que puedas recuperar detalles más adelante o recurrir a los esbozos o a las fotografías que hayas pegado para sumar material. Por lo tanto, estos cuadernos se convierten en un registro muy personal de todo aquello que pueda contribuir a tu obra e informarte como artista. Puede que el tamaño del libro de bocetos que elijas cambie con el tiempo a medida que te sientas más seguro dibujando, pero el tamaño A5 es muy cómodo para dibujos rápidos, y cabe en la mayoría de los bolsos o mochilas. Si quieres trabajar a mayor escala, hay cuadernos de todos los tamaños y formatos (cuadrados, apaisados, de retrato e incluso de concertina). Elijas el que elijas, que sea de buena calidad, porque permite un resultado más pulido y facilita la traducción de las ideas en dibujos más detallados.

Bocetos de personas

Cuanto más dibujes, mejores serán tus dibujos. Tanto si decides capturar figuras en movimiento como una escultura estática, cada forma humana que dibujes será mejor que la anterior.

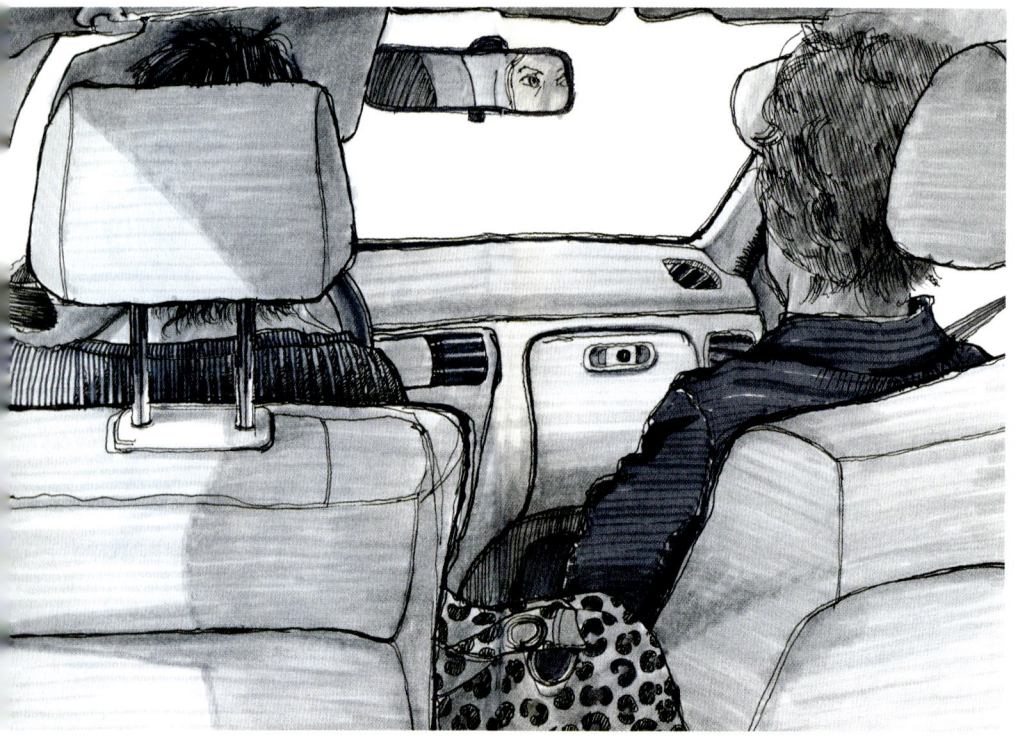

En movimiento

Aprovecha para dibujar siempre que estés sentado: ya estés en el tren, el autobús, el avión o, como aquí, en el coche, aprovecha para practicar tus habilidades de observación y captar el viaje.

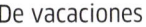

En casa

Hay objetos interesantes allá donde estés, incluso en casa. A medida que dibujes más, verás más cosas: la belleza puede aparecer en los lugares más mundanos.

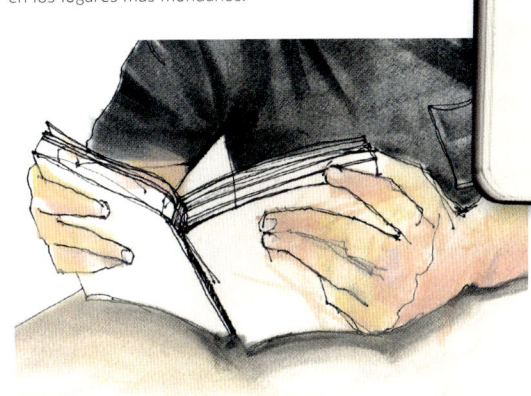

Cómo usar el cuaderno de bocetos

No hay maneras correctas o incorrectas de usar un libro de bocetos. Emplea el medio, técnica, escala y estilo que más te plazcan. Usa las páginas para esbozar ideas; no tienes por qué usar el papel de un modo convencional: si el dibujo se descentra o se sale de la página, qué se le va a hacer. El cuaderno de bocetos puede ser útil también para anotar ideas o pegar recortes. Muchos artistas pegan fotografías, imágenes o recortes que los ayudan a desarrollar el dibujo que tienen entre manos, y hay quien añade notas explicativas a los bocetos, para plasmar información adicional, reflexiones al azar, un número de teléfono que ha visto en la calle o el nombre de una tienda de material artístico.

Si empleas materiales húmedos, intenta esperar a que se sequen antes de cerrar el cuaderno, y utiliza siempre fijador cuando uses carboncillo o pasteles (si no tienes, pon pañuelos de papel entre las hojas, para que los dibujos no se emborronen). La norma principal es

En visitas culturales

Las visitas a galerías de arte y museos ofrecen múltiples oportunidades de sentarse. Lleva el cuaderno de bocetos y el lápiz para dibujar edificios significativos.

De vacaciones

Un puerto puede ser un escenario muy interesante. No te preocupes si has de dibujar sobre el centro del cuaderno para completar la escena.

que disfrutes usando y trabajando tus cuadernos de bocetos. Se convertirán en un interesante registro de tu progresión artística.

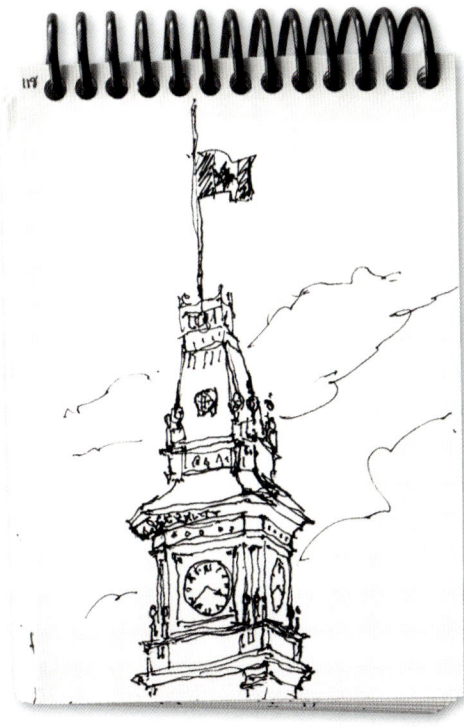

«No hay maneras correctas o incorrectas de usar un libro de bocetos. Emplea el medio, técnica, escala y estilo que más te plazcan.»

Vocabulario cromático

ENTENDER EL COLOR Y APRENDER A USARLO

Se suele pensar en el dibujo en términos monocromáticos, pero la verdad es que aprender a trabajar en blanco y negro te ayudará a entender mejor el trabajo tonal y el color. Cuando te hayas familiarizado con el vocabulario cromático y con el rango de paletas, podrás transformar tus obras y multiplicar el placer de usar materiales distintos.

■ El círculo cromático

El círculo cromático es una representación del color y de la teoría del color. Ilustra los colores básicos (piensa en el arcoíris). También plasma las relaciones ente los colores (y lo que sucede cuando se mezclan) y muestra los colores primarios, secundarios y terciarios.

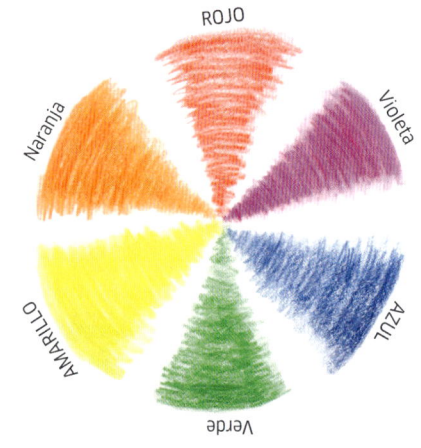
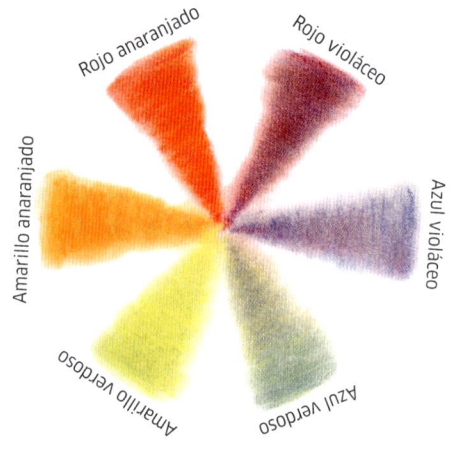

Colores primarios

Los colores primarios son el rojo, el amarillo y el azul, que no se pueden crear mezclando otros colores. Sin embargo, sí se pueden mezclar entre ellos para dar lugar a otros.

Colores secundarios

Mezclar dos colores primarios produce un color secundario. El verde es la mezcla de azul y amarillo; el violeta, de rojo y azul; y el naranja, de amarillo y rojo.

Colores terciarios

Mezclar un color secundario y un color primario produce un color terciario. El rojo (primario) mezclado con el violeta (secundario) se convierte en un rojo violáceo (terciario).

■ Describir los colores

Los colores se describen mediante tres elementos básicos: saturación, matiz y valor tonal. Ajustar el matiz con blanco o negro produce tintas y sombras.

Saturación

Alude a la intensidad, fuerza o pureza de un color. Arriba, el color va de saturación baja (izda.) a alta.

Matiz

Es el nombre que se da a un color en el espectro cromático. Es, básicamente, uno de los colores o de combinaciones de colores primarios, secundarios y terciarios.

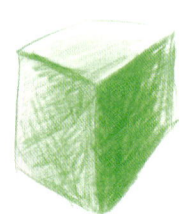

Valor

El valor (o tono) alude a la claridad u oscuridad de un color. Los dibujos coloreados mejoran cuando contienen una amplia variedad de valores tonales.

El mismo azul con blanco añadido

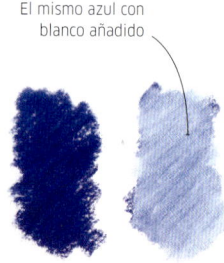

Tintas

Los colores aclarados con blanco se denominan tintas. El color original va palideciendo a medida que se le añade cada vez más blanco.

Azul oscurecido con negro

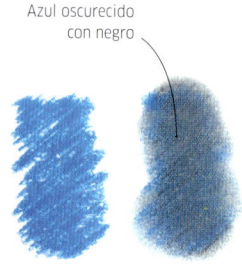

Sombras

Los colores que se oscurecen con negro se denominan sombras. El negro siempre domina, pero puede ayudar a crear un abanico de intensidades distintas a partir de un mismo color.

La temperatura de color

El uso del color aumenta las oportunidades de investigar tus habilidades de dibujo. Prueba con distintas variaciones, no temas resistirte al color naturalista y experimenta con colores distorsionadores. Combinar medios o materiales distintos (como pasteles sobre lápices de colores) puede ser una manera fantástica de crear luminosidad. Tener en cuenta la temperatura de los colores te ayudará a crear el estado de ánimo y la paleta adecuados.

Colores cálidos

Los matices en los espectros amarillo, naranja y rojo se suelen llamar cálidos. Evocan la luz natural y las diferencias de calor. Estos colores avanzan de forma natural en una escena.

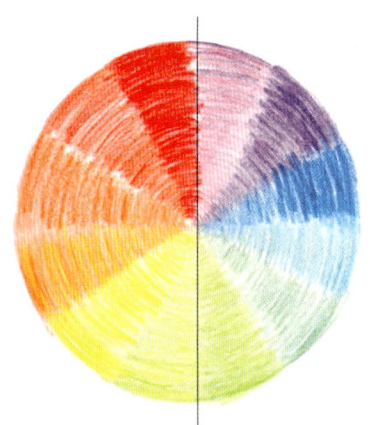

Colores fríos

La otra mitad del círculo cromático (violeta, azul y verde) corresponde a los colores fríos. Son ideales para crear elementos más serenos y relajantes en los dibujos.

Azul cálido   Azul frío   Amarillo cálido   Amarillo frío   Rojo cálido   Rojo frío

Versiones de un color

Un mismo color, como el amarillo, tiene multitud de matices que encajan bajo la etiqueta de ese color. Algunos serán cálidos, y otros, fríos. Aquí se muestran versiones frías y cálidas de azul, amarillo y rojo.

Los básicos del valor

El valor y el tono describen la luminosidad y la oscuridad. Tendemos a hablar de tono en los dibujos monocromáticos y de valor en los multicolores, pero ambos términos aluden a la misma cualidad: el rango de claros y oscuros. Reducir un dibujo a blanco y negro al principio te ayudará a conseguir una amplia variedad de valores en una imagen. Al tener en cuenta el valor, y no necesariamente el color, podrás construir un dibujo interesante y rico que contará con profundidad (utilizará gradaciones de color) y contraste (al yuxtaponer valores claros y oscuros).

Escala de grises

La escala de grises tiene nueve gradaciones, con el negro en un extremo y el blanco en el otro. El gris central tiene un valor (o tono) medio.

Negro   Blanco

Clave baja (escala baja)   Clave alta (escala alta)

Escala de rojos

Esta escala cromática tiene las mismas gradaciones que la de grises, arriba, con el rojo oscuro en un extremo y un rosa pálido en el otro.

 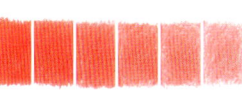 

Rojo oscuro   Rosa pálido

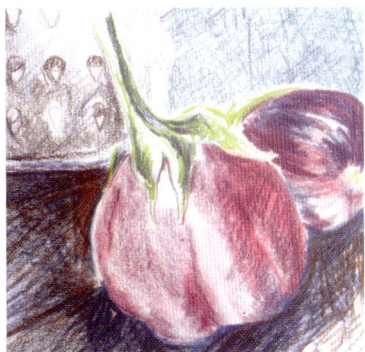

Dibujo en clave baja

Cuando los colores de un dibujo se describen por su valor y los valores que se usan son mayoritariamente oscuros, se dice que está en clave baja (o escala baja).

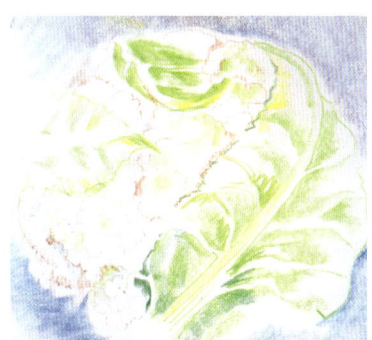

Dibujo en clave alta

Por el contrario, cuando los colores son de un valor mayoritariamente claro, se dice que la imagen está en clave alta (o escala alta).

Elegir un medio

DECIDIR QUÉ MEDIO USAR

Hay muchísimos medios o técnicas distintos, y quizá por ello no sepas por dónde empezar. Sin embargo, la experimentación está a la orden del día: entiéndela como una oportunidad para desarrollar tu obra. Tal vez te sea útil apuntarte a una clase de dibujo o pintura en la que puedas probar distintos medios antes de invertir en materiales caros. La obra de un artista que te guste puede ser un buen punto de partida: ¿qué medios o técnicas usa? No hay ninguna norma que te obligue a ceñirte a uno solo: combinar medios distintos puede dar lugar a resultados sorprendentes e inspiradores.

LÁPIZ

El lápiz es la primera opción para dibujar, y también la más útil. Reúne lápices de varias durezas, por ejemplo, de la más dura 2H a la más blanda 5B (pp. 34-35). Los más duros crean líneas más finas y ligeras, por lo que serán ideales para siluetas o trabajos más controlados. Cuanto más blando sea, más oscura será la línea, y será fantástico para marcas intensas y contrastes tonales. Los lápices más blandos pueden emborronar el papel, pero permiten trabajar con goma para obtener contrastes blancos. Hay lápices de carboncillo, ideales para sombrear y trazar líneas sueltas.

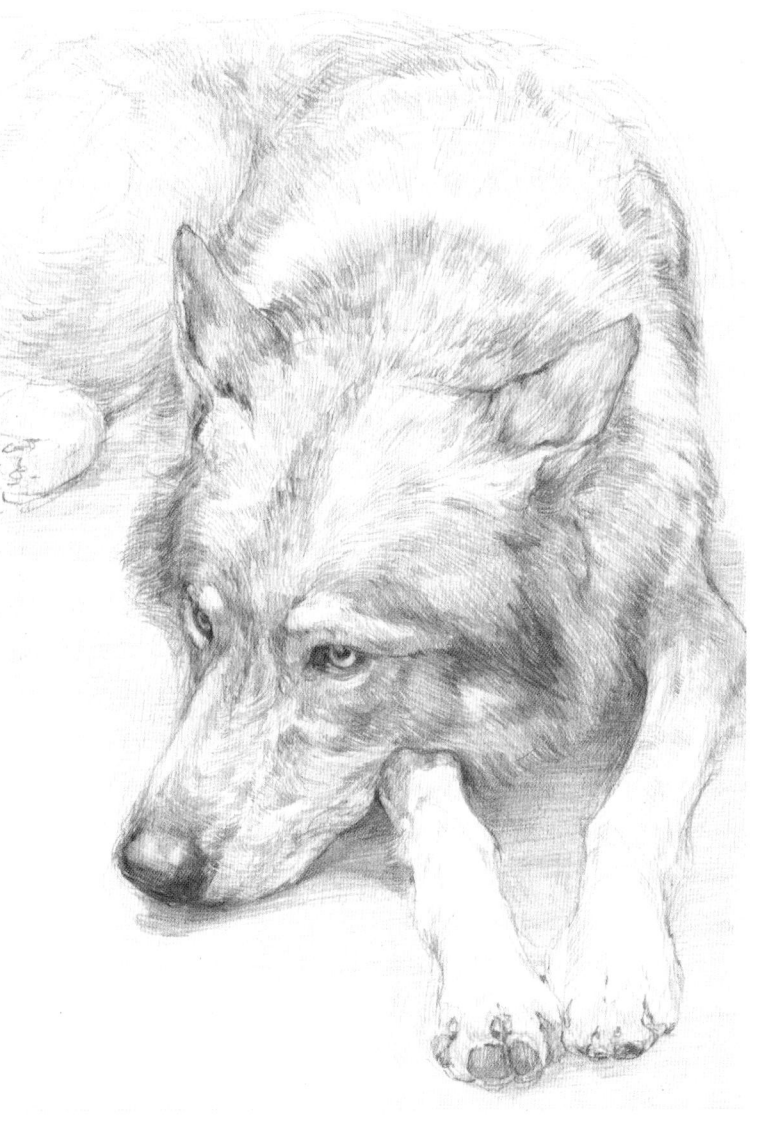

Dibujar a lápiz : pros y contras

PROS	CONTRAS
■ Baratos y fáciles de transportar	■ Se rompen con facilidad
■ Distintas durezas de mina producen líneas y efectos distintos	■ Las minas más blandas pueden emborronar el papel
■ Se puede borrar con goma	■ Las minas más duras pueden marcar el papel
	■ Hay que afilarlos con regularidad

Retrato a lápiz

Elegir los lápices de la dureza adecuada te ayudará a crear un dibujo lleno de vida, contrastes y texturas. Usa líneas rápidas y enérgicas combinadas con marcas más controladas para plasmar características distintas.

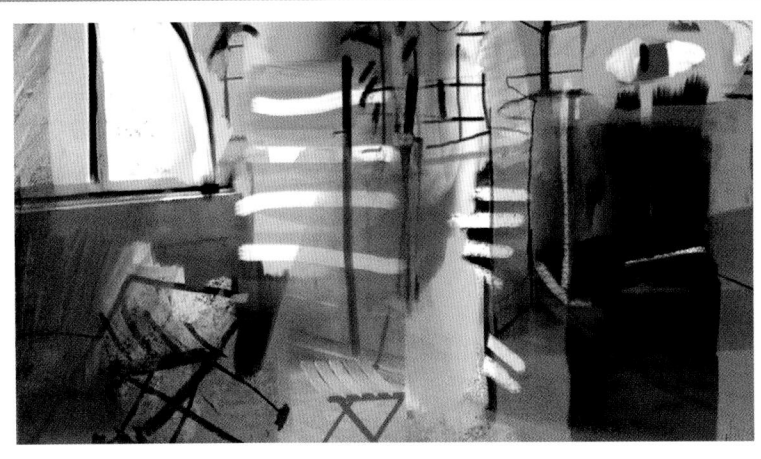

Dibujo digital

Es probable que todo con lo que puedas dibujar en el mundo real ya tenga su versión en formato digital, por lo que puedes abocetar y dibujar en una tableta imitando efectos de lápiz, pluma, carboncillo, pastel, tinta, pintura, pincel, espátula o aerosol. Usa la tableta para dibujar, escribir y garabatear en un mismo soporte, en vez de tener que usar múltiples libretas o trozos de papel. Su ventaja más evidente es la portabilidad: con un pequeño dispositivo (algunos caben incluso en un bolsillo grande) puedes acceder a multitud de herramientas y materiales que, de otro modo, constituirían un equipo artístico abultado. Además, puedes usar la tableta en cualquier sitio: en la cafetería, la galería de arte o la mesa de la cocina, sin necesidad de ocupar espacio ni ensuciar nada. Otra ventaja es que nadie se dará cuenta de que estás dibujando.

CARBONCILLO

Es muy versátil y viene en múltiples formas. Es perfecto para hacer marcas gestuales y para superficies ricas y sombreadas, a las que dota de una amplia gama de grises, desde el gris mate al blanco luminoso del papel, con todos los grises entre uno y otro. Puedes comprar carboncillo de sauce o de vid (más fino y quebradizo, por lo que hay que ser cuidadoso). Partir un carboncillo produce un borde afilado y muy útil para los detalles. Otras formas de carboncillo habituales son lápices o bastones comprimidos y de distintos niveles de dureza.

Dibujar al carboncillo: pros y contras

PROS

- Se parte con facilidad para poder usar un borde afilado
- Permite trabajar a capas para conseguir tonos ricos y variados
- Promueve las marcas expresivas y una técnica desinhibida

CONTRAS

- Se rompe con facilidad, sobre todo cuando uno no quiere
- Es sucio. Necesitarás fijador para evitar que se transfiera a otras superficies
- Es menos útil para los detalles

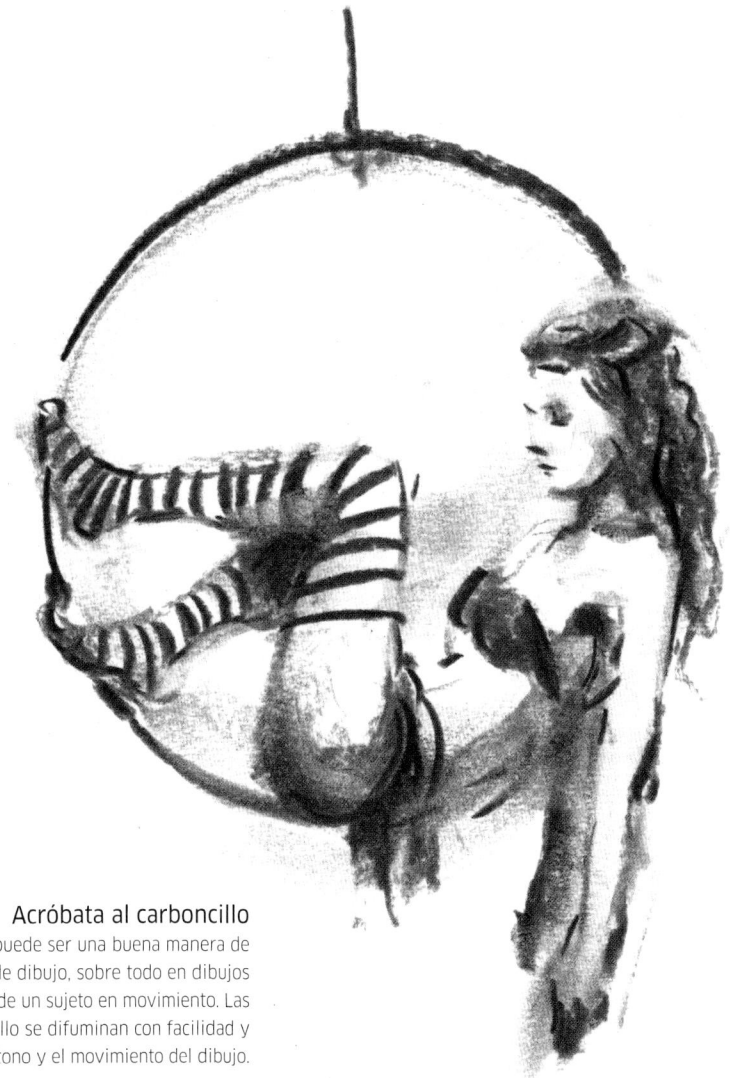

Acróbata al carboncillo

El carboncillo puede ser una buena manera de relajar la técnica de dibujo, sobre todo en dibujos rápidos y gestuales de un sujeto en movimiento. Las líneas de carboncillo se difuminan con facilidad y permiten sugerir el tono y el movimiento del dibujo.

PLUMA Y TINTA

Hay plumas o plumines de dibujo de muchos tipos y grosores y producen un flujo constante de tinta que otorga mayor riqueza a los trazos. También hay plumas con una punta de pincel que replica las líneas pictóricas. La tinta se puede aguar, para emular una acuarela, o usar directamente, para obtener trazos de color intenso. Una pluma sumergida en tinta de dibujo puede producir líneas más irregulares o con salpicaduras interesantes.

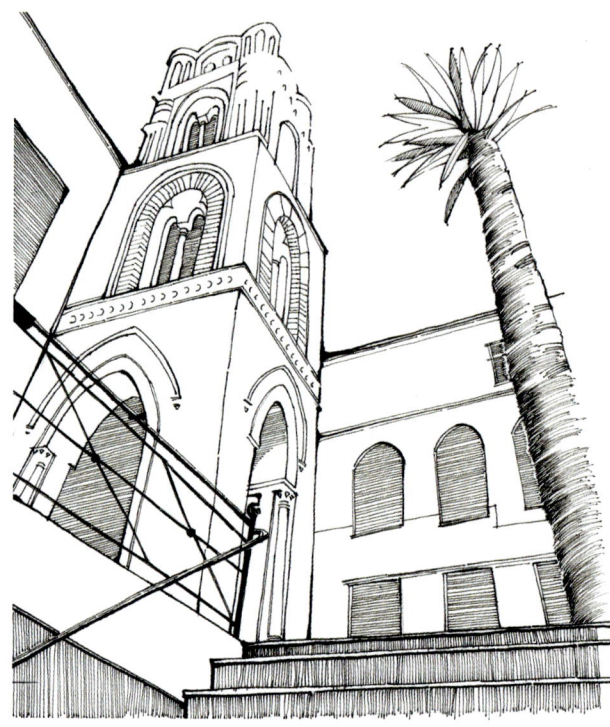

Perspectiva con pluma y tinta
Puedes conseguir varios tonos con solo tinta negra y el blanco del papel si varías la separación entre las líneas y las cualidades de estas, y si dibujas líneas cortas más próximas o más distantes.

Dibujar con pluma y tinta: pros y contras

PROS	CONTRAS
■ Hay tintas de muchos colores	■ No todas las plumas permiten aguar la tinta, y algunas pueden sudar o decolorarse
■ La tinta china aporta un acabado lacado que no se corre cuando se seca	■ Las plumas y la tinta de buena calidad son caras
■ Se puede variar la cualidad de la línea en función del tipo de plumín y cómo se use	■ Se precisan diversos plumines metálicos y de pincel para conseguir líneas variadas

LÁPICES DE COLORES

Los lápices de colores pueden ser menos agradecidos que los lápices de grafito convencionales, por lo que exigen práctica. Ofrecen un abanico cromático muy atractivo; los tonos se pueden combinar entre ellos, y estos cambian según la presión aplicada y el uso del rayado cruzado o las capas: usar el lateral de la mina produce un color más suave. Los lápices hidrosolubles cubren más el papel, y, si se usan como acuarelas, se pueden combinar con otro lápiz una vez que se han secado.

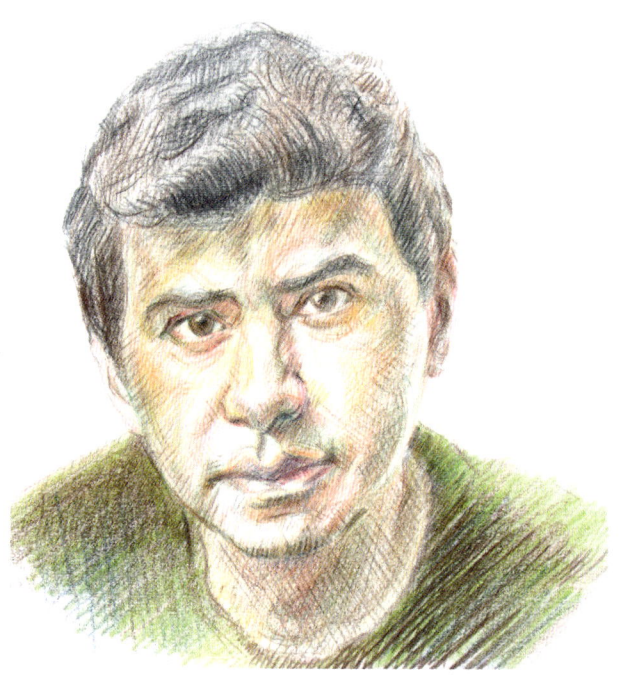

Retrato con lápices de colores
Los trazos suaves permiten crear un retrato con personalidad, incluso con una paleta de colores limitada. Superponer los colores permite jugar con la textura y el tono.

Dibujar con lápices de colores: pros y contras

PROS	CONTRAS
■ Hay multitud de colores, que además se pueden combinar	■ Son difíciles de borrar o de eliminar
■ Hay variedades con distintas propiedades, como pigmentos hidrosolubles	■ Los lápices de colores de buena calidad son caros
■ Son permanentes, no hay necesidad de usar fijador	■ Se tienen que afilar con regularidad

PASTELES

Los pasteles ofrecen la mayor variedad de colores de todos los medios o materiales. Por lo general, los pasteles redondos son blandos; los duros son cuadrados, y los pasteles al óleo son más espesos y pegajosos. Los hay en forma de lápiz para los dibujos subyacentes o los detalles más precisos. El arcoíris de colores disponibles se multiplica cuando los pasteles se mezclan sobre el papel; se pueden mezclar con el dedo o difuminar los unos sobre los otros, por lo que dibujar con pasteles es, definitivamente, un trabajo manual con el que los dedos siempre acaban sucios. Dicho esto, son uno de los medios más ingobernables y hay que acostumbrarse a ellos, pero el resultado final merecerá la pena. Trabajar con pasteles blandos exige usar fijadores para evitar ensuciar otros dibujos con el polvo y los borrones no deseados.

Dibujar con pasteles: pros y contras

PROS

- Enorme variedad de colores vibrantes
- Fáciles de transportar, táctiles y fáciles de usar
- Funcionan sobre múltiples texturas y soportes

CONTRAS

- Los pasteles de buena calidad son caros
- Sucios: tanto los pasteles blandos como los duros pueden crear polvo pigmentado
- Transferibles: hay que usar fijador para evitar que el pigmento se desprenda del soporte

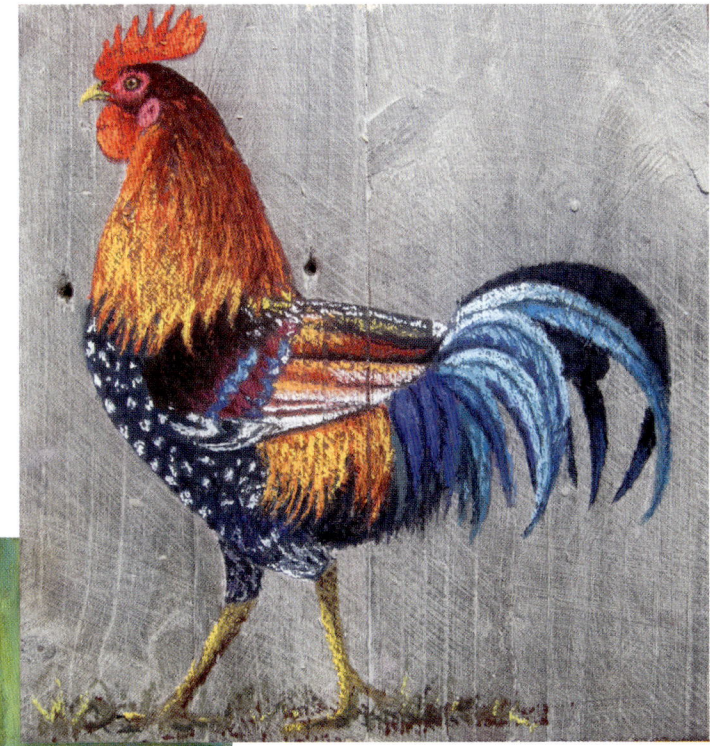

Gallo multicolor

Aunque los modelos multicolores no son los únicos que merecen ser dibujados, permiten que la energía y la variedad de los pasteles brillen al máximo. Los pasteles funcionan mejor sobre superficies con textura (en la imagen, madera) que fijen el pigmento.

Restregado con pastel

Esta técnica de dibujo usa el lateral del pastel y un toque muy suave para crear efectos velados. Básicamente, se aplica una capa fina de un color sobre otro (la capa base). Esta técnica permite crear color y textura.

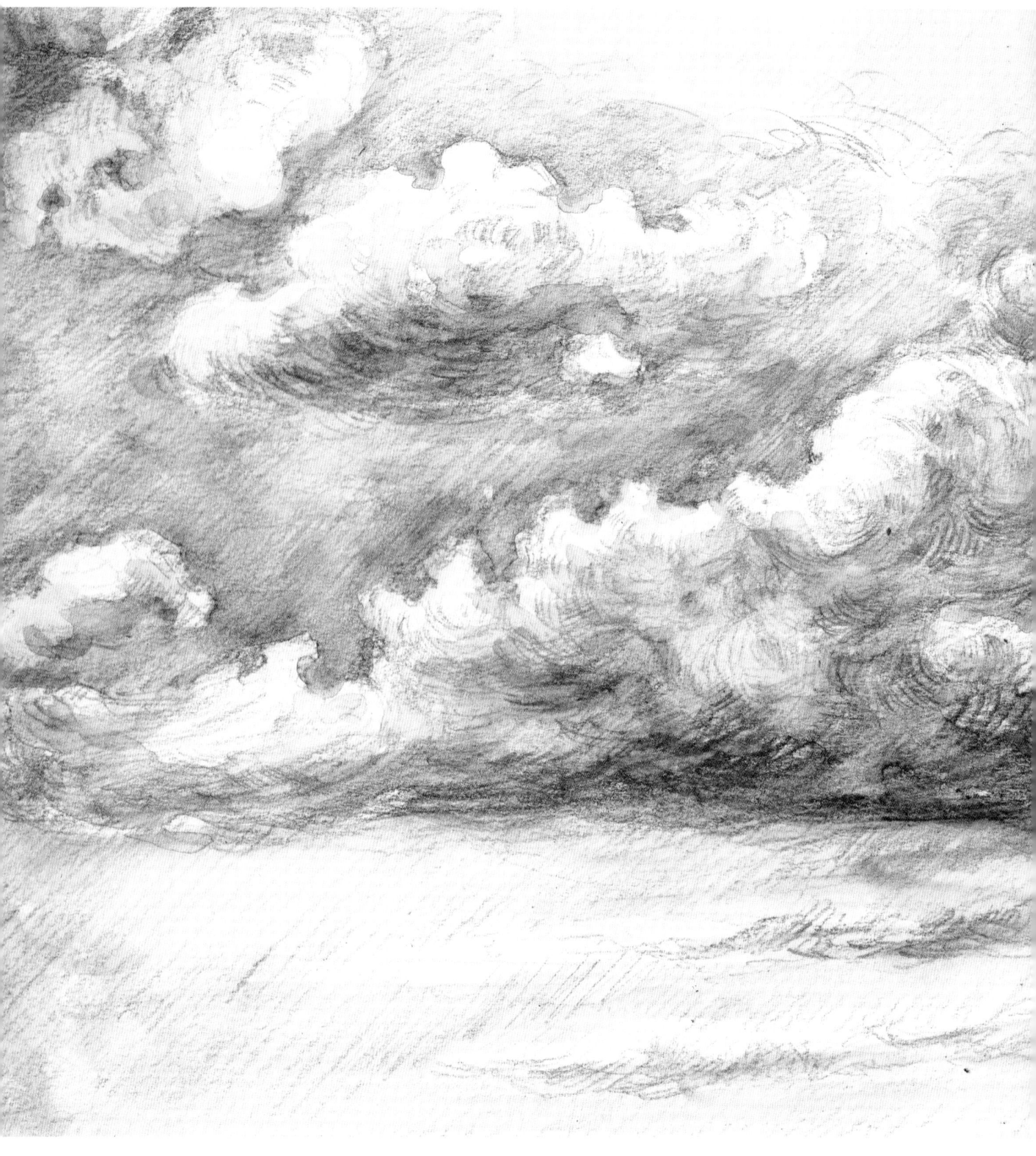

Lápiz

Dibujar con **lápiz**

Los lápices de grafito, una herramienta fundamental para los artistas, se emplean para escribir y en dibujos de todo tipo, desde bocetos rápidos a detallados dibujos técnicos. Hay lápices (graduados en una escala de dureza relativa de 9H a 9B) adecuados para todos los temas. Experimenta con barras de grafito o con grafito en polvo para conseguir todavía más expresividad. La versatilidad de los trazos a lápiz atrae a artistas de estilos y niveles de habilidad muy diversos.

A continuación, se exploran las cualidades de las distintas formas de grafito y cómo usarlas con el máximo impacto. Los consejos prácticos se agrupan en tres secciones (técnicas de iniciación, intermedias y avanzadas) que contienen 14 técnicas de dibujo con lápiz de grafito. Cada una culmina con un dibujo de muestra que reúne todas las técnicas.

1 Técnicas de iniciación

■ Véanse pp. 38-49

Aquí aprenderás cómo el modo en que sujetas el lápiz influye en las marcas que haces, además de a usar el grosor de las líneas, el espacio negativo y distintos tipos de rayado para lograr el mejor efecto en tus dibujos.

2 Técnicas intermedias

■ Véanse pp. 50-61

En este apartado aprenderás a enmarcar y a componer escenas y cómo se usan las marcas de contorno para sugerir volumen, además de a usar grafito soluble, lápices de distinta dureza y rayas para sugerir profundidad y tono.

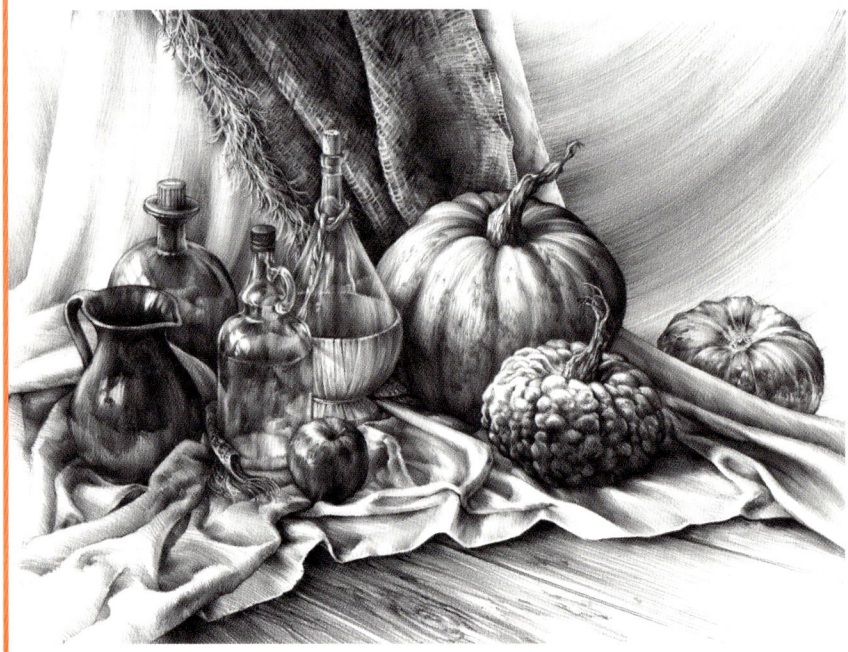

Dibujo de muestra de las técnicas de iniciación (pp. 48-49)

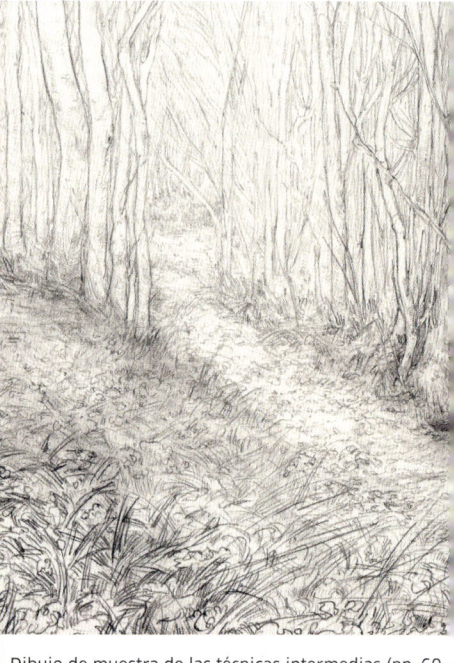

Dibujo de muestra de las técnicas intermedias (pp. 60-

El grafito se usa como medio para dibujar desde el siglo XVI, cuando se descubrió una gran veta de grafito natural en Cumbria (norte de Inglaterra). Al principio, el grafito natural se serraba en tiras que luego se envolvían en cordel o en piel de oveja para construir instrumentos de dibujo. En 1795, el francés Nicolas-Jacques Conté inventó el lápiz moderno (con la mina de grafito en polvo mezclado con arcilla y envuelta en madera). Antes del descubrimiento del grafito, los antiguos maestros usaban puntas de metal o de plata con las que conseguían marcas grises, precisas y finas similares a las que ahora asociamos al dibujo con lápiz de grafito, pero que no ofrecían la misma versatilidad.

Trabajar con lápiz

Los lápices de grafito son asequibles y fáciles de transportar, por lo que son un material accesible cuando se empieza a dibujar. Su precisión puede desalentar a los principiantes, mientras que las barras de grafito proporcionan una alternativa más expresiva. Los lápices se pueden afilar mucho y conservan la punta con más facilidad que el carboncillo, lo que los hace adecuados para el dibujo lineal y para las técnicas de rayado. Los lápices H, más duros, logran una delicada gama de grises claros, mientras que los lápices B, más blandos, producen tonos densos y suaves, si bien nunca llegan al negro del carboncillo.

Como se borra con facilidad con goma y no produce borrones, el lápiz es ideal para esbozos sobre los que dibujar con otros medios u otras técnicas. Sin embargo, si se aplican distintas técnicas y se explota la variedad de marcas posibles, los dibujos a lápiz pueden ser verdaderas obras de arte.

3 Técnicas avanzadas

■ Véanse pp. 62-73

En esta sección aprenderás a usar gomas de borrar para generar luz en áreas oscuras, así como máscaras y cinta de carrocero. También explorarás técnicas para dibujar el pelaje de animales, dibujar a capas y plasmar superficies reflectantes.

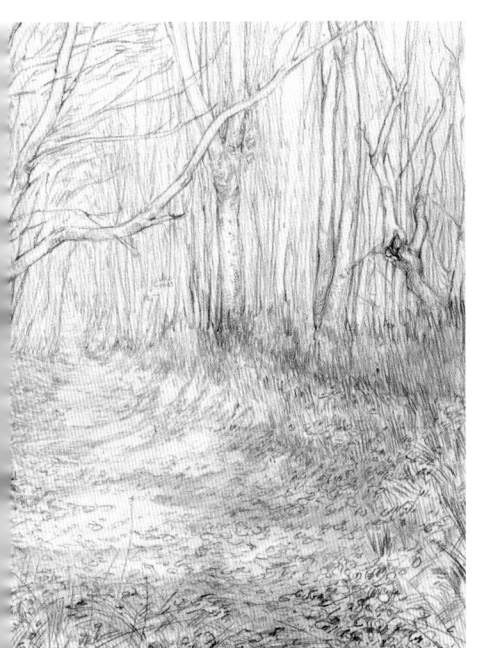

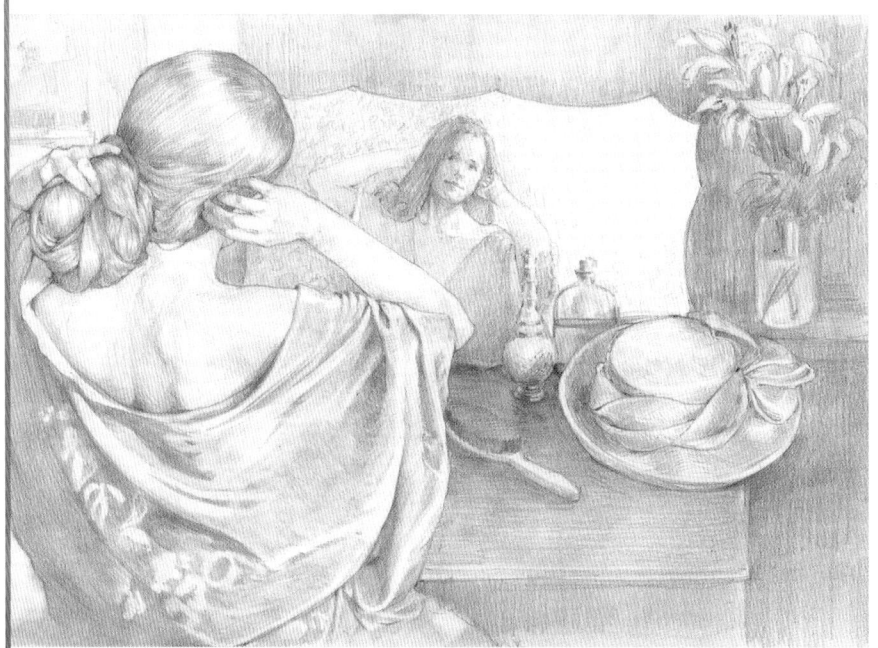

Dibujo de muestra de las técnicas avanzadas (pp. 72-73)

Lápiz y grafito

CÓMO ELEGIR LA HERRAMIENTA DE DIBUJO

Los lápices de grafito son el material de dibujo más accesible. Se pueden afilar hasta conseguir puntas muy finas y trazan una marca lineal gris que se borra con facilidad. Los distintos grados de dureza dan lugar a marcas que van desde líneas precisas hasta sombreados suaves. El grafito también se puede adquirir en forma de barras sólidas o de polvo que se frota sobre el papel.

Es importante que te asegures de dibujar con el tipo y el grado de grafito más adecuado en función del proyecto que tengas entre manos. Practica dibujar trazos de muestra y gradientes tonales con lápices de distintos grados, para familiarizarte con las particularidades de cada uno.

Los lápices y sus graduaciones

El grafito natural con el que se producen las minas de los lápices se asemeja mucho al plomo que, además, se usaba para dibujar con punta de metal antes de que se descubriera el grafito. Las minas de los lápices y las barras de grafito se fabrican con una mezcla de grafito en polvo y arcilla en distintas proporciones, y su dureza se mide en la escala HB, que va del grado más duro y pálido, 9H, al más blando y oscuro, 9B, pasando por el HB en el centro y el grado F entre el HB y el H. En EE.UU. se usa una graduación más breve, del 1 al 4, en la que un lápiz de grado 2 equivale a un HB.

Los lápices duros H se pueden afilar hasta lograr una punta muy fina que se mantiene durante más tiempo, por lo que son ideales para dibujos técnicos y precisos. Tienen un rango tonal más limitado y producen grises sutiles adecuados para añadir tonos pálidos a los esbozos. Los lápices B, más blandos, ofrecen un rango tonal más amplio que los H y producen marcas más oscuras y granuladas, lo cual los hace ideales para esbozar. Los grados más blandos se reservan para las zonas más oscuras del dibujo.

Distintas formas de grafito

Por lo general, las minas de grafito están rodeadas de madera (normalmente de cedro) que se afila con sacapuntas tradicionales, mecánicos o eléctricos, o bien con un cuchillo. Cada método de afilado produce puntas de distinta longitud. El lápiz y las barras de grafito comprimido se sujetan con la mano y proporcionan control e inmediatez a los dibujos.

El grafito en polvo es una buena alternativa que usar en áreas tonales extensas. Se puede recoger afilando

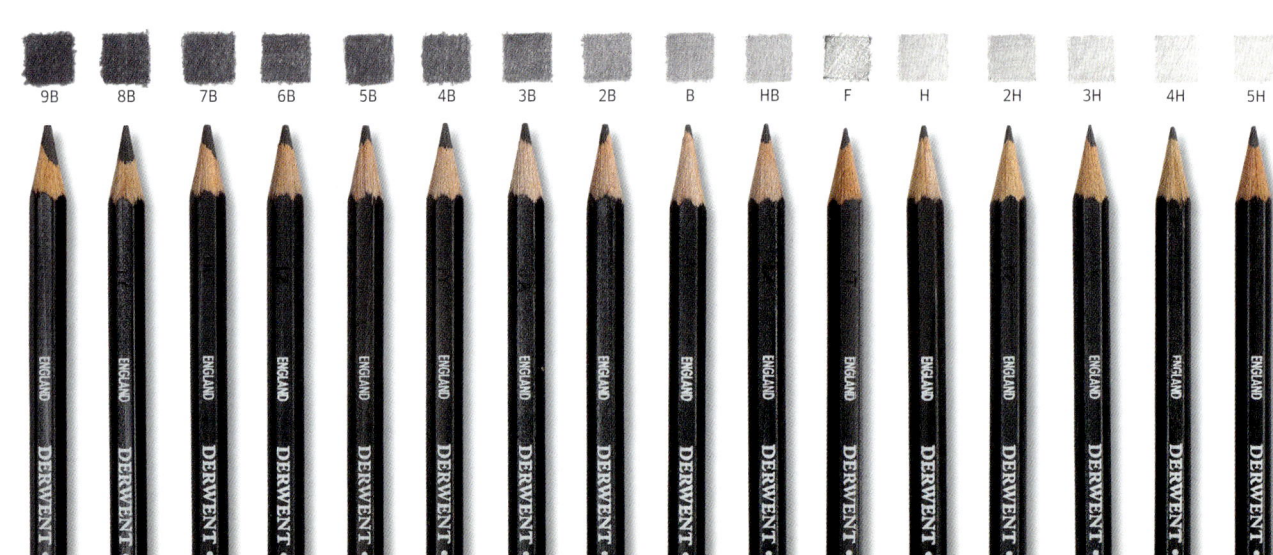

9B 8B 7B 6B 5B 4B 3B 2B B HB F H 2H 3H 4H 5H

Lápices para esbozar

Los juegos de lápices contienen lápices de distintos grados para esbozar. Algunos son hidrosolubles y permiten añadir agua o sumergir la mina en agua, para producir dibujos de línea y aguada o trazos de colores más suaves.

Grafito en polvo

Es un polvo fino y suelto que se usa para difuminar tonos en áreas grandes. Se aplica con pincel, un paño o los dedos sobre superficies con textura.

Herramientas

Necesitarás sacapuntas y goma de borrar. Las gomas amasables (o moldeables) permiten levantar el polvo de grafito del papel.

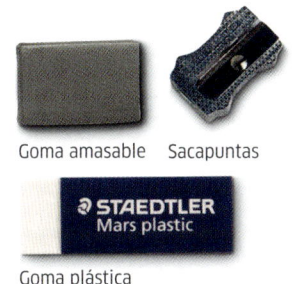

Goma amasable   Sacapuntas

Goma plástica

> «El lápiz es la herramienta **básica** del artista, y produce desde esbozos rápidos a estudios detallados y sofisticados .»

barras de grafito sólido, o bien comprarlo ya en polvo, que luego se aplica con distintas herramientas, como los dedos, pinceles, difuminos, telas y paños.

Los lápices mecánicos, o portaminas, tienen minas recargables de distintos grosores, desde los 2 mm a los 5,6 mm, que producen líneas continuas y que se utilizan del mismo modo que los lápices convencionales, pero reducen la necesidad de afilarlos.

Herramientas para borrar y moldear

Las gomas corrigen o eliminan el grafito con facilidad. Las gomas plásticas duras se pueden cortar o moldear para conseguir bordes limpios con los que «dibujar» líneas en marcas emborronadas y las gomas amasables permiten levantar el polvo de grafito del papel. Aunque el grafito se sujeta más al papel que el carboncillo, se puede emborronar deliberadamente con paños, difuminos o tortillones.

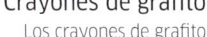
Crayón de grafito

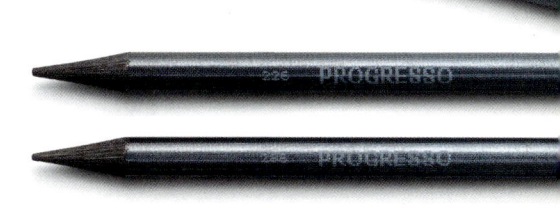

Tipos de lápiz

Los grados de dureza van desde el más duro, 9H, al más blando, 9B, y ofrecen rangos tonales distintos. Combinar distintas durezas añade variedad al dibujo.

Crayones de grafito

Los crayones de grafito son muy versátiles y están hechos de grafito en polvo comprimido. Producen trazos laterales más anchos que un lápiz estándar.

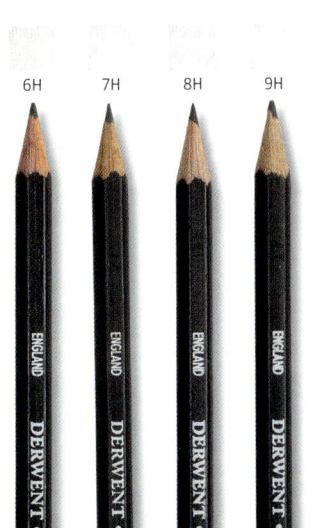

6H   7H   8H   9H

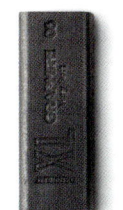 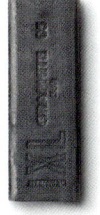 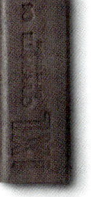 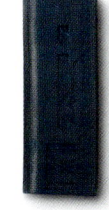 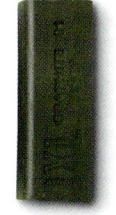

Barras de grafito

Están disponibles en distintos grados y colores y son muy útiles para sombrear áreas grandes o crear tonos lisos. Los bloques hidrosolubles ofrecen opciones adicionales.

Soportes para dibujos a lápiz

ELEGIR UNA SUPERFICIE PARA DIBUJAR A LÁPIZ

Los dibujos a lápiz se suelen hacer en hojas de papel sueltas o en cuadernos de bocetos, y se adaptan a una amplia variedad de tipos de papel. Si quieres dibujar algo y no tienes a mano tu medio preferido, lo más probable es que puedas encontrar un lápiz y un cuaderno, cartulina o incluso sobres usados en los que dibujar.

El papel que elijas influirá mucho en el resultado final del dibujo. Explora la calidad de distintos tipos de papel y las marcas que las distintas formas de grafito dejan sobre ellos.

Papel

Puedes dibujar en una libreta, en un cuaderno de bocetos o en hojas sueltas. Si dibujas en hojas sueltas, necesitarás una tabla en la que apoyarlas, y las tendrás que sujetar con pinzas o con cinta de carrocero. Asegúrate de que la tabla sea lisa y plana, porque las texturas bajo el papel aparecerán en el dibujo. El papel de dibujo suele ser la opción estándar para trabajar con lápiz, porque la superficie lisa permite al lápiz deslizarse fácil y libremente y trazar marcas fluidas.

El lápiz se puede usar con papel de todos los gramajes, aunque el papel de dibujo de 120-200 g/m^2 es ideal y el papel más pesado, por encima de los 200 g/m^2, proporciona una superficie firme y resistente para técnicas vigorosas de rayado o con gomas de borrar, además de una buena superficie para aguadas con lápiz. Los lápices duros pueden marcar surcos en el papel, y los muy blandos son difíciles de borrar.

Si la textura del papel es muy marcada, puede interrumpir la continuidad de la marca del lápiz y afectar a la fluidez de la línea, aunque son texturas adecuadas para lápices blandos que requieren sombreados y bordes difuminados. El lápiz permanece bien sobre el papel de colores, aunque los tonos más oscuros acostumbran a exagerar la cualidad reflectante y plateada del grafito.

Conservar los dibujos

El lápiz no se emborrona con tanta facilidad como el carboncillo y no necesita fijador, aunque al grafito en polvo le podría venir bien una rociada con espray fijador. Para conservar los dibujos hechos con grafito blando en hojas sueltas, guárdalos entre

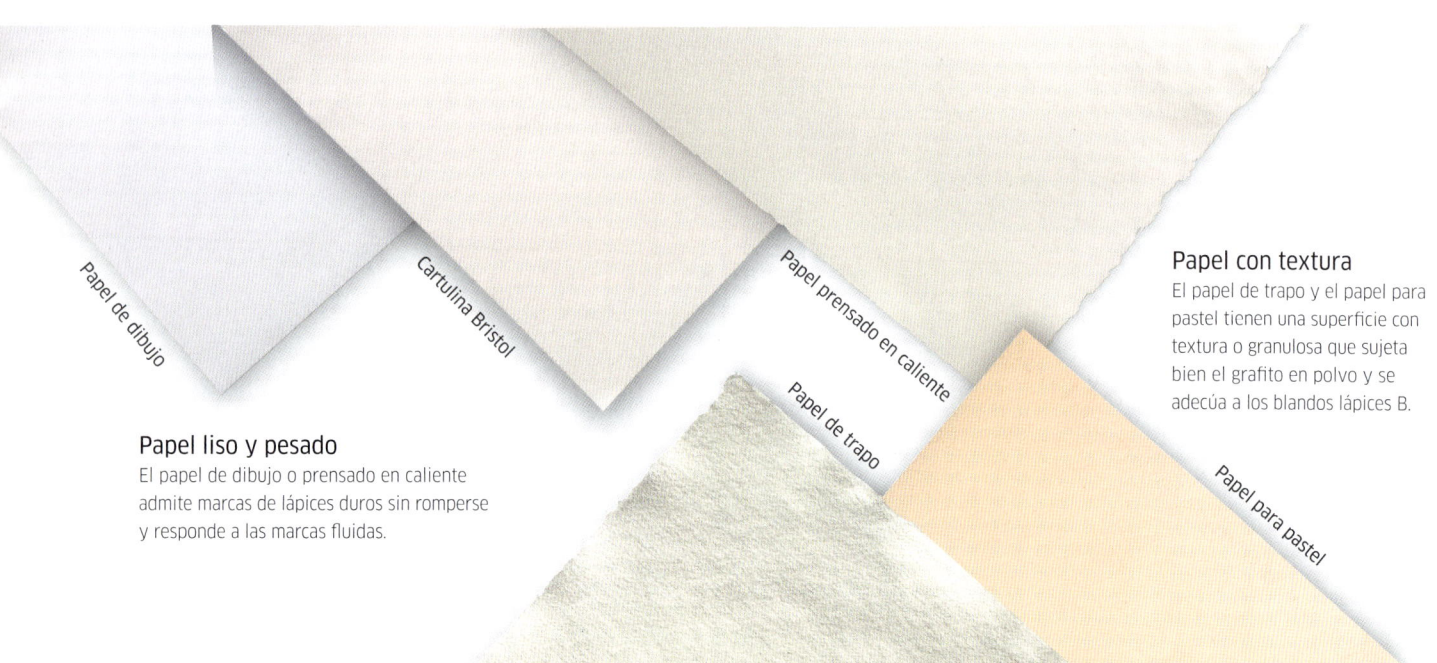

Papel de dibujo

Cartulina Brístol

Papel prensado en caliente

Papel de trapo

Papel para pastel

Papel liso y pesado
El papel de dibujo o prensado en caliente admite marcas de lápices duros sin romperse y responde a las marcas fluidas.

Papel con textura
El papel de trapo y el papel para pastel tienen una superficie con textura o granulosa que sujeta bien el grafito en polvo y se adecúa a los blandos lápices B.

Montar el papel

Para conseguir una superficie de dibujo lisa, necesitarás una tabla de madera (una tabla de madera barnizada es ideal) y pinzas o cinta de carrocero para evitar que se caiga.

Cuaderno de notas

Lleva encima un cuaderno de bolsillo de tapa dura y un lápiz para dibujar en el exterior o dondequiera que te asalte la inspiración. Acuérdate de la goma y del sacapuntas.

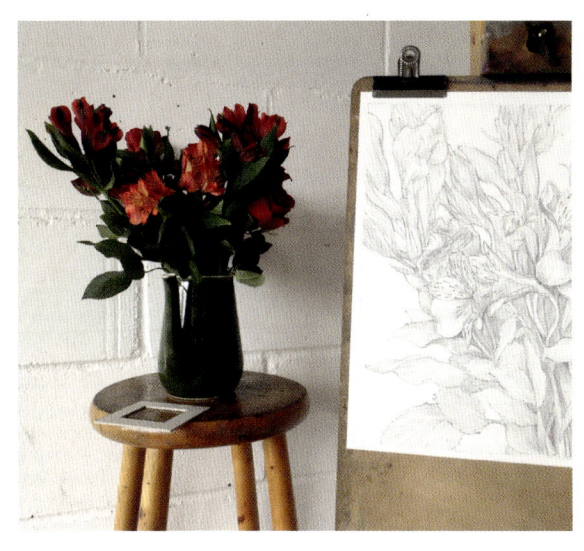

hojas de papel de seda sin ácido u hojas de papel de dibujo. Si dibujas con grafito muy blando o en polvo en cuadernos de bocetos, es recomendable que solo uses una cara de la doble página, porque la que queda en blanco reduce la probabilidad de que el grafito se emborrone.

Cuadernos de bocetos

Los lápices de grafito son un medio ideal para abocetar, porque son limpios, fáciles de transportar y perfectos para dibujar sobre la marcha en cuadernos de bocetos. Si estás

en la calle, trata de que los lápices no se te caigan y evita que las minas se rompan. Lleva siempre un sacapuntas encima, para lograr la punta que necesites en cada momento, y una goma de borrar, para las correcciones.

Elegir un cuaderno de bocetos

Piensa en cómo vas a usar el cuaderno. ¿Lo vas a llevar en el bolsillo para hacer bocetos rápidos o necesitas una superficie grande para la clase de dibujo de la figura humana? Elige siempre cuadernos con papel de dibujo de buena calidad.

> «Explora la **calidad** de distintos tipos de papel y las **marcas** que las distintas formas de grafito dejan sobre ellos.»

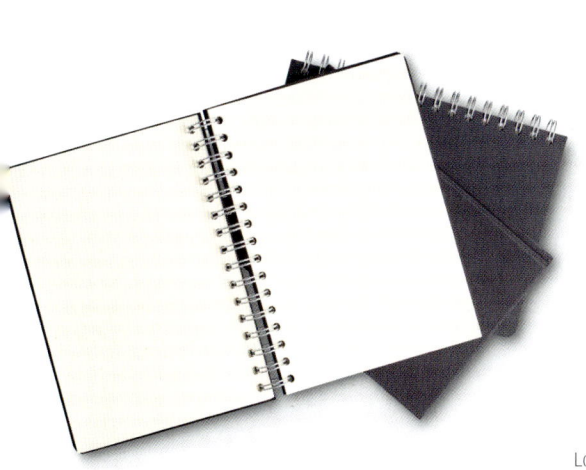

Cuadernos de bocetos

La espiral permite trabajar a doble página o con una sola.

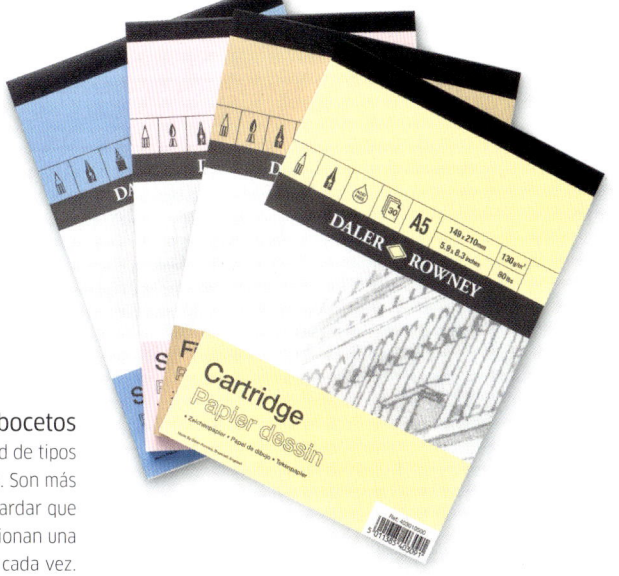

Bloc de bocetos

Los hay de una amplia variedad de tipos de papel, tamaños y gramajes. Son más fáciles de transportar y de guardar que las hojas sueltas, y proporcionan una hoja en blanco cada vez.

Marcas básicas

PONER EL LÁPIZ SOBRE EL PAPEL

Los lápices son herramientas de dibujo muy versátiles. Es importante que explores las distintas marcas que puede dejar el tuyo a medida que aprendas a dibujar. La velocidad a la que hagas la marca, la presión que apliques y el modo en que sujetes el lápiz contribuirán al aspecto de la línea sobre el papel.

PONLO EN PRÁCTICA

Los objetos sencillos y cotidianos son buenos modelos para estudios lineales rápidos con los que practicar la capacidad de observación y trazar líneas con sujeciones distintas que consigan marcas diferentes.

Necesitarás

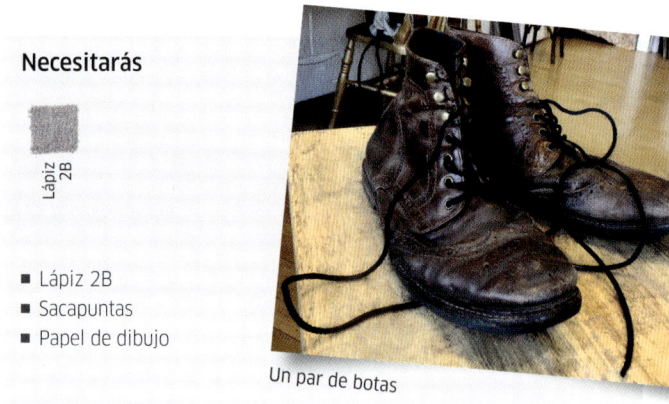

Lápiz
2B

- Lápiz 2B
- Sacapuntas
- Papel de dibujo

Un par de botas

■ Sujetar el lápiz

Conseguirás más o menos control y habrá más o menos superficie de la punta o el lateral en contacto con el papel según sujetes el lápiz. Puedes cambiar de sujeción a lo largo del dibujo, para conseguir marcas variadas.

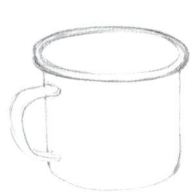

Sujeción para caligrafía

Es la manera convencional de sujetar el lápiz cuando se escribe con la mano dominante. Ofrece el máximo control sobre la punta, pero limita el alcance de las marcas. Es muy útil para las marcas detalladas. Pruébala también con tu mano no dominante.

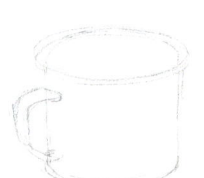

Sujeción distante

Sujetar el lápiz con suavidad por el centro te ayudará a trazar líneas sueltas y con un control mínimo. Esta sujeción es adecuada para bocetos rápidos y marcas expresivas que capturan un objeto con líneas continuas.

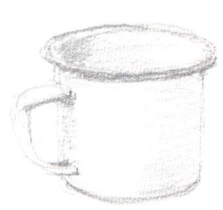

Sujeción desde arriba

Sujetar el lápiz desde arriba permite mantenerlo en un ángulo muy agudo sobre el papel. Esta sujeción permite dibujar con el lateral de la mina de grafito, y es una sujeción suelta que produce marcas anchas o bloques tonales con mucha rapidez.

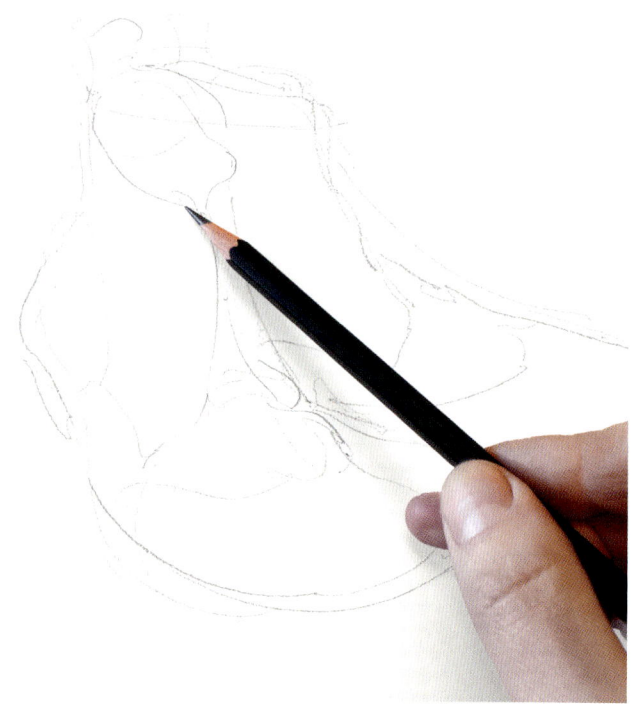

1 Suelto y vivaz

Es probable que las primeras impresiones del modelo sean amplias y generales, algo que han de reflejar las marcas. Una sujeción distante te permitirá esbozar las siluetas más amplias del objeto para determinar el aspecto general y la escala sobre la página.

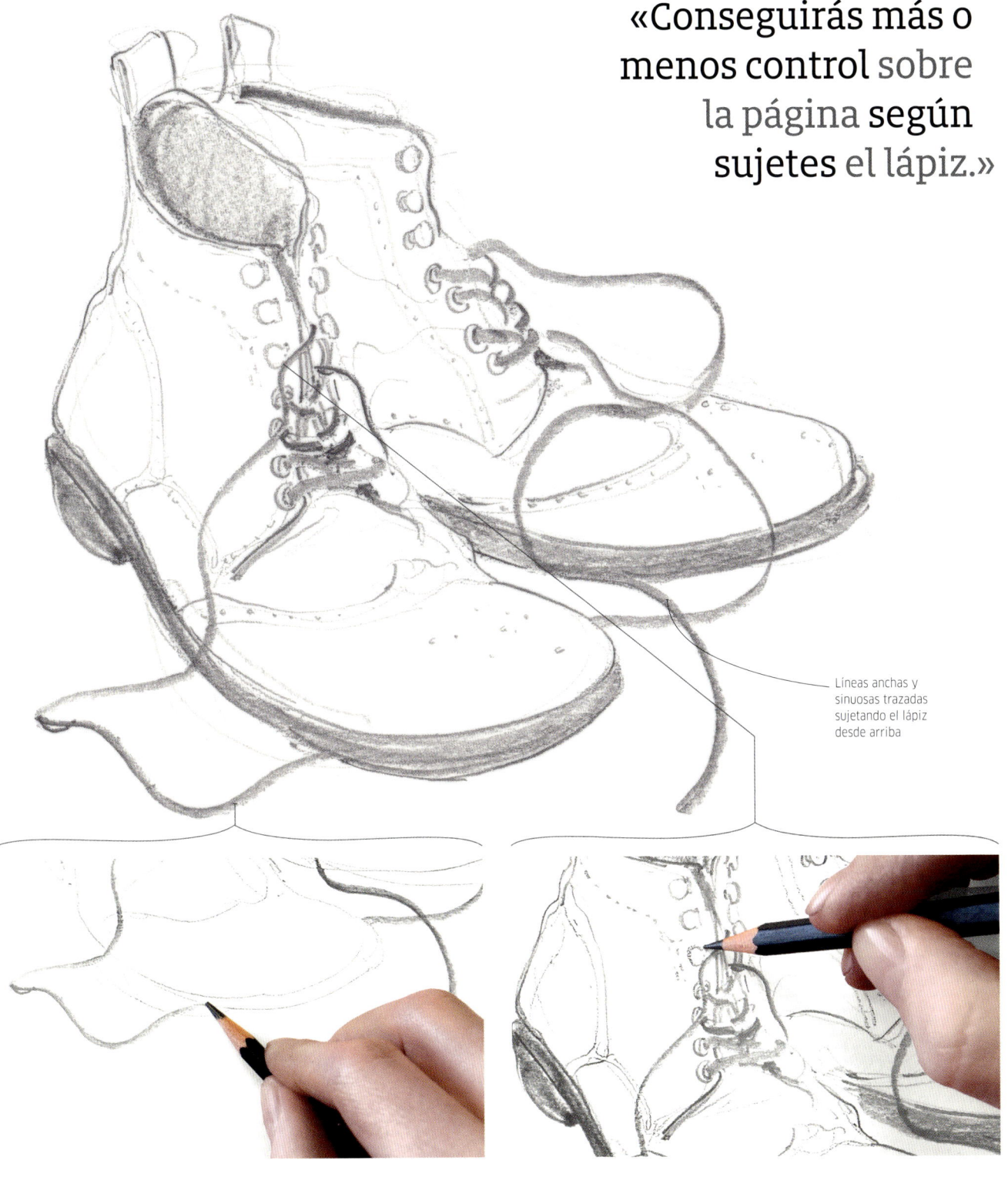

Líneas anchas y sinuosas trazadas sujetando el lápiz desde arriba

2 Presión lateral

La sujeción desde arriba es tan imprecisa como la distante, y solo controla un borde de la ancha marca que deja el lateral de la mina. Úsala para dibujar marcas amplias y eficientes en los cordones o para producir bloques tonales.

3 Control detallado

Ahora que has plasmado las siluetas, aplica marcas más precisas para dibujar líneas clave y detalles pequeños (usando la controlada sujeción de caligrafía). Usa como guía la estructura general que has trazado en los pasos anteriores.

Espacio negativo

VER LOS ESPACIOS INTERMEDIOS

Dibujar algún tema complejo (objeto o sujeto) que observes frente a ti te será más fácil si comienzas dibujando los espacios negativos que rodean las formas positivas y se entrelazan con ellas, porque así verás el objeto principal con más objetividad. Piensa en el dibujo como en un rompecabezas: todas las formas del objeto (positivas o negativas) han de encajar con el resto de las formas que las rodean.

■ Ayuda para la composición

Ver y dibujar los espacios negativos alrededor de una composición te puede ayudar a comprobar las proporciones y a centrarte en las formas que la constituyen. Usa un visor (una cartulina con una apertura de las mismas dimensiones que el plano de la imagen recortada en el centro) para aislar una vista y crear espacios negativos definidos entre el borde del sujeto y su marco.

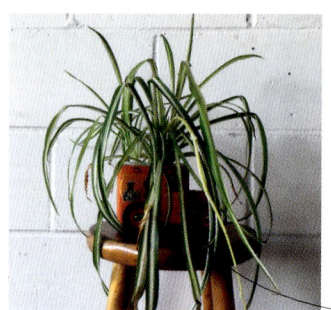

Cinta en una maceta

Observar una composición

Es muy difícil no dejarse influir por lo que se sabe en lugar de por lo que se ve. Quizá veas esta composición como una idea preconcebida de lo que es una cinta en una maceta, en vez de discernir las formas positivas y negativas que la componen.

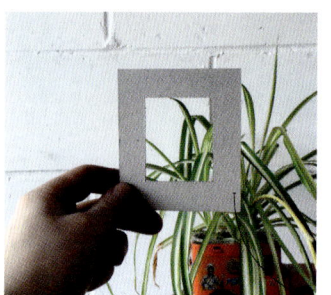

Enmarcar con un visor

Usar un visor

El visor ayuda a encuadrar una composición interesante y permite ver con claridad las proporciones y las formas de los espacios negativos alrededor de la planta. Una vez seleccionadas, es más fácil discernir los espacios internos negativos y las formas positivas.

PONLO EN PRÁCTICA

Este recorte de la cinta (obtenido con un visor) es un tema excelente para un estudio de forma. La pared blanca del fondo facilita ver los espacios negativos.

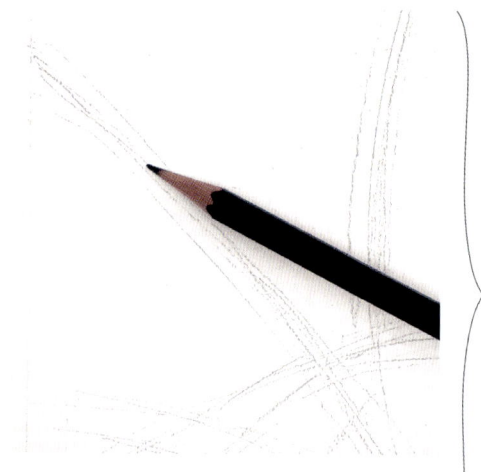

1 Esbozo inicial
Haz un esbozo claro de las formas positivas de la planta con un lápiz HB. Determina la escala y la posición con un trazo apenas visible.

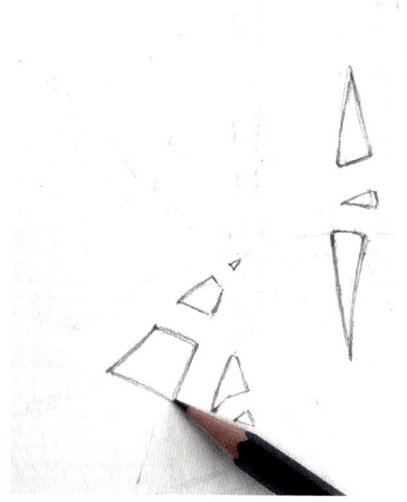

2 Espacios atrapados
Dibuja los espacios atrapados (los espacios negativos entre las hojas) con un lápiz 3B, centrándote en la forma de los espacios y no en las formas positivas del tema.

Necesitarás

Lápiz HB   Lápiz 3B

- Lápices HB y 3B
- Visor
- Sacapuntas
- Goma de borrar
- Papel de dibujo

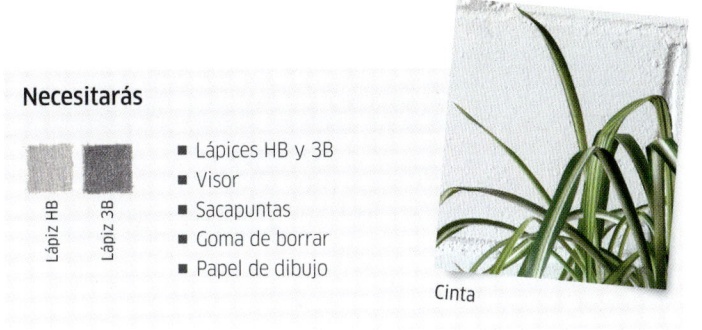

Cinta

«Aprender a ver el espacio negativo ayuda a identificar las formas positivas.»

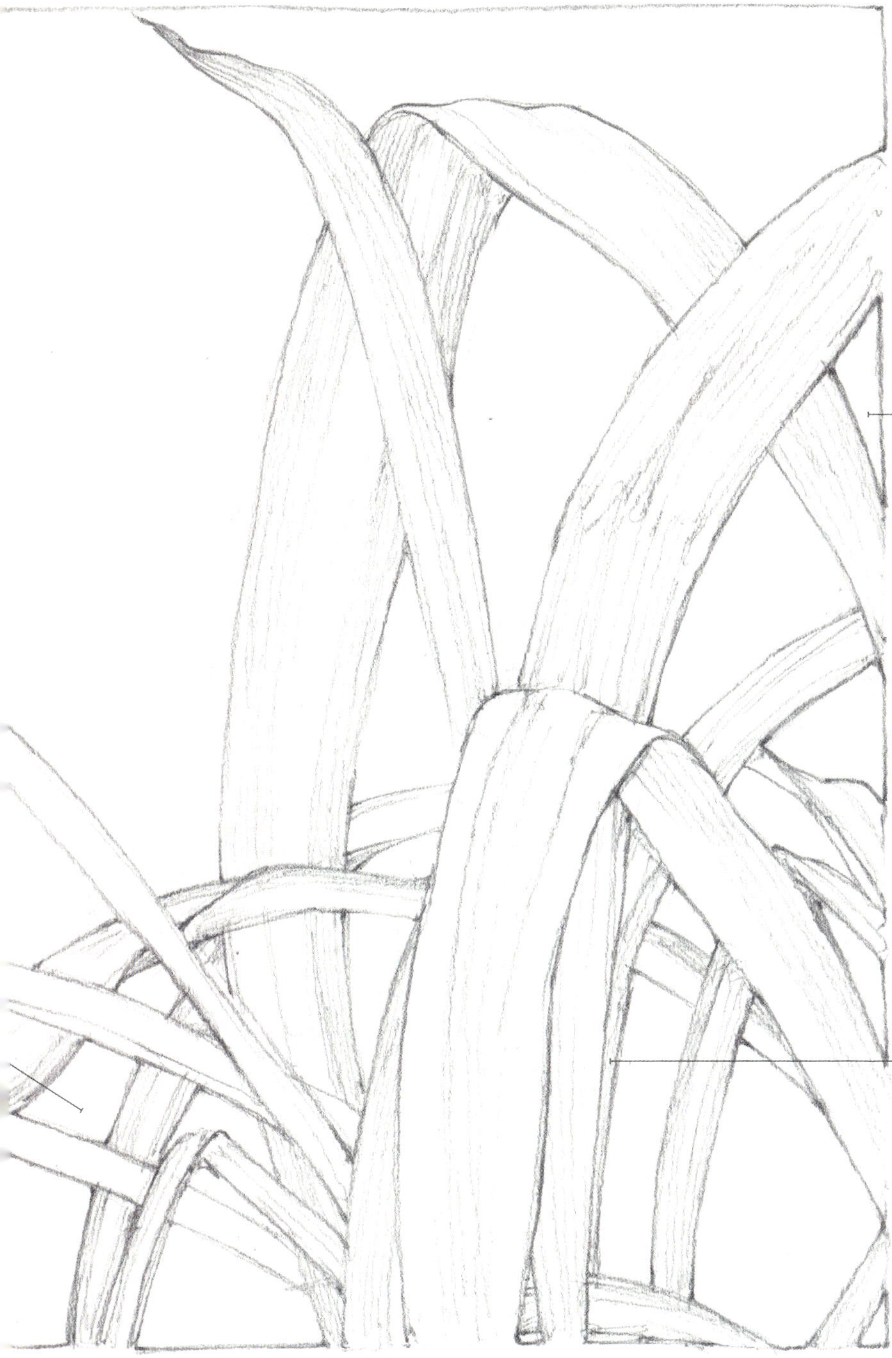

3 Espacios circundantes

Ahora, dibuja las formas limitadas por los bordes del visor y cierra el espacio entre los bordes exteriores de la planta y el marco que las rodea.

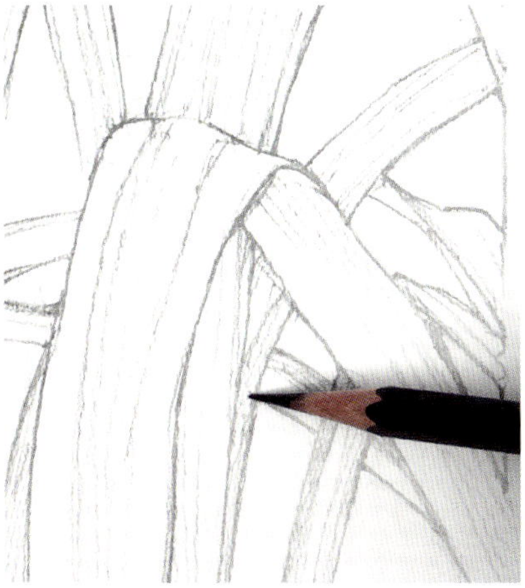

4 Sujeto positivo

Ahora, desarrolla la silueta de la forma blanca del sujeto positivo dibujando los bordes y la textura superficial de las hojas.

Rayado y rayado cruzado

CREAR TONOS CON LÍNEAS

La técnica del rayado usa líneas paralelas rápidas para crear la impresión de tono y, cuando las rayas se cruzan, hablamos de rayado cruzado. Si usas el estilo de rayado adecuado, puedes conseguir variaciones en la luz (y la oscuridad), las formas y la textura.

■ Efectos con el rayado

El rayado eficaz usa marcas paralelas trazadas con seguridad y rapidez. Practica rellenar espacios con rayados homogéneos y variando la presión y la densidad de las marcas para crear gradientes tonales. Superpón las marcas para construir textura y densidad.

Gradiente de rayado con cambios en el espaciado

Gradiente de rayado con cambios en la presión

Rayado regular

Estilos de rayado sencillos
Las marcas paralelas, rápidas y seguras trazadas con una presión constante producen un tono liso y continuo. Para variarlo, aplica más o menos presión o cambia la densidad de las marcas.

Estilos de rayado cruzado
Cruzar las marcas permite intensificar el tono de un modo controlado. Las direcciones opuestas producen un entramado de líneas que oscurece el tono. Añadir una tercera dirección lo oscurece aún más.

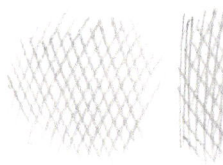
Rayas en dos direcciones

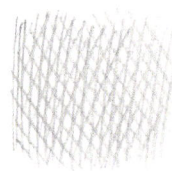
Rayas en tres direcciones

PONLO EN PRÁCTICA

Estos recipientes cilíndricos son el tema ideal para explorar los gradientes de luz y oscuridad con el rayado y el rayado cruzado. El rayado enfatiza que las superficies carecen de textura.

Necesitarás

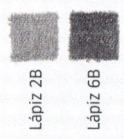
Lápiz 2B   Lápiz 6B

- Lápices 2B y 6B
- Sacapuntas
- Goma de borrar
- Papel de dibujo

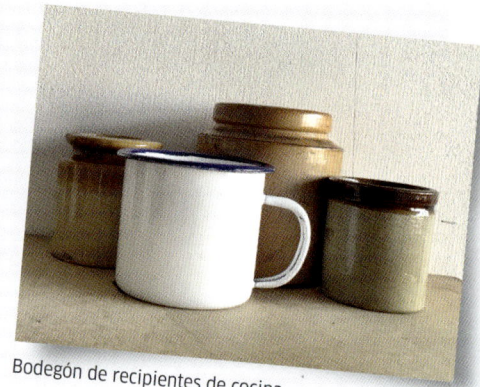
Bodegón de recipientes de cocina

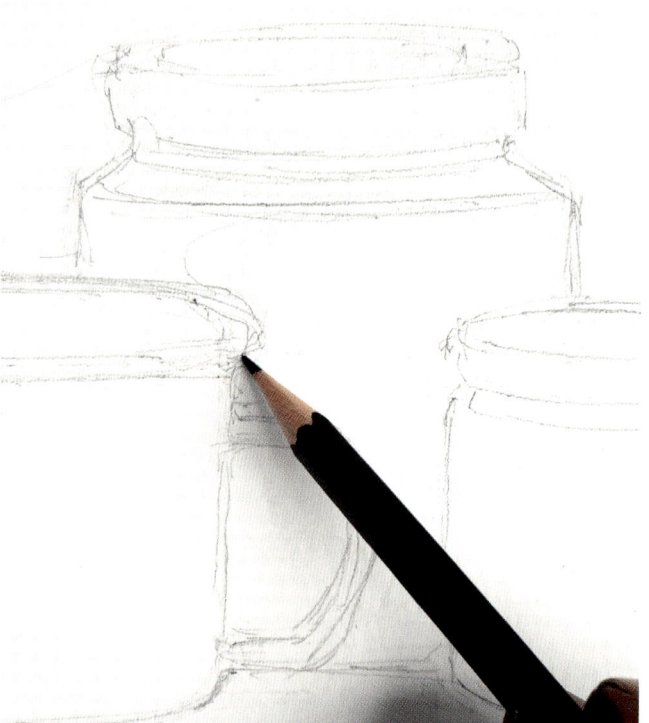

1 Trazado de líneas
Esboza las formas de los recipientes en la página con un lápiz 2B afilado. Comienza con una línea suelta y ligera y define la silueta con un trazo más seguro una vez que tengas clara la posición.

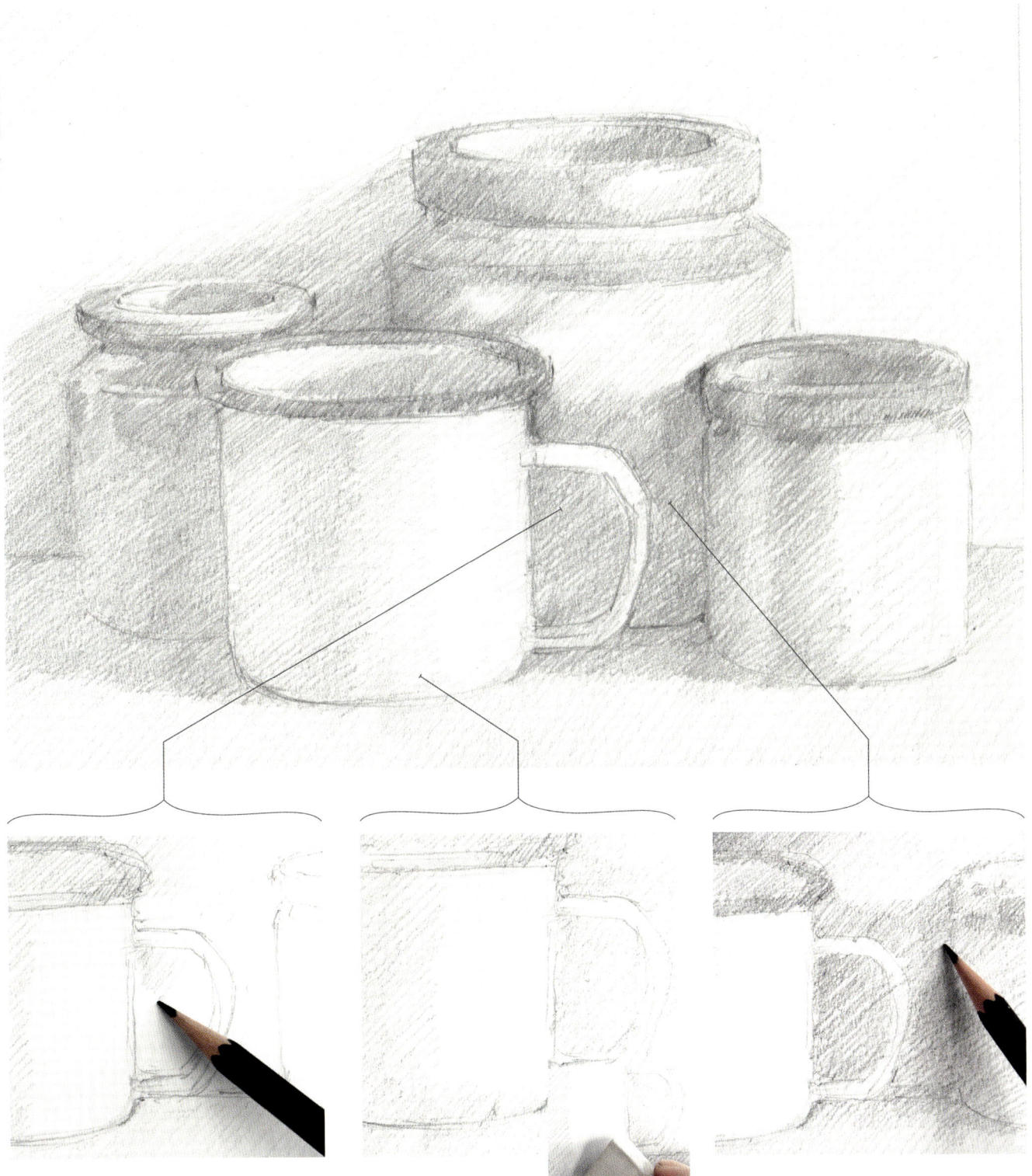

2 Rayado inicial

Sujeta con suavidad un lápiz 2B y dibuja formas sencillas y claras con un rayado diagonal rápido. Varía el peso y la densidad de las marcas. No te preocupes si las rayas se salen de las líneas, después las podrás limpiar con la goma.

3 Rayar sobre las líneas

Evita alzar el lápiz en los bordes de las siluetas, porque restaría energía a las marcas y produciría un halo de luz no deseado alrededor de las formas tonales. Redefine con una goma los bordes de los que te hayas salido.

4 Marcas densas

Aléjate del dibujo y mira los recipientes, alternando sucesivamente la mirada para decidir qué partes del dibujo han de ser más oscuras. Aumenta la densidad de las sombras más oscuras con más marcas paralelas.

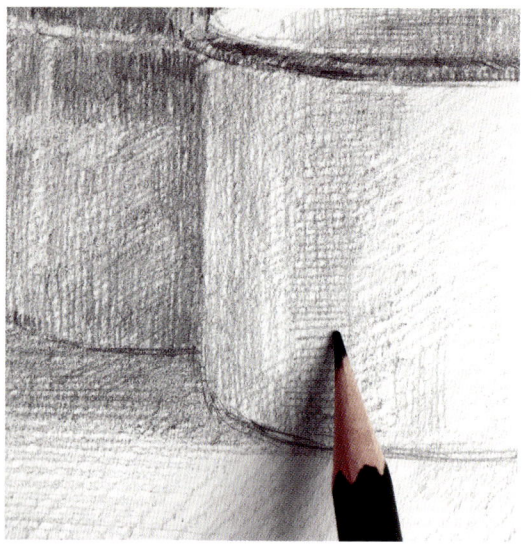

5 A capas
Crea áreas tonales más oscuras y densas con el rayado cruzado y superpón dos o más capas de cruzado en direcciones distintas. Comienza haciendo formas de rombo, y luego combina líneas verticales y horizontales para reforzar la naturaleza cilíndrica de los objetos.

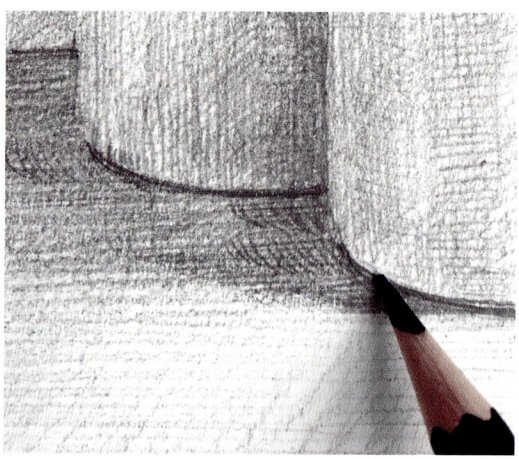

6 Tonos más oscuros
Intensifica los bordes más oscuros con un lápiz 6B bien afilado y refuerza las sombras con un rayado oscuro. Asegúrate de que las marcas conserven su identidad. Otros estilos de rayado te pueden ayudar a transmitir formas y texturas.

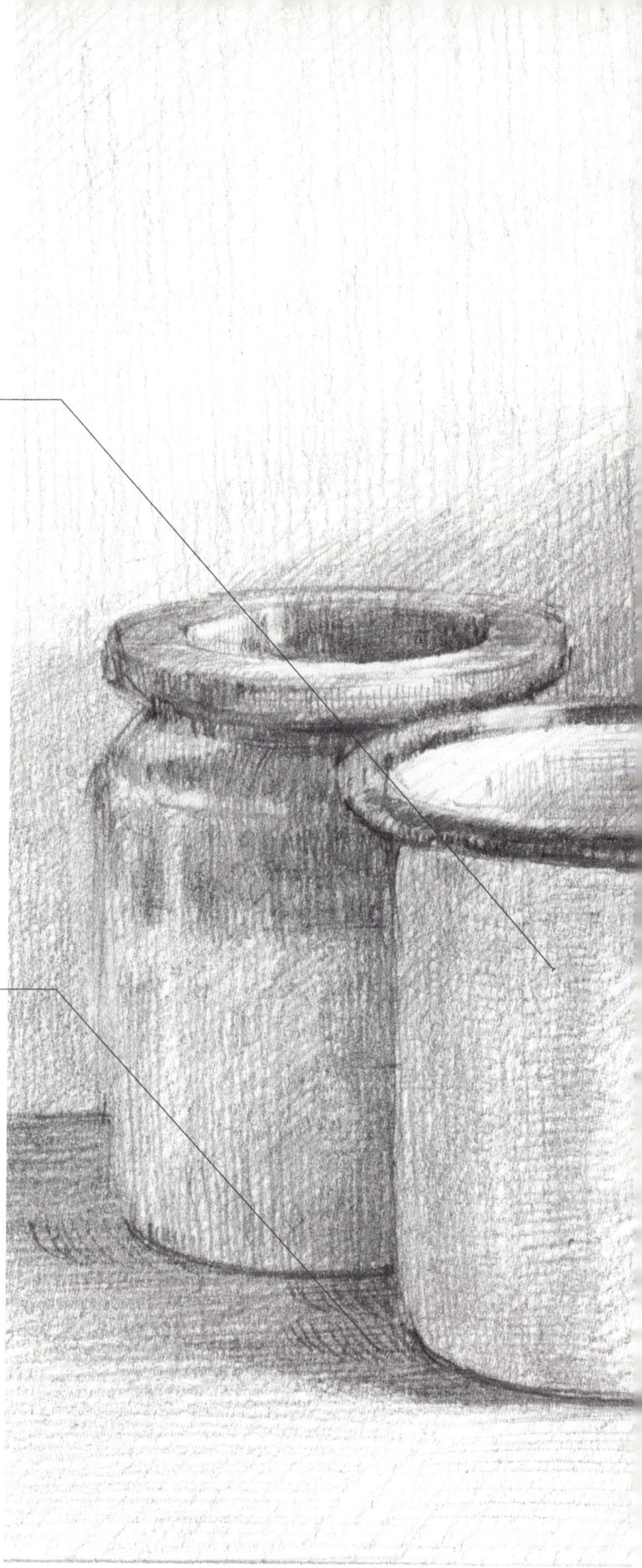

«Las marcas seguras son la clave para un rayado y rayado cruzado efectivos.»

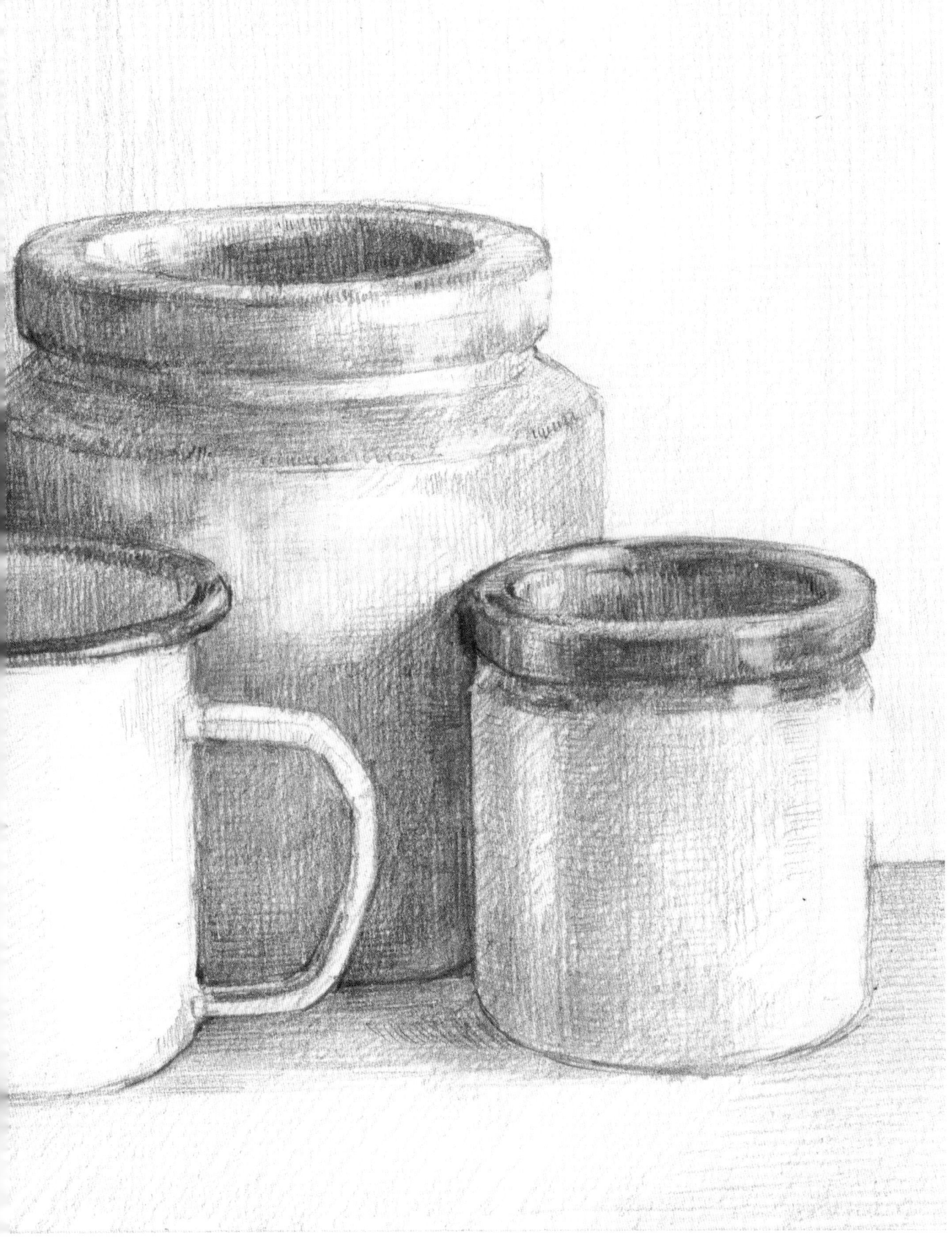

El peso de la línea

VARIAR LAS MARCAS

Si varías la presión que aplicas sobre el lápiz, obtendrás marcas diferentes y efectos distintos. Las marcas leves que se trazan al comenzar un dibujo son fáciles de borrar o de modificar más adelante. Si el peso de una línea cambia a lo largo del trazo, sugiere energía y movimiento y lograr líneas de este tipo exige seguridad en el trazo y una sujeción ligera. Usa líneas pesadas y oscuras para anclar el dibujo a la página.

PONLO EN PRÁCTICA

Las clases de dibujo de desnudos son una oportunidad ideal para practicar marcas lineales y rápidas. La sesión suele comenzar con posados breves seguidos de otros más largos. Este dibujo se hizo observando a una modelo reclinada durante un periodo de 45 minutos.

Necesitarás

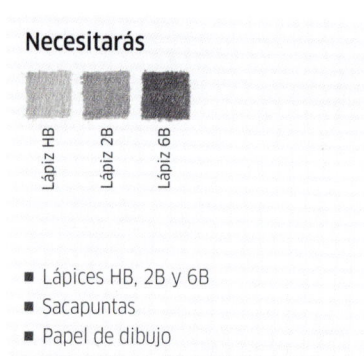

Lápiz HB   Lápiz 2B   Lápiz 6B

- Lápices HB, 2B y 6B
- Sacapuntas
- Papel de dibujo

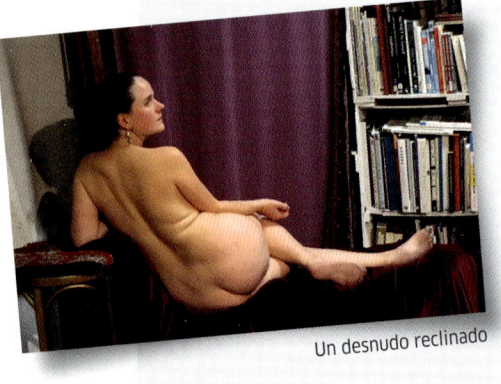

Un desnudo reclinado

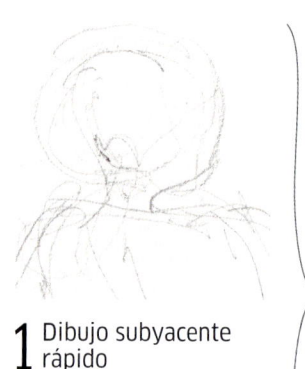

1 Dibujo subyacente rápido

Con un lápiz HB, traza marcas claras que capturen la forma general de la modelo. Estas primeras líneas te ayudarán a desplazarte por la figura y, al final, quedarán ocultas tras las marcas más oscuras.

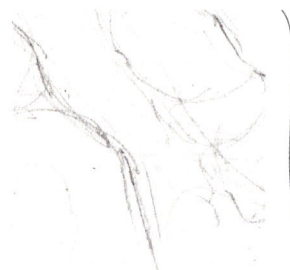

2 Marcas claras

Una segunda capa de marcas claras con un lápiz 2B te ayudará a definir la estructura del cuerpo a partir del «andamiaje» del dibujo subyacente, al que sumará energía.

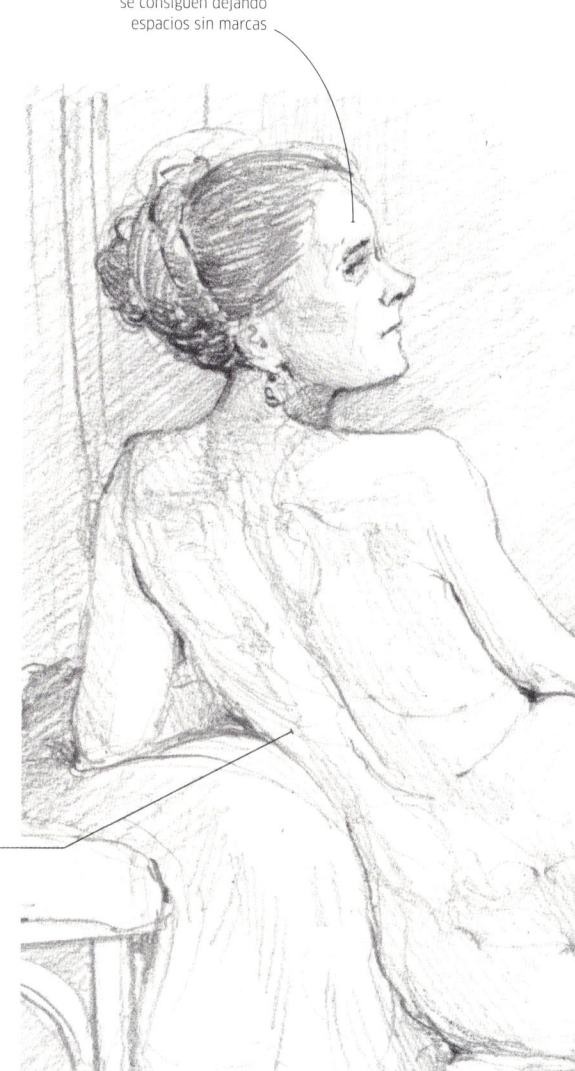

Los puntos con más luz se consiguen dejando espacios sin marcas

◼ Elegir el peso de la línea

Es importante que reflexiones acerca del tipo de línea que vas a emplear para describir un tema concreto y que explores líneas de pesos distintos en el dibujo (marcas gestuales ligeras y rápidas, líneas continuas de varios pesos y marcas definidas e intencionales). Pronto desarrollarás un «vocabulario de marcas» adecuado a tus intenciones. No tardarás en hacerlo automáticamente.

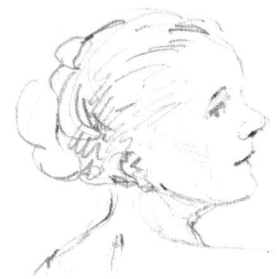

Líneas de peso variado

Las marcas claras definen el perfil. Las más pesadas llevan la atención al rostro y sugieren las sombras de la mandíbula.

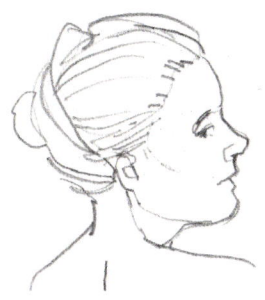

Líneas de peso constante

Las líneas de peso constante y dibujadas con intención sugieren claridad de observación y generan un retrato plano y simple.

3 Líneas variadas y seguras

Cuando estés satisfecho con las primeras líneas, añade marcas más variadas alterando la presión sobre el lápiz a medida que dibujas.

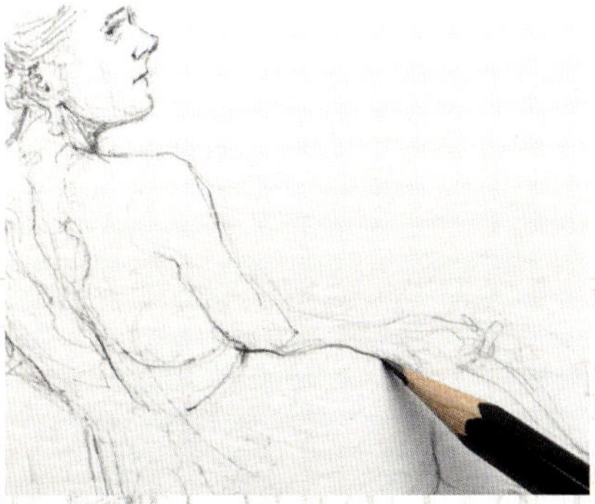

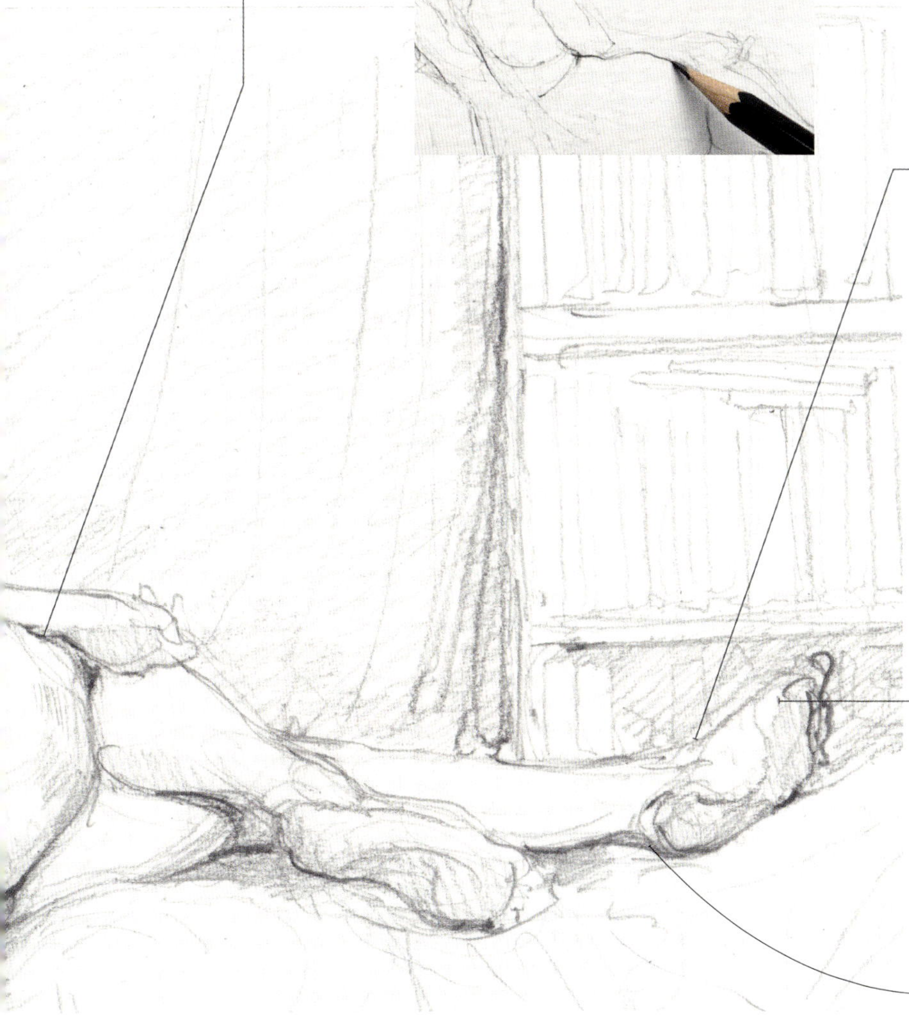

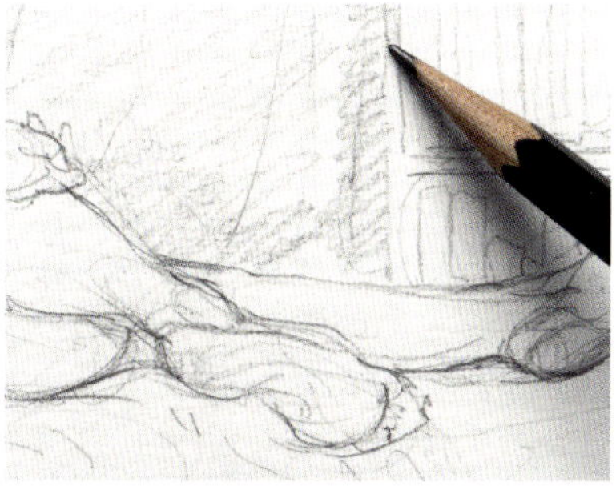

4 Tonos sencillos

Construye bloques tonales sencillos trazando rápidas líneas paralelas para esculpir la forma de la figura y avanzar la forma del cuerpo respecto al fondo, más oscuro.

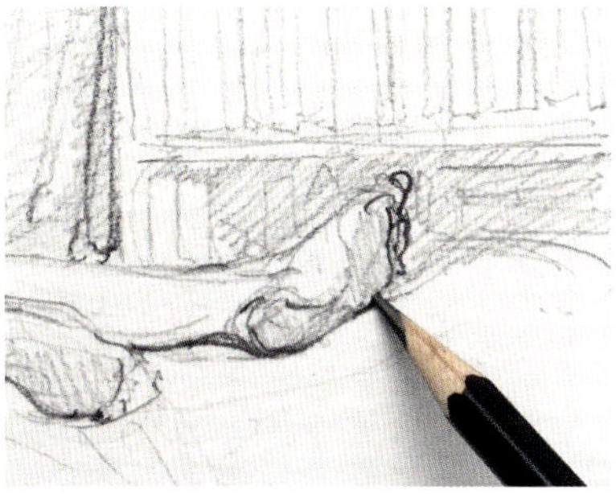

5 Las líneas más oscuras

Cambia a un lápiz 6B bien afilado para insistir en las líneas más oscuras y crear contrastes que atraigan la mirada.

Usa el lápiz más blando para trazar las líneas más pesadas

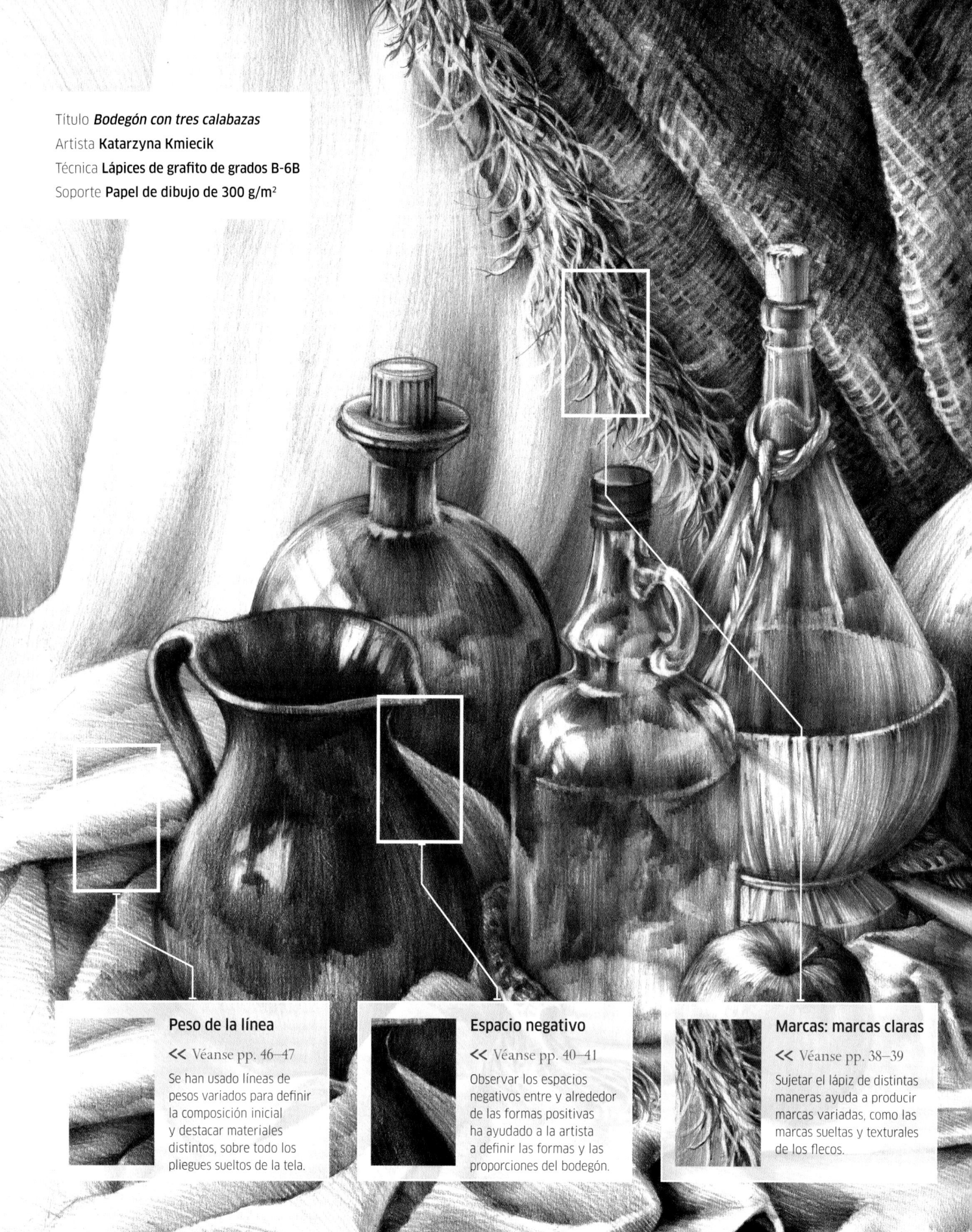

Título *Bodegón con tres calabazas*
Artista **Katarzyna Kmiecik**
Técnica **Lápices de grafito de grados B-6B**
Soporte **Papel de dibujo de 300 g/m²**

Peso de la línea

≪ Véanse pp. 46–47

Se han usado líneas de pesos variados para definir la composición inicial y destacar materiales distintos, sobre todo los pliegues sueltos de la tela.

Espacio negativo

≪ Véanse pp. 40–41

Observar los espacios negativos entre y alrededor de las formas positivas ha ayudado a la artista a definir las formas y las proporciones del bodegón.

Marcas: marcas claras

≪ Véanse pp. 38–39

Sujetar el lápiz de distintas maneras ayuda a producir marcas variadas, como las marcas sueltas y texturales de los flecos.

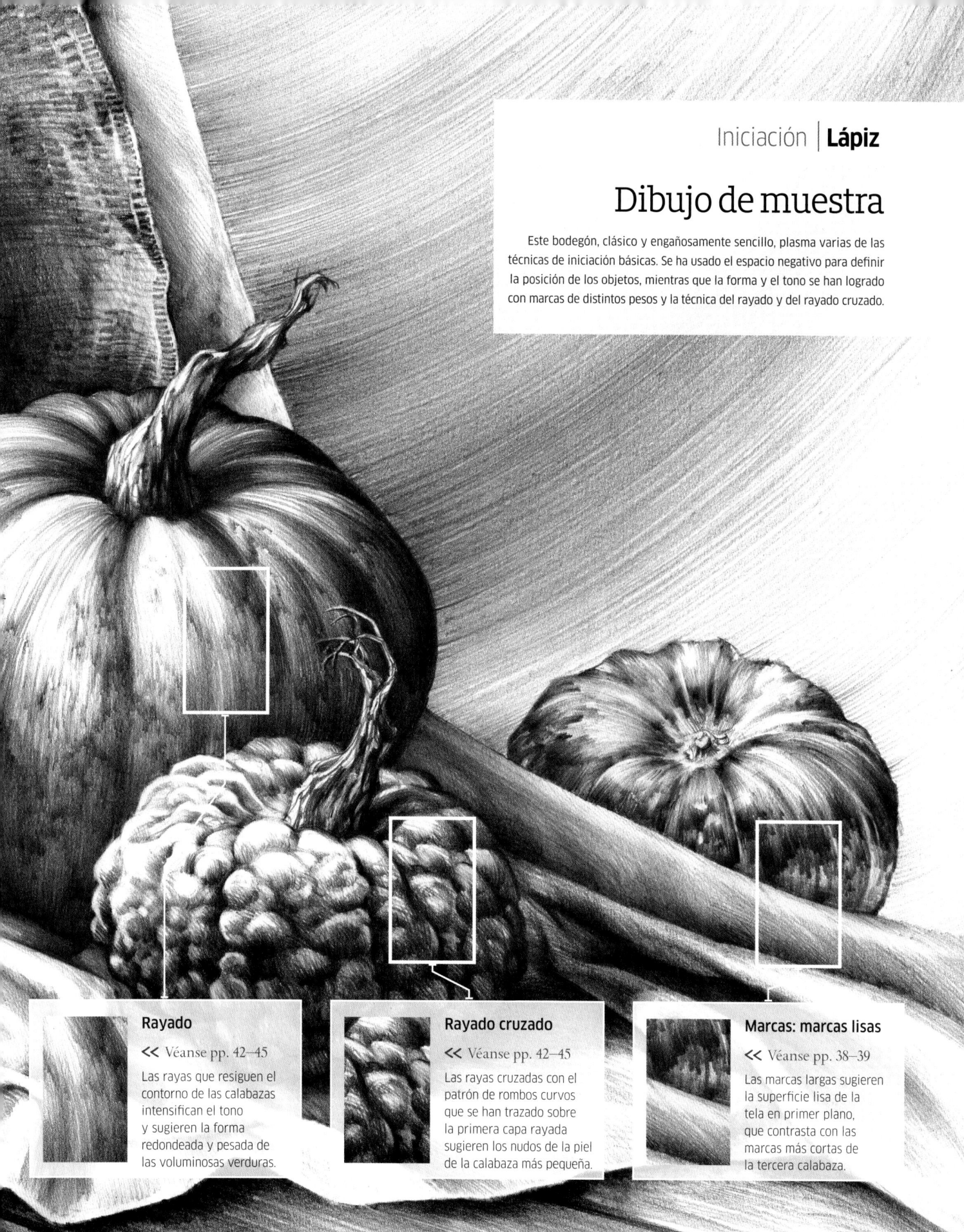

Dibujo de muestra

Este bodegón, clásico y engañosamente sencillo, plasma varias de las técnicas de iniciación básicas. Se ha usado el espacio negativo para definir la posición de los objetos, mientras que la forma y el tono se han logrado con marcas de distintos pesos y la técnica del rayado y del rayado cruzado.

Rayado

« Véanse pp. 42–45

Las rayas que resiguen el contorno de las calabazas intensifican el tono y sugieren la forma redondeada y pesada de las voluminosas verduras.

Rayado cruzado

« Véanse pp. 42–45

Las rayas cruzadas con el patrón de rombos curvos que se han trazado sobre la primera capa rayada sugieren los nudos de la piel de la calabaza más pequeña.

Marcas: marcas lisas

« Véanse pp. 38–39

Las marcas largas sugieren la superficie lisa de la tela en primer plano, que contrasta con las marcas más cortas de la tercera calabaza.

Composiciones lineales

ENMARCAR LA VISTA

Explora varias composiciones con bocetos pequeños y sencillos antes de comprometerte con la vista definitiva del dibujo detallado. Haz bocetos de 10 minutos en recuadros de distintos tamaños para pensar más creativamente sobre la composición del dibujo.

▧ Simplifica lo que ves

Usa un visor (p. 18) para aislar el objeto y buscar composiciones atractivas, tal y como harías para encuadrar una fotografía. Comienza por dibujar las líneas básicas de la composición y, luego, desarrolla las formas claras y oscuras.

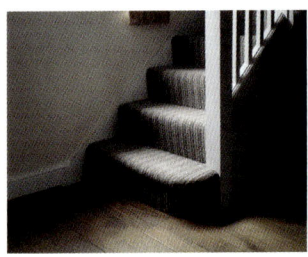

Fotografía de interior

Si buscas configuraciones interesantes de luces y sombras, las escenas cotidianas ofrecen temas sorprendentemente atractivos para los bocetos de composiciones. Estas escaleras contienen verticales y diagonales potentes y contrastadas.

Líneas sencillas

Para descomponer una composición, comienza con líneas sencillas que crucen el plano de la imagen y te ayuden a ver cómo interactúan las formas principales.

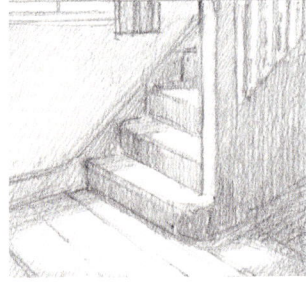

Un boceto sencillo a partir de la estructura lineal

Esboza las formas de las sombras con un rayado sencillo. Este pequeño boceto podría inspirar un dibujo más detallado.

PONLO EN PRÁCTICA

Estos pequeños bocetos son fruto de la exploración de un interior con lápiz y cuaderno de bocetos, buscando (y, en ocasiones, creando) vistas interesantes del espacio. Una vez que hayas esbozado varias composiciones, elige tu preferida y desarróllala.

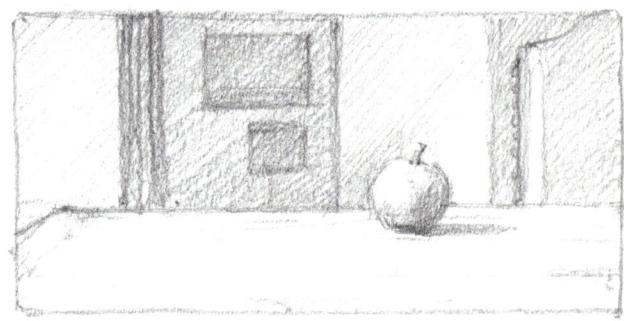

Formas abstractas

Una imagen lograda debería funcionar como una disposición abstracta de formas, además de como una colección de objetos. La interacción entre los rectángulos claros y los oscuros contrastan con la forma redondeada de la manzana y la realzan.

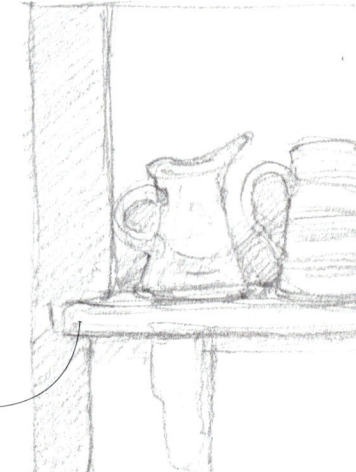

Las marcadas líneas horizontales sostienen las jarras

Ángulos inusuales

Explora ángulos poco habituales. El plato hondo de otra composición aparece aquí visto desde arriba. El círculo del borde y su colocación en el plano de imagen cuadrado enmarcan la pera del centro.

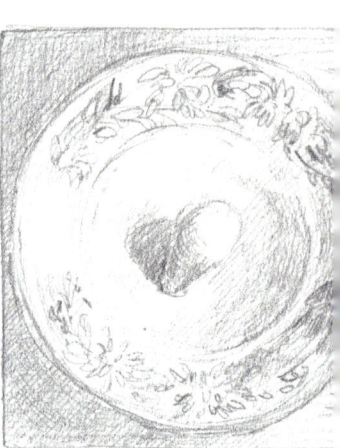

Elementos pequeños

La composición puede llevar el ojo a elementos pequeños de la imagen. La diagonal de la escalera en esta composición se une a la diagonal de la sombra en el suelo y apunta al par de zapatillas olvidadas frente al primer escalón.

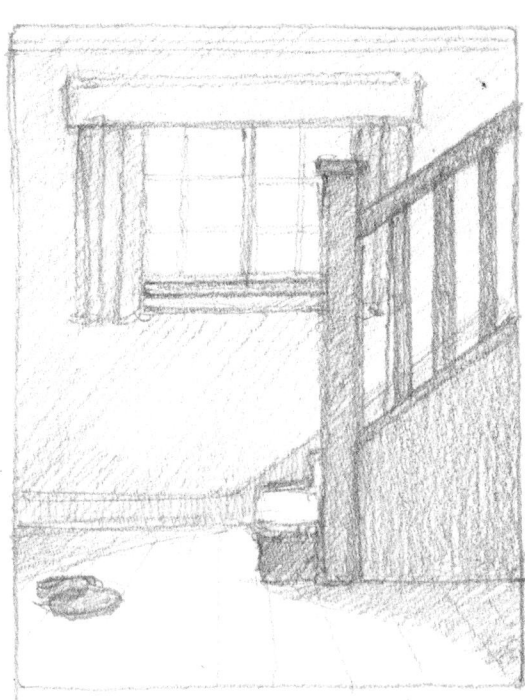

«Los bocetos pequeños te ayudarán a explorar composiciones distintas.»

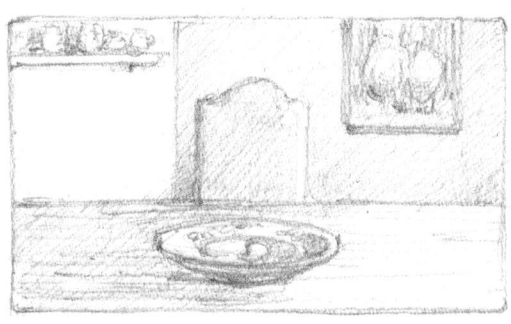

Triángulos

En esta composición anclada, los tres puntos de interés (tarros, plato y cuadro) forman un triángulo alrededor de la silla, en el centro.

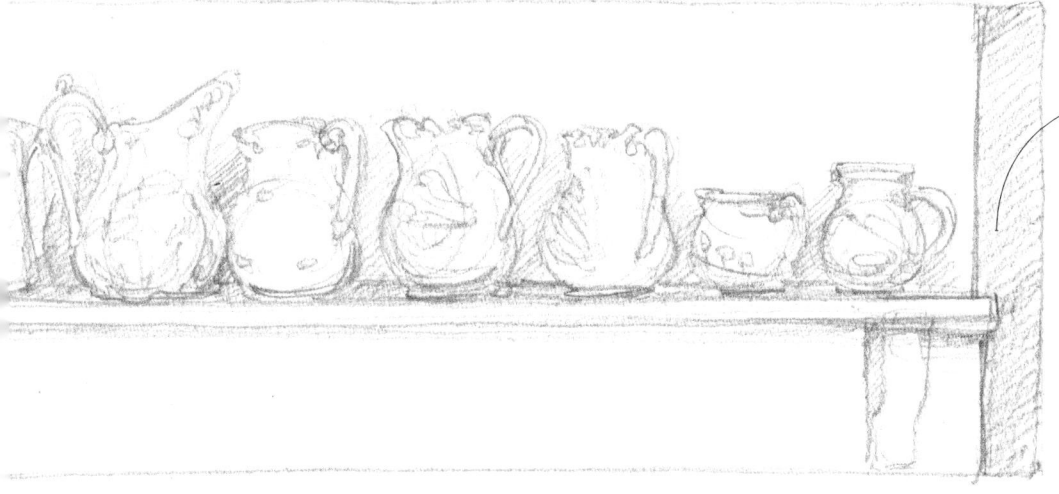

Los bloques oscuros hacen de tope y hacen que la mirada vaya y venga por la hilera de jarras

Composición sencilla

Las composiciones no han de ser complejas para funcionar. Esta es muy sencilla: la línea horizontal de la estantería sostiene las jarras; bloques oscuros en sendos extremos hacen que el ojo recorra la fila.

Mirada errante

El espacio entre el sofá y la mesa traza la trayectoria de la mirada por la imagen. La lámpara de la izquierda y la cortina oscura de la derecha impiden que la mirada salga de la página.

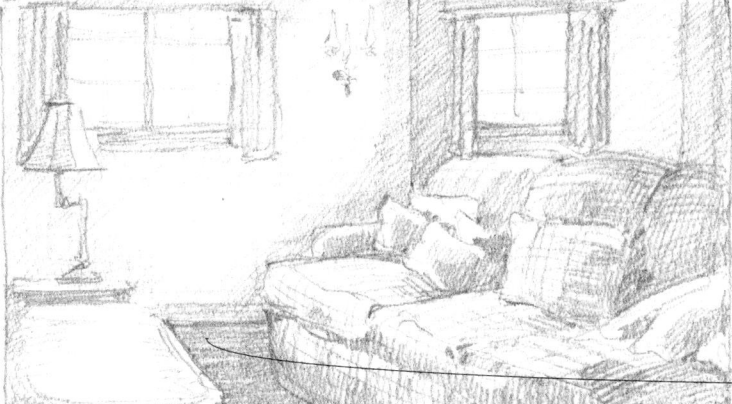

Trayectoria visual

Formas tridimensionales

SUGERIR MASA Y VOLUMEN

Crea formas tridimensionales con líneas que sugieran el contorno de las superficies que estés explorando. Rayar en la dirección de una superficie también realza las características tridimensionales del objeto, y las luces y las sombras crean ilusión de masa y volumen. La dirección de las marcas del contorno produce dibujos de formas sólidas.

PONLO EN PRÁCTICA

Dibujar verduras es muy gratificante, porque ofrecen una maravillosa variedad de superficies y formas. Las sutiles estriaciones de la superficie de las setas y de la calabaza violín ayudan a discernirlas.

Necesitarás

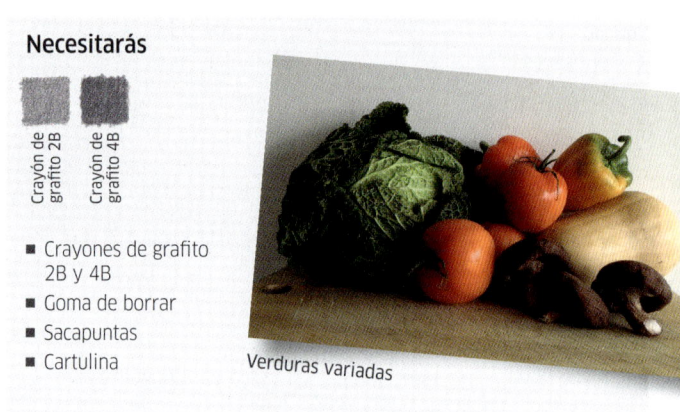

Crayón de grafito 2B Crayón de grafito 4B

- Crayones de grafito 2B y 4B
- Goma de borrar
- Sacapuntas
- Cartulina

Verduras variadas

◼ Brazaletes

Los sujetos dibujados como meras siluetas son irremediablemente planos (como la primera de estas imágenes), mientras que las marcas que se curvan alrededor del objeto (como un brazalete alrededor de la muñeca) pueden sugerir la concavidad o la convexidad de la superficie. A continuación, verás cómo el sutil cambio de dirección de las líneas curvas (abajo) produce palos distintos, con distintas partes de la rama en primer o en segundo plano.

Silueta de una rama

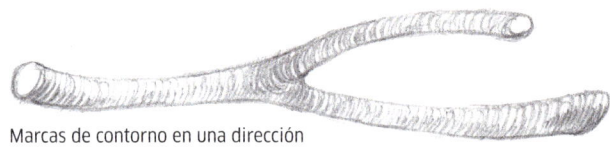

Marcas de contorno en una dirección

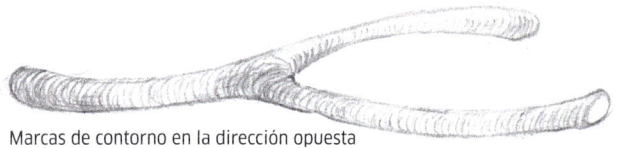

Marcas de contorno en la dirección opuesta

Silueta rápida y suelta

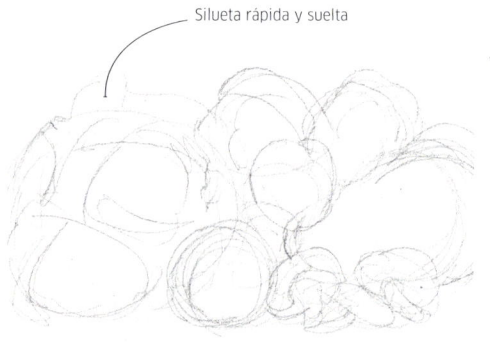

1 Esbozo inicial
Sujeta con suavidad el crayón de grafito 2B y esboza rápidamente las formas de las verduras. Palpa las verduras para percibir la masa y la superficie y que la experiencia táctil se traslade al dibujo.

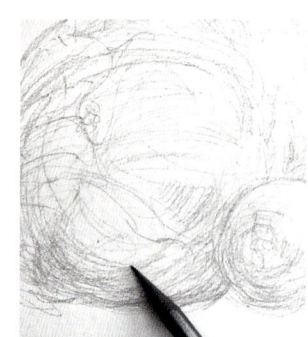

2 Contorno de las formas
Usa rápidas marcas curvas para contornear las formas de las verduras y traza espirales curvas (brazaletes) alrededor de las formas. Evita dibujar siluetas fijas.

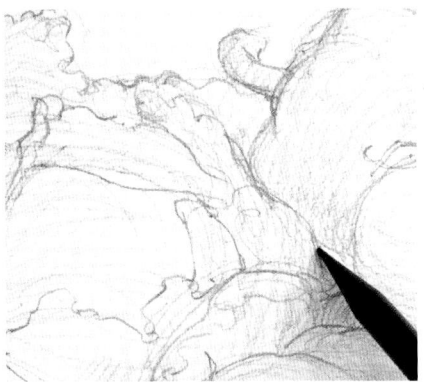

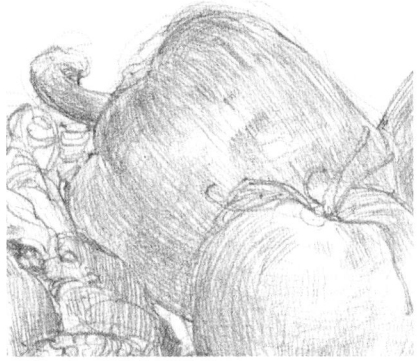

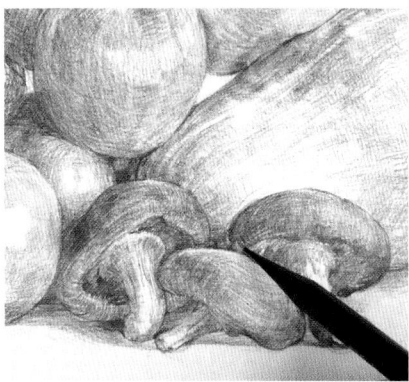

3 Definir los bordes

Usa líneas de distintos pesos para definir las formas de las verduras, y presta atención al espacio negativo entre ellas. Luego, refina las formas voluminosas.

4 Contorno a lo largo de las formas

Haz marcas en dirección opuesta a las anteriores para obtener un rayado cruzado que se curve a lo largo de la superficie del objeto y sugiera una forma tridimensional completa.

5 Toques finales

Desarrolla el rayado cruzado y usa las enérgicas marcas anteriores como guía para otras más deliberadas. Usa el crayón 4B en los oscuros más profundos, y borra donde necesites luz.

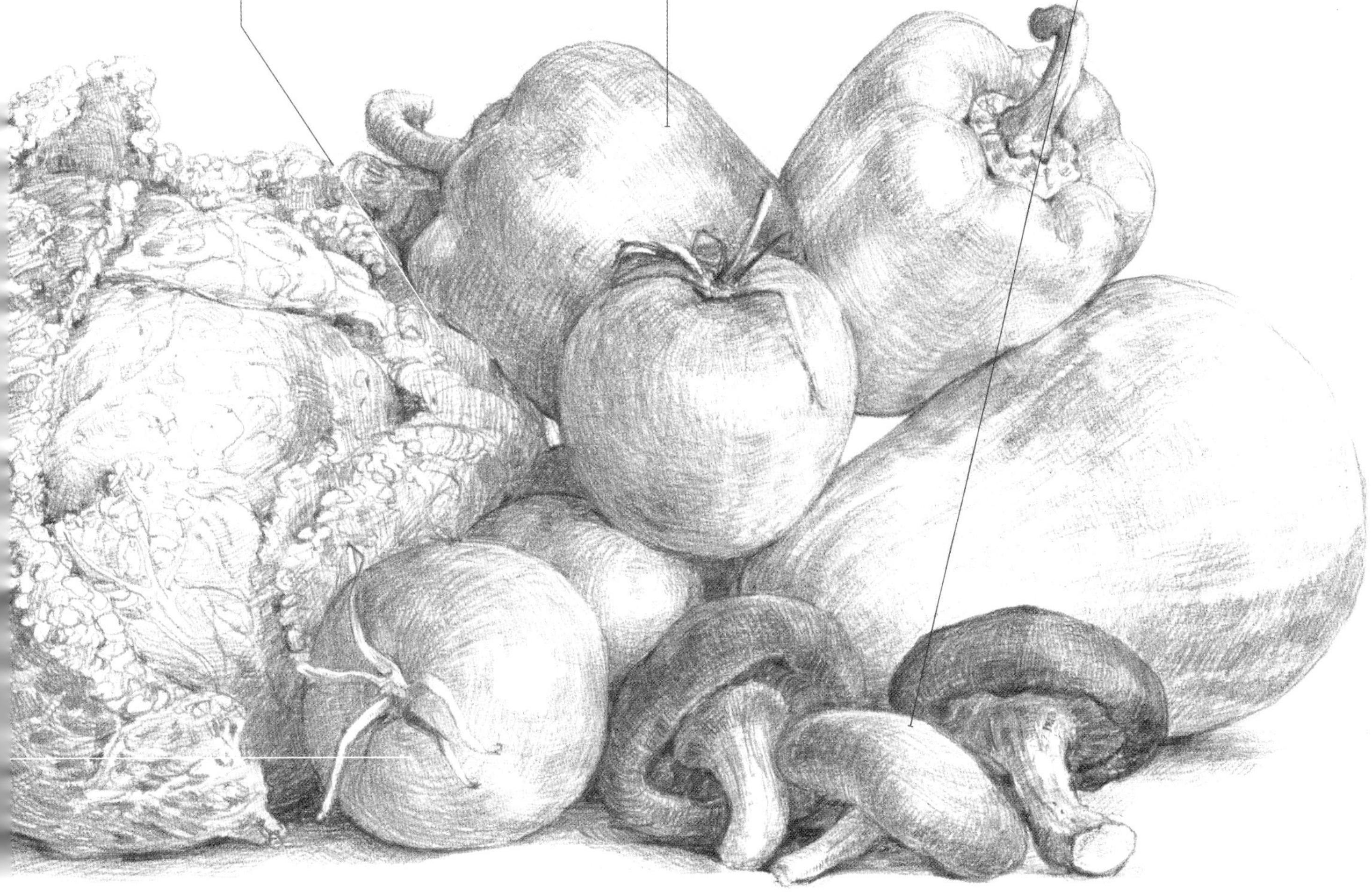

Tonos suaves

MEZCLAR LÁPIZ Y AGUA

Encontrarás grafito acuarelable en forma de lápiz o de crayón. Si lo aplicas en seco, se comportará igual que el grafito convencional, pero, si le añades agua, se disolverá y lo podrás desplazar sobre el papel de un modo controlado, lo que te permitirá añadir tonos y texturas nuevos al dibujo, con ayuda de un pincel y de agua. Cuando se haya secado, podrás seguir dibujando encima.

■ Crear un gradiente tonal

Es aconsejable experimentar con este medio o técnica para ver cómo el agua transforma el grafito antes de usarlo en el dibujo definitivo. Comienza por crear un gradiente tonal con rayado cruzado usando el grafito acuarelable. Una vez satisfecho con el resultado, humedece y difumina las marcas con un pincel cargado de agua y trabajando de claro a oscuro. Sigue difuminando hasta que obtengas un tono continuo y suave.

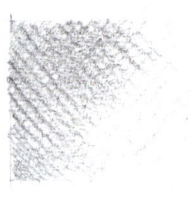

Dibujar el gradiente
Crea un gradiente de oscuro a claro, usando el rayado y el rayado cruzado para intensificar la densidad de las marcas y, por lo tanto, el tono.

Pincel y agua
Carga el pincel con agua y, comenzando por el extremo claro del gradiente, humedece el papel y desplaza con suavidad el pincel hacia el extremo oscuro.

Tono muy suave
Si mojas y difuminas varias veces las marcas del gradiente, obtendrás un tono maravillosamente suave; cuanto más difumines, más suave será el tono.

PONLO EN PRÁCTICA

Aquí, las formas grandes se esbozaron pronto y rápidamente, con líneas gestuales que representan el cambio constante de las nubes. Luego se añadió el tono, que se oscureció posteriormente humedeciendo el grafito.

Necesitarás

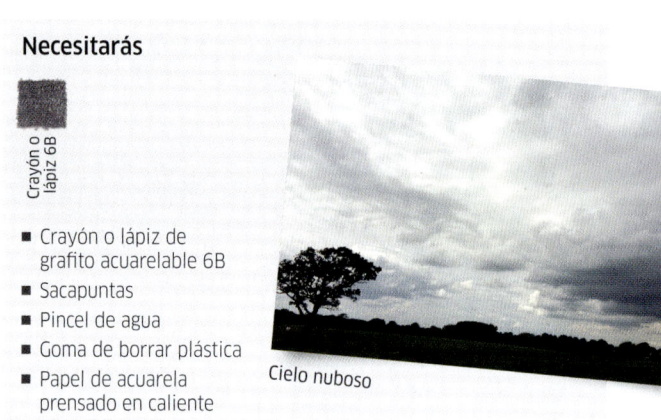

Crayón o lápiz 6B

- ■ Crayón o lápiz de grafito acuarelable 6B
- ■ Sacapuntas
- ■ Pincel de agua
- ■ Goma de borrar plástica
- ■ Papel de acuarela prensado en caliente

Cielo nuboso

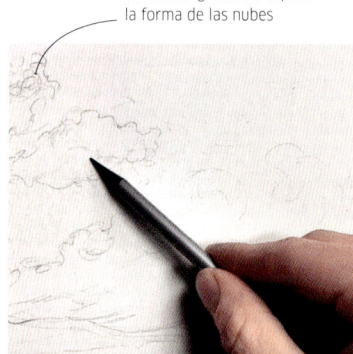

Las líneas gestuales captan la forma de las nubes

1 Trabajar con rapidez
Aboceta la silueta con rapidez para transmitir el tema en cambio constante. Delinea las formas antes de que se vuelvan completamente indistinguibles. Haz nubes de varias formas.

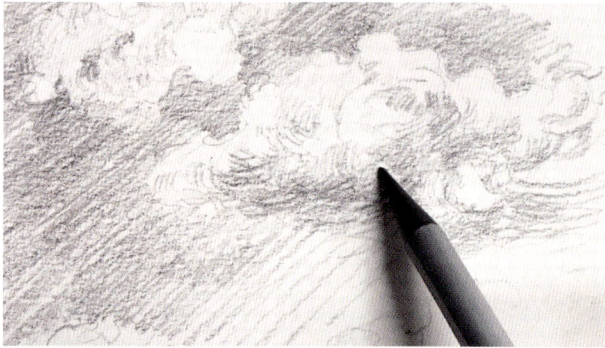

2 Marcas semejantes a nubes
Crea tono escultural con marcas de contorno que sugieran la forma de las nubes. Observa nubes con formas similares a las que has dibujado, o bien, si lo prefieres, usa fotografías como referencia.

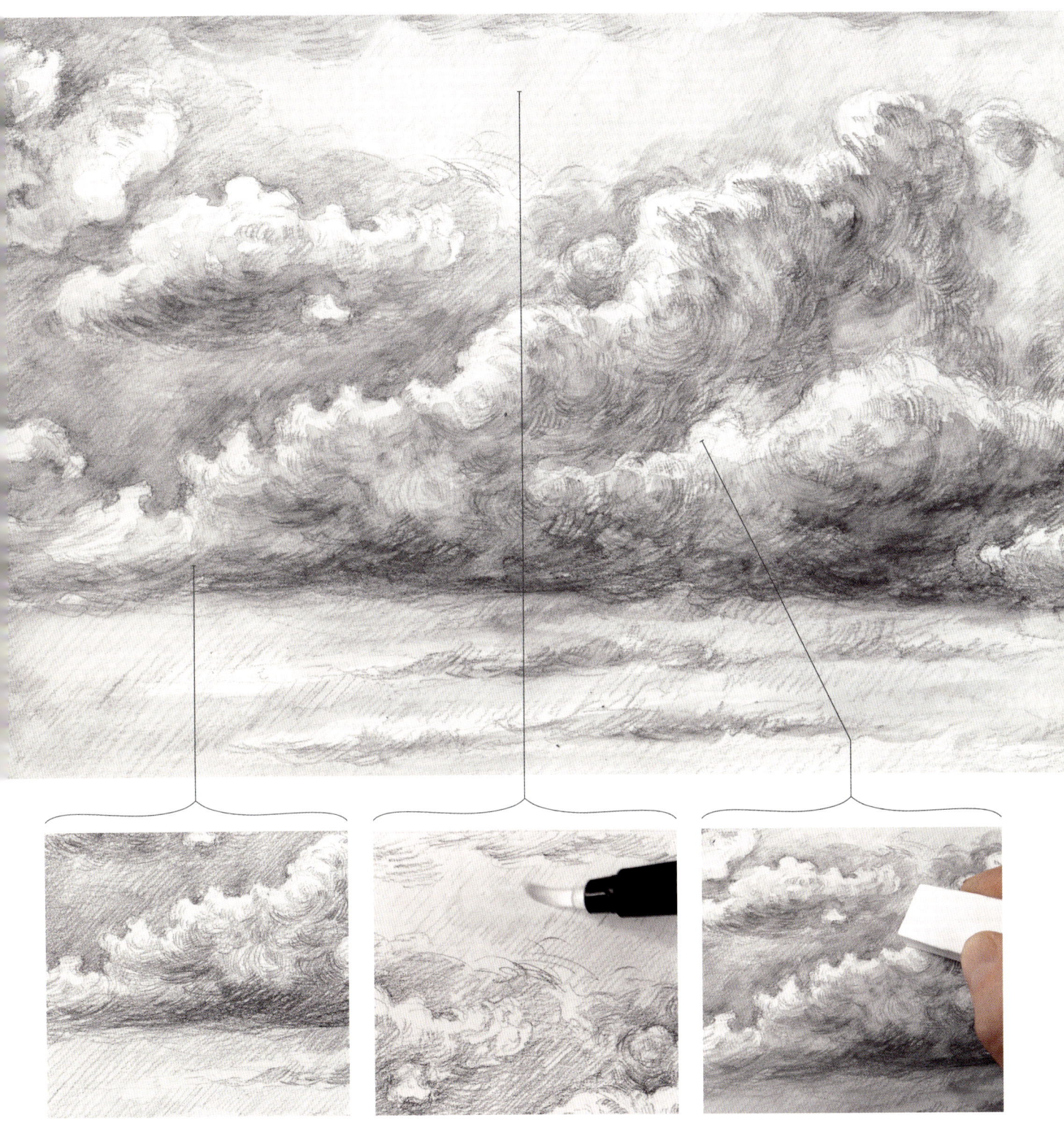

3 Contrastes: luz y oscuridad
Usa el tono en el fondo para destacar
el contraste entre las nubes, y exagera
tanto los tonos oscuros detrás de los claros
como los claros detrás de las sombras.

4 Grafito líquido
Añade agua a zonas específicas del dibujo
para disolver y difuminar el grafito, y usa el
pincel para trasladar el líquido oscuro sobre
el papel, como si se tratara de tinta o de acuarela.

5 Da luz
Cuando el papel esté seco, añade con la goma
de borrar toques de luz a las zonas del dibujo que
hayan quedado demasiado oscuras. Recuerda que
es muy difícil eliminar del todo el grafito húmedo.

Crear profundidad

SUGERIR DISTANCIA USANDO
LÁPICES DE DISTINTOS GRADOS

En comparación con las transiciones graduales
y los tonos claros en la distancia, los objetos más
próximos tienen más detalles y contrastes más
pronunciados entre lo claro y lo oscuro. Plasma
los cambios en el tono y da profundidad al dibujo
con lápices de grados distintos: usa lápices duros
para los tonos claros y distantes y lápices blandos
para las densas sombras del primer plano.

■ Rangos tonales según el grado del lápiz

Elige el lápiz del grado más adecuado para cada etapa del
dibujo. Los lápices blandos y oscuros son más versátiles
y ofrecen un rango tonal más amplio; los lápices duros y
claros logran un rango más variado de grises delicados.

Escala tonal de un 4B
El lápiz 4B, blando y oscuro, tiene un rango tonal
amplio y consigue tonos muy oscuros, pero sus
grises claros son granulosos.

Escala tonal de un 4H
El lápiz 4H, duro y pálido, tiene un rango tonal
limitado y no hace marcas tan oscuras como un lápiz
más blando, pero ofrece tonos claros más variados.

Escala tonal con cinco grados
Logra el rango tonal más amplio y gradual posible con lápices
de varias graduaciones (4B, 2B, HB 2H y 4H). Emplea cada uno
en la parte más indicada de la escala tonal.

PONLO EN PRÁCTICA

Esta escena, basada en bocetos hechos en la calle de
la fotografía, se dibujó en varias fases y se sombreó
con lápices duros y blandos. El rango tonal va desde
un fondo muy claro a un primer plano más oscuro.

**1 Estructuras
con 4H**
Haz un esbozo inicial
de la calle. Piensa en
la composición como si
fuera un teatro: el boceto
es el escenario sobre el
que luego montarás el
decorado. Si abocetas
en vivo, dibuja las partes
inmóviles antes que las
figuras en movimiento.

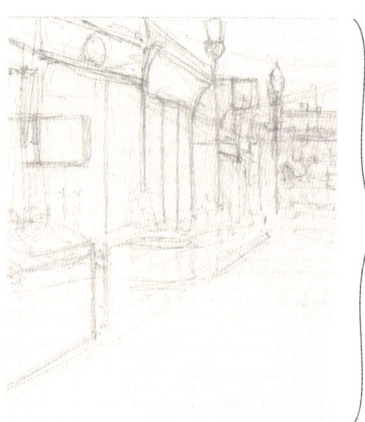

2 Figuras con 2H
Indica vagamente
las posiciones de las
figuras y, si es necesario,
modifícalas para que
encajen bien. Fíjate en
las siluetas de las formas,
en los contrastes tonales y
en las luces y las sombras.

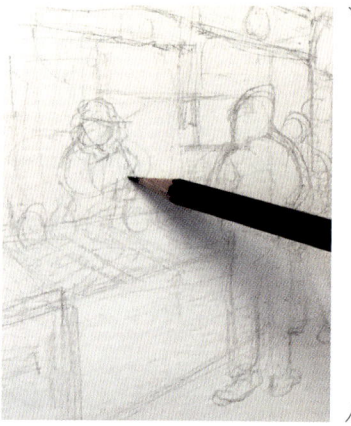

**3 Tonos claros
con 2H**
No limites los lápices
duros a las líneas precisas:
sujeta el 2H muy inclinado
sobre el papel para marcar
rápidos bloques de grises
pálidos en todo el dibujo.
Plasma con la dirección
de los trazos los distintos
ángulos de los planos
de la superficie.

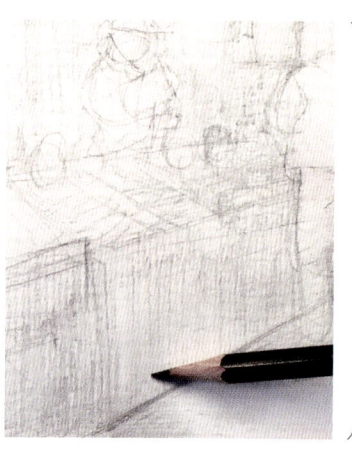

Necesitarás

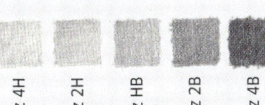

Lápiz 4H Lápiz 2H Lápiz HB Lápiz 2B Lápiz 4B

- Lápices 4H, 2H, HB, 2B y 4B
- Sacapuntas
- Goma de borrar
- Cartulina

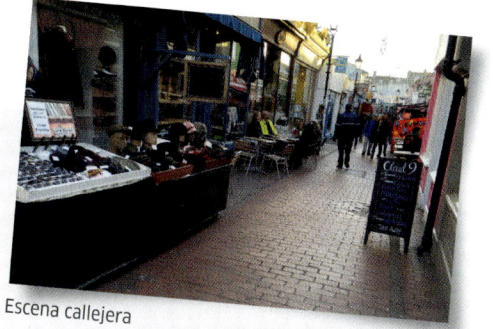

Escena callejera

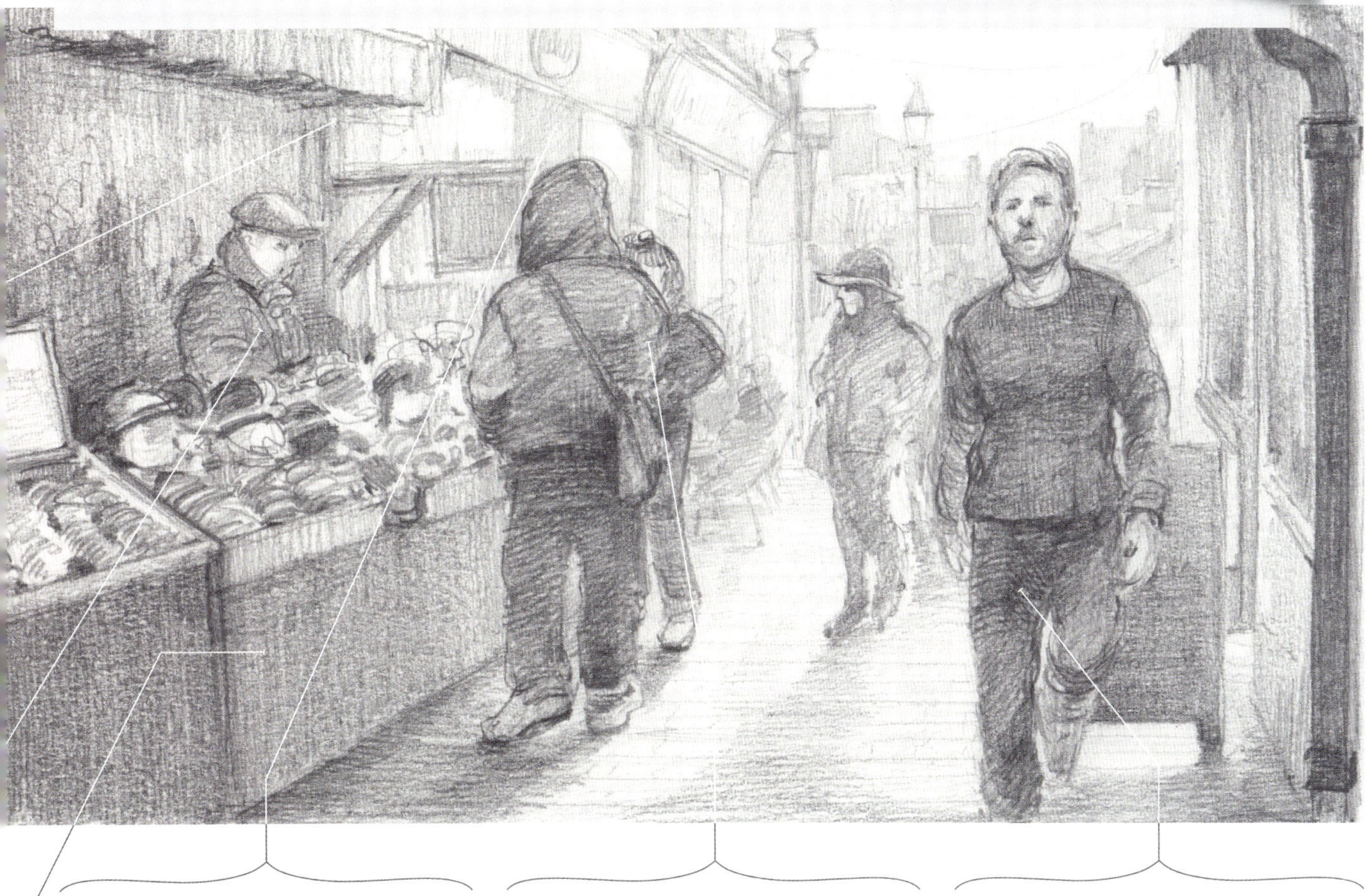

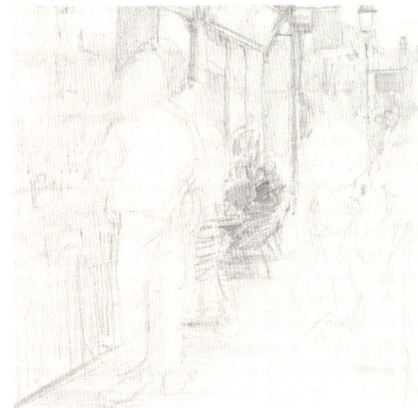

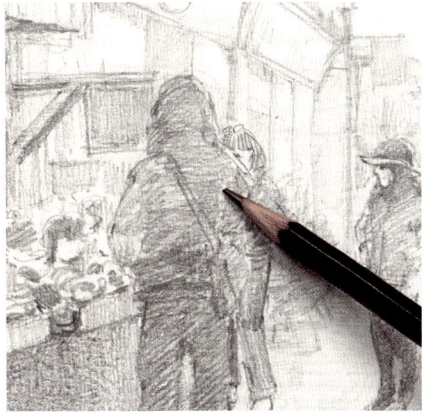

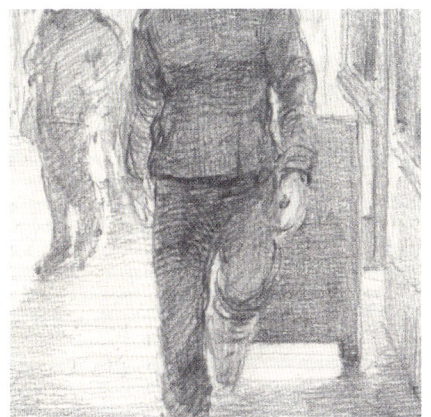

4 Tonos medios con HB
Añade tonos medios y desarrolla los detalles de la zona central. De momento, deja el primer plano como un esbozo sencillo.

5 Tonos oscuros con 2B
Desarrolla el tono del primer plano con un 2B y refuérzalo con un rayado rápido. Presiona el lápiz para consolidar las áreas oscuras.

6 Los tonos más oscuros con 4B
Para terminar, define los tonos más oscuros del primer plano con un 4B afilado y oscurece las sombras más próximas para adelantarlas.

Patrones y repeticiones

REPETIR MARCAS PARA CREAR PROFUNDIDAD Y TEXTURA

Vistas de cerca, cada flor y cada hoja de un jardín tienen una identidad propia. Vistas de lejos, esas formas individuales se funden en una masa de figuras repetitivas. Experimenta trazando marcas repetidas que sugieran la textura del objeto y creen profundidad a medida que retroceden.

◼ Crear distancia con patrones

Añade variedad a las masas más próximas y grandes cuando dibujes marcas repetidas para formar un patrón. Sugiere la reducción de la escala fruto de la perspectiva con marcas más pequeñas y regulares a medida que el patrón retroceda.

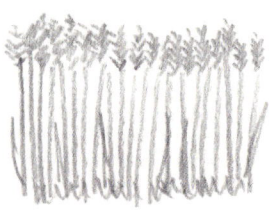

Patrón más próximo, complejo y grande
Crea un patrón de marcas que represente la esencia del follaje o de las flores que vas a dibujar. No tienen por qué ser exactas, pero sí ser una buena representación del aspecto del modelo.

Patrón lejano y sencillo
Reduce y simplifica el patrón más grande para usarlo en el fondo y en las áreas más distantes del dibujo.

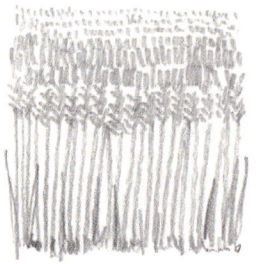

Marcas combinadas
El patrón de las marcas debería ir disminuyendo a medida que el ojo avanza hacia las partes más lejanas de la vista dibujada.

PONLO EN PRÁCTICA

Este jardín se dibujó en un día nublado, por lo que fue más fácil centrarse en los patrones de los lechos de flores y de los árboles que en las cualidades tonales. Busca cielos tapados para practicar esta técnica.

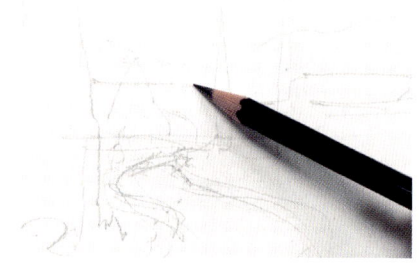

1 Composición inicial
Empieza con un esbozo lineal: el sencillo dibujo subyacente te ayudará a definir la composición de la página. Piensa en el recorrido de la mirada sobre la escena acabada.

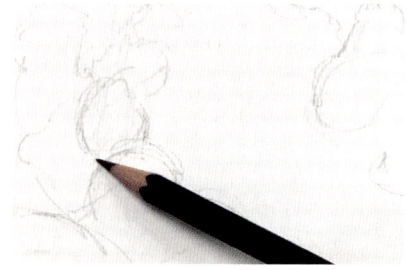

2 Bloques de patrones
Busca árboles y lechos de flores con follaje que se pueda dibujar con patrones repetidos, y usa líneas ligeras pero seguras para definir la forma de cada bloque de contraste.

3 Patrones pequeños
Rellena los bloques con patrones de marcas pequeñas y prietas avanzando hacia el fondo y el lateral del papel. Crea sensación de distancia con marcas pequeñas, sencillas y repetidas.

Necesitarás

Lápiz 3B

- Lápiz 3B
- Goma de borrar
- Sacapuntas
- Cartulina

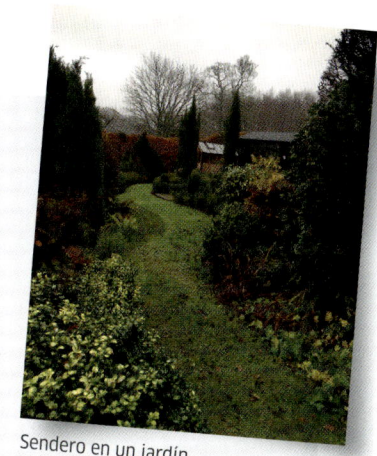

Sendero en un jardín

> «Crea **variedad**
> a medida que
> desarrollas las
> **marcas repetitivas**
> del **patrón**.»

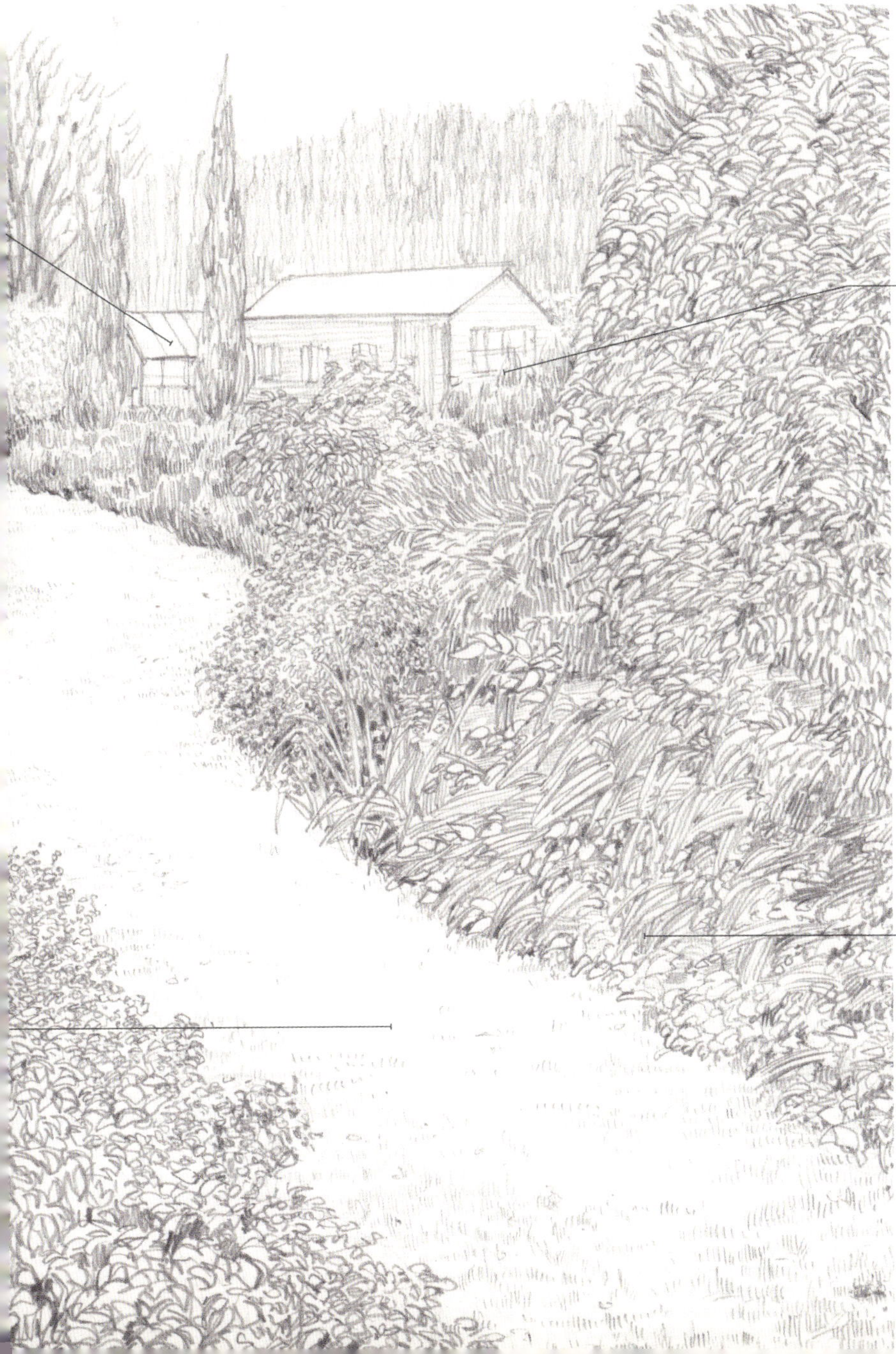

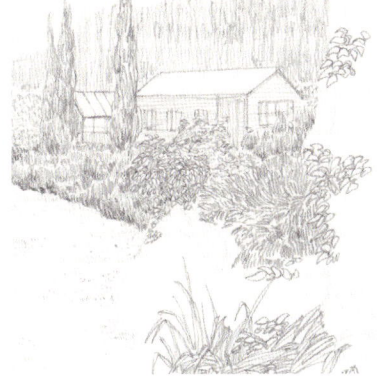

4 Formas grandes

Define las formas claras que no has rellenado con el patrón. Reflexiona acerca de cómo las enmarcan los detalles que las rodean, y crea puntos focales de espacio blanco que guíen la mirada por el dibujo.

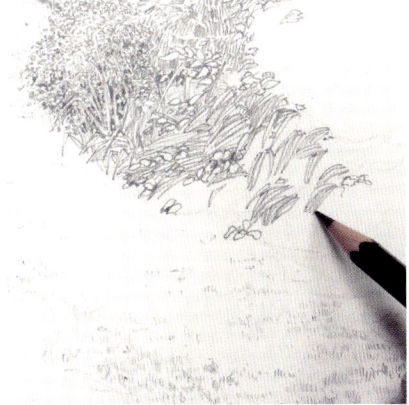

5 Patrón próximo

Cuando llegues al primer plano, dibuja elementos más grandes y variados, y elige los grupos de hojas que más te llamen la atención, para así guiar la mirada hacia sus formas concretas.

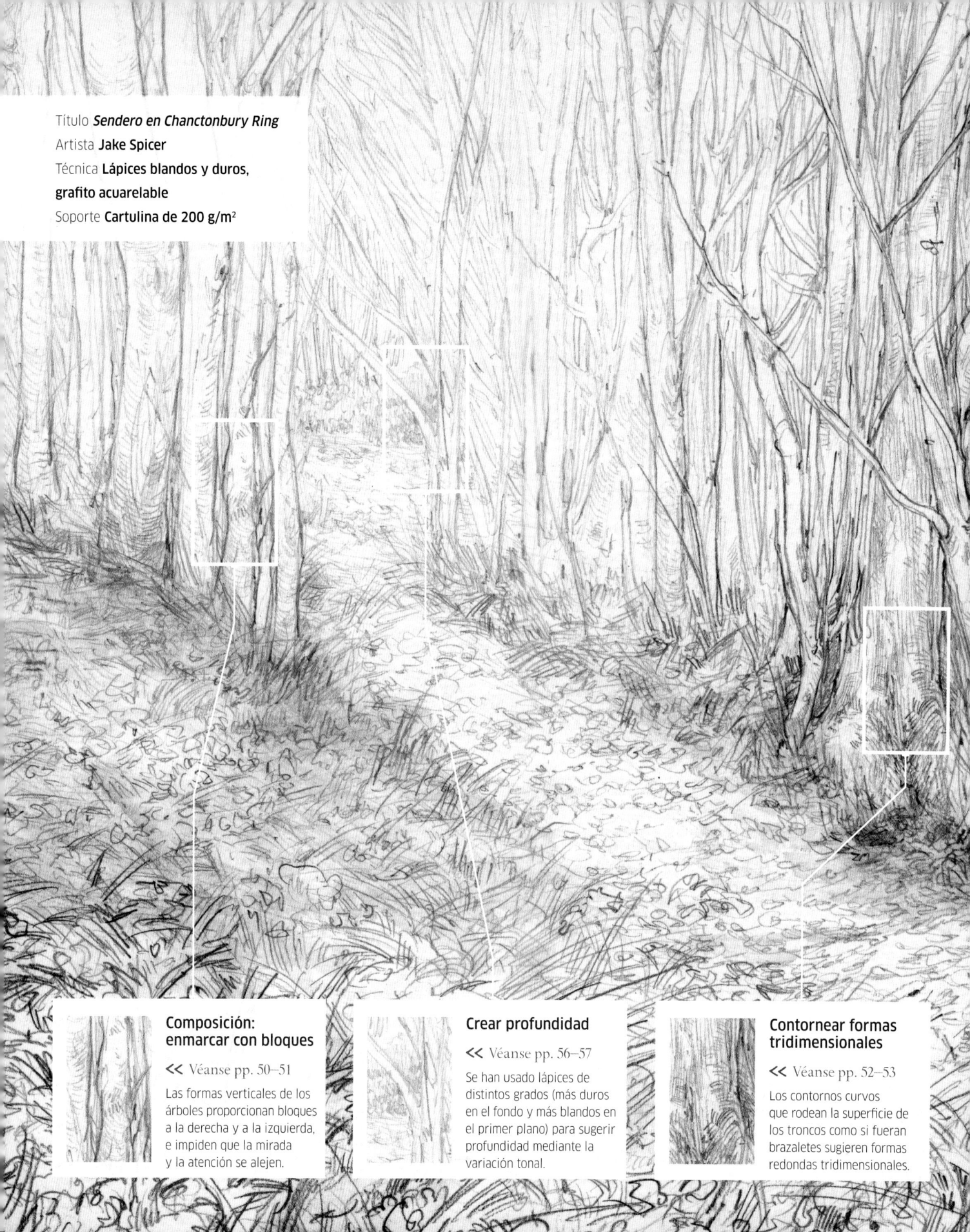

Título *Sendero en Chanctonbury Ring*
Artista **Jake Spicer**
Técnica **Lápices blandos y duros,
grafito acuarelable**
Soporte **Cartulina de 200 g/m²**

Composición:
enmarcar con bloques

≪ Véanse pp. 50–51

Las formas verticales de los
árboles proporcionan bloques
a la derecha y a la izquierda,
e impiden que la mirada
y la atención se alejen.

Crear profundidad

≪ Véanse pp. 56–57

Se han usado lápices de
distintos grados (más duros
en el fondo y más blandos en
el primer plano) para sugerir
profundidad mediante la
variación tonal.

Contornear formas
tridimensionales

≪ Véanse pp. 52–53

Los contornos curvos
que rodean la superficie de
los troncos como si fueran
brazaletes sugieren formas
redondas tridimensionales.

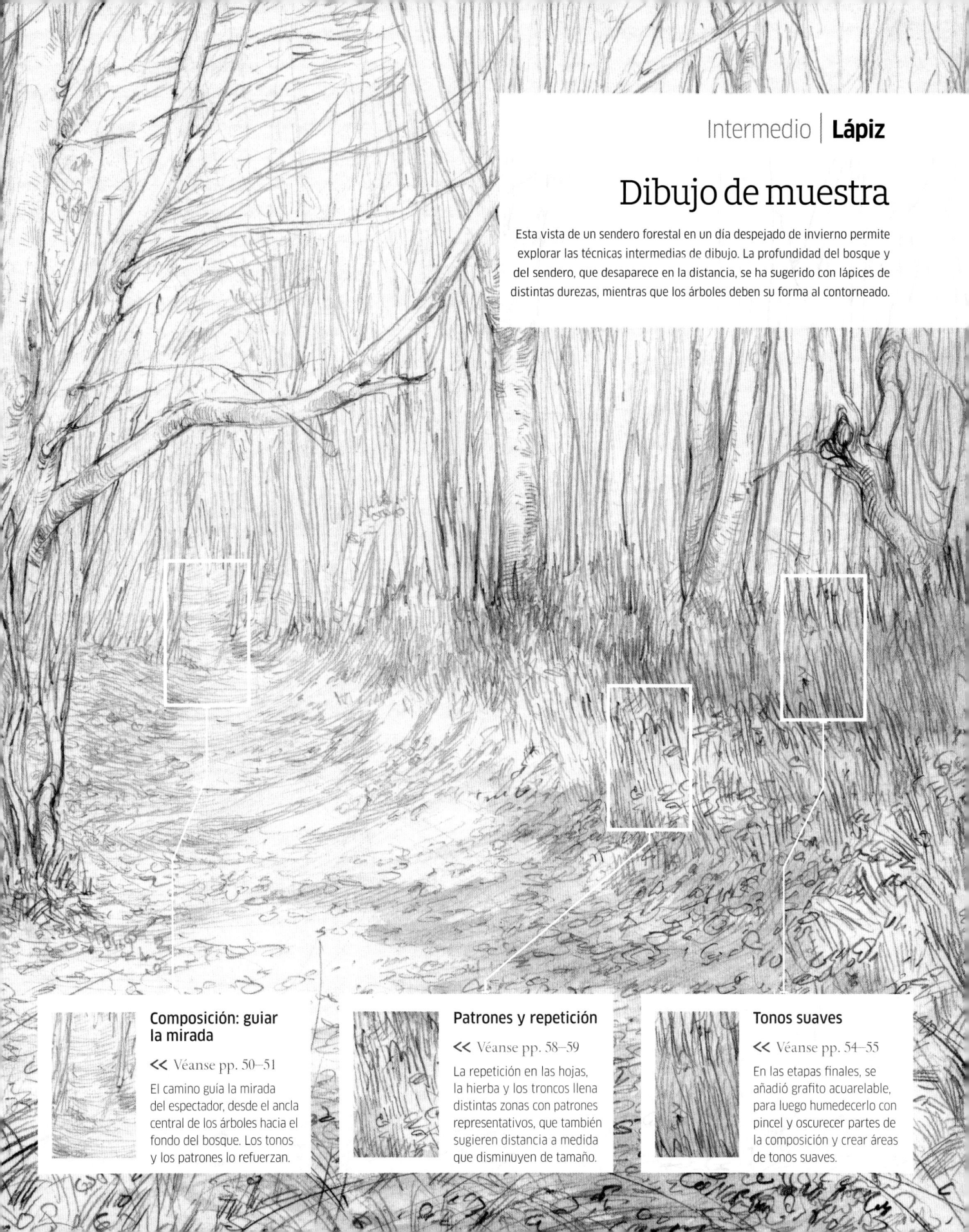

Dibujo de muestra

Esta vista de un sendero forestal en un día despejado de invierno permite explorar las técnicas intermedias de dibujo. La profundidad del bosque y del sendero, que desaparece en la distancia, se ha sugerido con lápices de distintas durezas, mientras que los árboles deben su forma al contorneado.

Composición: guiar la mirada

‹‹ Véanse pp. 50–51

El camino guía la mirada del espectador, desde el ancla central de los árboles hacia el fondo del bosque. Los tonos y los patrones lo refuerzan.

Patrones y repetición

‹‹ Véanse pp. 58–59

La repetición en las hojas, la hierba y los troncos llena distintas zonas con patrones representativos, que también sugieren distancia a medida que disminuyen de tamaño.

Tonos suaves

‹‹ Véanse pp. 54–55

En las etapas finales, se añadió grafito acuarelable, para luego humedecerlo con pincel y oscurecer partes de la composición y crear áreas de tonos suaves.

Dibujar con goma de borrar

BORRAR PARA CREAR TOQUES DE LUZ

La goma es una herramienta fundamental que permite dibujar luz en zonas oscuras eliminando las marcas de grafito para exponer el papel claro que hay debajo. Esta técnica funciona especialmente bien con grafito en polvo. Comienza frotando el grafito sobre la superficie del papel para conseguir una buena base de tono medio. Ahora, dibuja luces con el borde de una goma o borra áreas más grandes con todo el lateral para conseguir transiciones tonales suaves.

PONLO EN PRÁCTICA

El sol del atardecer produce formas y patrones de luz y de oscuridad que una goma plasma a la perfección. Las transiciones se han hecho con la goma, y en el primer plano se han dibujado los detalles definidos de la hierba.

Necesitarás

Grafito en polvo   Lápiz 2B   Lápiz 6B

- Grafito en polvo
- Lápices 2B y 6B
- Trapo suave o pañuelo de papel
- Goma de borrar
- Sacapuntas
- Cartulina

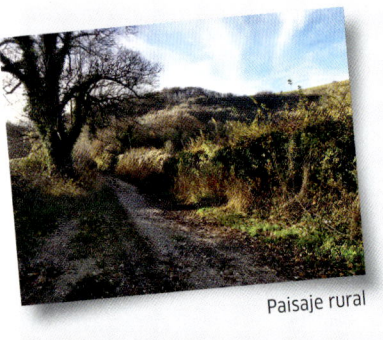

Paisaje rural

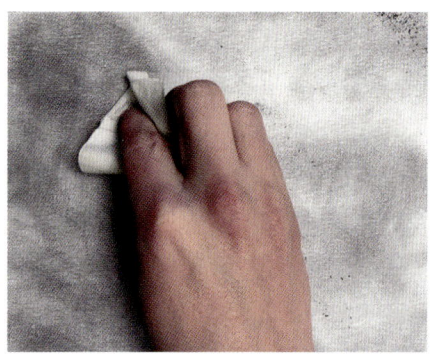

1 Fondo inicial
Espolvorea grafito en polvo sobre distintas áreas del papel y concéntralo allá donde las sombras hayan de ser más oscuras. Frota el polvo sobre la página con un trapo hasta que hayas cubierto toda la superficie con un poco de grafito.

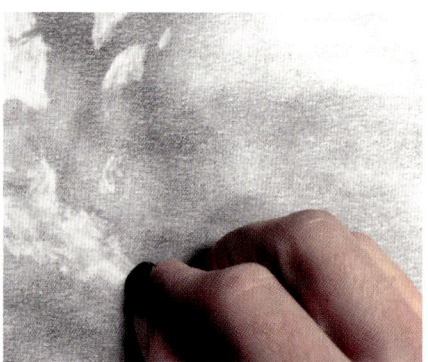

2 Iluminar con la goma
Usa la goma de borrar para aclarar grandes formas de luz, centrándote en los espacios negativos, como los que hay entre las ramas del árbol. Cuando llegues a una transición tonal gradual, retira el grafito con la cara ancha de la goma de borrar.

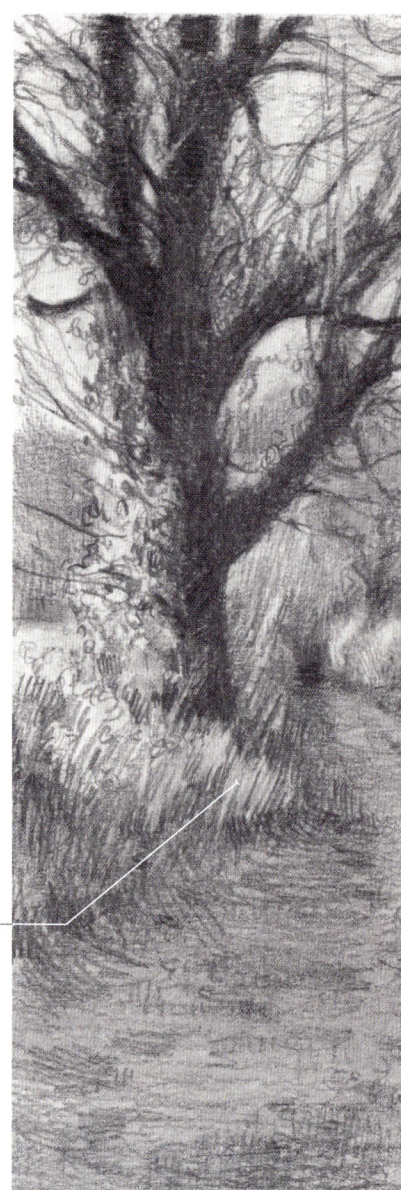

■ Tono sustractivo

El grafito en polvo, ya sea comprado o recogido al afilar crayones, permite crear un fondo medio homogéneo, aunque una masa de marcas rayadas conseguiría un efecto similar. Practica dibujar con una goma para explorar los distintos tonos, formas y marcas que se pueden conseguir.

Fondo de grafito en polvo

Espolvorea grafito en polvo sobre una página plana y frótalo con un trapo suave o un pañuelo de papel. Sopla con suavidad para eliminar el exceso de grafito.

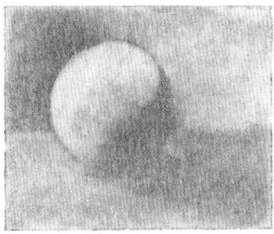

Luces borradas

Dibuja la silueta de una esfera. Luego, borra la formas de luz con una goma limpia y de bordes angulosos, presionando con fuerza. Imagina que la luz incide en la esfera desde la izquierda.

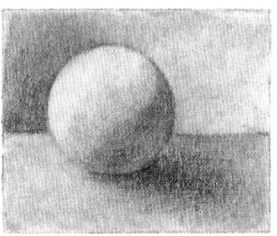

Tonos oscuros adicionales

Oscurece con un crayón de grafito las sombras del objeto, define las siluetas de los elementos y aumenta el contraste oscureciendo el fondo detrás de las luces borradas.

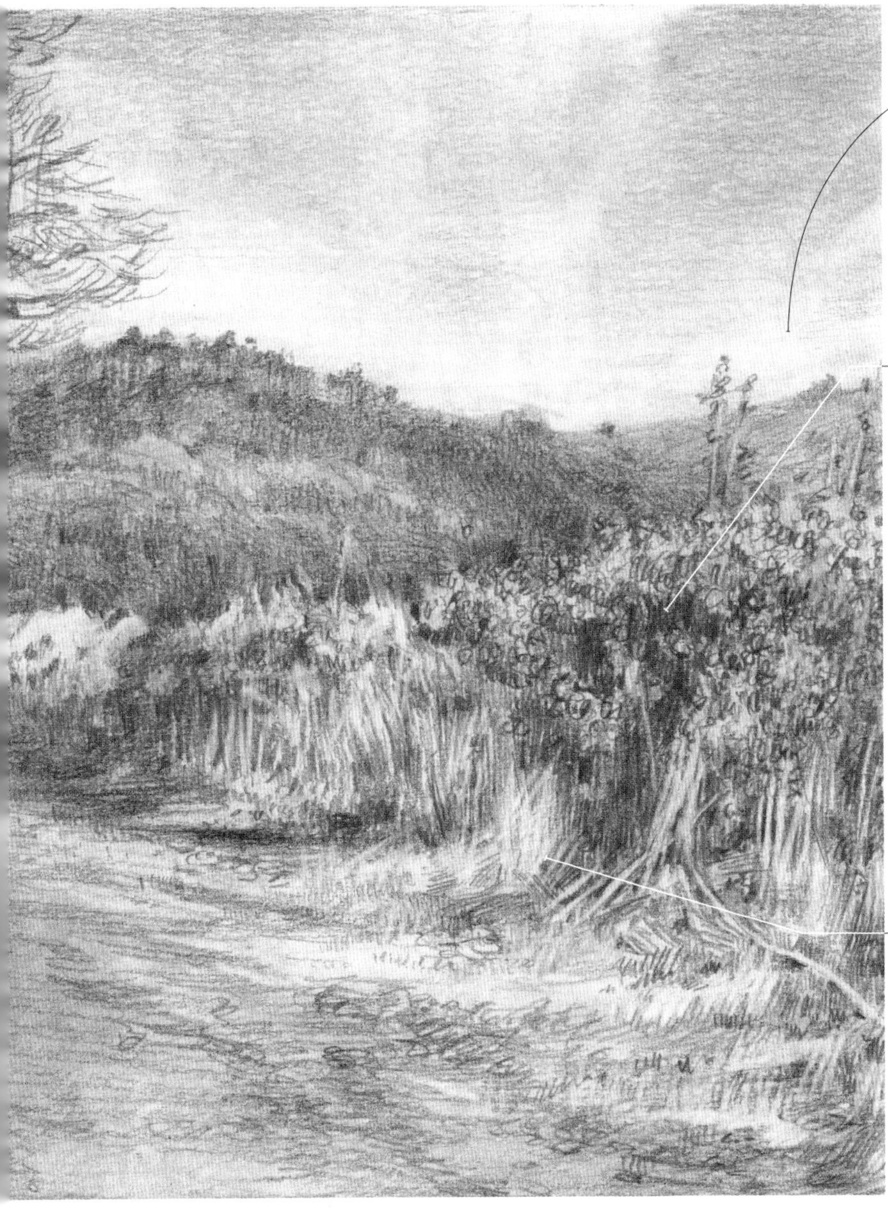

Saca la base de grafito para conseguir las transiciones tonales suaves

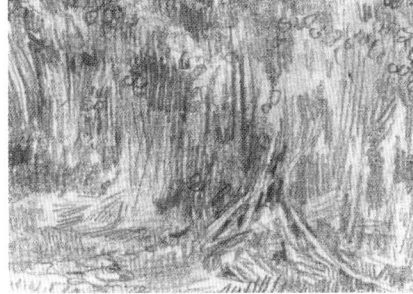

3 Tonos oscuros

Dibuja zonas de tonos oscuros con un lápiz 2B, y usa todo tu abanico de marcas texturales y de rayado para sugerir las texturas de los arbustos y de las colinas boscosas al fondo. Con un lápiz 6B, oscurece selectivamente las sombras más oscuras que veas.

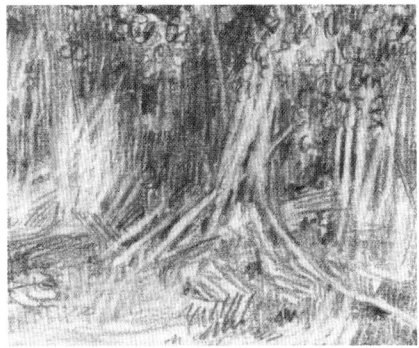

4 Últimos tonos claros

Aplicando mucha fuerza sobre la goma de borrar, arrástrala sobre el borde más afilado por toda la página para crear claros definidos en el primer plano y trazar bordes luminosos entre la oscuridad del follaje.

Máscaras y cinta de carrocero

USAR MÁSCARAS PARA CONSEGUIR CLAROS TONALES

El blanco del papel suele crear las luces más claras que se pueden lograr en el dibujo. Conseguirás contrastes muy llamativos si proteges esa luz al principio, mientras depositas los tonos oscuros en otras zonas. Dibuja con líquido enmascarador para lograr formas muy controladas o usa cinta de carrocero (o de enmascarar) y troqueles para obtener bordes duros y lineales.

■ Aplicar líquido enmascarador

Aunque el líquido enmascarador se usa sobre todo en la acuarela, también se puede emplear con grafito en polvo. Lee las instrucciones de la marca que hayas comprado antes de usarlo en el dibujo y usa una cartulina gruesa para minimizar las arrugas cuando apliques el líquido.

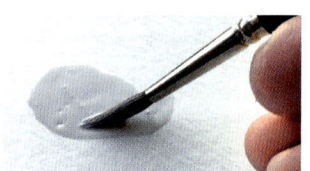

Aplicar con pincel
Aplica el líquido enmascarador con un pincel blando sobre el papel en la forma que necesites. Sé generoso con el líquido, pero no inundes la zona.

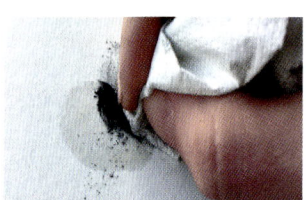

Añadir el grafito en polvo
Espera unos 20 minutos para que el fluido se seque, y aplica grafito en polvo en la zona con un pincel o un trapo secos. Ve con cuidado, para no retirar el fluido al aplicar el grafito.

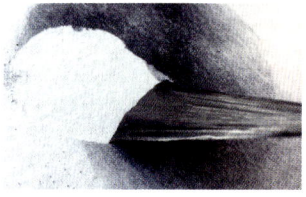

Retirar la máscara
Levanta con la uña o la punta de un cuchillo afilado el borde del fluido y despégalo. Ahora verás la forma blanca preservada y los bordes limpios sobre los tonos de grafito más oscuros.

PONLO EN PRÁCTICA

Los complejos mecanismos del reloj tienen bordes definidos ideales para los contrastes de tono. El líquido enmascarador aplicado con pincel protege los tonos más claros del metal.

Necesitarás

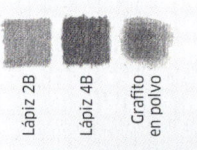
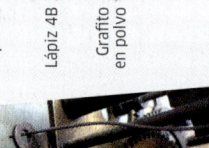

Lápiz 2B · Lápiz 4B · Grafito en polvo

- Lápices 2B y 4B
- Grafito en polvo
- Cinta de carrocero
- Líquido enmascarador
- Pincel
- Difumino
- Goma de borrar
- Sacapuntas
- Cartulina

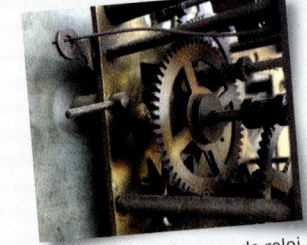

Mecanismo de reloj

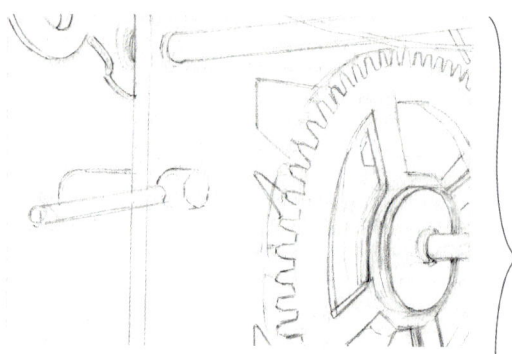

1 Dibujar las líneas
Dibuja las siluetas con un lápiz 2B y borra ligeramente las líneas cuando hayas terminado, para así contar con una base sobre la que enmascarar las formas de las sombras y las luces.

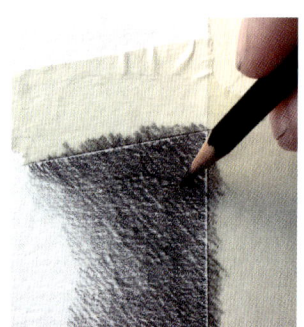

2 Cinta de carrocero
Antes de dibujar los tonos más oscuros, enmascara las formas luminosas y de bordes rectos con cinta de carrocero. Raya con el lápiz 4B bloques oscuros homogéneos hasta el borde.

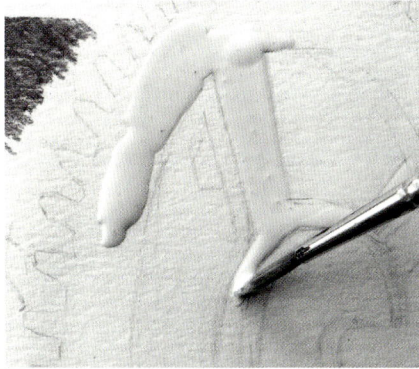

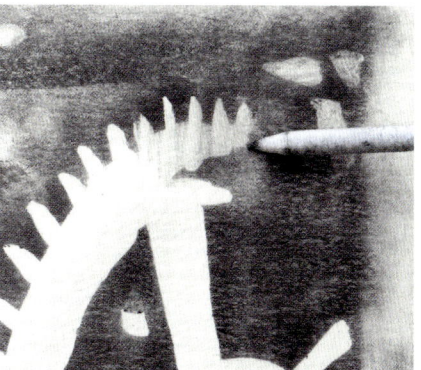

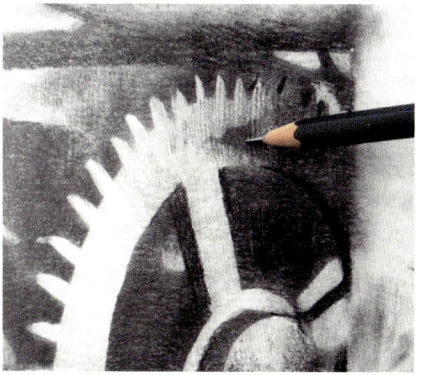

3 Líquido enmascarador
Aplica líquido enmascarador con las líneas tenues como guía y frota grafito en polvo sobre zonas específicas del dibujo. Retira el fluido seco para crear formas definidas y claras.

4 Difuminar los tonos
Suaviza con un difumino algunos bordes tonales y difumina gradientes tonales donde sea necesario. Lleva el tono difuminado sobre el papel blanco y crea así un tono medio.

5 Oscurecer las sombras
Dibuja sombras oscuras rayando con un lápiz 4B, y aclara los bordes de algunas formas para añadir contornos y redibujar áreas definidas, como los bordes de los engranajes.

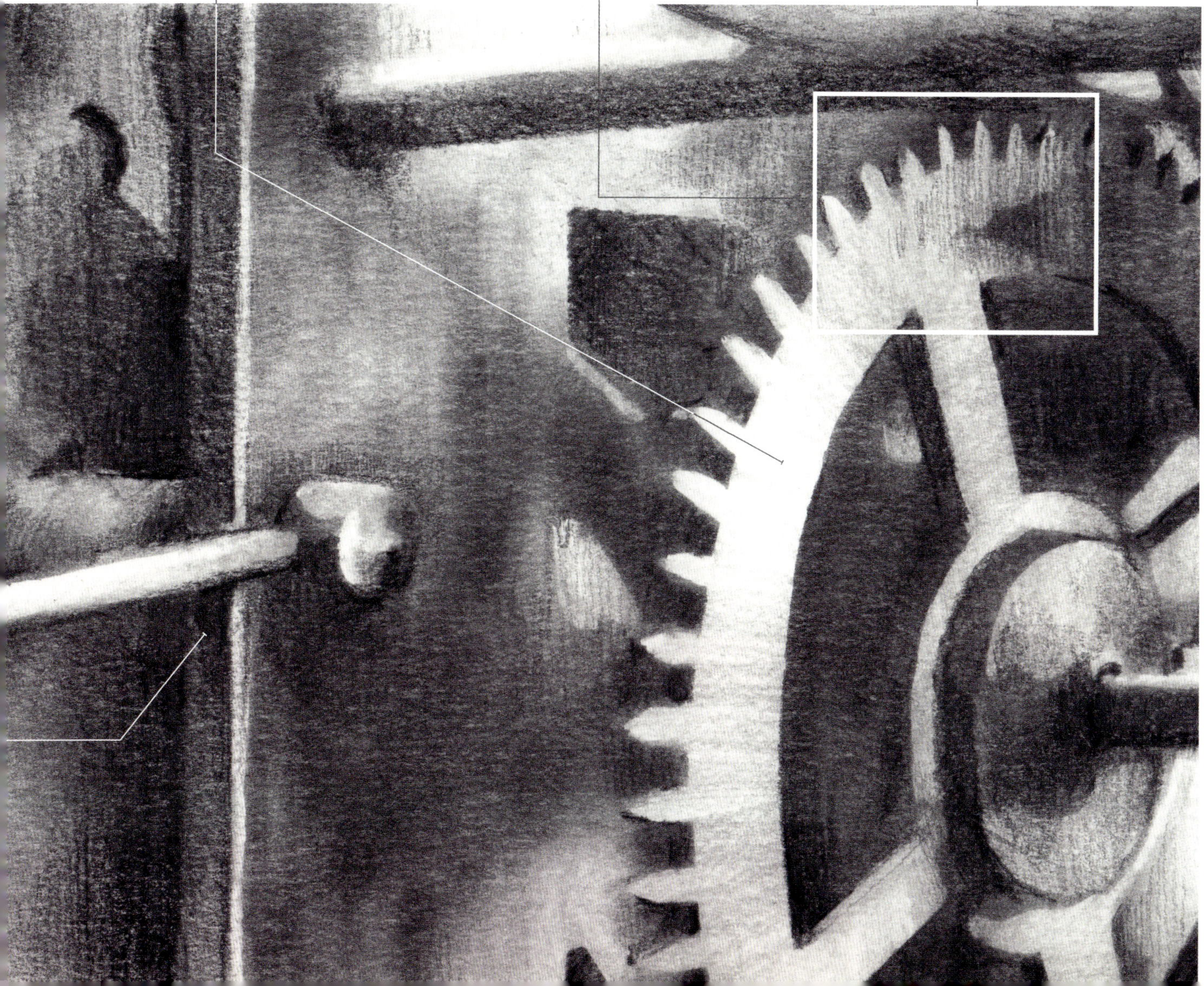

Pelaje y cabello

CREAR SUPERFICIES CON TEXTURA

Con el sentido del tacto puedes dar forma a las marcas con las que describes una superficie. Cuando dibujes cabello o pelaje, la longitud, el peso y la dirección de las marcas pueden sugerir la textura y la dirección del pelo, a la vez que crean la impresión de tono.

◼ Texturas de pelaje

Puedes describir los distintos tipos de pelaje y de cabello con una «gama de marcas». Resigue la trayectoria del pelaje del animal con la mirada y deja que los lápices sigan el mismo recorrido sobre la página, en la misma dirección que imaginas que acariciarías al animal. De todos modos, observa las características del pelo del animal concreto que estés dibujando. Por ejemplo, el pelo de perro puede ser largo, corto, hirsuto, liso o rizado.

Pelo corto
Cuando intensifiques el tono del pelaje de un animal de pelo corto, usa marcas cortas y definidas que sugieran el tono y la textura del pelo. Observa la diferencia entre el pelo hirsuto, sedoso o liso de animales distintos.

Pelo largo
La luz se refleja sobre un perro de pelo largo bien cuidado, como se reflejaría sobre el cabello humano. Usa marcas largas para una textura brillante y fluida.

Pelo rizado u ondulado
El pelaje de pelo espeso y ondulado refleja menos la luz. Traza las sombras oscuras en la base del rizo y sigue la dirección de las ondas a medida que construyes la textura.

PONLO EN PRÁCTICA

Este dibujo se hizo a partir de una fotografía de una postura similar, porque este can casi nunca está quieto. Cuando dibujes de referencias secundarias, como esta, te irá bien contar con varias fotografías.

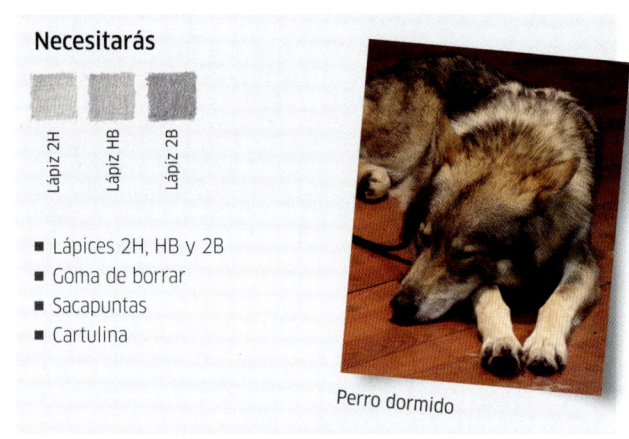

Necesitarás

Lápiz 2H   Lápiz HB   Lápiz 2B

- Lápices 2H, HB y 2B
- Goma de borrar
- Sacapuntas
- Cartulina

Perro dormido

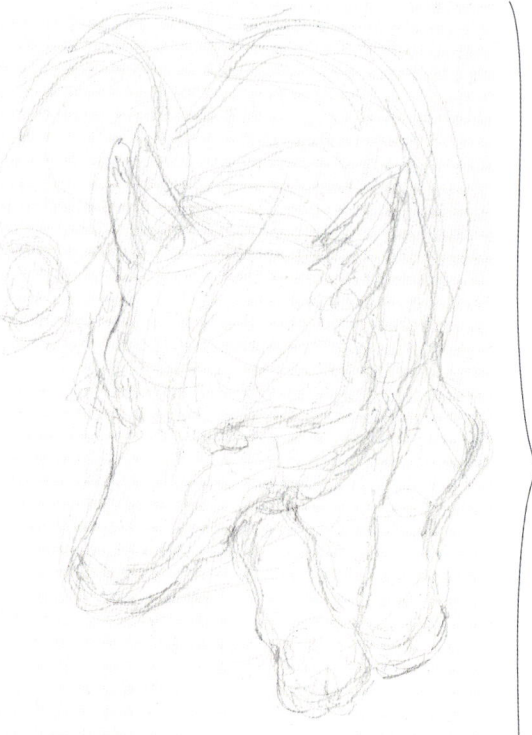

1 Boceto inicial
Dibuja las formas grandes del cuerpo del perro con el lápiz HB y grandes trazos gestuales. Presta la misma atención a los espacios negativos alrededor del perro que al propio animal. Piensa en la forma del cuerpo del perro debajo del pelo.

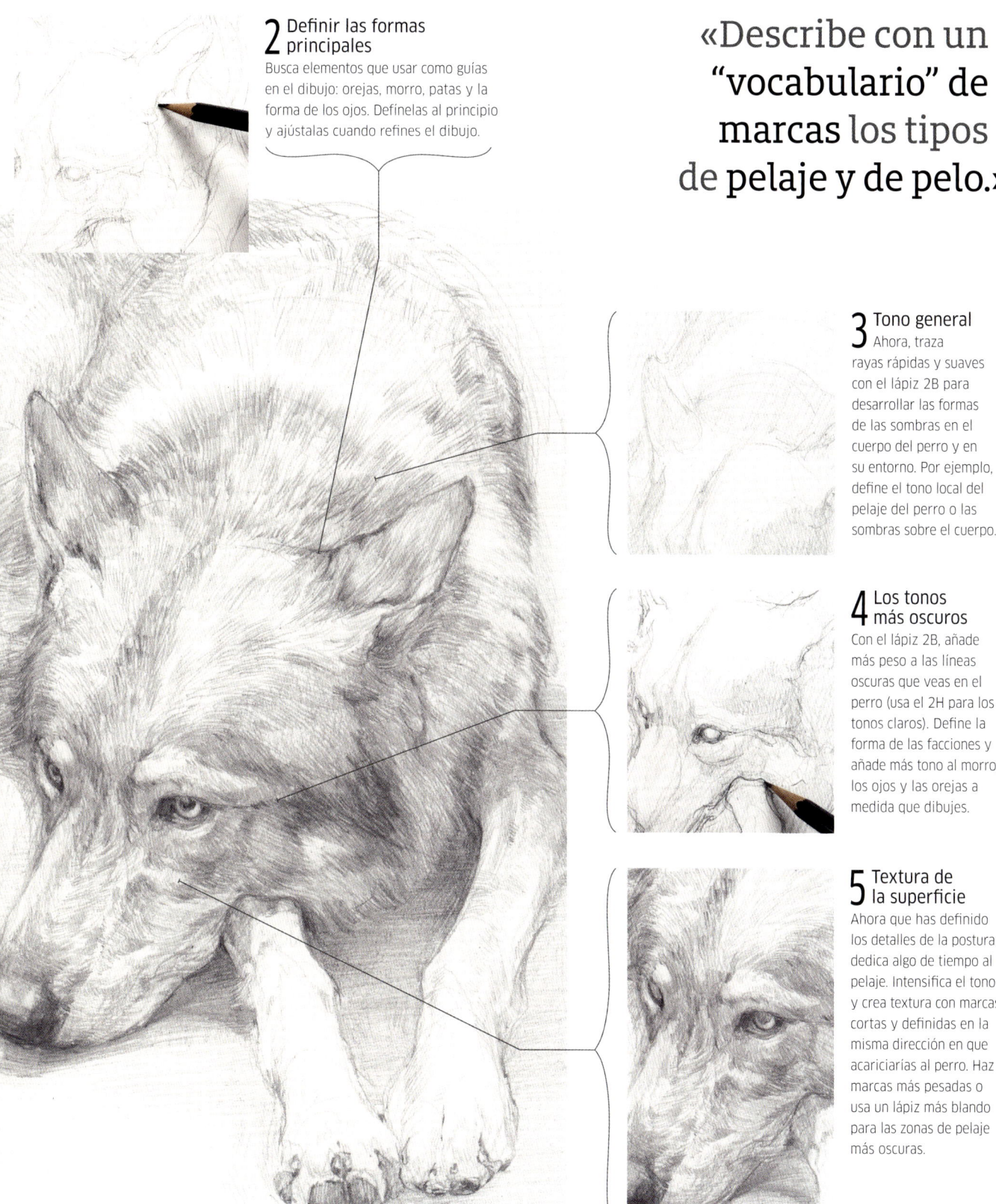

2 Definir las formas principales

Busca elementos que usar como guías en el dibujo: orejas, morro, patas y la forma de los ojos. Defínelas al principio y ajústalas cuando refines el dibujo.

«Describe con un "vocabulario" de marcas los tipos de pelaje y de pelo.»

3 Tono general

Ahora, traza rayas rápidas y suaves con el lápiz 2B para desarrollar las formas de las sombras en el cuerpo del perro y en su entorno. Por ejemplo, define el tono local del pelaje del perro o las sombras sobre el cuerpo.

4 Los tonos más oscuros

Con el lápiz 2B, añade más peso a las líneas oscuras que veas en el perro (usa el 2H para los tonos claros). Define la forma de las facciones y añade más tono al morro, los ojos y las orejas a medida que dibujes.

5 Textura de la superficie

Ahora que has definido los detalles de la postura, dedica algo de tiempo al pelaje. Intensifica el tono y crea textura con marcas cortas y definidas en la misma dirección en que acariciarías al perro. Haz marcas más pesadas o usa un lápiz más blando para las zonas de pelaje más oscuras.

Capas de grafito

COMBINAR CAPAS LINEALES Y TONALES

Es habitual combinar marcas lineales y tonales en los dibujos: las líneas se usan para definir los objetos sobre la página y para aclarar los bordes de las formas, mientras que las marcas tonales permiten representar el mundo tal y como lo vemos sugiriendo un juego de luces y de sombras que crea la ilusión de forma. Aquí se han enfatizado las diferencias tonales del dibujo con grafito en polvo y lápices de grafito.

PONLO EN PRÁCTICA

Esta escena portuaria tiene múltiples elementos en todos los planos (primer plano, zona intermedia y fondo). Elige un tema que te ofrezca la misma variedad de formas, texturas y tonos.

Necesitarás

Grafito en polvo · Lápiz HB · Lápiz 4B

- Lápices HB y 4B
- Grafito en polvo
- Goma de borrar
- Sacapuntas
- Difumino o tortillón
- Cartulina

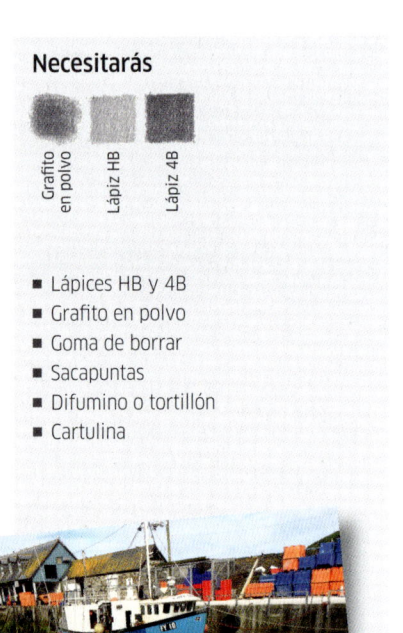

Escena portuaria

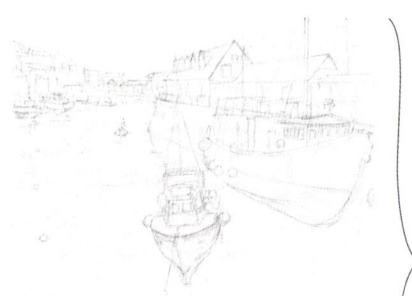

1 Esbozo sencillo

Plasma la escena con un sencillo boceto lineal con el lápiz HB y sugiere la definición de los límites con el peso de las líneas. Usa marcas suaves y sueltas para el borde del agua y líneas más seguras para denotar las siluetas de los barcos y edificios cercanos.

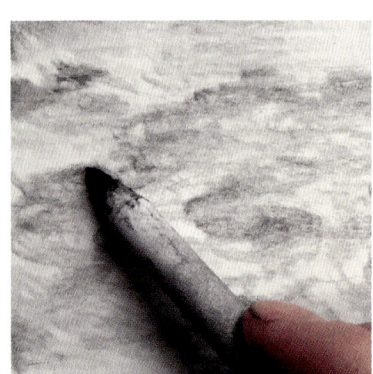

2 Aplicar el grafito en polvo

En la siguiente capa del dibujo, usa un difumino de papel o un tortillón untados de grafito en polvo para crear capas tonales que se sumen a la estructura lineal del primer boceto a lápiz.

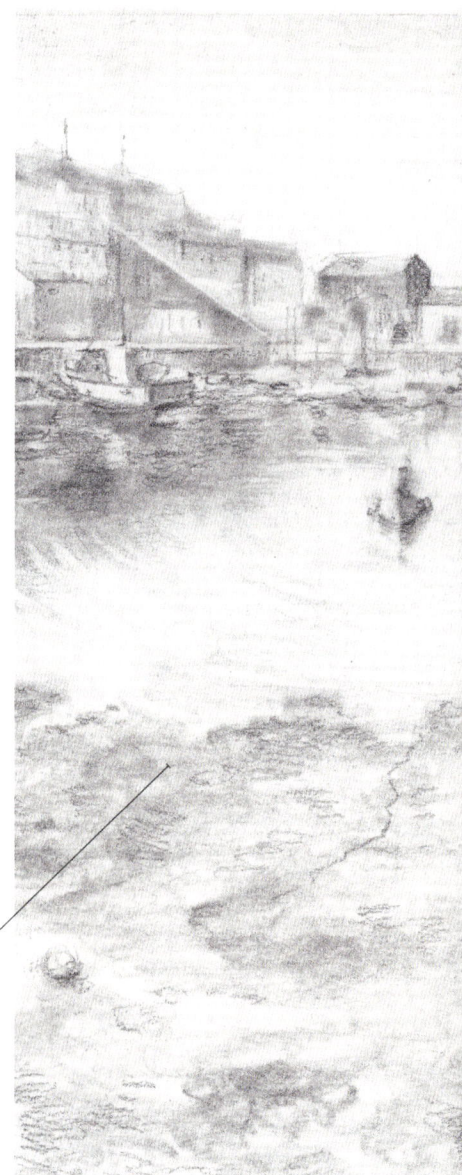

▪ Aplicar grafito en polvo

El grafito en polvo es el mismo material que el de los lápices de grafito, pero molido hasta formar un polvillo fino. Se puede aplicar selectivamente a dibujos lineales y espolvorearlo, aplicarlo con pincel o a toquecitos, difuminarlo o frotarlo. Cada modo de aplicación otorga distintos niveles de control. Usar el grafito en polvo de esta manera ayuda a crear texturas muy lisas y fondos oscuros.

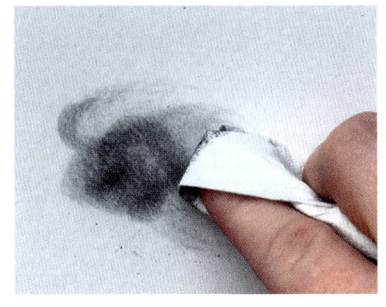

A toquecitos con pañuelo de papel

Si tensas un pañuelo de papel sobre un dedo y lo untas en el polvo, podrás aplicar masas de tono rápidamente y sin que la grasa de la piel las emborrone.

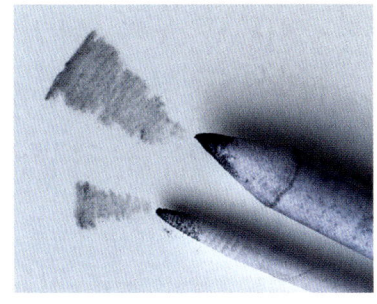

Controlado con un difumino

Si has de ser más preciso, unta un difumino o un tortillón en el polvo y aplica un tono suave de un modo más deliberado y cuidadoso que con el pañuelo.

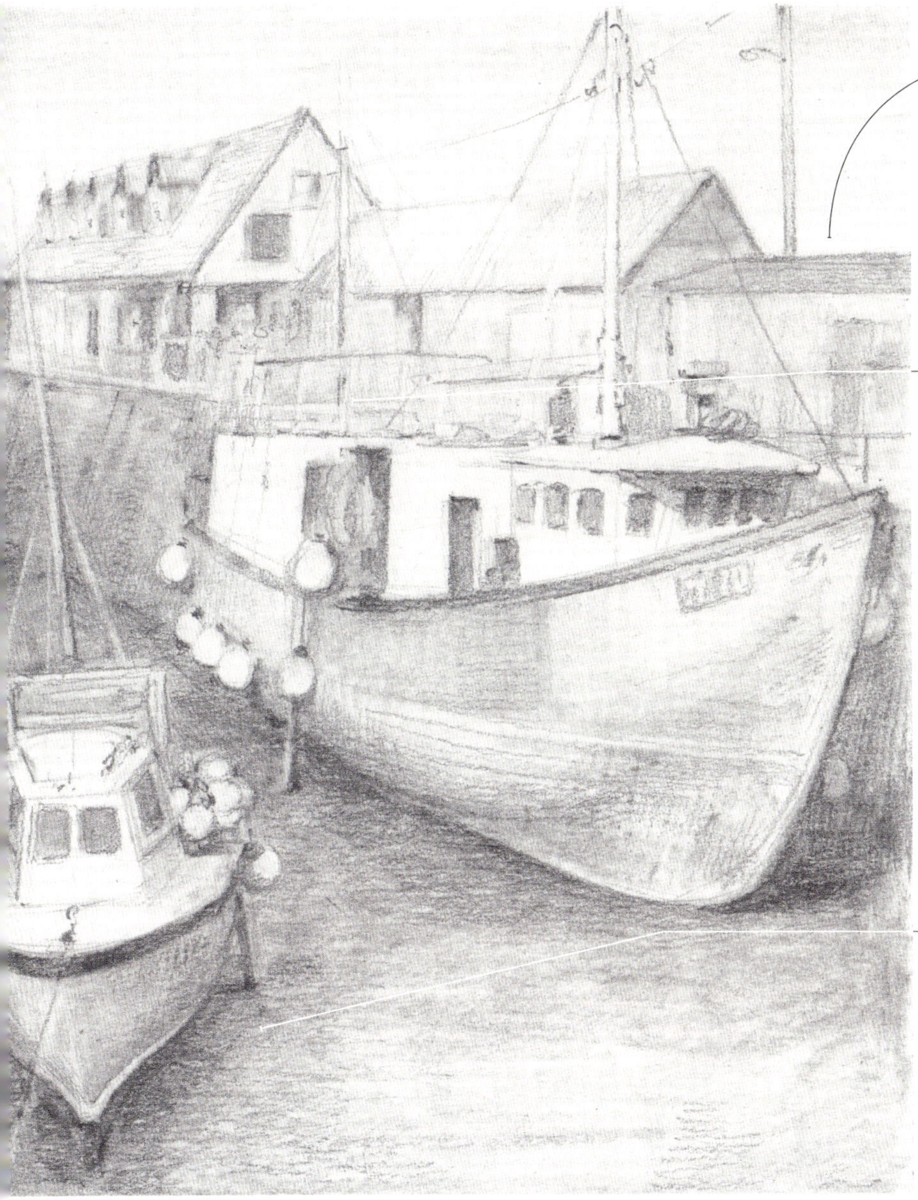

El lápiz 4B es blando y permite reforzar los bordes más definidos

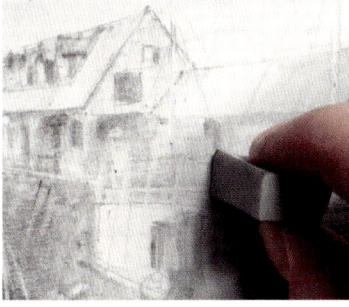

3 Usar una goma para dar luz

A continuación, retira el grafito para devolver luz al dibujo. Define los toques de luz con el borde de la goma y limpia las formas del dibujo que hayan quedado emborronadas con el grafito en polvo.

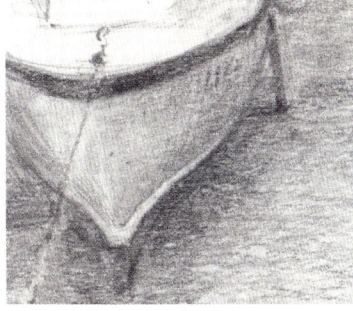

4 Aclarar las marcas

Aclara los oscuros más oscuros de la escena con un lápiz 4B afilado, y añade una capa de bordes limpios y de tonos oscuros suaves que guíen la mirada a las áreas de interés y definan las formas dibujadas en las primeras capas del dibujo.

Superficies reflectantes y transparentes

DIBUJAR OBJETOS DE VIDRIO Y DE METAL

Dibujar una superficie reflectante o transparente es todo un ejercicio de observación. Además de dibujar el objeto, quizá tengas que dibujar una vista distorsionada del entorno que se refleja en la superficie o se ve a través de ella.

■ Dibujar lo que se ve

Tendemos a ver los objetos como esperamos que sean, no como son en realidad. Sin embargo, si dibujas objetos de formas parecidas pero de materiales distintos, verás lo diferentes que parecen la luz y la oscuridad que reflejan.

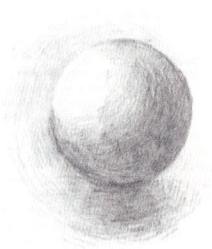

Bola de madera
La madera es opaca y apenas tiene propiedades reflectantes. El reflejo de la luz en la superficie solo sugiere la forma de la bola y la dirección de la fuente de luz.

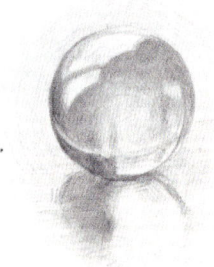

Bola de vidrio
Esta bola de vidrio es reflectante y transparente, y refleja la luz de una ventana en la superficie, a la vez que la magnifica sobre la mesa delante de ella.

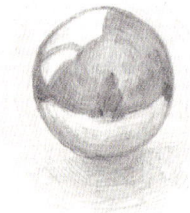

Bola de acero
El metal pulido es opaco y muy reflectante: refleja toda la estancia, distorsionada sobre la curva de la superficie. Si dibujas la bola, tendrás que dibujar la estancia.

PONLO EN PRÁCTICA

Crea tu propia naturaleza muerta y practica la captura de las cualidades reflectantes y transparentes de objetos de materiales diversos. Aquí, el vidrio oscuro y reflectante de la botella de vino y la etiqueta mate están junto a una copa transparente (que contiene vino oscuro) y a un cuenco de aperitivos metálico y reflectante.

1 Boceto inicial
Un boceto con lápiz HB que coloque los objetos te ayudará a componer el bodegón en la página y a ajustar las proporciones de los objetos antes de rematar los contornos.

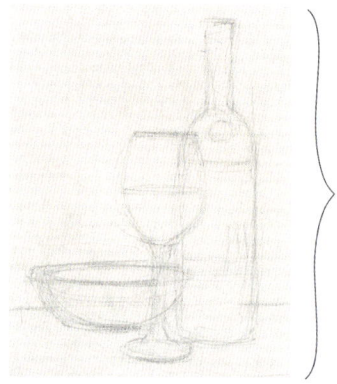

2 Los perfiles de los objetos
Borra con cuidado las líneas del boceto en los puntos en que desaparecen de la vista. Luego, define las siluetas o los perfiles de la botella, la copa y el cuenco con el lápiz HB.

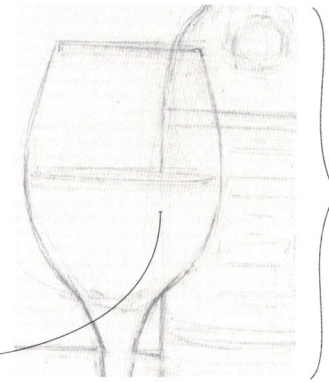

La línea de la botella detrás del vino ya se ha borrado

3 Formas tonales
Dibuja las formas de los tonos claros, medios y oscuros que veas dentro de las siluetas de los objetos. No presupongas nada, busca los bordes de las formas claras y oscuras y traza líneas suaves como indicadores de posición. Ya añadirás el tono luego.

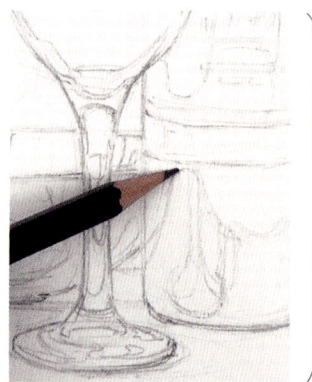

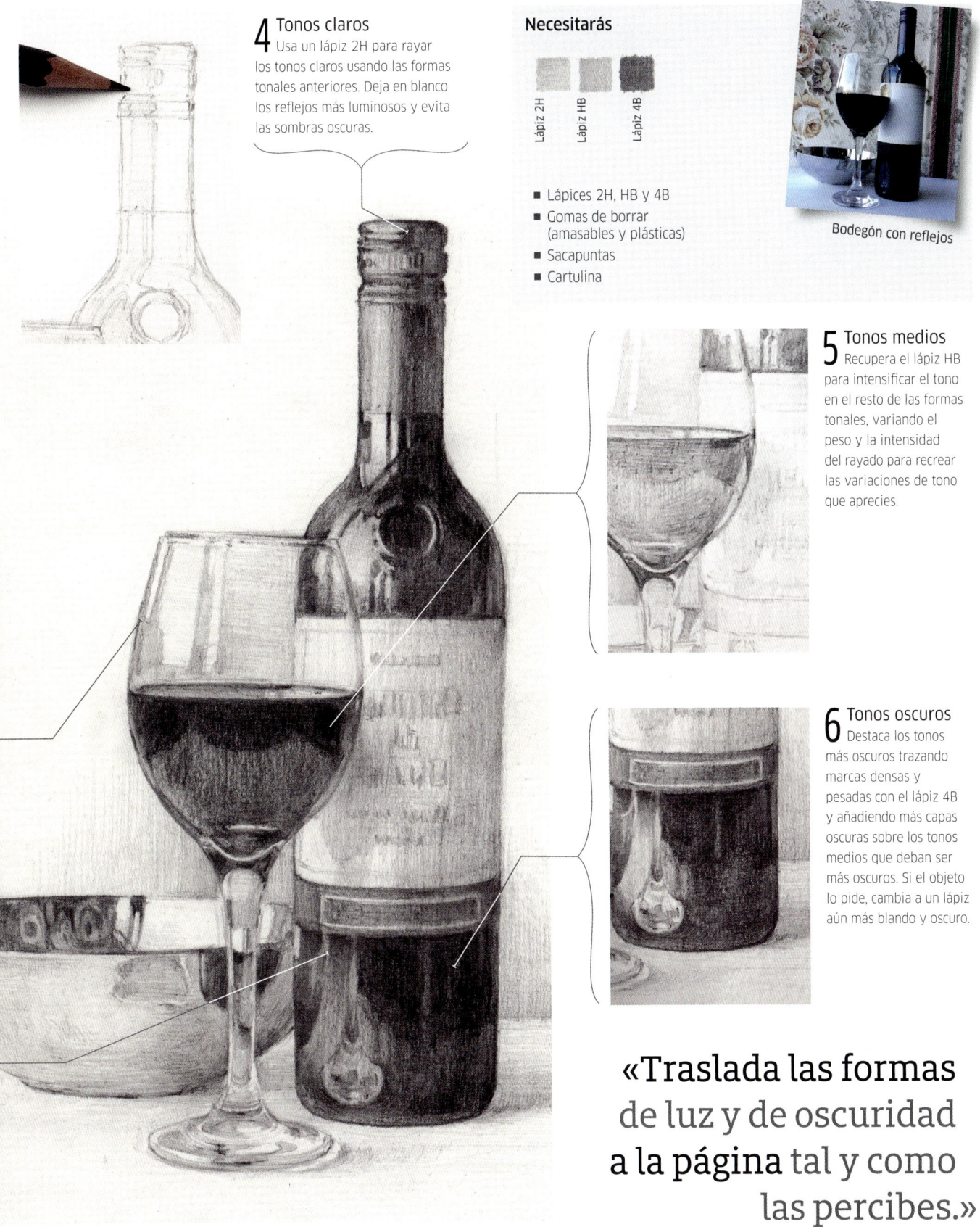

4 Tonos claros

Usa un lápiz 2H para rayar los tonos claros usando las formas tonales anteriores. Deja en blanco los reflejos más luminosos y evita las sombras oscuras.

Necesitarás

Lápiz 2H
Lápiz HB
Lápiz 4B

- Lápices 2H, HB y 4B
- Gomas de borrar (amasables y plásticas)
- Sacapuntas
- Cartulina

Bodegón con reflejos

5 Tonos medios

Recupera el lápiz HB para intensificar el tono en el resto de las formas tonales, variando el peso y la intensidad del rayado para recrear las variaciones de tono que aprecies.

6 Tonos oscuros

Destaca los tonos más oscuros trazando marcas densas y pesadas con el lápiz 4B y añadiendo más capas oscuras sobre los tonos medios que deban ser más oscuros. Si el objeto lo pide, cambia a un lápiz aún más blando y oscuro.

«Traslada las formas de luz y de oscuridad a la página tal y como las percibes.»

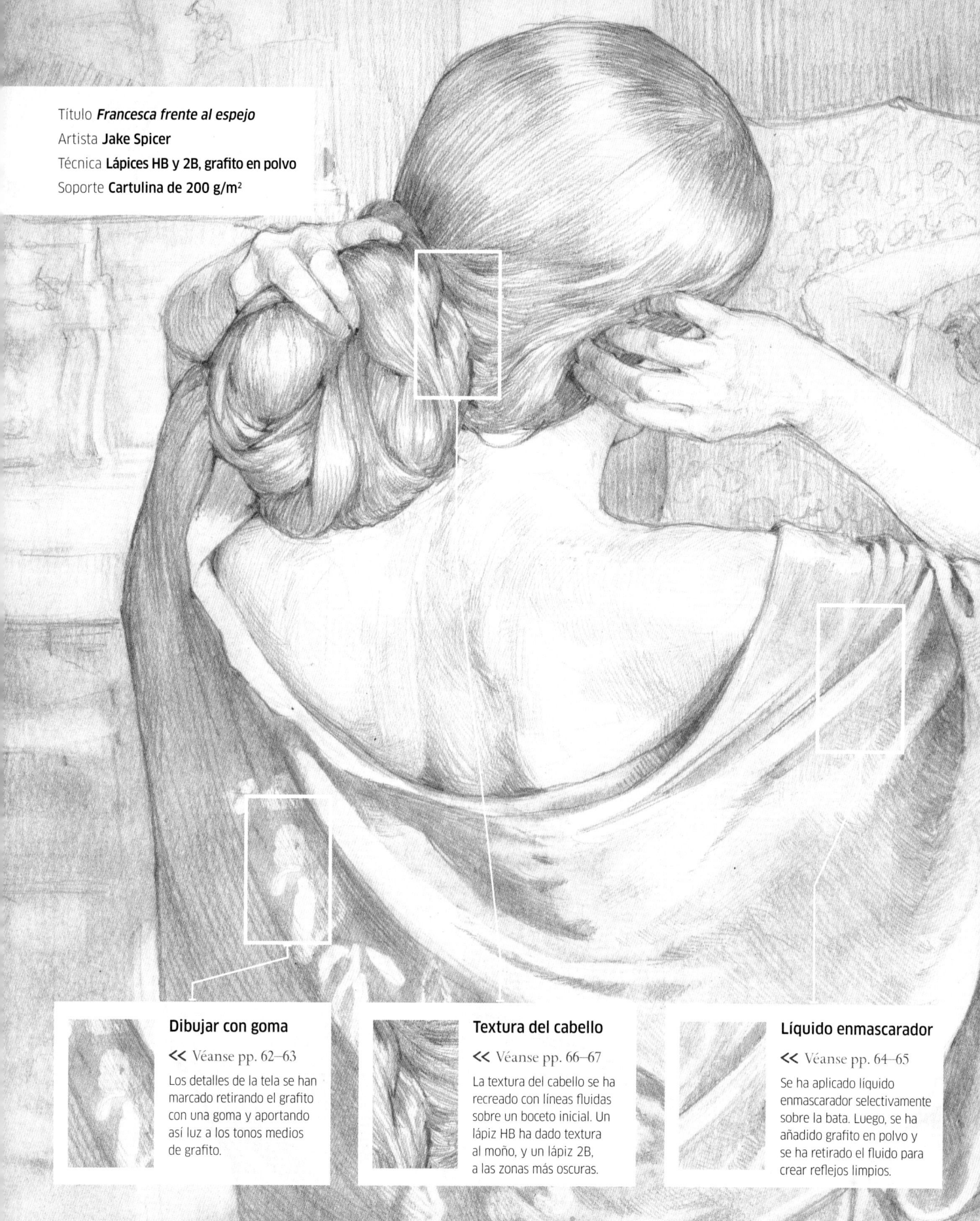

Título *Francesca frente al espejo*
Artista **Jake Spicer**
Técnica **Lápices HB y 2B, grafito en polvo**
Soporte **Cartulina de 200 g/m²**

Dibujar con goma

≪ Véanse pp. 62–63

Los detalles de la tela se han marcado retirando el grafito con una goma y aportando así luz a los tonos medios de grafito.

Textura del cabello

≪ Véanse pp. 66–67

La textura del cabello se ha recreado con líneas fluidas sobre un boceto inicial. Un lápiz HB ha dado textura al moño, y un lápiz 2B, a las zonas más oscuras.

Líquido enmascarador

≪ Véanse pp. 64–65

Se ha aplicado líquido enmascarador selectivamente sobre la bata. Luego, se ha añadido grafito en polvo y se ha retirado el fluido para crear reflejos limpios.

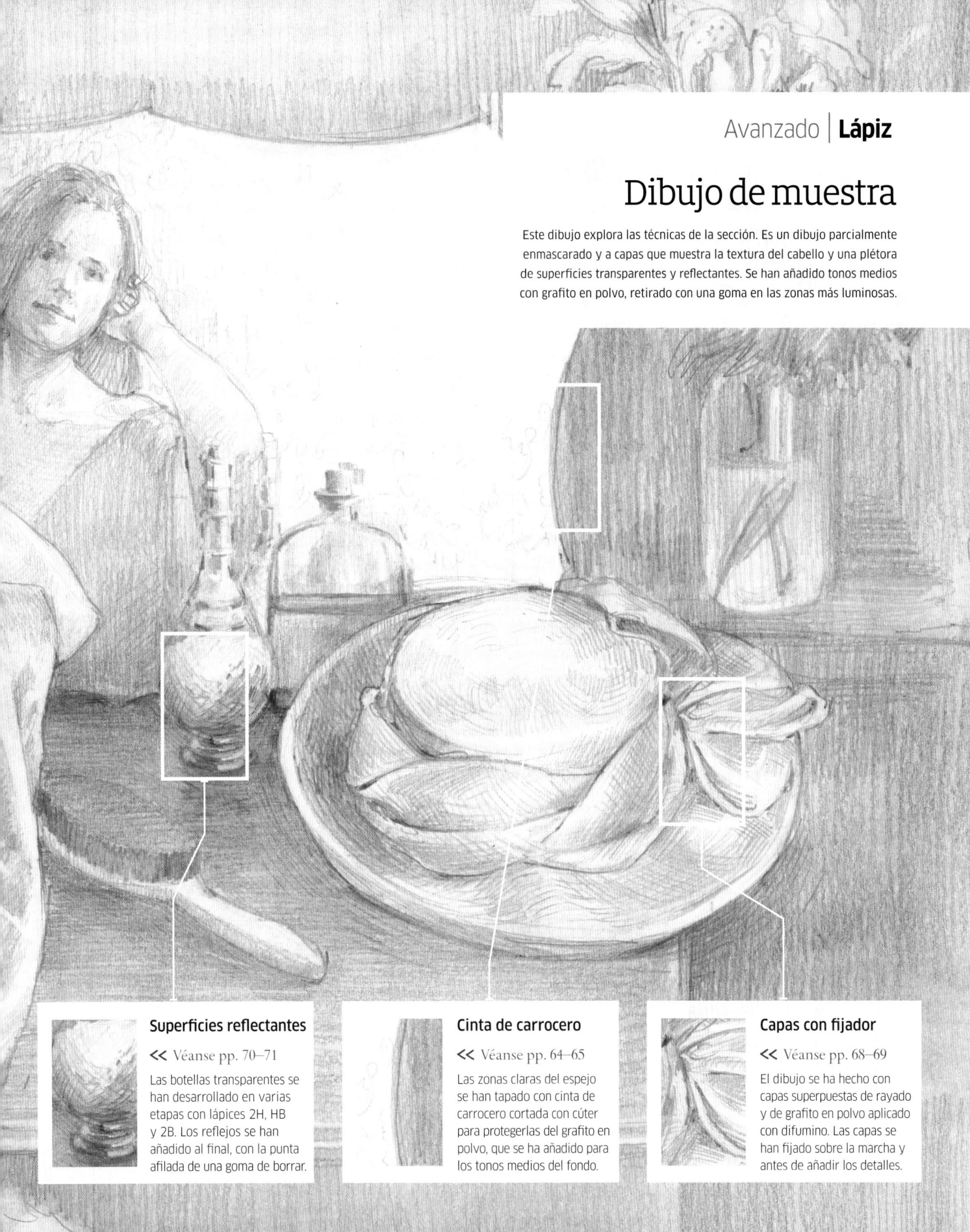

Dibujo de muestra

Este dibujo explora las técnicas de la sección. Es un dibujo parcialmente enmascarado y a capas que muestra la textura del cabello y una plétora de superficies transparentes y reflectantes. Se han añadido tonos medios con grafito en polvo, retirado con una goma en las zonas más luminosas.

Superficies reflectantes

≪ Véanse pp. 70–71

Las botellas transparentes se han desarrollado en varias etapas con lápices 2H, HB y 2B. Los reflejos se han añadido al final, con la punta afilada de una goma de borrar.

Cinta de carrocero

≪ Véanse pp. 64–65

Las zonas claras del espejo se han tapado con cinta de carrocero cortada con cúter para protegerlas del grafito en polvo, que se ha añadido para los tonos medios del fondo.

Capas con fijador

≪ Véanse pp. 68–69

El dibujo se ha hecho con capas superpuestas de rayado y de grafito en polvo aplicado con difumino. Las capas se han fijado sobre la marcha y antes de añadir los detalles.

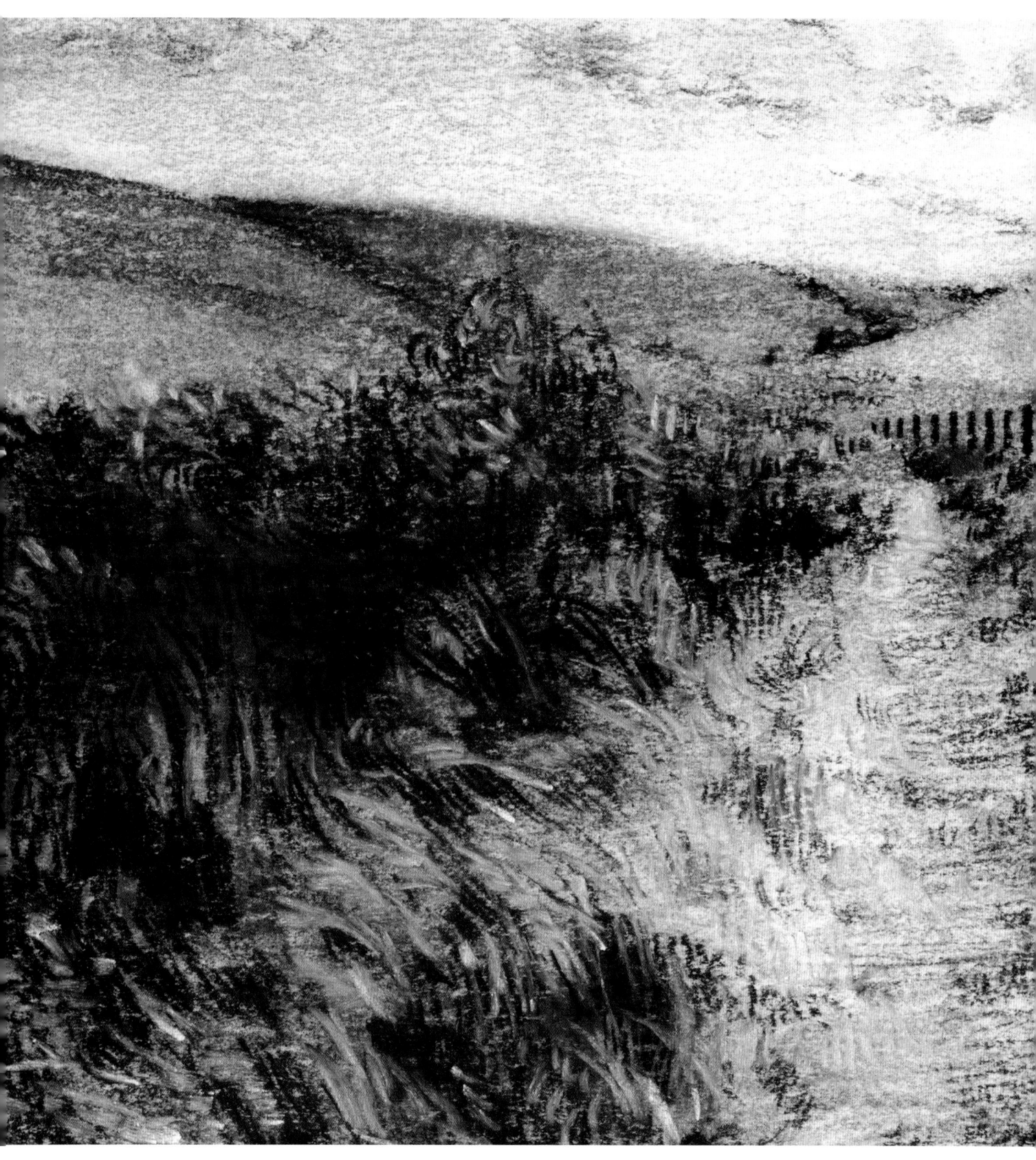

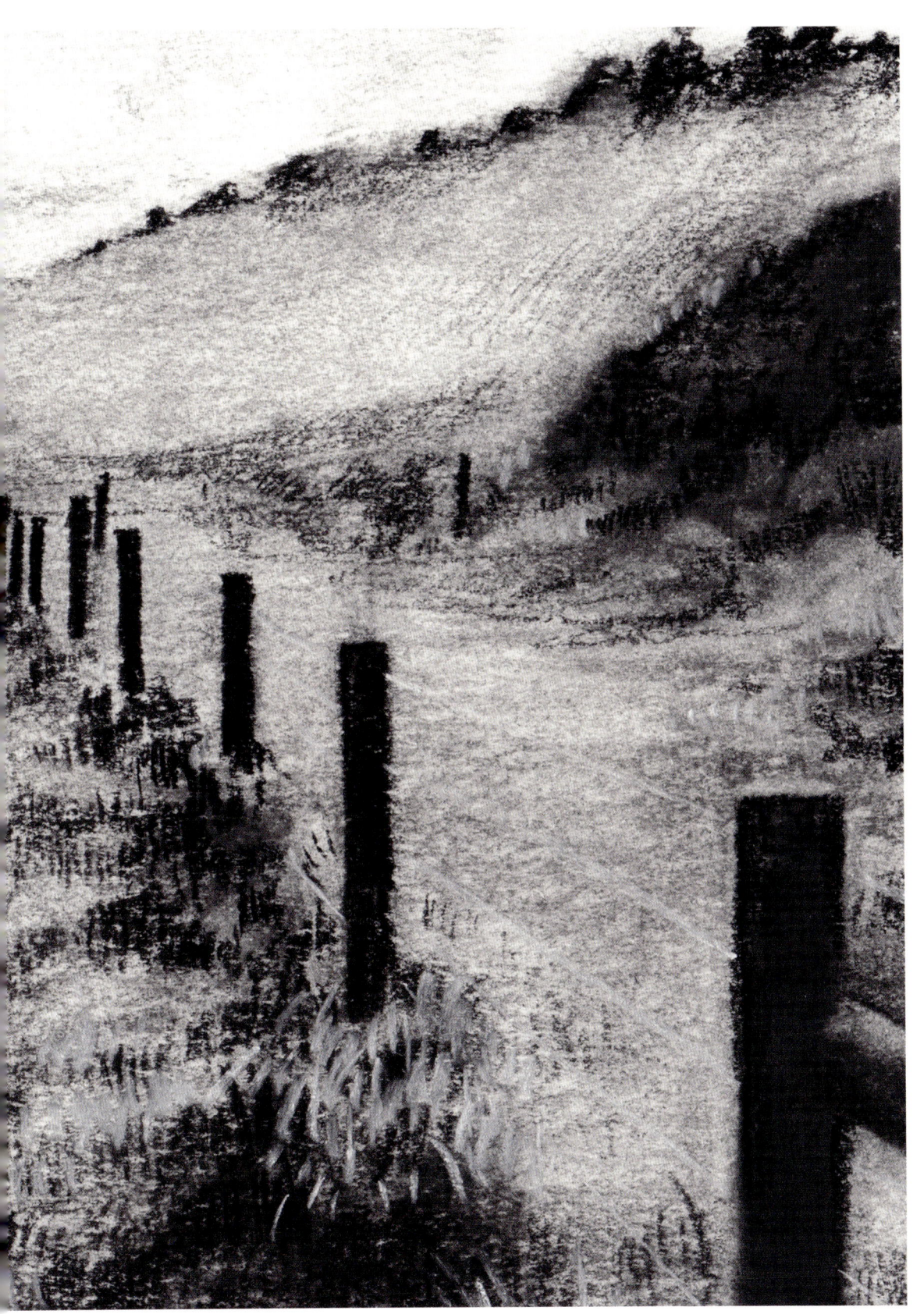

Carboncillo

Dibujar con **carboncillo**

El carboncillo es un medio o material negro y aterciopelado que deja marcas oscuras y densas. Como medio de dibujo, se usa casi exclusivamente para aplicaciones artísticas, y es omnipresente en las clases de dibujo de figura humana y en los estudios de artistas. Es muy expresivo y permite cubrir áreas tonales extensas con marcas fluidas y rápidas. El espectro de marcas y de tonos que se pueden lograr con el carboncillo lo convierte en un material perfecto para dibujar estudios que luego se traducen a pintura.

En las páginas siguientes encontrarás información acerca de los distintos tipos de carboncillo y de sus usos. Luego, practicarás y desarrollarás tu habilidad con 15 técnicas distintas, tanto de iniciación como intermedias y avanzadas. Al final de cada sección, un dibujo de muestra plasmará las técnicas combinadas en un solo tema.

1 Técnicas de iniciación

■ Véanse pp. 82-93

En la primera sección explorarás el dibujo gestual y cómo aislar las formas de las sombras, además de aprender a difuminar con efectividad, a usar la goma como herramienta de dibujo y a separar el color del tono cuando miras un tema.

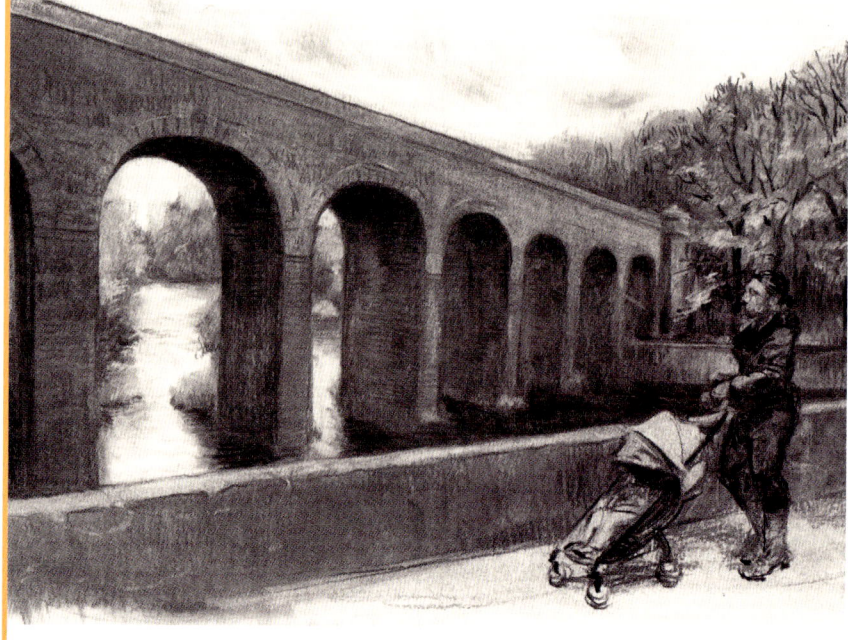

Dibujo de muestra de las técnicas de iniciación (pp. 92-93)

2 Técnicas intermedias

■ Véanse pp. 94-105

En la segunda sección aprenderás a sugerir volumen y a usar carboncillo y medios blancos sobre papel de tonos medios, descubrirás más acerca del claroscuro y crearás composiciones tonales pequeñas y punteados.

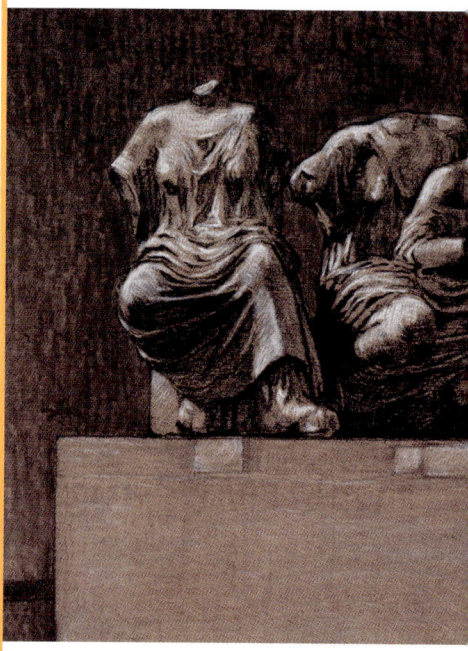

Dibujo de muestra de las técnicas intermedias (pp. 104-10

El carboncillo es madera quemada hasta su carbonización, y esa simplicidad hizo que ya nuestros antepasados prehistóricos lo usaran. Se estima que algunos de los dibujos con carboncillo más antiguos que se conservan (animales dibujados sobre piedra en la cueva del Apolo 11, en el suroeste de Namibia) tienen entre 25000 y 28000 años de antigüedad.

Se trata de un material accesible y asequible que han usado artistas a lo largo de toda la historia, sobre todo para estudios de retratos y figuras humanas. Y hoy es todavía muy usado para dibujar.

Características del carboncillo

Tradicionalmente, el carboncillo se hace con madera de sauce, vid o brezo, y conserva su aspecto de ramita. Deja marcas rápidas y se difumina con facilidad, por lo que es muy expresivo. Si se desea más control, el carboncillo comprimido en forma de barrita o lápiz es una buena opción cuando se necesitan marcas más oscuras y densas.

Como las barras de carboncillo tienden a ser blandas y no conservan la punta durante demasiado tiempo, no resultan adecuadas para trabajos de precisión. Sin embargo, algunas se pueden afilar con papel de lija. Los lápices con minas de carboncillo comprimido se pueden afilar con cúter hasta obtener puntas muy afiladas.

La mayoría de las formas de carboncillo se borran con relativa facilidad y son ideales para técnicas de dibujo sustractivas, mediante las que se crean reflejos borrando del papel el material oscuro (se trabaja de oscuro a claro). Sin embargo, la facilidad de borrado puede ser un inconveniente mientras se dibuja, porque es muy fácil emborronar las marcas a medida que se hacen. También puede complicar la conservación del dibujo si no se usa un buen fijador.

3 Técnicas avanzadas

■ Véanse pp. 106–117

Aquí modularás el tono para añadir profundidad y crear ambiente, y también descubrirás técnicas de dibujo a capas y de fijado, así como un método de retratos sencillo. Descubrirás también cómo combinar carboncillos de distintos tipos.

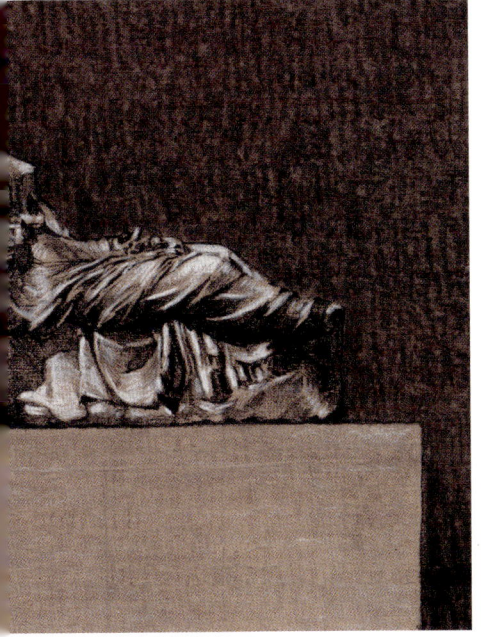

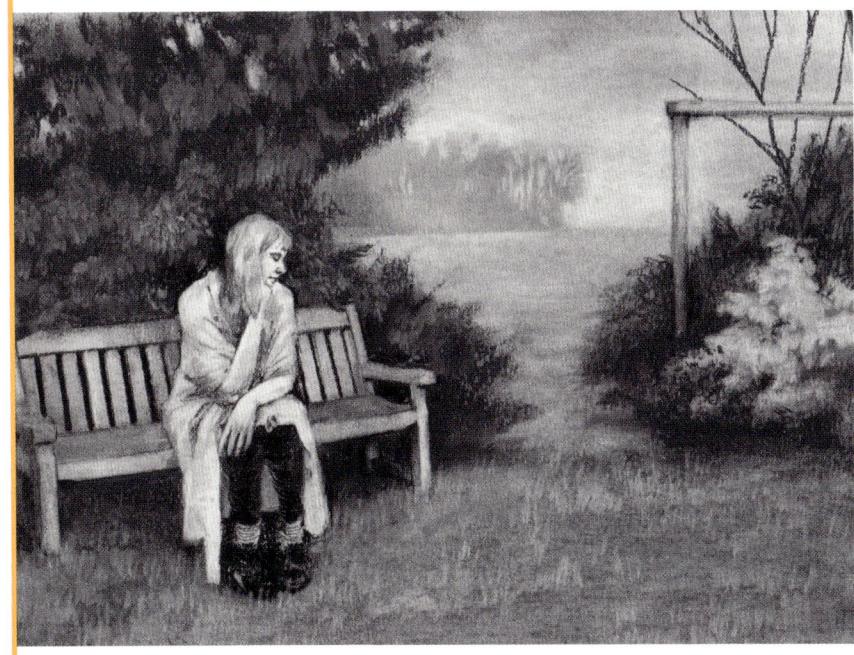

Dibujo de muestra de las técnicas avanzadas (pp. 116–117)

Carboncillo

LAS CUALIDADES DEL CARBONCILLO

Elegir entre bastones tradicionales de sauce, vid o brezo y formas comprimidas que ofrecen más control te permitirá adaptar la expresividad del carboncillo a tu estilo de dibujo. La facilidad con que se difumina y se borra forma parte de su atractivo. Usa difuminos y gomas de borrar para intensificar el efecto.

Experimenta con tantas formas de carboncillo como puedas, y explora sus cualidades. Algunas se adaptan mejor que otras a técnicas y temas determinados.

Bastones de sauce y vid

El carboncillo deja una línea lisa que se corrige o adapta con rapidez cuando las partículas se depositan sobre el papel. Los bastones de sauce y de vid ofrecen los tonos más ricos y de mejor calidad, aunque, a veces, se usan otras maderas, como el brezo. Estos carboncillos son, básicamente, ramas de madera ligeras, quebradizas e irregulares que son chamuscadas hasta carbonizarlas. El carboncillo de sauce es blando y produce

marcas aterciopeladas. Se desgasta rápidamente y se difumina y se borra con facilidad. Los bastones de carboncillo más duros se pueden afilar con un cúter o con papel de lija, y la marca que dejan es más pálida y precisa.

Carboncillo comprimido y en polvo

El carboncillo comprimido se hace con carboncillo en polvo mezclado con un aglutinante y moldeado en varillas redondas, bloques cuadrados o minas de lápices de carboncillo. El carboncillo comprimido es más pesado y denso y menos quebradizo que el de sauce, vid o brezo, por lo que deja marcas muy oscuras que pueden ser difíciles

de borrar. El carboncillo en polvo se puede usar suelto para cubrir áreas extensas de tono difuminado o trabajándolo sobre la superficie del papel con un trapo, el dedo o un difumino.

Difuminar y borrar

Hay varias herramientas que permiten «dibujar» en el carboncillo removiendo las marcas de polvo para difuminarlas o retirando pigmento para aclarar los tonos. Las herramientas de papel, como los difuminos o los tortillones, permiten difuminar y mezclar el trazo de carboncillo, o bien dibujar en él, lo cual también se consigue con trapos, pañuelos de papel y gamuzas. El dedo es una opción magnífica para difuminar o marcar con control. Las gomas amasables son útiles para frotar

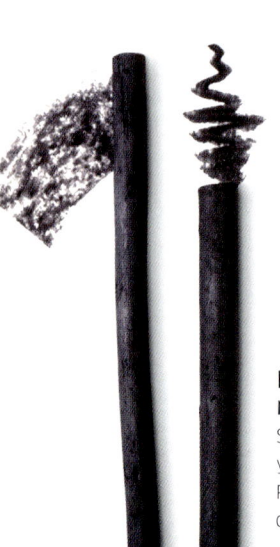

Lápices de carboncillo
Como las minas se afilan, son ideales para el trabajo de precisión y para crear líneas finas. Úsalos con un lápiz blanco para los reflejos.

Bastones de madera y de vid
Son la forma clásica de carboncillo y crean las marcas más suaves. Puedes usar tanto el extremo como el lateral del bastón.

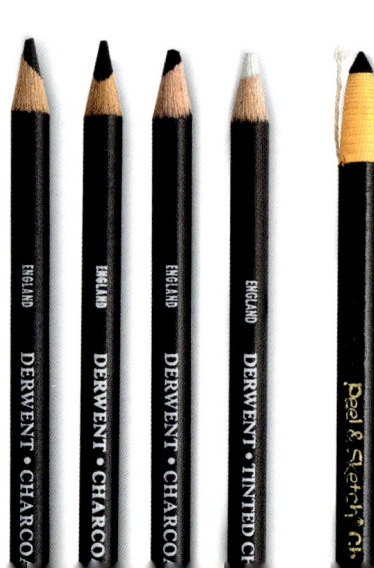

Lápices de carboncillo envueltos en papel
Como son ligeros y fáciles de transportar, son ideales para los esbozos. Cuando la mina se gasta, solo hay que retirar el papel para volver a disponer de ella.

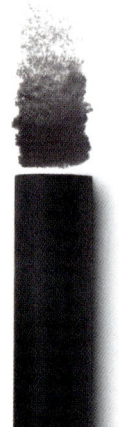

Bloque de carboncillo
Esta forma comprimida de carboncillo es sólida y estable y muy adecuada para cubrir áreas extensas con un tono denso.

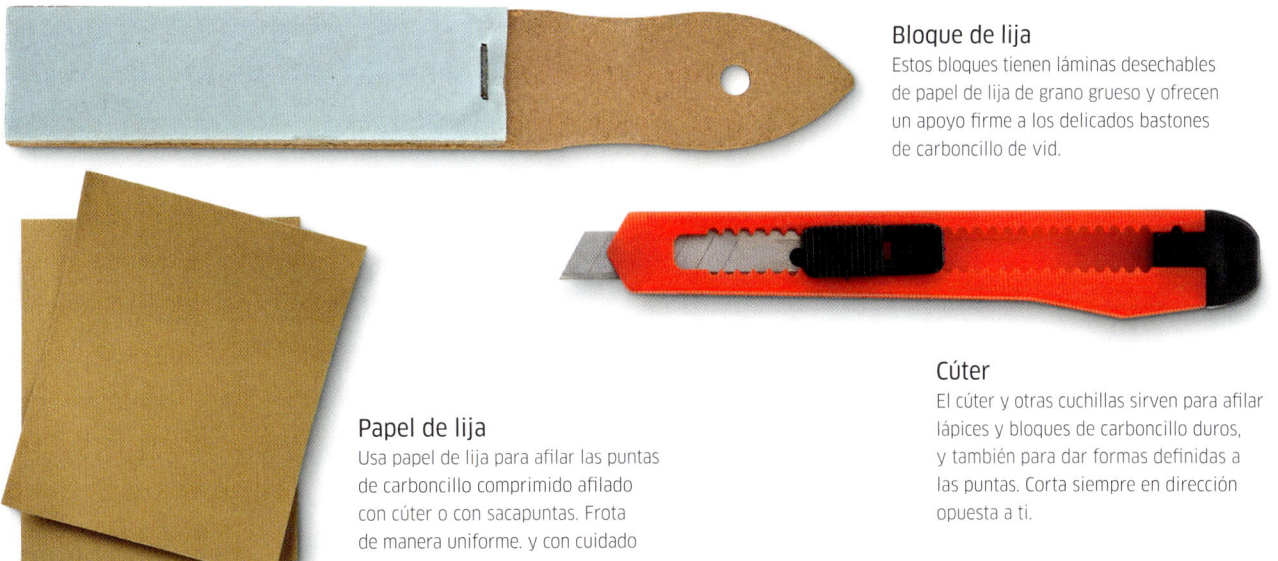

Bloque de lija
Estos bloques tienen láminas desechables de papel de lija de grano grueso y ofrecen un apoyo firme a los delicados bastones de carboncillo de vid.

Cúter
El cúter y otras cuchillas sirven para afilar lápices y bloques de carboncillo duros, y también para dar formas definidas a las puntas. Corta siempre en dirección opuesta a ti.

Papel de lija
Usa papel de lija para afilar las puntas de carboncillo comprimido afilado con cúter o con sacapuntas. Frota de manera uniforme. y con cuidado

o retirar el carboncillo, porque son maleables y se les puede dar la forma necesaria según el área que se quiera borrar. Las gomas plásticas son más precisas y se pueden cortar para afilarlas y usarlas como una herramienta de dibujo con la que eliminar el carboncillo a líneas.

Afilar el carboncillo
Afila los bastones de carboncillo de vid con un papel o un taco de lija. Frota con suavidad el bastón contra la superficie y gíralo hasta que obtengas una punta homogénea y larga. No aprietes demasiado, ya que los bastones de vid se rompen con facilidad.

Puedes afilar los lápices de carboncillo comprimido, envueltos en papel o madera, con un sacapuntas normal sin miedo a que se rompan, o bien puedes usar un cúter para dar forma a la punta y, luego, papel de lija para afilarla. Si utilizas lápices de carboncillo envuelto en papel, acuérdate de desenvolverlos parcialmente antes de afilarlos.

Difuminos
Son de papel comprimido y tienen una punta afilada con la que mezclar, difuminar o mover las marcas de carboncillo, cual herramienta de dibujo.

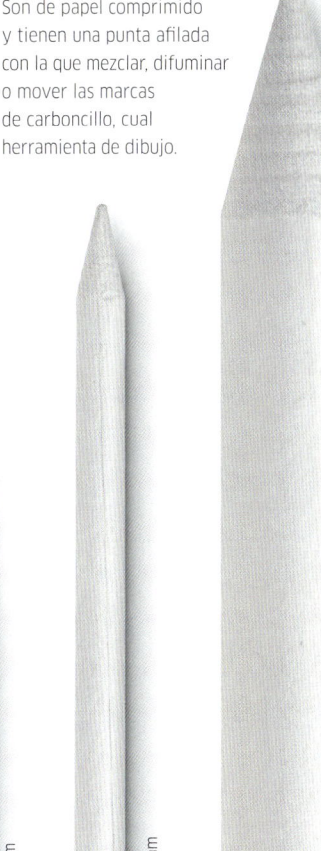

Borrar
Da forma a una goma amasable o, si necesitas más control, usa el borde duro de una goma plástica.

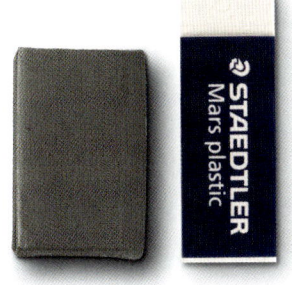

Tortillones
Estos cilindros de papel enrollado están disponibles en varios tamaños y se usan como los difuminos. Cuando la punta se ensucie, desenrolla y retira el papel.

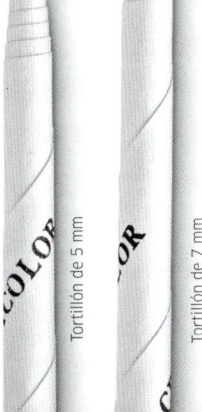

Tortillón de 5 mm

Tortillón de 7 mm

Tortillón de 8 mm

Difumino de 5 mm

Difumino de 15 mm

Soportes para el carboncillo

CÓMO ELEGIR LA SUPERFICIE SOBRE LA QUE DIBUJAR

El carboncillo se suele usar sobre papel, ya sean hojas sueltas o cuadernos de bocetos, aunque también se puede aplicar sobre otras superficies, desde el lienzo y la cartulina hasta la madera o la piedra. Los dibujos a carboncillo se han de guardar con cuidado, y, por lo general, hay que fijarlos una vez terminados.

El papel liso, como el papel de dibujo estándar, es ideal para dibujar con carboncillo, aunque también puedes aprovechar las cualidades de papeles de distintos gramajes, texturas y granos que pueden influir en el resultado final.

La superficie de papel

Si vas a dibujar en una hoja suelta, es recomendable que la montes sobre una tabla y la sujetes con pinzas o cinta de carrocero antes de empezar a dibujar. Asegúrate de que la tabla sea lisa y plana, porque las superficies texturizadas se grabarán en el dibujo. Como es un medio seco, puedes usar sin problemas el carboncillo en papel fino, aunque el papel de dibujo de 120-200 g/m² es ideal, y el papel de más gramaje ofrece una superficie resistente para técnicas de dibujo a capas o de borrado. La textura (o grano) de la superficie influirá significativamente en la expresión de las marcas. Cuando se aplica sobre papel muy liso y con muy poco grano, el carboncillo queda pálido y se borra con facilidad. Las superficies más abrasivas atrapan más carboncillo y producen marcas más oscuras. El papel con mucha textura, como el que se usa con el pastel y la acuarela, atrapará mucho carboncillo, pero también creará textura en la superficie del dibujo. El carboncillo es un medio negro y opaco que cubre bien el papel coloreado y que, con frecuencia, se usa junto con medios blancos sobre papeles de tono medio para lograr la máxima expresividad.

Conservar los dibujos

Una vez acabado el dibujo con carboncillo, hay que fijarlo para evitar que se emborrone. Lo ideal es usar un fijador profesional de calidad en forma de aerosol o espray. Hay quien usa laca de cabello como una alternativa barata (y menos efectiva) a los fijadores profesionales, pero eso puede dar lugar a problemas de conservación. Si vas a guardar dibujos a carboncillo en una carpeta, coloca una hoja de papel de seda sobre cada uno para evitar que el carboncillo se emborrone con la parte de atrás del dibujo que quede encima.

Papel prensado en caliente

Papel prensado en frío ligero

Papel prensado en frío grueso

Papel de pastel

Papel kraft (o de estraza)

Papel de dibujo

Papel

Puedes aplicar carboncillo sobre superficies diversas. El papel de dibujo liso es ideal. Para marcas intensas, usa papel con textura, como el papel prensado en frío, en el que se agarrarán más las partículas de carboncillo.

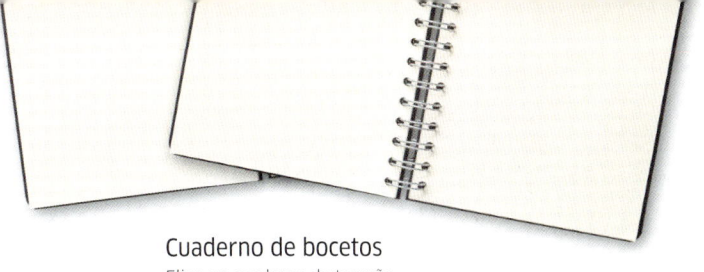

Cuaderno de bocetos

Elige un cuaderno de tamaño suficiente para dibujar con carboncillo, porque es un medio idóneo para marcas expresivas.

Tabla con el papel sujeto

Sujeta las hojas de papel a una tabla de dibujo con pinzas y usa cinta de carrocero para fijar el papel y crear un marco en el que dibujar.

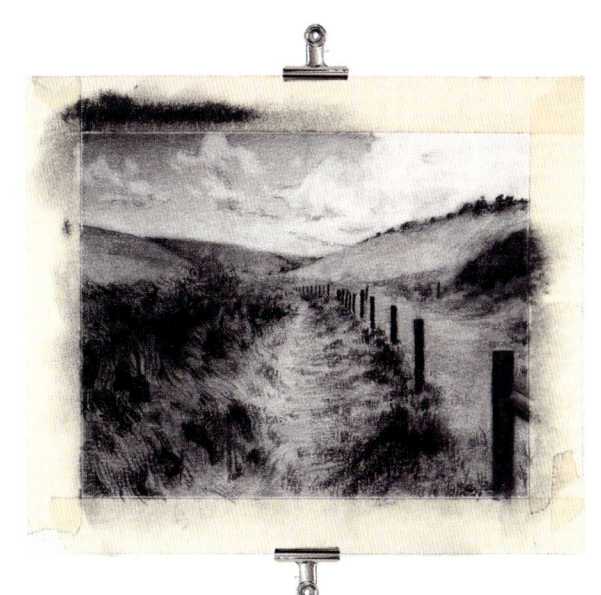

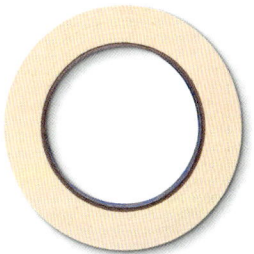

Cinta de carrocero

Es un material muy útil para fijar las hojas a tablas de dibujo o para tapar los bordes del dibujo y producir líneas y marcos limpios.

Cuadernos de bocetos

El carboncillo se puede usar en cuadernos de bocetos, pero, como tiende a emborronarse, se aconseja dibujar en una sola cara del papel y dejar la opuesta en blanco. Si no, también puedes protegerlas poniendo una hoja de papel de seda o de dibujo entre las páginas. Al fijar los dibujos, espera unos minutos a que el fijador se haya secado antes de pasar página.

Fijar los dibujos

Ante de empezar a dibujar, dispón el papel sobre una superficie o tabla plana y sujétalo con cinta de carrocero o con pinzas para que no se mueva. Cuando hayas acabado el dibujo, retira cuidadosamente con un pincel las partículas de carboncillo sueltas. En un área bien ventilada, aplica el fijador a unos tres palmos de distancia en una capa continua y homogénea que cubra toda la superficie con un rociado ligero. Espera a que se seque del todo.

> «La **textura**, el **tono** y el **gramaje del papel** que uses influirá en el resultado final del **dibujo con carboncillo**.»

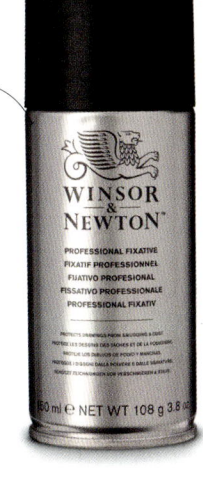

Fijador en espray

Fijador

El fijador en espray de buena calidad es esencial para conservar los dibujos hechos con carboncillo, cuyas partículas fija al papel a fin de evitar que se emborronen o manchen otras superficies.

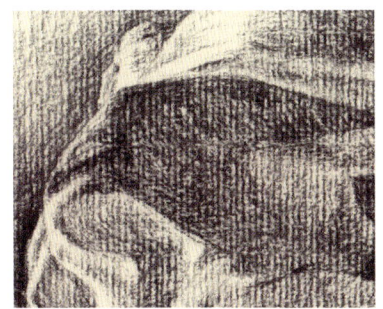

1 Dibujo antes del fijador

Una capa de fijador en espray protegerá el rango de marcas y tonos sobre la superficie del papel. Cuando esté seco, podrás seguir trabajando con el dibujo.

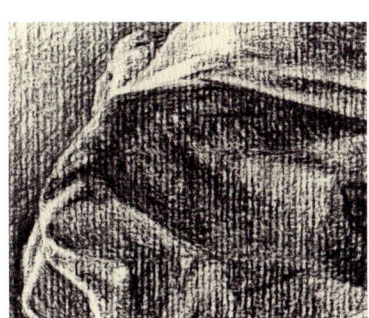

2 Dibujo después del fijador

Ahora que has fijado los tonos más claros del tejido, podrás añadir las marcas más oscuras de los pliegues sin temor a emborronar las áreas próximas.

Dibujos gestuales

DIBUJOS DINÁMICOS Y SUELTOS

El carboncillo de sauce es un medio versátil y expresivo, ideal para capturar movimientos enérgicos. Si dibujas posturas efímeras, tendrás que confiar en tu intuición y permitir que entre el ojo y la mano se forme una conexión mientras dibujas. Céntrate en el proceso de mirar y de trazar marcas en respuesta a lo que ves, sin pensar demasiado en cada línea.

PONLO EN PRÁCTICA

La trapecista Naomi posó en el aire apoyada en su aro durante 1–3 minutos cada vez para estos estudios, similares a las poses de calentamiento que podrías dibujar en una clase de dibujo.

Necesitarás

Carboncillo de sauce

- Carboncillo de sauce
- Goma de borrar
- Papel de dibujo

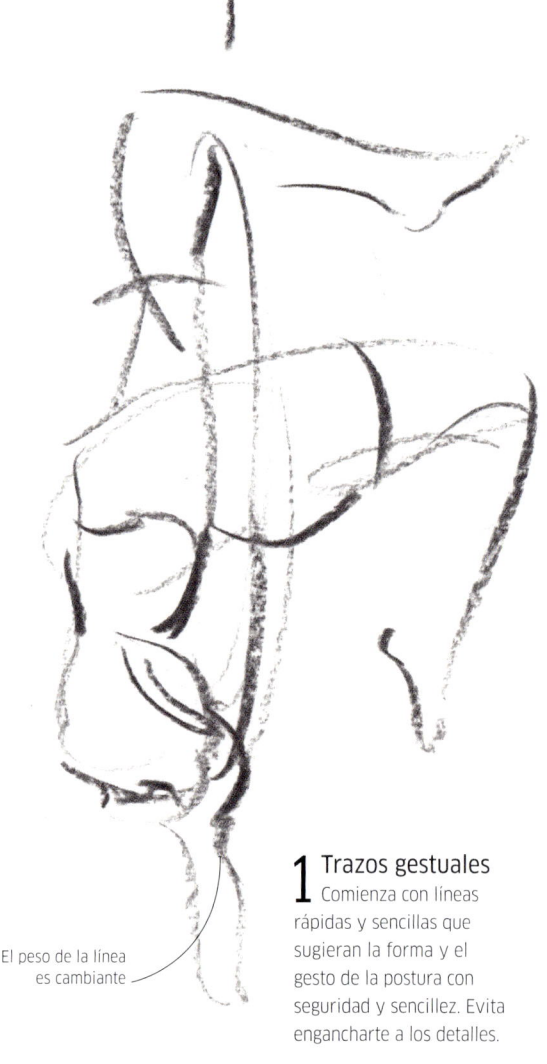

Naomi en una pose

◼ Sujetar el carboncillo

Todo el cuerpo influye en la marca que dejas sobre el papel. Encuentra una postura de dibujo cómoda pero activada y sujeta el carboncillo con suavidad, para trazar marcas que se originarán en el hombro y el codo (pp. 38–39).

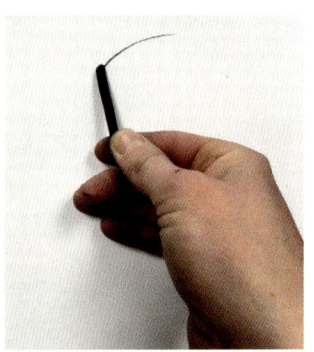

Línea singular
Si aplicas una presión variable sobre la punta del carboncillo, obtendrás una línea dinámica que, sumada al trazo surgido del codo o del hombro, contribuirá a la energía general del dibujo.

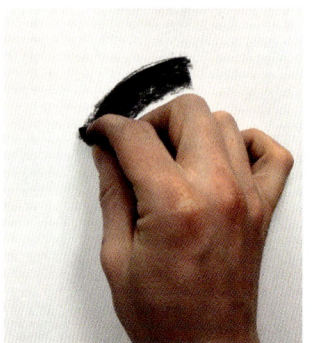

Trazos gruesos
Puedes dibujar incluso con los trozos más pequeños de carboncillo, cuyo lateral aportará tono y expresión al dibujo. Puedes dejar los bordes de las marcas tal cual o borrarlas o difuminarlas hasta lograr el efecto deseado.

El peso de la línea es cambiante

1 Trazos gestuales
Comienza con líneas rápidas y sencillas que sugieran la forma y el gesto de la postura con seguridad y sencillez. Evita engancharte a los detalles.

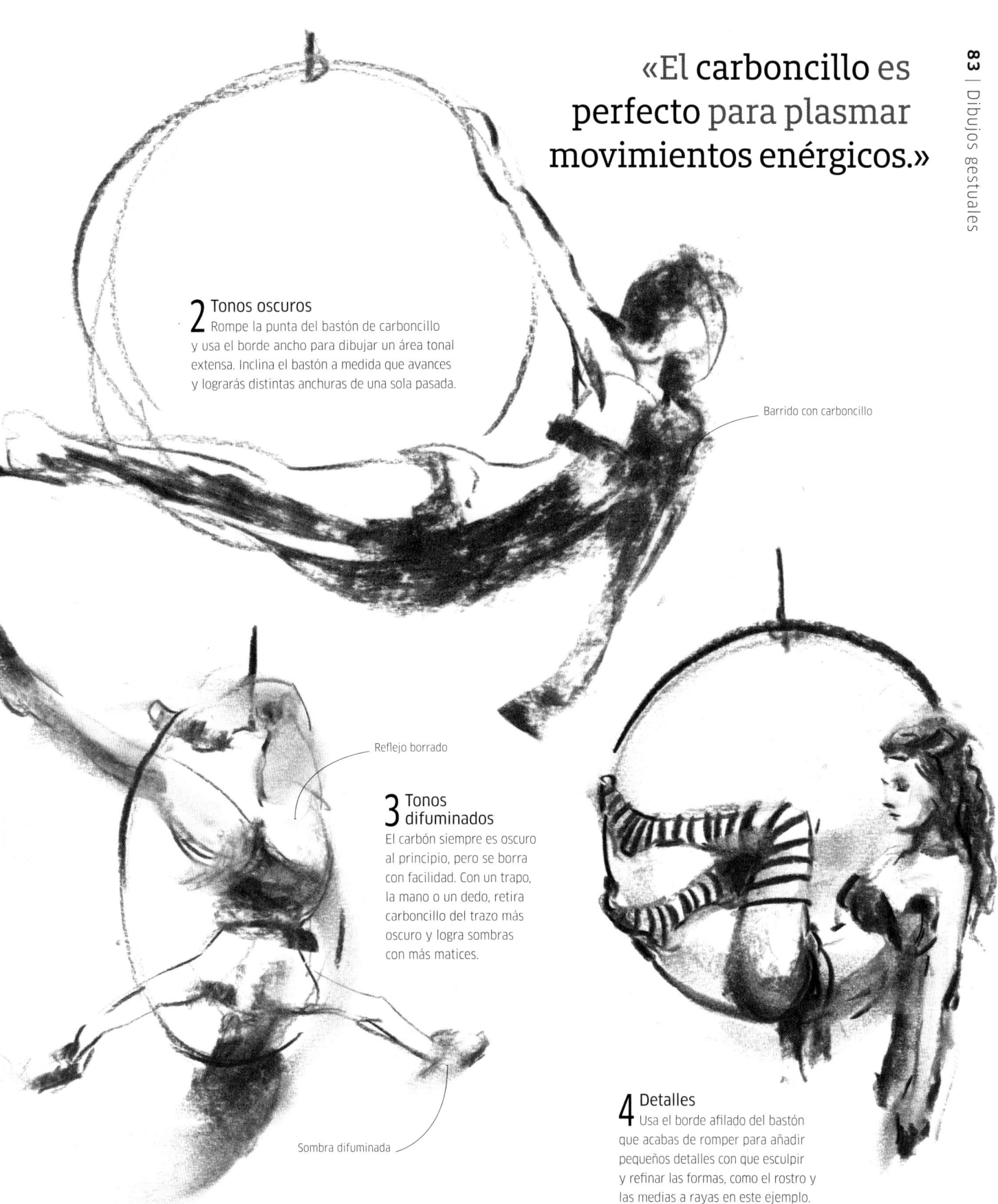

«El carboncillo es perfecto para plasmar movimientos enérgicos.»

2 Tonos oscuros
Rompe la punta del bastón de carboncillo y usa el borde ancho para dibujar un área tonal extensa. Inclina el bastón a medida que avances y lograrás distintas anchuras de una sola pasada.

Barrido con carboncillo

Reflejo borrado

3 Tonos difuminados
El carbón siempre es oscuro al principio, pero se borra con facilidad. Con un trapo, la mano o un dedo, retira carboncillo del trazo más oscuro y logra sombras con más matices.

Sombra difuminada

4 Detalles
Usa el borde afilado del bastón que acabas de romper para añadir pequeños detalles con que esculpir y refinar las formas, como el rostro y las medias a rayas en este ejemplo.

Formas sombreadas

DELINEAR EL TONO

Para mejorar tus dibujos tonales, tendrás que aprender a traducir las formas de luz y sombra que ves en los temas que escojas en formas de valores tonales concretos sobre la página. Si dibujas primero lo que hay alrededor del sujeto y delineas las formas que ves, para luego rellenar las formas sombreadas con marcas tonales, lograrás un dibujo tonal magnífico en pocos pasos.

PONLO EN PRÁCTICA

Crea sombras definidas sobre piezas de porcelana blanca usando la luz de un flexo y tapando toda la luz ambiente con una tela negra.

Necesitarás

Carboncillo duro

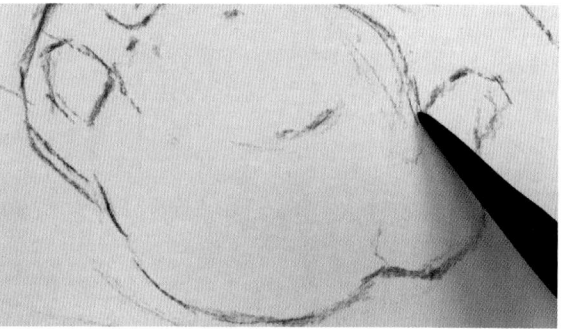

Objetos de porcelana blanca

- Carboncillo duro
- Papel de lija
- Goma de borrar
- Papel de dibujo

■ Los bordes de la sombra

Algunas veces, los bordes de una sombra o de un objeto son claros y definidos; otras, un gradiente tonal ocupa el espacio entre una zona oscura y otra clara. Tendrás que desarrollar métodos para trazar marcas que representen tanto los bordes duros como los blandos.

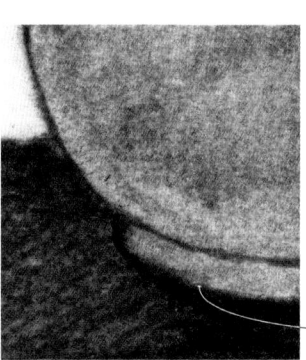

Bordes duros

Muchas veces, verás bordes duros en los límites donde el tono de un objeto contrasta con el tono de su entorno. Destaca el contraste en el borde oscureciendo las zonas oscuras y aclarando las claras, y obtén así formas tonales definidas.

— Borde duro

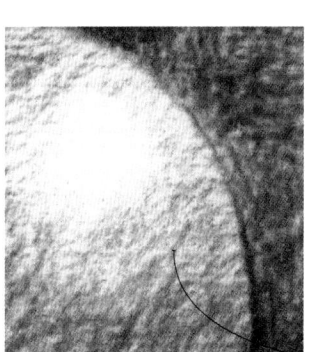

Gradiente tonal suave

Cuando la luz incide sobre una superficie curva, es habitual ver un gradiente tonal medio que se oscurece a medida que se aleja de la luz. Comienza por el extremo más oscuro del gradiente y haz marcas cada vez más claras en dirección al área iluminada.

— Tono gradual

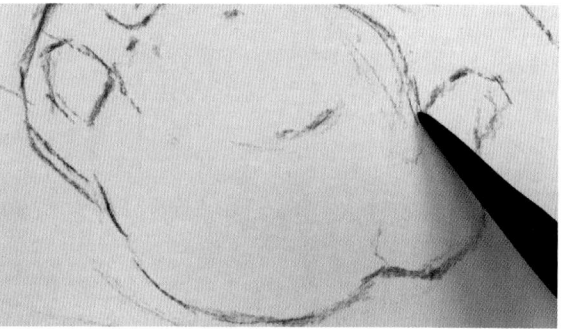

1 La silueta de los objetos
Afila el carboncillo duro con papel de lija y plasma con marcas suaves y rápidas la silueta de los objetos y de las sombras que crean.

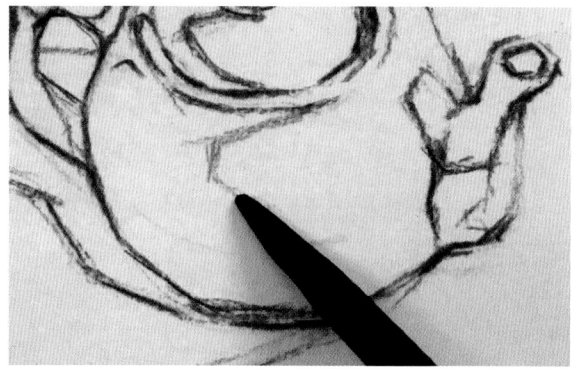

2 La silueta de las sombras
Busca más formas de sombras tanto en los objetos como en las sombras que estos proyectan, y marca los bordes duros con líneas oscuras, y los suaves, con marcas más claras.

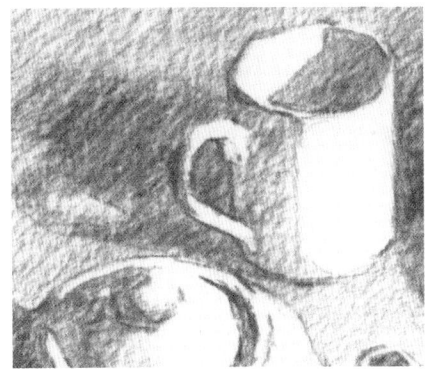

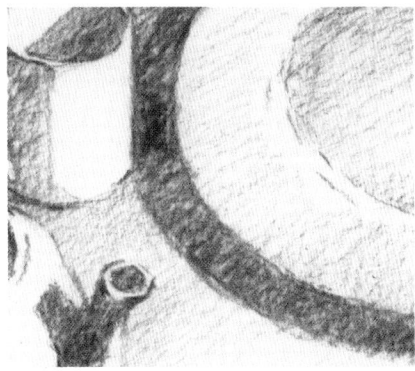

«Los bordes de la sombra pueden ser claros y definidos o graduales y suaves.»

3 Primero, los tonos medios
Deja los zonas claras en blanco y oscurece las sombras con marcas diagonales de tono medio. Evita presionar con demasiada fuerza y crear sombras demasiado oscuras.

4 Tonos oscuros y claros
Parte de los tonos medios y suaviza con marcas claras los gradientes entre la luz y la oscuridad. Da profundidad a las sombras con marcas más oscuras donde sea necesario.

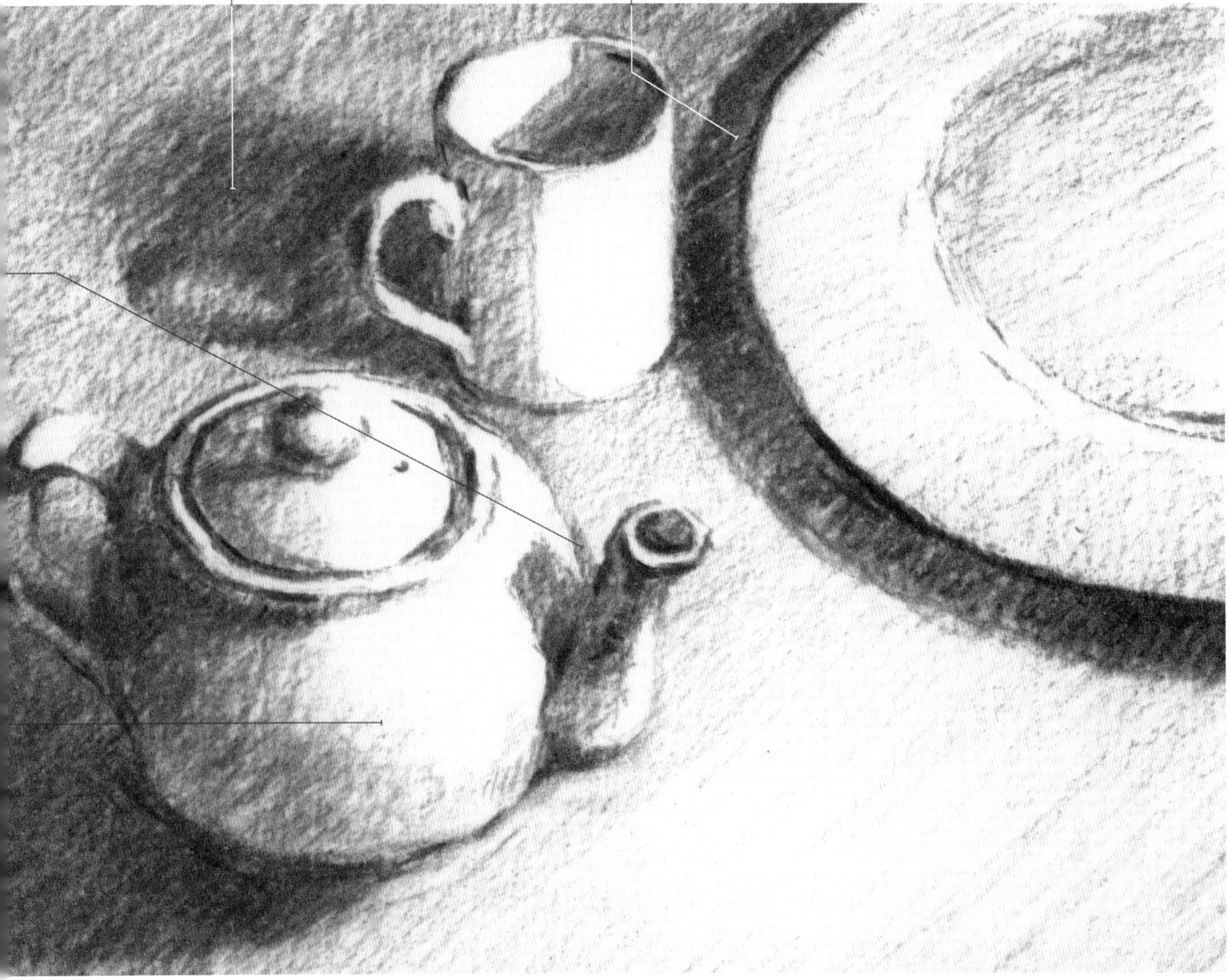

Tonos difuminados

MEZCLAR VALORES

Las marcas de carboncillo son fáciles de difuminar, una propiedad que se puede explotar para lograr mucha expresividad. Cuando muevas el carboncillo por la página, hazlo con convicción y asegúrate de que las marcas difuminadas sean deliberadas y conscientes, no una manera imprecisa de cubrir un área de incertidumbre, porque la diferencia será abismal.

PONLO EN PRÁCTICA

En este paisaje marino, la espuma blanca se acumula entre las rocas oscuras. El contraste entre los tonos ofrece una gran variedad de bordes duros y suaves que dibujar para diferenciar entre la esponjosa espuma y las duras rocas.

Necesitarás

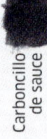

Carboncillo de sauce

- Carboncillo de sauce
- Trapo o pañuelo de papel
- Difuminos y tortillones
- Papel de dibujo

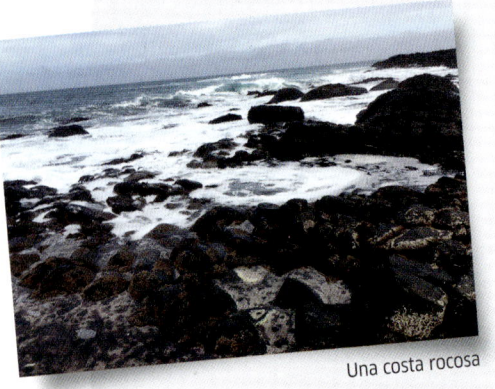

Una costa rocosa

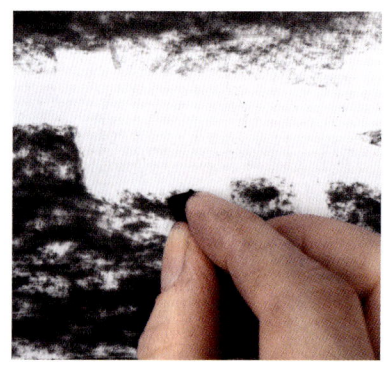

1 Reservas de oscuridad
El carboncillo que añadas al papel será lo único que podrás mover con las herramientas para difuminar. Dibuja con grandes barridos de carboncillo usando el lateral del bastón y dejando limpias las áreas de luz.

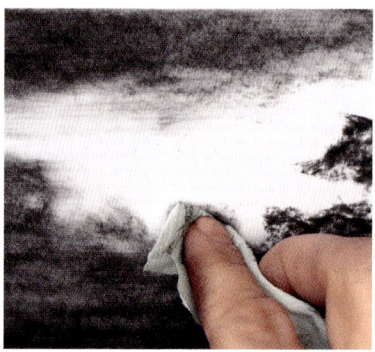

2 Suavizar el tono
Enrolla el trapo o el pañuelo de papel sobre el índice y pásalo de manera uniforme sobre la primera capa de carboncillo, para aclarar los tonos oscuros. Asegúrate de que las zonas claras sigan blancas.

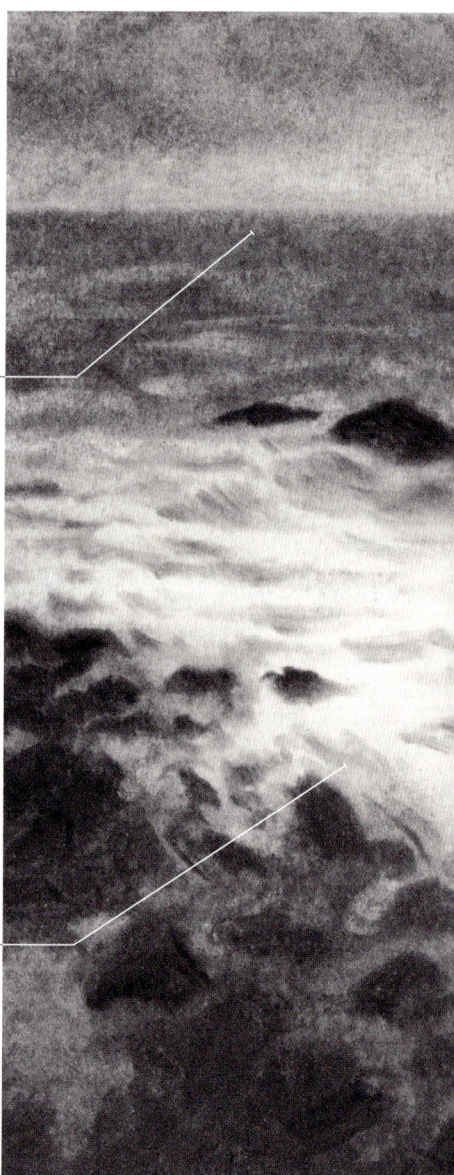

Herramientas para difuminar

Si mezclas o difuminas con el dedo las marcas de carboncillo, la grasa de la piel hará que las marcas pierdan homogeneidad y te restará control. Utiliza trapos o pañuelos de papel para difuminar áreas extensas, y usa tortillones, difuminos o pinceles para las marcas más precisas.

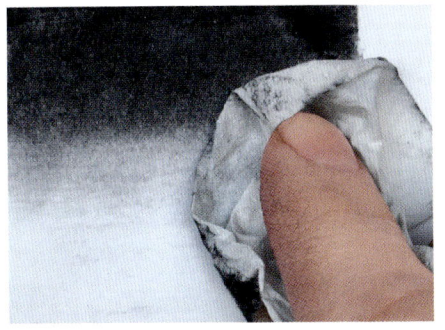

Difuminar con un pañuelo de papel
Un trapo o un pañuelo de papel permitirán que difumines repetidamente áreas extensas hasta que estés satisfecho con el resultado homogéneo.

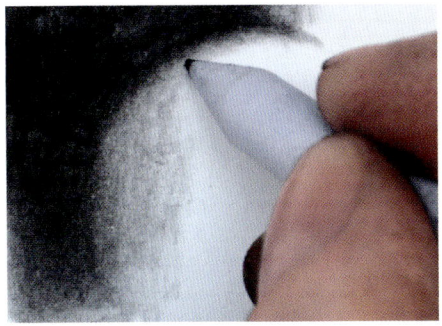

Difuminar con un difumino
El difumino (básicamente, papel enrollado con forma de lápiz) se puede afilar y permite difuminar con mucha precisión.

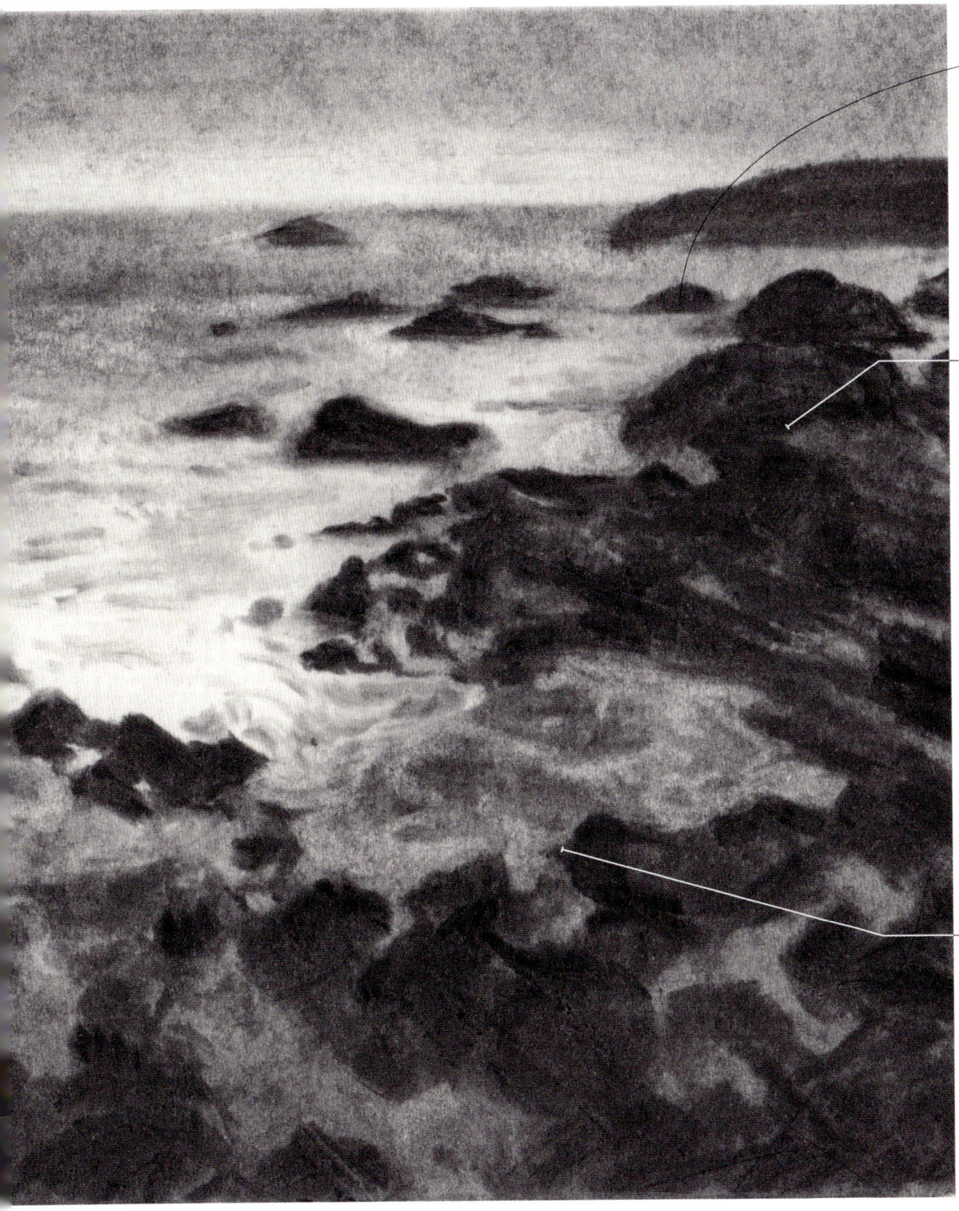

El tono medio del fondo permite que las rocas destaquen

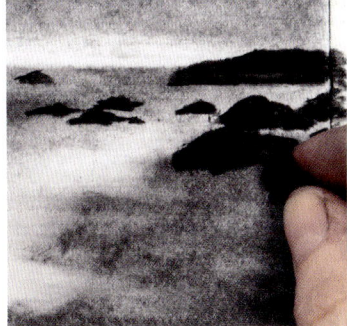

3 Formas oscuras
Usa el borde ancho de un carboncillo pequeño para crear formas oscuras sobre los tonos medios y sugerir las rocas y un acantilado lejano.

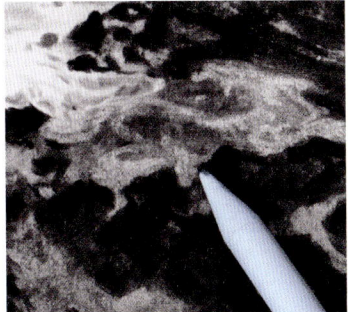

4 Detalles difuminados
Retira carboncillo de la página con un difumino y aclara algunas de las áreas oscuras entre las rocas. Cuando la punta esté cubierta de carboncillo, úsala para dibujar las sutiles sombras de las olas en las zonas más claras.

Tono sustractivo

DIBUJAR LUZ CON UNA GOMA

La goma de borrar es mucho más que una
herramienta para eliminar errores: es un valioso
útil de dibujo que permite llevar luz a la oscuridad.
Aplicar carboncillo en polvo sobre el papel permite
comenzar a dibujar desde un tono medio y crear
formas de luz borrándolo para exponer el blanco
del papel o añadiendo más para crear sombras
más oscuras.

PONLO EN PRÁCTICA

En este dibujo, la luz es el tema. El sol bajo de invierno dibuja
los marcos de las ventanas sobre el suelo de esta habitación.
También es un ejercicio de perspectiva.

Necesitarás

Carboncillo de sauce

- Carboncillo de sauce
- Trapo o pañuelo de papel
- Goma de borrar plástica
- Papel de dibujo

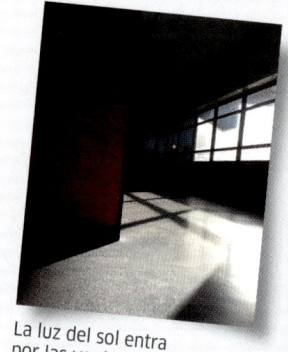

La luz del sol entra
por las ventanas

◾ Dibujar con una goma

Si cortas una goma plástica rectangular en diagonal
por la mitad, obtendrás tanto un borde largo y limpio,
que podrás usar para dibujar grandes haces de luz
sobre el carboncillo, como una punta afilada, para
dibujar líneas de luz precisas. También puedes
comprar gomas trapezoidales con puntas afiladas
o con forma de lápiz, para trazos finos y detallados.

Fondo oscuro inicial

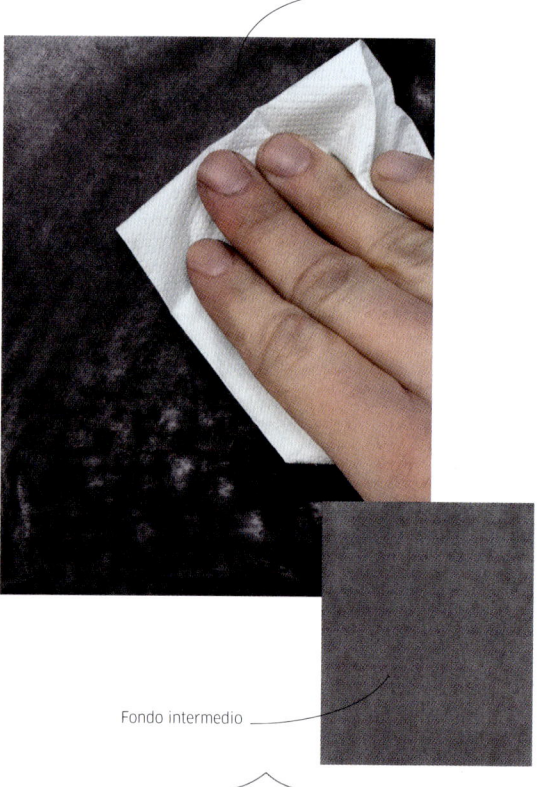

Fondo intermedio

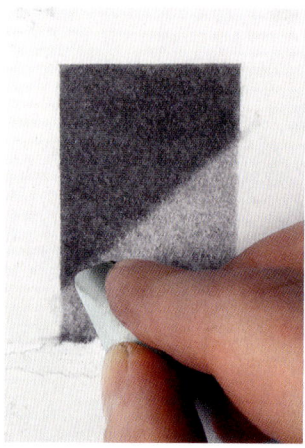

Trazos amplios
Retira franjas de carboncillo con una
pasada firme y constante del lado
largo de la goma. Antes de repetir
la operación, limpia el exceso de
carboncillo que quede en la goma.

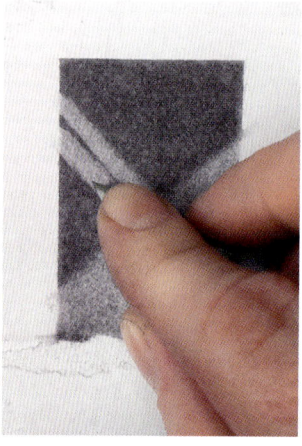

Puntas afiladas
Corta la punta en el ángulo que
necesites y contrólala colocando el
índice cerca de la punta y aplicando
una presión firme y constante para
retirar el carboncillo.

1 Fondo de carboncillo
Cubre rápidamente el papel de negro con el borde ancho
del carboncillo. Luego, pasa con rapidez un trapo o un pañuelo
de papel doblado sobre toda la superficie y retira parte del
carboncillo. Tendrás un tono medio muy homogéneo.

2 Borrar

Dibuja las formas de luz con el borde ancho de la goma. Aplica mucha presión para obtener marcas claras. Blande la goma como un pincel y dibuja formas directamente, sin trazar antes las siluetas. Si te equivocas, vuelve a oscurecer las formas.

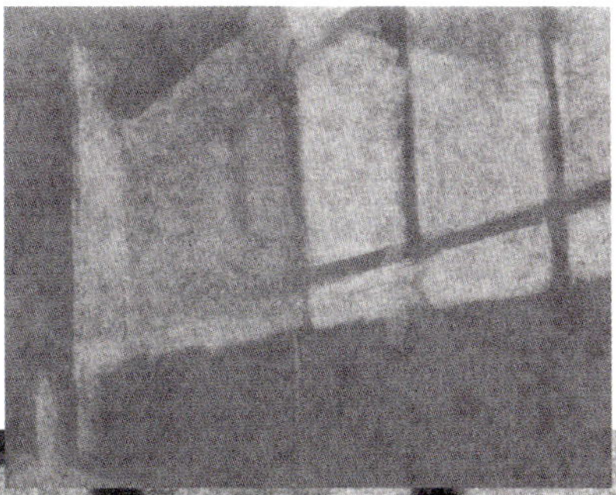

«La **goma** es más que una **herramienta** para **eliminar errores**, y permite **llevar luz** a la oscuridad.»

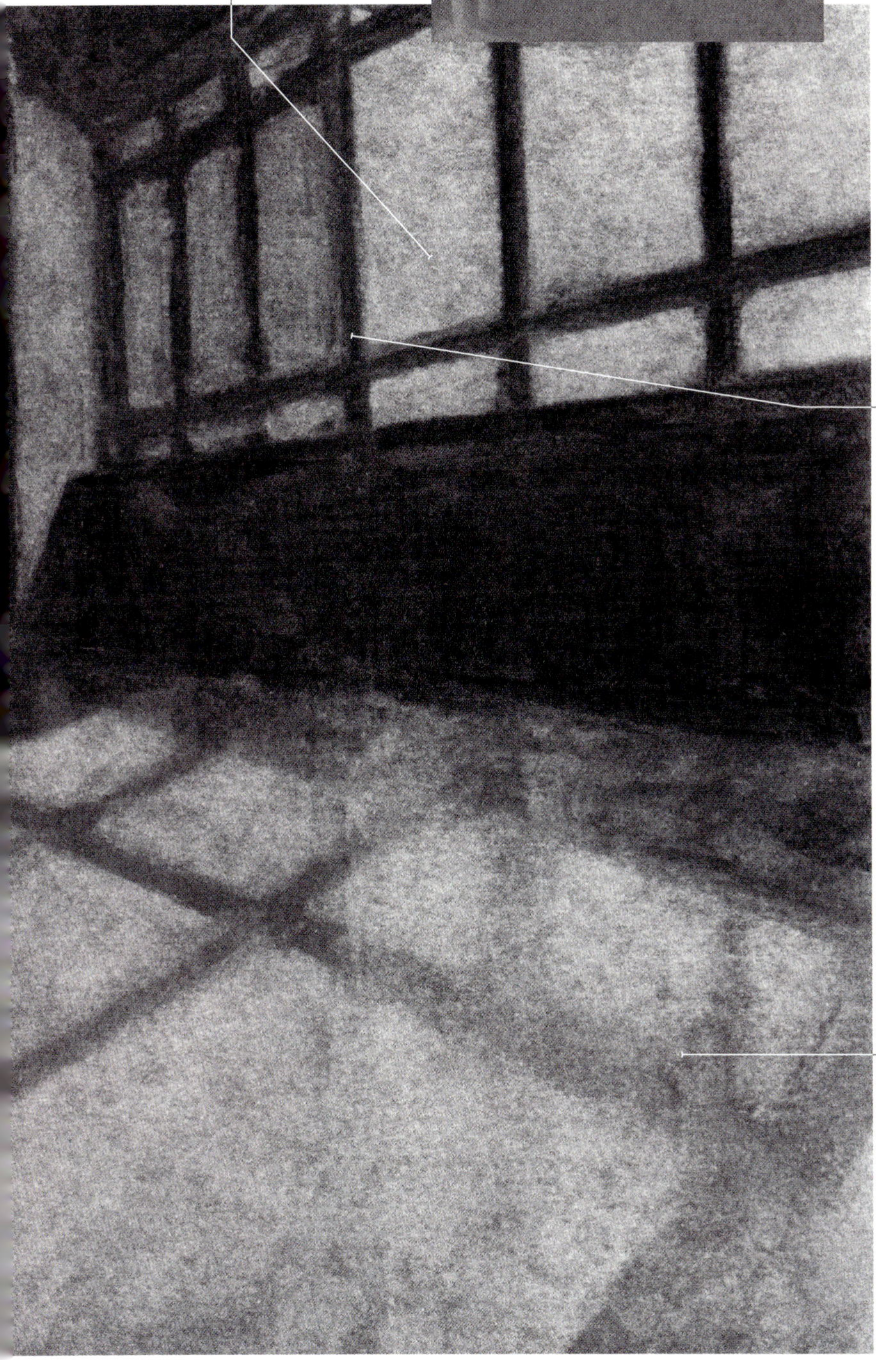

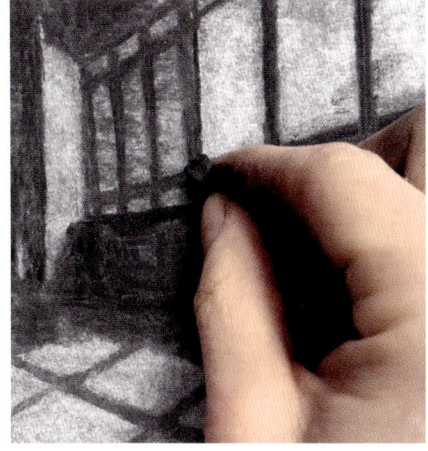

3 Vuelta a la oscuridad

Aplica carboncillo para oscurecer más algunas zonas, define más los bordes de algunas formas de luz y marca las zonas más oscuras del dibujo.

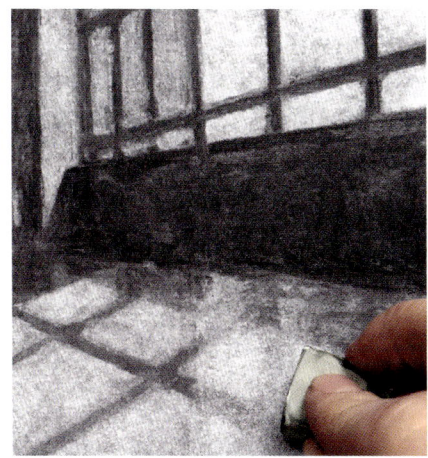

4 Luces más precisas

Matiza los reflejos de luz con el borde afilado de la goma. Es muy probable que descubras que no puedes recuperar completamente el blanco del papel.

Evaluar el valor tonal

LEER EL TONO Y EL COLOR

Los dibujos hechos íntegramente con carboncillo negro son monocromáticos y simplifican el objeto en una escala de grises. Saber evaluar el valor tonal de un área de color es una habilidad muy importante (si bien difícil), y dibujar objetos de colores llamativos te ayudará a determinar con más precisión los tonos relativos de los colores.

▇ Tono y color

El color (o matiz) y la saturación (intensidad de la pigmentación) percibidos acostumbran a interferir con la percepción del valor tonal del color. Mientras dibujas, intenta imaginar cómo se vería un tema multicolor en una fotografía en blanco y negro.

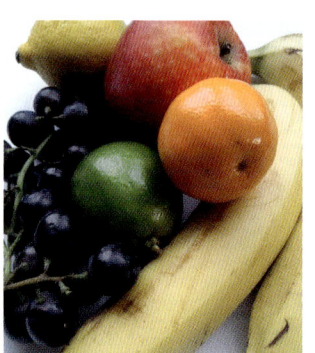

A todo color
Los colores llamativos atraen la mirada. En esta imagen, el naranja saturado de la mandarina capta inmediatamente la atención del observador. Determinar el tono relativo de la fruta es más difícil cuando la información cromática es tan intensa que anula el tono.

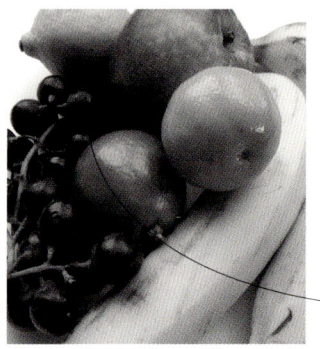

En blanco y negro
Si vemos la misma imagen en blanco y negro, la mirada se aleja de la ruta más llamativa. Una vez reducidos los colores al elemento tonal, es sorprendente constatar que el verde de la lima y el rojo de la manzana son casi del mismo tono.

Aquí, el reflejo de la uva morada y el rojo de la manzana tienen un tono similar.

PONLO EN PRÁCTICA

A veces, cuando se dibuja en blanco y negro, reducir la atención puesta en el tema multicolor dibujado puede ayudar a percibir mejor las diferencias de luz y oscuridad sin la distracción del color.

Necesitarás

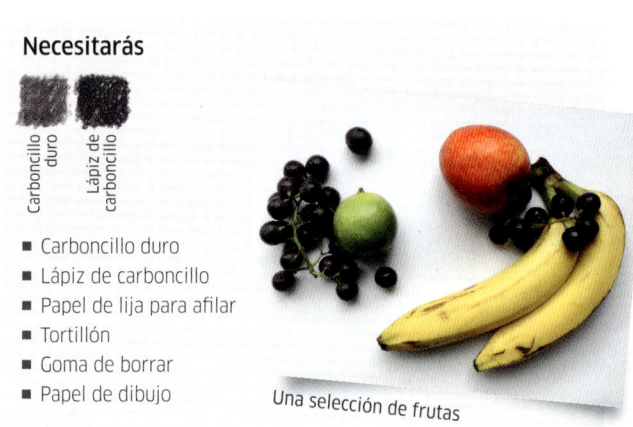

Carboncillo duro

Lápiz de carboncillo

- Carboncillo duro
- Lápiz de carboncillo
- Papel de lija para afilar
- Tortillón
- Goma de borrar
- Papel de dibujo

Una selección de frutas

Línea definida con carboncillo

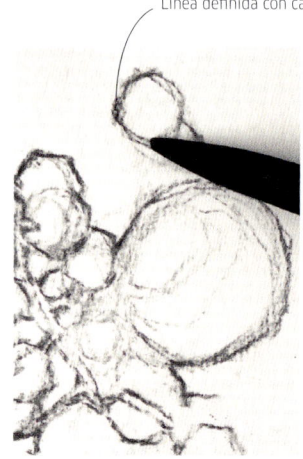

1 Esbozo inicial
Afila un bastón de carboncillo con papel de lija y esboza las siluetas de la fruta, similar a la silueta inicial mostrada en las pp. 84-85. Céntrate en plasmar con precisión la silueta de la composición.

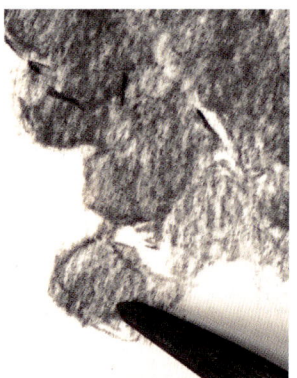

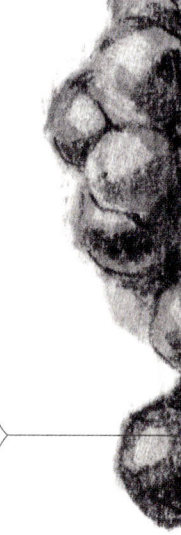

2 Tonos medios
Usa el carboncillo duro para sombrear las siluetas con tonos medios. Deja las zonas más luminosas en blanco. Por ejemplo, el amarillo en la zona más clara del plátano es casi tan claro como el blanco del papel.

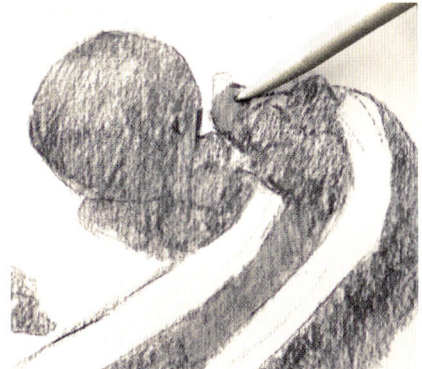

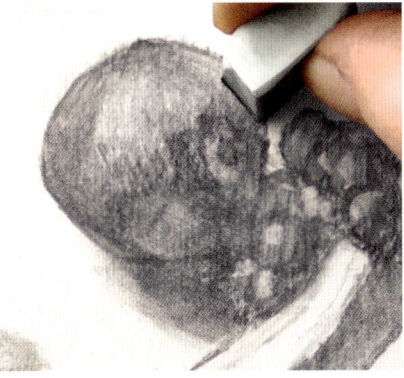

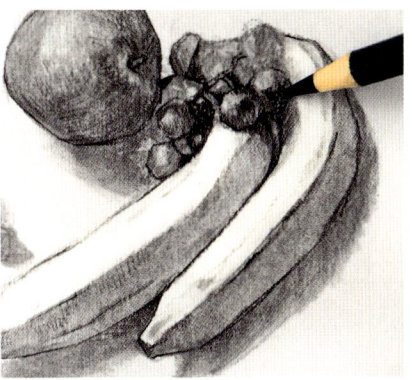

3 Difuminar tonos

Suaviza el carboncillo con un tortillón hasta obtener un tono medio en todas las zonas que lo necesiten. No te preocupes si difuminas demasiado; puedes volver a dibujar lo que se pierda.

4 Buscar la luz

Añade reflejos a los tonos medios con una goma. Desplaza la mirada de una pieza de fruta a otra para evaluar lo claras u oscuras que aparecen respecto a su entorno.

5 Los oscuros más oscuros

Añade los tonos más oscuros con un lápiz de carboncillo comprimido bien afilado, el cual te permitirá ampliar el rango tonal más allá de lo que permite el bastón de carboncillo.

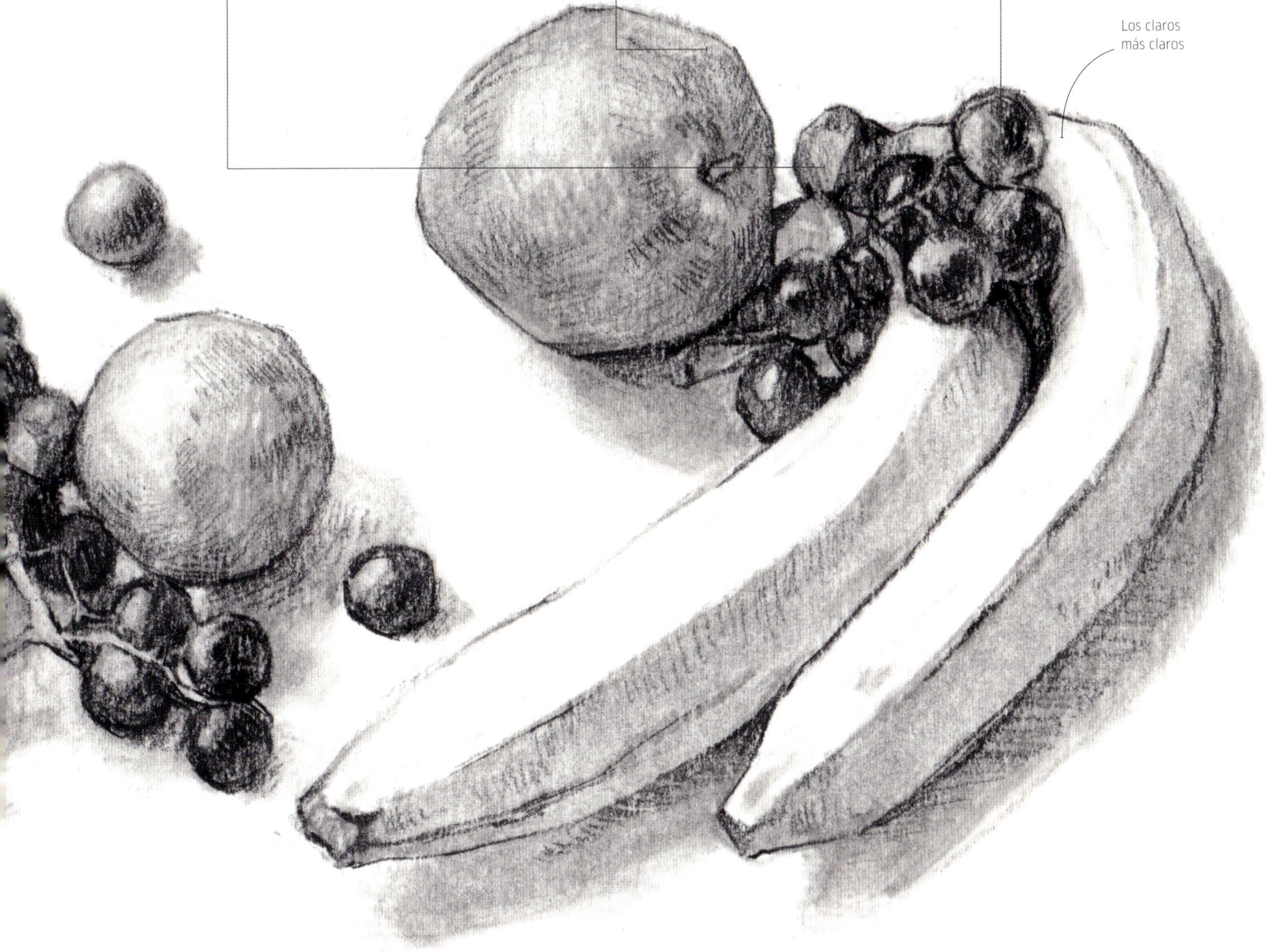

Los claros
más claros

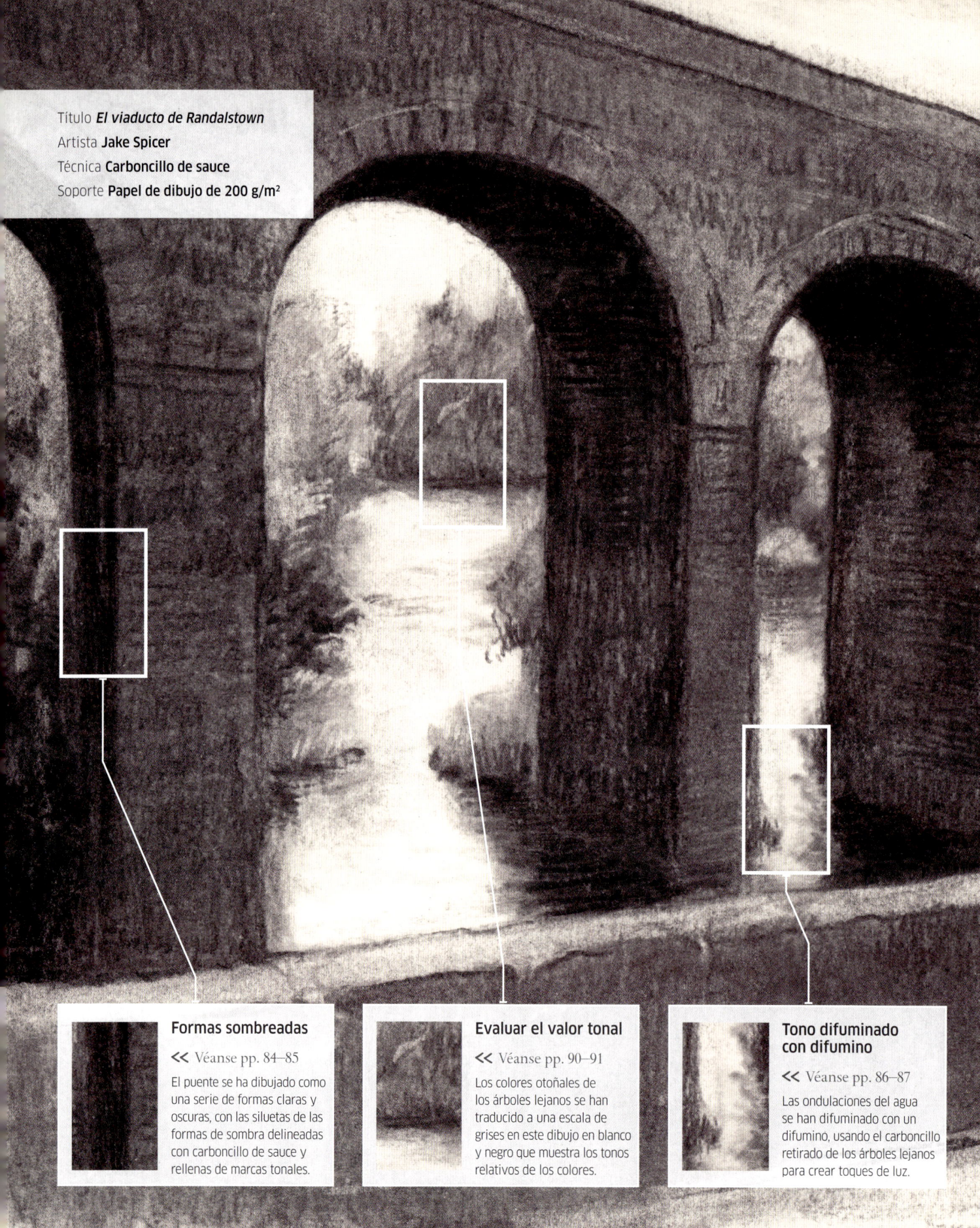

Título *El viaducto de Randalstown*
Artista **Jake Spicer**
Técnica **Carboncillo de sauce**
Soporte **Papel de dibujo de 200 g/m²**

Formas sombreadas

≪ Véanse pp. 84–85

El puente se ha dibujado como una serie de formas claras y oscuras, con las siluetas de las formas de sombra delineadas con carboncillo de sauce y rellenas de marcas tonales.

Evaluar el valor tonal

≪ Véanse pp. 90–91

Los colores otoñales de los árboles lejanos se han traducido a una escala de grises en este dibujo en blanco y negro que muestra los tonos relativos de los colores.

Tono difuminado con difumino

≪ Véanse pp. 86–87

Las ondulaciones del agua se han difuminado con un difumino, usando el carboncillo retirado de los árboles lejanos para crear toques de luz.

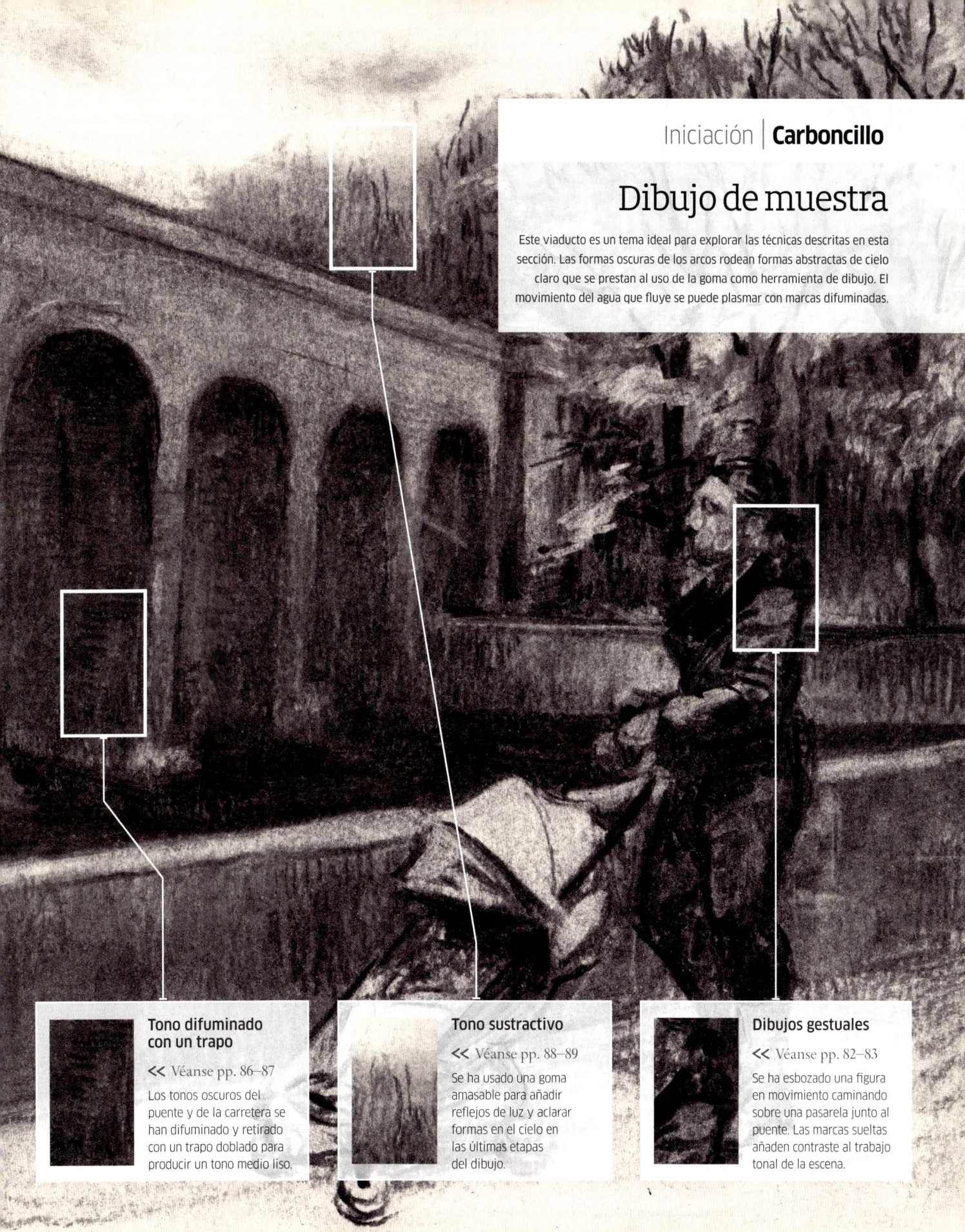

Dibujo de muestra

Este viaducto es un tema ideal para explorar las técnicas descritas en esta sección. Las formas oscuras de los arcos rodean formas abstractas de cielo claro que se prestan al uso de la goma como herramienta de dibujo. El movimiento del agua que fluye se puede plasmar con marcas difuminadas.

Tono difuminado con un trapo

« Véanse pp. 86–87

Los tonos oscuros del puente y de la carretera se han difuminado y retirado con un trapo doblado para producir un tono medio liso.

Tono sustractivo

« Véanse pp. 88–89

Se ha usado una goma amasable para añadir reflejos de luz y aclarar formas en el cielo en las últimas etapas del dibujo.

Dibujos gestuales

« Véanse pp. 82–83

Se ha esbozado una figura en movimiento caminando sobre una pasarela junto al puente. Las marcas sueltas añaden contraste al trabajo tonal de la escena.

Masa y volumen

MARCAS QUE SUGIEREN LA FORMA

Sugiere la dirección de la superficie con marcas que creen la ilusión de forma tridimensional en un dibujo bidimensional. Por ejemplo, las marcas de contorno curvadas sugieren una forma redondeada. Además, las puedes trabajar en capas para crear tono, lo que ayuda a realzar el volumen del modelo.

◾ Dibujar contornos

Los dibujos lineales son inherentemente planos. Las marcas de contorno que describen y siguen la superficie del tema permiten tanto crear la ilusión de forma sin recurrir a juegos de luz intensos como sugerir si el espacio entre las líneas es cóncavo, convexo o plano.

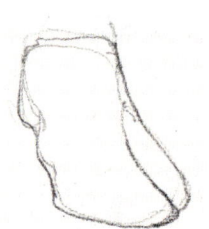

Silueta

Sujeta el lápiz de carboncillo con suavidad y delinea rápidamente la silueta del tema. Este dibujo plano y lineal será la base sobre la que añadirás las marcas de contorno.

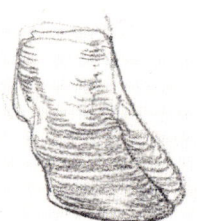

Contornos curvos

Describe la forma con líneas de contorno curvas que plasmen cómo imaginas el modelo al tacto. Trabaja las marcas para sugerir el tono y la dirección de la superficie.

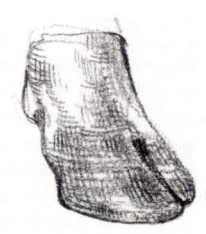

Rayado cruzado

Haz marcas sobre el área donde las marcas anteriores se curvan sobre la forma, pero ahora hazlas en dirección contraria a lo largo de la forma, para crear un entramado de tono más oscuro.

PONLO EN PRÁCTICA

La vaca es ideal como tema, porque permite percibir la masa de un solo vistazo. Es un animal grande y, además, las direcciones de las marcas que hay que trazar sobre la página para esculpir las formas están muy claras.

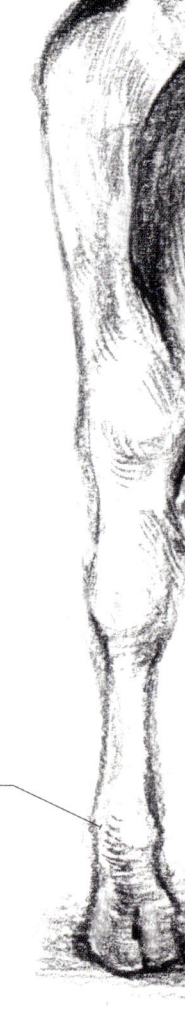

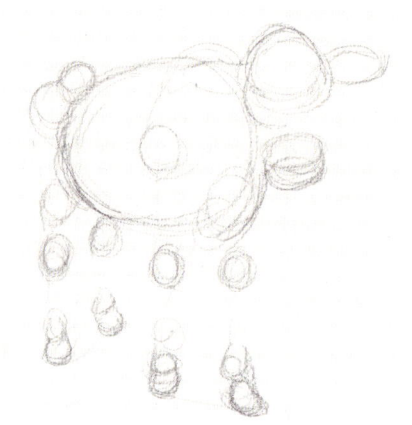

1 Formas subyacentes

Comenzar el dibujo con formas grandes y sencillas te ayudará a sentar una estructura sobre la que añadir los detalles. Las formas redondeadas bajo el pecho, las articulaciones circulares y el cráneo anclarán las masas del cuerpo.

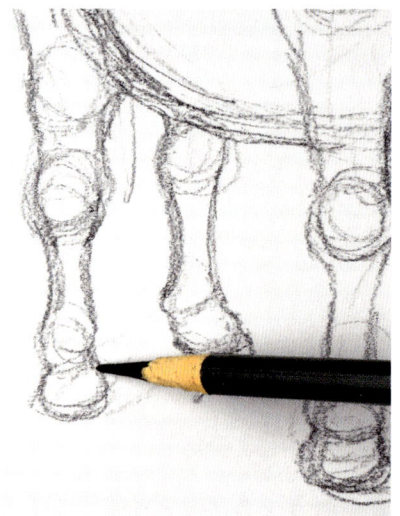

2 La base de la silueta

Afila un lápiz de carboncillo y dibuja las líneas que se curvan y se estiran entre las voluminosas masas del cuerpo de la vaca. Obtendrás una silueta clara.

Necesitarás

Lápiz de carboncillo

- Lápiz de carboncillo
- Herramientas para afilar
- Goma de borrar
- Papel de dibujo

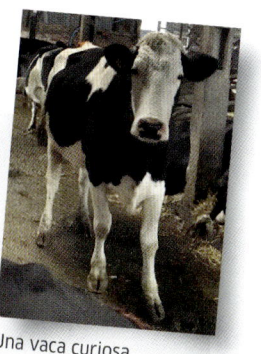

Una vaca curiosa

«Desarrolla un vocabulario de marcas que sugieran la **dirección de la superficie.**»

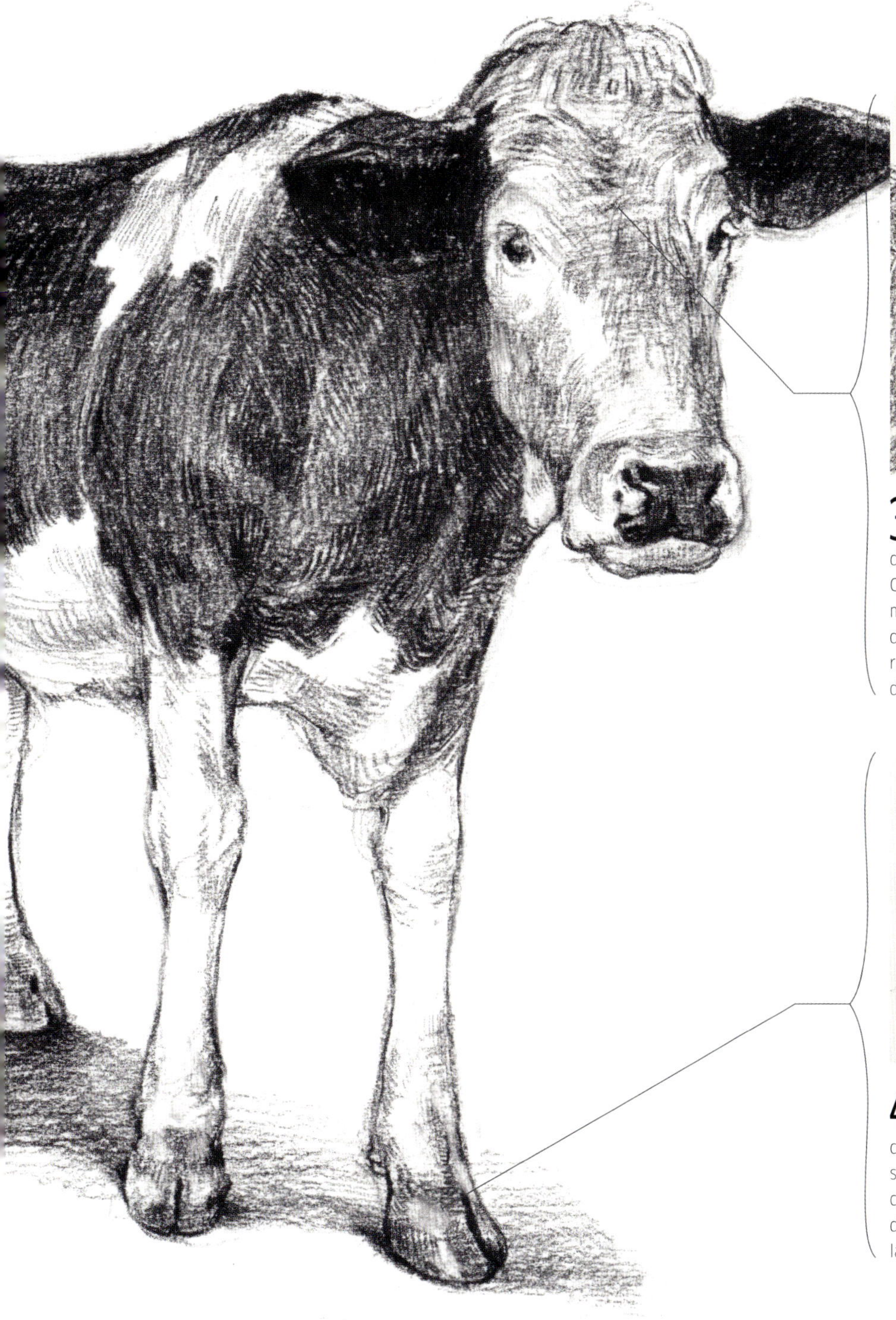

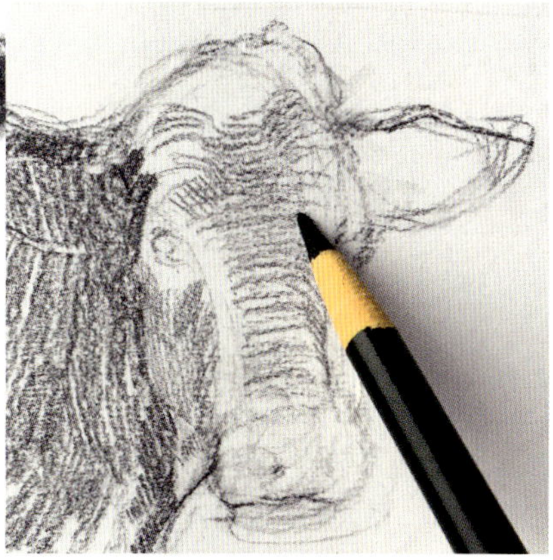

3 Marcas de contorno

Traza líneas de contorno para describir la dirección de las superficies y esculpir la figura. Comienza por el abdomen redondeado, con marcas direccionales más complejas a través del hombro y del cuello. Si dibujas una vaca real (no de una fotografía), te será más fácil determinar la dirección de las superficies.

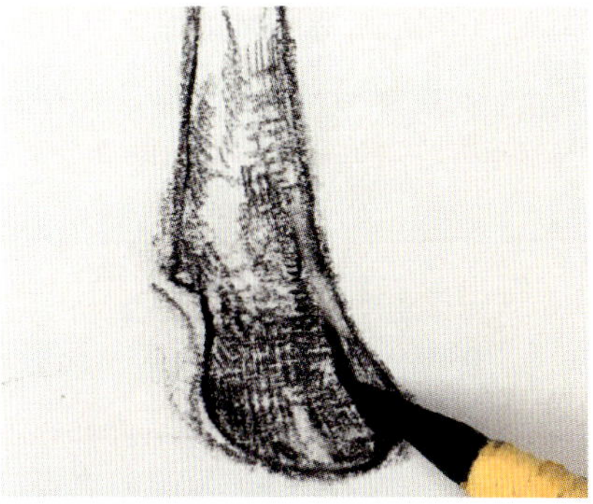

4 Rayado cruzado de refuerzo

Una vez que hayas definido los contornos principales del cuerpo, puedes seguir desarrollando la masa con un rayado cruzado a lo largo del cuerpo y sobre el resto del animal. Estas marcas sirven para describir la forma y profundizar el tono.

Papel de tonos medios

ESTUDIOS TONALES SOBRE MARRÓN O GRIS

En nuestro entorno imperan los tonos medios, y casi nunca vemos oscuros tan negros como el carboncillo ni blancos tan luminosos como el papel blanqueado. El papel de tonos medios ofrece una base inmediata para dibujos con variedad tonal. Usa carboncillo para las sombras, y usa tiza blanca para los reflejos.

■ Comenzar por el tono medio

Cuando trabajes con papel de tonos medios, tendrás que añadir los claros. Usa marcas o rayas suaves para dibujar las siluetas, y describe la forma con cambios en la luz. Sé selectivo con los tonos oscuros, y añade luz en las últimas etapas, para evitar que la tiza y el carboncillo se mezclen.

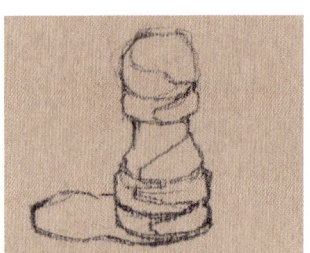

Forma inicial
Plasma la forma principal con una silueta sencilla, y señala las zonas de sombras y las transiciones entre luz y sombra. Presta atención a la dirección de la fuente de luz principal, y esboza las sombras que se proyecten.

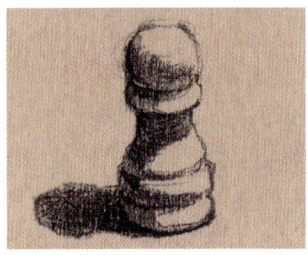

Añadir oscuridad
Busca formas negativas (pp. 40-41) para definir las áreas sombreadas y descríbelas con tonos oscuros, siguiendo la forma de los objetos con la dirección de las marcas. Usa los tonos más oscuros en la base, para anclar el objeto a su sombra.

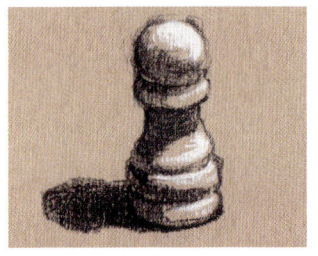

Añadir luz
Con una tiza o un lápiz conté blancos, añade los reflejos de luz más claros sobre la superficie y deja que el tono del papel ocupe los tonos medios. Sigue la forma del tema con las marcas y suaviza los bordes hasta que desaparezcan.

PONLO EN PRÁCTICA

Aquí, la potente luz crea zonas de reflejos muy claros y de sombras oscuras, dibujadas con tiza y carboncillo. El cálido marrón del papel es el tono medio que unifica el dibujo.

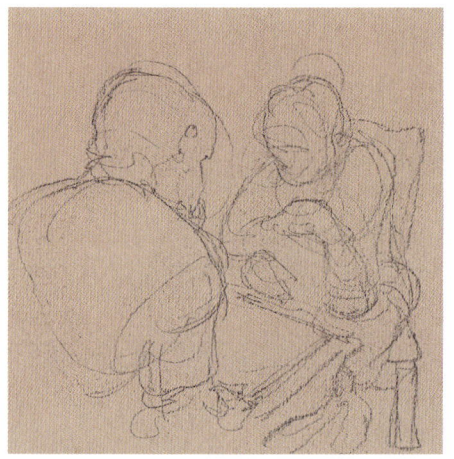

1 Esbozo inicial
Con un lápiz de carboncillo, haz un esbozo rápido de las siluetas principales para asentar con líneas sueltas los gestos y las posturas de las figuras que interactúan, así como de las formas grandes, como la silla y la mesa.

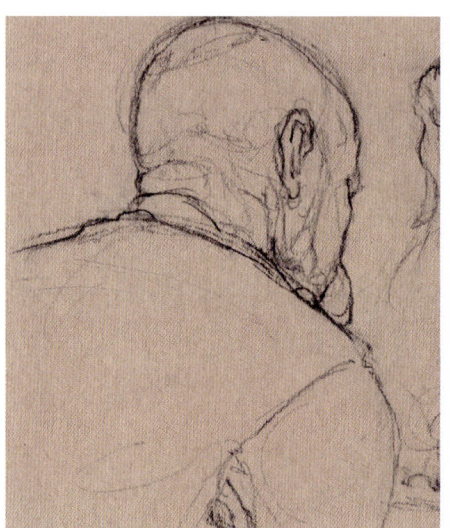

2 Forma de las sombras
Dibuja las principales áreas de sombra y refuerza la silueta con líneas más seguras y fuertes, fijándote de manera cuidadosa en el tema para contrastar las observaciones.

«El papel de **tono medio** es una **base armoniosa** para dibujos tonales.»

Necesitarás

Lápiz de carboncillo

- Lápiz de carboncillo
- Lápiz conté blanco
- Herramientas para afilar (cúter y bloque o papel de lija)
- Papel marrón

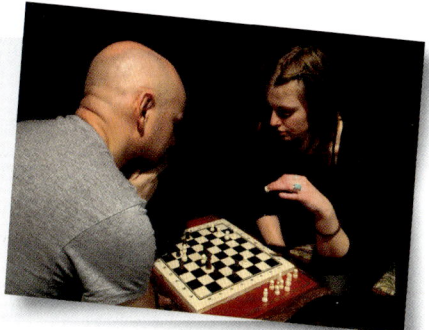

Jugadores de ajedrez

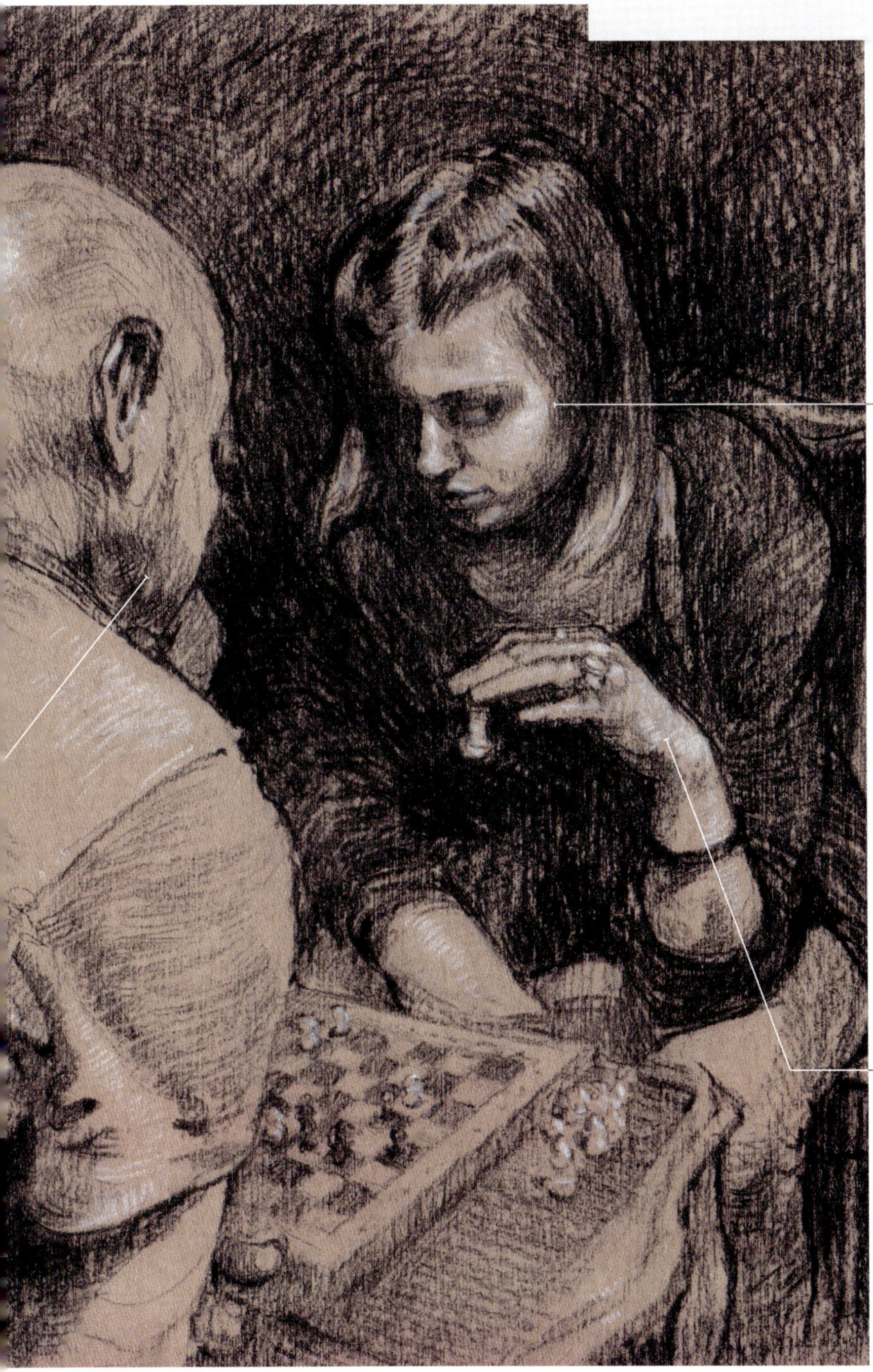

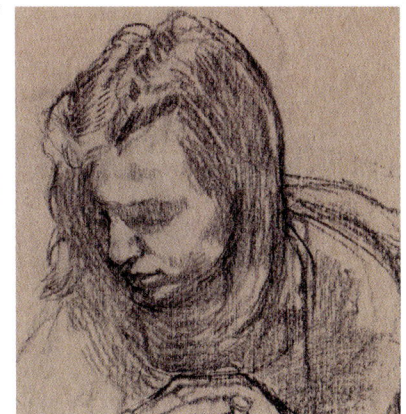

3 Tonos medios oscuros

El papel marrón da los tonos medios a las figuras y al tablero. Desarrolla los tonos más oscuros con marcas de contorno a carboncillo que se curven alrededor de las figuras, con un rayado sencillo, y difuminando luego.

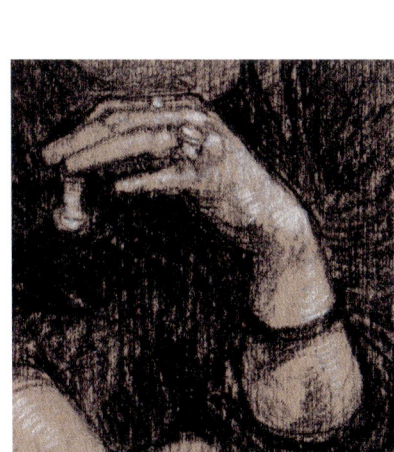

4 Toques de luz

Usa un lápiz conté blanco para marcar los toques de luz más claros de las figuras y del tablero de ajedrez. A fin de garantizar su impacto y reflejar con precisión la dirección de la luz, sé selectivo.

Claroscuro

LUCES Y CONTRASTES ACENTUADOS

El término *claroscuro* alude al contraste entre luz y sombras, y se refiere a la distribución definida y acentuada del tono en una imagen. Cuando vayas a explorar este tipo de dibujo tonal, piensa en el objeto que tienes frente a ti como si fuera íntegramente luz. Variar la dirección de la luz creará un tema muy distinto que dibujar.

■ Iluminación direccional

Explora varias posibilidades de iluminación antes de ponerte manos a la obra y de centrarte en una perspectiva concreta. Fíjate en los ejemplos (abajo) y en cómo cambia el aspecto del cráneo de oveja con solo modificar la dirección de la luz. Usa tela negra para bloquear la luz alrededor del tema y lograr el máximo efecto.

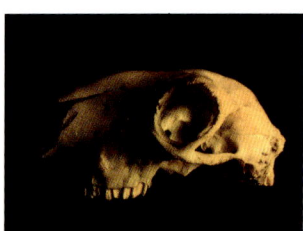

Iluminación frontal
La luz dirigida directamente a la parte anterior del cráneo te permite ver con claridad todo el borde, además de diversas sombras interesantes. Esta iluminación te ofrece numerosos detalles sugerentes si observas con detenimiento.

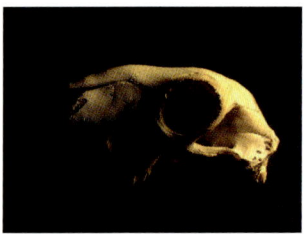

Iluminación lateral
La potente iluminación desde la derecha del cráneo muestra los puntos a los que la luz llega primero. El lado izquierdo apenas recibe luz, por lo que es difícil ver los detalles, que casi se confunden con la tela negra.

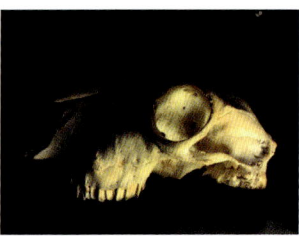

Iluminación desde abajo
Inclinar la fuente de luz hacia arriba para iluminar las partes inferiores del cráneo deja la parte superior en la sombra. El orificio circular de la órbita ocular y los detalles próximos, como los dientes, son claramente visibles.

PONLO EN PRÁCTICA

Ilumina el tema desde distintas direcciones para maximizar los detalles visibles. Elige un tema de tonos claros, para que las sombras se vean con claridad y sin la distracción de las variaciones cromáticas.

Necesitarás

Bloque de carboncillo comprimido

- Bloque de carboncillo comprimido
- Trapo o pañuelo de papel
- Goma de borrar
- Papel de dibujo

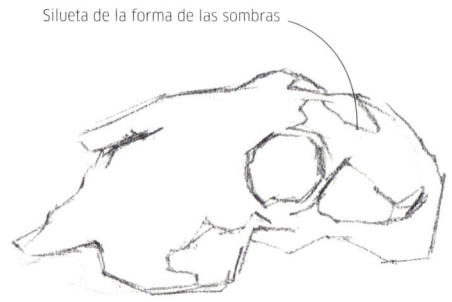

Cráneo de oveja (sin maxilar inferior)

Silueta de la forma de las sombras

1 La forma de las sombras

En lugar de intentar dibujar el cráneo en sí, dibuja con el borde anguloso del carboncillo comprimido la silueta de las sombras que ves (quizá te ayude entrecerrar los ojos). Dibuja los límites de las sombras.

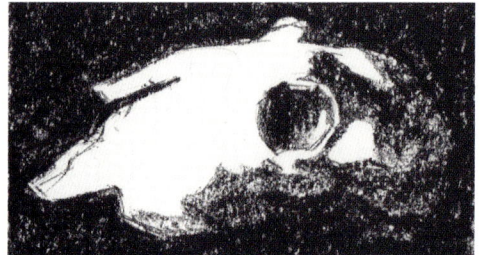

2 Fondo oscuro

Rompe el bloque de carboncillo y aplica presión sobre el lado ancho para oscurecer el fondo y las sombras más oscuras del cráneo de oveja. Deja en blanco los tonos medios y los toques de luz.

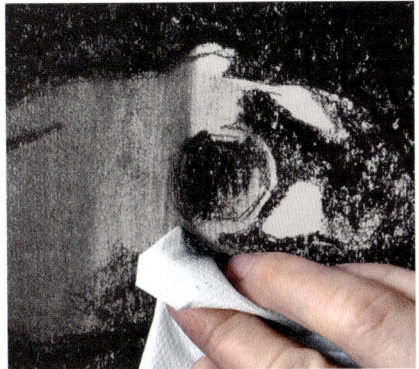

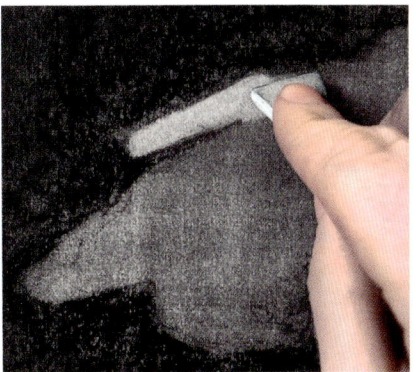

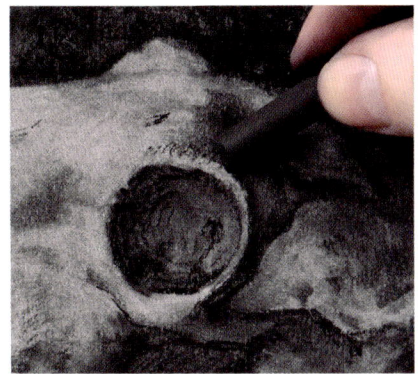

3 Reducir el contraste
Pasa un paño o un pañuelo de papel con suavidad sobre el dibujo para oscurecer hasta un tono medio el blanco del papel. Luego decidirás dónde añadir toques de luz.

4 Identificar los toques de luz
Con una goma, dibuja las formas de la luz más clara sobre el tono medio. Comienza con el borde ancho de la goma, y pasa a la punta más afilada para definir los detalles más pequeños.

5 Definir los oscuros
Con el borde afilado del bloque de carboncillo que has roto antes, intensifica selectivamente las sombras más oscuras. No trabajes el dibujo en exceso.

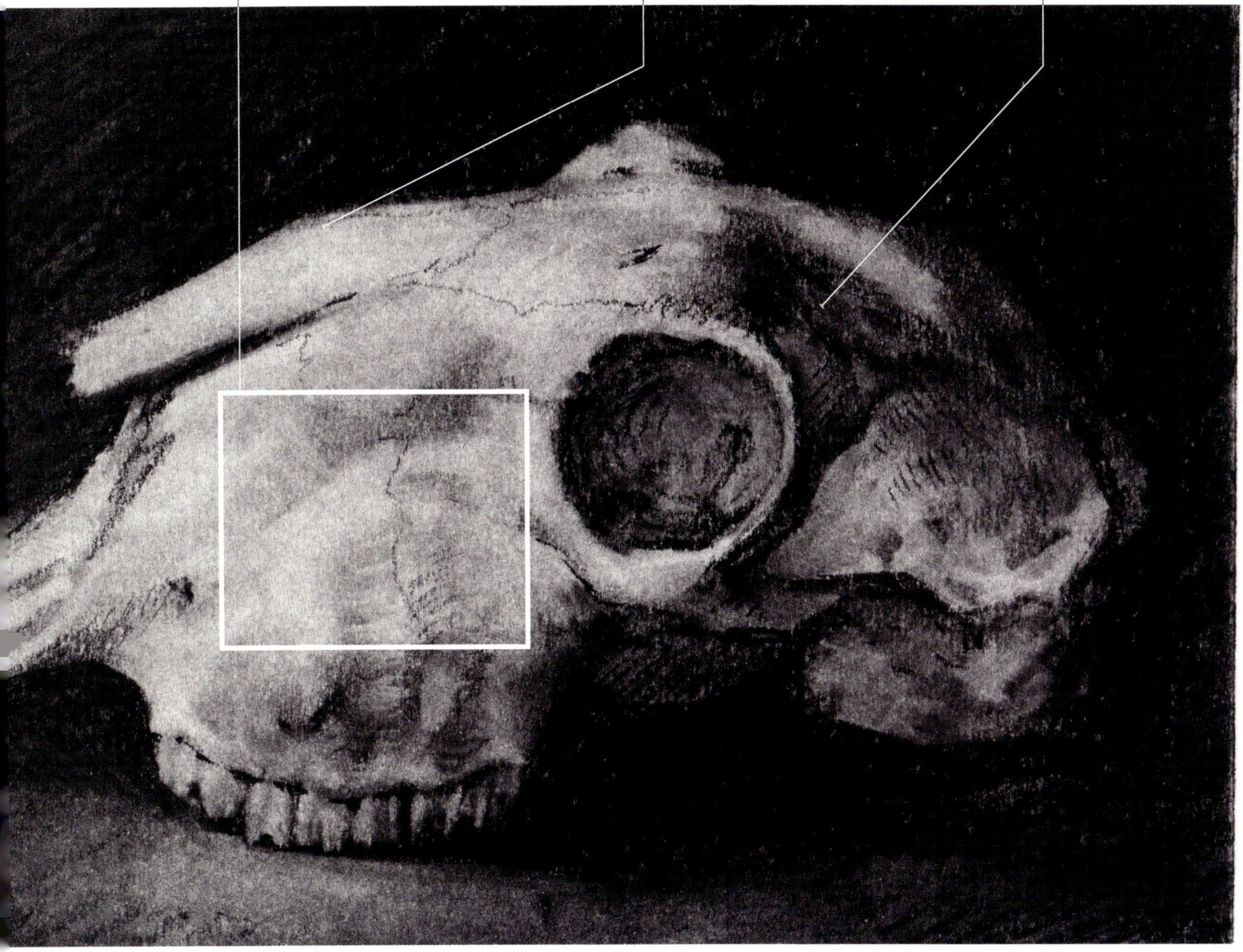

Composiciones tonales

ESTUDIAR LOS EFECTOS DE LUZ

El éxito de un dibujo bien resuelto no depende solo de plasmar el tema de forma efectiva, sino también de definir la disposición abstracta de las formas de la composición. Divide en secciones una hoja del cuaderno de bocetos, y dibuja luego una serie de pequeños esbozos centrados en la disposición de la luz y de la oscuridad en distintas vistas del tema.

■ Recortar una composición

Es buena idea que explores distintas composiciones del tema con bocetos pequeños y rápidos antes de decidir qué vista concreta vas a dibujar. Recortar la composición te ayudará a cambiar la relación entre el tema y el plano de la imagen. Puedes recortar el boceto para que sea más pequeño, borrar para cambiar el formato de paisaje a retrato o ampliarlo redibujando los límites (cada una de estas opciones variará la dimensión del plano de la imagen).

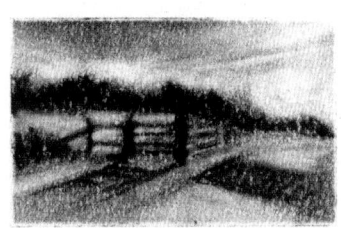

Recorte inicial
En esta vista apaisada, la puerta de la valla es un elemento central, pero la mirada viaja al horizonte, atraída por la línea de árboles y el sendero que se desvanecen. El primer plano está vacío a la derecha.

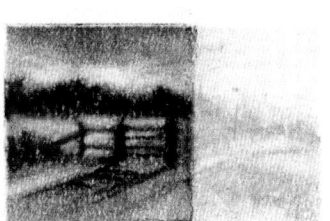

Recorte alterado
Esta vista cuadrada elimina el primer plano vacío de la versión apaisada original y ancla la mirada en la puerta, en lugar de dejar que se desplace al horizonte.

PONLO EN PRÁCTICA

Los pequeños bocetos de esta escena campestre se hicieron en un cuaderno de bocetos con carboncillos varios. El sol de invierno, bajo en el cielo, proyectaba sombras acentuadas, lo cual ayudó a enmarcar las composiciones.

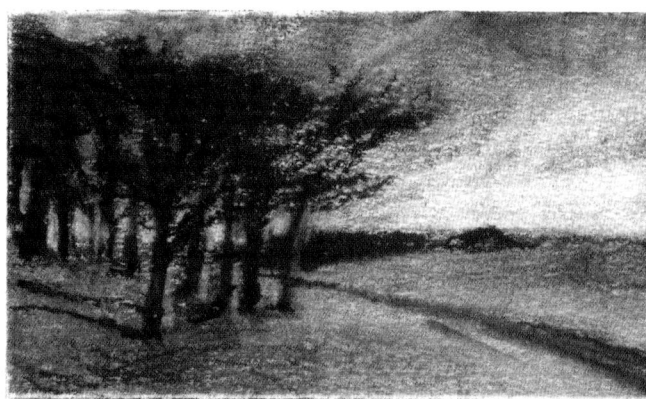

Crear un foco
Aquí, la mirada avanza por el sendero hacia la luz entre los troncos de árboles. Las formas anchas y claras a la derecha de la composición se estrechan hacia el centro del plano de la imagen y, de este modo, refuerzan la dirección del sendero.

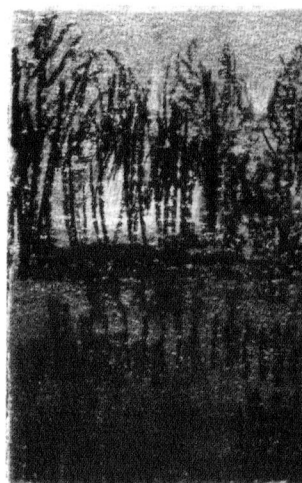

Usar la altura
La composición en «L» dirige la atención a la verticalidad de los árboles. La masa oscura de colinas queda baja, para acentuar la altura de los árboles; y las estelas de nubes en el cielo dirigen la mirada hacia las ramas superiores.

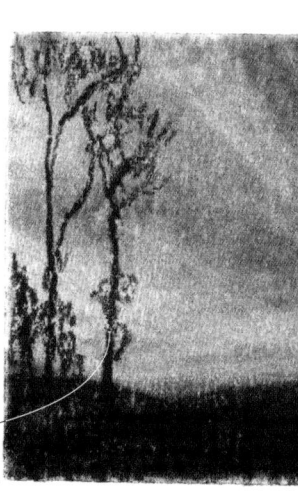

Contraste entre elementos verticales y horizontales

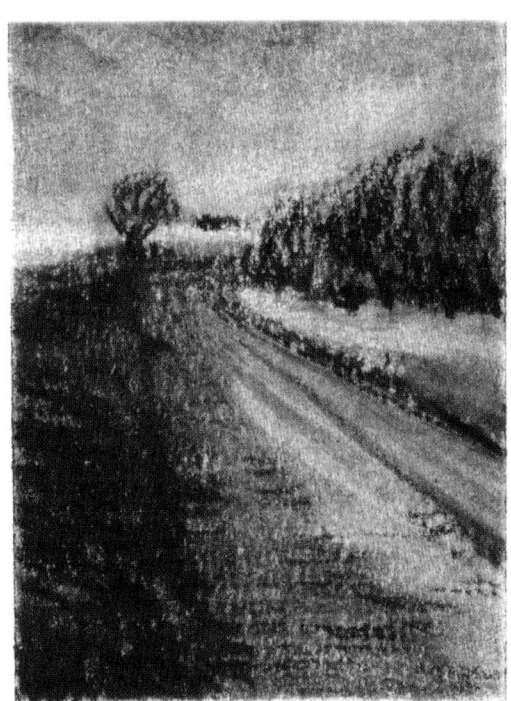

Formas tonales

La cuña clara del sendero lleva la mirada hacia la distancia, con la pendiente oscura y los árboles a lado y lado. El árbol solitario proporciona dirección y un tope que evita que la mirada se salga de la página.

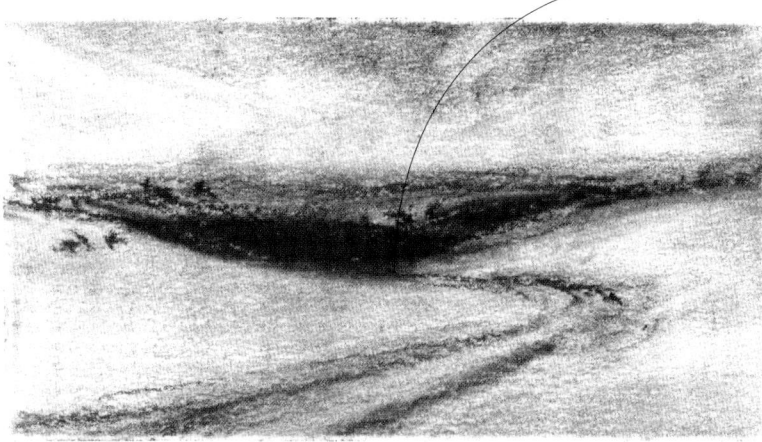

El camino desaparece entre dos colinas

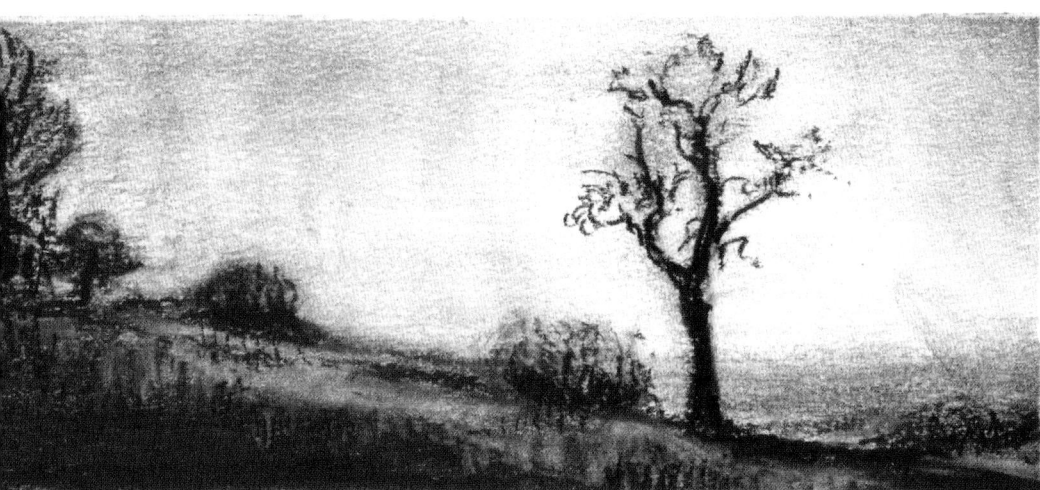

Jugar con la simetría

Un triángulo oscuro entre formas más claras lleva la mirada por el sendero serpenteante. La curva del camino y las dos vacas en la colina de la izquierda producen una atractiva simetría.

Dirigir la mirada

Esta composición larga y apaisada crea dos cuñas opuestas: la clara del cielo y la oscura de la tierra. La mirada desciende con naturalidad hacia el árbol solitario.

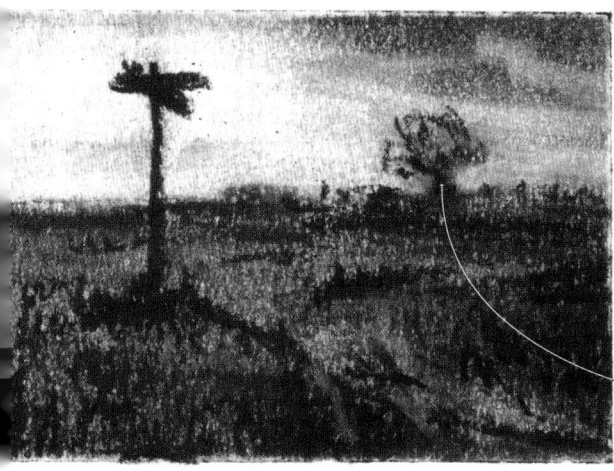

La regla de los tercios

Un halo de cielo claro dirige la atención al poste indicador, vertical, sólido y muy oscuro. La composición también sigue la regla de los tercios en la ubicación del poste y del árbol.

Cuidadosa ubicación del árbol.

«Las formas abstractas de la composición pueden ayudar a decidir qué dibujar.».

Puntos

USAR PUNTOS Y MARCAS PARA INTENSIFICAR EL TONO

La repetición de puntos y marcas permite crear formas y gradientes tonales. Esta técnica exige que desarrolles la imagen gradualmente y que aumentes la densidad de las marcas con el fin de oscurecer algunas áreas del dibujo y dejar otras zonas en blanco para crear toques de luz.

■ Gradientes tonales

Crea varios tonos agrupando los puntos y las rayas muy cerca (oscuro) o muy lejos (claro). Practica dando toquecitos con la punta del carboncillo para marcar los puntos y las rayas; fíjate en que sujetar el carboncillo con más o menos fuerza afecta al carácter y a la ubicación de las marcas.

Comenzar
Cubrir una zona con puntos o trazos cortos separados produce un tono ligero y permite que el blanco del papel se entrevea. Practica creando un gradiente tonal de tonos claros y acumula solo un poquito más de densidad en un lado en comparación con el otro.

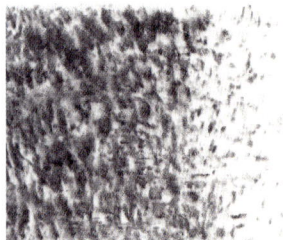

Intensificar el tono
Otra manera útil de practicar el punteado consiste en crear un gradiente de tono medio (de un tono medio en un lado a un tono claro en el otro). Aumenta la densidad de las marcas poco a poco y de forma constante para que se vea la transición suave del tono.

Completar el gradiente
Si sigues intensificando el gradiente medio, crearás un gradiente tonal de oscuro a claro en el que el lado izquierdo acumulará la mayor densidad de marcas (como en la imagen) y, por lo tanto, el tono más intenso. Fíjate en que apenas se ve nada de blanco ahí.

PONLO EN PRÁCTICA

Usa una luz direccional potente sobre un fondo oscuro, como aquí, para que te sea más fácil ver los contrastes tonales del tema y traducirlos al dibujo para construir la forma.

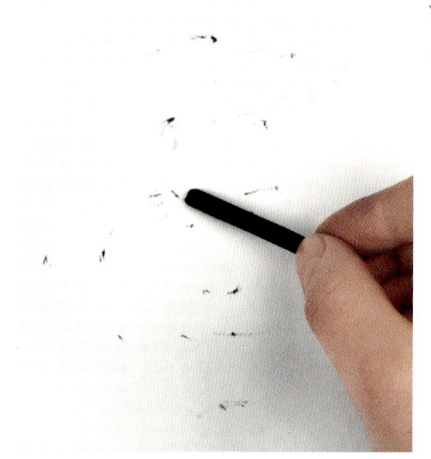

1 Los límites del tema
Comienza marcando algunas rayas claras sobre el papel para determinar las proporciones y la ubicación de los rasgos. Cuando se dibuja gradualmente, como aquí, es muy útil contar con esta guía inicial.

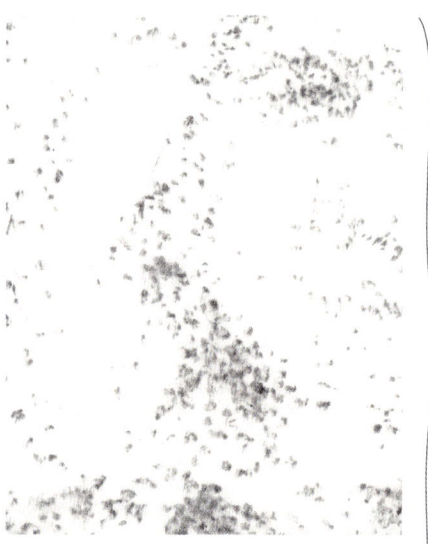

2 Concentración de marcas sueltas
Comienza con una distribución de marcas sueltas, punteando de forma continuada y mecánica y trasladando siempre la mirada del dibujo al tema, y viceversa. Deja las zonas más claras en blanco.

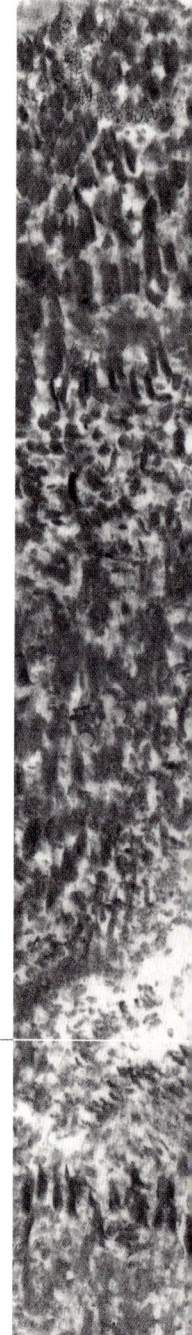

«Los grupos de puntitos muy prietos parecen una zona tonal en el dibujo.»

Necesitarás

Carboncillo de sauce

- Carboncillo de sauce
- Papel de dibujo

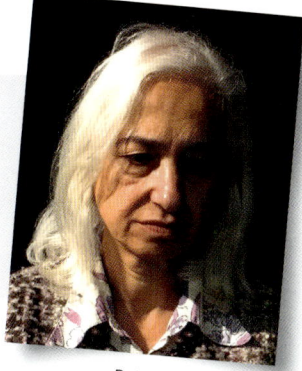

Retrato bajo una iluminación potente

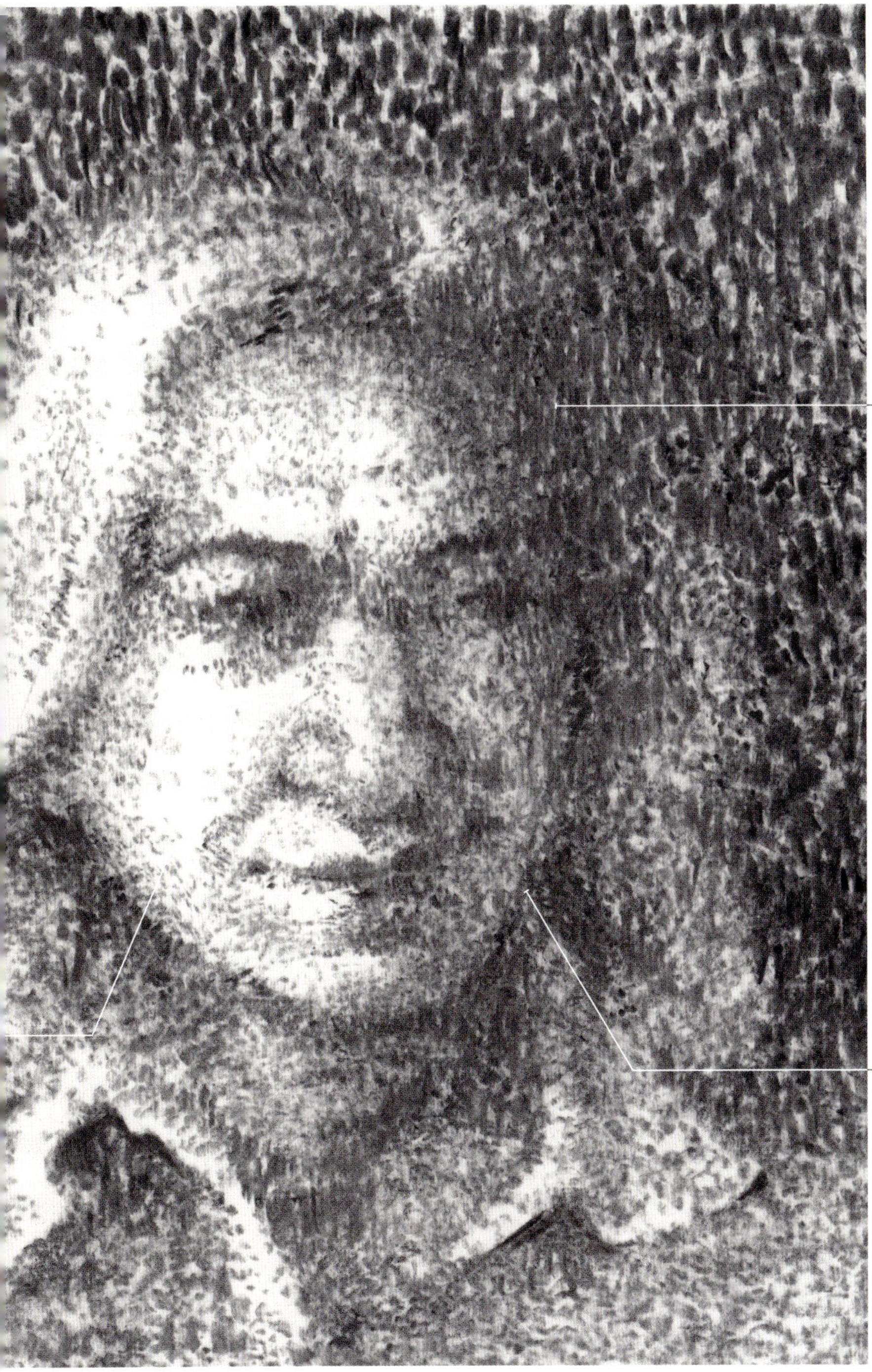

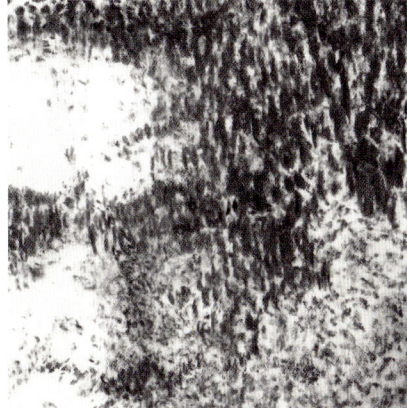

3 Intensificar el tono

Crea áreas más densas que reflejen las áreas más oscuras del tema, distanciándote constantemente del dibujo para ver cómo se ve la imagen en su conjunto. La forma del rostro aparecerá rápidamente.

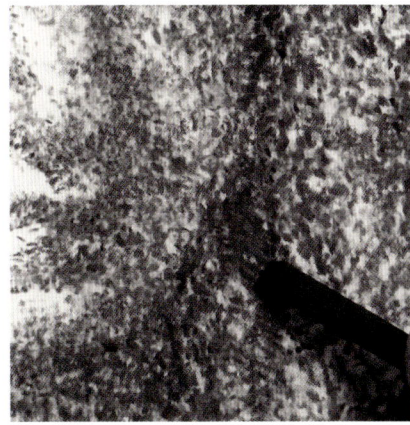

4 Marcas direccionales

Una vez que estés satisfecho con la forma del dibujo que has logrado con el punteado, remátalo reforzando algunos bordes con marcas que acentúen los límites de sombras importantes o dirijan la mirada a los rasgos clave.

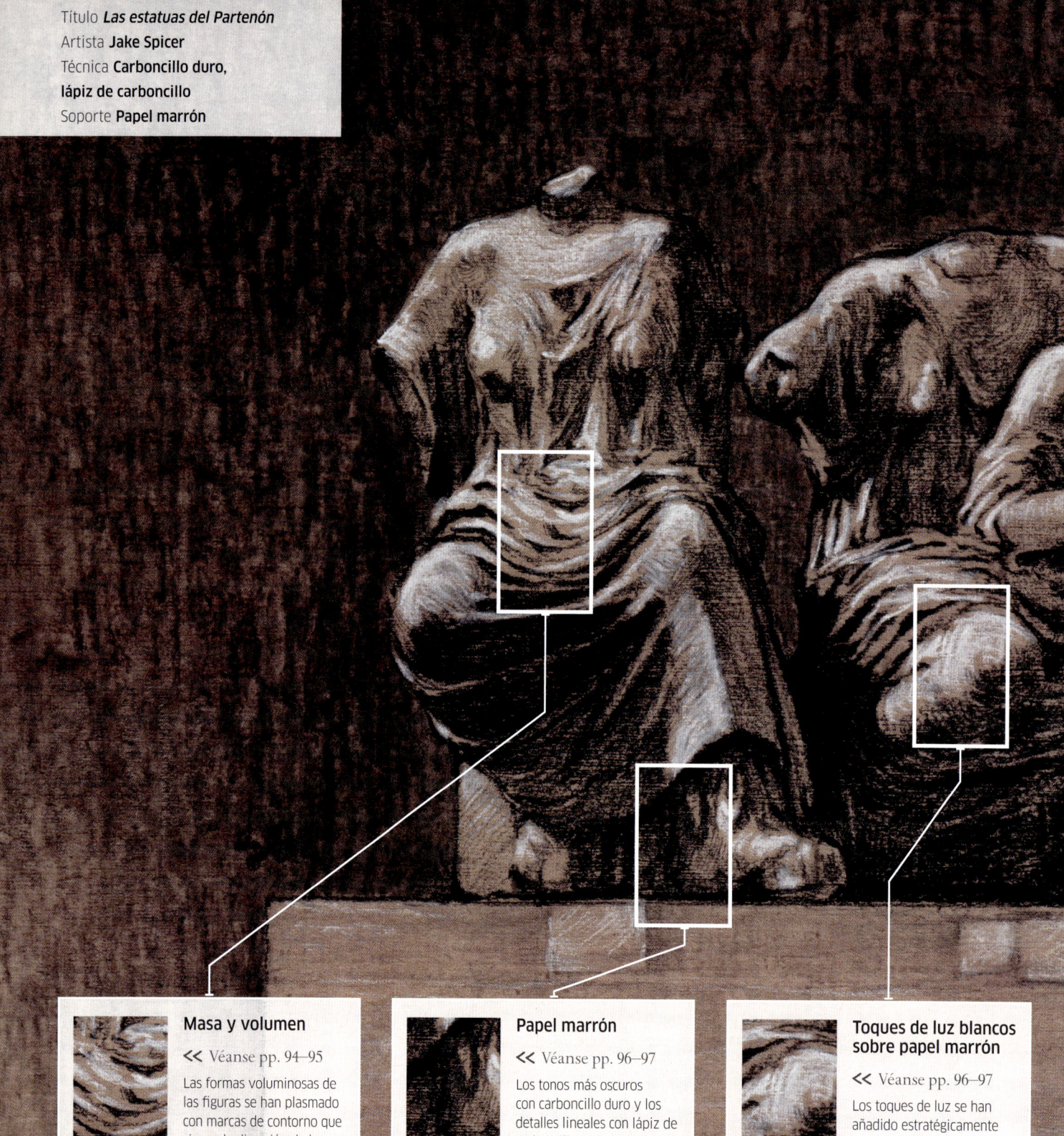

Título *Las estatuas del Partenón*
Artista **Jake Spicer**
Técnica **Carboncillo duro, lápiz de carboncillo**
Soporte **Papel marrón**

Masa y volumen

« Véanse pp. 94–95

Las formas voluminosas de las figuras se han plasmado con marcas de contorno que siguen la dirección de la superficie de la piedra y las formas de las figuras.

Papel marrón

« Véanse pp. 96–97

Los tonos más oscuros con carboncillo duro y los detalles lineales con lápiz de carboncillo se han construido sobre el tono medio del papel marrón.

Toques de luz blancos sobre papel marrón

« Véanse pp. 96–97

Los toques de luz se han añadido estratégicamente con un lápiz conté blanco en la última etapa del dibujo.

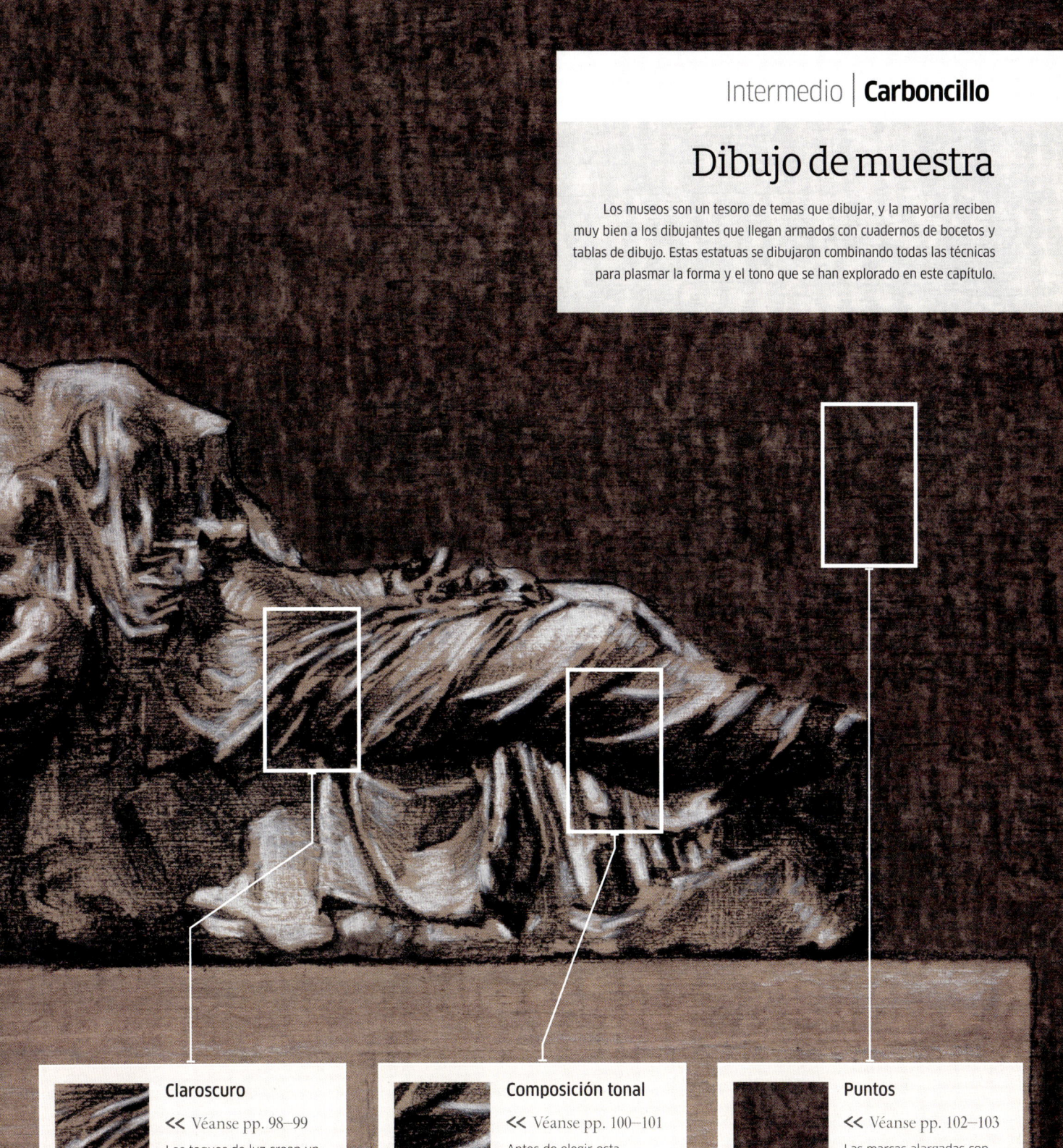

Dibujo de muestra

Los museos son un tesoro de temas que dibujar, y la mayoría reciben muy bien a los dibujantes que llegan armados con cuadernos de bocetos y tablas de dibujo. Estas estatuas se dibujaron combinando todas las técnicas para plasmar la forma y el tono que se han explorado en este capítulo.

Claroscuro

« Véanse pp. 98–99

Los toques de luz crean un potente contraste de luces y sombras en la superficie de las estatuas gracias a los tonos oscuros y claros sobre el tono medio del papel.

Composición tonal

« Véanse pp. 100–101

Antes de elegir esta composición estática, que llama la atención sobre el peso y la masa de las estatuas, se esbozaron varias composiciones distintas.

Puntos

« Véanse pp. 102–103

Las marcas alargadas con carboncillo oscuro forman un gradiente tonal sobre el fondo del dibujo y añaden una textura interesante a la gran área plana.

Perspectiva aérea

VARIAR EL TONO PARA CREAR PROFUNDIDAD

La perspectiva aérea (también conocida como perspectiva atmosférica) imita el fenómeno por el que los objetos distantes parecen más pálidos que los próximos, porque la luz es más difusa cuanto más tenga que viajar. Este efecto es evidente sobre todo en las largas distancias y se acentúa en los días de niebla. Puedes usar este fenómeno para crear la ilusión de profundidad en la página y sumarlo a la perspectiva lineal, por la que los objetos parecen más pequeños en la distancia.

PONLO EN PRÁCTICA

La vista de este amplio estuario muestra cómo las montañas a kilómetros de distancia son cada vez más pálidas y difusas a medida que se alejan. El efecto se acentúa en los días de nubes bajas.

Necesitarás

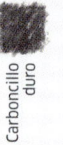

Carboncillo duro

- Carboncillo duro
- Papel de lija para afilar
- Goma de borrar
- Papel de dibujo

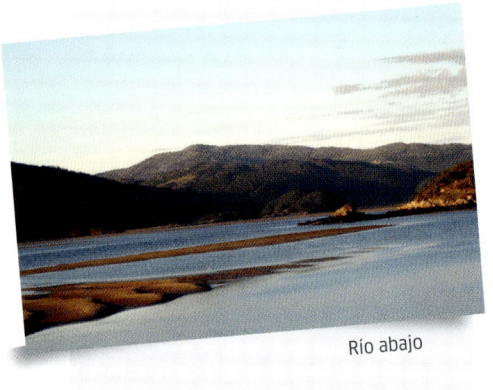

Río abajo

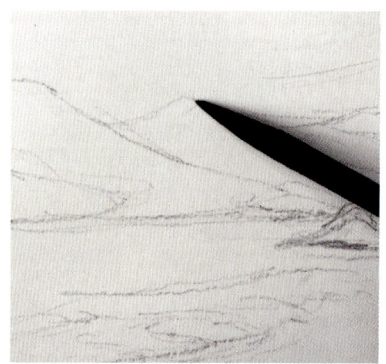

1 Dibujo subyacente
Un primer dibujo lineal te ayudará a ubicar los elementos básicos de la composición que hayas elegido. Después podrás concentrarte en las variaciones tonales entre los distintos elementos de la imagen.

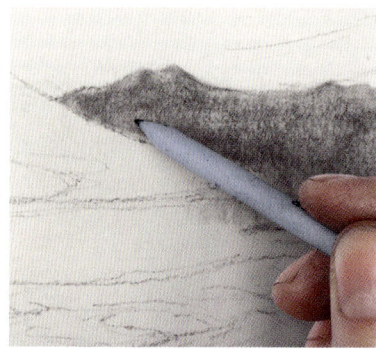

2 Fondo
Comienza por los tonos más claros, en las montañas lejanas. Si te equivocas, que sea por dejarlas demasiado claras, para asegurarte de poder contar con tonos más oscuros en el plano medio y en el primer plano.

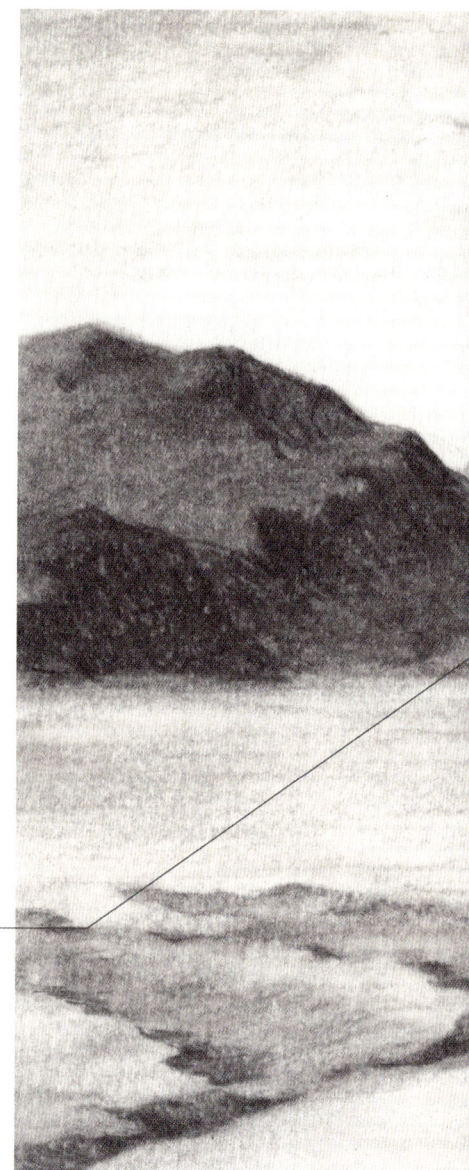

■ Tres planos de dibujo

Dividir el dibujo en tres planos diferenciados (primer plano, plano medio y fondo) te ayudará a variar los valores tonales del dibujo para sugerir profundidad simulando distancia. Además de dibujar los elementos del fondo en tonos más claros, puedes añadir más detalles a los objetos más próximos.

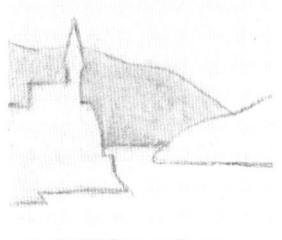

Fondo

A grandes distancias, los objetos del fondo parecerán más pálidos y menos definidos. El efecto se puede exagerar para sugerir aún más distancia.

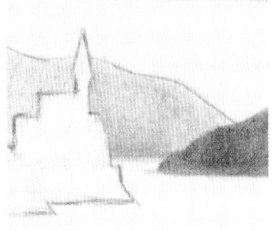

Plano medio

El modo en que se solapen los elementos del primer plano y del plano medio ayudará a llamar la atención sobre los contrastes entre ellos.

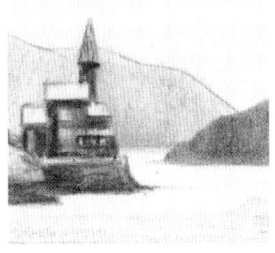

Primer plano

Los objetos del primer plano tendrán más detalles y más contraste tonal, además de parecer más grandes que los elementos más lejanos.

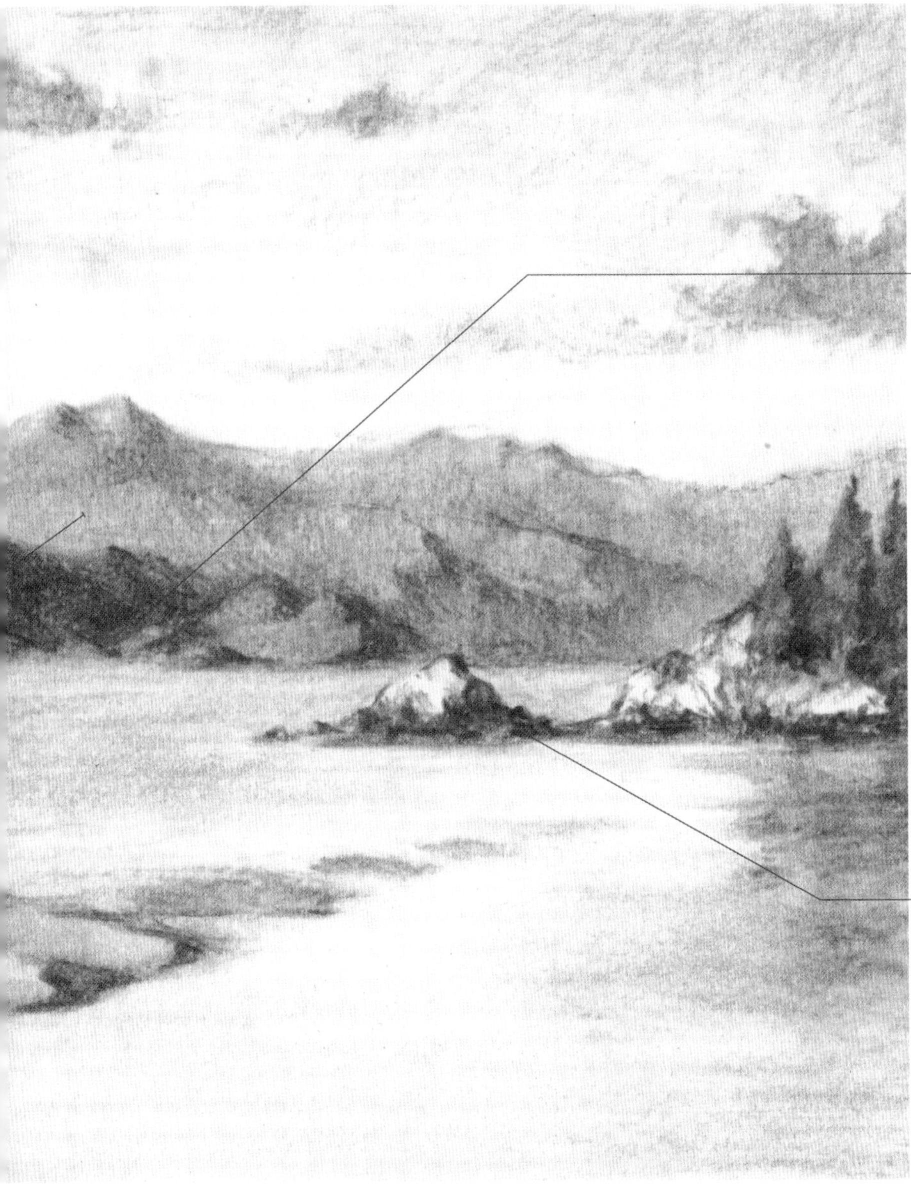

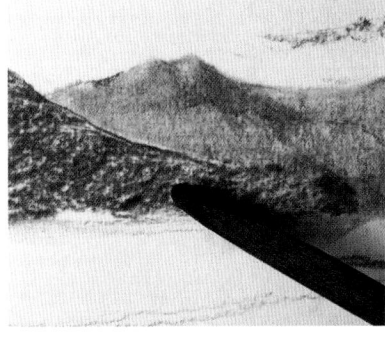

3 Plano medio

Cuando dibujes los elementos del plano medio, fíjate en que aquí hay más variación entre las luces y las sombras (en comparación con el fondo). Los toques de luz aún son más oscuros que en el primer plano, y las sombras son más claras.

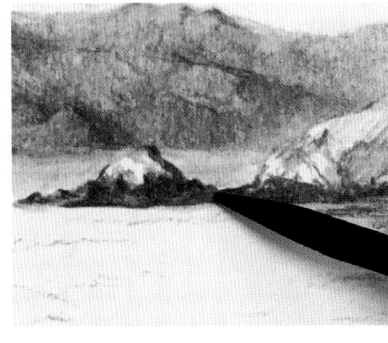

4 Primer plano

Para terminar, añade los detalles del primer plano. Deja que el blanco del papel se entrevea para crear toques de luz, y reserva los tonos más oscuros para las sombras más intensas. En estos objetos más próximos, podrás observar y dibujar más detalles y variedad tonal.

Dibujar en capas

FIJAR CAPAS PARA AMPLIAR EL VALOR TONAL

El carboncillo se desprende con mucha facilidad de la superficie del papel, una cualidad que puede ser una gran ventaja en muchas técnicas. Sin embargo, si dibujas en capas para crear negros muy oscuros con carboncillo, verás que las capas nuevas hacen que parte de las capas anteriores se desprenda. Usar papel de grano grueso y fijar cada capa con espray fijador te ayudará a sumar capas con efectividad.

PONLO EN PRÁCTICA

Dibujar estudios de telas dobladas y drapeadas te ayudará a entender mejor la caída de la tela cuando dibujes figuras vestidas. Este estudio de tela blanca amontonada y con pliegues sueltos se dibujó bajo luz natural. Usar un papel de grano grueso que permita dibujar en capas y aplicar fijador añade profundidad a las sombras y sugiere la textura del tejido.

Necesitarás

Carboncillo duro

- Carboncillo duro
- Herramientas para afilar (cúter y bloque o papel de lija)
- Fijador
- Papel para pastel (blanco roto)

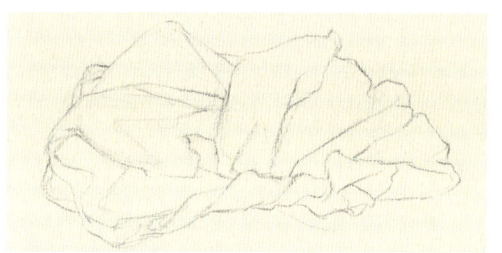

1 Esbozo inicial
Plasma la forma general del tejido y las formas entrelazadas de los pliegues principales. Comienza con una silueta clara, y añade luego los pliegues, empezando por los más grandes.

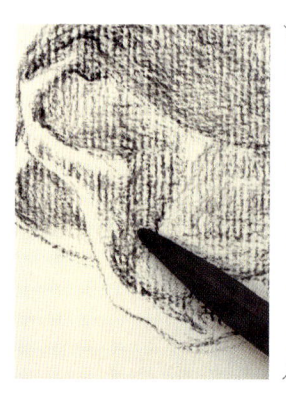

2 Tonos claros
Comienza con una primera capa de tono sobre el esbozo lineal inicial, aplicando el carboncillo con suavidad y dejando que el grano del papel recoja las marcas. Rocía el dibujo con fijador y déjalo secar durante 5 minutos antes de seguir con la capa siguiente.

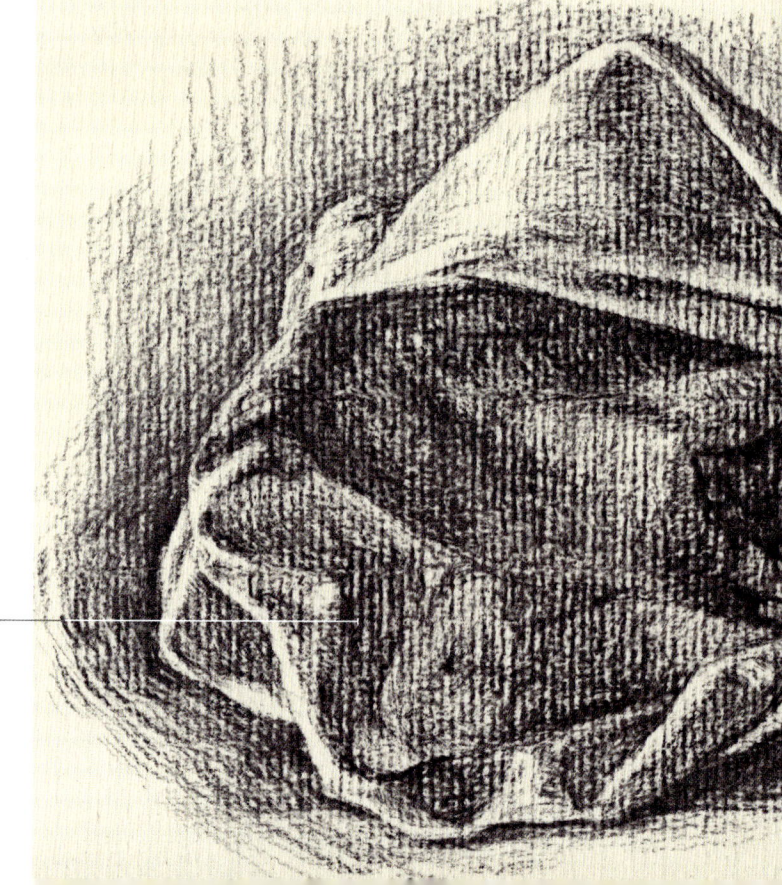

El «grano» del papel

Si miras un papel muy de cerca podrás ver los picos y valles de la superficie. El grano del papel es la dirección en la que se alinean sus fibras, y la textura del grano es ese grado de lisura o rugosidad. Si vas a dibujar en capas, usa un papel de grano grueso. En estas muestras (dcha.) puedes ver cómo cambia el mismo carboncillo aplicado con la misma presión sobre distintos soportes.

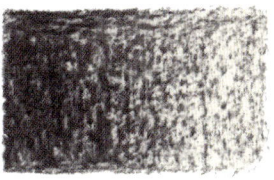

Papel de acuarela prensado en frío

Este papel de textura característica recoge una cantidad generosa de carboncillo.

Papel para pastel

El grueso grano direccional del papel está diseñado para atrapar capas de pastel y resulta ideal para dibujar en capas.

Papel de dibujo

Es un papel liso con un grano fino y ligero. El carboncillo se desprende con facilidad, por lo que no es el mejor para dibujar en capas.

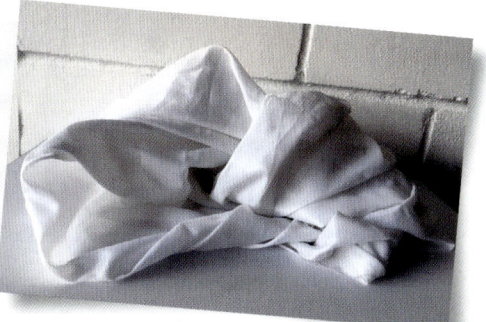

Tela blanca ligeramente anudada

3 Tonos medios

Ahora, añade los tonos medios con marcas direccionales con más peso y definición. Oscurece el tono en los pliegues para dirigir la mirada hacia los planos claros del tejido. Fija de nuevo el dibujo y espera a que se seque.

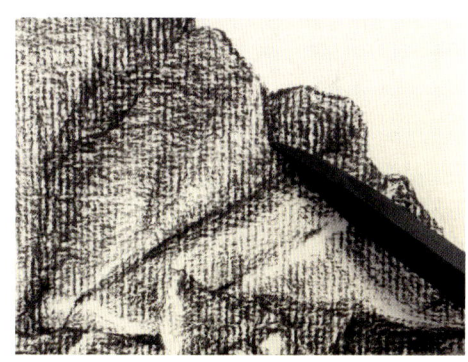

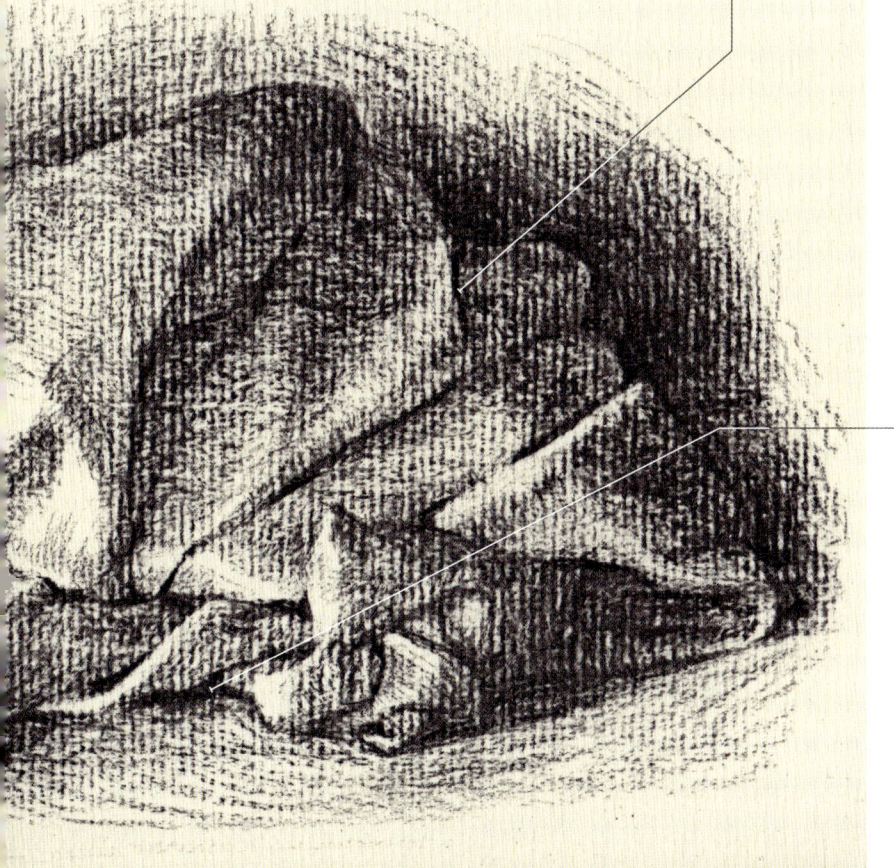

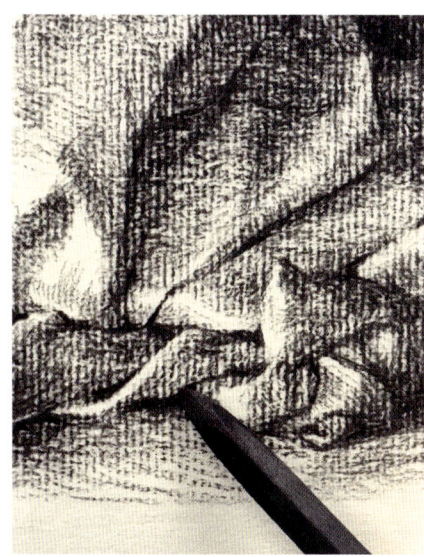

4 Tonos oscuros

Para terminar, añade los tonos más oscuros. Asegúrate de que el carboncillo esté bien afilado y dibuja los detalles de los pliegues de la tela. Aclara los bordes entre la tela y la sombra del fondo y del primer plano. Finalmente, rocía con fijador.

Retratos

UN ENFOQUE ESTRUCTURADO
PARA DIBUJAR CABEZAS

Los rostros son un tema muy atractivo, y
dibujar un retrato en vivo da tiempo suficiente
para identificar las formas más características
del rostro del modelo. Sin embargo, como
somos muy sensibles a las expresiones y a
las diferencias de proporción, podemos ser
muy críticos con los retratos que dibujamos.

◼ La cabeza desde ángulos distintos

Distintas vistas de la cabeza plantean retos distintos
al dibujante. Familiarízate con las formas que puedes
esperar ver desde distintos ángulos para que te ayuden
a sentar las bases de tus retratos. Visto de frente, el
rostro es ligeramente ovoide, mientras que la vista
lateral realza las formas triangulares. La vista de tres
cuartos es la más difícil, aunque también la preferida
de muchos artistas y modelos.

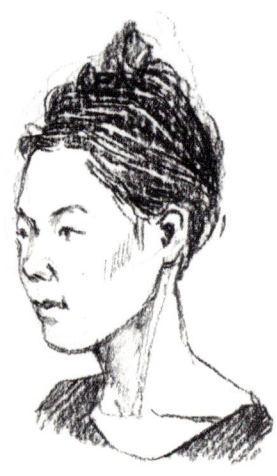

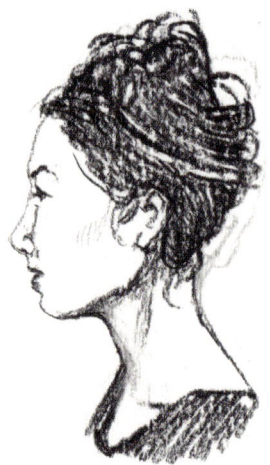

Vista de tres cuartos

A medida que gira un rostro, verás
más de un lado que de otro: la punta
de una mejilla que asoma tras la nariz
se hace más pequeña, mientras que
la mejilla del otro lado se agranda.

Perfil

Visto de lado, el rostro ocupa una
pequeña porción de la cabeza, y
la oreja es un punto de referencia
útil entre las grandes masas del
pómulo, el cabello y el cuello.

PONLO EN PRÁCTICA

La observación meticulosa y un orden de trabajo riguroso
son la clave. Este retrato, dibujado en una hora con una
modelo en vivo, se iluminó de frente con luz natural
para reducir las sombras y realzar los rasgos.

Necesitarás

Lápiz de carboncillo

- ◼ Lápiz de carboncillo
- ◼ Herramientas para afilar
- ◼ Goma de borrar
- ◼ Papel de dibujo

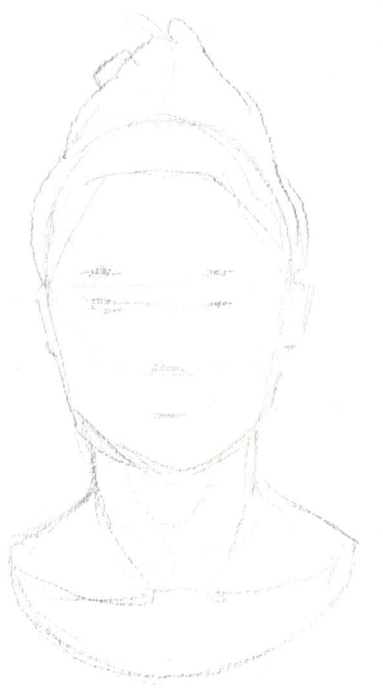

Retrato de rostro entero

1 Forma subyacente

Sujeta el lápiz de carboncillo con suavidad y dibuja las
formas subyacentes de la cabeza y del cuello. Evita dibujar
un círculo o un óvalo para el rostro, busca la forma del cráneo
y esboza marcas rápidas para colocar las cejas, los ojos, la
punta de la nariz y la boca.

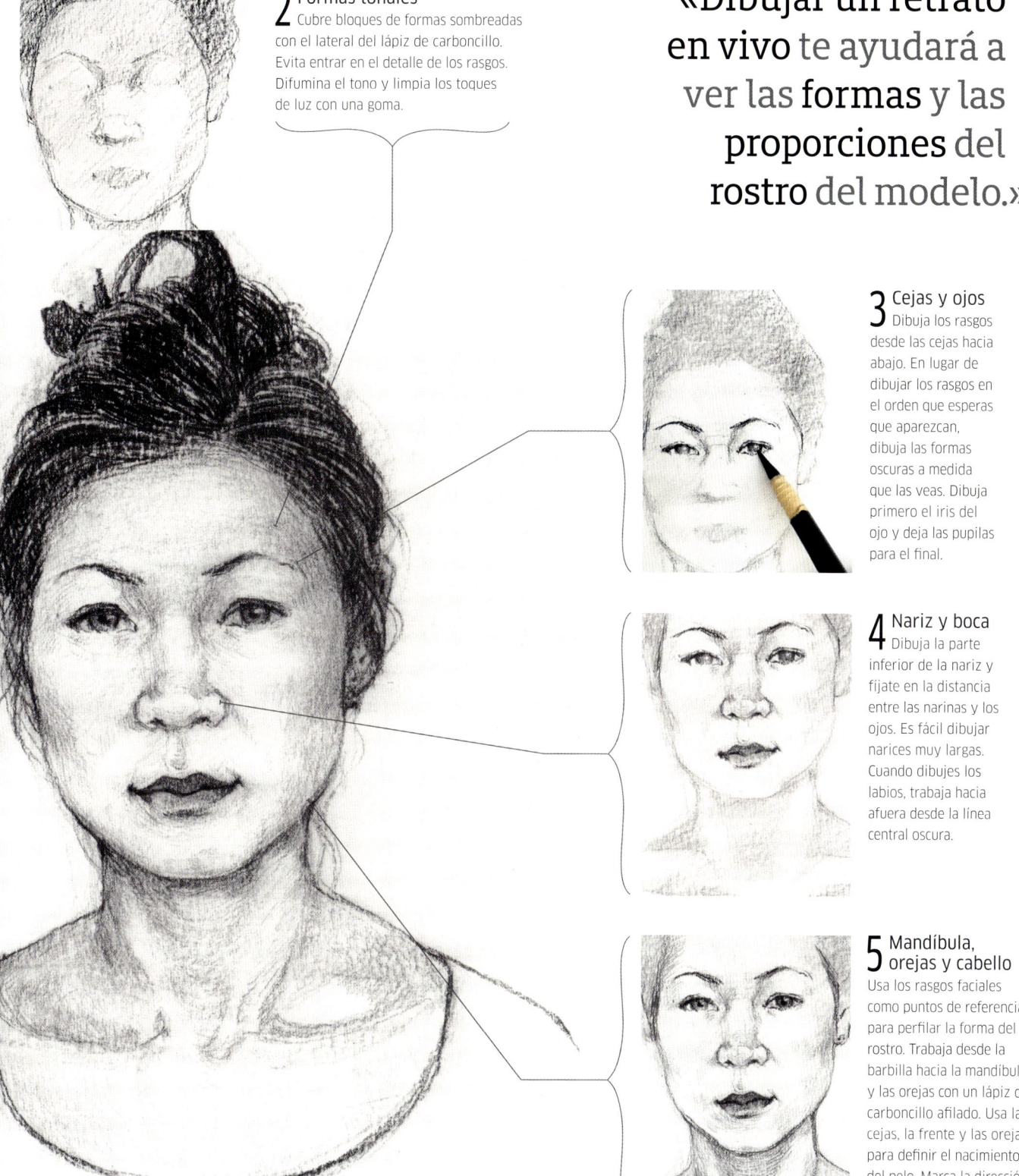

2 Formas tonales

Cubre bloques de formas sombreadas con el lateral del lápiz de carboncillo. Evita entrar en el detalle de los rasgos. Difumina el tono y limpia los toques de luz con una goma.

«Dibujar un retrato en vivo te ayudará a ver las formas y las proporciones del rostro del modelo.»

3 Cejas y ojos

Dibuja los rasgos desde las cejas hacia abajo. En lugar de dibujar los rasgos en el orden que esperas que aparezcan, dibuja las formas oscuras a medida que las veas. Dibuja primero el iris del ojo y deja las pupilas para el final.

4 Nariz y boca

Dibuja la parte inferior de la nariz y fíjate en la distancia entre las narinas y los ojos. Es fácil dibujar narices muy largas. Cuando dibujes los labios, trabaja hacia afuera desde la línea central oscura.

5 Mandíbula, orejas y cabello

Usa los rasgos faciales como puntos de referencia para perfilar la forma del rostro. Trabaja desde la barbilla hacia la mandíbula y las orejas con un lápiz de carboncillo afilado. Usa las cejas, la frente y las orejas para definir el nacimiento del pelo. Marca la dirección del cabello.

Crear atmósfera

EVOCAR ESTADOS DE ÁNIMO MEDIANTE LAS SOMBRAS

El tono puede ser una herramienta emocional muy potente. Su amplio abanico tonal hace del carboncillo un medio ideal para añadir dramatismo a los dibujos usando el contraste entre las luces y las sombras.

◼ Experimentar con la luz

Guíate por las convenciones del cine, de la fotografía y del vídeo y experimenta con la luz para reflejar el estado de ánimo de un mismo tema iluminado de distintas maneras. Usa sombras o figuras oscuras para añadir dramatismo e intriga a la composición, y explota los tonos intensos con distintas marcas de carboncillo.

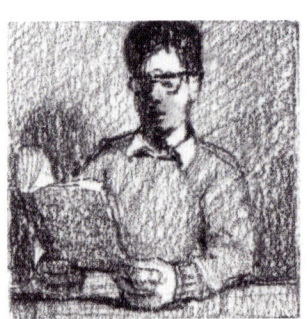

Tonos uniformes
Con iluminación frontal, el dibujo apenas presenta contrastes tonales, y es el sujeto, no la iluminación, quien transmite el estado de ánimo. Los tonos uniformes sugieren una escena tranquila.

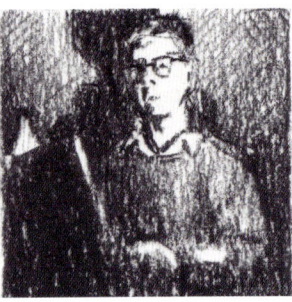

Luz desde abajo
Iluminar un rostro desde abajo distorsiona los rasgos, algo muy habitual en el cine de terror. Las sombras son oscuras y alargadas, con contrastes tonales intensos.

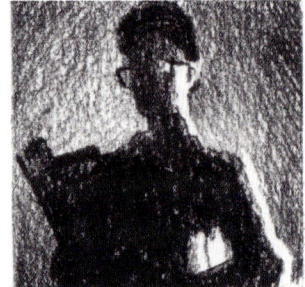

Figura a oscuras
La figura está iluminada desde atrás y queda casi íntegramente en la sombra, rodeada de un halo de luz que aporta un aire de misterio a la escena.

PONLO EN PRÁCTICA

Este interior está iluminado por una única fuente de luz al frente a la derecha y crea un claroscuro que delimita la silueta de la figura y deja la estancia a oscuras. Los toques de luz intensa contrastan con las sombras oscuras.

Necesitarás

Lápiz de carboncillo

- Lápiz de carboncillo
- Herramientas para afilar
- Goma amasable
- Papel de acuarela prensado en caliente

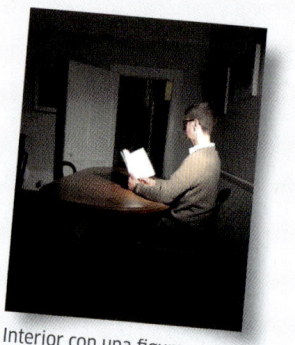

Interior con una figura

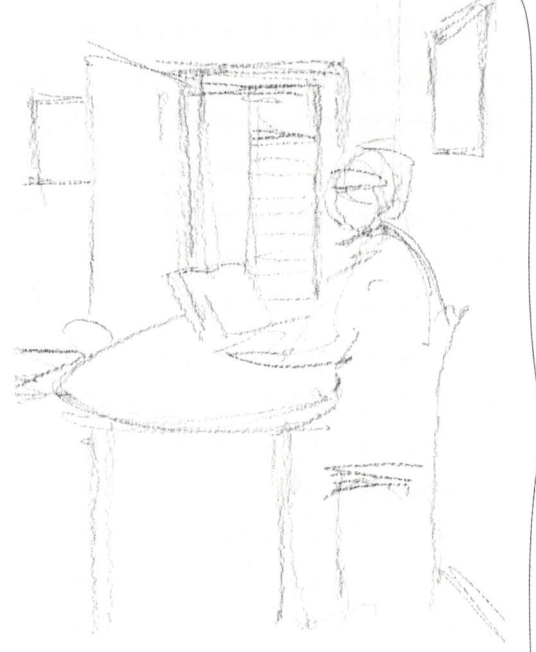

1 Boceto de la composición
Piensa en la relación que existe entre la figura y las formas de luces y sombras que la rodean. Esto es especialmente importante cuando se quiere aportar cierta narrativa o atmósfera a la imagen. Esboza las formas principales y delimita los elementos del primer plano, del plano medio y del fondo.

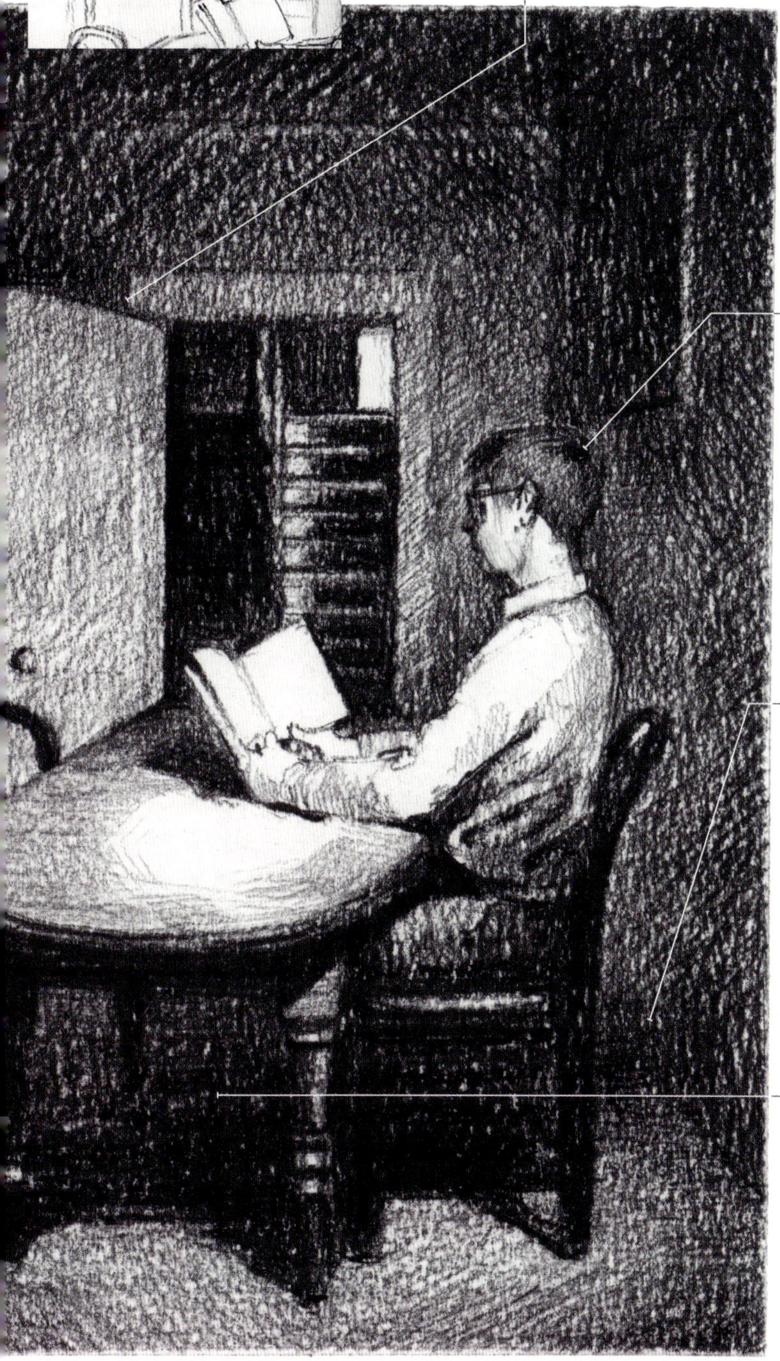

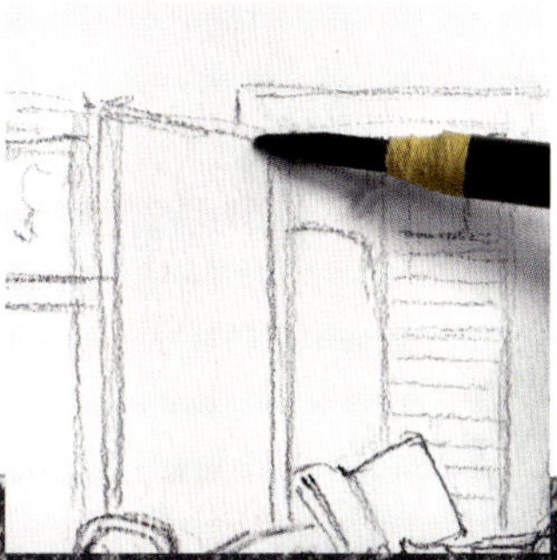

2 Siluetas definidas

Trabaja el boceto de la composición inicial y define la silueta del sujeto con marcas más firmes antes de comprometerte con el tono.

«Evoca atmósfera y dramatismo en los dibujos a carboncillo con contrastes de luces y sombras.»

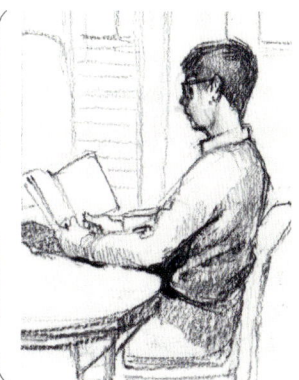

3 Marcas tonales

Usa el rayado de un modo congruente con la forma de la figura para desarrollar primero el tono del sujeto principal y crear formas de luz y oscuridad. Deja en la sombra algunos detalles de la figura.

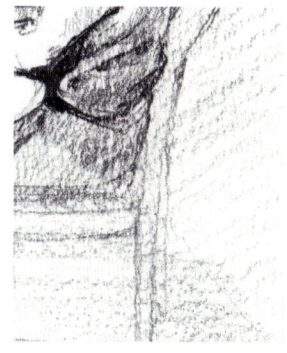

4 Tono del fondo

Consigue un tono ligero y medio en el fondo con un rayado firme, pensando en cómo las formas de las sombras ayudan a llamar la atención sobre la figura.

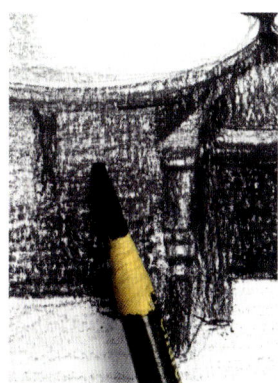

5 Tonos oscuros

Desarrolla los tonos más oscuros del dibujo con un rayado cruzado más denso. Limpia e ilumina los toques de luz con una goma y realza los contrastes entre luces y sombras.

Combinar carboncillos

COMBINAR BASTONES DE CARBONCILLO, CARBONCILLO COMPRIMIDO Y LÁPICES DE CARBONCILLO

Cada tipo de carboncillo tiene propiedades idóneas para técnicas concretas. Borrar el carboncillo de sauce o de vid es muy sencillo, por lo que es perfecto para los dibujos subyacentes; mientras que el carboncillo comprimido resulta ideal para las sombras oscuras debido a la densidad de sus negros. Los lápices de carboncillo ofrecen una precisión difícil de lograr con los bastones.

PONLO EN PRÁCTICA

Los caminos invitan a entrar en el dibujo. Este paisaje, dibujado a partir de una fotografía, es un camino entre colinas y contiene multitud de texturas que permiten usar distintos tipos de carboncillo.

Necesitarás

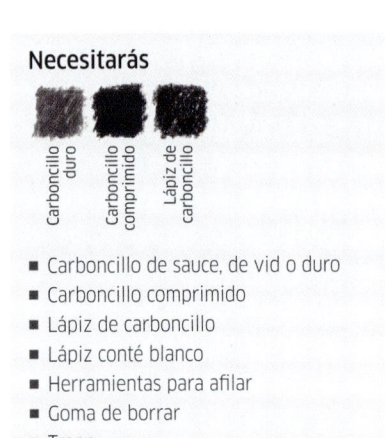

Carboncillo duro | Carboncillo comprimido | Lápiz de carboncillo

- Carboncillo de sauce, de vid o duro
- Carboncillo comprimido
- Lápiz de carboncillo
- Lápiz conté blanco
- Herramientas para afilar
- Goma de borrar
- Trapo
- Papel de dibujo

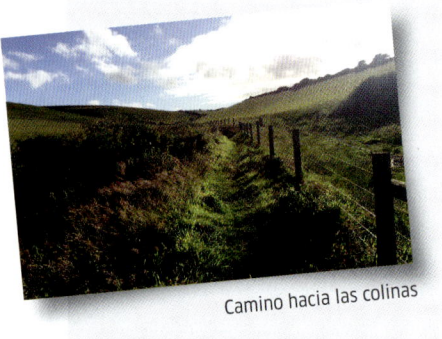

Camino hacia las colinas

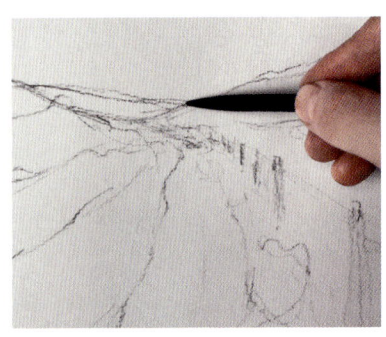

1 Carboncillo duro
Un bastón de carboncillo de sauce, de vid o duro sería ideal para este dibujo subyacente. La clave reside en que se pueda borrar o cubrir con otras capas fácilmente.

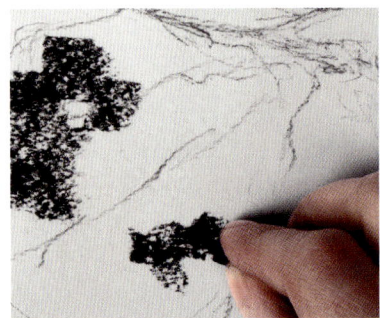

2 Carboncillo comprimido
El carboncillo comprimido deja marcas oscuras y densas que se difuminan en tonos medios. Cubre grandes formas oscuras con el lateral de un bastón roto de carboncillo comprimido y difumina un tono medio por toda la página.

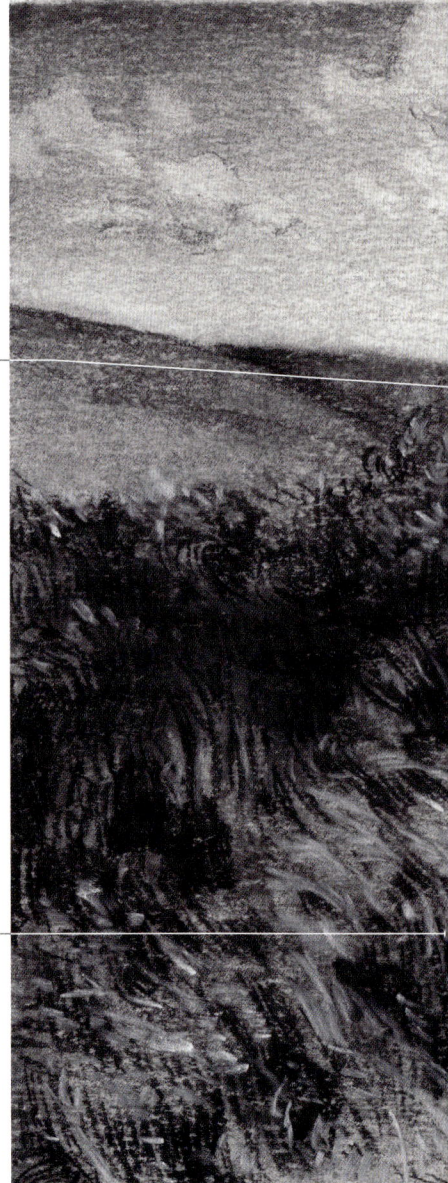

◾ Elegir los materiales

A la hora de decidir qué tipo de carboncillo usar en un dibujo, piensa en lo oscuras y densas que serán sus marcas, en la facilidad con que lo podrás afilar, en si conserva la punta y en la facilidad para difuminarlo o borrarlo. Si combinas carboncillos distintos, podrás aprovechar al máximo cada propiedad.

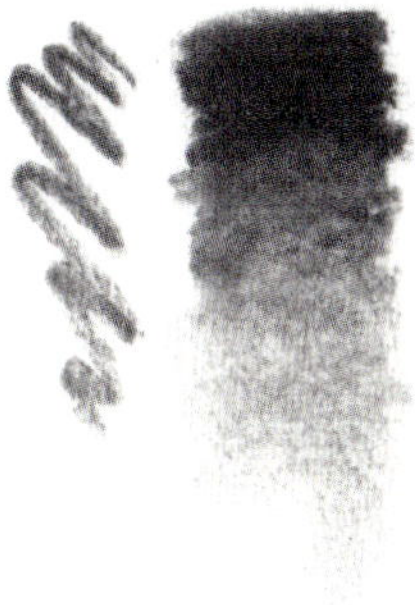

Carboncillo duro

El carboncillo de vid, de sauce o duro se presta a las gradaciones suaves que se difuminan o se borran para crear toques de luz.

Carboncillo comprimido

Permite hacer marcas más negras y añadir tonos oscuros potentes y claros. Es más difícil de borrar que el duro.

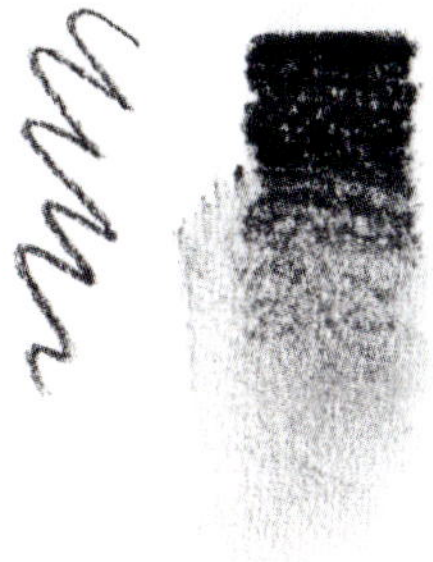

Lápiz de carboncillo

Perfecto para añadir definición y textura y una herramienta útil para dibujos con detalles lineales.

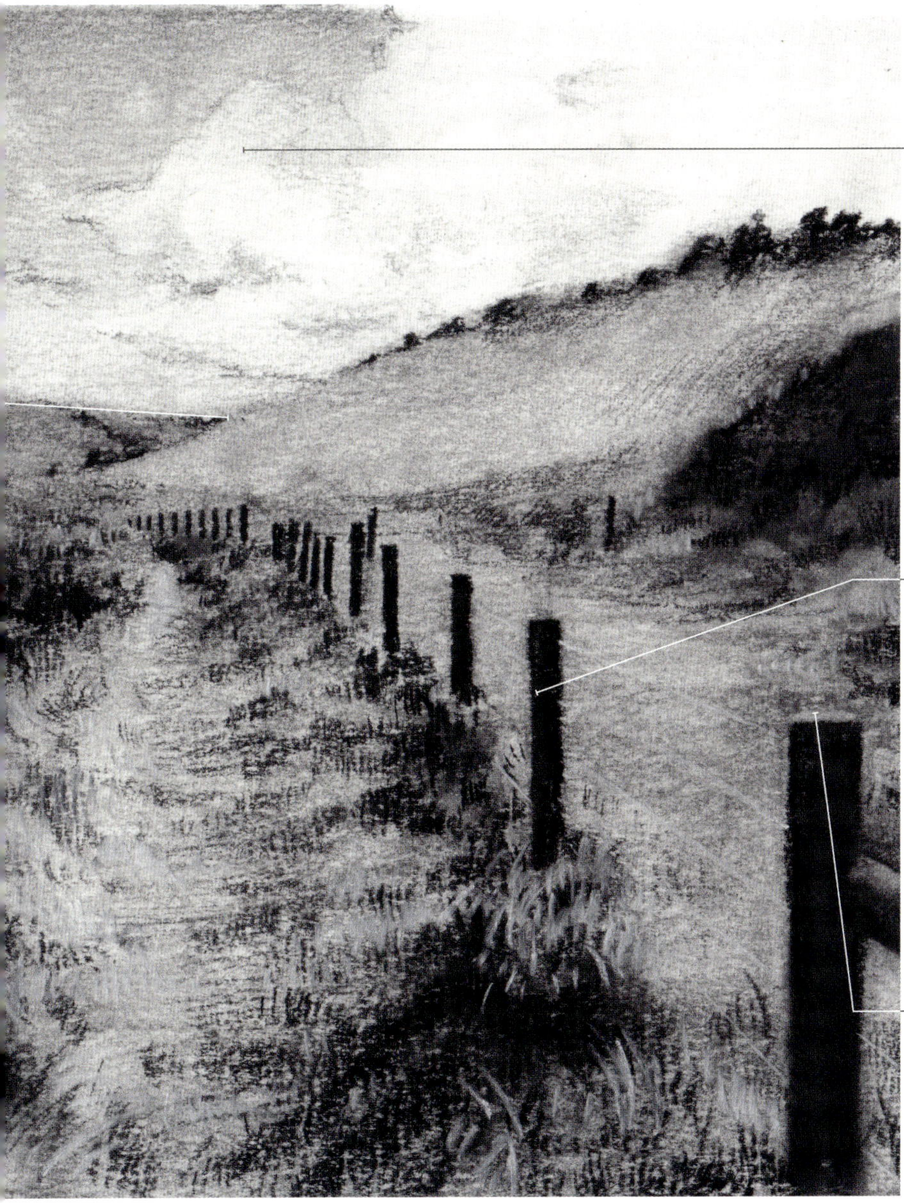

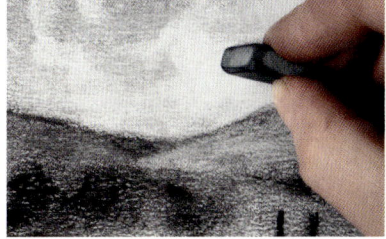

3 Goma de borrar

Dibuja formas claras con una goma. Aquí, las nubes se han borrado sobre un gradiente constante de carboncillo comprimido añadido en la etapa anterior.

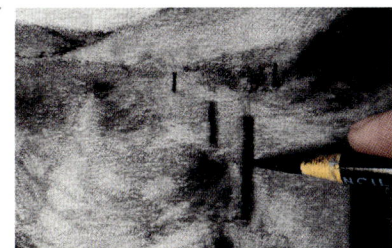

4 Lápiz de carboncillo

Con un lápiz de carboncillo muy afilado, define los detalles del primer plano y añade sombras a la parte inferior de las nubes y oscuros muy oscuros a todo el dibujo.

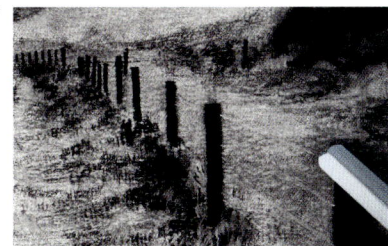

5 Lápiz conté blanco

Como toque final, usa un lápiz conté blanco para añadir toques de luz a los tonos oscuros del primer plano.

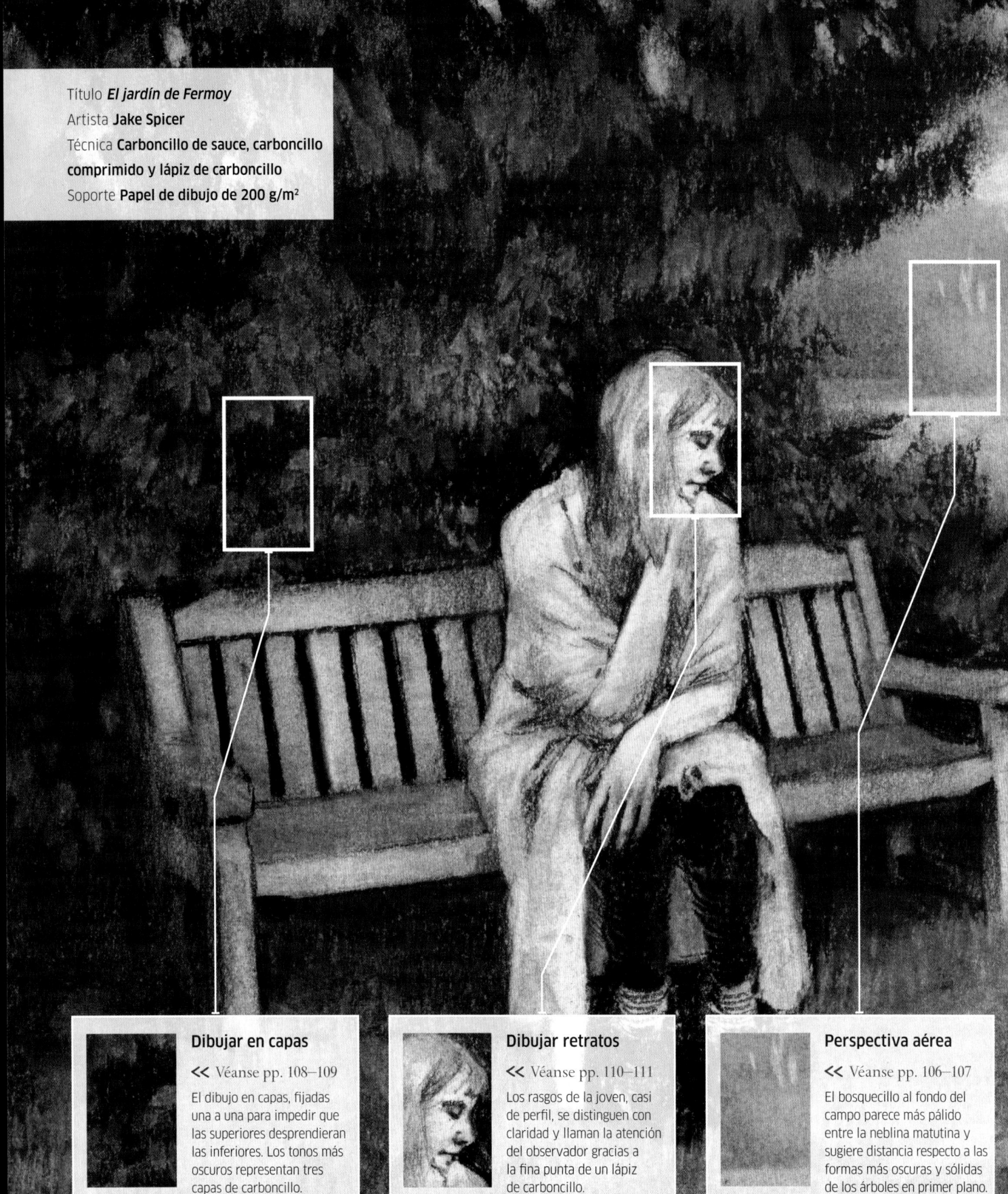

Título *El jardín de Fermoy*
Artista **Jake Spicer**
Técnica **Carboncillo de sauce, carboncillo comprimido y lápiz de carboncillo**
Soporte **Papel de dibujo de 200 g/m²**

Dibujar en capas

≪ Véanse pp. 108–109

El dibujo en capas, fijadas una a una para impedir que las superiores desprendieran las inferiores. Los tonos más oscuros representan tres capas de carboncillo.

Dibujar retratos

≪ Véanse pp. 110–111

Los rasgos de la joven, casi de perfil, se distinguen con claridad y llaman la atención del observador gracias a la fina punta de un lápiz de carboncillo.

Perspectiva aérea

≪ Véanse pp. 106–107

El bosquecillo al fondo del campo parece más pálido entre la neblina matutina y sugiere distancia respecto a las formas más oscuras y sólidas de los árboles en primer plano.

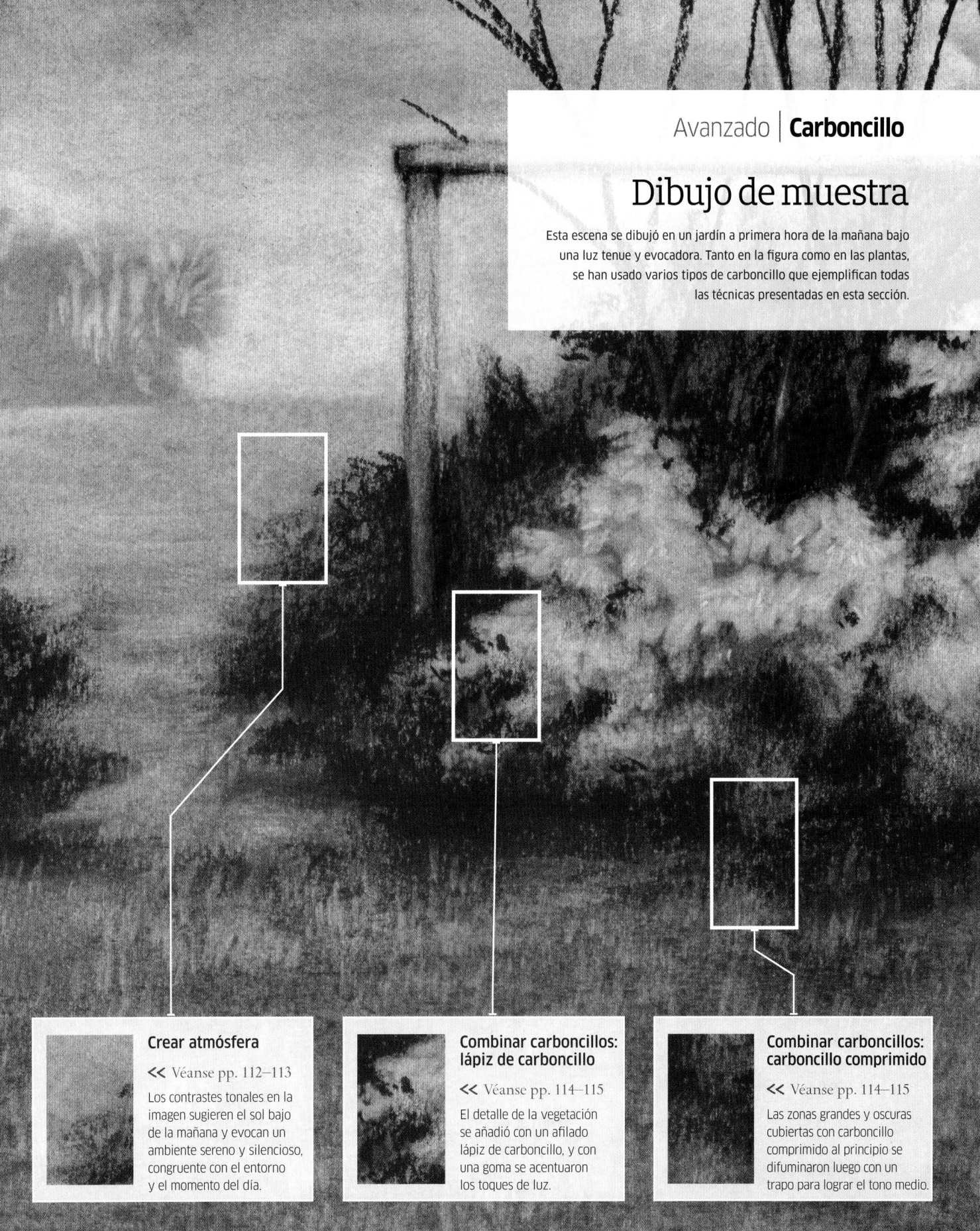

Dibujo de muestra

Esta escena se dibujó en un jardín a primera hora de la mañana bajo una luz tenue y evocadora. Tanto en la figura como en las plantas, se han usado varios tipos de carboncillo que ejemplifican todas las técnicas presentadas en esta sección.

Crear atmósfera

« Véanse pp. 112–113

Los contrastes tonales en la imagen sugieren el sol bajo de la mañana y evocan un ambiente sereno y silencioso, congruente con el entorno y el momento del día.

Combinar carboncillos: lápiz de carboncillo

« Véanse pp. 114–115

El detalle de la vegetación se añadió con un afilado lápiz de carboncillo, y con una goma se acentuaron los toques de luz.

Combinar carboncillos: carboncillo comprimido

« Véanse pp. 114–115

Las zonas grandes y oscuras cubiertas con carboncillo comprimido al principio se difuminaron luego con un trapo para lograr el tono medio.

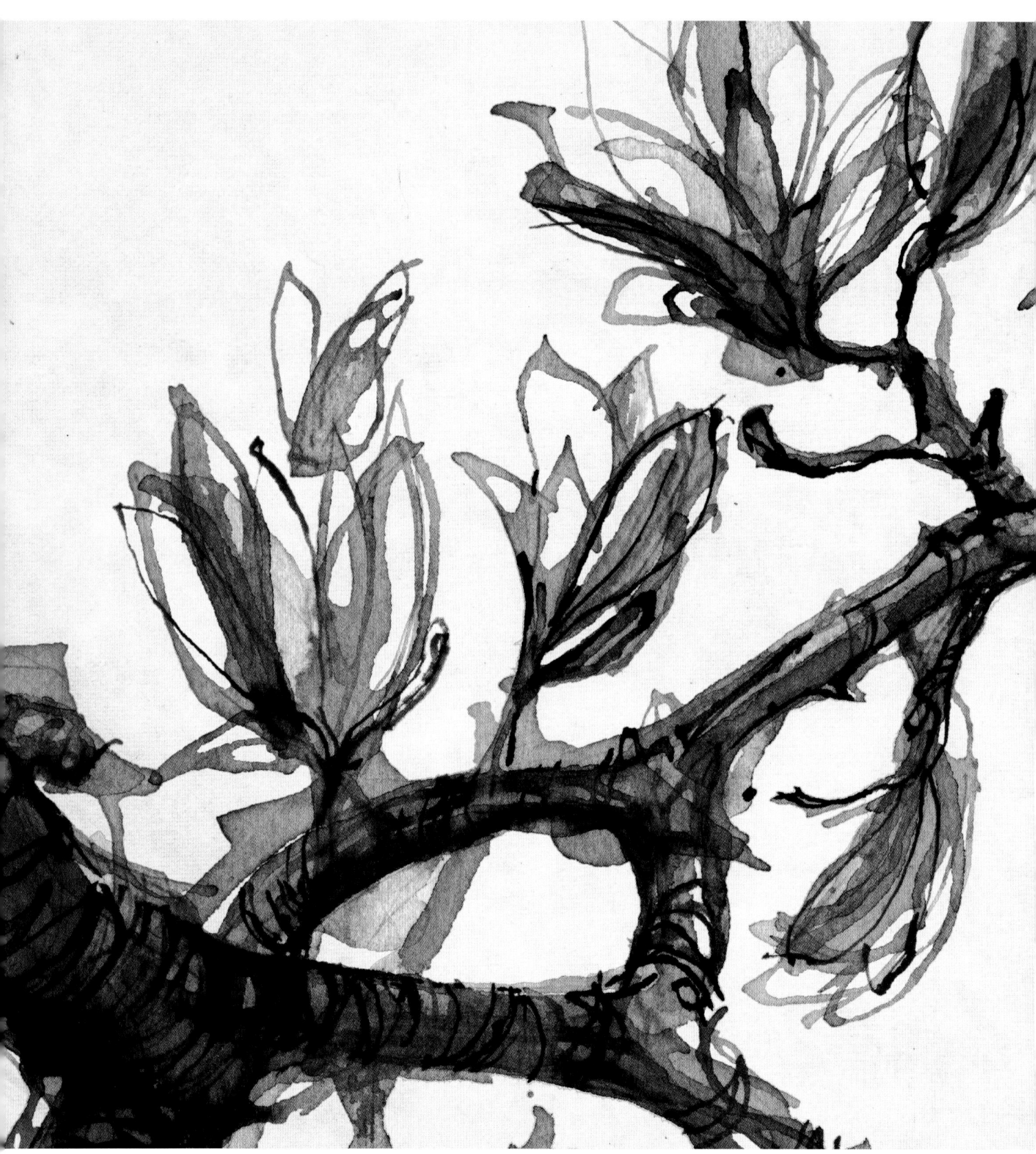

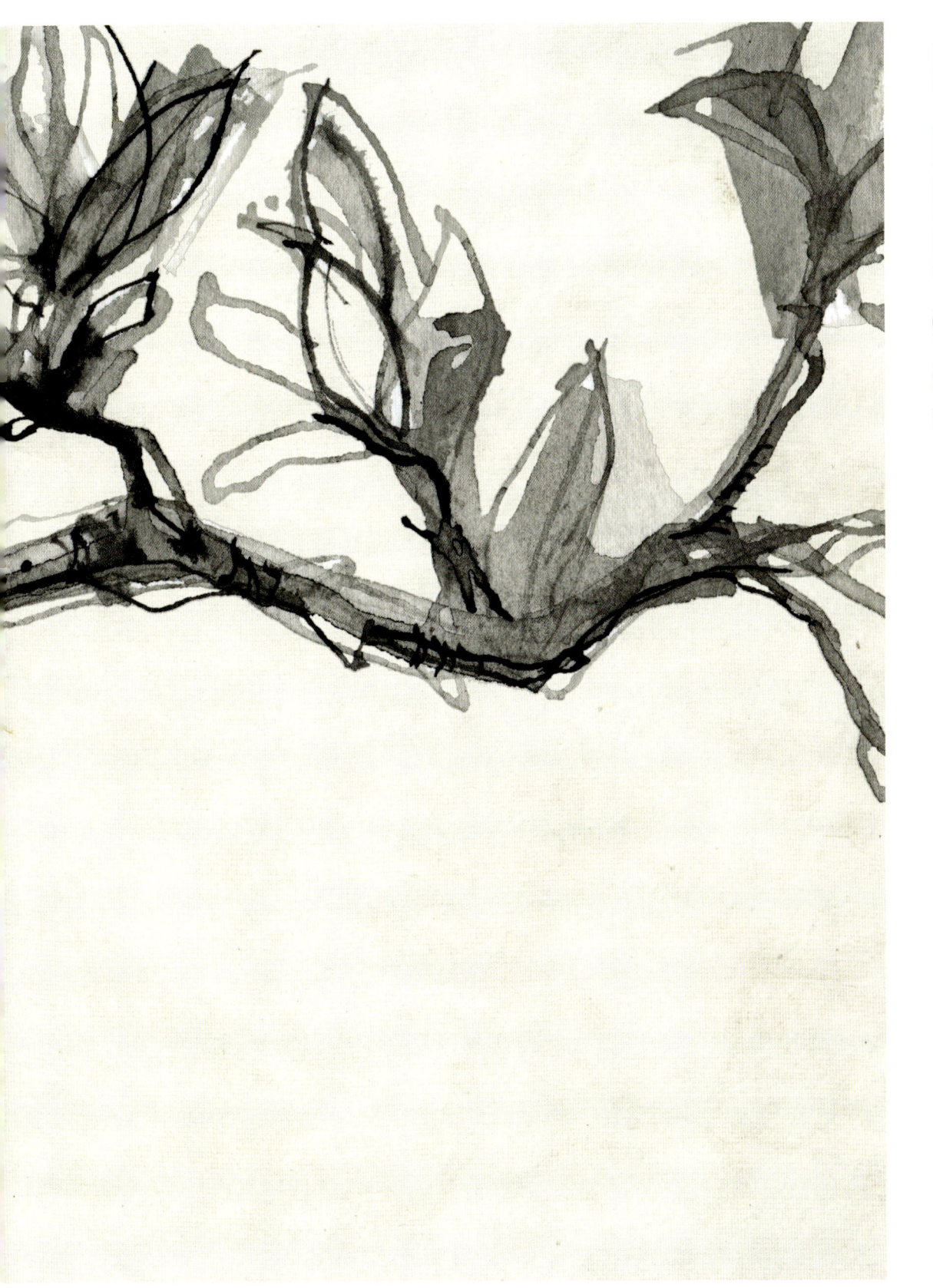

Tinta

Dibujar con **tinta**

La tinta es un medio versátil, portátil y asequible. Está disponible en formatos diversos y se puede usar con distintos útiles, como plumillas, pinceles, dedos, plumas o rotuladores. Si se usa directamente del bote, la densa tinta negra tiene un aspecto gráfico muy potente, pero se puede diluir para hacer marcas muy sutiles. La naturaleza pictórica de la tinta también permite crear aguadas de tonos e intensidades variados que devienen en obras de gran complejidad.

A continuación, leerás acerca de tintas diversas y de los materiales que necesitarás para empezar. Luego, practicarás y desarrollarás tus habilidades con 15 técnicas de pluma, bolígrafo y rotulador agrupadas en secciones de sofisticación creciente: iniciación, intermedias y avanzadas. Al final de cada una, encontrarás un dibujo de muestra que reúne todas las técnicas.

1 Técnicas de iniciación

■ Véanse pp. 126-137

Aquí aprenderás a hacer marcas básicas, a variar el flujo de tinta y la presión para trazar líneas de anchos y cualidades distintas y a controlar el rayado, el rayado cruzado y el punteado para desarrollar el tono y la forma.

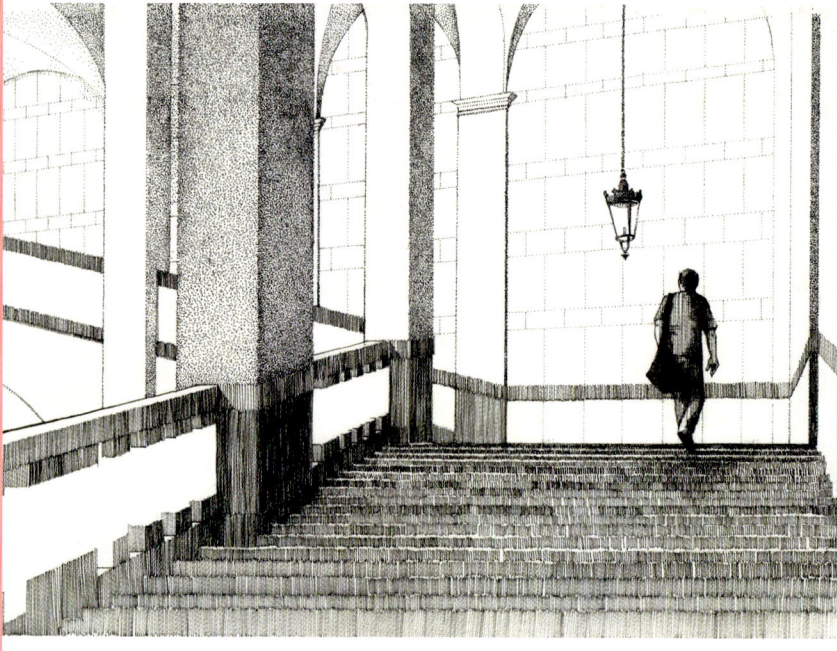

Dibujo de muestra de las técnicas de iniciación (pp. 136-137)

2 Técnicas intermedias

■ Véanse pp. 138-149

En la segunda sección aprenderás a usar varios útiles (plumillas, cañas de bambú, pinceles...) para controlar la tinta. También aprenderás a hacer aguadas y a añadir textura y detalle a dibujos monocromos.

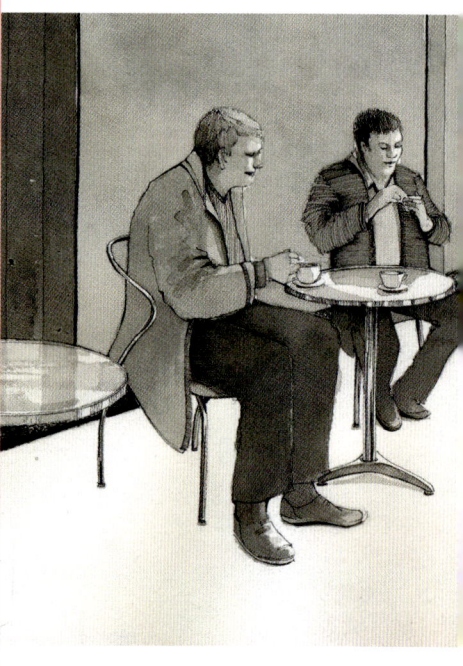

Dibujo de muestra de las técnicas intermedias (pp. 148-1

La tinta se usó por primera vez en China y Egipto en 2500 a.C. Se mezclaba carbonilla (negro de humo) con goma y se moldeaba en pastillas sólidas que luego se molían con agua para obtener tinta fluida. Los primeros útiles de dibujo fueron plantas de tallo hueco (junco y bambú) talladas o plumas de ave con la punta afilada. También se aplicaba tinta con pinceles de pelo animal. Hoy se siguen usando variaciones de estas tintas y utensilios tradicionales.

Versatilidad y variedad

Las propiedades de las distintas tintas y plumas se prestan a muchos estilos y efectos; tenemos desde tinta resistente al agua, para trabajar en capas y aguadas, hasta bolígrafos o rotuladores, para trabajar al aire libre.

.Para elegir una tinta, hay que tener en cuenta la permanencia del dibujo acabado y la opacidad de las marcas. Las tintas basadas en pigmentos tienden a ser más opacas y resistentes a la luz que las basadas en tintes, que se descoloran. La tinta tiene tres elementos principales: agente de color (pigmento o tinte), fluido portador (agua o alcohol) y aditivos opcionales (goma arábiga o goma laca). Las tintas modernas se presentan en un arcoíris de colores y una miríada de formas, como pastillas sólidas o líquidos para plumillas de inmersión.

Los útiles para aplicar la tinta van desde las plumillas de junco, que producen líneas lisas y fluidas, hasta las plumas y plumillas con plumines diversos para hacer líneas variadas o los pinceles para aguadas y mezclas. Aunque la tinta es un medio permanente que exige comprometerse con cada marca, su facilidad de aplicación y su capacidad de respuesta la hacen muy popular entre los artistas.

3 Técnicas avanzadas

■ Véanse pp. 150-161

En la última sección aprenderás a difuminar y a trabajar en capas, usarás tintas de colores y técnicas de glaseado y manipularás la tinta para lograr efectos pictóricos. Aprenderás a corregir errores y a integrarlos en el dibujo.

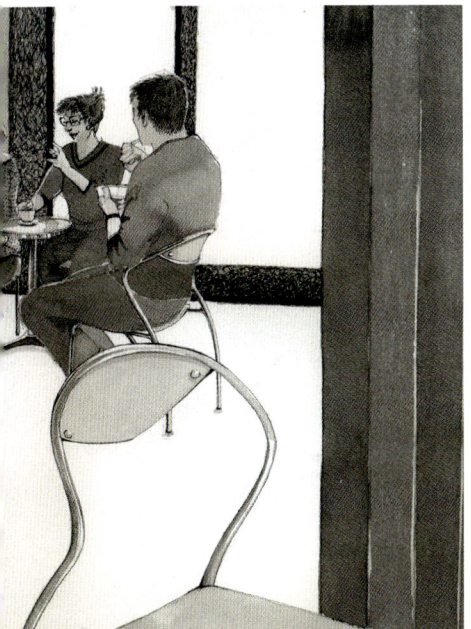

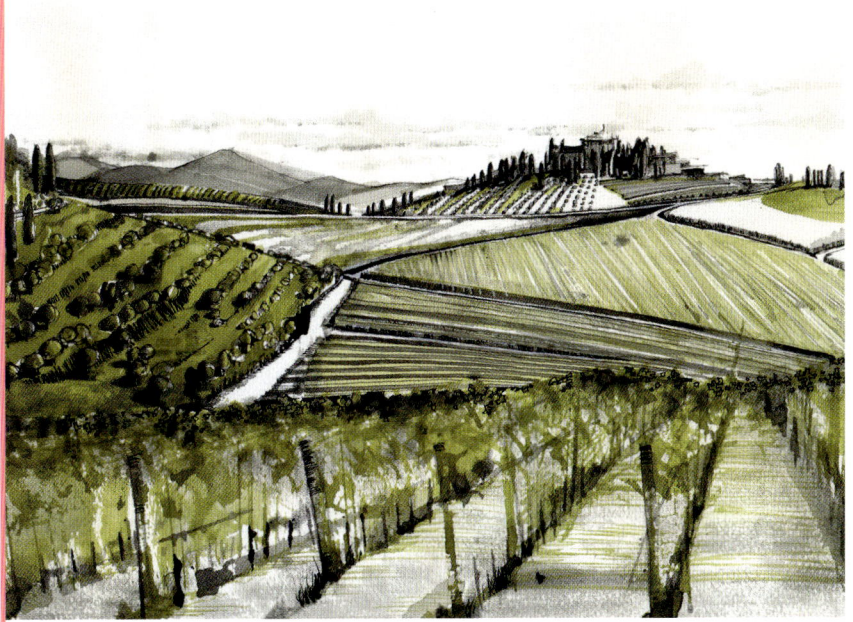

Dibujo de muestra de las técnicas avanzadas (pp. 160-161)

Instrumentos para dibujar con tinta

ELEGIR CON QUÉ APLICAR LA TINTA

La variedad de útiles con que aplicar la tinta varía desde las plumas de ave o el bambú tradicionales hasta las plumillas de inmersión, que portan plumines intercambiables, los estilógrafos recargables y los rotuladores de fieltro multicolores. Aunque basta con un bolígrafo para empezar, experimenta con varios utensilios para explorar los diversos tipos de marcas que puedes hacer.

Para elegir con qué dibujar, piensa en qué tinta necesitarás (si de cartucho o de frasco), la forma del plumín (la punta metálica) y su portabilidad y practicidad. Si quieres durabilidad, los rotuladores de tinta de archivo dan los resultados más indelebles.

Plumas o plumillas de inmersión

Originalmente, las plumillas de inmersión, o cálamos, se usaban para la caligrafía y para escribir, y son la manera tradicional de aplicar tinta. Las plumillas de bambú o junco tienen puntas talladas que dejan marcas gruesas y que se pueden volver a afilar tras desgastarse. Los cálamos originales eran plumas de vuelo de aves grandes, más

ligeros y flexibles que los de bambú y que producen líneas más finas. Si prefieres un instrumento más familiar, las plumillas con plumines metálicos montados en una pieza de madera o de plástico son asequibles y más flexibles. Los distintos plumines permiten trazar líneas de grosores variados.

Todas las plumillas de inmersión se pueden usar con tinta basada en pigmentos y distribuida en frascos, que no se obstruye. Otra ventaja es que podrás hacer aguadas con la misma tinta con la que dibujas. Sin embargo, las plumillas de inmersión son más difíciles de transportar que las estilográficas u otros útiles con cartucho, y también tienden a depositar más tinta, lo cual hace más lento

el secado. Aunque su flujo puede ser impredecible y tiende a dejar manchas, los artistas adoran la expresividad que aportan.

Estilográficas, bolígrafos, rotuladores...

Los útiles que cuentan con un depósito de tinta integrado, como las plumas estilográficas, los estilógrafos y los bolígrafos, son muy fáciles de transportar, y resultan ideales para trabajar al aire libre o esbozar. No suelen manchar, pero sus plumines o puntas no son ni intercambiables ni tan flexibles.

Para lograr líneas variadas, tendrás que invertir en utensilios de distintos anchos, como los estilógrafos, disponibles con puntas de entre 0,05 mm y 0,08 mm, en varios colores,

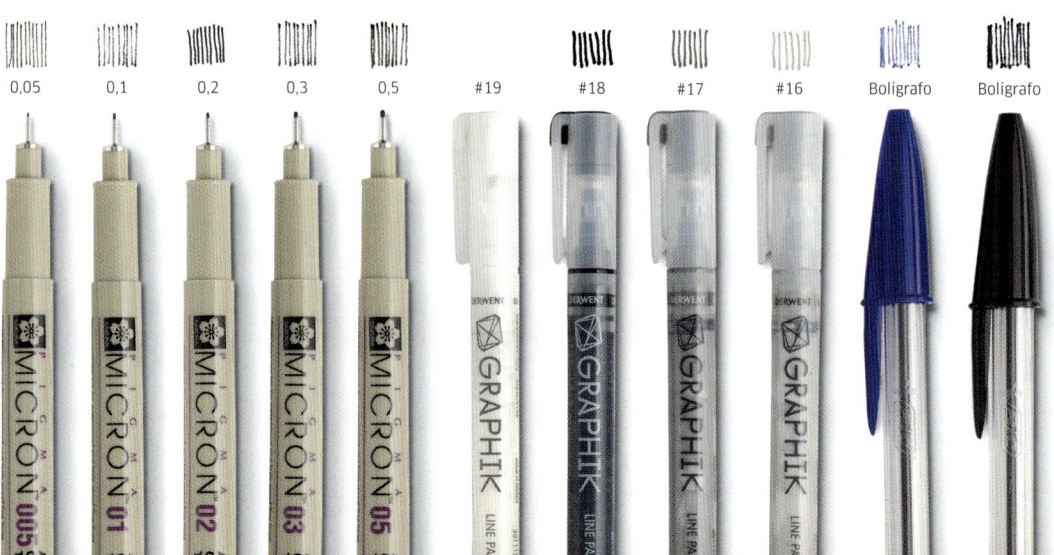

0,05 0,1 0,2 0,3 0,5 #19 #18 #17 #16 Bolígrafo Bolígrafo

Estilógrafos y bolígrafos

Los estilógrafos y los bolígrafos tienen depósitos de tinta y son fáciles de transportar. Los estilógrafos con puntas de distinto grosor ofrecen mucha precisión, y los hay de distintos colores. Los bolígrafos son una opción ideal para esbozar sobre la marcha.

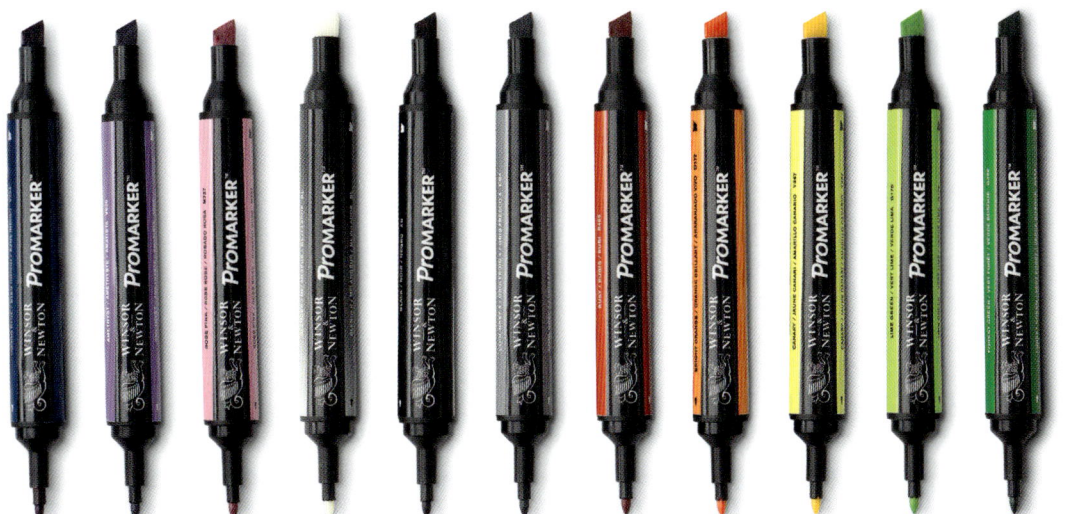

Rotuladores

Hay rotuladores y marcadores de calidad profesional que usan tinta pigmentada y resistente a la luz. Con los de punta doble (izda.), se puede usar la punta biselada para trazar líneas gruesas, y la fina, para los detalles.

y que trazan líneas constantes que se secan con rapidez.

Los bolígrafos son portátiles, se pueden usar inmediatamente y dejan marcas excepcionalmente sutiles, aunque usan tinta basada en colorantes que no es resistente a la luz. Los rotuladores de punta porosa, como los de fieltro o los marcadores, ofrecen una amplísima variedad de colores. Usa rotuladores con tinta pigmentada para garantizar la permanencia del dibujo. Los rotuladores recargables y con punta de pincel tienen puntas de pelo sintético y depósitos de tinta, y permiten aplicar la tinta de un modo más pictórico o mezclar aguadas para hacer capas de trabajo con líneas.

Otros instrumentos

Además de con pincel (p. 125), puedes aplicar tinta con cualquier cosa que deje marca. Puedes usar telas, pañuelos de papel, bastoncillos de algodón, palillos o incluso el dedo para aplicar o mover la tinta sobre la superficie del papel. Usa una tarjeta de plástico cortada para trazar marcas direccionales o esparce la tinta con un cepillo de dientes para crear textura.

> «Cuando se trabaja con **tinta**, el **instrumento** y la **punta** afectan directamente al **estilo** de las marcas. **Explora todas las opciones.**»

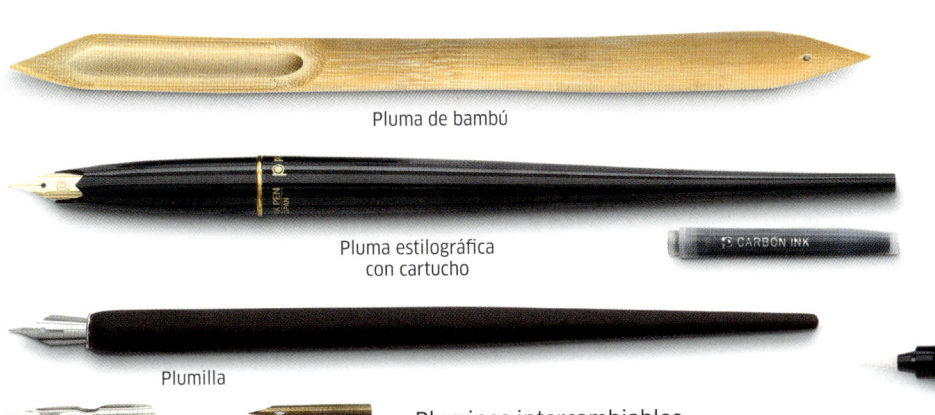

Pluma de bambú

Pluma estilográfica con cartucho

CARBON INK

Plumilla

Plumín intermedio

Plumín afilado

Plumín fino

Plumín medio-fino

Plumines intercambiables

Las plumillas de inmersión cuentan con plumines intercambiables de distintos tamaños que permiten variar el grosor de la línea, desde extrafino hasta ancho.

Pluma de ganso

La punta de la pluma (cálamo) se corta a mano en la base, para conseguir una punta afilada. El cañón hueco actúa como depósito cuando se sumerge en un frasco de tinta.

Rotulador con punta de pincel

Estas plumas son portátiles y versátiles; su pincel es flexible y permite aplicar la tinta del cartucho como si fuera pintura.

Tintas y otros materiales

ELEGIR EL MEDIO ADECUADO

Hay dos tipos básicos de tinta: las de pigmentos y las de colorantes. Sus variantes, como si es o no resistente al agua, pueden influir en tu elección a la hora de planear un dibujo. La tinta se puede usar en la mayoría de los papeles, pero merece la pena tener en cuenta el gramaje y el grano para garantizar que sea el más adecuado para la técnica elegida.

Antes de empezar el dibujo, y sobre todo si está destinado a la venta o la exposición, has de tener en cuenta que algunas tintas y papeles no son resistentes a la luz del sol. Para evitar que el dibujo se descolore, busca tintas resistentes a la luz y papel de archivo y sin ácidos.

Tipos de tinta

La tinta pigmentada se elabora con partículas muy finas y un agente aglutinante, como goma laca o resina acrílica, que adhiere la tinta al papel. Tiende a ser más opaca y resistente a la luz que la tinta basada en colorantes, pero puede obstruir los plumines finos. Es adecuada para plumillas de inmersión, de bambú, de junco o de ave, donde la obstrucción no es un problema. Hay tintas pigmentadas resistentes al agua que permiten trazar líneas sobre aguadas.

Las tintas basadas en colorantes son transparentes y se descoloran ante una exposición prolongada a la luz, y la mayoría no son resistentes al agua. Son adecuadas para plumas estilográficas y aerógrafos, que se obstruyen con la tinta pigmentada.

La tinta ferrogálica es menos habitual. Es de origen vegetal, cambia con el tiempo y es muy apreciada por los calígrafos.

Superficies de dibujo

La mayoría de las obras con tinta se hacen sobre papel de dibujo o de acuarela. La decisión depende de las herramientas de dibujo, la textura deseada, la humedad de la técnica y el grado de permanencia deseado.

El papel sin ácido ralentiza la descoloración, y el papel de archivo dura muchos años sin deteriorarse. Usa estos papeles para las obras definitivas y un papel más barato, como el de dibujo, para practicar y esbozar. Ten en cuenta el gramaje y grosor del papel. Por lo general, piensa que, cuanto más húmeda sea la técnica, más grueso ha de ser el papel,

Tinta de colores

Estas tintas acrílicas son pigmentadas y muy resistentes a la luz. También son resistentes al agua y permiten superponer capas de colores distintos.

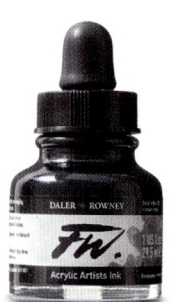 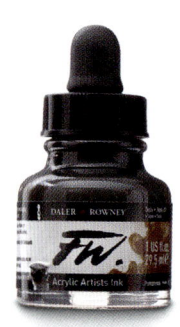 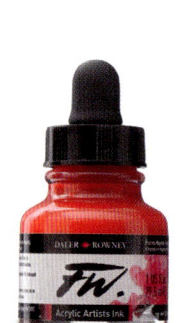 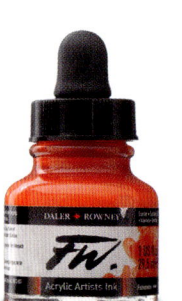 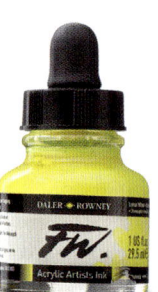 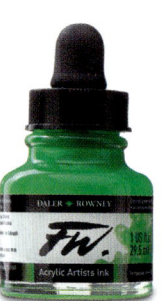 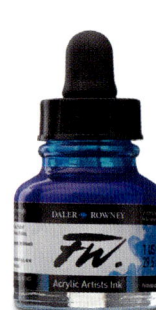

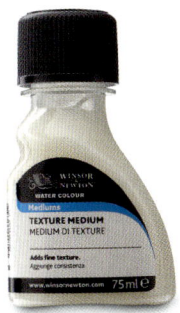

Medio de textura (gel o pasta)

Se usa en acuarelas, a las que añade partículas finas para sugerir textura. Aplícalo directamente sobre el papel o mézclalo con una aguada.

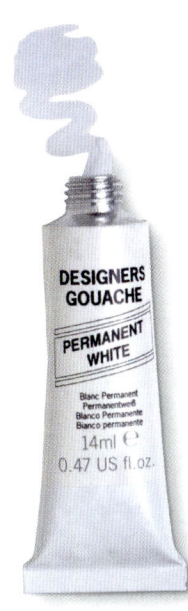

Gouache

Usa *gouache* blanco para añadir reflejos opacos a la tinta o mézclalo con agua para crear una aguada que aclare áreas demasiado oscuras.

Piedra pómez

Este gel arenoso se aplica con un pincel grueso para crear una superficie texturizada semejante a la arena o a las rocas. Se seca como una película dura sobre la que se pueden pintar aguadas de tinta.

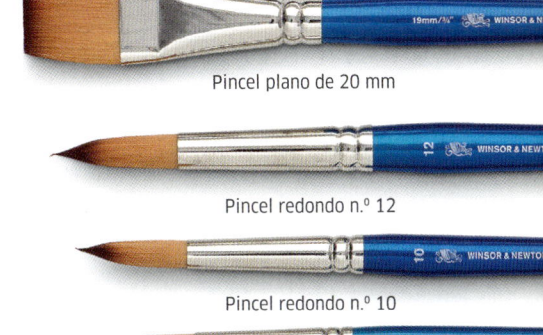

Pincel plano de 20 mm

Pincel redondo n.º 12

Pincel redondo n.º 10

Pincel redondo n.º 8

Pinceles para acuarela

Aplica aguadas de tinta con pinceles sintéticos. Los pinceles planos son útiles para cubrir áreas extensas de tono o para pinturas subyacentes.

---

para evitar que se arrugue. El papel de entre 120–300 g/m² es adecuado para una amplia variedad de técnicas.

El acabado del papel influye en las marcas: el de dibujo liso funciona bien con los bolígrafos y los rotuladores técnicos que depositan menos tinta y se secan con rapidez, pero se puede rasgar si se lo trabaja mucho. El grosor del papel de acuarela afecta a su capacidad de absorción: cuanto mayor grosor, menor absorción. Ten cuidado cuando trabajes con papeles suaves, porque las fibras se pueden desprender y quedar atrapadas en el plumín. Para alterar la superficie del

papel, usa técnicas de resistencia o aplica medios ya preparados para crear textura.

Pinceles

La tinta es un medio fluido y, como tal, se puede aplicar con técnicas pictóricas. Los pinceles chinos, originalmente usados para la caligrafía, retienen mucha tinta y crean líneas finas y potentes. Los pinceles de acuarela, disponibles en varios grosores, funcionan muy bien con tinta. Elige los de fibras sintéticas en vez de los más caros de pelo natural.

Papel de dibujo

El papel de dibujo ofrece una superficie lisa para la pluma y la tinta. Para las aguadas, opta por un papel grueso o de acuarela.

Pincel chino

El largo pelo natural de estos pinceles, tradicionalmente usados para la caligrafía, retiene muy bien la tinta. Acaban en punta, para las líneas finas, pero también se deslizan para dejar trazos más gruesos.

Tintas negras

El negro está disponible en todas las tintas. La tinta china contiene partículas de carbón y un aglutinante, y fluye muy bien. Produce el negro más profundo y duradero.

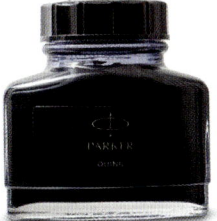
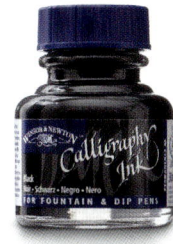
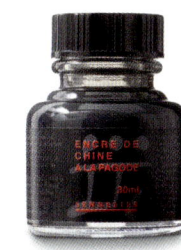
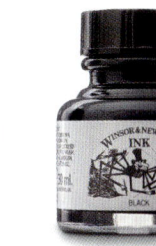
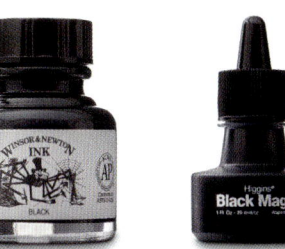
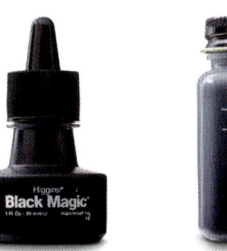
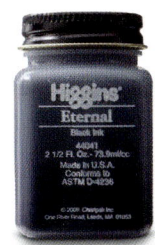

Marcas

TRAZOS DIVERSOS CON UNA PLUMILLA DE INMERSIÓN

Los plumines de acero flexibles son muy versátiles y permiten trazar una amplia variedad de marcas descriptivas y decorativas. Variar la presión aplicada, ladear la punta, usar solo el extremo o incluso darle la vuelta te permitirá trazar todo tipo de marcas con las que definir superficies y delinear formas. Amplía la variedad combinando plumines distintos, de superfinos a biselados, e inventa texturas y añade interés combinando marcas lisas, rotas o agrupadas.

PONLO EN PRÁCTICA

En este paisaje se han usado dos tipos de marcas (líneas verticales cortas y arcos achatados) para plasmar árboles sin hojas en invierno y añadir interés dramático y textura a un anodino suelo boscoso.

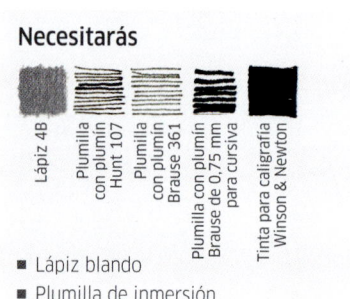

Necesitarás

- Lápiz blando
- Plumilla de inmersión
- Plumines Hunt 107 (superfina), Brause 361 (steno), Brause de 0,75 mm
- Tinta negra para caligrafía resistente al agua Winsor & Newton
- Goma de borrar
- Cartulina Bristol 200 g/m²

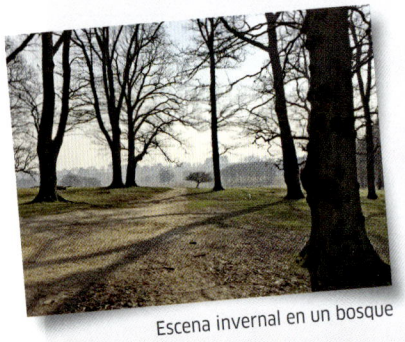

Escena invernal en un bosque

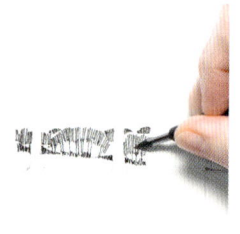

1 Definir las formas
Trabaja sobre un boceto de los elementos principales a lápiz. Con el plumín superfino, dibuja líneas verticales paralelas que sugieran los árboles en la distancia. Define con suavidad el límite entre el suelo del bosque y el campo lejano. Deja en blanco el cielo y el sendero.

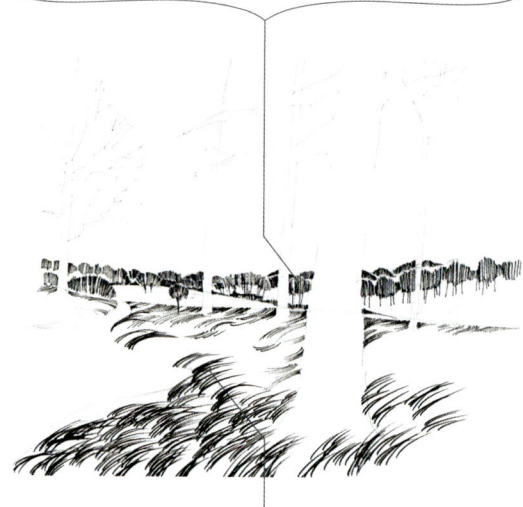

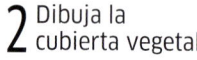

2 Dibuja la cubierta vegetal
Cambia al plumín flexible. Dibuja la cubierta vegetal en el primer plano y presiona con fuerza al comienzo de cada trazo para crear la forma de las hierbas altas. Con la punta, haz líneas más finas y onduladas a media distancia.

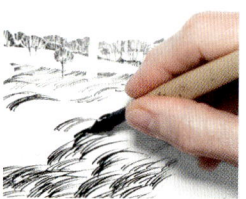

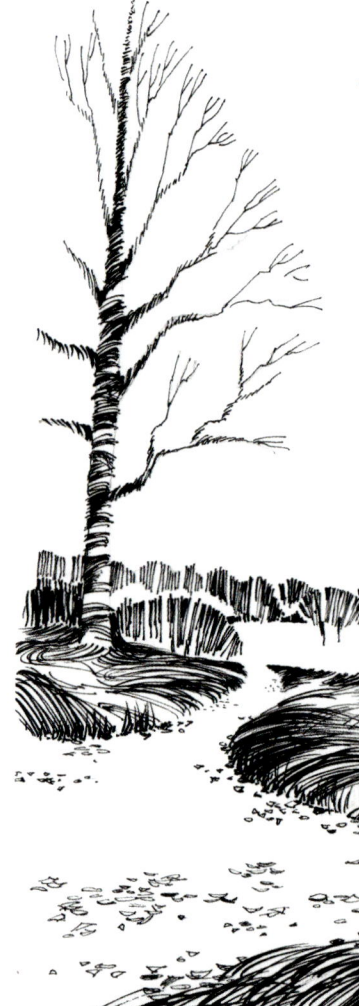

■ Claras y oscuras, gruesas y finas

La mayoría de los plumines pueden crear marcas muy delicadas o muy intensas que sugieren desde guijarros y arena hasta telas y pelo animal. En los dibujos de paisajes, las marcas se hacen cada vez más pequeñas y ligeras a medida que se alejan y refuerzan la sensación de profundidad. Manipular el plumín y aplicar distintas presiones consigue un abanico de marcas que pasan a formar parte del repertorio del artista.

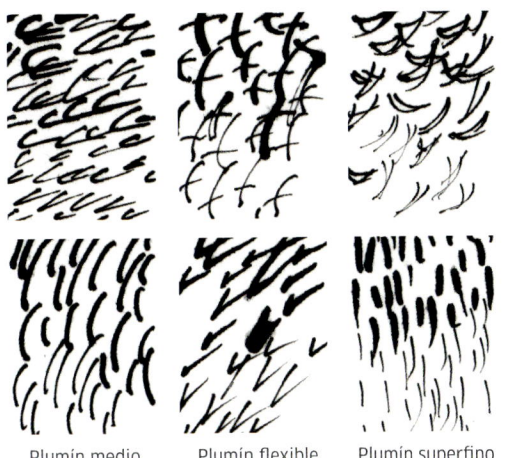

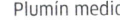

Plumín medio   Plumín flexible   Plumín superfino

Muestras de plumines y de marcas

Experimenta con varios plumines y explora marcas distintas. Las de la mitad superior de estas muestras se hicieron ejerciendo presión sobre el plumín. Las de la mitad inferior se hicieron poniéndolo del revés.

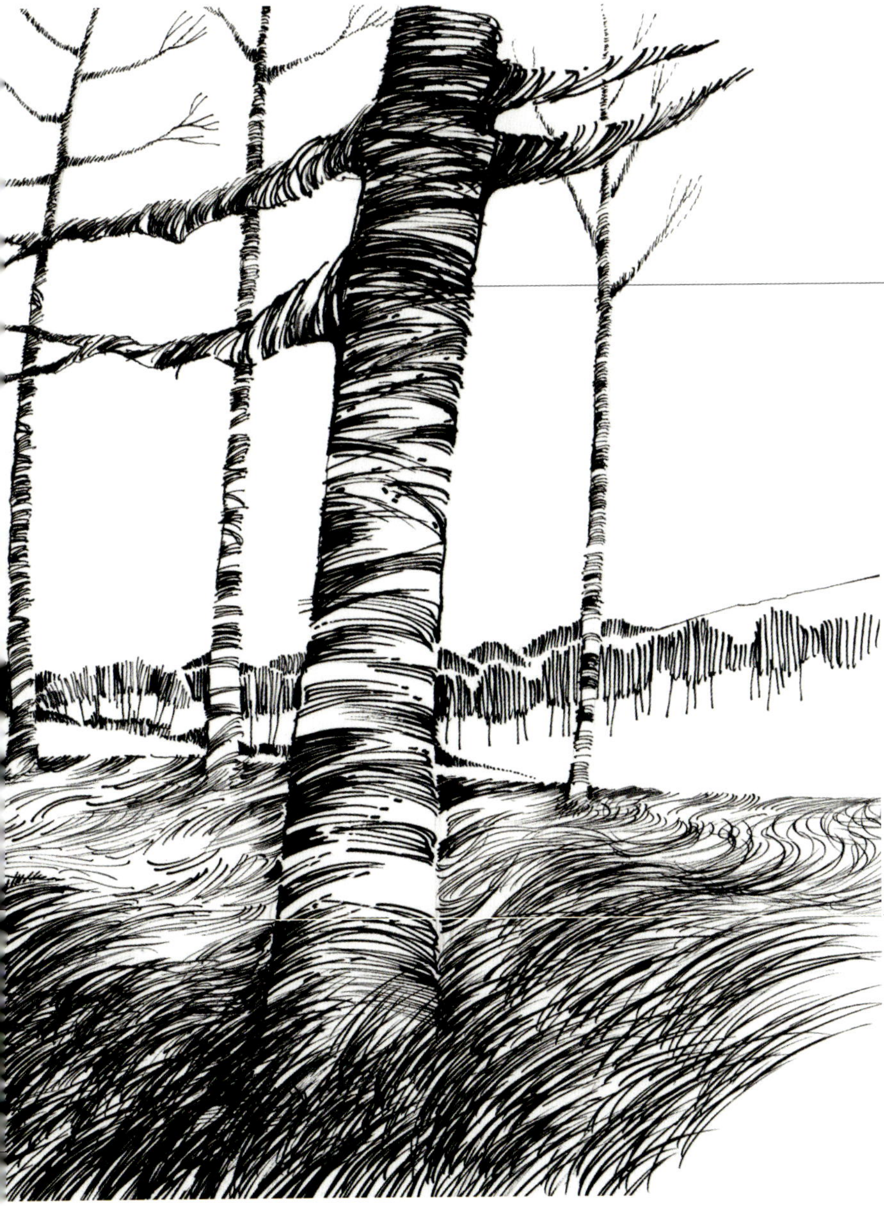

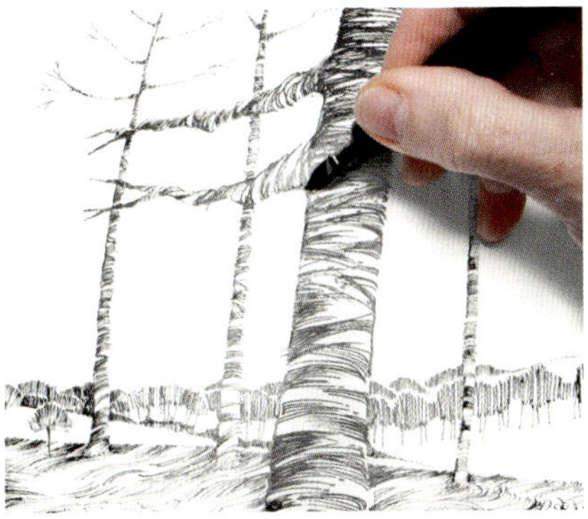

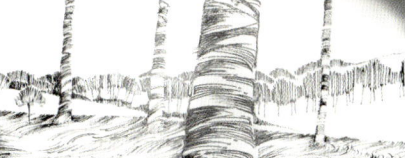

3 Añadir el contorno

Dibuja el contorno liso de los altos árboles del fondo con el plumín superfino. Pasa al plumín para cursiva para dibujar la textura de la corteza del árbol en primer plano y para oscurecer la corteza donde las ramas se unen al tronco.

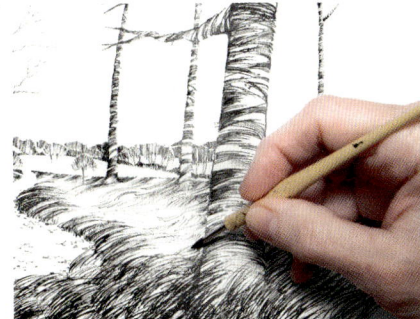

4 Detalles

Usa el plumín superfino para añadir detalles en el primer plano, como la corteza del árbol, y para oscurecer y ampliar la cubierta vegetal. Dibuja briznas de hierba y hojas secas y piedras en el camino. Oscurece los laterales del camino donde se une al campo blanco, para que las formas contrasten. Borra todo el lápiz.

Las cualidades de las líneas

USAR LAS LÍNEAS PARA DAR ÉNFASIS

Las cualidades de las líneas que dibujes dependerán de la herramienta que utilices y del modo en que la uses. Las características del trabajo lineal atraerán la mirada del observador y se convertirán en parte de la composición. Explota la diversidad de efectos, de grueso a fino y de discontinuo a continuo, para plasmar el tema.

■ Características de las líneas

Cada pluma o utensilio aporta características únicas a las líneas. Si eliges el adecuado, necesitarás menos tiempo y esfuerzo para lograr el efecto que buscas. Experimenta y usa el lateral del plumín, además de la punta. Compara los efectos que logran los pinceles y las plumillas de inmersión, que hay que sumergir en tinta para producir marcas diversas, y los rotuladores, que ofrecen un flujo de tinta constante.

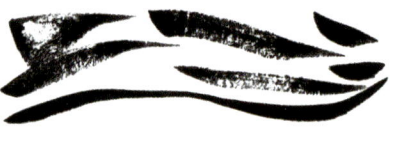

Líneas rotas
Trazos cortos con pincel para marcas con textura.

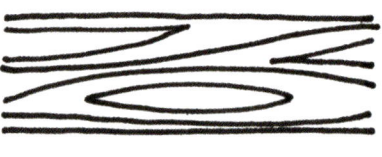

Líneas uniformes
Un rotulador de tinta pigmentada produce líneas uniformes.

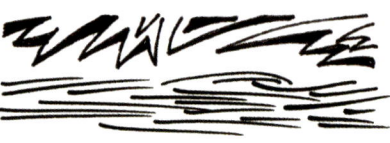

Líneas angulosas
Los plumines biselados para plumas de inmersión dejan marcas angulosas.

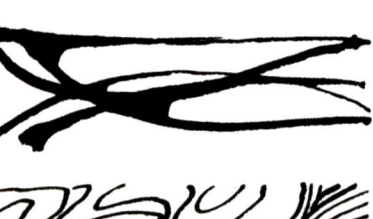

Líneas potentes
Una pluma de ave produce líneas gruesas y finas muy fluidas.

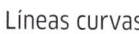

Líneas curvas
Los plumines para caligrafía dejan líneas curvas y flexibles.

PONLO EN PRÁCTICA

Este dibujo usa líneas de pesos variados para captar las curvas rítmicas y las líneas fluidas de las azucenas. La idea es transmitir las cualidades abstractas de la flor, más que dibujarla con precisión.

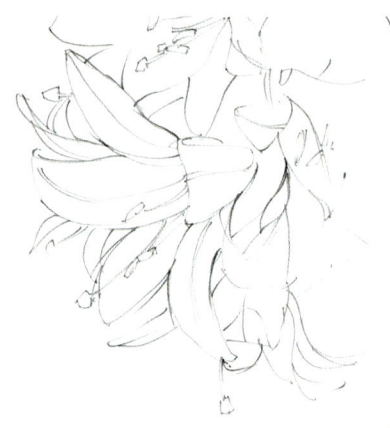

1 Boceto inicial
Define la composición con un boceto rápido. Planifica con antelación: cuando sumerjas la pluma, se depositará más tinta al comienzo de la línea, así que reflexiona acerca de los puntos iniciales en toda la composición.

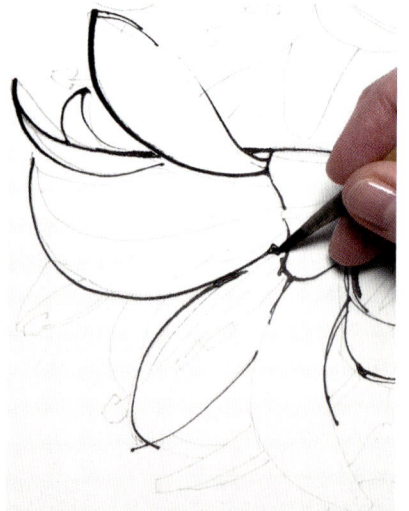

2 Líneas amplias
Dibuja la flor principal con trazos amplios, presionando un poco al principio y aligerando la presión al final para marcar un punto pequeño. Deja que la tinta se seque.

Necesitarás

Lápiz 4B   Pluma de ave

- Lápiz blando
- Pluma de ave
- Tinta china resistente al agua
  (Rohrer & Klingner Ausziehtusche)
- Goma de borrar
- Papel de acuarela prensado en caliente
  de 300 g/m²

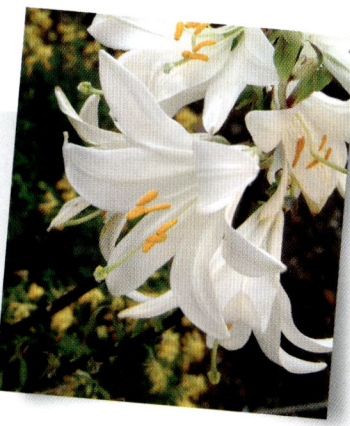

Azucenas

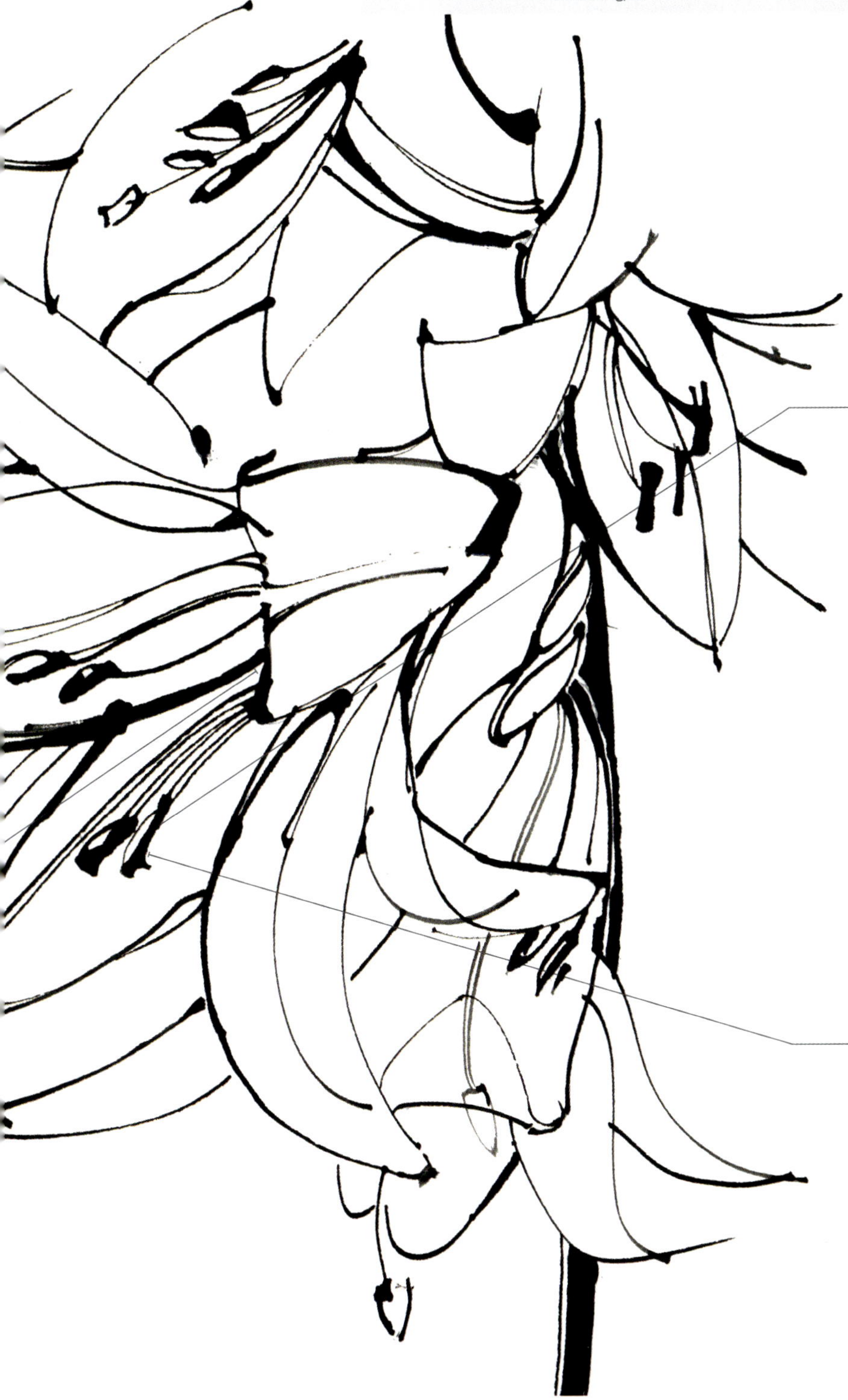

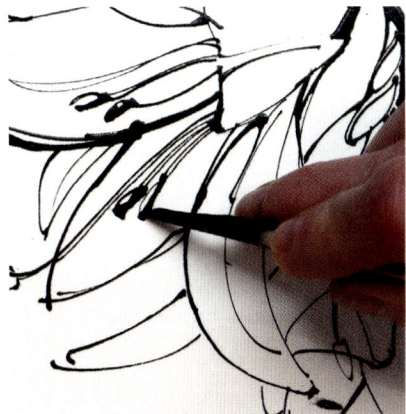

3 Cambiar de ángulo

Con la pluma en un ángulo agudo, dibuja las anteras con trazos cortos y únicos del lateral de la punta, y los filamentos, con trazos más largos. Mantén la pluma en vertical y usa la punta para las líneas más finas.

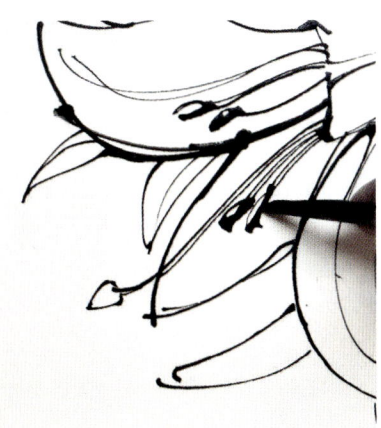

4 Líneas de distinto peso

Observa todo el dibujo. ¿Es coherente la composición? Ajusta el peso de las líneas para enfatizar el punto focal y realzar detalles concretos, sin perder la fluidez de las líneas y la ligereza del dibujo.

Grosor y dirección de las líneas

DINAMISMO Y PERSPECTIVA

El grosor y la ubicación de las líneas influyen en la sensación de espacio pictórico sin recurrir a las normas formales de la perspectiva. Bastan unos trazos para transmitir forma y profundidad, por lo que la pluma y la tinta son ideales para temas arquitectónicos, donde plasman con líneas seguras los ángulos y los cambios del plano de la imagen.

◼ Jerarquía lineal

Plasma las relaciones espaciales con las diferencias de peso entre líneas dominantes y subordinadas. Traza líneas fuertes o sugeridas para formas y perfiles, y expresa los cambios de plano con líneas angulosas.

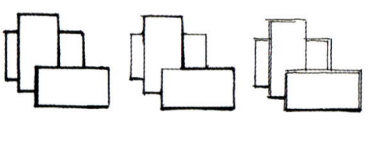

Líneas del mismo peso   Líneas gruesas y finas   Líneas dobles

Líneas superpuestas
El peso de la línea afecta a la profundidad. Las líneas del mismo peso crean una imagen plana; las gruesas y dobles (o múltiples) parecen acercarse; y las finas, alejarse.

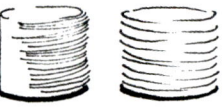

Contorno continuado   Contorno en un lado   Contorno sugerido en ambos lados

Siluetas
Sugiere la forma con líneas, como líneas continuas a lo largo de toda la forma o solo en un lado, y sombrea el otro. Sugiere un contorno con los cabos de línea.

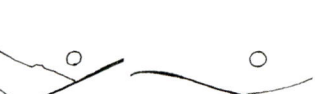

Líneas angulosas   Líneas horizontales

Colocación de las líneas
El tipo de línea afectará a la atmósfera del dibujo. Las líneas duras y angulosas son dinámicas, y si son más horizontales transmiten quietud y calma.

PONLO EN PRÁCTICA

La vista desde abajo produce formas angulosas en este dibujo del campanario de una iglesia siciliana. Las formas en zigzag permiten usar el peso y la dirección de las líneas para describir el cambio de los planos.

Necesitarás

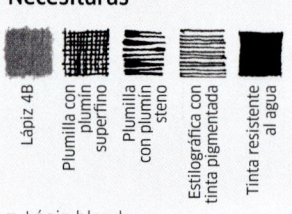

Lápiz 4B   Plumilla con plumín superfino   Plumilla con plumín steno   Estilográfica con tinta pigmentada   Tinta resistente al agua

- ◼ Lápiz blando
- ◼ Pluma estilográfica con tinta pigmentada Platinum Carbon Ink
- ◼ Plumilla con plumín Hunt 107 (superfino) y Brause 361 (steno)
- ◼ Tinta negra resistente al agua (Higgins Black Magic)
- ◼ Goma de borrar
- ◼ Cartulina Bristol de 200 g/m²

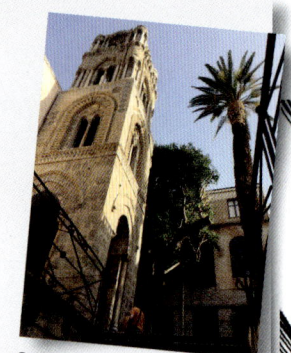

Campanario y palmera

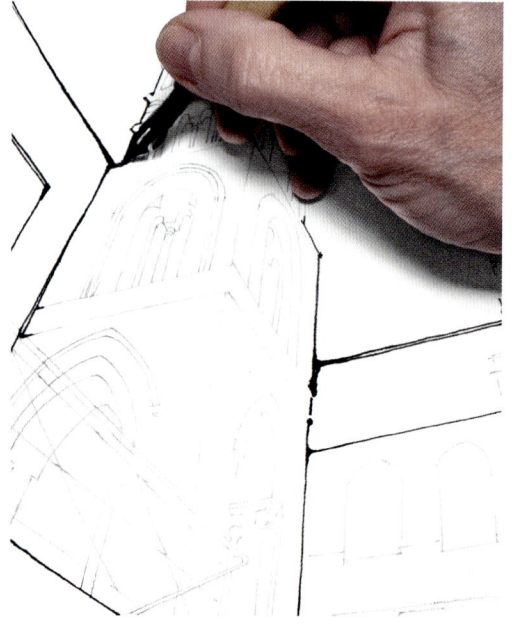

1 Dibujo subyacente y líneas principales
Haz un boceto claro e identifica las líneas dominantes y subordinadas. Aplica una presión intermedia con el plumín flexible para dibujar la amplia «V» donde la pared adyacente se une al campanario. Presiona un poco más en las paredes del primer y del segundo piso. Dibuja la segunda planta con la punta y dale la vuelta al plumín para trazar líneas más finas en el extremo superior del campanario.

2 Arcos y aberturas

Dibuja los arcos de las dos plantas inferiores con la punta del plumín flexible. Deja que las líneas se engrosen ligeramente hacia el ápice de los de la planta baja, para sugerir una sombra. Dibuja con el plumín superfino las aberturas de las plantas superiores, con detalles mínimos en la última.

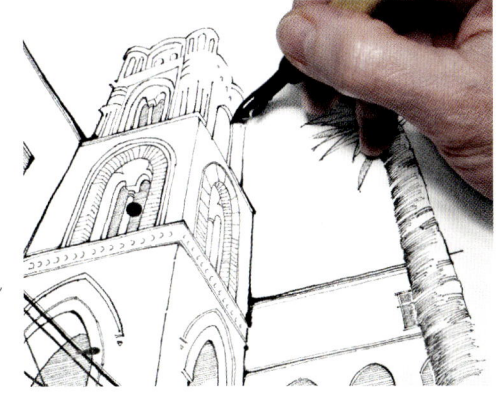

«Plasma la perspectiva combinando líneas gruesas y finas.»

«Plasma la perspectiva combinando líneas gruesas y finas.»

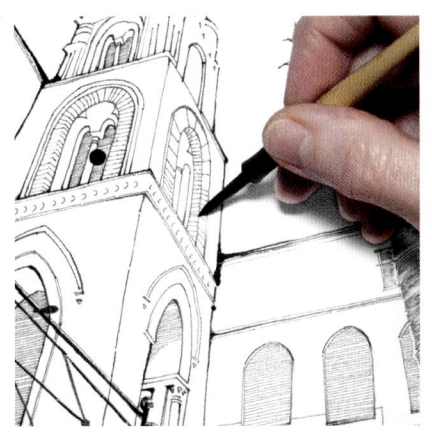

3 Líneas finas

Usa el plumín flexible para las líneas más finas posibles en la parte superior de la palmera y la sillería del campanario, siguiendo el ángulo del plano. Limita los detalles para reforzar la sensación de distancia y usa líneas sugeridas para definir el tronco de la palmera.

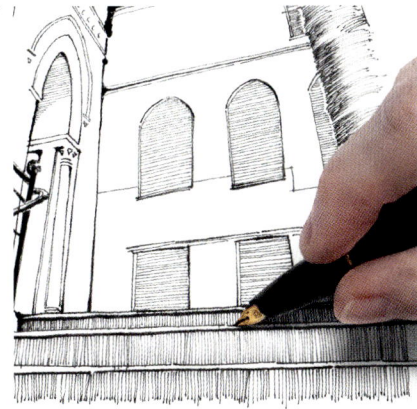

4 Detalles en primer plano

Usa el plumín flexible para dibujar los escalones y la barandilla y la pluma estilográfica para el rayado en las contrahuellas, las ventanas y las puertas. Revisa el dibujo para determinar el peso relativo de las líneas y haz los ajustes necesarios. Borra las líneas a lápiz.

Rayado y rayado cruzado

DESARROLLAR EL TONO

El rayado y el rayado cruzado son líneas paralelas uniformes y en capas con las que se puede obtener un rango casi infinito de tonos y de transiciones entre la luz y la oscuridad. Las finas líneas y la sensibilidad de las plumas son ideales para el rayado, mientras que los bolígrafos y los rotuladores permiten estudios tonales en color.

◼ Controlar los trazos

Antes de empezar a dibujar, practica la técnica del rayado con escalas tonales para desarrollar una presión, ritmo y longitud del trazo constantes. Inclina el bolígrafo, aligera la presión a lo largo del trazo y levanta el bolígrafo al final, dejando que se desvanezca. Prueba a dibujar con y sin bordes, para cambiar la silueta percibida.

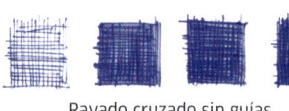

Rayado cruzado sin guías

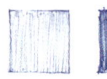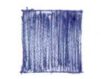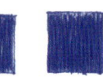

Rayado paralelo con guías

Rayado cruzado con guías

Escalas tonales

Haz una escala de claro a oscuro con capas de rayas paralelas o perpendiculares, cuya densidad aumentará a medida que el tono se oscurezca. Para conseguir líneas más rectas a mano alzada, dibuja un borde claro como guía. Lo puedes dibujar a lápiz y borrarlo después.

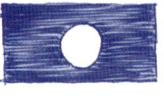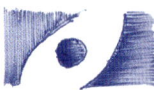

Rayado con bordes

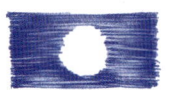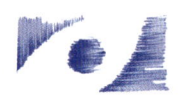

Rayado sin bordes

Definir el borde

Compara los efectos de usar bordes con la técnica del rayado. Dibujar el borde crea un área definida, mientras que rayar o sombrear sin bordes produce transiciones más suaves que se adaptan muy bien a las curvas y a las formas.

PONLO EN PRÁCTICA

En este dibujo de manos y fruta, las áreas de finísimo rayado y rayado cruzado captan el juego de luces sobre las formas redondeadas. Apenas hay bordes, y los detalles se sugieren con delicadas variaciones tonales.

Necesitarás

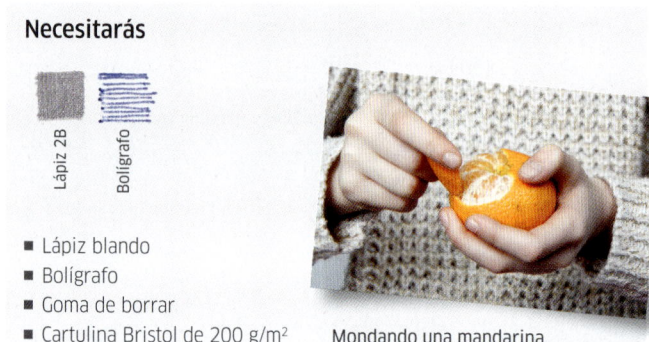

Lápiz 2B   Bolígrafo

- Lápiz blando
- Bolígrafo
- Goma de borrar
- Cartulina Bristol de 200 g/m²

Mondando una mandarina

1 Plan tonal

Haz un esbozo y un plan tonal aparte que puedas consultar y en el que determines las zonas más oscuras, las más claras y las de transición. Identifica las áreas con los tonos más oscuros y los bordes más definidos: empezarás a rayar por ahí.

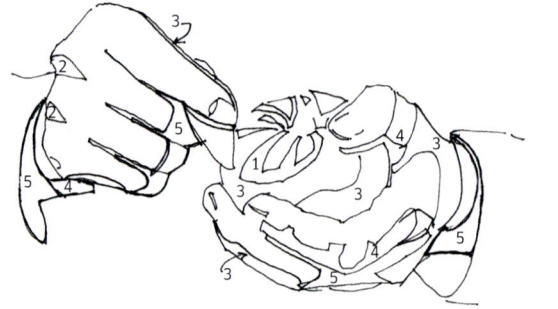

2 Rayado paralelo

Dibuja a lápiz guías tenues para lograr un rayado recto. Comienza con rayas paralelas desde los tonos oscuros hasta los intermedios. Comienza por las zonas más oscuras y traza la línea desde el borde definido hacia el interior de la figura. Levanta el bolígrafo al final.

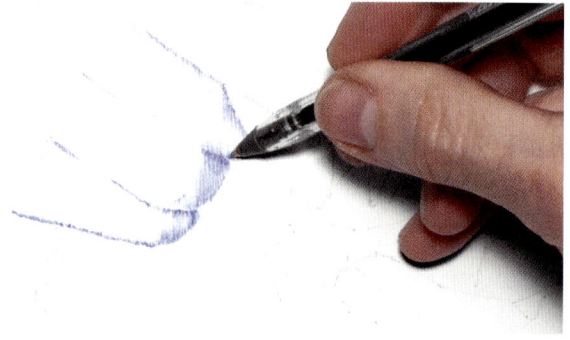

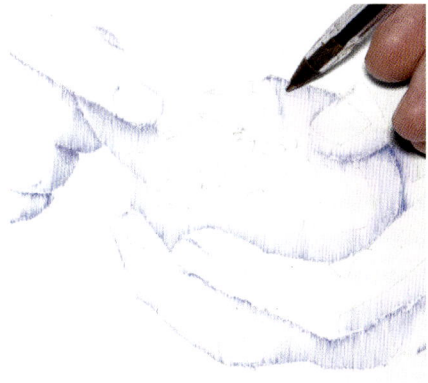

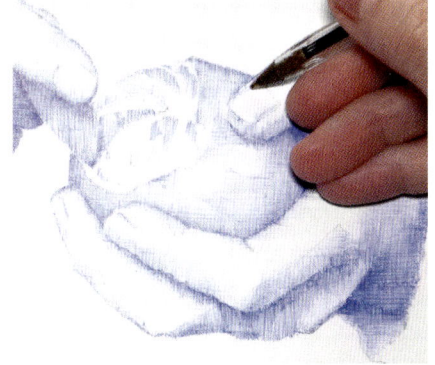

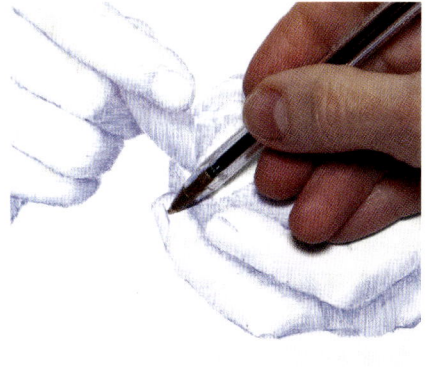

3 Define la forma

Añade los tonos más claros y encuentra los bordes más suaves en la imagen de referencia. Define la forma con un margen tonal estrecho. Dibuja ese margen como una serie de diminutas líneas rayadas más que como una línea continua.

4 Rayado cruzado

Una vez que hayas cubierto el dibujo con rayas paralelas, vuelve a las zonas más oscuras y ejecuta un rayado cruzado en el mismo orden. No te pases de oscuro demasiado pronto, y busca transiciones graduales de lo luminoso a lo oscuro.

5 Ajustar los tonos y los contornos

Ajusta las transiciones que lo necesiten. Dibuja contornos muy concretos donde no haya tonos que permitan separar visualmente las formas del fondo, como entre los dedos y sus marcas sobre la mandarina. Borra el lápiz.

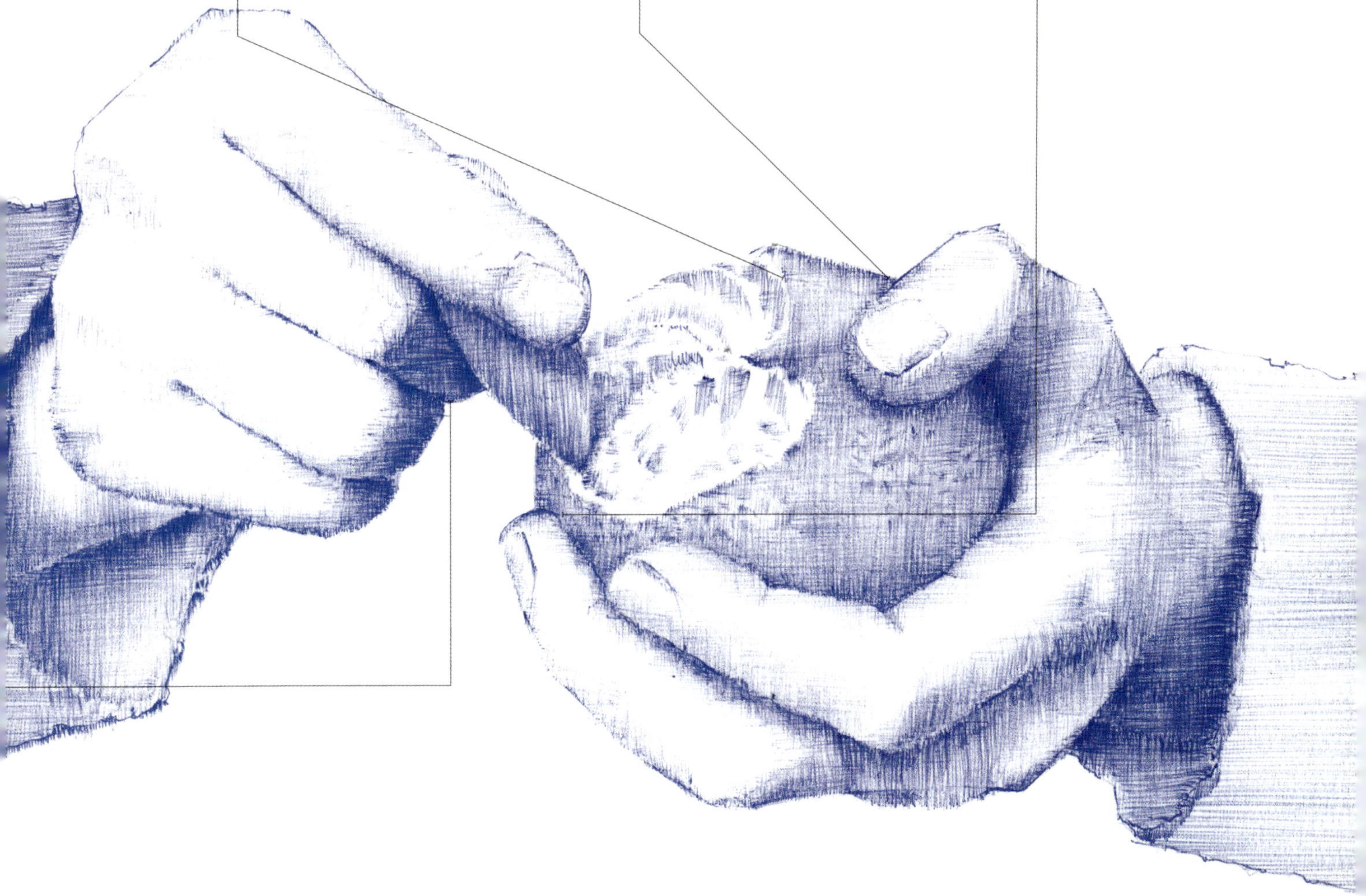

Puntos

DESARROLLAR EL TONO Y LA TEXTURA

El punteado consiste en dibujar puntos equidistantes o marcas cortas más próximas o más alejadas para sugerir variaciones tonales. Puedes hacer ajustes graduales en el tono con marcas cuidadosamente ordenadas o usar marcas rápidas y aleatorias para transmitir energía y sugerir texturas llamativas.

■ Transiciones tonales suaves

El espaciado entre los puntos determina la densidad del tono y la suavidad de la transición tonal. El tamaño importa: los puntos más pequeños son más precisos y formales, mientras que los más grandes son más expresivos.

Puntos y marcas cortas
Para hacer puntos y evolucionar a rayas o marcas cortas, de pequeñas a grandes, usa diferentes útiles. De izda. a dcha.: estilógrafo o delineador (de tinta pigmentada), estilográfica, rotulador con punta de pincel, rotulador y plumilla para cursiva.

Tonos variados
Crea una escala tonal con la densidad de las marcas. Comienza con un tono oscuro de marcas muy densas; luego, usa un tono medio con marcas a espacios regulares, y, finalmente, papel en blanco para los toques de luz.

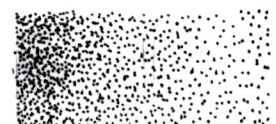 

Transiciones suaves y definidas
Intenta lograr transiciones lisas para cambios graduales de oscuro a claro (como en la izda.) y transiciones definidas con diferencias más marcadas entre lo oscuro y lo claro (como en la dcha.).

PONLO EN PRÁCTICA

En este dibujo punteado de un cervatillo, se ha usado un estilógrafo de tinta pigmentada para desarrollar el tono y sugerir la textura del pelo, mientras que unas líneas mínimas definen las patas y acentúan los toques de luz a lo largo del lomo.

Necesitarás

Lápiz 2B
Estilógrafo (0,1 mm)

- Lápiz blando
- Estilógrafo (0,1 mm)
- Goma de borrar
- Papel de dibujo

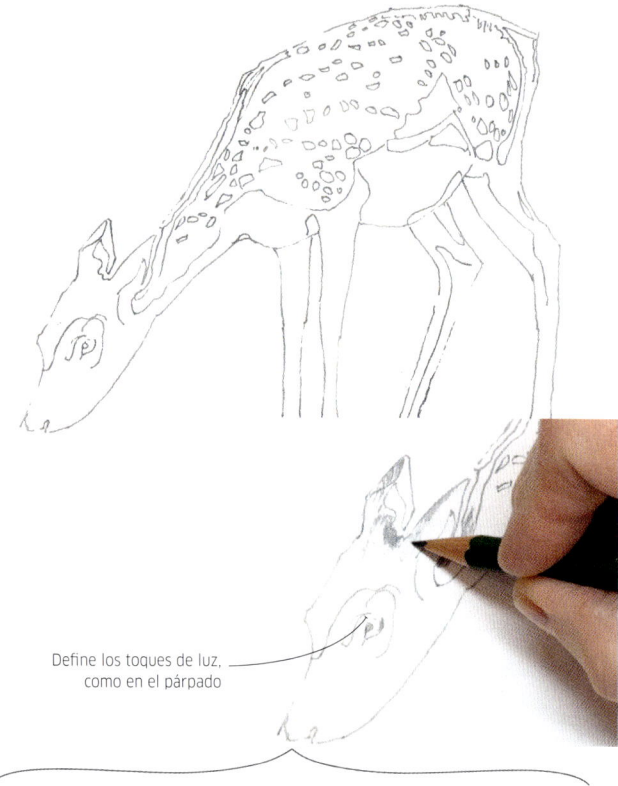

Cervatillo

Define los toques de luz, como en el párpado

1 Dibujo subyacente
Haz un boceto a lápiz y delimita las distintas áreas tonales. Identifica los elementos principales y presta especial atención a los toques de luz que haya que conservar, sobre todo en la cabeza.

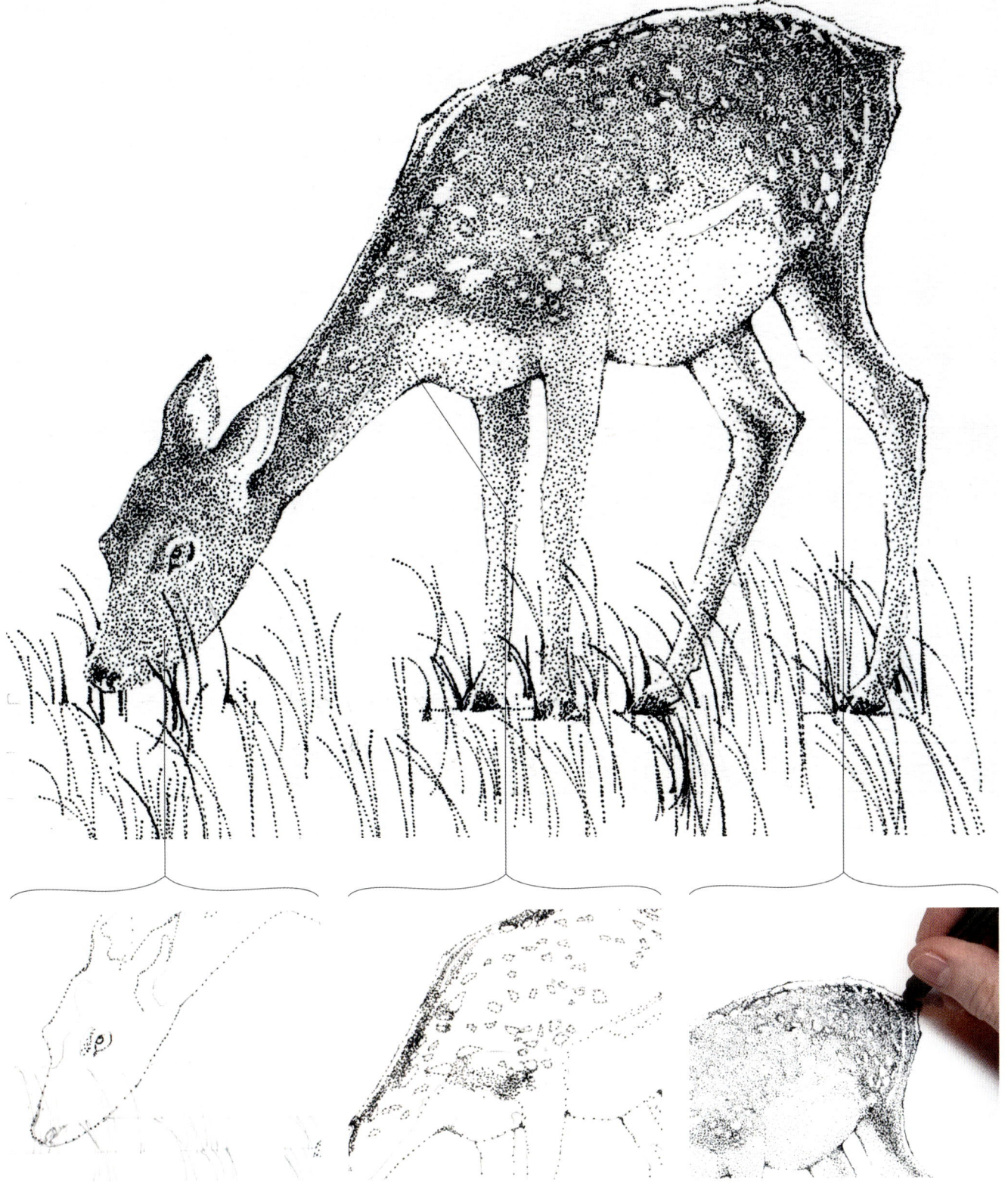

2 Perfil punteado

Repasa la silueta a lápiz con puntos muy espaciados que guíen luego el dibujo. Puntea alrededor de los toques de luz y de los elementos clave del dibujo para impedir que se pierdan en el proceso.

3 Claros y oscuros

Trabaja entre la concentración de puntos más densa y las áreas blancas hasta conseguir un abanico de tonos convincente, y usa puntos muy espaciados en las zonas casi blancas. Revisa tu progreso a medida que dibujas.

4 Ajustar las transiciones

Coteja a menudo la imagen de referencia y el dibujo para determinar la precisión de los tonos y de las transiciones. Quizá tengas que oscurecer algunas áreas o añadir un par de marcas donde se unan dos tonos distintos.

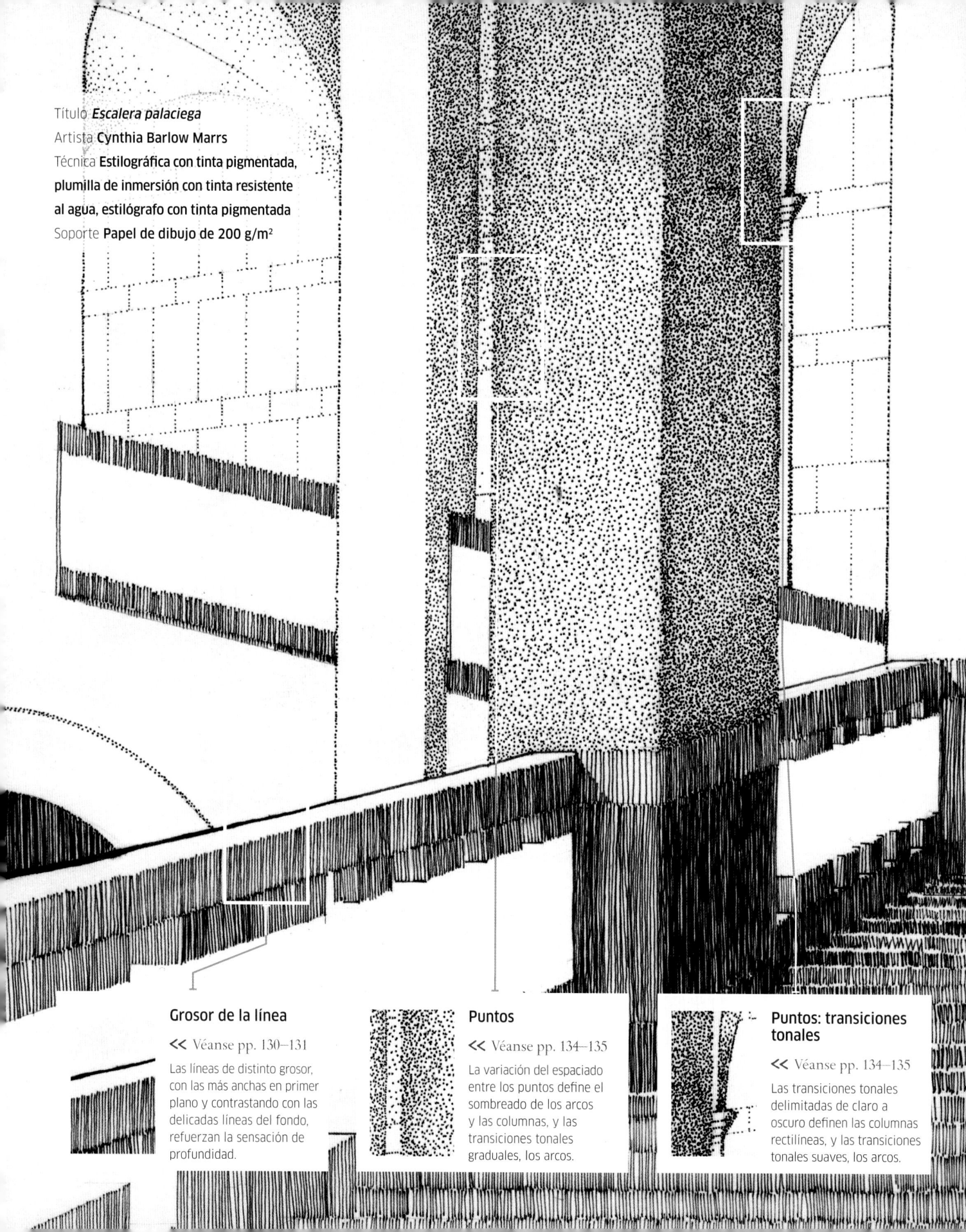

Título *Escalera palaciega*

Artista **Cynthia Barlow Marrs**

Técnica **Estilográfica con tinta pigmentada, plumilla de inmersión con tinta resistente al agua, estilógrafo con tinta pigmentada**

Soporte **Papel de dibujo de 200 g/m²**

Grosor de la línea

« Véanse pp. 130—131

Las líneas de distinto grosor, con las más anchas en primer plano y contrastando con las delicadas líneas del fondo, refuerzan la sensación de profundidad.

Puntos

« Véanse pp. 134—135

La variación del espaciado entre los puntos define el sombreado de los arcos y las columnas, y las transiciones tonales graduales, los arcos.

Puntos: transiciones tonales

« Véanse pp. 134—135

Las transiciones tonales delimitadas de claro a oscuro definen las columnas rectilíneas, y las transiciones tonales suaves, los arcos.

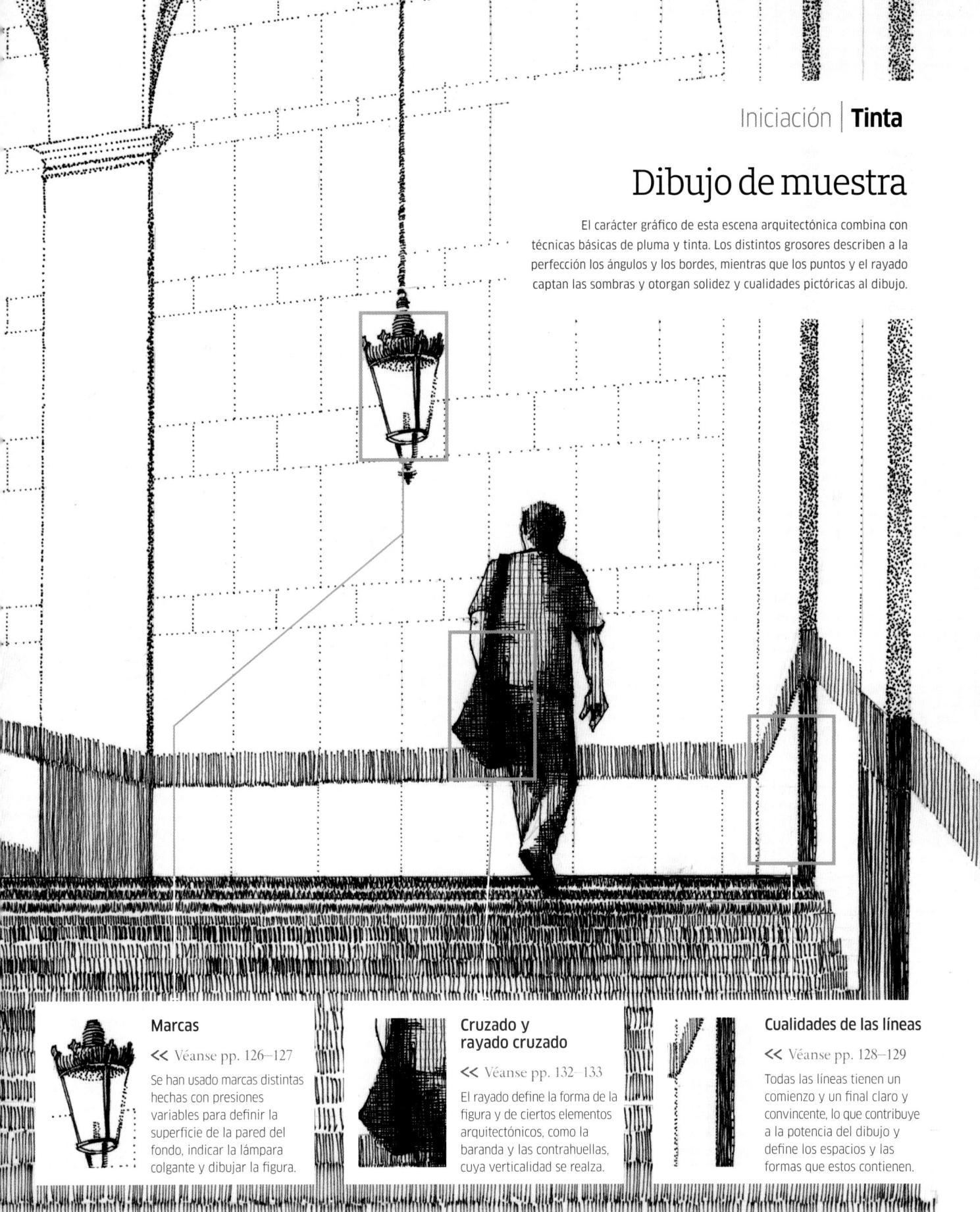

Dibujo de muestra

El carácter gráfico de esta escena arquitectónica combina con técnicas básicas de pluma y tinta. Los distintos grosores describen a la perfección los ángulos y los bordes, mientras que los puntos y el rayado captan las sombras y otorgan solidez y cualidades pictóricas al dibujo.

Marcas

≪ Véanse pp. 126–127

Se han usado marcas distintas hechas con presiones variables para definir la superficie de la pared del fondo, indicar la lámpara colgante y dibujar la figura.

Cruzado y rayado cruzado

≪ Véanse pp. 132–133

El rayado define la forma de la figura y de ciertos elementos arquitectónicos, como la baranda y las contrahuellas, cuya verticalidad se realza.

Cualidades de las líneas

≪ Véanse pp. 128–129

Todas las líneas tienen un comienzo y un final claro y convincente, lo que contribuye a la potencia del dibujo y define los espacios y las formas que estos contienen.

Garabatos

DESARROLLAR LA FORMA

Los garabatos son marcas aleatorias, libres y superpuestas que se hacen sin levantar la pluma para desarrollar la forma y la textura. Los más densos y compactos son como lana de acero, mientras que los más espaciados parecen una red de pesca enredada. Son versátiles y se pueden usar para construir figuras cohesionadas desde dentro hacia afuera.

◼ Garabatos en tres etapas

Los modelos alámbricos son una de las maneras de dibujar formas garabateadas. Comienza por una línea continua en espiral alrededor de la figura, seguida de capas muy trabajadas para llenarla. Remata el dibujo con los detalles finales.

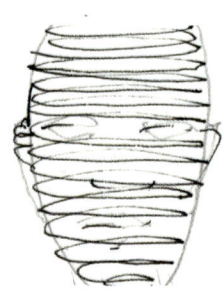

Modelo alámbrico
Comienza desde el núcleo de la figura y avanza hacia fuera en una línea espiral continua, usando el contorno de la forma para contener y guiar las espirales de modo que sigan la forma de la figura. Haz marcas sueltas y abiertas.

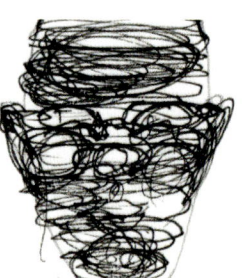

Llenar la figura
Fíjate en las áreas más oscuras y superpón varias capas para modelar la forma, con espirales más densas y prietas para describirla. Varía la dirección para indicar la perspectiva o los cambios de ángulo.

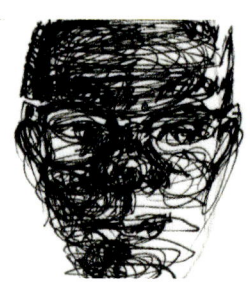

Detalles
Para completar el dibujo, dibuja sobre las líneas garabateadas y añade detalles estratégicos, como los ojos y la sombra de la nariz. La silueta inicial se ha perdido bajo las capas de garabatos.

PONLO EN PRÁCTICA

El potente contraluz recorta las siluetas del hombre y del perro, dibujadas en garabatos sueltos, y proyecta sombras precisas que ofrecen un gran contraste.

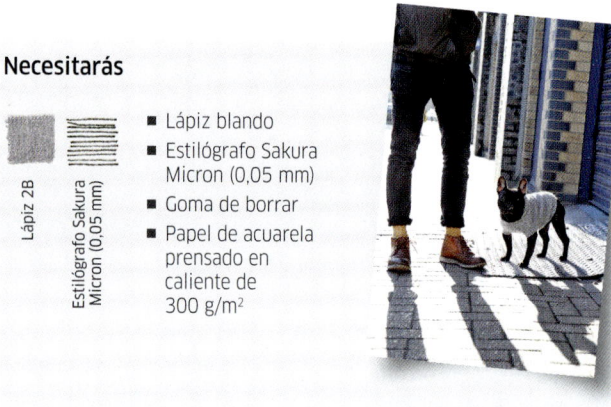

Necesitarás

Lápiz 2B

Estilógrafo Sakura Micron (0,05 mm)

- Lápiz blando
- Estilógrafo Sakura Micron (0,05 mm)
- Goma de borrar
- Papel de acuarela prensado en caliente de 300 g/m²

Figuras y sombras

1 Dibujo subyacente
Haz un boceto de la imagen y marca los detalles que habrás de conservar bajo los garabatos superpuestos, como los rasgos del perro. Piensa en cómo protegerás esos elementos pequeños pero cruciales.

2 Modelo alámbrico
Añade garabatos sueltos que describan la cabeza del perro y dibuja los ojos, las orejas, el morro, el torso y las patas. Dibuja los pies y las piernas del hombre con una espiral ascendente desde los pies hasta la cintura y el torso.

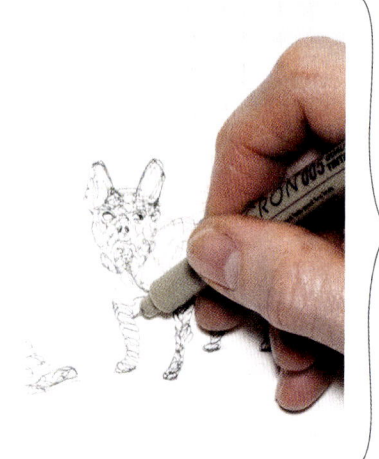

«La naturaleza **suelta** de los garabatos da **libertad** para construir un dibujo que **rebosa expresividad.**»

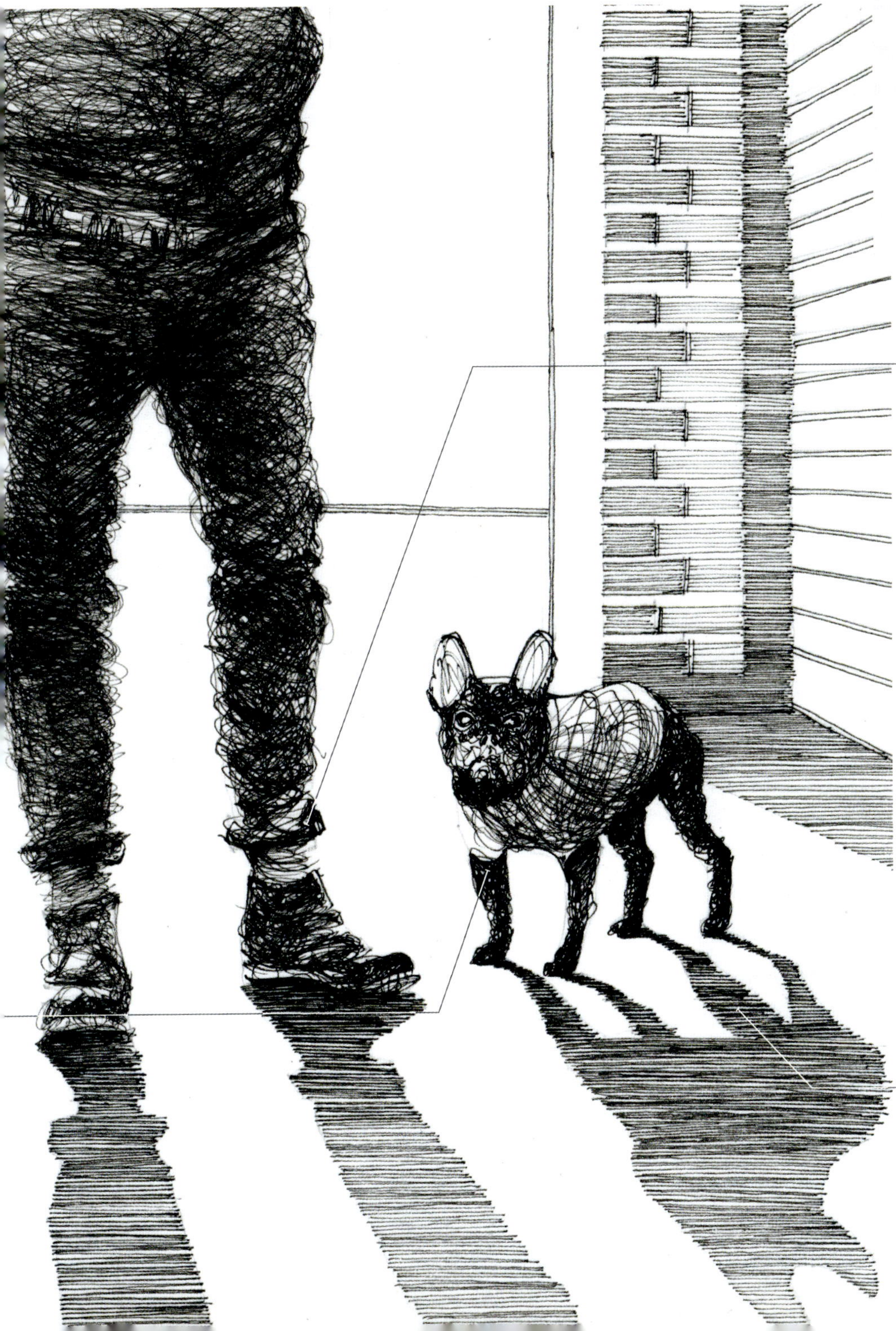

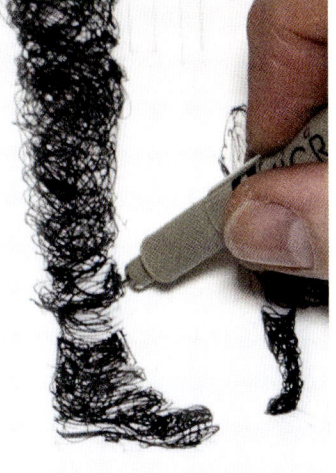

3 Desarrolla la forma

Trabaja el modelo alámbrico y profundiza las capas y solidifica las formas de ambas figuras. Concéntrate en las articulaciones, como las rodillas y los tobillos.

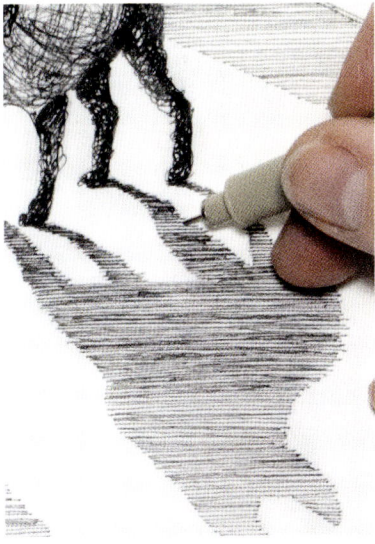

4 Sombras y fondo

Mantén el fondo y las sombras al mínimo con un rayado paralelo que te permita controlar los bordes. Comprueba el equilibrio de luces y sombras en todo el dibujo y haz los ajustes necesarios.

Densidad variable

CONTROLAR EL FLUJO DE TINTA PARA CREAR CAPAS TONALES

Puedes variar la densidad de la tinta y de las marcas que creas con varias técnicas; la de retirada deja impresiones fantasma que aportan sutileza al dibujo y añade toques de luz con bordes definidos o difusos. Puedes retirar parcialmente la línea de tinta para generar llamativas variaciones en el peso de esta. También puedes variar la disolución de la tinta y, así, controlar la densidad de cada capa y producir aguadas, útiles para trabajar de claro a oscuro.

PONLO EN PRÁCTICA

En este dibujo de una rama de magnolio se ha usado una primera capa muy húmeda y con tinta muy diluida. Los charcos se han retirado para crear formas abstractas de pétalos y ramas. Luego, se han superpuesto capas más densas.

1 Dibujo subyacente con tinta

Sáltate los esbozos preliminares y pasa directamente a la tinta. Usa la plumilla de bambú grande con la tinta más diluida y dibuja libremente la rama de magnolio. Define con rapidez la forma general y la longitud de la rama. Deja que la tinta fluya y se encharque.

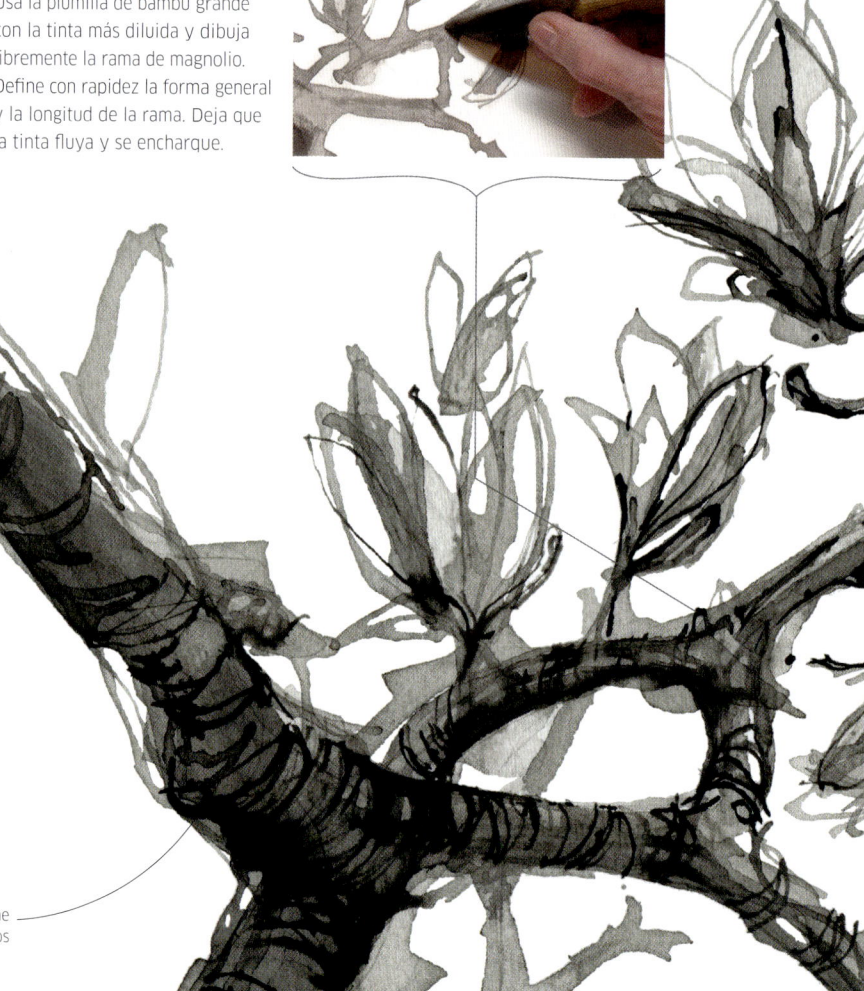

Necesitarás

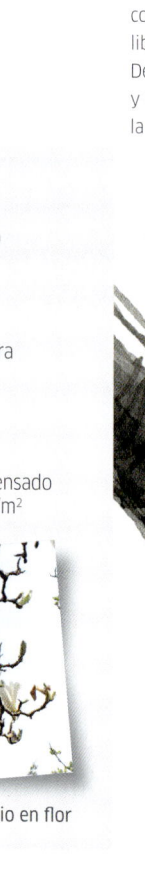

Plumillas de bambú

- Plumillas de bambú (grandes y pequeñas)
- Tinta china Winsor & Newton
- Agua
- Frascos pequeños para tinta en distintas disoluciones
- Pañuelo de papel rasgado en tiras
- Papel de acuarela prensado en caliente de 300 g/m²

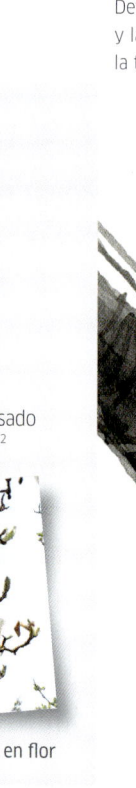

Rama de magnolio en flor

La tinta más oscura define las ramas y los pétalos

■ Manipular la densidad

Diluye la tinta en varios tonos y superponlos en capas para dar profundidad. Para efectos suaves, vierte tinta oscura en áreas húmedas donde hayas retirado la capa anterior y deja que fluya y se mezcle. Usa pañuelos de papel para retirar tinta y formar bordes.

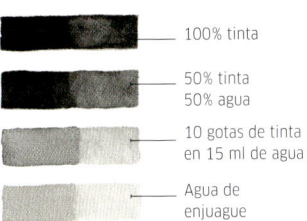

— 100% tinta

— 50% tinta 50% agua

— 10 gotas de tinta en 15 ml de agua

— Agua de enjuague

Diluir la tinta

Diluye la tinta en distintas proporciones para crear tonos sutiles. Prepara varias disoluciones en frascos distintos y usa el agua de enjuague para el tono más pálido.

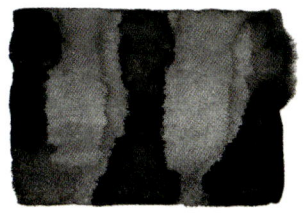

Usar un borde roto de pañuelo

Puedes conseguir efectos suaves y ligeros sobre la tinta húmeda si usas el borde roto de un pañuelo de papel para retirar y secar la tinta sobre el papel.

Usar un borde doblado de pañuelo

Si la tinta está muy húmeda, un pañuelo de papel doblado la absorberá rápidamente. Así crearás un borde más definido entre la luz y la oscuridad.

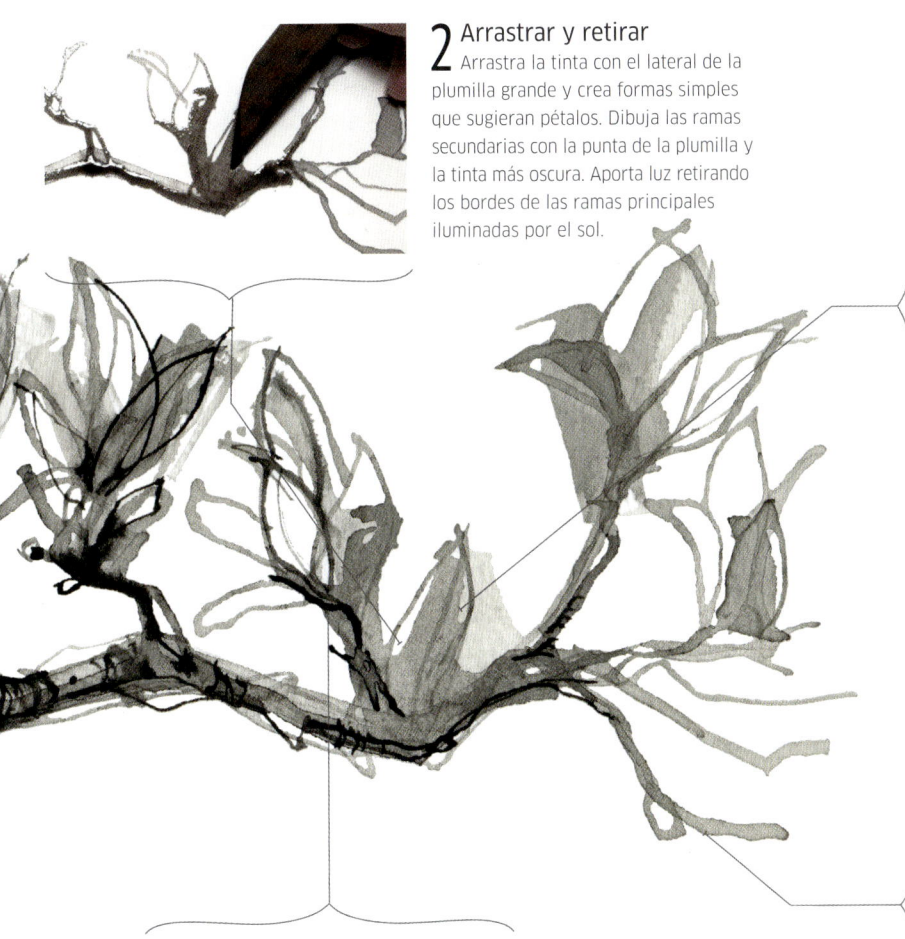

2 Arrastrar y retirar

Arrastra la tinta con el lateral de la plumilla grande y crea formas simples que sugieran pétalos. Dibuja las ramas secundarias con la punta de la plumilla y la tinta más oscura. Aporta luz retirando los bordes de las ramas principales iluminadas por el sol.

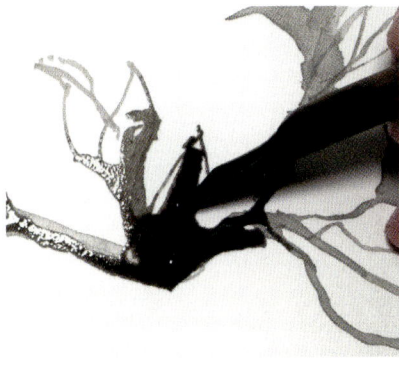

3 Gotas de tinta

Con la plumilla pequeña y la rama aún húmeda, aplica tinta más oscura sobre las partes que quedan en la sombra y deja que las tintas se mezclen. Controla los toques de luz mientras la tinta se extiende y retira tinta para mantener o realzar los puntos más claros.

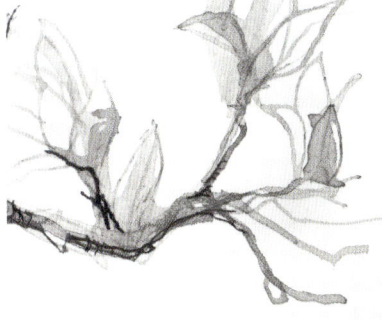

5 Detalles seleccionados

Usa la tinta más oscura y la plumilla pequeña para añadir detalles a la rama principal en primer plano y detalles delicados a las magnolias que quedan en término medio a lo largo de la rama. Para reforzar la ilusión de lejanía, no añadas detalles ni a la punta de la rama ni a las flores más distantes.

4 En capas

Sigue superponiendo formas simples de pétalos y de ramas más pequeñas. Usa el lateral de la plumilla para cubrir de tinta áreas extensas, y emplea la punta para trazar líneas finas.

Añadir agua

USAR AGUADAS DE TINTA

La tinta diluida produce aguadas (o lavados) que se extienden con rapidez sobre áreas extensas y consiguen bases planas. Lograr un fondo homogéneo exige práctica, pero unifica composiciones y añade cielos o bloques abstractos con efectividad. Una vez seca la aguada, puedes añadir detalles dibujando encima con tinta más oscuras (más o menos diluidas).

■ Aplicar una aguada uniforme

Para una aguada sin chorretones, apoya la tabla de dibujo con poca inclinación. Prepara mucha tinta diluida en agua en una proporción 1:1. Humedecer primero el papel ayuda a que la tinta fluya uniformemente sobre la superficie. Deja seco el blanco que quieras conservar y pinta a su alrededor, o bien usa una barrera.

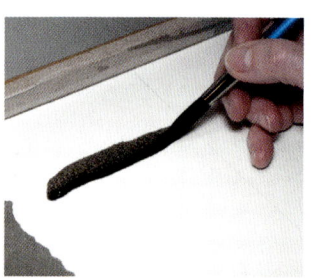

Primer trazo individual
Humedece el papel de arriba abajo con agua limpia y el pincel más grande que tengas. Cuando el papel haya perdido el brillo, carga el pincel con tinta diluida y pinta la parte superior del papel con un solo trazo. El exceso de tinta se acumulará en la base de este.

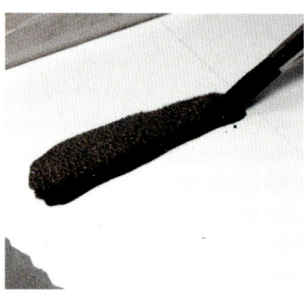

Recoger la aguada
Trabaja con rapidez y vuelve a mojar el pincel en la tinta. Colócalo en la base de la tinta acumulada y da una sola pincelada uniforme para que se mezcle bien. Desciende por la página repitiendo el proceso.

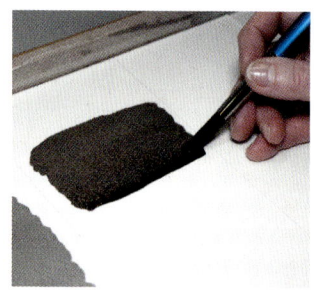

Retirar el exceso de aguada
Al final, retira el exceso de tinta acumulada tocándola ligeramente con la punta de un pincel grande o secándola con el borde roto de un pañuelo de papel. Deja la tabla inclinada para un secado uniforme.

PONLO EN PRÁCTICA

El gran contraste entre el cisne y la tinta uniforme del fondo dota de dinamismo a la composición, realizada al verse convertida en un estudio monocromo en azul y blanco.

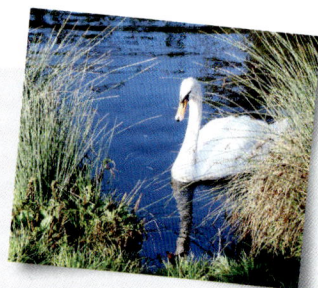

Cisne entre los juncos

Necesitarás

- Lápiz 4B y goma
- Tinta azul a base de colorantes, no resistente al agua y diluida 1:1 (Quink de Parker)
- Estilógrafo acrílico blanco (Derwent Graphik Line Painter, Snow)
- Pinceles de acuarela (n.º 6 y n.º 10) en buen estado
- Frascos pequeños para la tinta
- Pañuelo de papel
- Papel de acuarela prensado en frío de 300 g/m²

Lápiz 4B   Tinta Quink de Parker   Estilógrafo blanco

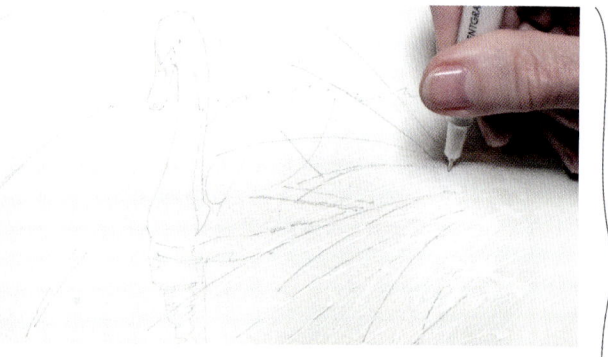

1 Boceto claro y barrera subyacentes
Haz un esbozo del cisne y de su reflejo y presta atención a los detalles y a las zonas de sombra. Fíjate en la curva donde el cuello se une al cuerpo en el reflejo. Haz ligeras marcas indicativas para los juncos y dibuja varias capas de barrera blanca con el estilógrafo acrílico. La posición exacta no es importante aún.

> «La aguada de tinta logra un **fondo uniforme** que aporta **armonía** a los estudios tonales en tinta.»

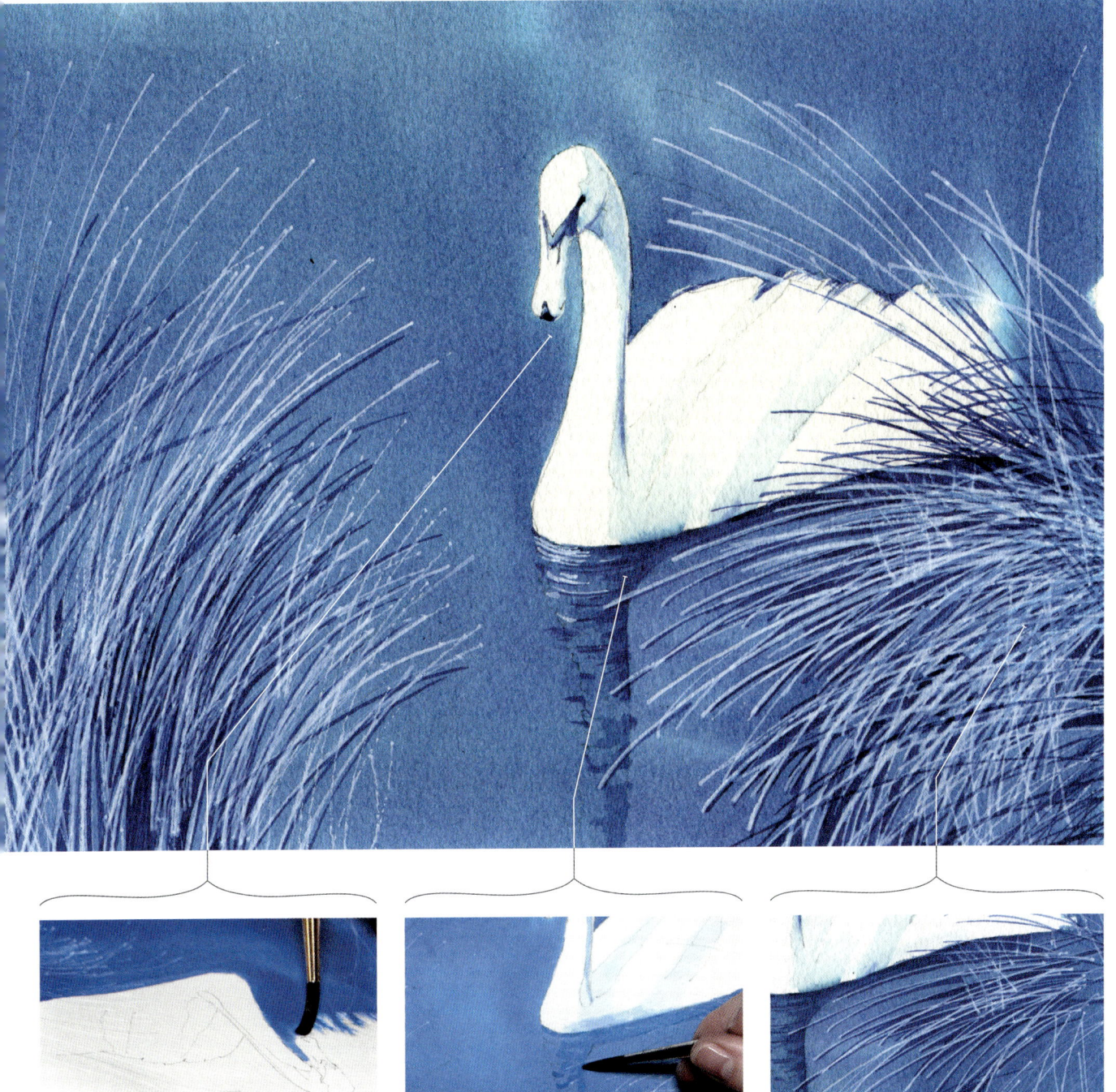

2 Aguada del fondo

Pon el dibujo boca abajo. Humedécelo con agua limpia pintando solo alrededor del cisne. Extiende la aguada con pinceladas horizontales y dibujando con cuidado alrededor del cisne. La tinta se dirigirá hacia el borde de la forma seca.

3 Variaciones tonales

Dibuja las líneas de las sombras sobre el cuerpo con la pálida agua de enjuague. Define las marcas y las áreas de sombras claras en la cabeza y el cuello con la punta del pincel n.º 6. Usa tinta algo más oscura en el reflejo y las sombras.

4 Detalles

Añade los detalles de la cabeza al dibujo ya seco. Añade reflejos con el estilógrafo. Dibuja los juncos y las sombras de estos alternando el estilógrafo blanco y líneas dibujadas con la punta del pincel n.º 6 y la aguada 1:1.

Papel con textura

TRABAJAR SOBRE SUPERFICIES INTERESANTES

Si la textura otorga interés visual propio a la superficie, el resultado final del dibujo mejora. Bien elegida, la textura del papel complementa el tema y refuerza la idea que se quiere plasmar. Por lo general, cuanto más áspera sea la superficie del papel, más efectivas serán incluso las marcas sencillas.

■ Acentuar la textura

Los pinceles de pelo largo y suave, como el pincel chino de pelo de cabra (dcha.), dejan una amplia variedad de marcas sobre papeles con textura. Si se aplanan y se arrastran de lado, forman áreas anchas de color roto. Si se aprietan contra la superficie y se alzan, dejan marcas que recuerdan a hojas y a pétalos o a aletas y a plumas y cuyo tamaño dependerá de la longitud del pincel. También hay plumillas de junco de varios tamaños y formas.

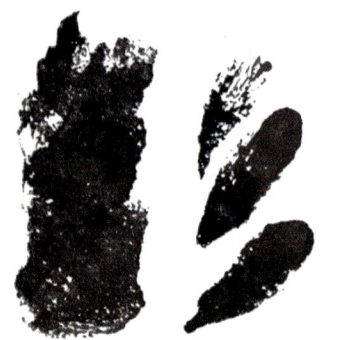

Pincel chino de pelo de cabra
Un pincel de 5 cm de longitud se ha arrastrado lateralmente sobre el papel, se ha apretado para dejar una huella y, luego, se ha usado para trazar una línea.

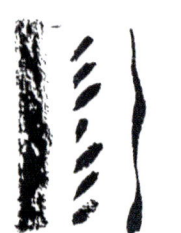

Rotulador con punta de pincel
Las marcas de arriba quedan distintas con un rotulador con punta de pincel pequeño.

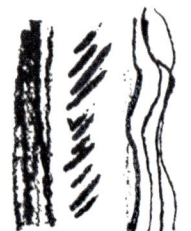

Plumilla de junco
También se ha usado de un modo similar al pincel chino, pero las marcas que deja son más lineales.

PONLO EN PRÁCTICA

Las aletas y escamas se han sugerido con pinceladas grandes. Se han usado una plumilla de junco para los elementos lineales y un rotulador de punta de pincel y una plumilla de junco para los detalles más oscuros.

Necesitarás

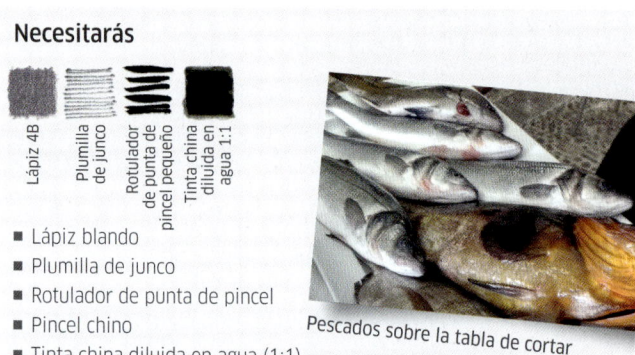

Lápiz 4B · Plumilla de junco · Rotulador de punta de pincel pequeño · Tinta china diluida en agua 1:1

- Lápiz blando
- Plumilla de junco
- Rotulador de punta de pincel
- Pincel chino
- Tinta china diluida en agua (1:1)
- Papel de acuarela Khadi de 210 g/m²

Pescados sobre la tabla de cortar

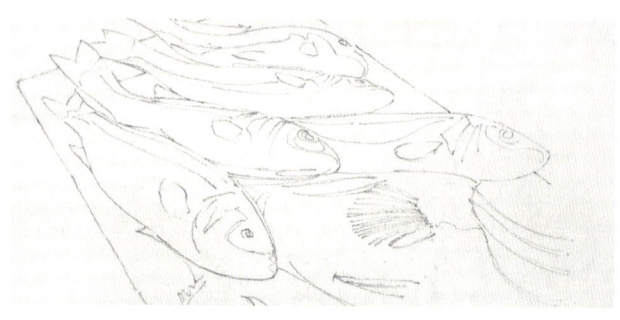

1 Definir la composición
Haz un suave esbozo a lápiz de las formas principales e identifica las áreas más claras y más oscuras. Los abdómenes de los pescados son de las zonas más claras, y las aletas y las colas, de las más oscuras.

2 Pintar la oscuridad
Empapa el pincel en la tinta diluida al 1:1. Mientras sigue muy mojado, coloca la punta en el extremo de una aleta o una cola y, entonces, presiona para aplanar todo el pelo del pincel. Levántalo, empápalo en tinta y presiónalo para dejar una marca en otra cola o aleta. Repite el proceso en todo el dibujo.

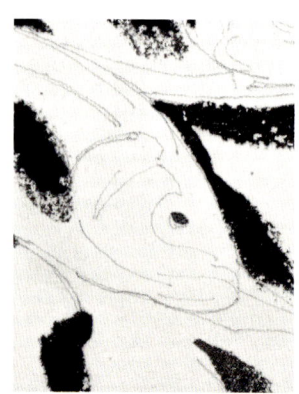

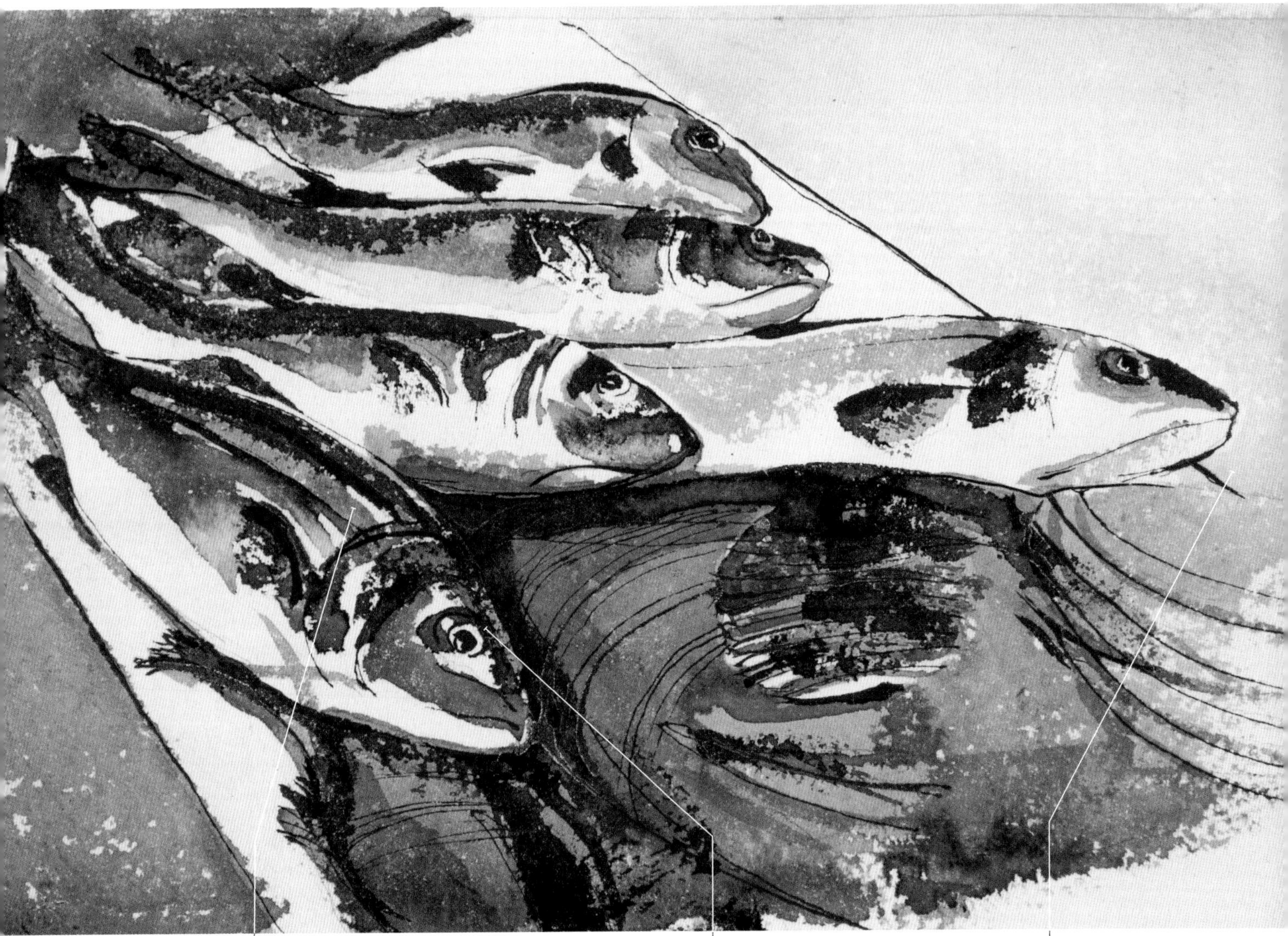

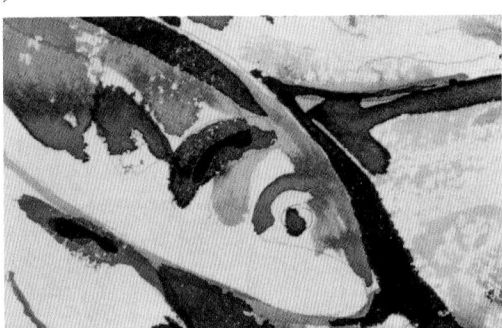

3 Modular los tonos

Diluye la tinta hasta que logres un gris medio. Aplícalo con pincel en áreas donde los tonos estén entre el blanco del papel y el gris oscuro de las colas y las aletas. Repite para definir las branquias, las cabezas y los lomos.

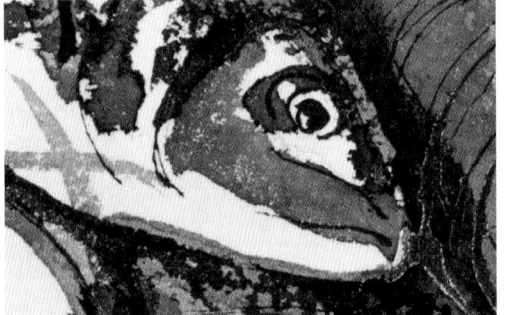

4 Detalles

Con la plumilla de junco y el rotulador con punta de pincel, añade detalles en los ojos, las branquias y otras zonas negras. Dibuja el borde de la tabla con la plumilla y deja que la línea varíe a medida que la plumilla rasca el papel tosco.

5 El fondo

Carga el pincel con el agua de enjuague y extiende una aguada pálida entre la parte superior de la tabla blanca y la esquina superior derecha. Arrastra el lateral del pincel, para que se entrevea la textura del papel. Repite con el gris medio en la esquina inferior izquierda y con el gris más oscuro en la superior izquierda.

Líneas y aguadas

COMBINAR LÍNEAS Y AGUADAS TONALES

Combinar líneas y aguadas suma la precisión de las líneas al amplio rango tonal que ofrecen las aguadas preparadas con distintas proporciones de agua y tinta. Como la aguada de tinta no se vuelve a disolver una vez seca, permite superponer capas y perfiles definidos para lograr dibujos ricos en detalles y formas.

■ Preparar un plan tonal

Haz un esbozo del tema que plasme las zonas claras y oscuras y que te ayude a planear las aguadas. Determina los tonos principales, el punto focal, los contrastes de luz y oscuridad y dónde dejar el papel en blanco o proteger los toques de luz. La primera aguada será la más pálida; las siguientes serán cada vez más pequeñas.

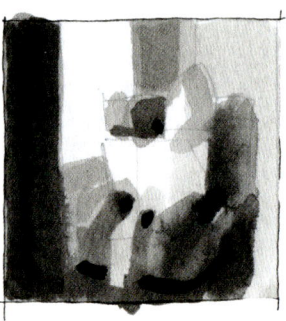

Plan tonal
El boceto tonal determina el rango tonal que necesitarás, de claro a medio y a oscuro. Las áreas de luz más claras se dejan como papel en blanco. Crea una escala tonal que te permita construir la composición en capas.

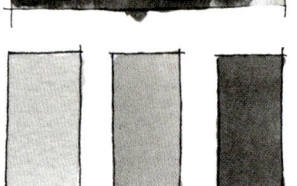

Disoluciones de tinta
Prepara los tonos diluyendo tinta en distintas proporciones. Aquí, el tono más claro se ha hecho con 1 gota de tinta en 5 ml de agua; el tono medio, con 2 gotas; y el tono oscuro, con 5 gotas.

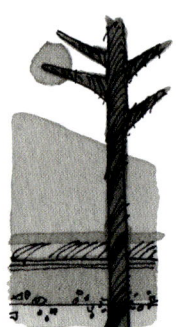

Superponer los tonos y las líneas
Aplica una aguada uniforme con el tono más claro. Espera a que se seque y aplica la misma disolución de tinta en la capa siguiente. Añade capas con aguadas más oscuras, esperando siempre a que se sequen. Define las formas y añade detalles con líneas, pero no perfiles todos los elementos.

PONLO EN PRÁCTICA

En este dibujo de una escena casera, la intensa luz de la ventana forma reflejos luminosos que se han conservado como papel en blanco. Los patrones y los detalles se han conseguido superponiendo tonos, y las líneas han añadido definición.

Necesitarás

- Lápiz blando
- Pluma estilográfica Platinum Carbon
- Tinta pigmentada Platinum Carbon en soluciones de 1, 2 y 5 gotas en 5 ml de agua
- Estilógrafo (0,3 mm)
- Estilógrafo (0,5 mm)
- Pinceles para acuarela (n.º 6 y n.º 12) en buen estado
- Goma de borrar
- Papel de acuarela prensado en caliente de 300 g/m²

Pluma estilográfica Platinum Carbon · Tinta pigmentada · Estilógrafo (0,3 mm) · Estilógrafo (0,5 mm) · Lápiz 2B

Figura con sol de interior

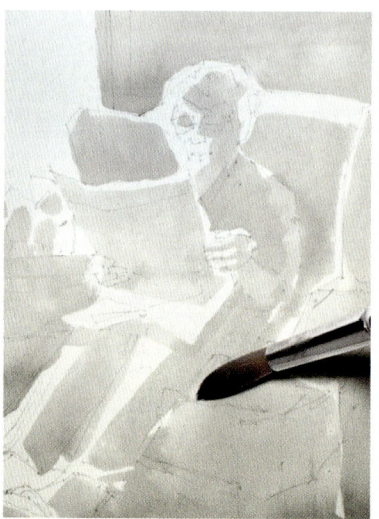

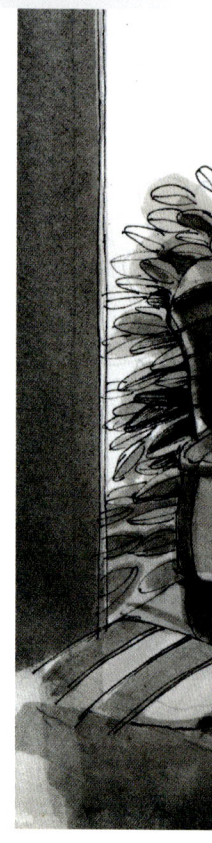

1 Dibujo subyacente y primera aguada

Haz un boceto de la escena con un lápiz blando y ubica los toques de luz en la ventana, el periódico, el cabello, el lateral del rostro y el respaldo de la butaca. Usa el pincel n.º 12 y la solución con 1 gota para cubrir todo, excepto estos reflejos, con la aguada más clara.

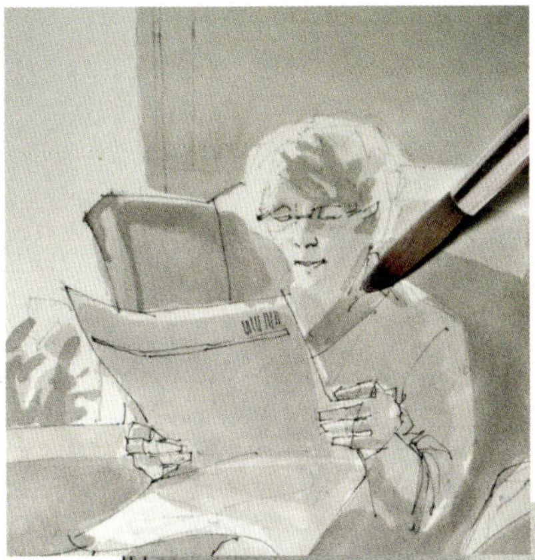

2 Primeras líneas y aguada

Dibuja con la pluma los detalles de la figura, la butaca y el periódico. Presta atención a las manos. Usa toques muy ligeros para sugerir los rasgos faciales. Usa la solución con 1 gota y el pincel n.º 6 para oscurecer las sombras en la figura y la butaca. Asegúrate de conservar los toques de luz.

«El detalle de la línea y las capas de aguada aportan una cualidad pictórica al dibujo con tinta.»

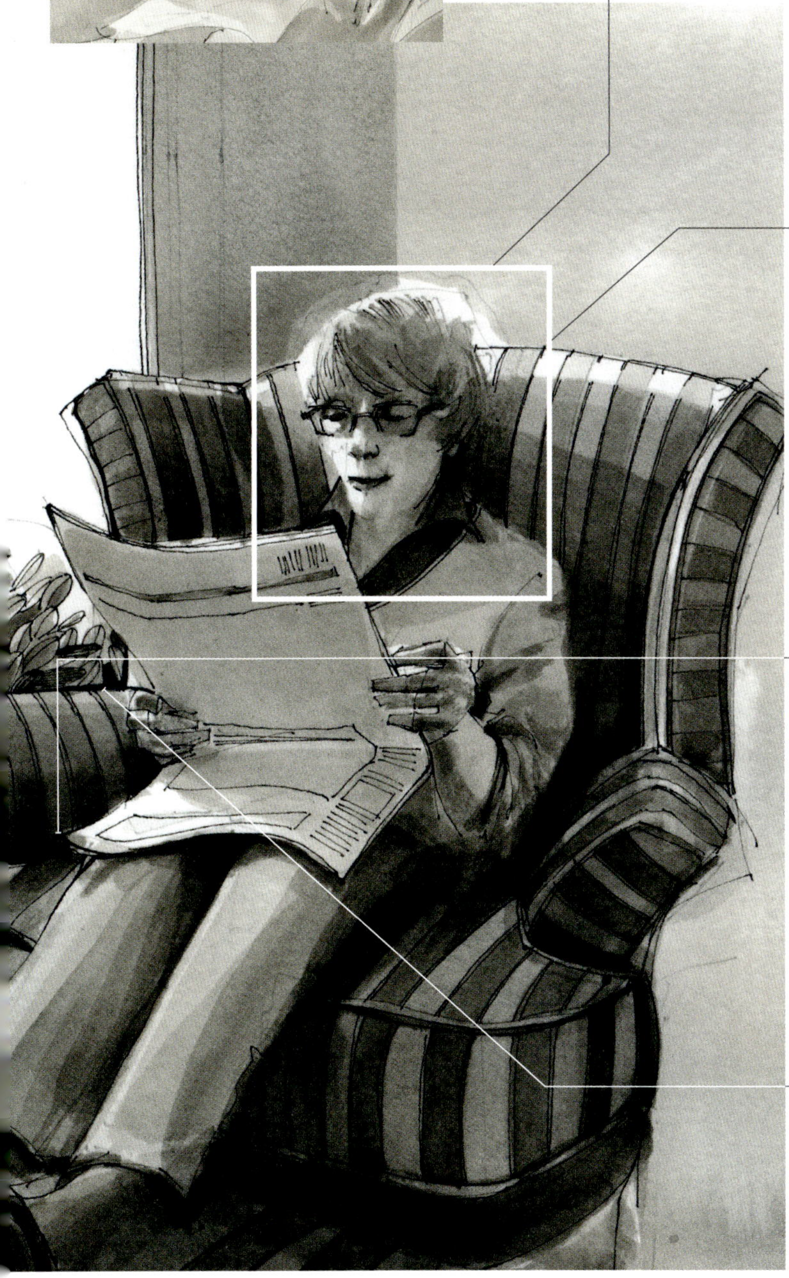

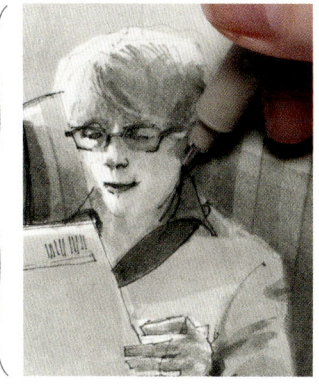

3 Segunda capa

Dibuja las rayas de la butaca y oscurece las zonas a la sombra con la solución de 2 gotas y el pincel n.º 6. Añade con la pluma las líneas delicadas, como en el cabello, y acentúa con el estilógrafo las líneas más definidas, como las gafas.

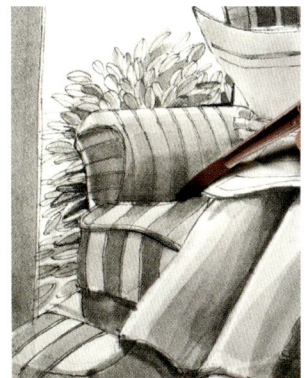

4 Tercera capa

Oscurece la pared a sendos lados de la ventana con el pincel n.º 12 y la solución de 5 gotas. Ajusta los tonos de la tela con el pincel n.º 6. Dibuja las hojas de la planta con la pluma y moldea algunas de ellas con el tono oscuro.

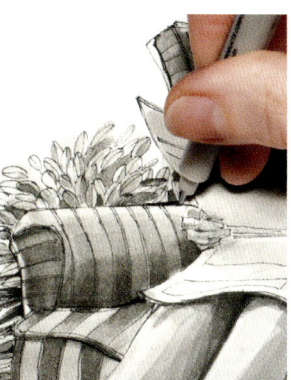

5 Detalles finales

Comprueba el equilibrio entre los tonos claros y los oscuros y haz los ajustes necesarios. Añade detalles lineales y, luego, borra las marcas de lápiz aún visibles.

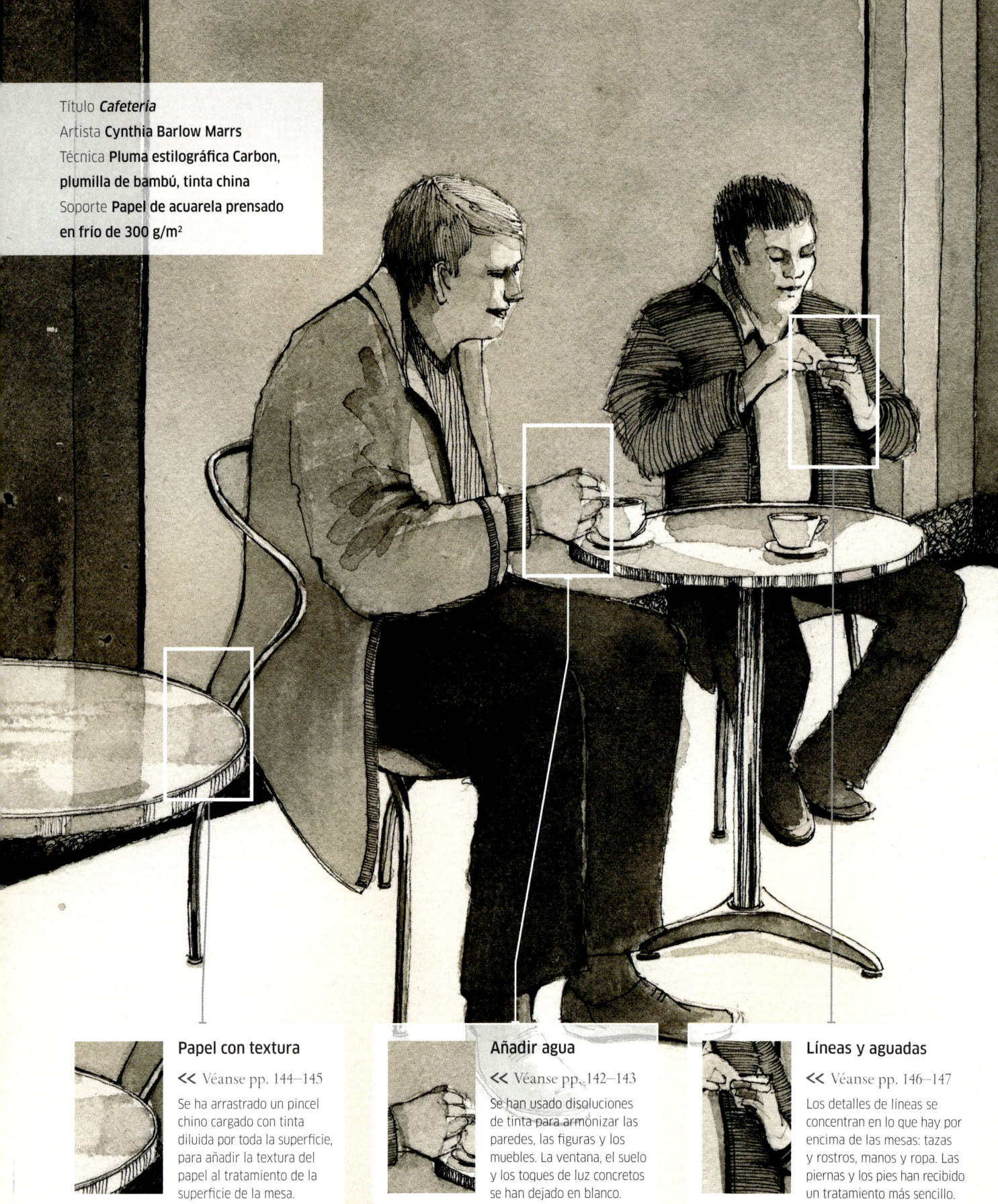

Título *Cafetería*
Artista **Cynthia Barlow Marrs**
Técnica **Pluma estilográfica Carbon, plumilla de bambú, tinta china**
Soporte **Papel de acuarela prensado en frío de 300 g/m²**

Papel con textura

« Véanse pp. 144–145

Se ha arrastrado un pincel chino cargado con tinta diluida por toda la superficie, para añadir la textura del papel al tratamiento de la superficie de la mesa.

Añadir agua

« Véanse pp. 142–143

Se han usado disoluciones de tinta para armonizar las paredes, las figuras y los muebles. La ventana, el suelo y los toques de luz concretos se han dejado en blanco.

Líneas y aguadas

« Véanse pp. 146–147

Los detalles de líneas se concentran en lo que hay por encima de las mesas: tazas y rostros, manos y ropa. Las piernas y los pies han recibido un tratamiento más sencillo.

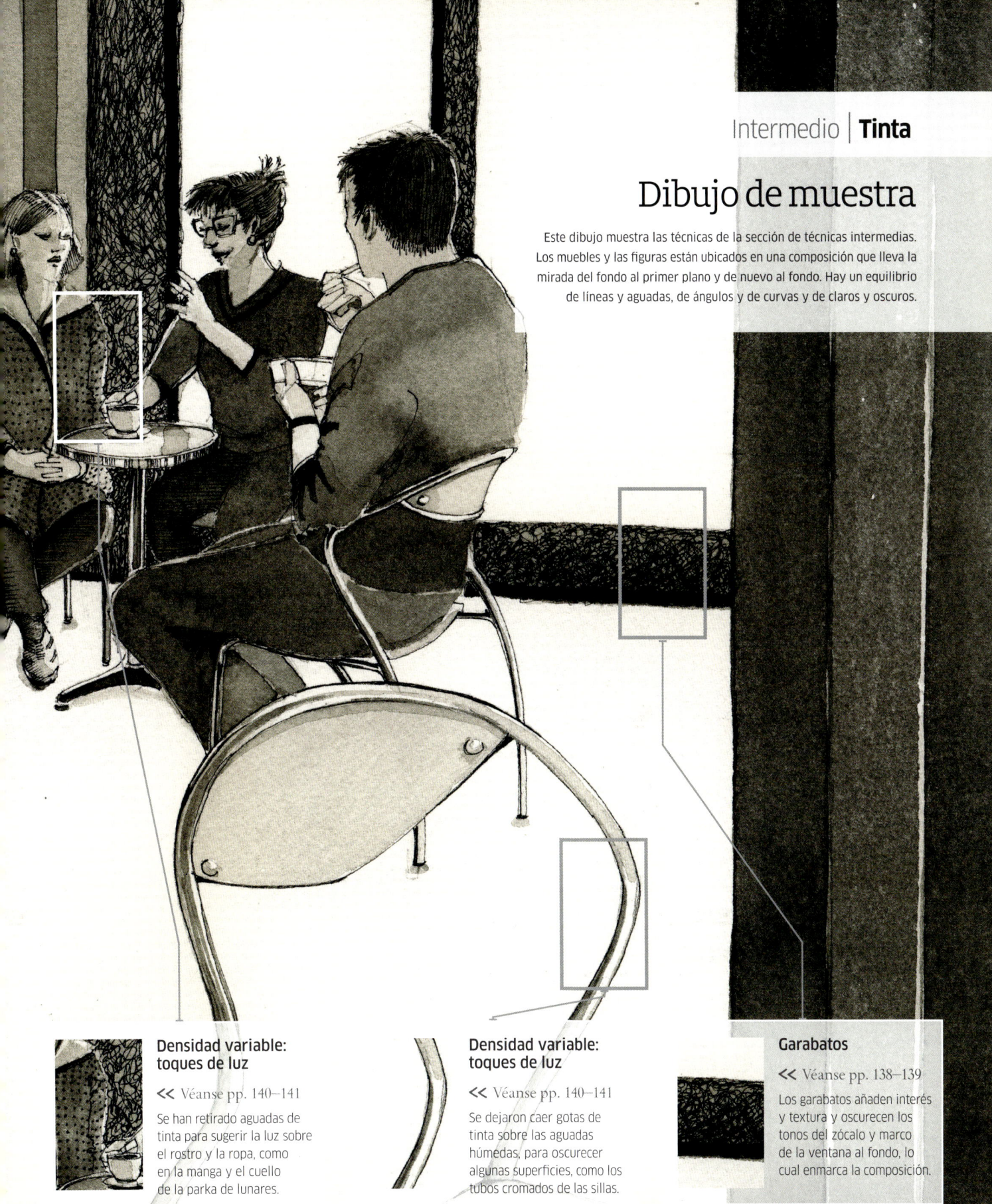

Dibujo de muestra

Este dibujo muestra las técnicas de la sección de técnicas intermedias. Los muebles y las figuras están ubicados en una composición que lleva la mirada del fondo al primer plano y de nuevo al fondo. Hay un equilibrio de líneas y aguadas, de ángulos y de curvas y de claros y oscuros.

Densidad variable: toques de luz

≪ Véanse pp. 140–141

Se han retirado aguadas de tinta para sugerir la luz sobre el rostro y la ropa, como en la manga y el cuello de la parka de lunares.

Densidad variable: toques de luz

≪ Véanse pp. 140–141

Se dejaron caer gotas de tinta sobre las aguadas húmedas, para oscurecer algunas superficies, como los tubos cromados de las sillas.

Garabatos

≪ Véanse pp. 138–139

Los garabatos añaden interés y textura y oscurecen los tonos del zócalo y marco de la ventana al fondo, lo cual enmarca la composición.

Difuminar y suavizar

CREAR MARCAS DIFUMINADAS

Para crear efectos suaves y difuminados, emborrona la tinta antes de que se seque o humedece tinta no resistente al agua (una vez seca) y emborrónala. Las marcas difuminadas funcionan bien por sí solas o como base de dibujos más desarrollados y son muy efectivas junto a líneas y bordes duros. Son ideales para pelo, algodón, espuma de mar y nubes.

■ Efectos impresionistas

Compara los efectos en seco y húmedos y constata la variedad de opciones disponibles. Las líneas humedecidas o difuminadas ofrecen una base sobre la que superponer capas secas o desarrollar tonos repitiendo el proceso.

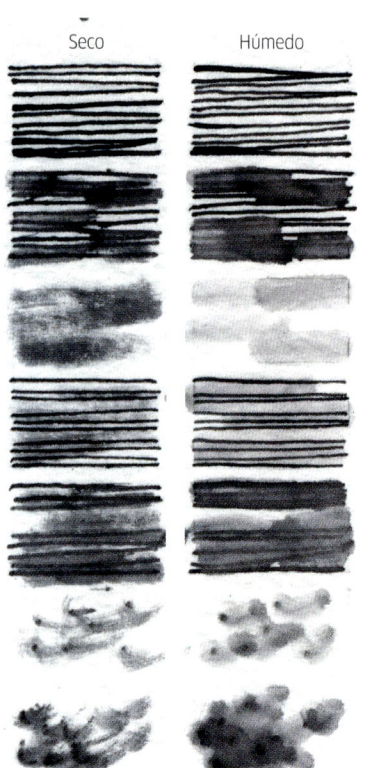

Seco   Húmedo

Las líneas son definidas en la superficie seca (izda.) y difusas en la húmeda (dcha.).

Difumina más las líneas con un bastoncillo de algodón húmedo.

Dibuja trazos más anchos con un bastoncillo empapado en tinta.

Traza líneas con una plumilla de inmersión sobre las marcas difuminadas.

Superpón capas de líneas borrosas y definidas para un efecto gradual.

Dibuja puntos con la plumilla y difumínalos con un bastoncillo de algodón húmedo.

Repite el proceso: vuelve a difuminar las marcas moteadas para producir más tonos.

PONLO EN PRÁCTICA

El pelo rizado y suave del gato, hecho con marcas difuminadas y superpuestas, contrasta con el contorno definido de la maceta del fondo, dibujado en seco con un plumín extrafino.

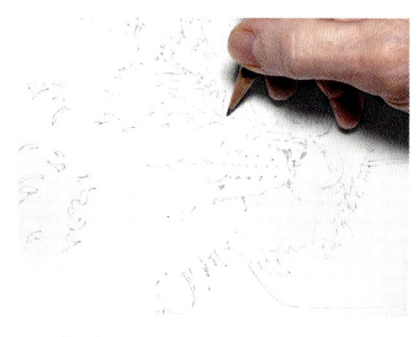

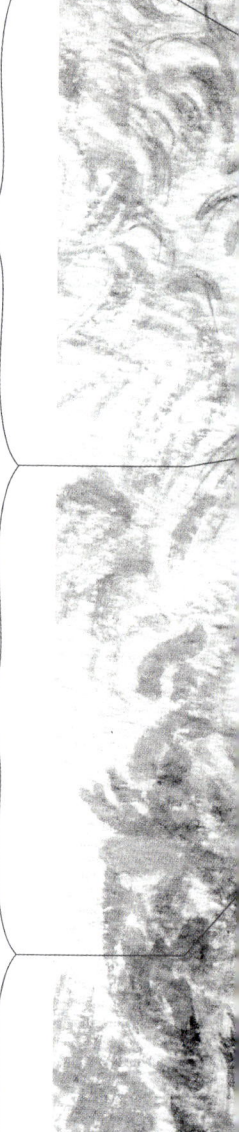

1 Dibujo subyacente
Esboza a lápiz los rasgos principales y fíjate en el juego de la luz en los ojos. Ubica la maceta, la chapa colgante y las baldosas. Indica la dirección del pelo con algunas marcas.

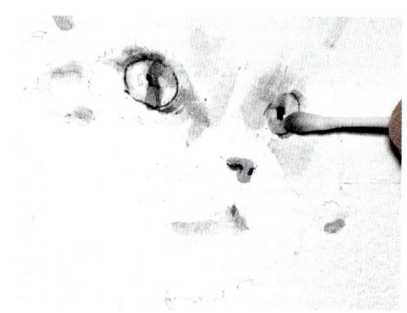

2 Rostro
Dibuja los rasgos con la plumilla y la solución más clara, y difumina antes de que se seque. Define los rasgos dando toquecitos sobre las capas secas con un bastoncillo de algodón saturado.

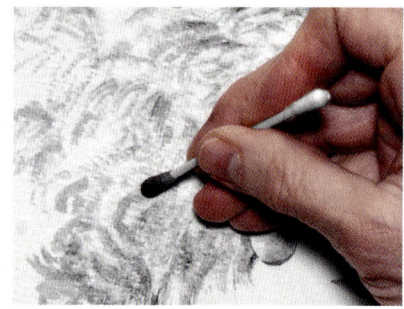

3 La forma del pelo
Dibuja mechones con forma de coma con la plumilla y la solución de 5 gotas. Difumina las marcas húmedas con el dedo o con un bastoncillo de algodón. Construye los oscuros a capas.

Necesitarás

Tinta negra no resistente al agua

Plumilla de inmersión con plumín Hunt 513EF

- Tinta no resistente al agua (Higgins Eternal Black) en disoluciones de 5 gotas en 5 ml de agua, 10 gotas en 5 ml y 1:1
- Plumilla con plumín Hunt 513EF (extrafino)
- Lápiz blando
- Bastoncillos de algodón
- Papel de acuarela grueso prensado en frío

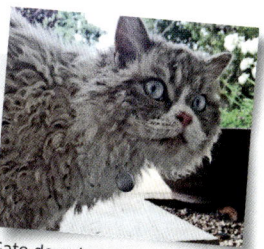

Gato de pelo largo

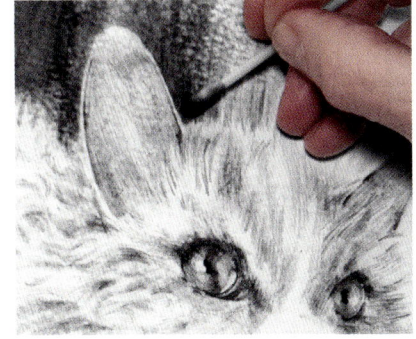

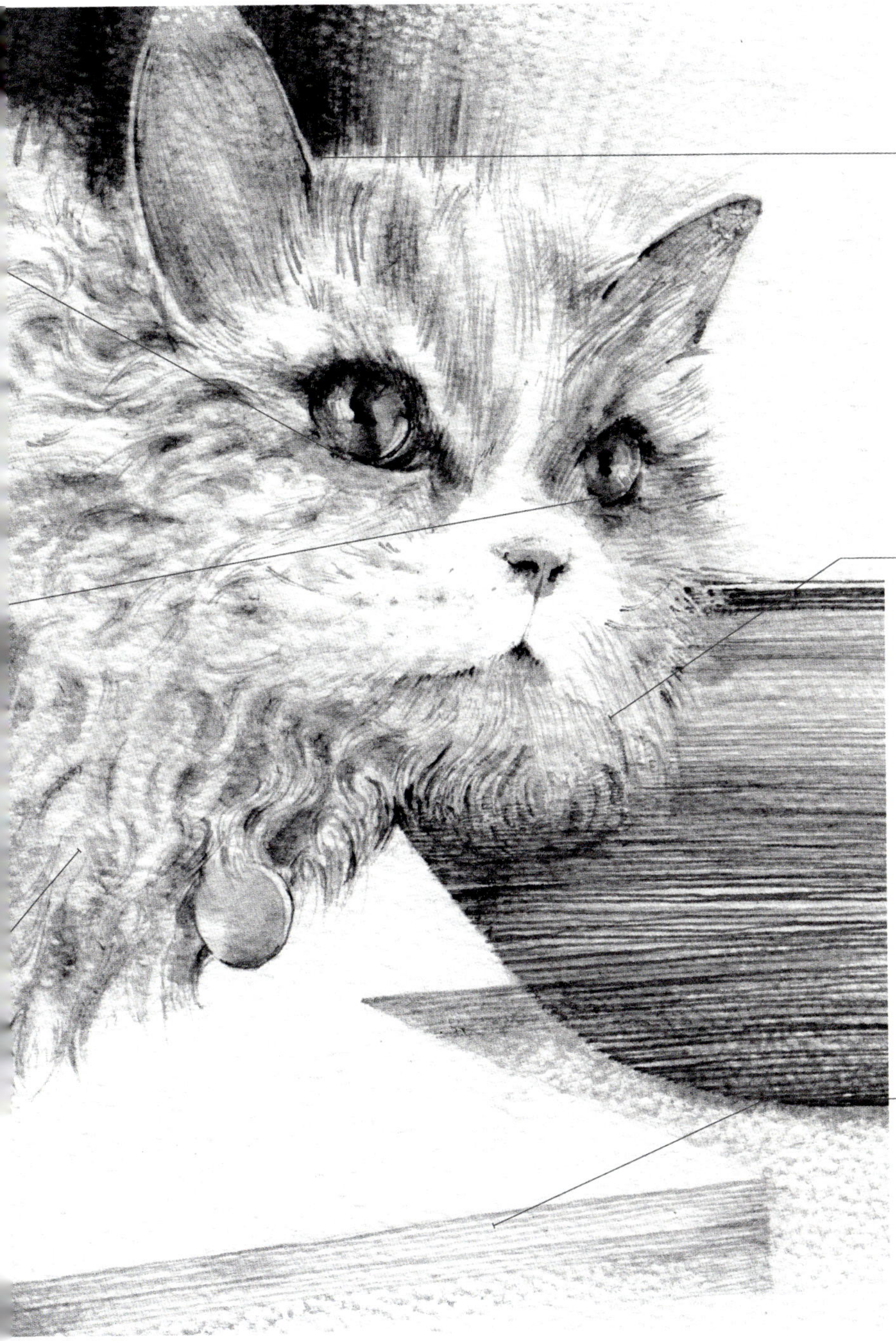

4 Indica el fondo

Con el plumín del revés, añade líneas finas en la frente. Crea un borde de contraste suave en las zonas del lomo y de la cabeza donde incide la luz. Satura un bastoncillo de algodón y da pinceladas paralelas ascendentes. Deja secarse la tinta, y repite.

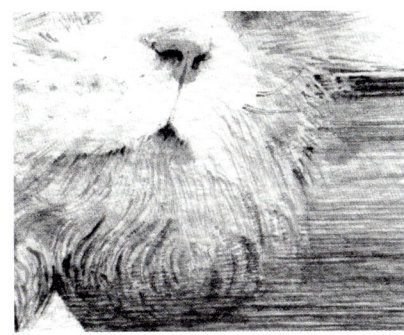

5 Contrastes de tono y textura

Define las zonas más oscuras del hocico y de los ojos con el lápiz y la solución 1:1. Deja en blanco el área adyacente. Dibuja líneas de textura paralelas en la maceta y usa distintas soluciones de tinta para difuminar y mezclar el pelo y la maceta.

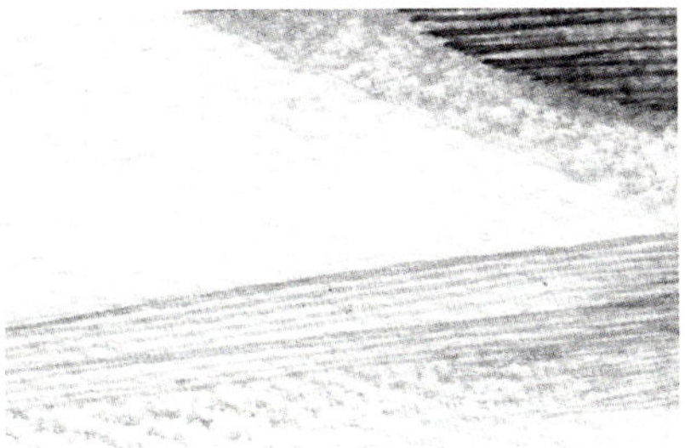

6 Líneas finales

Haz los ajustes necesarios, sobre todo en la cara. Sugiere las baldosas dibujando pálidas líneas paralelas con la solución de 5 gotas y la plumilla de inmersión. Difumina con un bastoncillo de algodón semiseco.

Superponer rotuladores de colores

CONSTRUIR LA FORMA

La tinta de los rotuladores es semitransparente, por lo que se pueden superponer los unos sobre los otros. Controlar la opacidad de las marcas permite aportar forma, color y profundidad al dibujo. Los rotuladores de colores son muy prácticos para esbozos rápidos.

■ Usar el tono y el color

La técnica para controlar el tono y el color con rotuladores se parece mucho a la de la acuarela. Si comienzas por un color claro y vas bloqueando áreas, podrás añadir colores progresivamente más oscuros y vibrantes y construir la forma a medida que avanzas.

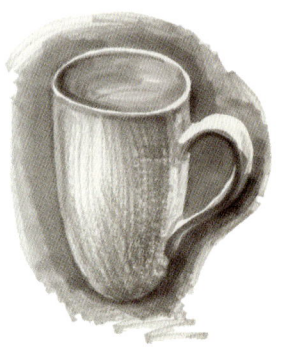

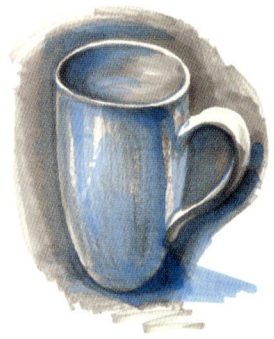

Capas monocromas
Primero, da forma al tema con un color, como el gris neutro. Superpón capas de tinta semitransparente para lograr tonos oscuros, medios y claros.

Combinar dos colores
Una vez tengas la forma, añade un segundo color (un azul frío) para reforzar los tonos y las sombras más oscuros.

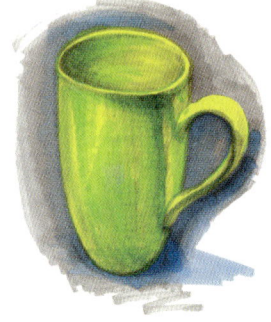

Añadir un tercer color
Superponer selectivamente otro color (esta vez amarillo en toda la taza) crea un verde vívido en las áreas que eran azules, al tiempo que deja entrever los contrastes tonales del primer color.

PUTTING IT INTO PRACTICE

Este retrato es una manera fantástica de aprender a construir tono y color con armonía. Si quieres que el dibujo con rotulador tenga sustancia, es esencial que vayas de las áreas iluminadas a las oscuras.

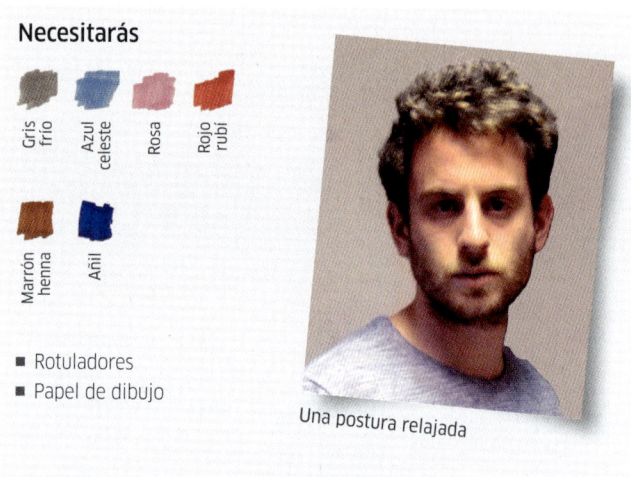

Necesitarás

Gris frío | Azul celeste | Rosa | Rojo rubí

Marrón henna | Añil

- Rotuladores
- Papel de dibujo

Una postura relajada

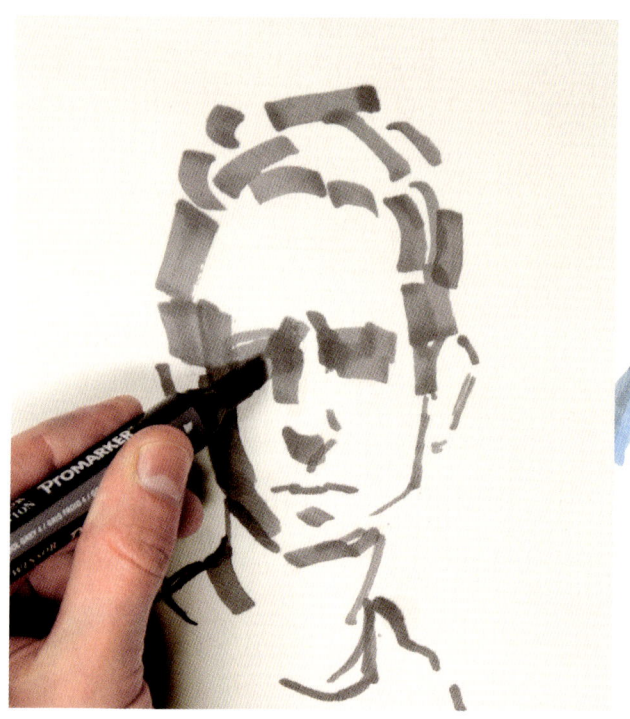

1 Forma y tono
Usa el rotulador gris para esbozar por encima y con suavidad el contorno de la cabeza y los hombros. Marca las áreas de diferencias tonales y cromáticas definidas.

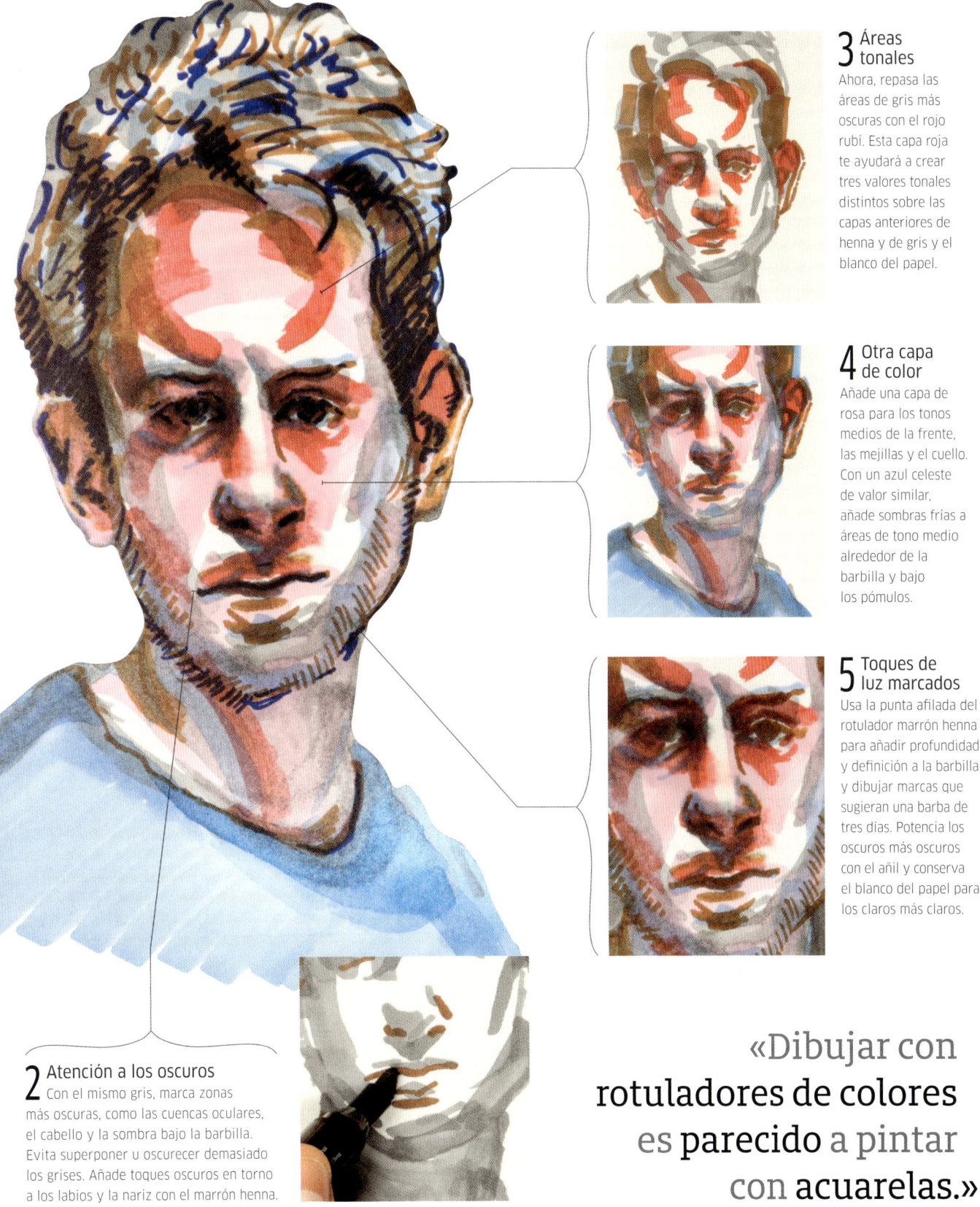

3 Áreas tonales

Ahora, repasa las áreas de gris más oscuras con el rojo rubí. Esta capa roja te ayudará a crear tres valores tonales distintos sobre las capas anteriores de henna y de gris y el blanco del papel.

4 Otra capa de color

Añade una capa de rosa para los tonos medios de la frente, las mejillas y el cuello. Con un azul celeste de valor similar, añade sombras frías a áreas de tono medio alrededor de la barbilla y bajo los pómulos.

5 Toques de luz marcados

Usa la punta afilada del rotulador marrón henna para añadir profundidad y definición a la barbilla y dibujar marcas que sugieran una barba de tres días. Potencia los oscuros más oscuros con el añil y conserva el blanco del papel para los claros más claros.

2 Atención a los oscuros

Con el mismo gris, marca zonas más oscuras, como las cuencas oculares, el cabello y la sombra bajo la barbilla. Evita superponer u oscurecer demasiado los grises. Añade toques oscuros en torno a los labios y la nariz con el marrón henna.

«Dibujar con rotuladores de colores es parecido a pintar con acuarelas.»

Tintas de colores

ARMONÍA CROMÁTICA EN LÍNEAS Y AGUADAS

La tinta tiene pigmentos finos y produce velos de color de efectos dramáticos. La tinta resistente al agua se aplica como una acuarela, pero puedes pintar encima sin temor a estropearla, porque no se vuelve a humedecer una vez seca. Para unificar el dibujo y lograr detalle y definición, limita la paleta a unos pocos tonos mezclados en distintas proporciones y superpuestos con líneas y aguadas.

PONLO EN PRÁCTICA

En estos girasoles, se han combinado mezclas de dos tonos de amarillo, rojo y verde en tonos claros y oscuros usando plumillas y pinceles para definir y modular las formas fluidas de los pétalos, las hojas y la inflorescencia.

Necesitarás

- Amarillo proceso
- Amarillo brillante
- Escarlata
- Verde oliva
- Negro

- Lápiz blando
- Tintas acrílicas Daler Rowney FW
- Plumilla de bambú pequeña
- Plumilla de inmersión con plumín 513EF (extrafino)
- Pinceles para acuarela de punta redondeada (n.º 8 y n.º 12)
- Goma de borrar
- Papel de acuarela prensado en caliente de 300 g/m²

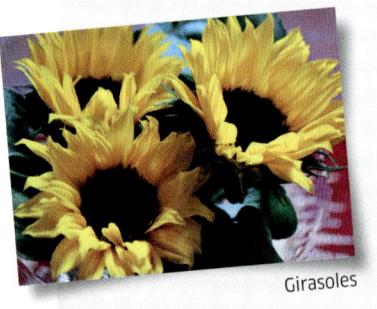

Girasoles

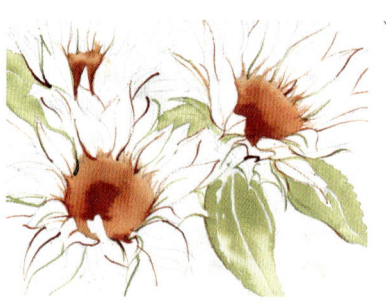

1 Primeras aguadas

Esboza las formas principales. Pinta el centro de las flores con el pincel n.º 12 y agua limpia, deja caer encima gotas de la mezcla de rojo medio («Mezclar colores...», p. 155) y deja que el color fluya hacia los bordes. Arrastra la tinta hacia la base de los pétalos con la plumilla de bambú. Repite el proceso con verde claro en las hojas.

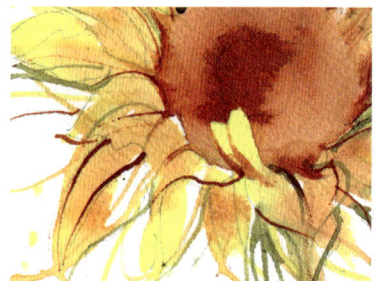

2 Desarrollar los pétalos

Da pinceladas sueltas de amarillo claro sobre los pétalos y deja caer gotas de amarillo en la base de estos. Vierte rojo medio en la base y deja que se corra. Arrastra la tinta hacia las puntas con la plumilla de bambú. Dibuja vetas verde claro y oscuro.

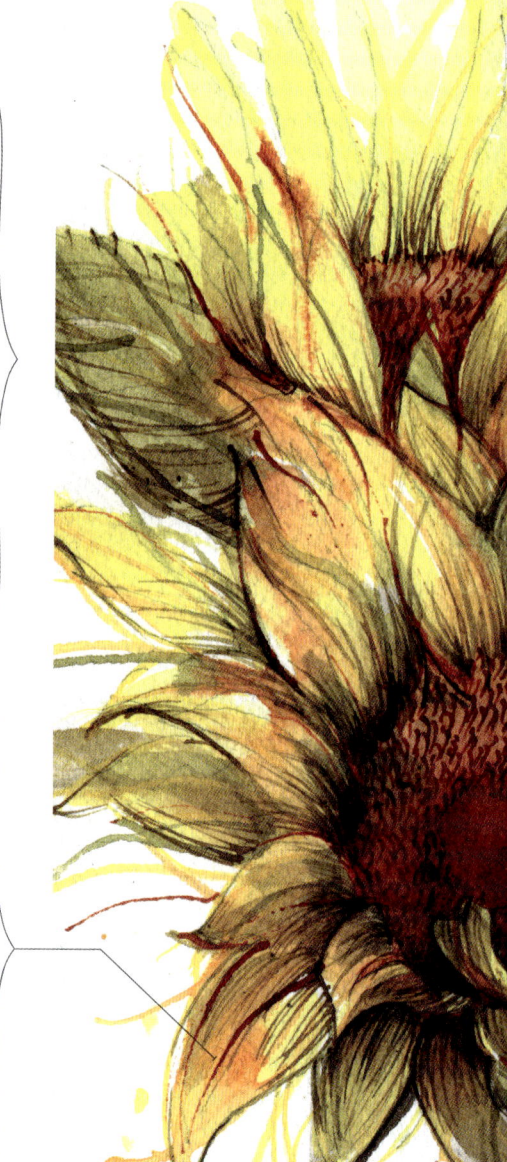

Mezclar colores con una paleta limitada

Bastan tres colores básicos para conseguir varios tonos, de claro a oscuro. Comienza con un color de base y añade pequeñas cantidades de los otros hasta que logres el tono que necesitas. Las relaciones estrechas en una paleta limitada facilitan que la composición sea armoniosa.

Mezclas con amarillo

El amarillo claro de la izquierda se ha hecho con 1 parte de amarillo proceso y 16 de agua. El amarillo medio de la derecha es 1 parte de amarillo brillante y 3 de agua, que logran un color más intenso.

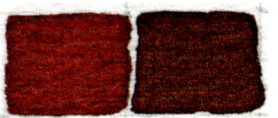

Mezclas con rojo

El rojo medio de la izda. son partes iguales de escarlata, amarillo brillante, verde oliva y agua. El rojo oscuro de la dcha. se ha hecho con 1 parte de escarlata y 3 de verde oliva, que producen un rojo pardo oscuro.

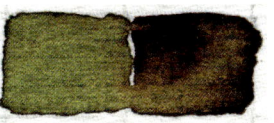

Mezclas con verde

El verde claro de la izda. se ha hecho con 4 partes de verde oliva, 1 de mezcla de rojo medio y 8 de agua. El verde oscuro de la derecha se ha hecho con 9 partes de verde oliva, 1 de escarlata, 1 de amarillo brillante y 1 de negro.

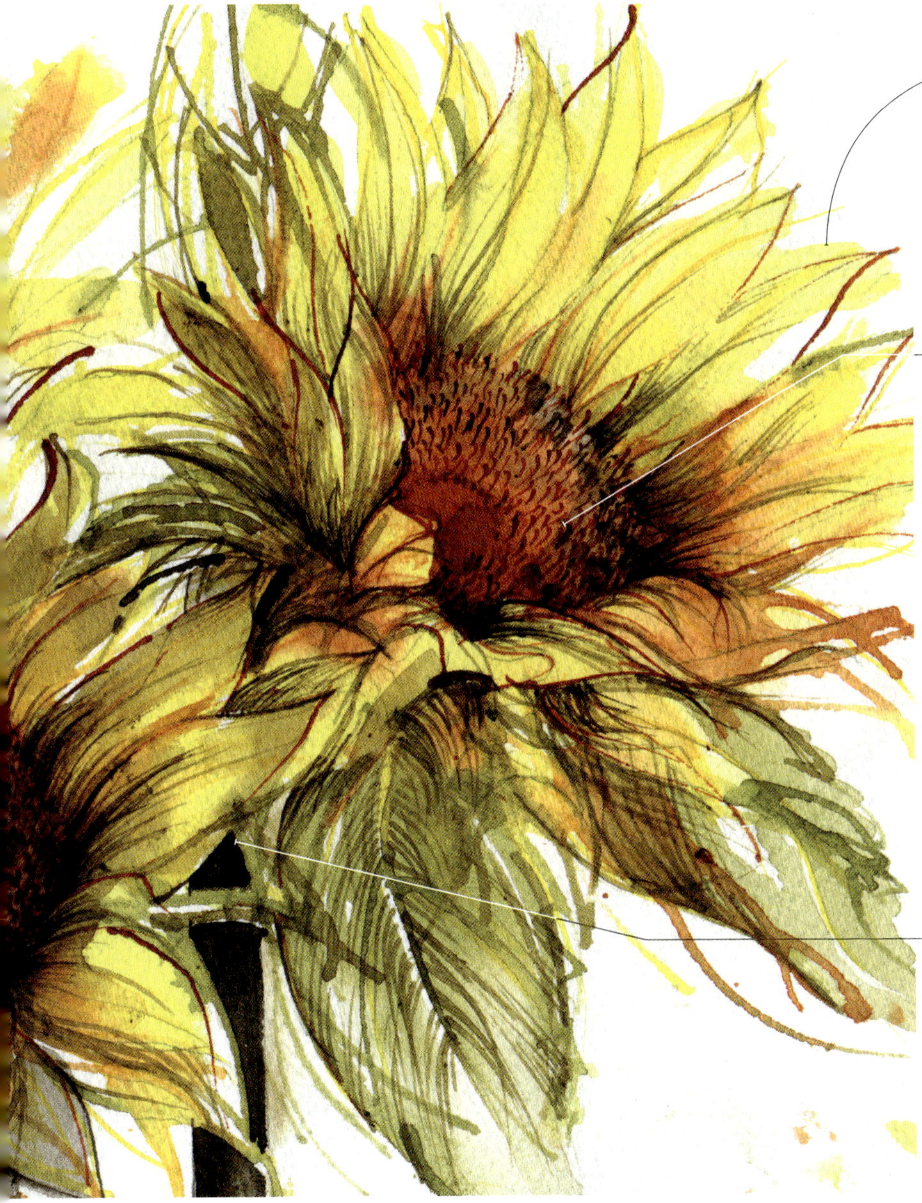

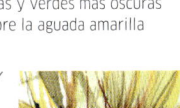

Se han superpuesto líneas rojas y verdes más oscuras sobre la aguada amarilla

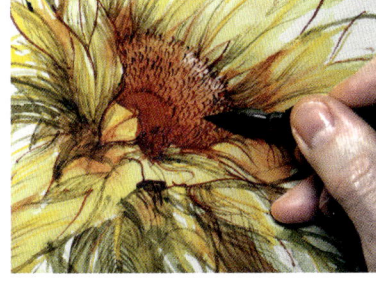

3 Moldear las formas

Dibuja comas en círculos concéntricos alrededor del centro de la flor con la plumilla de inmersión y el rojo oscuro. Oscurece los tonos en la base de los pétalos y desarrolla el tono y la forma con oscuros y claros.

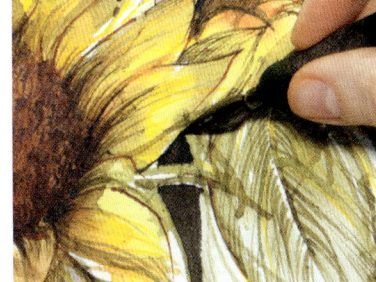

4 Añadir detalles

Dibuja los tallos con el pincel n.º 8 y la mezcla marrón cálido. Haz una aguada verde oscura en el centro de la flor. Con la plumilla de inmersión y la mezcla roja oscura, dibuja acentos sobre los pétalos y las hojas. Comprueba el equilibrio cromático y tonal.

Textura expresiva

CORRIDOS, GOTAS Y SALPICADURAS

La textura expresiva de un dibujo con tinta puede realzar las cualidades táctiles de un tema o aportar carácter si la superficie carece de interés. El efecto puede ser preciso o impresionista, en función de la técnica que se use y del estilo general del dibujo.

■ Tratamiento de la superficie y aplicación de la tinta

Añade textura tratando la superficie con barreras y acuarelas y modulando cómo aplicas la tinta. Usa tratamientos de superficie, como barreras de cera, para crear puntos de luz toscos o un medio de textura (como pasta de modelar) que sugiera piedra o un tejido basto. La tinta aplicada con manchas, raspados o corridos añade variedad visual.

Cera de vela

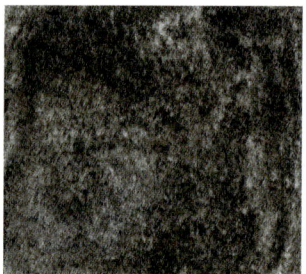

Medio de textura (pasta o resina)

Salpicaduras

Tinta rascada con el borde de una tarjeta de plástico

Efectos de textura

Manipular la superficie con barreras otorga cierto control sobre el resultado final. Las manchas son más expresivas y espontáneas, mientras que rascar la tinta crea marcas direccionales.

PONLO EN PRÁCTICA

En este dibujo de una colina mediterránea, la textura del templo de piedra al fondo contrasta con las flores silvestres y las rocas agujereadas que salpican el suelo en el primer plano.

Necesitarás

Lápiz 2B Tinta negra

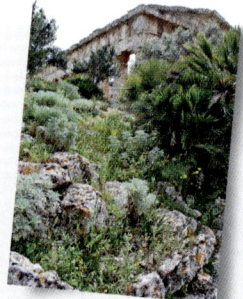

Templo mediterráneo

- Lápiz blando
- Plumillas de bambú grandes y pequeñas
- Plumilla con plumín Hunt 513EF (extrafino)
- Tinta acrílica Daler Rowney FW negra en cuatro soluciones: 2 gotas de tinta en 30 ml de agua, 5 gotas en 30 ml, 10 gotas en 5 ml y 1:1
- Frascos pequeños para las soluciones de tinta
- Pincel para acuarela planos de 20 mm
- Pinceles para acuarela de punta redonda (n.º 8 y n.º 12)
- Medio de textura de acuarela
- Cabo de vela
- Tarjeta de plástico cortada
- Goma de borrar
- Papel de acuarela prensado en frío de 300 g/m²

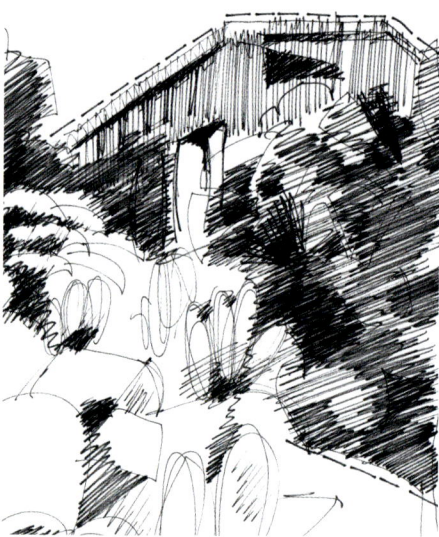

1 Plan tonal y tratamiento de la superficie

Esboza un diagrama tonal y marca las zonas claras y oscuras, además de los bordes suaves y duros. Extiende un medio de textura sobre el templo y las rocas del primer plano y espera a que se seque. Frota el cabo de vela en zonas estratégicas para proteger los toques de luz entre la vegetación.

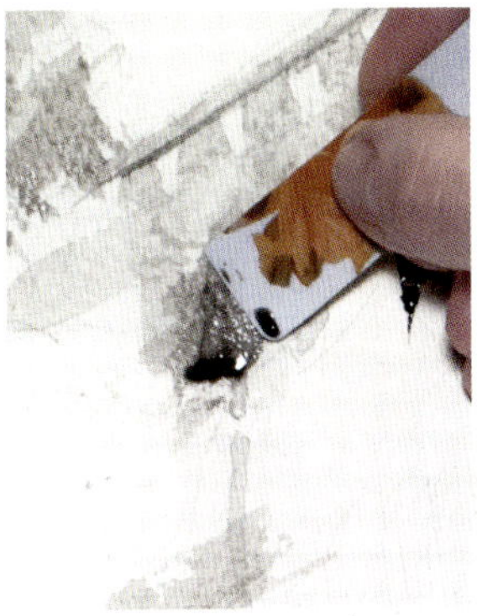

2 Primeras aguadas

Inclina el dibujo. Pinta una aguada sobre el templo y la palmera con el pincel plano y la solución de 2 gotas; conserva los toques de luz. Rasca el papel con una tarjeta de plástico untada en tinta para sugerir matorrales. Deja que la tinta se mueva.

«Usa gotas, salpicaduras y barreras para dar **vida** al dibujo de **tinta**.»

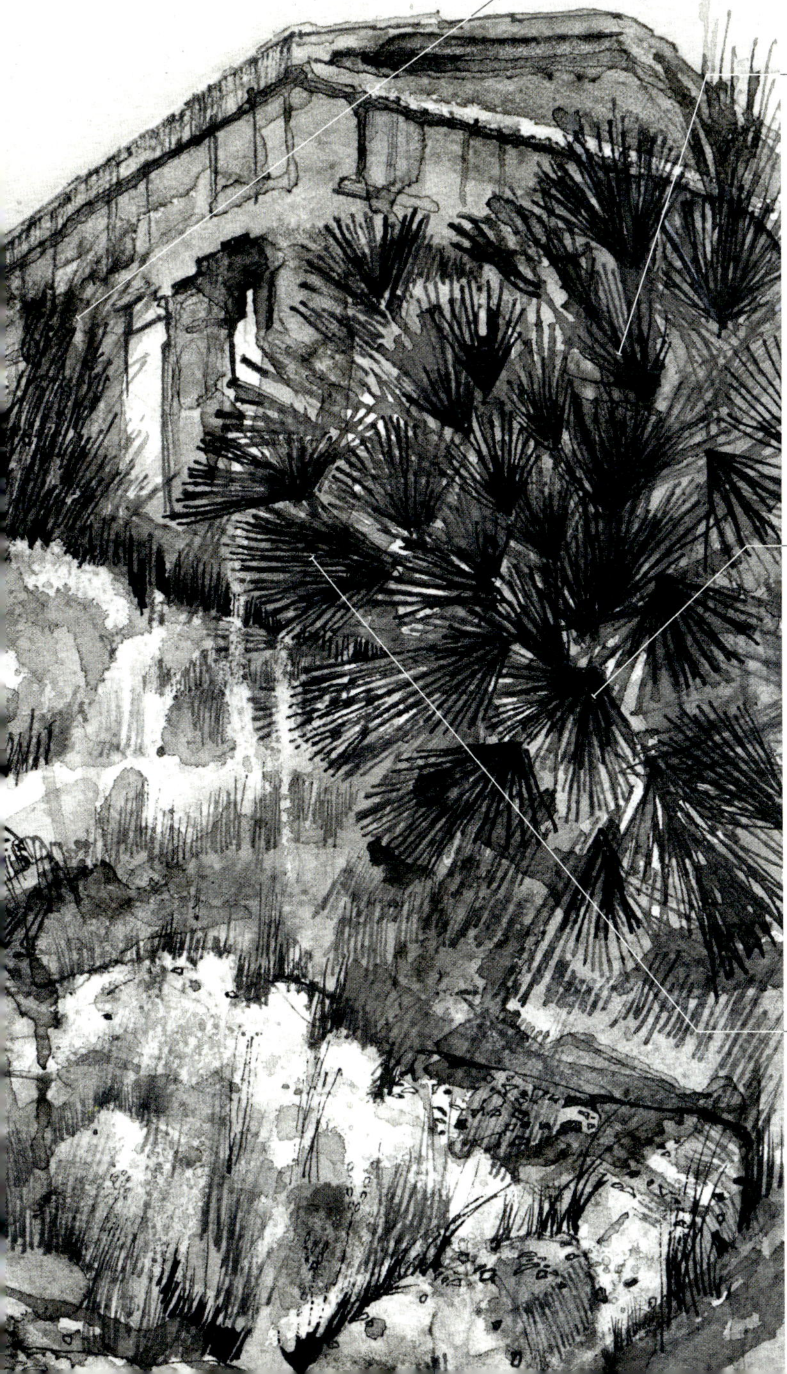

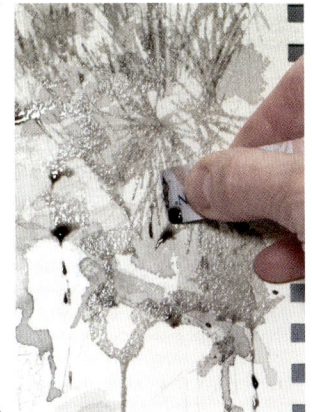

3 Tonos en capas

Dibuja el tejado del templo y las sombras con la plumilla de bambú pequeña y la solución de 2 gotas. Deja caer gotas de la solución 1:1 en las esquinas aún húmedas. Deja que se sequen. Dibuja las palmeras con el borde de la tarjeta cortada. Arrastra la solución de 10 gotas en las zonas rocosas más oscuras.

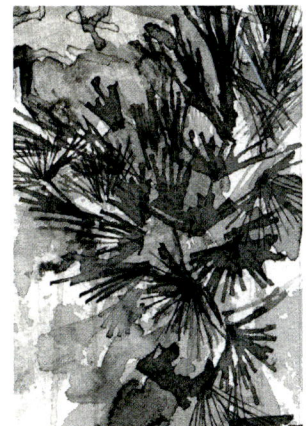

4 Desarrolla el detalle

Consulta el plan tonal y usa la plumilla de bambú grande y la solución de 5 gotas para dejar caer gotas entre la vegetación, oscurecer los tonos y sumar contraste. Refina la palmera. Desarrolla el árbol, los arbustos y las frondas de la palmera con el plumín extrafino y la solución de 5 gotas.

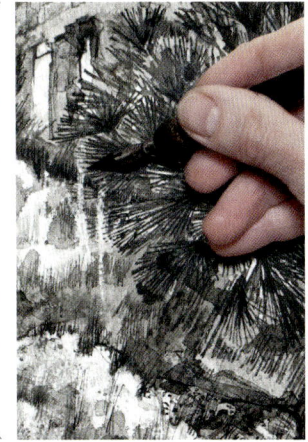

5 Últimos detalles

Salpica las rocas del primer plano y las plantas a media pendiente con la solución de 5 gotas. Añade detalles al primer plano con la plumilla de inmersión y el plumín extrafino. Comprueba el equilibrio entre claros y oscuros en el dibujo. Borra las líneas a lápiz visibles.

Corregir errores

CONVERTIR, ELIMINAR O TAPAR

Aunque corregir la tinta no es tan sencillo como corregir la acuarela, hay varias maneras de salvar un dibujo. Puedes corregir una mancha tapándola como en un *collage*, blanqueándola, rascándola o, sencillamente, incluyéndola en el dibujo final.

■ Collage

Hay casos en los que la mejor opción es tapar el error pegando encima otra capa dibujada de papel con la misma forma e, idealmente, con el mismo papel que en el original o con un papel más ligero del mismo color.

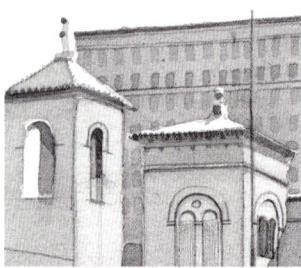

Original antes de la corrección

El artista decidió simplificar los detalles de la base de la torre izquierda. Es fácil sustituir la forma rectangular de una vez.

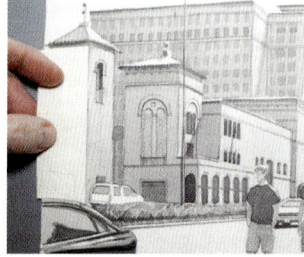

Dar forma

Dibuja alrededor de la forma principal de la zona que vas a corregir. Recorta una pieza idéntica del mismo papel.

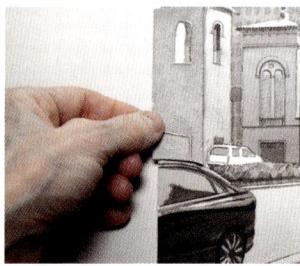

Volver a dibujar

Prepara la nueva pieza con las mismas aguadas que hayas usado en el dibujo original. Pégala con un adhesivo adecuado.

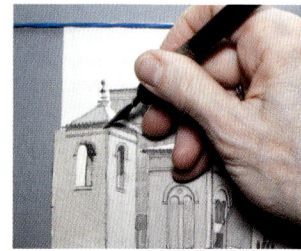

Integrar

Una vez colocada la pieza nueva, redibuja los detalles e intégrala en el resto del dibujo, equiparando las líneas y los tonos.

PONLO EN PRÁCTICA

Las técnicas usadas en este dibujo ayudaron a eliminar manchas y marcas no deseadas, a disimular errores y a recuperar toques de luz perdidos. Se han usado distintos remedios para crear una imagen final definida y clara.

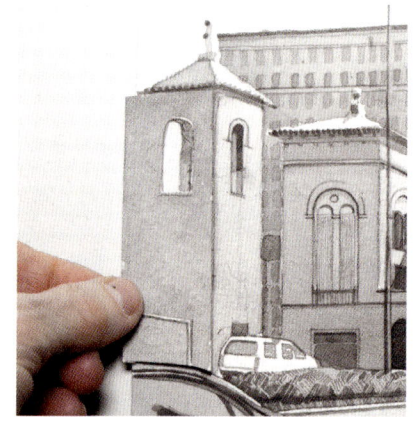

1 Sustituir con un *collage*

Se ha disimulado un error en el muro sustituyéndolo íntegramente con un *collage* y siguiendo las instrucciones de la izquierda. Esta técnica es ideal para áreas extensas, manchas de tinta que hayan impregnado el papel o manchas que se hayan corrido a una capa blanca.

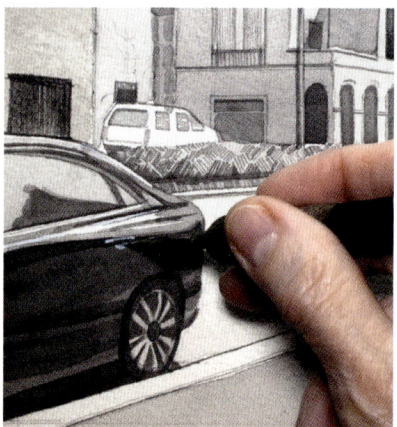

2 Blanquear

Blanquear funciona en áreas relativamente pequeñas donde apenas se necesita volver a dibujar nada, o muy poco. Aquí, se ha usado *gouache* opaco diluido hasta adquirir una consistencia de crema para restaurar los reflejos del coche, que se habían perdido bajo aguadas de tinta previas. Aplícalo con un plumín extrafino.

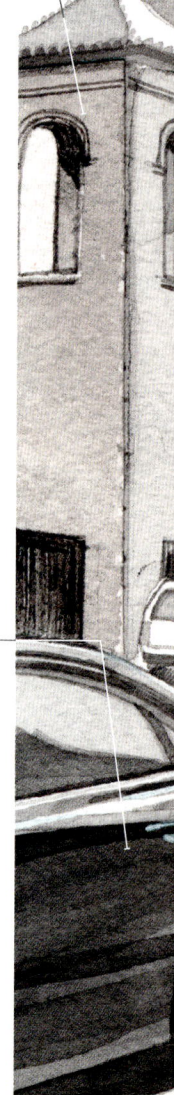

Necesitarás

Lápiz 2B

Tinta china

- Lápiz blando
- Plumilla de inmersión con plumín Hunt 513EF (extrafino)
- Tinta china en varias disoluciones
- *Gouache* blanco permanente Winsor & Newton
- Tijeras
- Adhesivo con base de látex
- Escalpelo
- Goma de borrar
- Papel de acuarela prensado en frío de 300 g/m²

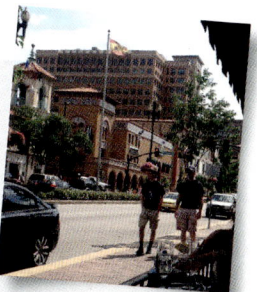
Escena callejera

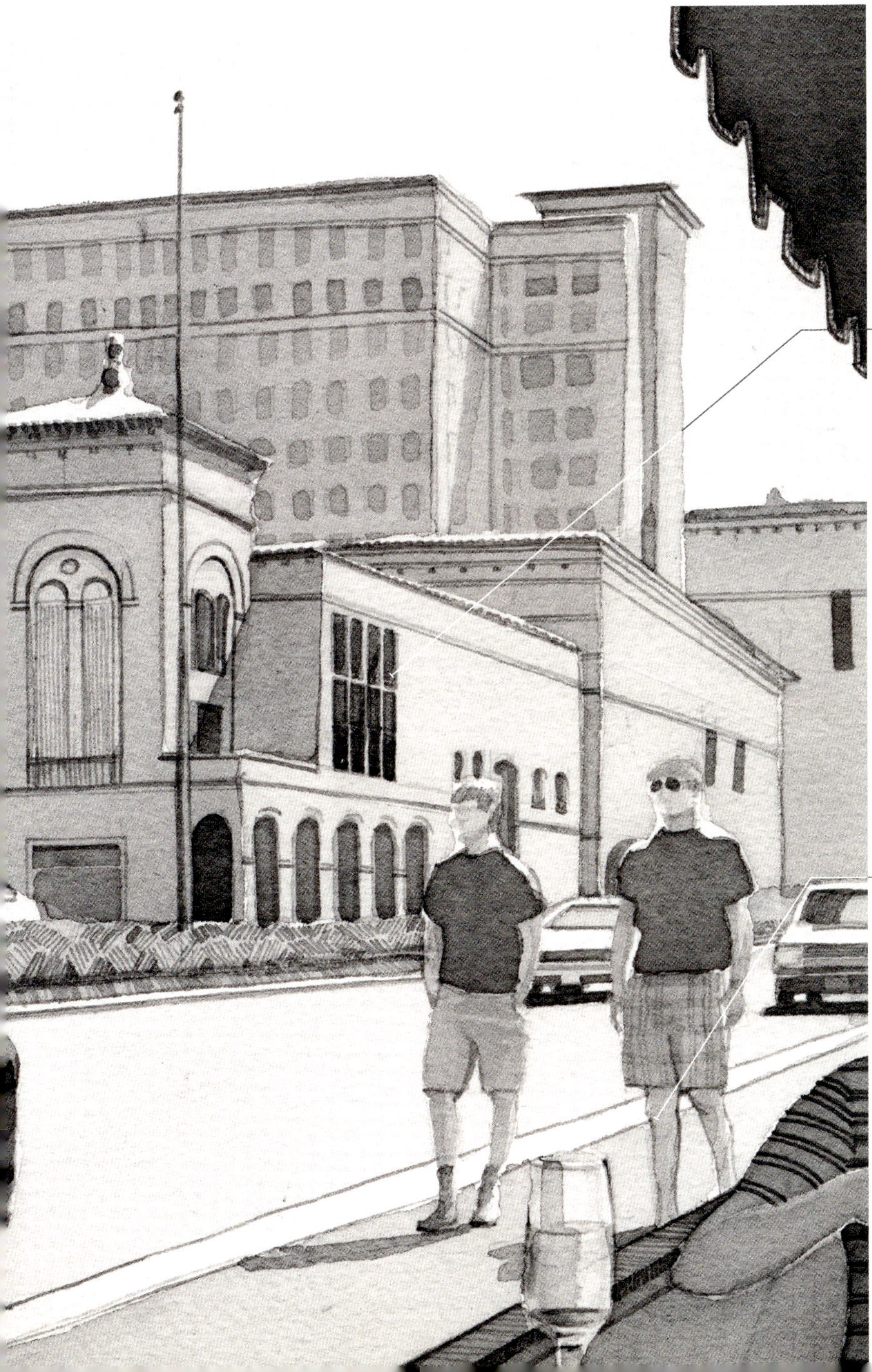

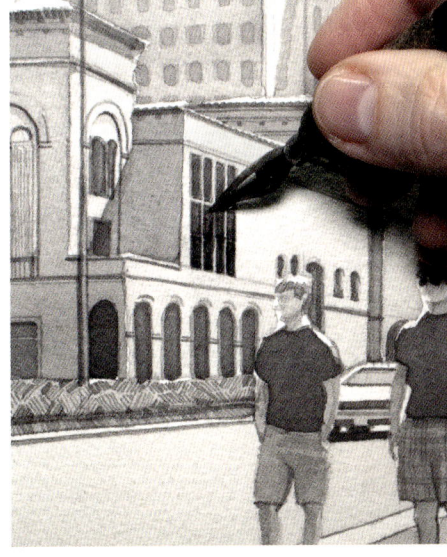

3 Integrar

Disimula errores integrándolos en la escena, por ejemplo convirtiéndolos en figuras, estructuras o patrones de superficie. Aquí, se disimuló una mancha dando un tratamiento nuevo a la ventana. Esboza las ideas para transformar la mancha en una copia del dibujo original, y después usa tinta diluida para las correcciones.

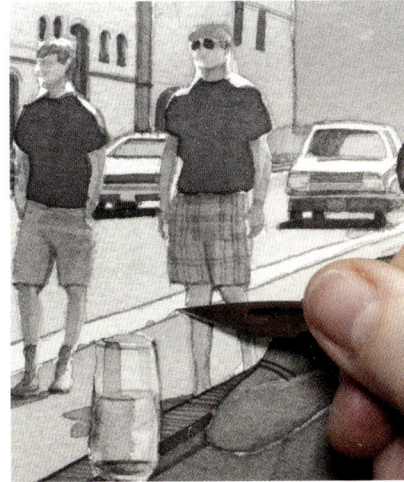

4 Rascar

Rasca con un escalpelo salpicaduras pequeñas que no sean demasiado oscuras ni densas y que no hayan penetrado en el papel. Alterarás la superficie de este, pero no se verá si es una zona pequeña o disimulada. Mantén un escalpelo afilado en un ángulo agudo y rasca las marcas en la superficie. No vuelvas a dibujar sobre la superficie rascada.

Título *Paisaje en la Toscana*

Artista **Cynthia Barlow Marrs**

Técnica **Tinta china, tinta acrílica, plumilla de inmersión, estilógrafo acrílico**

Soporte **Papel de acuarela prensado en frío de 300 g/m²**

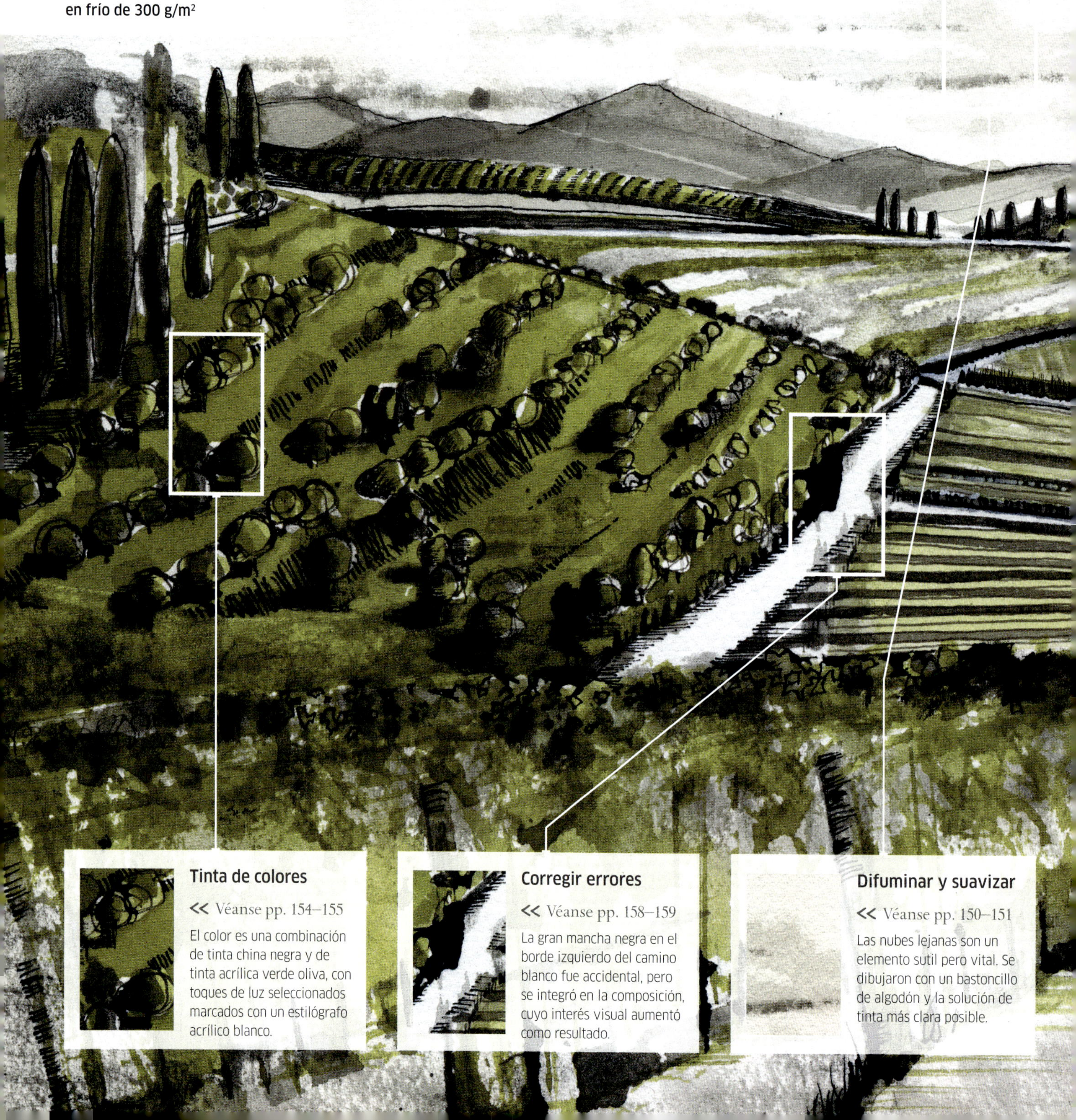

Tinta de colores

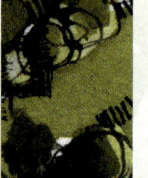

<< Véanse pp. 154–155

El color es una combinación de tinta china negra y de tinta acrílica verde oliva, con toques de luz seleccionados marcados con un estilógrafo acrílico blanco.

Corregir errores

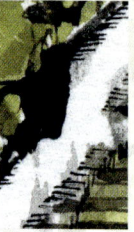

<< Véanse pp. 158–159

La gran mancha negra en el borde izquierdo del camino blanco fue accidental, pero se integró en la composición, cuyo interés visual aumentó como resultado.

Difuminar y suavizar

<< Véanse pp. 150–151

Las nubes lejanas son un elemento sutil pero vital. Se dibujaron con un bastoncillo de algodón y la solución de tinta más clara posible.

Dibujo de muestra

Esta escena rural en la Toscana incluye muchas técnicas avanzadas que permiten captar los ritmos y las texturas del paisaje, desde los viñedos y los campos ondulados del primer plano a los árboles verticales, las nubes y las colinas del fondo.

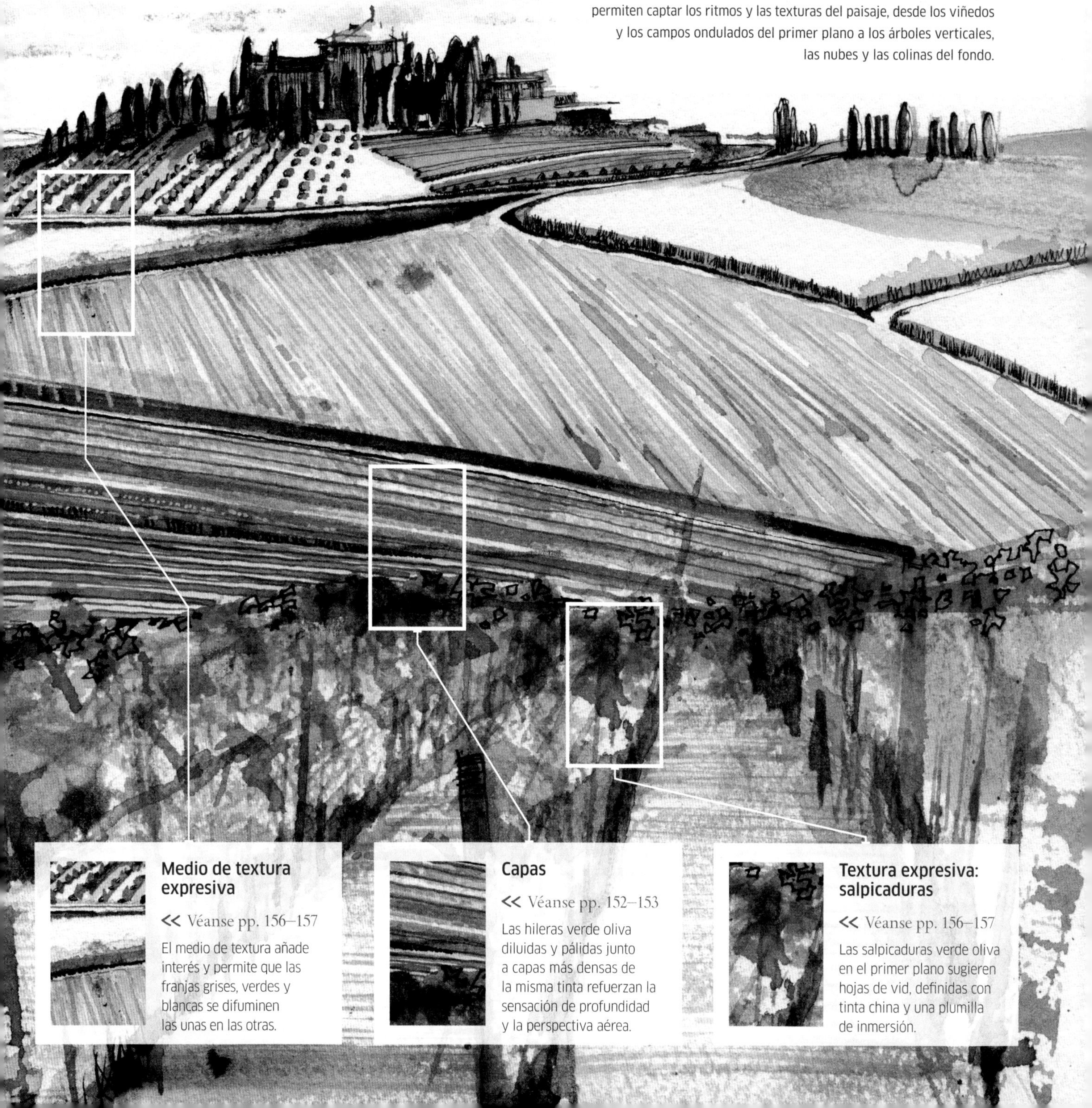

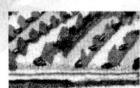

Medio de textura expresiva

« Véanse pp. 156–157

El medio de textura añade interés y permite que las franjas grises, verdes y blancas se difuminen las unas en las otras.

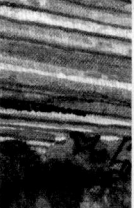

Capas

« Véanse pp. 152–153

Las hileras verde oliva diluidas y pálidas junto a capas más densas de la misma tinta refuerzan la sensación de profundidad y la perspectiva aérea.

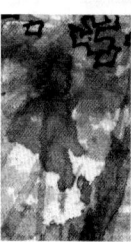

Textura expresiva: salpicaduras

« Véanse pp. 156–157

Las salpicaduras verde oliva en el primer plano sugieren hojas de vid, definidas con tinta china y una plumilla de inmersión.

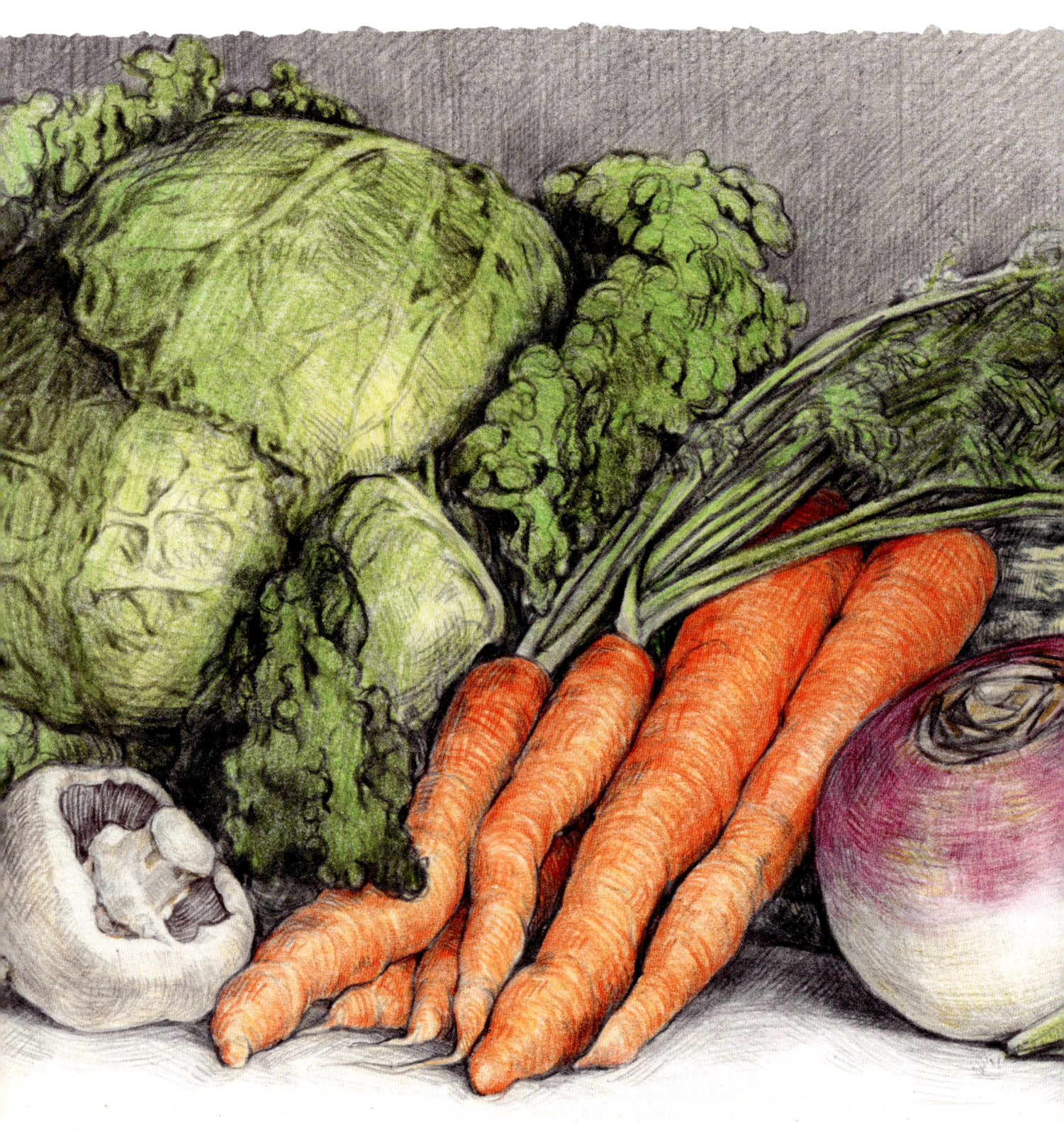

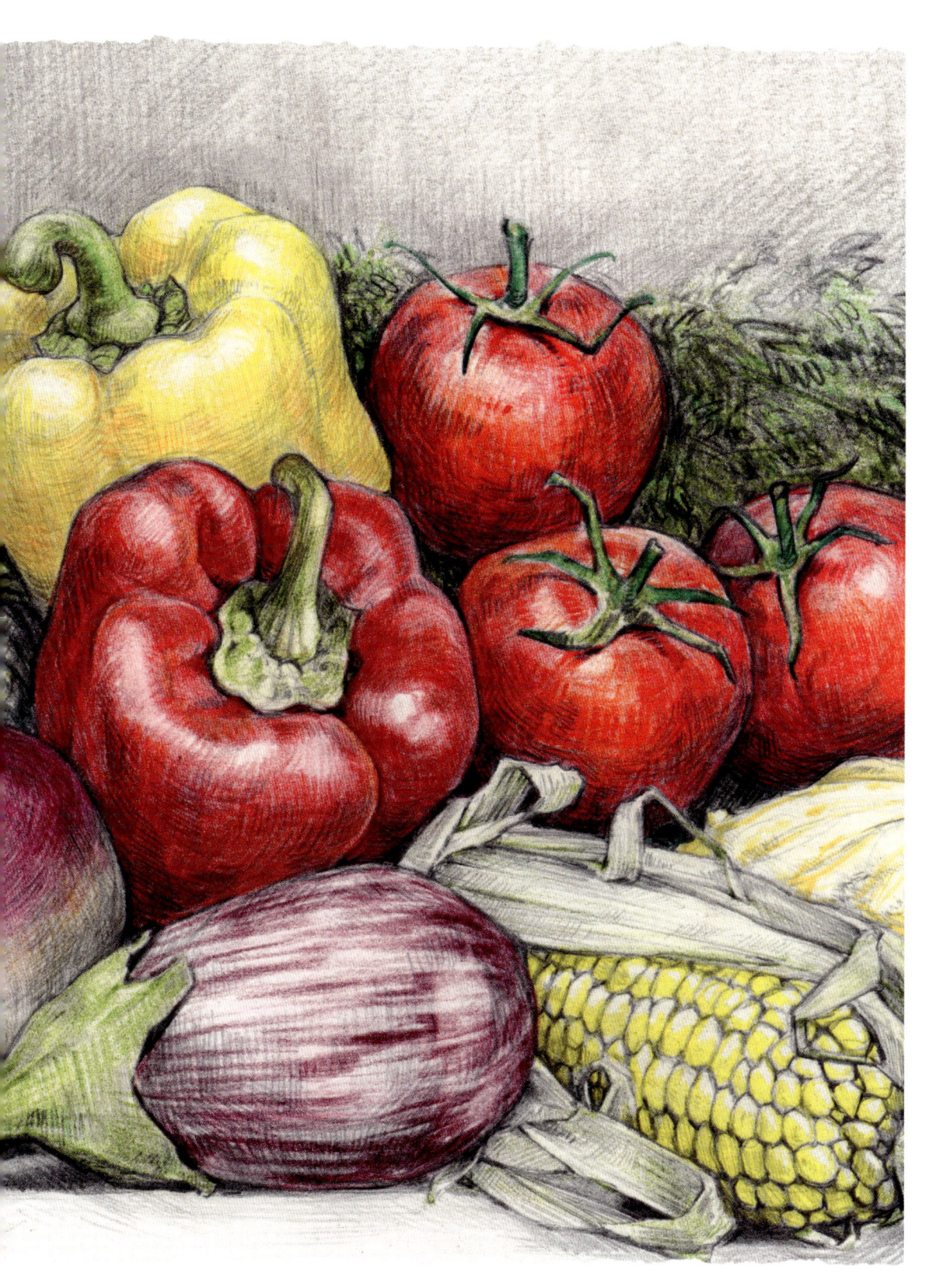

Lápices de colores

Dibujar con **lápices de colores**

A diferencia de los lápices normales, cuya mina es de grafito, la de los lápices de colores está hecha con un pigmento y un aglutinante (suele ser cera). Cualquier persona puede lograr una amplia variedad de marcas y de efectos con lápices de colores y, además, son muy cómodos (apenas ensucian) y están disponibles en mil y un colores. Las diferencias entre la calidad escolar y la calidad artística tienden a reflejar la proporción entre el pigmento y el aglutinante.

En las páginas siguientes leerás acerca de los lápices de colores y del resto de los materiales que necesitarás para comenzar. Luego, practicarás y desarrollarás tus habilidades con 15 técnicas, agrupadas en tres secciones de sofisticación creciente. Cada una de ellas culmina con un dibujo de muestra que plasma las técnicas exploradas.

1 Técnicas de iniciación

■ Véanse pp. 170-181

En esta primera sección aprenderás los fundamentos de la teoría del color y a hacer marcas diversas. Examina los valores tonales monocromos y la diferencia entre los lápices de grafito y los de color. También utilizarás más de un color.

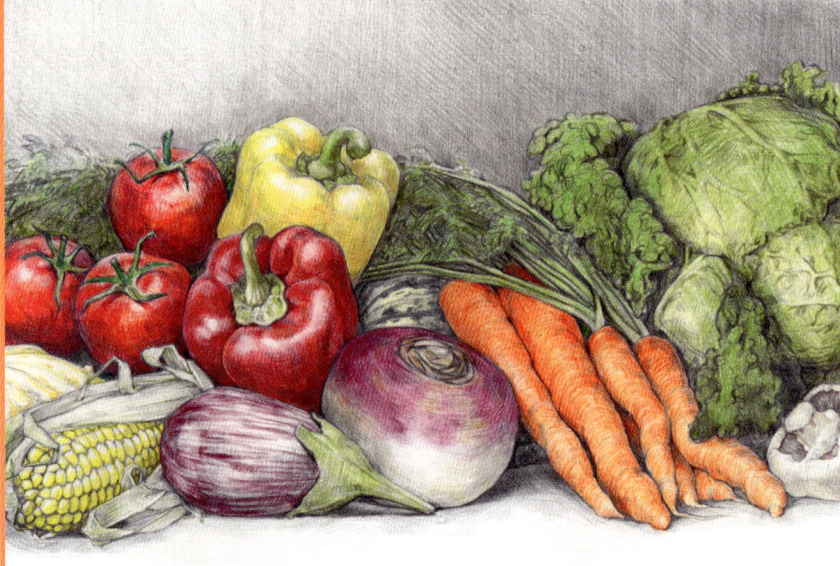

Dibujo de muestra de las técnicas de iniciación (pp. 180-181)

2 Técnicas intermedias

■ Véanse pp. 182-193

En la segunda sección explorarás la mezcla óptica con el punteado, las diferencias entre la luz cálida y la luz fría, cómo mezclar grises neutros, el uso de papel de colores y cómo sugerir texturas como madera o piedra.

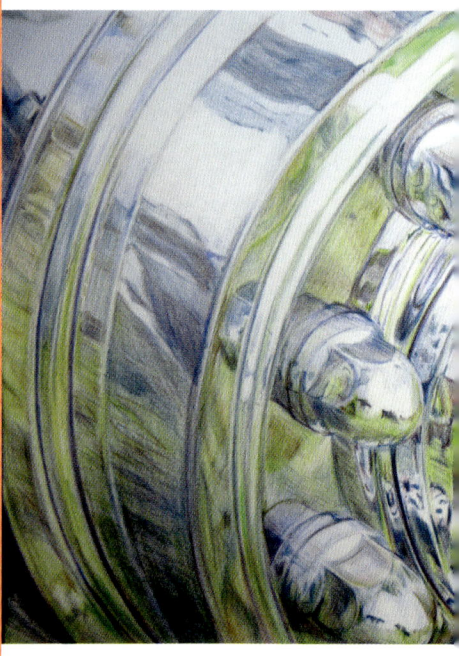

Dibujo de muestra de las técnicas intermedias (pp. 192-1

Uso histórico

La historia de los lápices de colores es sorprendentemente larga. Aunque se desconocen las fechas exactas, hay registros del uso de crayones con base de cera (precursores del lápiz de color moderno) tanto en la Grecia como en la Roma antiguas, en el siglo I d.C. El lápiz de color tal y como lo conocemos hoy apareció mucho después, en el siglo XIX, y se usaba para marcar y revisar los libros de contabilidad. No se empezó a producir con fines artísticos hasta principios del siglo XX. Muchos artistas contemporáneos usan lápices de colores como parte de su repertorio. Por ejemplo, David Hockney los usa en muchos retratos y estudios.

Permanentes y vibrantes

Los lápices de colores desprenden una capa de pigmento impregnado en cera (u otro aglutinante moderno). A diferencia de la capa de grafito que dejan los lápices estándar, borrar o difuminar la capa cerosa de un lápiz de color no es tarea fácil, lo cual la hace más permanente. Por ejemplo, los retratos de momias de El Fayum, pintados en el Egipto antiguo con pigmentos suspendidos en cera se han conservado hasta hoy casi con la misma vividez y detalle que cuando se terminaron.

Opciones de color

Para los colores más intensos, opta por lápices profesionales de calidad artística. Incluso con una paleta básica, los podrás mezclar en la página y crear un abanico casi infinito de tonos, sombras y matices adecuados para cualquier tema. Si quieres llevar tu técnica aún más allá, usa lápices acuarelables para pintar aguadas o difuminar tonos suaves.

3 Técnicas avanzadas

■ Véanse pp. 194-205

Esta sección profundiza en técnicas diversas y en el dibujo expresivo. Aprenderás a reflejar distintos tonos de piel y a dibujar con lápices acuarelables y con lápices de colores en combinación con otros medios o técnicas.

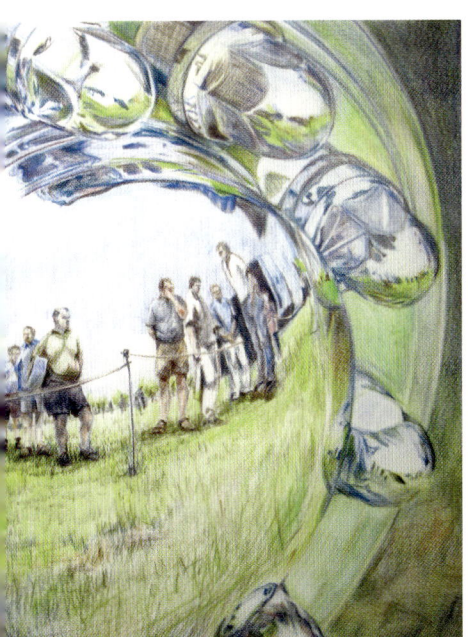

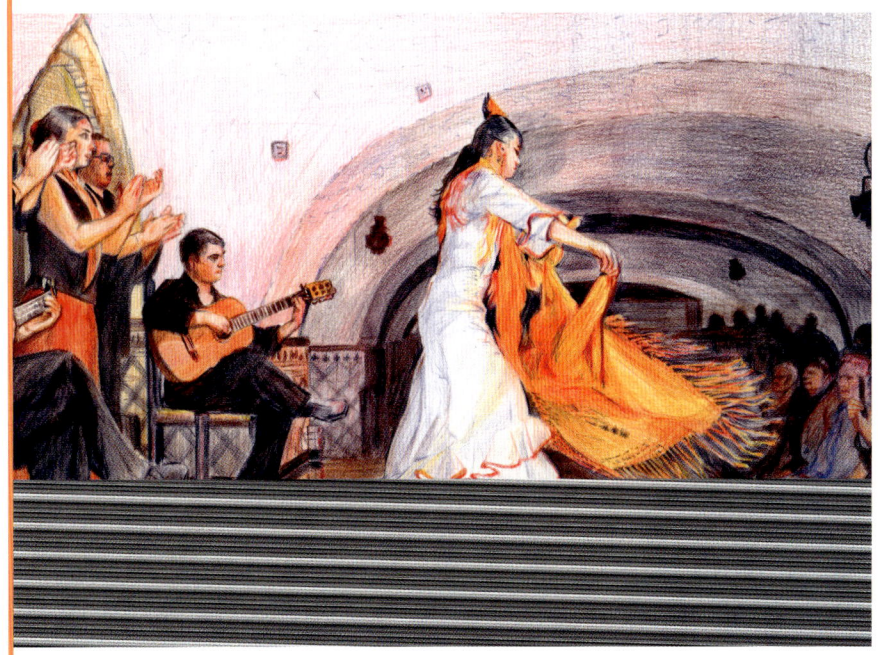

Dibujo de muestra de las técnicas avanzadas (pp. 204-205)

Lápices de colores

ELEGIR LA PALETA DE LÁPICES

Hay una amplísima variedad de lápices de colores, desde sets básicos para escolares a sets de calidad profesional y lápices acuarelables o con base de tinta. La decisión dependerá de qué quieras lograr, pero elige siempre lápices de buena calidad, que garantizarán la máxima intensidad y potencia de color.

De todos los medios o técnicas de dibujo, los lápices de colores son los que ofrecen el rango de calidades más amplio, desde sets increíblemente básicos para niños hasta colores especializados y vibrantes para artistas expertos. Una de las ventajas de este medio es que la paleta es personalizable y puedes elegir los colores que necesites para cada tema concreto.

Calidad y saturación

La concentración de pigmento es superior en los lápices de calidad artística que en las versiones más asequibles. Los pigmentos de los lápices de más calidad se han molido más finamente y producen colores más ricos y uniformes. Los colores varían en función de la marca y de la proporción entre pigmento y aglutinante. Como principiante, lo mejor es comenzar con un set básico y relativamente barato, pero de una marca conocida: cuando avances, aprenderás por ensayo y error qué marcas te encajan mejor, y ya comprarás lápices más caros a medida que te especialices.

Sets de lápices

Todos los lápices de colores están disponibles en cajas o sets de colores preseleccionados y también se pueden comprar individualmente.

Los sets de color genéricos tienen un número concreto de colores (12, 24, 36 y hasta 120), mientras que otros más pequeños se centran en rangos de color concretos, como los adecuados para tonos de piel en retratos o verdes terrosos para paisajes. De todos modos, si comienzas y quieres probar dibujos variados, opta por un set genérico.

Lápices especializados

Además de los lápices de colores estándar, hay también lápices con cualidades especiales. Los lápices acuarelables se aplican como un lápiz de color normal,

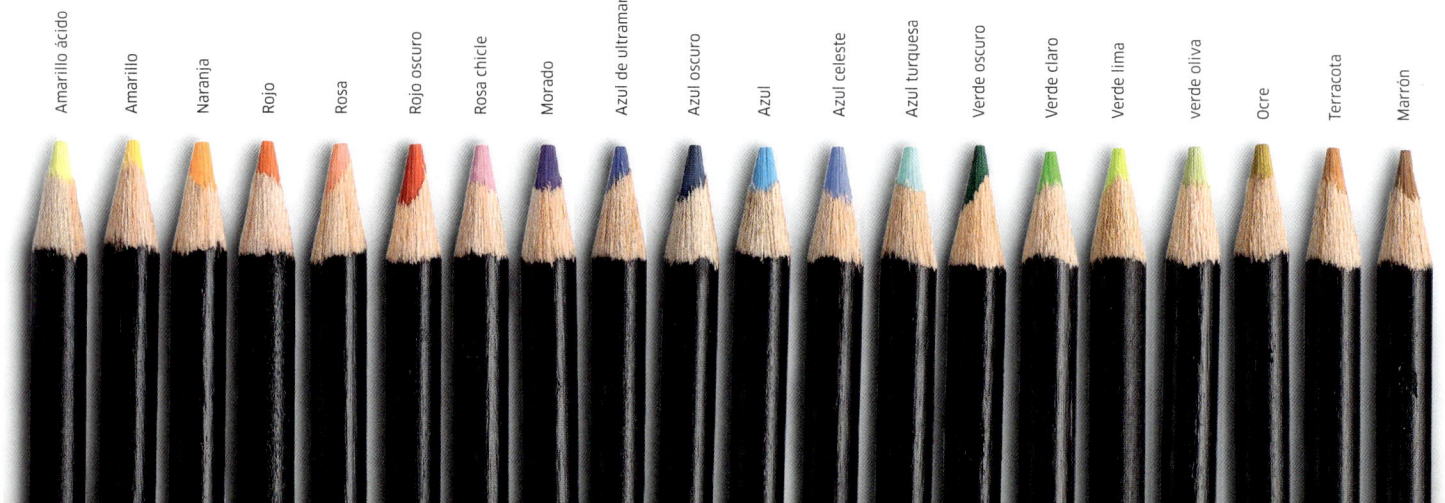

Amarillo ácido · Amarillo · Naranja · Rojo · Rosa · Rojo oscuro · Rosa chicle · Morado · Azul de ultramar · Azul oscuro · Azul · Azul celeste · Azul turquesa · Verde oscuro · Verde claro · Verde lima · verde oliva · Ocre · Terracota · Marrón

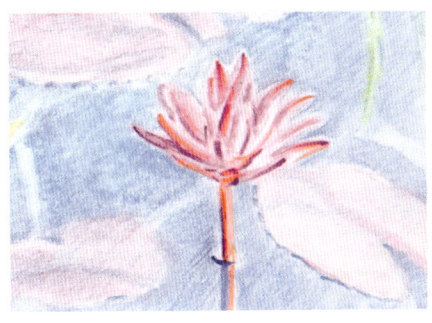
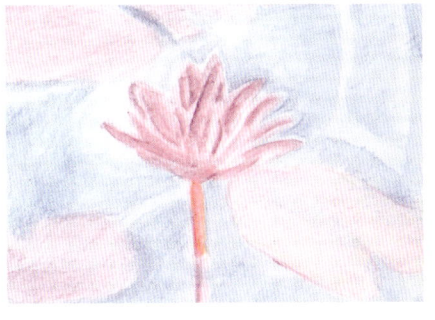
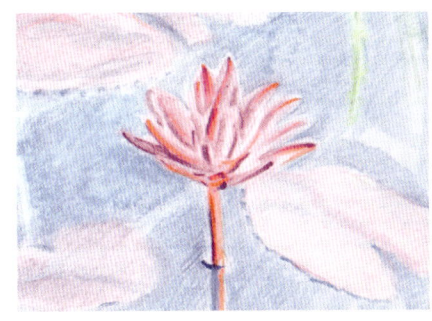

Lápiz acuarelable seco

Aplica el lápiz acuarelable tal y como aplicarías un lápiz normal. Sombrea y difumina para aplicar capas de pigmento sobre el papel. Los colores son suaves y tenues.

Aplicar agua

Impregna de agua limpia un pincel para acuarela y aplícalo sobre las marcas, para disolver el pigmento y crear una aguada. Muévela para difuminar el color o crear un tono sólido.

Dibujar sobre papel húmedo

Consigue colores ricos e intensos dibujando sobre papel húmedo con lápiz acuarelable o humedeciendo la punta de este. Espera a que la primera capa se haya secado para que el color no se corra.

pero se comportan como acuarelas cuando se añade agua a la marca. La mina de los lápices acuarelables es blanda y permite mezclarlos y trabajar en capas cuando se secan, por lo que, al añadir agua, puedes lograr efectos diversos, desde delicadas aguadas hasta imágenes potentes.

Por otro lado, también puedes aplicar lápices acuarelables sobre papel húmedo para crear marcas de colores intensos. No son permanentes y, cuando el color se haya secado, lo puedes humedecer de nuevo para moverlo. Estos lápices son más precisos que los pinceles y, como son muy prácticos, son ideales

para esbozar en colores secos al aire libre y, luego, de vuelta en casa, trabajarlos con aguadas.

Los lápices Inktense son lápices de colores intensos y acuarelables basados en tinta, no en pigmentos. Cuando las marcas de un Inktense se secan, el color es permanente y se puede trabajar en capas con otros medios, por lo que son muy versátiles. También hay bloques Inktense, que se pueden usar de un modo parecido a los pasteles (pp. 220-221).

Los lápices de colores combinan muy bien con otros medios y, por ejemplo, permiten trabajar sobre una capa de pastel y añadir toques finales en *gouache*.

> «Hay lápices de colores de múltiples calidades. Elige un set de buena calidad con una concentración de pigmento elevada.»

Paleta básica

Un set de 24 colores contendrá un abanico de color amplio y equilibrado, adecuado para la mayoría de los temas.

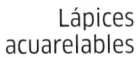
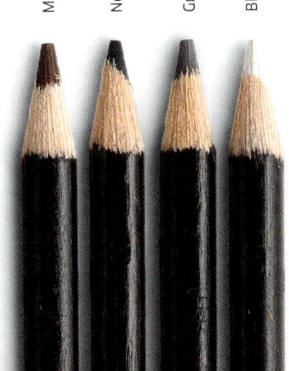

Marrón oscuro · Negro · Gris · Blanco

Rojo cadmio · Naranja · Amarillo cadmio · Azul turquesa · Verde lima · Verde claro · Azul · Azul de ultramar · Violeta · Rosa chicle · Marrón · Negro

Lápices acuarelables

El pigmento de los lápices acuarelables se disuelve en agua y produce aguadas suaves y colores difuminados.

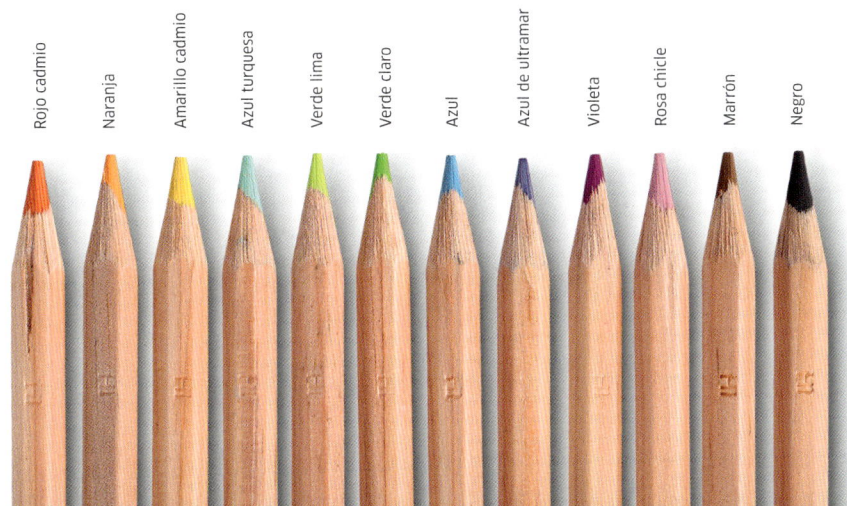

Soportes y otros materiales

ELEGIR LA SUPERFICIE SOBRE LA QUE DIBUJAR

Una vez elegidos los lápices de colores, tendrás que elegir el papel y el resto de los materiales que necesitas para terminar el dibujo sin problemas. Ten en cuenta la superficie de dibujo, los soportes en los que dibujar, los sacapuntas y los pinceles que usarás con los lápices acuarelables.

Es importante que tengas en cuenta la superficie sobre la que dibujarás. Hay papeles de todos los tipos: si son demasiado finos para lo que quieres conseguir, se pueden rasgar; si son demasiado ásperos, es posible que el color no fluya con la facilidad suficiente.

Papel para lápices de colores

El papel de dibujo estándar es muy accesible. El peso (y el grosor) se miden en gramos por metro cuadrado (g/m^2). El papel de 130 g/m^2 es ideal, porque es lo bastante fuerte como para no rasgarse y retiene bien el color. El papel de acuarela, que también se mide en g/m^2, es una buena opción para trabajar con lápices acuarelables. Está disponible prensado en caliente (superficie lisa) o en frío (superficie con textura y grano). Tanto si eliges papel de acuarela liso como si lo eliges con textura, que sea de unos 250 g/m^2, para que no se rasgue cuando lo humedezcas con agua.

También puedes comprar papel de color, que puede ser muy útil a la hora de evaluar colores y de entender cómo interactúan entre ellos. El papel de color utilizado como fondo o tono medio añade otra dimensión a los dibujos a color.

Sacapuntas

Los sacapuntas son esenciales, porque colorear y sombrear desgasta rápidamente la punta del lápiz. Los hay de muchos tipos, y cuál elijas dependerá de cuán afilada necesites la punta y dónde vayas a trabajar. Si trabajas en un estudio, los sacapuntas de escritorio son los mejores. Los sacapuntas manuales pequeños son perfectos para dibujar y esbozar al aire libre. Aunque la técnica exige algo de práctica, la mejor manera de controlar la longitud y el grosor de la punta es usar un cúter.

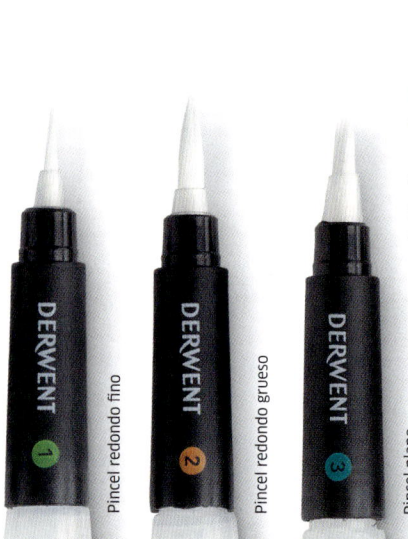

Pinceles con depósito de agua
El depósito de agua hace que estos pinceles sean ideales para trabajar al aire libre con lápices acuarelables.

Pincel redondo fino

Pincel redondo grueso

Pincel plano

Pinceles
Un set de pinceles redondos y planos es un buen punto de partida para las aguadas con lápices acuarelables. Su forma te permite tanto trabajar con detalle como trazar pinceladas más amplias.

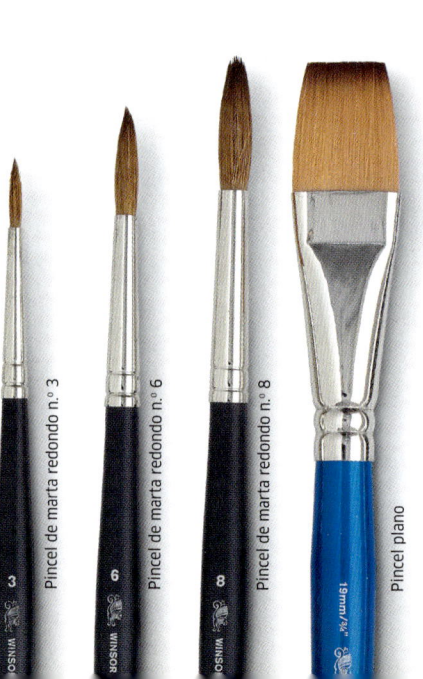

Pincel de marta redondo n.º 3

Pincel de marta redondo n.º 6

Pincel de marta redondo n.º 8

Pincel plano

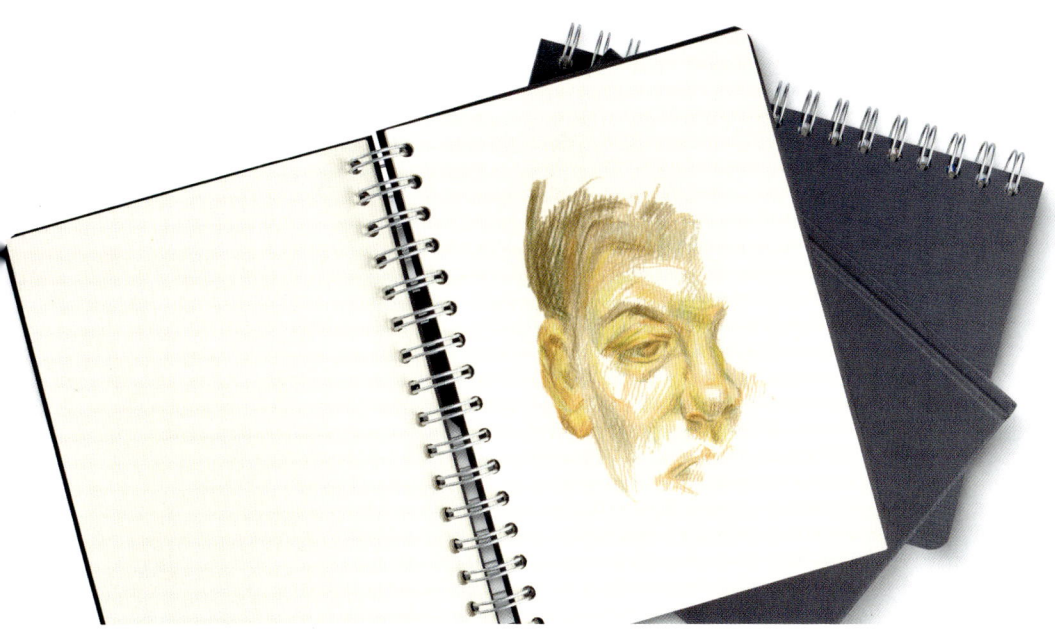

Cuadernos de bocetos

Puedes elegir desde cuadernos de bolsillo para bocetos rápidos hasta cuadernos de gran tamaño, ideales para retratos o dibujos en vivo. La encuadernación en espiral permite que la página permanezca plana mientras trabajas.

Superficies de dibujo

Si vas a dibujar al aire libre, los cuadernos de bocetos son la superficie portátil ideal. Se presentan en distintos tamaños y encuadernaciones (tapa dura o blanda, en espiral...) y con papel de distintos tipos. Si vas a usar lápices acuarelables, asegúrate de que la calidad del papel sea suficiente para tolerar marcas difuminadas y agua.

Si trabajas con hojas sueltas, te será especialmente útil fijar con pinzas o cinta de carrocero el papel a la tabla de dibujo, para que no se mueva y no te veas obligado a sujetarlo con la mano.

Asegúrate de que la tabla sea lisa y plana, porque, de otro modo, la textura se grabará en el papel.

Pinceles

Podrás elegir entre multitud de pinceles para trabajar con lápices acuarelables o Inktense, porque hay casi tantos como lápices de colores. Si acabas de empezar, comienza con un set básico de pinceles de acuarela de punta redonda de varios tamaños. A medida que avances, prueba pinceles específicos que se ajusten a tus necesidades concretas.

También puedes elegir el tipo de fibra del pincel. Los de más calidad son de pelo de marta y mantienen bien la forma y retienen mucha agua. Si vas a trabajar con lápices acuarelables, los pinceles de fibras sintéticas o mixtas son de calidad suficiente para la mayoría de las tareas.

Los pinceles con depósito de agua son fantásticos para trabajar al aire libre. El depósito se llena de agua y se adapta a pinceles de distintas formas. Humedece la punta de un lápiz acuarelable para cargar el pincel de color o úsalo para humedecer marcas secas y convertirlas en aguadas.

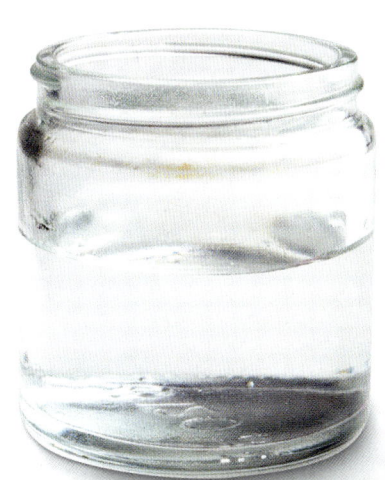

Frascos de agua

Si trabajas con lápices acuarelables, ya sea en casa o en el estudio, necesitarás un frasco de agua limpia. Cámbiala siempre entre aguadas para no ensuciar los colores.

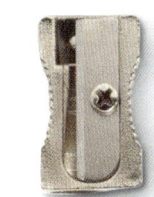

Sacapuntas

Ten siempre a mano una herramienta para afilar, ya sea un sacapuntas clásico o un cúter. Necesitarás puntas limpias para dibujar los detalles. Y también las puedes personalizar para colorear o trazar líneas de grosores distintos.

La teoría del color en la práctica

LÁPICES DE COLORES Y ESPACIO CROMÁTICO

Los lápices de colores se fabrican en una enorme variedad de colores, tintas y sombras. Elegir el color «correcto» para cada ocasión puede ser complicado, pero, si ordenas los lápices por valor (claros u oscuros) y saturación (intensos o apagados), evaluar su idoneidad y elegir el tono adecuado para cada dibujo te será más fácil.

■ El espacio cromático

El espacio cromático permite identificar los colores en función de cómo se perciben, y también te ayudará a evaluar los valores relativos de los lápices de colores y de las tintas y sombras que crees. Clasifica los colores en función de tres propiedades: tono (lo que se suele llamar color); saturación (lo intenso o apagado que es el color) y valor (lo claro u oscuro que parece). Puedes usar los tres criterios para ubicar cualquier color en el espacio cromático: imagina una esfera tridimensional en la que los colores saturados ocupan el «ecuador» y se apagan a medida que se acercan hacia el núcleo, mientras que se aclaran hacia el «norte» y se oscurecen hacia el «sur».

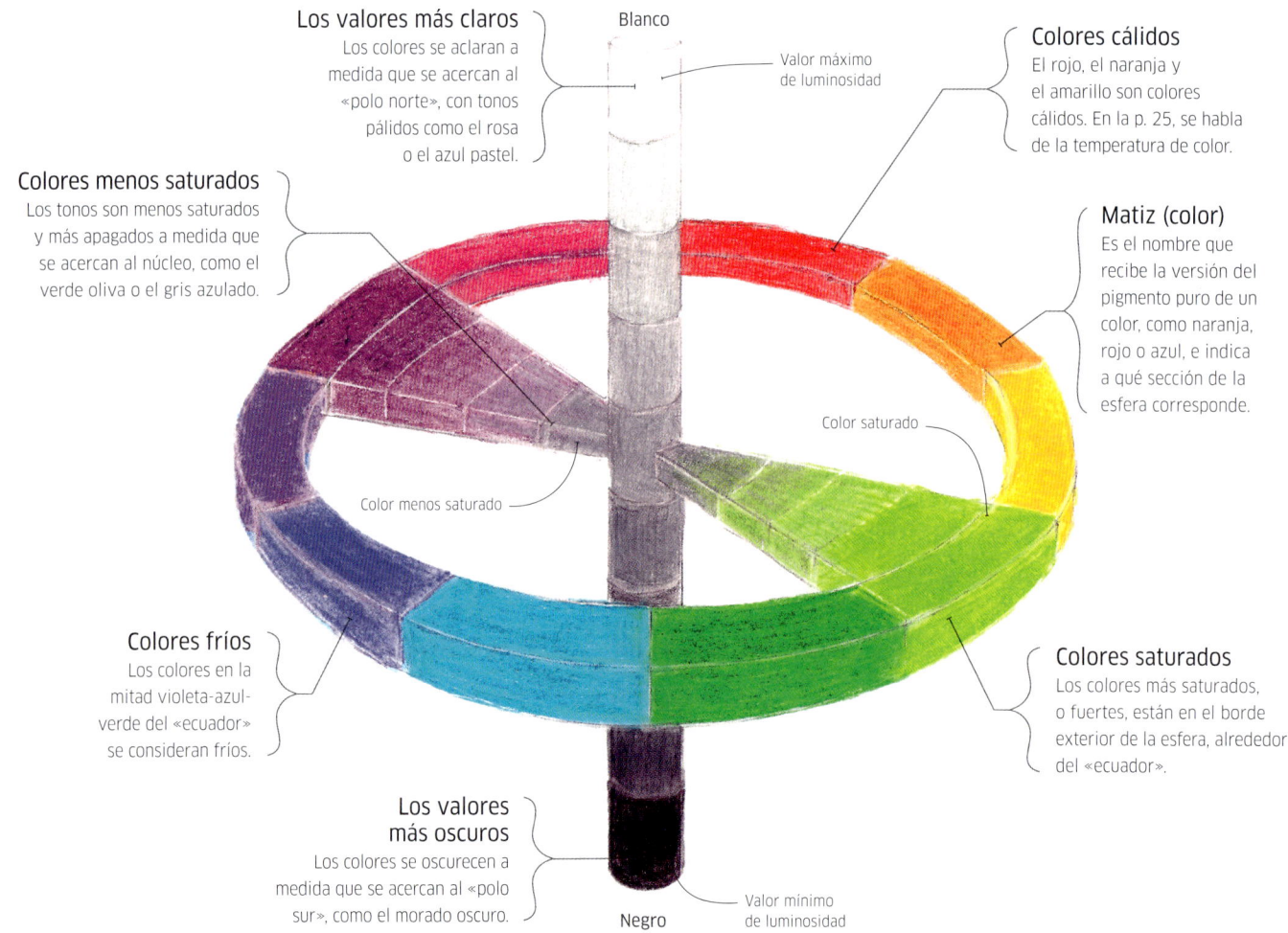

Los valores más claros
Los colores se aclaran a medida que se acercan al «polo norte», con tonos pálidos como el rosa o el azul pastel.

Blanco

Valor máximo de luminosidad

Colores cálidos
El rojo, el naranja y el amarillo son colores cálidos. En la p. 25, se habla de la temperatura de color.

Colores menos saturados
Los tonos son menos saturados y más apagados a medida que se acercan al núcleo, como el verde oliva o el gris azulado.

Matiz (color)
Es el nombre que recibe la versión del pigmento puro de un color, como naranja, rojo o azul, e indica a qué sección de la esfera corresponde.

Color saturado

Color menos saturado

Colores fríos
Los colores en la mitad violeta-azul-verde del «ecuador» se consideran fríos.

Colores saturados
Los colores más saturados, o fuertes, están en el borde exterior de la esfera, alrededor del «ecuador».

Los valores más oscuros
Los colores se oscurecen a medida que se acercan al «polo sur», como el morado oscuro.

Negro

Valor mínimo de luminosidad

■ El círculo cromático

El círculo cromático es una manera de ordenar los colores. El tradicional comienza con tres colores primarios (rojo, amarillo y azul) y puede incluir colores secundarios obtenidos mezclando dos primarios (naranja, verde y morado) y colores intermedios. En realidad, la distribución de los colores primarios y secundarios no se corresponde con cómo percibimos el color. En este círculo cromático más preciso, el rojo complementa al azul-verde, el azul es el complemento del naranja y el azul-violeta y el amarillo se complementan entre sí.

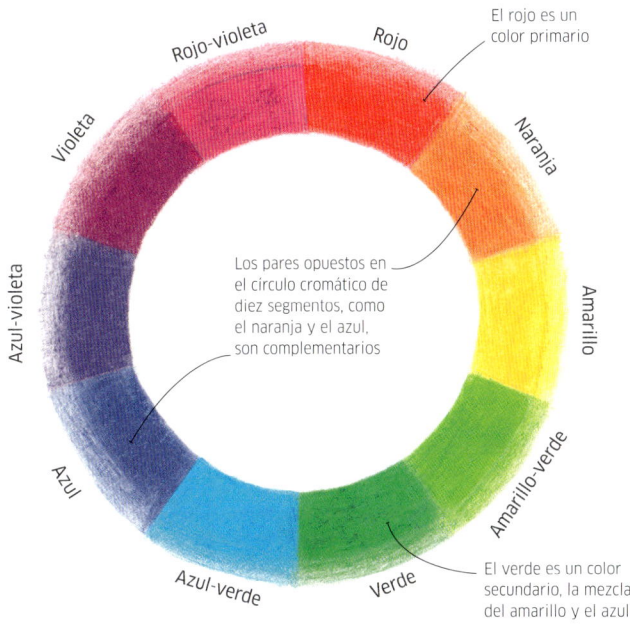

Rojo-violeta · Rojo

Violeta

Azul-violeta

Azul

Azul-verde

Verde

Amarillo-verde

Amarillo

Naranja

El rojo es un color primario

Los pares opuestos en el círculo cromático de diez segmentos, como el naranja y el azul, son complementarios

El verde es un color secundario, la mezcla del amarillo y el azul

El círculo cromático de diez segmentos

El círculo cromático de seis segmentos (pp. 24–25) es un modelo poco preciso de cómo vemos el color en realidad. Este, de diez segmentos, amplía la distribución del azul-verde y tiene complementarios más precisos.

Ordenar los lápices de colores

Compara tus lápices con el círculo cromático y usa la teoría del espacio cromático para ubicar los colores más apagados y oscuros hacia el centro, y las tintas más brillantes y claras, hacia el exterior.

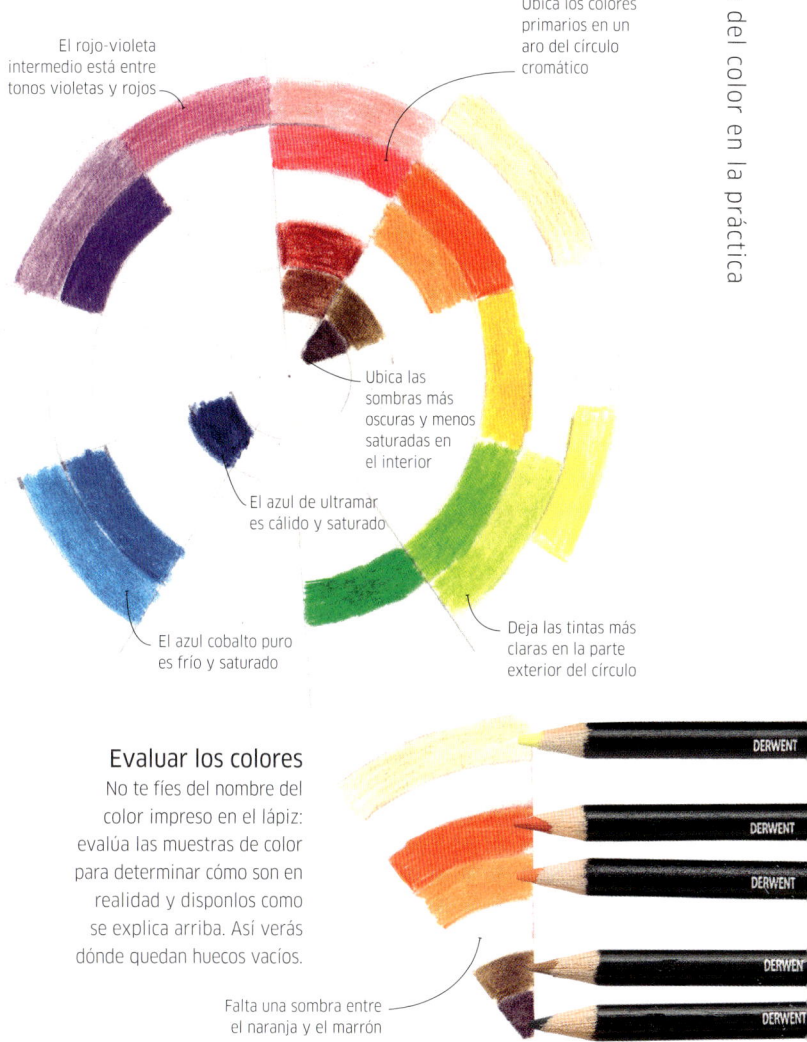

El rojo-violeta intermedio está entre tonos violetas y rojos

Ubica los colores primarios en un aro del círculo cromático

Ubica las sombras más oscuras y menos saturadas en el interior

El azul de ultramar es cálido y saturado

El azul cobalto puro es frío y saturado

Deja las tintas más claras en la parte exterior del círculo

Evaluar los colores

No te fíes del nombre del color impreso en el lápiz: evalúa las muestras de color para determinar cómo son en realidad y disponlos como se explica arriba. Así verás dónde quedan huecos vacíos.

Falta una sombra entre el naranja y el marrón

■ Crear tintas y sombras a partir de un matiz (color)

Si trabajas con lápices de colores, puedes ampliar un mismo color en una escala de tintas y de sombras con solo variar la presión y la cantidad de capas que aplicas. Para empezar, practica con ajustar la presión y descubre cuán fuertes o sutiles puedes hacer las marcas con un mismo lápiz.

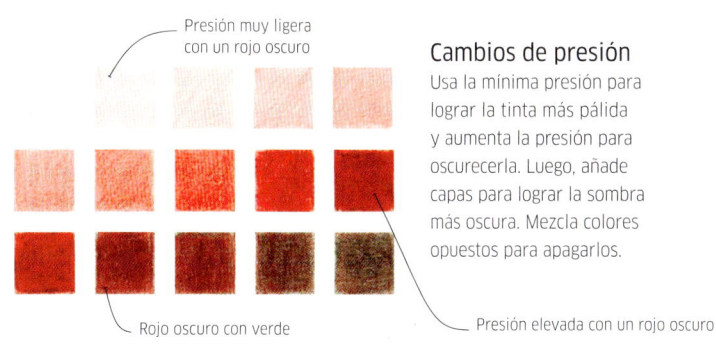

Presión muy ligera con un rojo oscuro

Cambios de presión

Usa la mínima presión para lograr la tinta más pálida y aumenta la presión para oscurecerla. Luego, añade capas para lograr la sombra más oscura. Mezcla colores opuestos para apagarlos.

Rojo oscuro con verde

Presión elevada con un rojo oscuro

Marcas expresivas

MARCAS VARIADAS QUE AÑADEN INTERÉS A LAS SUPERFICIES

Algunos dibujantes disfrutan difuminando los colores de los lápices para no dejar marcas evidentes en el dibujo acabado. Otros prefieren aprovechar las propiedades de los lápices para dejar marcas y lograr así distintas texturas y efectos en la superficie de su trabajo. Los observadores tenderán a prestar más atención a las marcas detalladas entre zonas más imprecisas.

PONLO EN PRÁCTICA

Se han usado marcas diversas para sugerir la piel suave y aterciopelada del caballo, con la crin y la cola largas y sueltas, los cascos lisos y duros y el detalle de la brida. Pero antes se ha dibujado la forma básica.

Necesitarás

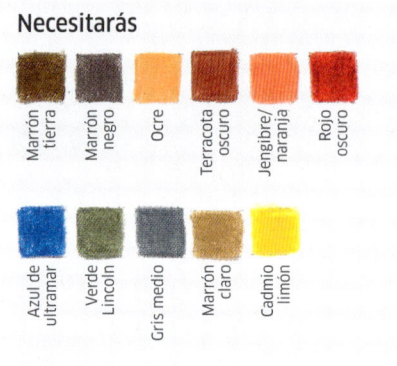

Marrón tierra · Marrón negro · Ocre · Terracota oscuro · Jengibre/naranja · Rojo oscuro

Azul de ultramar · Verde Lincoln · Gris medio · Marrón claro · Cadmio limón

- Lápices de colores
- Papel de acuarela prensado en caliente de 300 g/m²

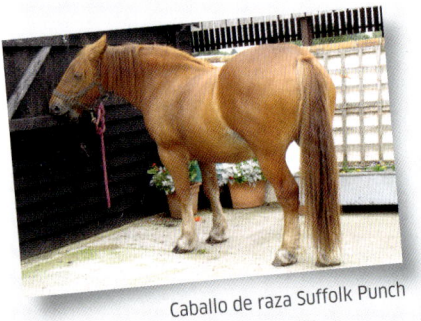

Caballo de raza Suffolk Punch

1 Dibujo subyacente
Define las formas principales. Aunque la mejor manera de aprender es dibujar a mano alzada, puedes calcar o usar una cuadrícula. Si has usado un lápiz de grafito, una vez acabado el dibujo, retira el exceso dando toquecitos con una goma amasable o con Blu Tack (masilla adhesiva) sobre toda la imagen, para dejar líneas muy sutiles.

2 Define los valores tonales
Mantén el lápiz bien afilado. Trabaja con suavidad para definir las principales áreas de valor tonal con un marrón apagado. Haz marcas sueltas y piensa en cómo la dirección y la calidad de las marcas te puede ayudar a describir el sujeto.

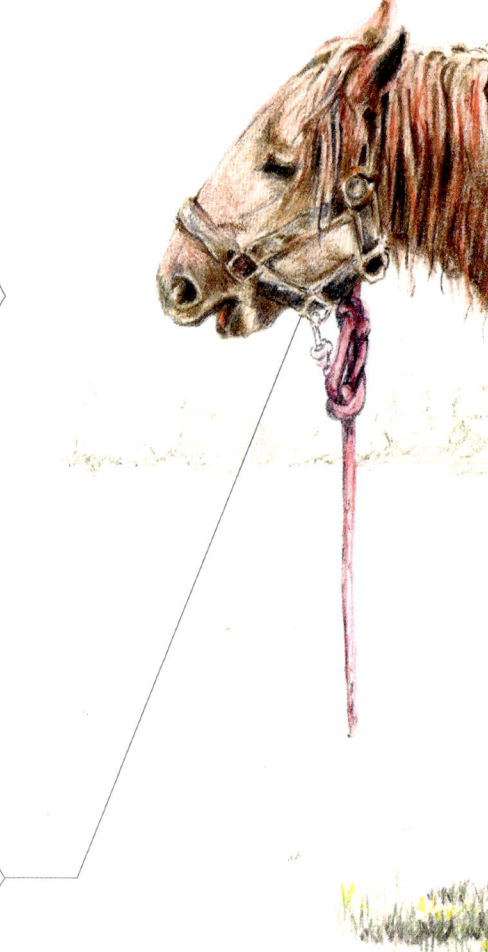

■ Marcas con lápiz

Las marcas pueden estar ordenadas (rayado direccional o elipses superpuestas) o ser aleatorias (rayado omnidireccional o garabatos). Los trazos ahusados te permitirán añadir detalles o ajustar con facilidad distintas zonas del dibujo. Te será más fácil controlar las marcas con lápices de colores si trabajas con suavidad en múltiples capas. Afectará menos al papel, donde las puntas del lápiz tienden a dejar surcos.

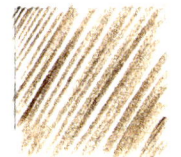

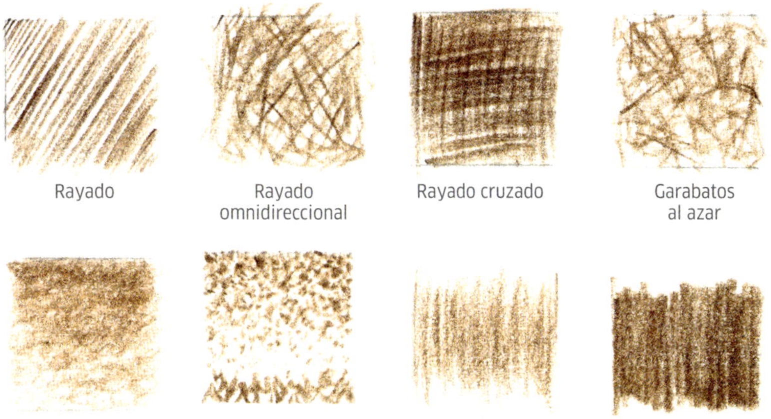

Rayado

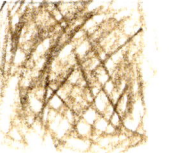

Rayado omnidireccional

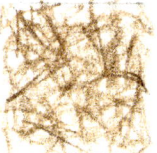

Rayado cruzado

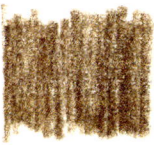

Garabatos al azar

Elipses superpuestas

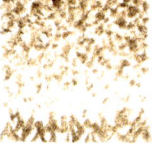

Puntos y rayas

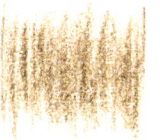

Trazos ahusados

Trazos garabateados

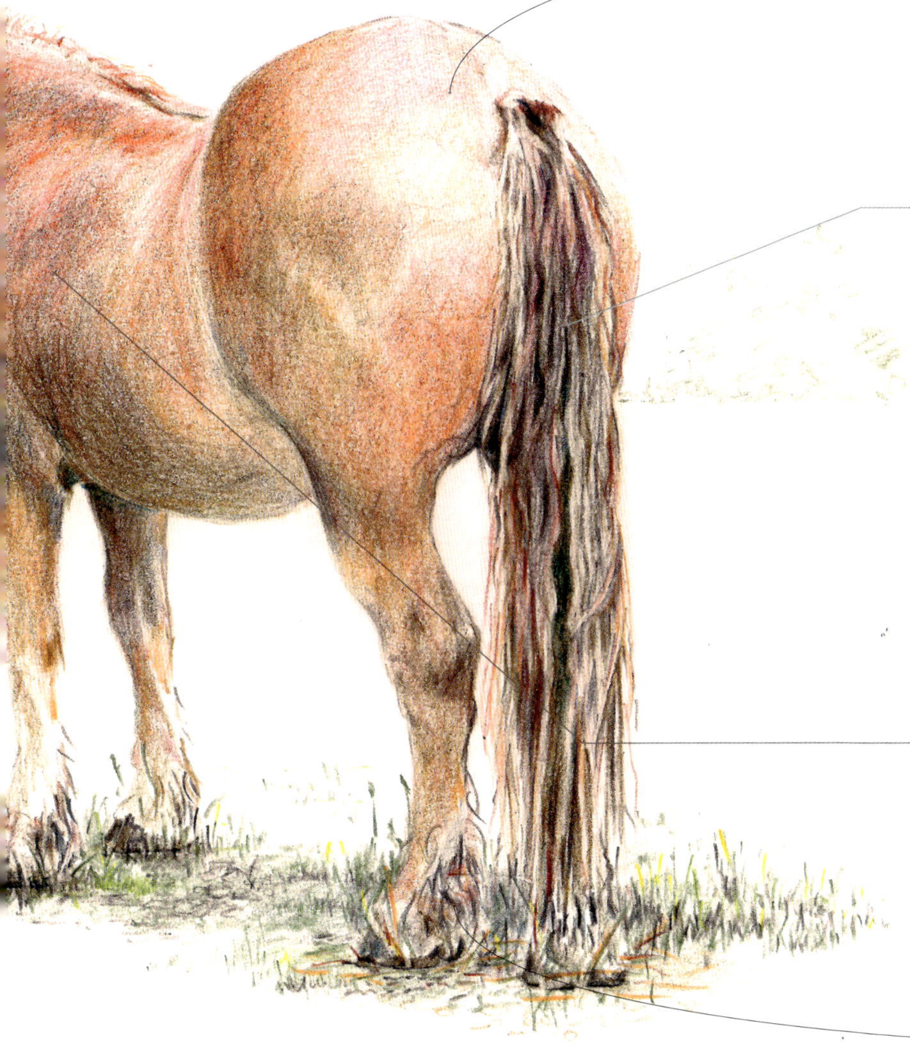

Pequeñas elipses difuminadas con suavidad sobre el cuello y la grupa

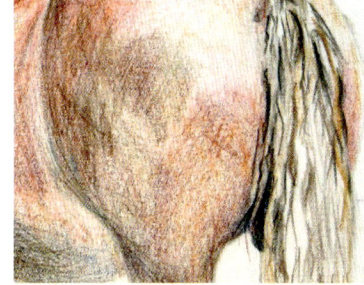

3 Añade capas

Trabajando con suavidad, añade capas claras con más de los colores que hayas elegido. A medida que añadas capas, asegúrate de no perder de vista el rango de valores que has definido en la primera etapa.

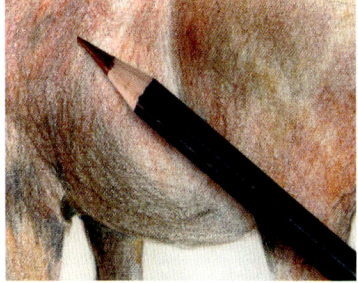

4 Detalles de contraste

Deja algunas zonas más sueltas para que contrasten con áreas más detalladas y aporten un aspecto «pictórico».

Suaves marcas sueltas y aleatorias en los cascos y la mitad inferior de las patas

Monocromía

DIBUJAR CON UN SOLO COLOR

Piensa en la línea, la forma y el valor. Las líneas son un medio de expresión, porque, en realidad, los objetos no tienen contornos, sino superficies que se acercan o se alejan de la luz. Trabaja con suavidad al principio, para poder borrar o añadir líneas luego. Las formas pueden ser pequeñas o grandes, simples o complejas. Evita los bordes duros en las transiciones entre las formas, porque quedarían planas.

▦ Valor tonal

Se suele hablar del valor tonal como de «tonos» o «sombras». Prestar atención a cómo se relacionan los valores de cada forma entre ellos da realismo al dibujo. Estas relaciones son variaciones de los cuatro extremos de valor tonal.

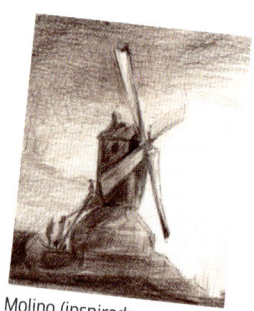

Molino (inspirado en Rembrandt)

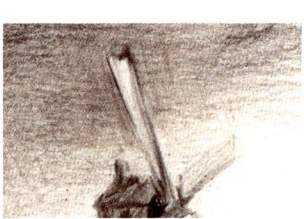

Claro sobre oscuro
Úsalo para crear toques de luz que atraigan la mirada del observador, como el aspa sobre las nubes.

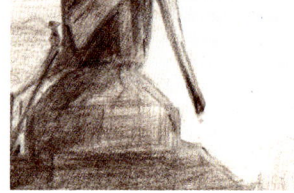

Oscuro sobre claro
Úsalo para crear las formas principales de la composición, como el lado derecho del molino.

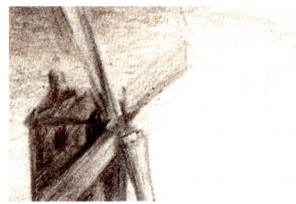

Claro sobre claro
Úsalo para matices sutiles, como el aspa sobre el cielo despejado. Cuidado con los bordes duros.

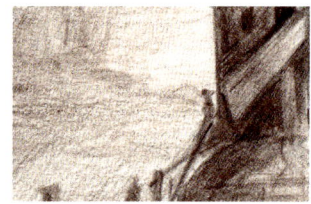

Oscuro sobre oscuro
Úsalo para atraer al observador al dibujo, como el aspa sobre el lado oscuro del dibujo.

PONLO EN PRÁCTICA

Las áreas con grandes contrastes de luces y sombras atraen automáticamente la mirada del observador. Si hay partes del dibujo que no son esenciales para la composición, dales bordes muy suaves.

Necesitarás

Marrón oscuro

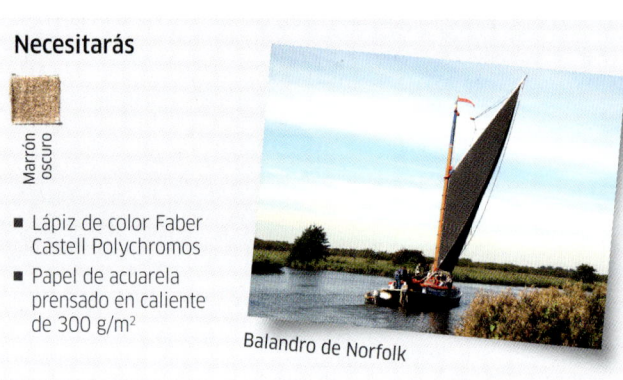

Balandro de Norfolk

- Lápiz de color Faber Castell Polychromos
- Papel de acuarela prensado en caliente de 300 g/m²

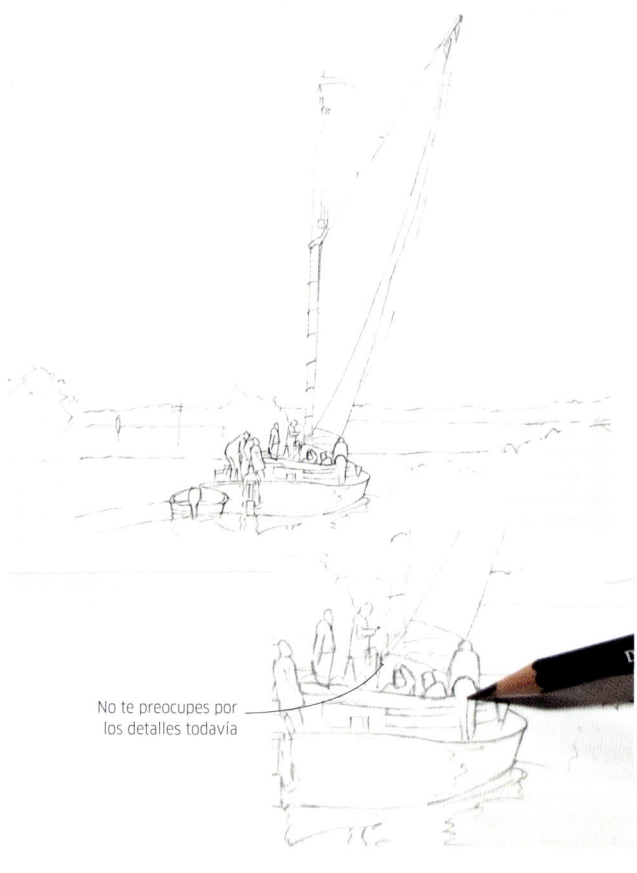

No te preocupes por los detalles todavía

1 Define las formas
Define las formas principales del tema y ubica los elementos clave con trazos suaves. Es posible que algunos aparezcan como claro sobre oscuro. No dibujes líneas que no puedas borrar o integrar más adelante.

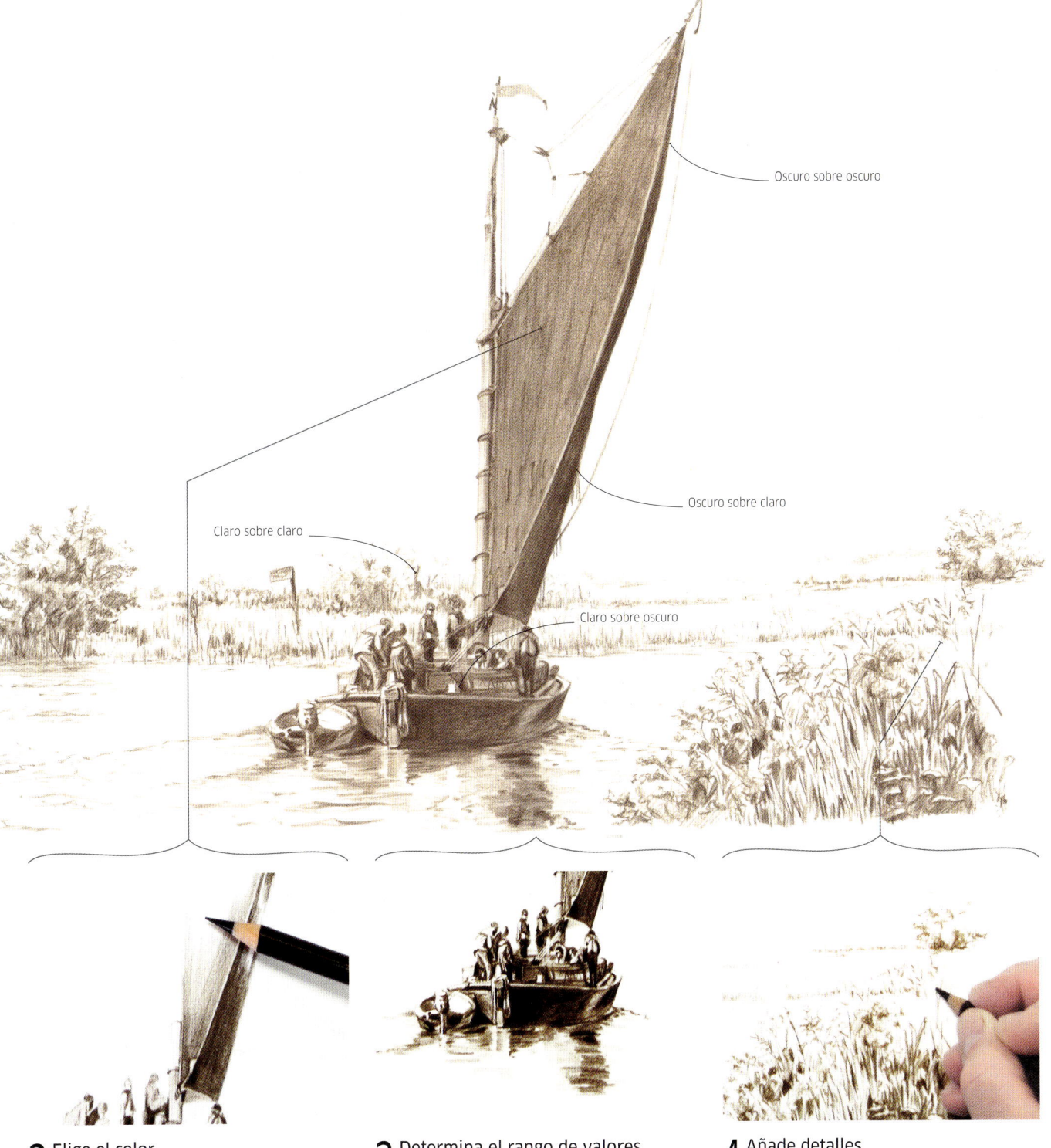

Oscuro sobre oscuro

Oscuro sobre claro

Claro sobre claro

Claro sobre oscuro

2 Elige el color
Retira el exceso de grafito con una goma amasable. Quedará una imagen muy tenue sobre la que trabajar. Ahora, elige el color. Ha de ser un color oscuro y de valor bajo que te permita desarrollar un abanico amplio de valores tonales.

3 Determina el rango de valores
Comienza por el centro, donde necesitarás un amplio rango de valores, y dibuja los tonos más oscuros con capas de rayado cruzado u otras marcas. Luego, busca una zona de valor medio próxima para definir el rango completo de valores.

4 Añade detalles
Siempre dentro del rango de valores, añade detalles prestando atención a las marcas. Aclara las zonas pequeñas retirando color con Blu Tack. Aléjate para evaluar el equilibrio entre lo claro y lo oscuro y los trazos sueltos y detallados.

Orden del dibujo

ABORDAR LA LÍNEA, LA FORMA Y EL COLOR

Es buena idea que te habitúes a abordar los dibujos de manera metódica. Hacer esbozos lineales y ubicar los elementos al principio del dibujo te ayudará a plasmar lo básico rápidamente. Ver y dibujar las formas que aparecen en los esbozos iniciales te permitirá crear formas mediante el uso de áreas tonales. Luego, cuando añadas el color, el dibujo parecerá tridimensional. Ser metódico hará que el dibujo acabado sea mucho más potente.

◼ Cartas de color

Introducir un segundo color significa que, en lugar de pensar solo en términos de valores tonales, ahora debemos pensar también en el color. Cuando se mezclan dos colores, aparece un tercero en escena. Este tercer color será uno u otro en función de las proporciones de los dos que lo componen. Las cartas de color ayudan a ver todos los colores que se pueden obtener a partir de dos.

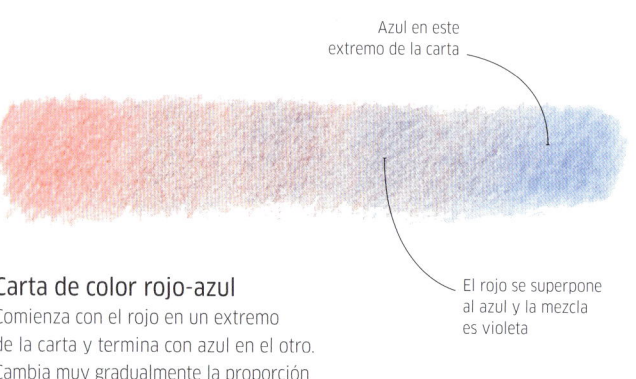

Azul en este extremo de la carta

El rojo se superpone al azul y la mezcla es violeta

Carta de color rojo-azul
Comienza con el rojo en un extremo de la carta y termina con azul en el otro. Cambia muy gradualmente la proporción de cada color a lo largo de la carta y verás cuántos colores puedes conseguir entre ambos extremos.

PONLO EN PRÁCTICA

Este ejercicio con frutas es una manera fantástica de practicar el uso de dos colores (en este caso, rojo y azul de ultramar) en un dibujo. Piensa en el tono y en la forma más que en el color realista.

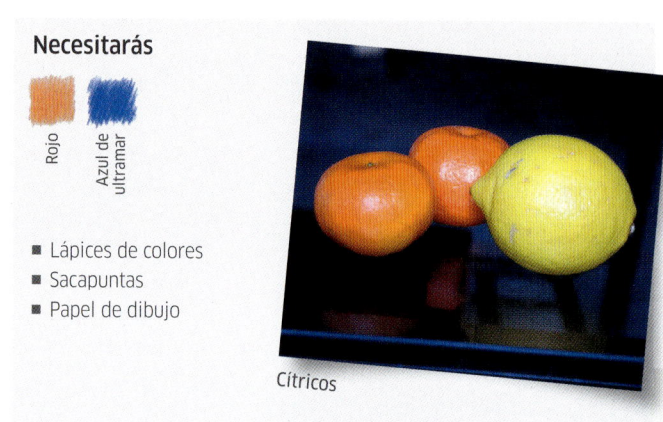

Necesitarás

Rojo

Azul de ultramar

- Lápices de colores
- Sacapuntas
- Papel de dibujo

Cítricos

1 Siluetas sencillas
Comienza dibujando las siluetas de las frutas con el lápiz rojo. Define la silueta de la mesa, para que las frutas queden colocadas sobre ella en lugar de flotar en el aire.

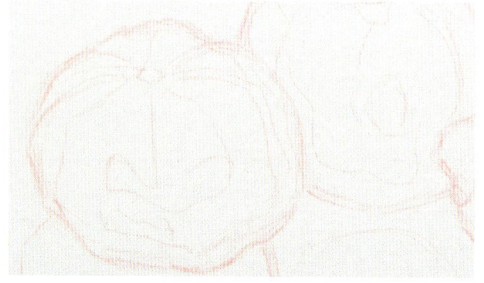

2 Mirada crítica
Observa cómo la luz incide sobre la fruta e identifica las áreas tonales más claras y más oscuras. Define con cuidado las áreas de colores y tonos muy distintos. Añade detalles, como la parte superior de las mandarinas.

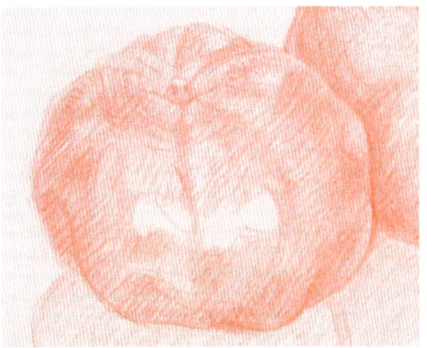

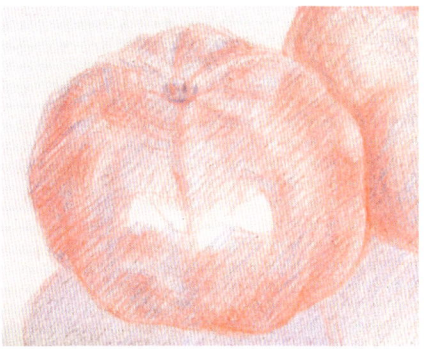

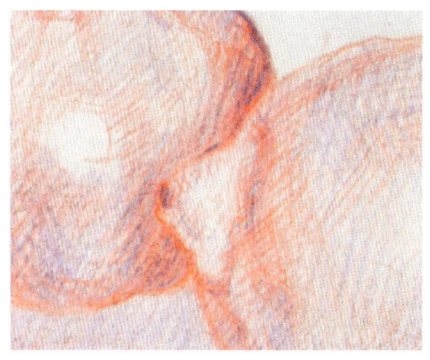

3 Dibujo monocromático
Aún con el lápiz rojo, haz un dibujo tonal monocromático de la naturaleza muerta. Cubre con suavidad y cuidado las áreas tonales que has delimitado antes y que empezarán a dar sustancia tonal al dibujo.

4 Añadir un segundo color
Pasa al azul. La carta de color te ayudará a determinar las proporciones necesarias para crear los distintos tonos. Añade azul a las áreas menos vibrantes y reserva el rojo puro para las partes que quieras destacar.

5 Equilibrar los colores
Una vez añadido el azul, observa el dibujo con mirada crítica y repásalo con el lápiz rojo. Para terminar, busca áreas que haya que oscurecer, como las sombras entre las frutas y el borde del limón.

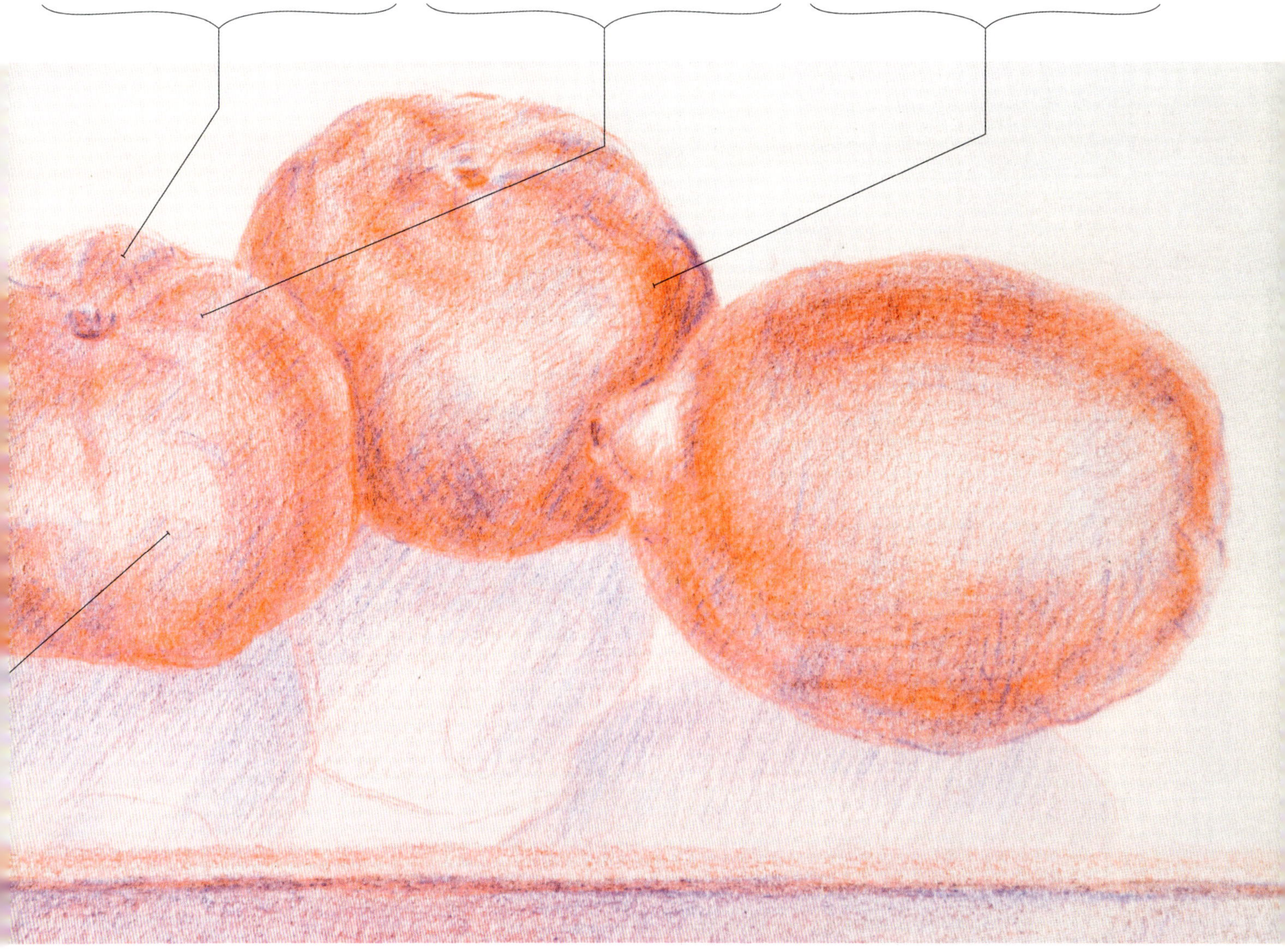

Usar una paleta limitada

ELEGIR UNA BASE DE COLORES PARA MEZCLAR

Al principio, y para no complicar el dibujo con demasiados colores, cíñete a los tres colores primarios. Si superpones y difuminas las marcas, puedes lograr muchos tonos, desde tintas a colores neutros y diversos colores secundarios y terciarios. Elige colores básicos de la misma potencia para garantizar un resultado armónico.

PONLO EN PRÁCTICA

El plumaje multicolor de esta ave tropical es un tema ideal para trabajar con una base de primarios. Combinar el azul y el amarillo produce verdes vibrantes, y el rojo y el amarillo consigue naranjas cálidos.

Necesitarás

Azul cobalto · Bermellón · Amarillo cadmio · Gris cálido

- Lápices de colores Faber Castell Polychromos
- Sacapuntas
- Papel de dibujo

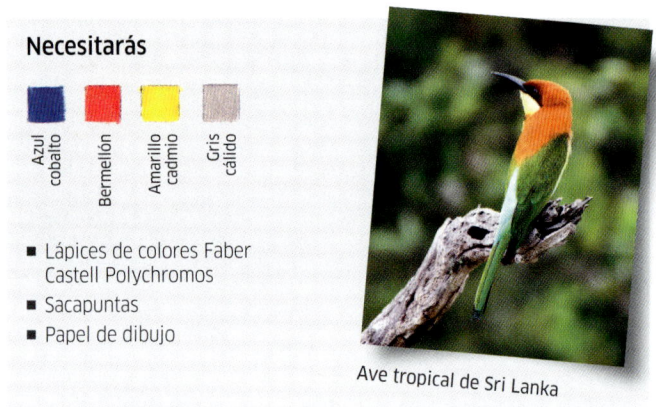
Ave tropical de Sri Lanka

◼ Combinaciones triádicas

El triángulo cromático con los tres colores básicos en los vértices ilustra las posibles combinaciones que puedes lograr, y es una referencia útil antes de comenzar a dibujar. Experimenta con distintos colores básicos y usa tonos cálidos y fríos o colores armoniosos.

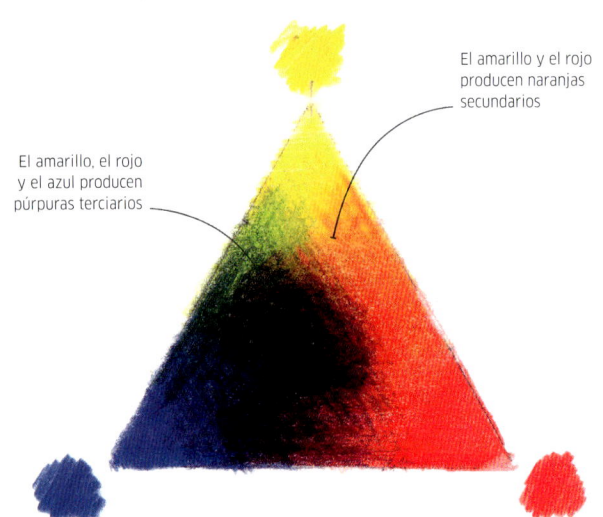

El amarillo y el rojo producen naranjas secundarios

El amarillo, el rojo y el azul producen púrpuras terciarios

Mezclar los primarios
Comienza con tres primarios (rojo, amarillo y azul) de la misma potencia. Superpón marcas sueltas allá donde los colores se encuentran para crear los secundarios y terciarios (pp. 24-25).

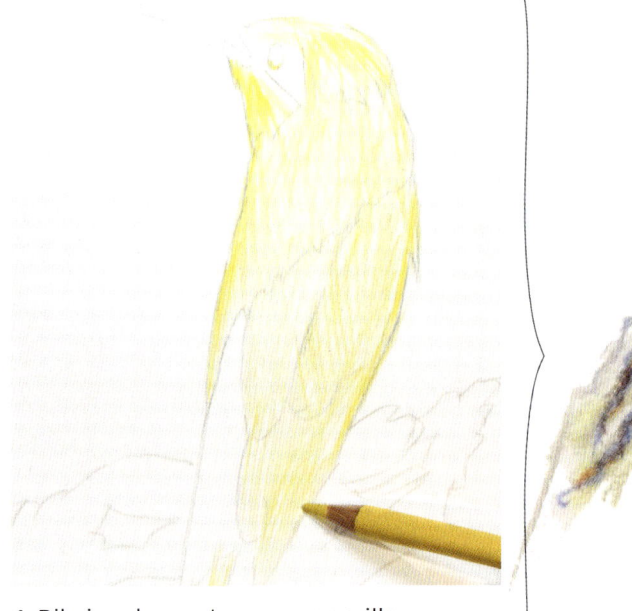

1 Dibujo subyacente y capa amarilla
Esboza la silueta del ave y de la rama con un lápiz gris neutro. Luego, añade formas tonales y límites cromáticos, como entre el cuerpo y el ala del pájaro. Colorea con el amarillo cadmio las áreas que contengan amarillo.

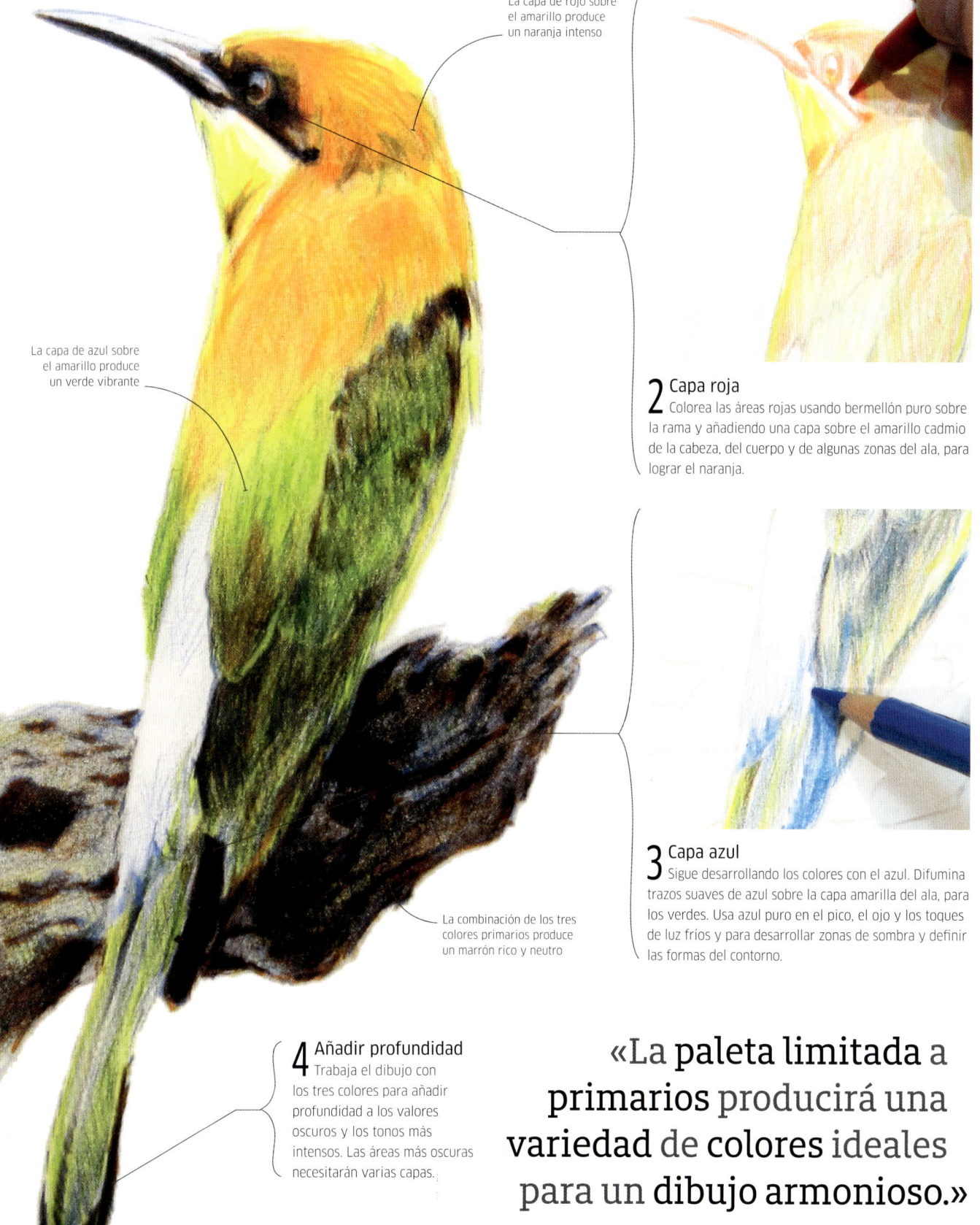

La capa de rojo sobre el amarillo produce un naranja intenso

La capa de azul sobre el amarillo produce un verde vibrante

La combinación de los tres colores primarios produce un marrón rico y neutro

2 Capa roja
Colorea las áreas rojas usando bermellón puro sobre la rama y añadiendo una capa sobre el amarillo cadmio de la cabeza, del cuerpo y de algunas zonas del ala, para lograr el naranja.

3 Capa azul
Sigue desarrollando los colores con el azul. Difumina trazos suaves de azul sobre la capa amarilla del ala, para los verdes. Usa azul puro en el pico, el ojo y los toques de luz fríos y para desarrollar zonas de sombra y definir las formas del contorno.

4 Añadir profundidad
Trabaja el dibujo con los tres colores para añadir profundidad a los valores oscuros y los tonos más intensos. Las áreas más oscuras necesitarán varias capas.

«La **paleta limitada** a **primarios** producirá una **variedad** de colores ideales para un **dibujo armonioso.**»

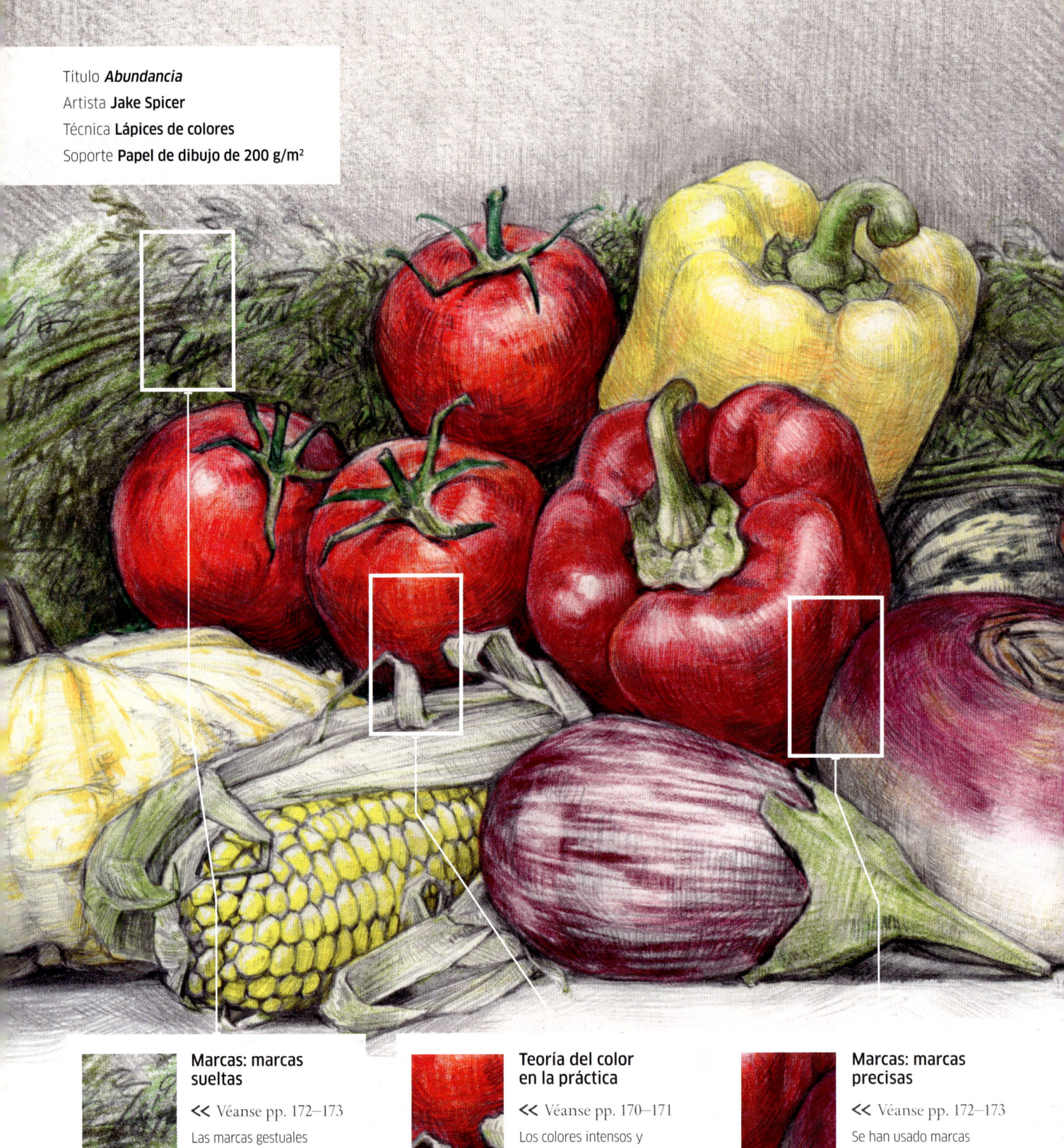

Título *Abundancia*
Artista **Jake Spicer**
Técnica **Lápices de colores**
Soporte **Papel de dibujo de 200 g/m²**

Marcas: marcas sueltas

« Véanse pp. 172–173

Las marcas gestuales sueltas sugieren las rizadas frondas de las zanahorias sin necesidad de dibujar todos los detalles de las hojas.

Teoría del color en la práctica

« Véanse pp. 170–171

Los colores intensos y saturados, como el rojo, se han equilibrado con zonas más apagadas y menos saturadas de valores bajos y altos.

Marcas: marcas precisas

« Véanse pp. 172–173

Se han usado marcas más controladas y densas alrededor de las formas de las verduras, para crear forma tridimensional y color.

Dibujo de muestra

Este bodegón de verduras invernales es mucho más de lo que parece. La composición se ha preparado con un suave dibujo subyacente a lápiz al que se ha añadido tono y color con lápices de colores y con una amplia variedad de marcas sueltas y precisas que sugieren el tono y la textura.

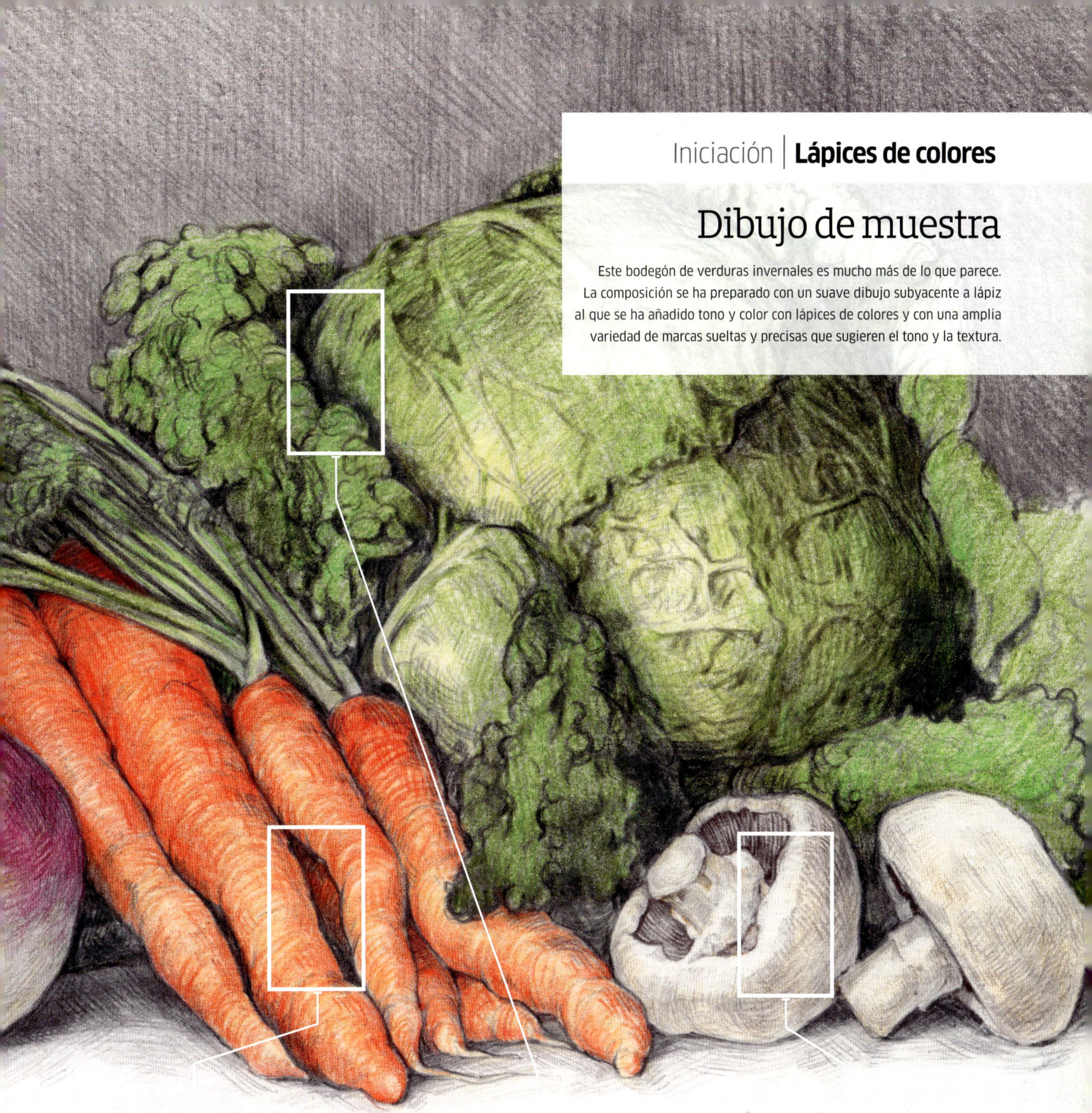

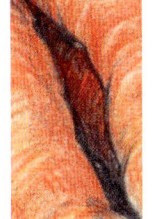

Composición cromática

≪ Véanse pp. 178–179

Las potentes y llamativas diagonales de las zanahorias dirigen la mirada al centro de la composición, mientras que la gran forma de la col la lleva hacia la derecha.

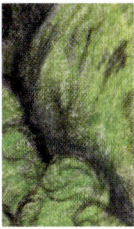

Dibujar en orden

≪ Véanse pp. 176–177

Primero se ha definido la composición con líneas, a las que se han añadido tono, color y, luego, los detalles, como los bordes rizados de las hojas de col.

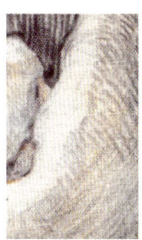

Monocromía

≪ Véanse pp. 174–175

Basta un color o una cantidad limitada de colores neutros para plasmar con éxito la forma, la profundidad y la textura de los champiñones.

Mezclas ópticas

COLOR PUNTILLISTA

Además de mezclar colores superponiendo capas, también los puedes mezclar ópticamente (en el ojo del observador) si trazas líneas o puntos de color uno al lado del otro, una técnica que los impresionistas llamaban puntillismo. Aunque el ojo percibe los colores individuales, el cerebro crea la ilusión de un color más intenso. Obtén colores secundarios yuxtaponiendo colores complementarios y consigue tonos más luminosos y limpios de los que obtendrías trabajando a capas.

PONLO EN PRÁCTICA

En este desnudo, inspirado en la foto de abajo, el rango de tonos es resultado de la mezcla óptica. Se han usado líneas de tonos próximos a los tres primarios, pero más cálidos y terrosos, para transmitir luz y oscuridad.

Necesitarás

Terracota

Amarillo ocre

Azul de ultramar

- Lápices de colores
- Sacapuntas
- Papel de dibujo

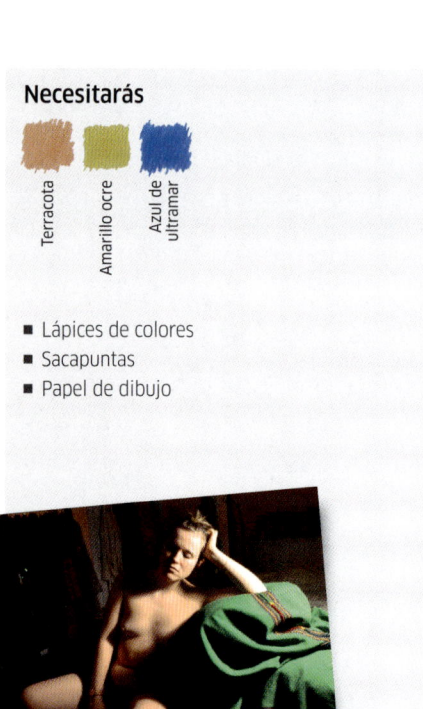
Desnudo sedente

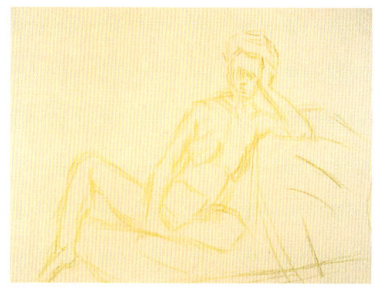

1 Silueta suave
Esboza la silueta de la modelo y de su entorno con el color más claro, el amarillo ocre. Dibuja las formas tonales principales para que te ayuden a planificar dónde desarrollar las áreas de profundidad y dónde conservar los toques de luz. Usa el color del papel para los reflejos más claros, donde incide la luz.

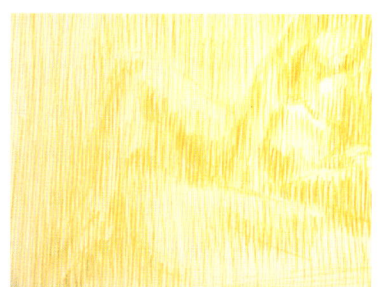

2 Marcas verticales
Moldea la figura con líneas verticales amarillo ocre, el tono más claro. Las líneas siguen la misma dirección en todo el dibujo y generan una gran coherencia. Espacia las líneas para los tonos más claros, y usa marcas más densas para los oscuros.

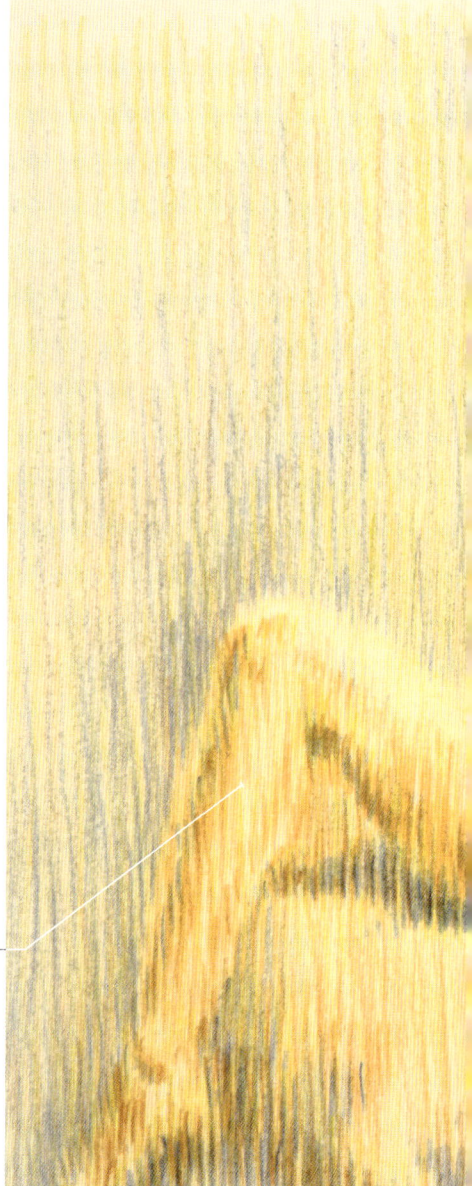

Efectos ópticos

Consigue un efecto llamativo yuxtaponiendo trazos, rayas o puntos de colores puros. Variar el espaciado entre los colores te permitirá controlar el efecto de espacio, profundidad y tono. Cuanto menor sea el espacio, más intenso será el efecto. El color parecerá más denso cuanto más alejado esté el observador.

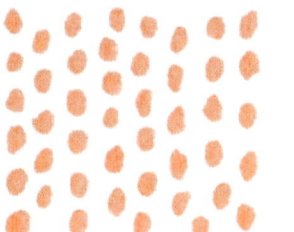

Puntos rojos
Los puntos equidistantes de un rojo puro producen un tono uniforme y transmiten calidez.

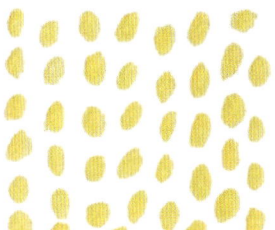

Puntos amarillos
Los puntos de color amarillo puro producen un efecto intenso por sí solos y tiñen de amarillo toda la imagen.

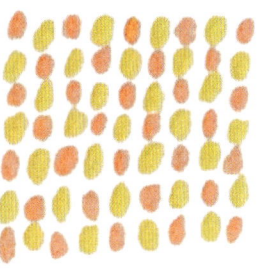

Efecto naranja
Mezclar los dos colores con apenas espacio entre ellos produce el efecto de un naranja vibrante.

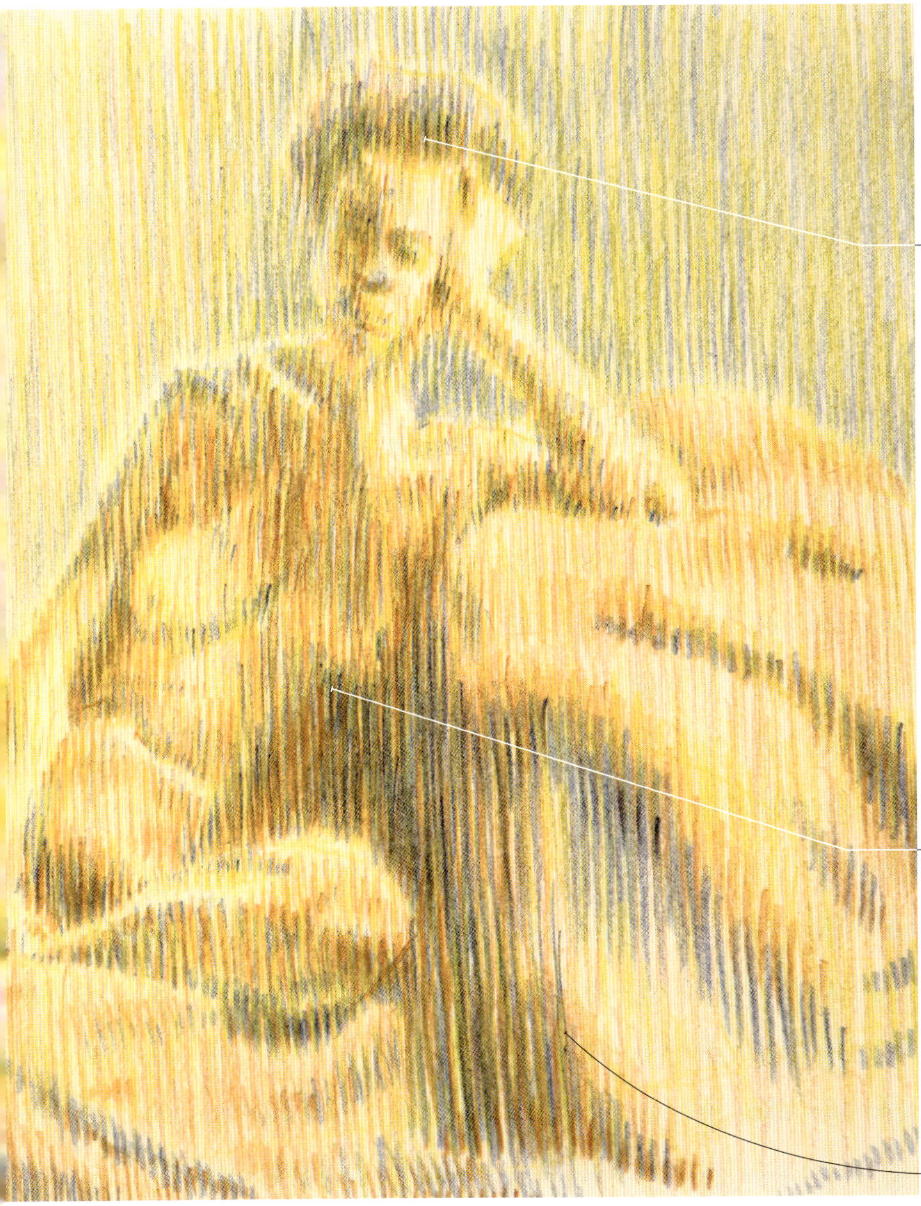

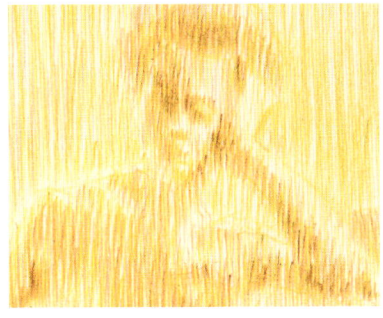

3 Mezclar el naranja
Añade líneas terracota junto a las amarillo ocre para obtener un naranja cálido. Deja que el papel se entrevea, como creando toques de luz que dotarán de iridiscencia a los colores.

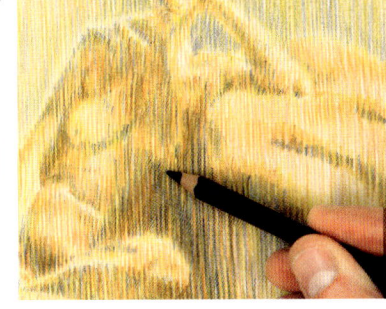

4 Añadir el azul
Usa líneas de azul de ultramar para oscurecer las sombras y añadir zonas más frías de luz azul. Trabaja el fondo con suavidad, para ayudar a sugerir la figura de colores más cálidos delante. Como parece que los trazos de lápiz comparten el mismo espacio, crean una imagen coherente.

La combinación de amarillo ocre, terracota y azul de ultramar produce sombras profundas.

Colores cálidos y fríos

ENTENDER LA TEMPERATURA DE COLOR

Los colores tienen cualidades que asociamos a la temperatura y que influyen en su apariencia: los colores cálidos tienden a avanzar en la imagen, mientras que los fríos retroceden. La luz del sol puede ser cálida en verano y fría en invierno. Usa los colores adecuados para plasmar cada estación.

◼ La relativa calidez y frialdad de los colores

La temperatura de color no es una cualidad intrínseca, sino relativa: depende del resto de los colores próximos. Por ejemplo, el azul cobalto (el primario más puro) parece frío junto a los amarillos cálidos, pero parecerá cálido en comparación con azules más verdosos, como el cerúleo.

Colores cálidos
Los rojos, naranjas y amarillos se suelen considerar colores cálidos, probablemente por asociación con el sol y el fuego.

Colores fríos
Los azules y los verdes se suelen considerar fríos, quizá por su relación con el hielo y las aguas profundas.

Amarillo cálido
El amarillo cadmio tiende al cálido y al extremo rojo/naranja del espectro, en comparación con otros amarillos.

Amarillo frío
El amarillo limón tiende al frío y se aproxima al verde. Mezclar colores con él enfriará el color resultante.

PONLO EN PRÁCTICA

Este bodegón ofrece una oportunidad ideal para practicar con los colores cálidos y fríos, con luz natural a la izquierda y una luz artificial más cálida a la derecha. Verás que los colores cálidos avanzan y que los fríos retroceden.

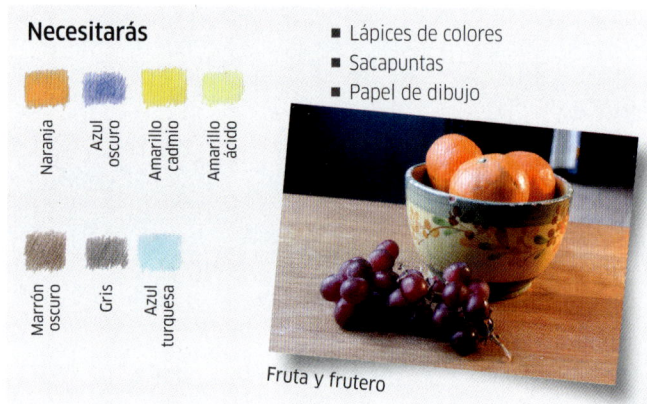

Necesitarás
Naranja · Azul oscuro · Amarillo cadmio · Amarillo ácido
Marrón oscuro · Gris · Azul turquesa

- Lápices de colores
- Sacapuntas
- Papel de dibujo

Fruta y frutero

1 Abocetar las formas
Aboceta primero las formas generales con un lápiz gris neutro. Luego, con mucha suavidad, dibuja las formas tonales y separa las áreas que sean evidentemente frías o cálidas.

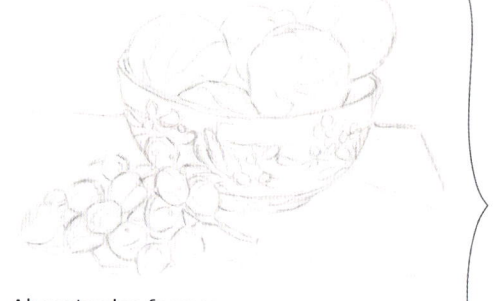

2 Colores neutros
Colorea las zonas de colores neutros. Luego los ajustarás y los harás más fríos o cálidos sumando otros colores. Como el naranja es cálido por naturaleza, deja en blanco las áreas frías, que rellenarás después.

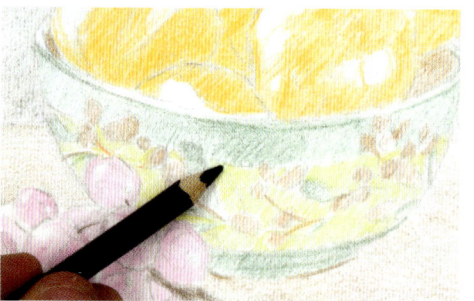

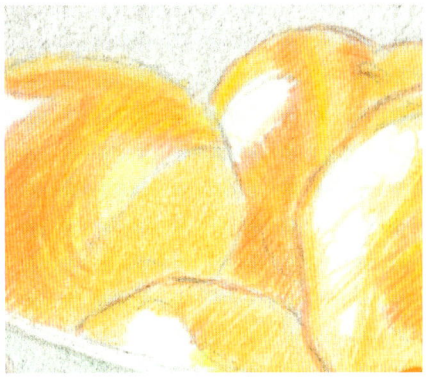

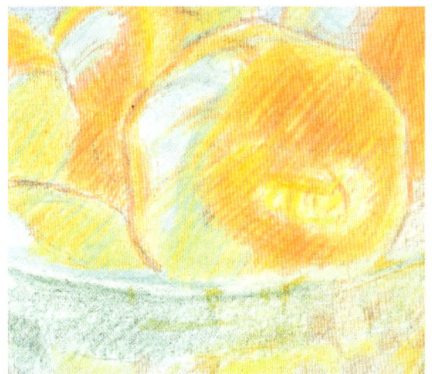

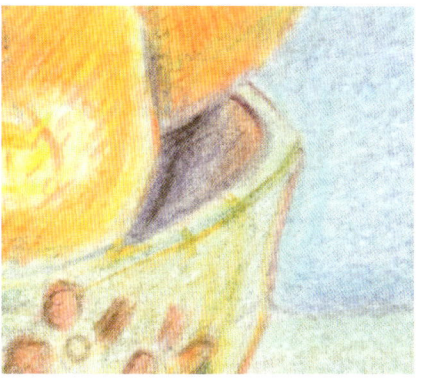

3 Ajustar los colores cálidos

La luz artificial hace que algunas zonas, como la parte derecha de la mesa y la sombra del frutero, sean cálidas. Repasa con amarillo cadmio las partes más luminosas de la naranja.

4 Comprobar los colores fríos

Pinta el fondo de azul, para reforzar su lugar. El azul turquesa resaltará la luz fría que viene de la izquierda. Ajusta con un amarillo ácido las zonas más frías del color naranja.

5 Los tonos más oscuros

Para terminar, realza los tonos añadiendo los oscuros más oscuros (como las sombras). Fíjate en si las sombras son cálidas o frías y elige los colores más oscuros en consecuencia.

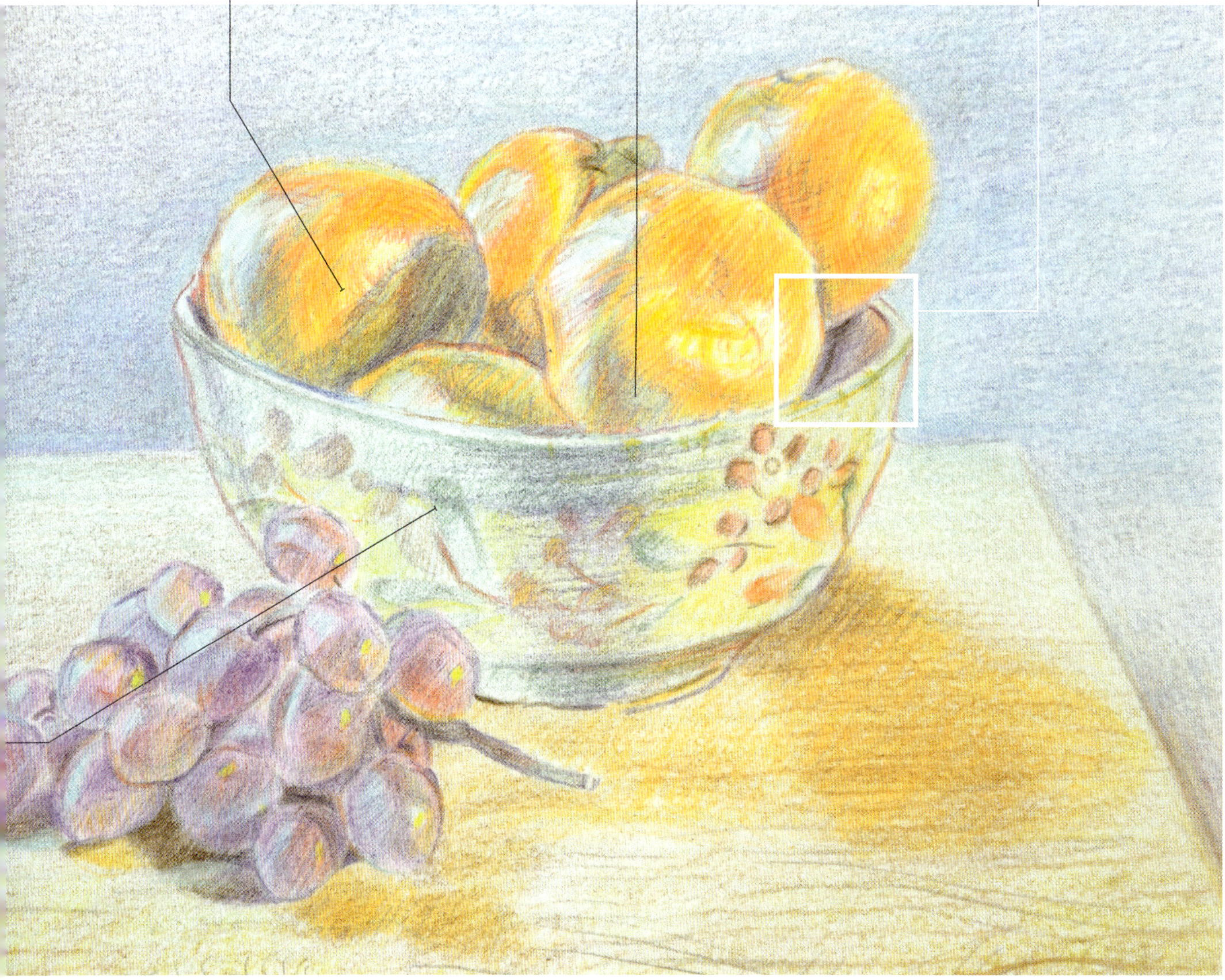

Colores complementarios

USAR COLORES OPUESTOS PARA PRODUCIR EFECTOS

Usar colores que ocupan lados opuestos del círculo cromático (es decir, colores complementarios) puede mejorar mucho tu dibujo de varias maneras, ya sea creando contrastes o desaturando colores mezclándolos con grises neutros. Saturar con lápices de colores ayuda a realzar la profundidad, la distancia y la forma.

■ Apagar colores saturados

Superponer pares de colores complementarios permite ajustar la saturación del color. Para desaturar un color, añade un poco de su complementario: cualquier combinación de dos complementarios da un gris cromático. Son colores neutros muy valiosos a la hora de recrear los efectos de la luz. Controlar la saturación del color ayuda a plasmar la luz en formas tridimensionales.

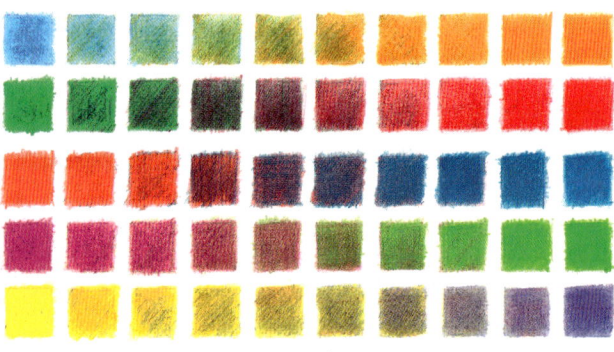

Grises cromáticos

Espectro complementario

Estas transiciones graduales de un color complementario a su opuesto son como pasar de un extremo al otro del espacio cromático (pp. 170-171). En el centro aparecen diversos grises cromáticos.

■ Usar los contrastes

Emparejar colores complementarios, el uno junto o dentro del otro, crea llamativos efectos ópticos que intensifican ambos colores. Fíjate en cómo compiten por la atención: parece que los colores saltan de la página.

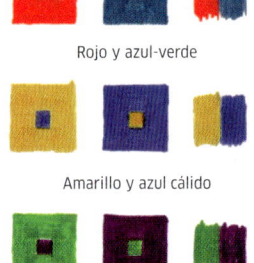

Rojo y azul-verde

Amarillo y azul cálido

Verde-amarillo y violeta

Pares complementarios

Estos pares complementarios se basan en el modelo del espacio cromático de las pp. 170-171. Elige dos tonos de valor similar cuando quieras combinar pares complementarios y lograr un buen contraste.

PONLO EN PRÁCTICA

Elige una escena muy iluminada para practicar la superposición de colores complementarios. Los colores saturados avanzarán en el dibujo, y los más apagados, retrocederán.

Necesitarás

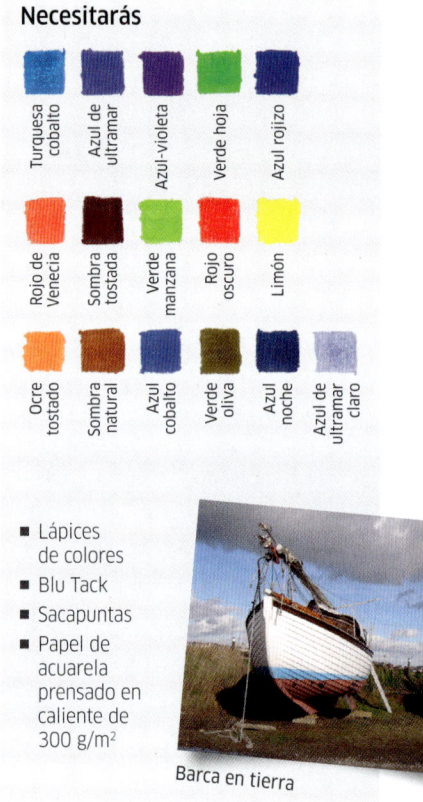

Turquesa cobalto	Azul de ultramar	Azul-violeta	Verde hoja	Azul rojizo
Rojo de Venecia	Sombra tostada	Verde manzana	Rojo oscuro	Limón
Ocre tostado	Sombra natural	Azul cobalto	Verde oliva	Azul noche	Azul de ultramar claro

- Lápices de colores
- Blu Tack
- Sacapuntas
- Papel de acuarela prensado en caliente de 300 g/m²

Barca en tierra

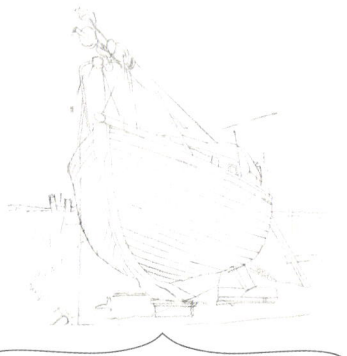

1 Dibujo subyacente
Trabaja sobre un esbozo en grafito claro (por precisión) y define las principales áreas de luz y sombra.

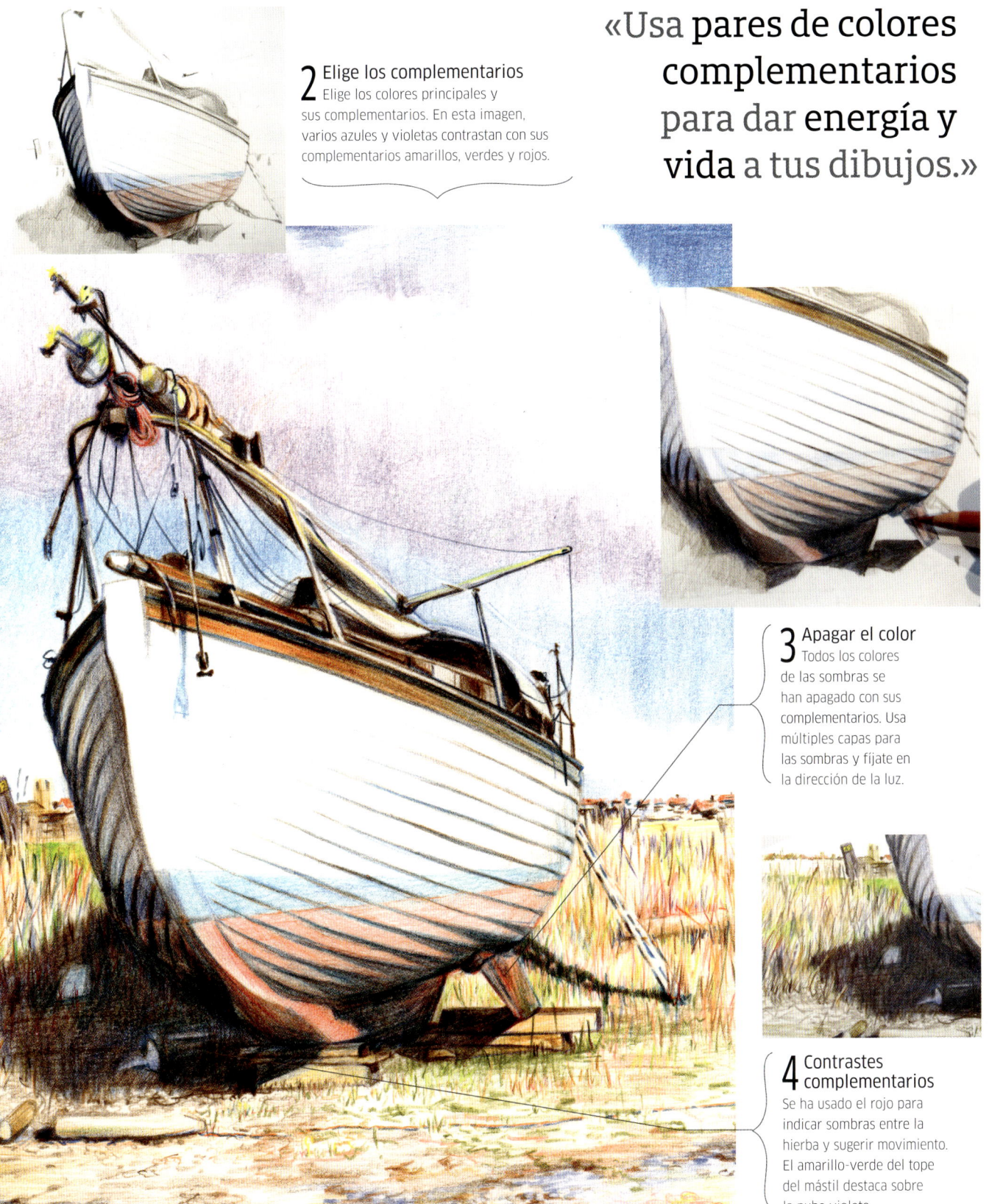

2 Elige los complementarios
Elige los colores principales y sus complementarios. En esta imagen, varios azules y violetas contrastan con sus complementarios amarillos, verdes y rojos.

«Usa **pares de colores complementarios** para dar **energía y vida** a tus dibujos.»

3 Apagar el color
Todos los colores de las sombras se han apagado con sus complementarios. Usa múltiples capas para las sombras y fíjate en la dirección de la luz.

4 Contrastes complementarios
Se ha usado el rojo para indicar sombras entre la hierba y sugerir movimiento. El amarillo-verde del tope del mástil destaca sobre la nube violeta.

Papel de colores

TRABAJAR SOBRE SUPERFICIES DE DISTINTOS COLORES

Trabajar directamente sobre papel coloreado ofrece la ventaja de que se cuenta con un color que unifica todo el dibujo. Además, también ayuda a ampliar el abanico de colores empleados: el papel se convierte en uno de los colores del dibujo. Deja que el color del papel se entrevea en algunas partes para ofrecer áreas sólidas de color.

◼ Uso creativo del color

Además de unificar la imagen y de ofrecer un tono medio sobre el que trabajar, dibujar sobre papel de distintos colores con lápices de colores pone a tu alcance múltiples efectos visuales y ambientales.

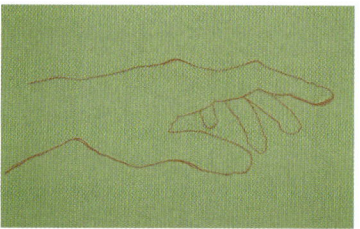

Silueta sencilla
Trabajar sobre un papel de color verde grisáceo medio, que evoca los matices verdosos de la piel, con un lápiz terracota cálido que sugiere los tonos terrosos, contribuye a dar solidez a este dibujo de la silueta de una mano.

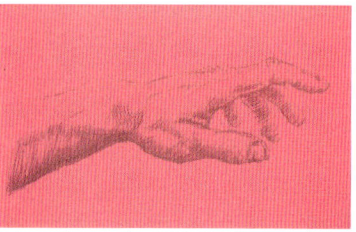

Juego de sombras
Trabajar sobre un papel rosa medio cálido permite que el color sólido salte de la página. Dibujar las sombras de la mano con un marrón oscuro y más apagado ayuda a crear la ilusión de forma y profundidad.

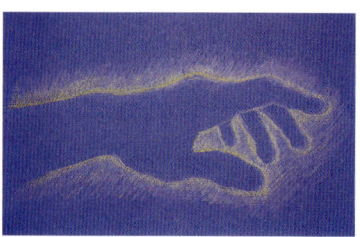

Luz de fondo
Dibujar la silueta de la misma mano sobre papel azul oscuro con un «halo» amarillo sugiere una escena nocturna en la que la figura está iluminada desde atrás por un fuego, una vela o una fuente de luz eléctrica más moderna.

PONLO EN PRÁCTICA

El papel de color ha permitido añadir luces y sombras a partir de un tono medio en este dibujo de la mano del artista. Incluso con la potente luz direccional, los tonos principales están en el centro del espectro.

Necesitarás

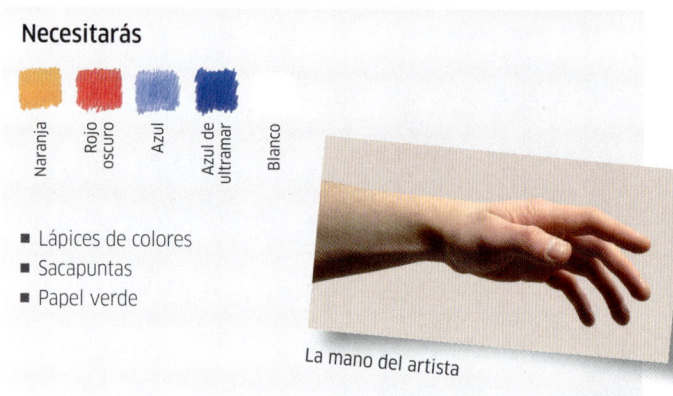

Naranja — Rojo oscuro — Azul — Azul de ultramar — Blanco

- Lápices de colores
- Sacapuntas
- Papel verde

La mano del artista

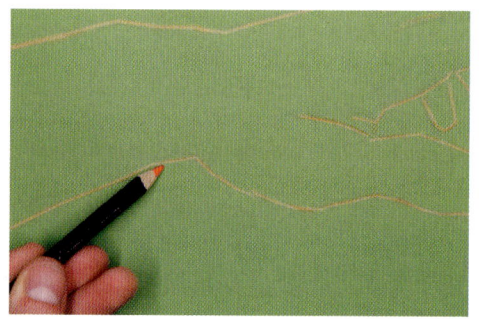

1 Esbozo inicial
Dibuja la silueta de la mano con líneas generales y el lápiz naranja. Añade detalles menores, como las uñas, los nudillos y los pliegues de la piel.

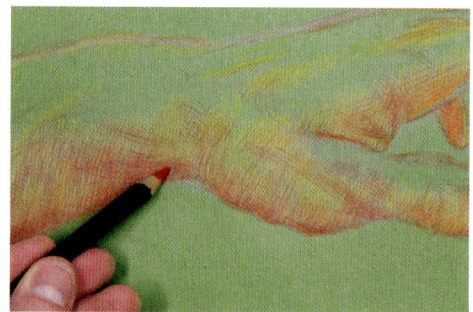

2 Añadir tonos cálidos
Aún con el lápiz naranja, comienza a construir un dibujo tonal coloreando las zonas más oscuras de la mano. Repite con el lápiz rojo oscuro, para aumentar el valor tonal y comenzar a dar forma a la mano.

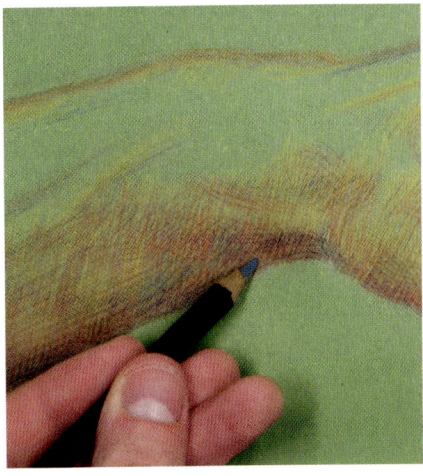

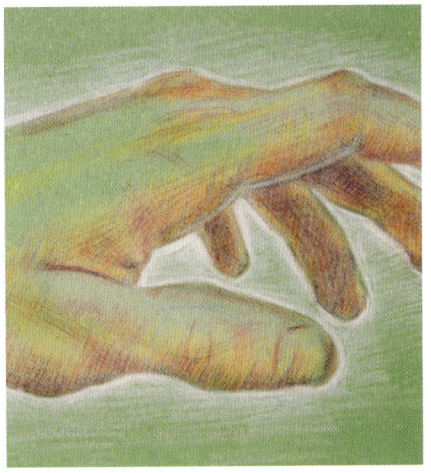

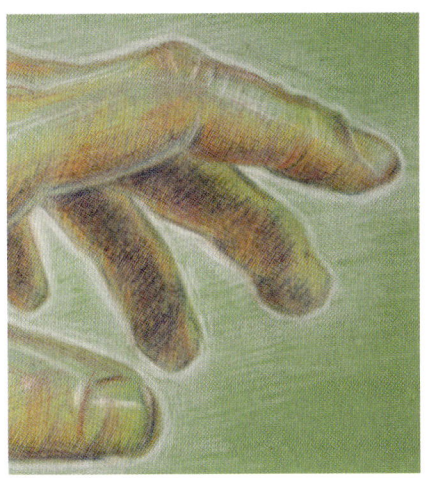

3 Sombrear con colores fríos
Ahora, con el azul, sombrea las zonas más oscuras y frías. Lo puedes usar también para ajustar el estado de ánimo y compensar las zonas demasiado cálidas de la etapa anterior.

4 Luz desde atrás
Crea la ilusión de una iluminación posterior rodeando el borde de la mano con lápiz blanco. Esta técnica separa el verde de la mano y el del papel, lo que suma congruencia y valor adicionales.

5 Toques de luz y tonos más oscuros
Para terminar, usa el blanco para añadir toques de luz ven la mano, como en las uñas y los nudillos. Luego, pasa al azul de ultramar y realza las zonas más oscuras.

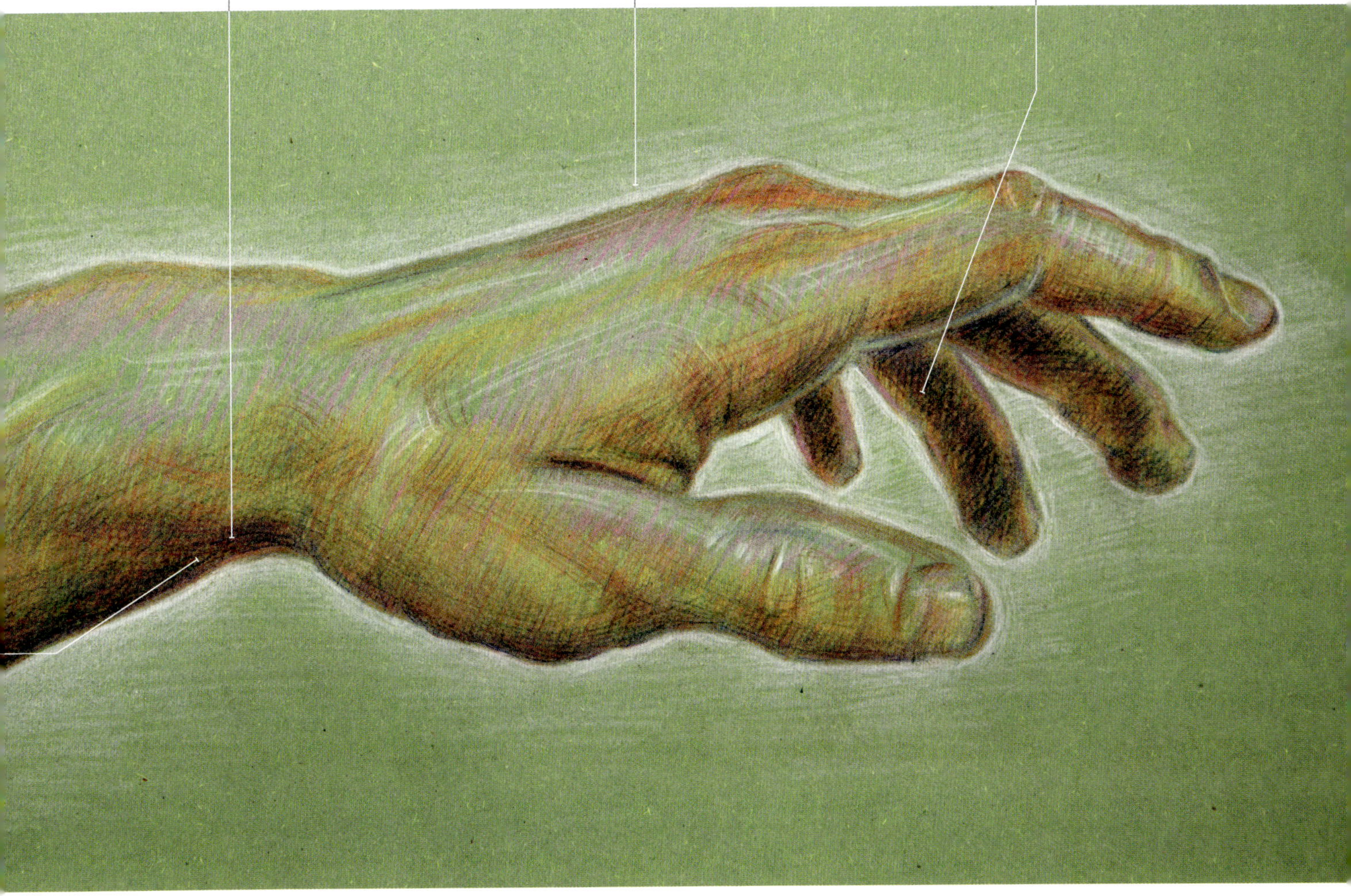

Texturas de superficies

PIEDRA, MADERA, VIDRIO Y HIERRO

Trabajar la textura con lápices de colores es muy satisfactorio y permite difuminar, trabajar a capas y variar la presión para plasmar la piedra rugosa, los sutiles patrones de la madera, el metal sólido o el vidrio reflectante.

■ Representar el vidrio

El vidrio, ya sea transparente o reflectante, plantea varios retos al artista. Busca tonos apagados visibles a través del vidrio transparente y usa toques de luz para añadir reflejos. Los colores opacos sugieren una superficie reflectante. Usa colores del cielo o del entorno, en función del nivel de luz y de los ángulos de esta.

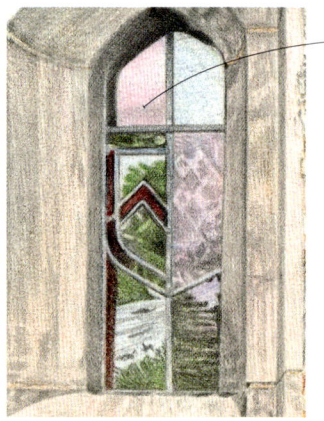

Color sólido de la vidriera, mientras que las tintas más suaves sugieren reflejos.

Reflejos en el vidrio

La vidriera retrocede hacia la sombra. La superficie del vidrio de colores de los paneles superiores se sugiere con colores opacos, mientras que los reflejos del jardín son visibles más abajo y se sugieren con formas apagadas y suaves. El intenso rojo del detalle de la vidriera se ha logrado con un color sólido.

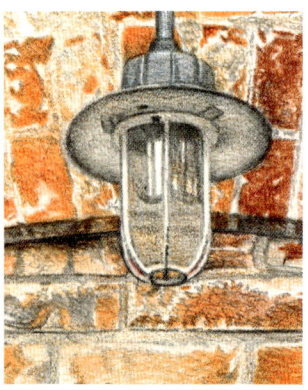

Vidrio transparente

El vidrio transparente se ha indicado con los tonos apagados de los ladrillos que hay detrás. La bombilla se ha dibujado en un gris suave con reflejos blancos. Se ha repasado el suave naranja de los ladrillos con un lápiz de grafito F, mientras que un lápiz HB es el responsable de la carcasa sobre la bombilla y del definido borde exterior.

PONLO EN PRÁCTICA

El contraste entre los cálidos ladrillos desgastados y los tonos apagados de la madera envejecida ofrece un tema atractivo que trabajar a capas con lápices de colores combinados con un lápiz de grafito que refuerza los tonos más oscuros. Se han usado fotografías tomadas desde otros ángulos para entender los detalles y el color.

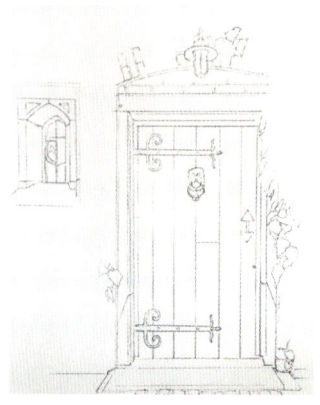

1 Dibujo subyacente

Define la composición con un dibujo subyacente suave hecho con lápiz de grafito. Aquí, la puerta está en el centro junto a la ventana, en formato retrato y bordeada por los ladrillos de la pared y de la entrada.

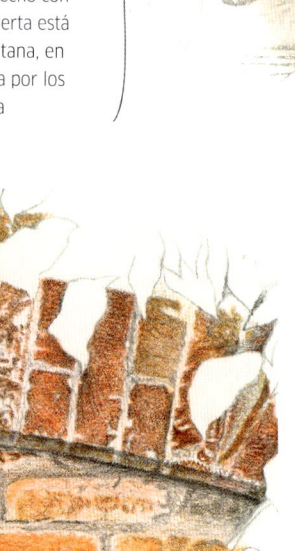

2 Textura de los ladrillos

Mezcla marrones y naranjas en los ladrillos, con un toque de amarillo para el mortero. Deja zonas en blanco, para las acumulaciones de sal.

Necesitarás

Azul claro
Malva
Rosa
Amarillo anaranjado
Avellana
Naranja rojizo
Escarlata
Rojo ladrillo
Castaño rojizo
Castaño
Oliva
Verde musgo
Verde claro

- Lápices de grafito H, F, HB, B
- Lápices acuarelables Caran d'Ache Supracolor Soft
- Regla transparente
- Sacapuntas doble
- Goma de borrar
- Papel de dibujo de 300 g/m²

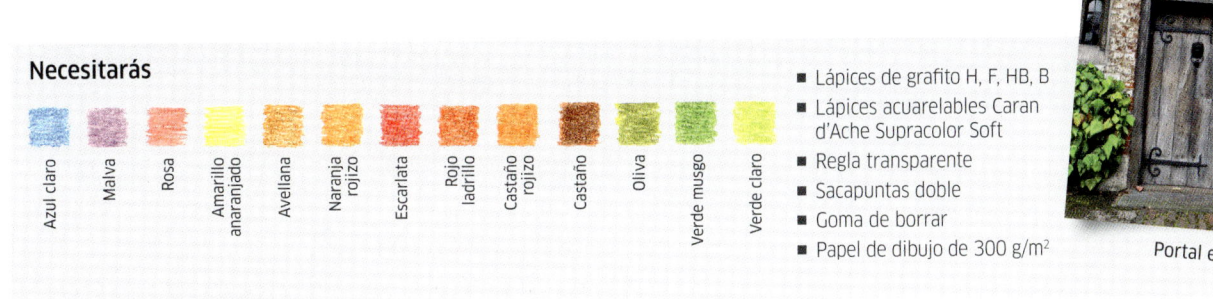

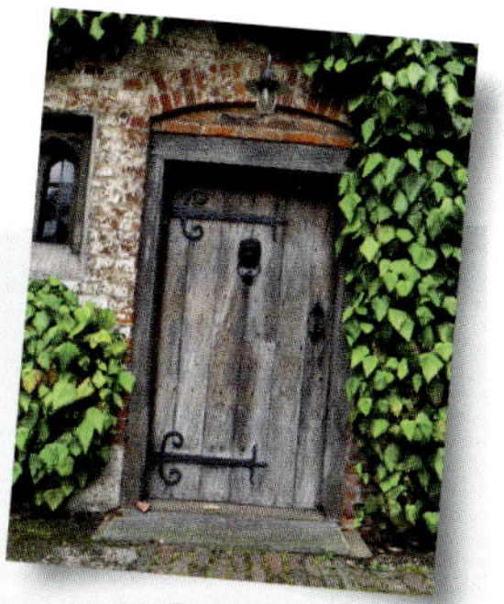

Portal envejecido

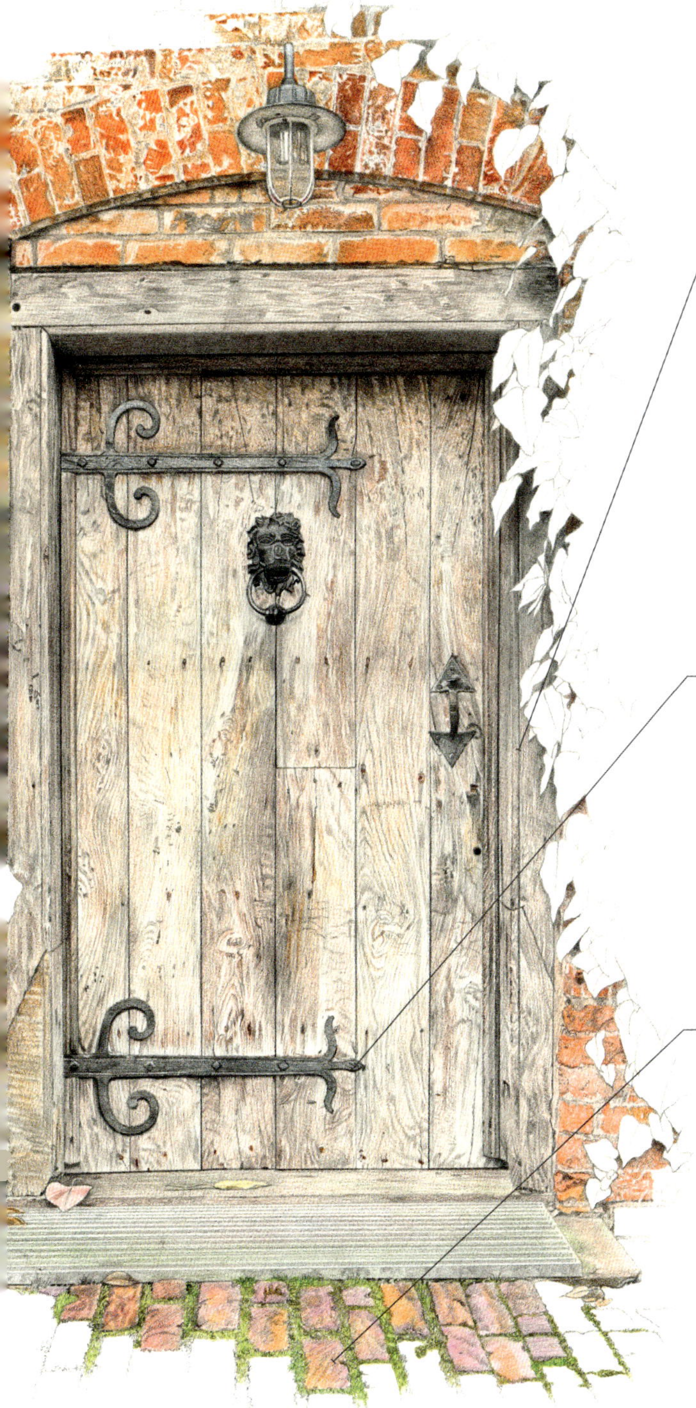

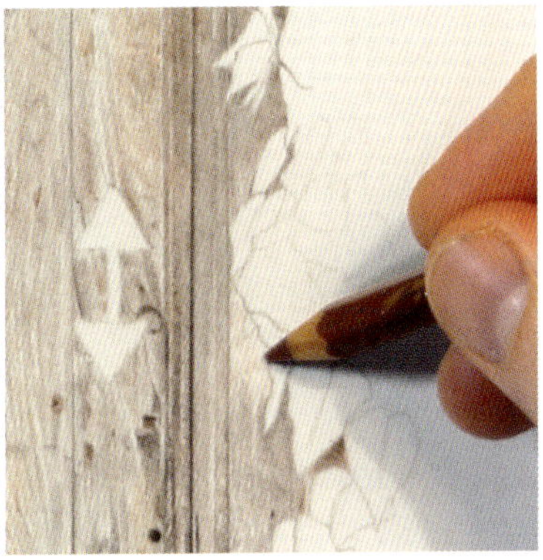

3 El grano de la madera

El roble envejecido es una combinación de marrones y grises suaves y de lápices de colores y de grafito sobre una base clara. Observa las formas del grano y dibuja los nudos, los agujeros, las grietas y los clavos con un lápiz afilado y marcas densas.

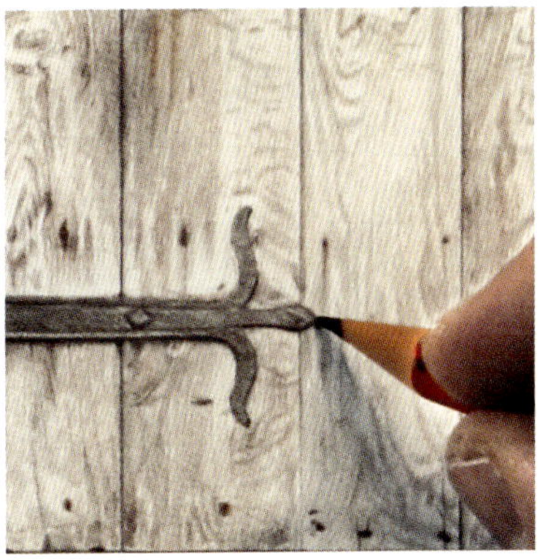

4 Detalles metálicos

Un lápiz de grafito HB o B aplicado sobre un azul suave describe a la perfección el hierro forjado de la puerta. Aplícalo con presiones variables sobre el lápiz de color, usando una punta afilada para añadir bordes definidos y detalles de textura.

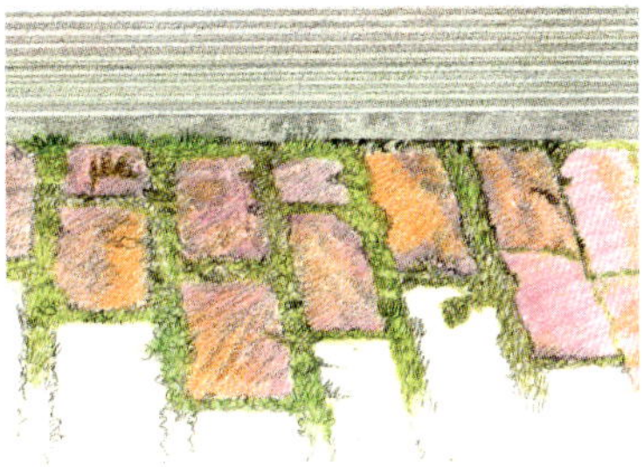

5 Duro y blando

Usa una combinación de naranja y púrpura para el camino, bordeado de marcas verdes sueltas para el musgo entre los adoquines del suelo. Suavízalo con grafito.

6 Equilibrar la composición

Siluetas hechas con un lápiz claro (F) sugieren la vegetación. Añade algunas líneas o detalles coloreados parcialmente para equilibrar la composición y crear una forma agradable sobre el papel en blanco.

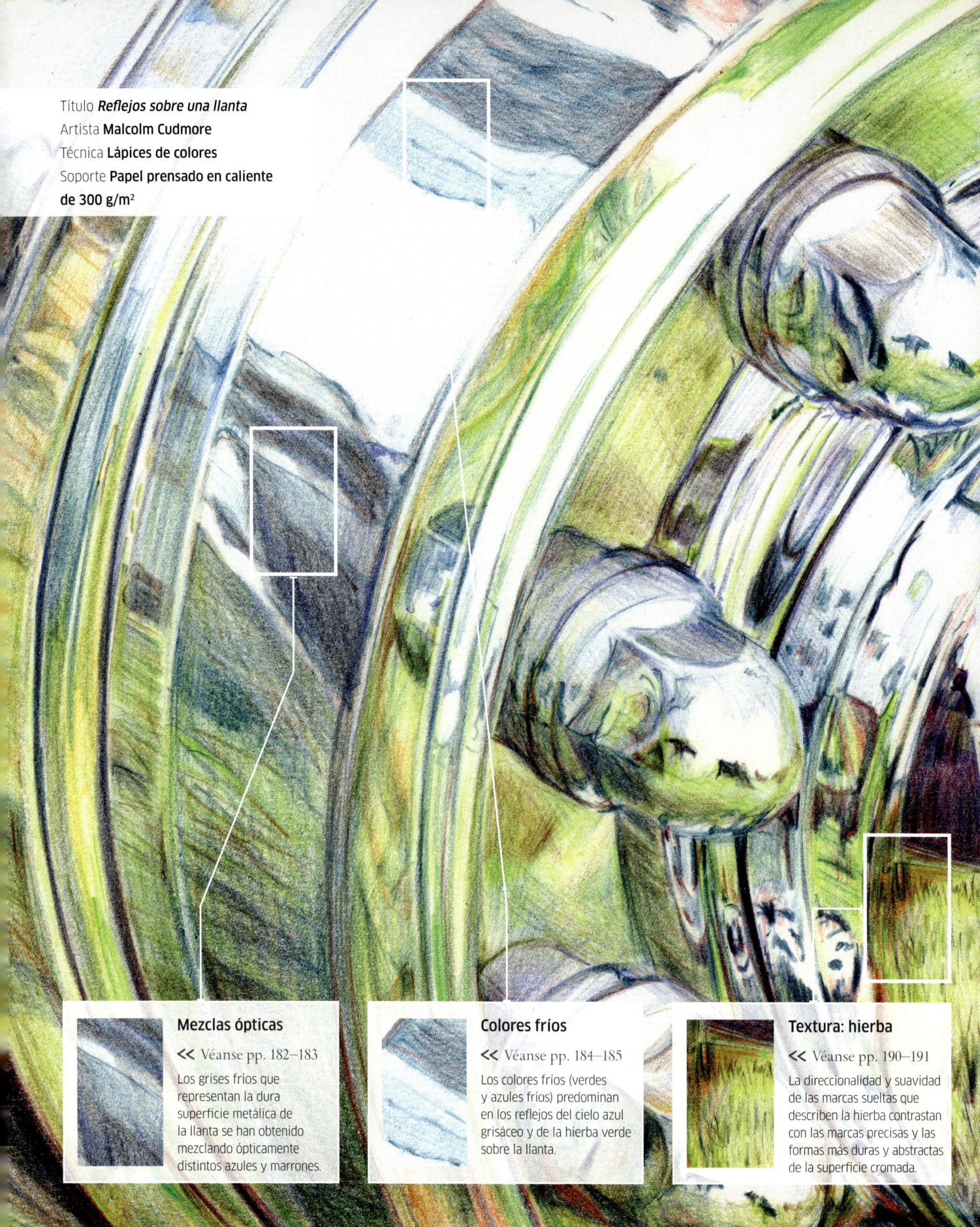

Título *Reflejos sobre una llanta*
Artista **Malcolm Cudmore**
Técnica **Lápices de colores**
Soporte **Papel prensado en caliente de 300 g/m²**

Mezclas ópticas

<< Véanse pp. 182–183

Los grises fríos que representan la dura superficie metálica de la llanta se han obtenido mezclando ópticamente distintos azules y marrones.

Colores fríos

<< Véanse pp. 184–185

Los colores fríos (verdes y azules fríos) predominan en los reflejos del cielo azul grisáceo y de la hierba verde sobre la llanta.

Textura: hierba

<< Véanse pp. 190–191

La direccionalidad y suavidad de las marcas sueltas que describen la hierba contrastan con las marcas precisas y las formas más duras y abstractas de la superficie cromada.

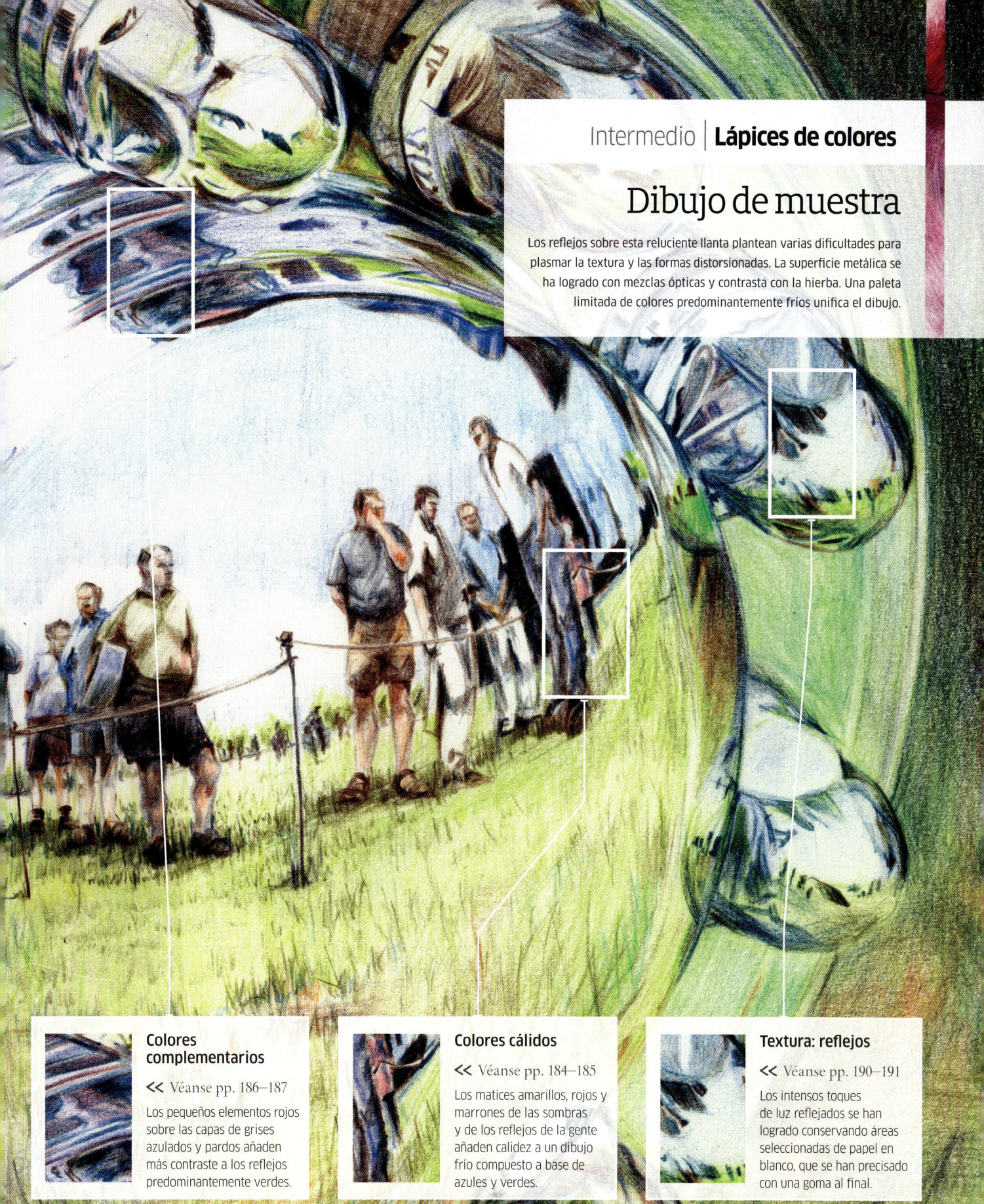

Dibujo de muestra

Los reflejos sobre esta reluciente llanta plantean varias dificultades para plasmar la textura y las formas distorsionadas. La superficie metálica se ha logrado con mezclas ópticas y contrasta con la hierba. Una paleta limitada de colores predominantemente fríos unifica el dibujo.

Colores complementarios

« Véanse pp. 186–187

Los pequeños elementos rojos sobre las capas de grises azulados y pardos añaden más contraste a los reflejos predominantemente verdes.

Colores cálidos

« Véanse pp. 184–185

Los matices amarillos, rojos y marrones de las sombras y de los reflejos de la gente añaden calidez a un dibujo frío compuesto a base de azules y verdes.

Textura: reflejos

« Véanse pp. 190–191

Los intensos toques de luz reflejados se han logrado conservando áreas seleccionadas de papel en blanco, que se han precisado con una goma al final.

Tonos de piel

PINTAR LOS COLORES DE LA PIEL

La piel se compone de una miríada de tonos y matices. En función de la dirección y del tipo de luz, así como del ángulo de la cabeza respecto al artista, en un mismo rostro pueden aparecer colores completamente distintos en distintos momentos. La mejor manera de dibujar un rostro es entender qué colores esperar y dónde esperarlos y, luego, esforzarse tanto como sea posible en verlos.

■ Usar tonos tierra para la piel

Los antiguos maestros, como Rembrandt, usaban exclusivamente tonos tierra en sus obras. Se trata de colores con pigmentos de origen orgánico, como tierras distintas. Puedes obtener una variedad increíble de tonos y matices usando solo estos colores y, como la paleta es limitada, te ayudarán a unificar el dibujo. Más adelante puedes añadir colores más fuertes para los toques de luz.

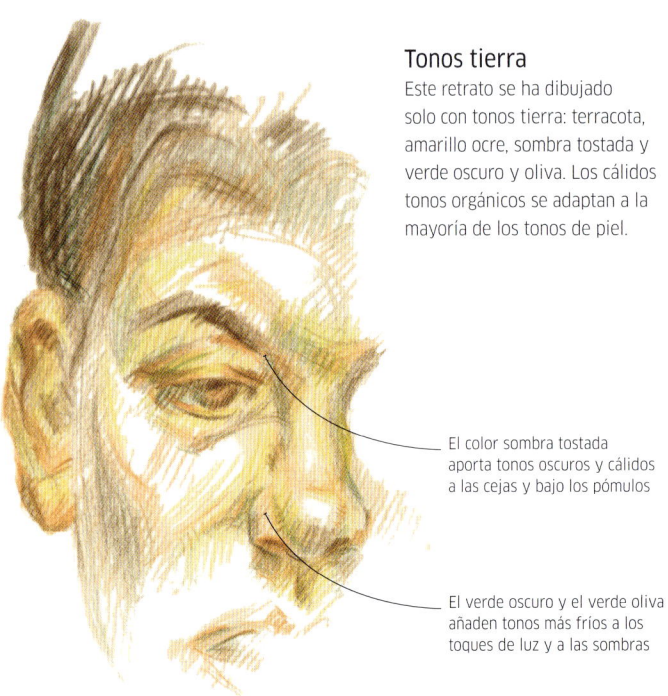

Tonos tierra
Este retrato se ha dibujado solo con tonos tierra: terracota, amarillo ocre, sombra tostada y verde oscuro y oliva. Los cálidos tonos orgánicos se adaptan a la mayoría de los tonos de piel.

El color sombra tostada aporta tonos oscuros y cálidos a las cejas y bajo los pómulos

El verde oscuro y el verde oliva añaden tonos más fríos a los toques de luz y a las sombras

Tonos de piel clara

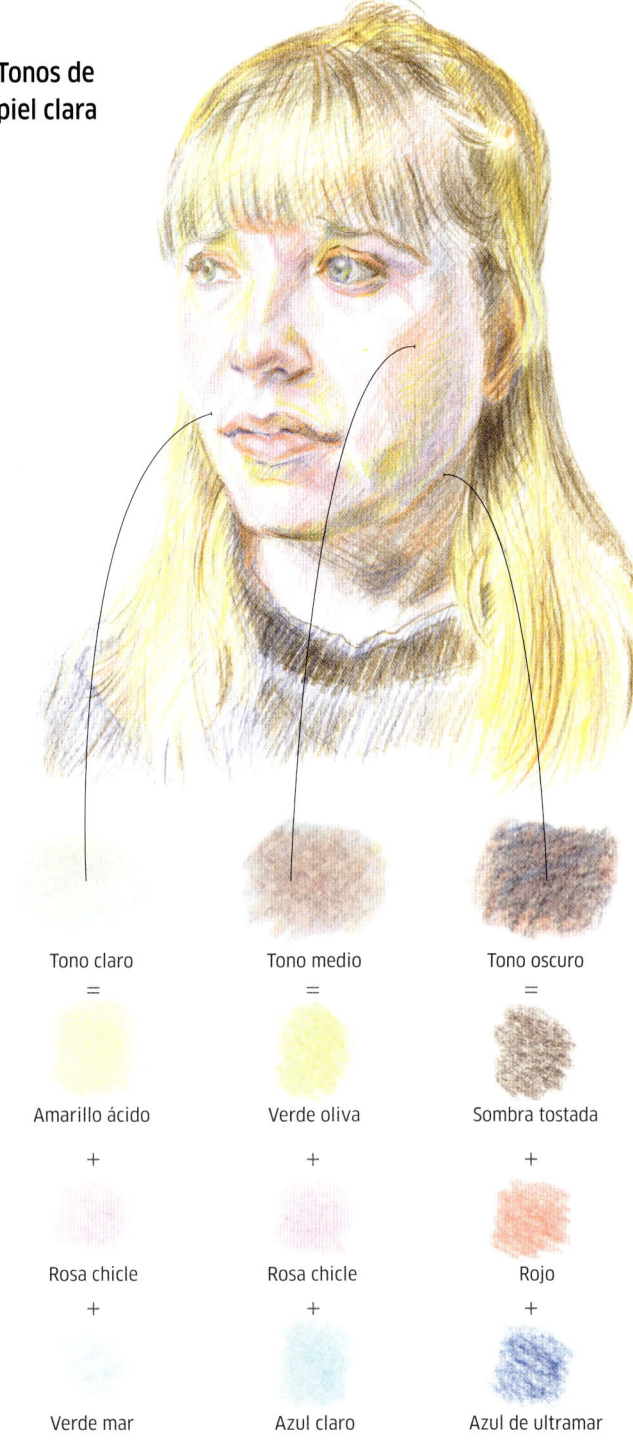

Tono claro	Tono medio	Tono oscuro
=	=	=
Amarillo ácido	Verde oliva	Sombra tostada
+	+	+
Rosa chicle	Rosa chicle	Rojo
+	+	+
Verde mar	Azul claro	Azul de ultramar

Paleta para pieles claras

El blanco del papel se entreverá, y, de hecho, puedes decidir dejarlo en blanco para los reflejos más claros. Varía la presión con que aplicas los lápices para que te ayuden a acentuar la sensación de piel clara. Observa que los tonos claro y medio contienen notas de azul cálido, mientras que el azul de ultramar oscurece las sombras.

Tonos de piel oliva

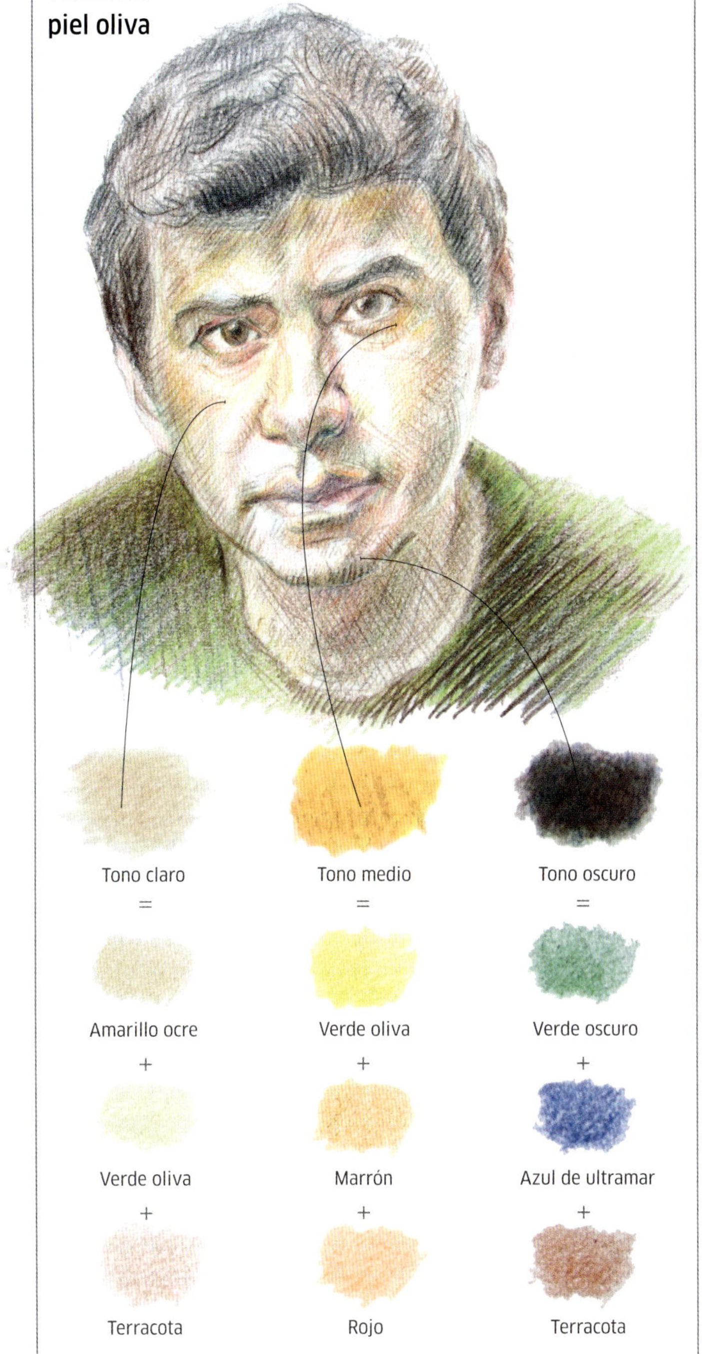

Tono claro	Tono medio	Tono oscuro
=	=	=
Amarillo ocre	Verde oliva	Verde oscuro
+	+	+
Verde oliva	Marrón	Azul de ultramar
+	+	+
Terracota	Rojo	Terracota

Paleta para pieles oliva

Te será útil hacer antes un dibujo tonal monocromo para usarlo como base del dibujo. Aquí, se ha hecho con un lápiz verde oliva, el cual, además, ayuda a unificar el dibujo. Fíjate en que los tonos verdes se equilibran con los amarillos, rojos, marrones y terracota cálidos, aplicados con presiones variables.

Tonos de piel oscura

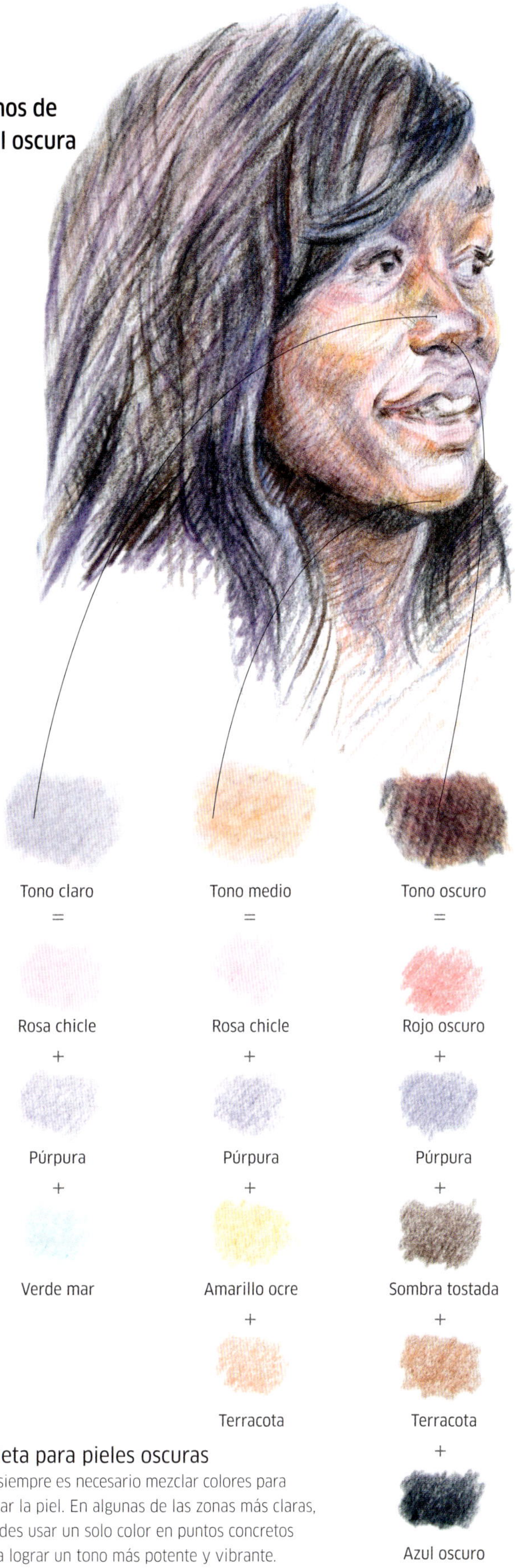

Tono claro	Tono medio	Tono oscuro
=	=	=
Rosa chicle	Rosa chicle	Rojo oscuro
+	+	+
Púrpura	Púrpura	Púrpura
+	+	+
Verde mar	Amarillo ocre	Sombra tostada
	+	+
	Terracota	Terracota
		+
		Azul oscuro

Paleta para pieles oscuras

No siempre es necesario mezclar colores para pintar la piel. En algunas de las zonas más claras, puedes usar un solo color en puntos concretos para lograr un tono más potente y vibrante.

PONLO EN PRÁCTICA

En este retrato de un bebé risueño se han delimitado las zonas básicas y el tono subyacente con colores tierra cálidos. Después se han usado azules, amarillos y rojos potentes para crear contraste, puntos focales y tonos de piel más realistas.

Necesitarás

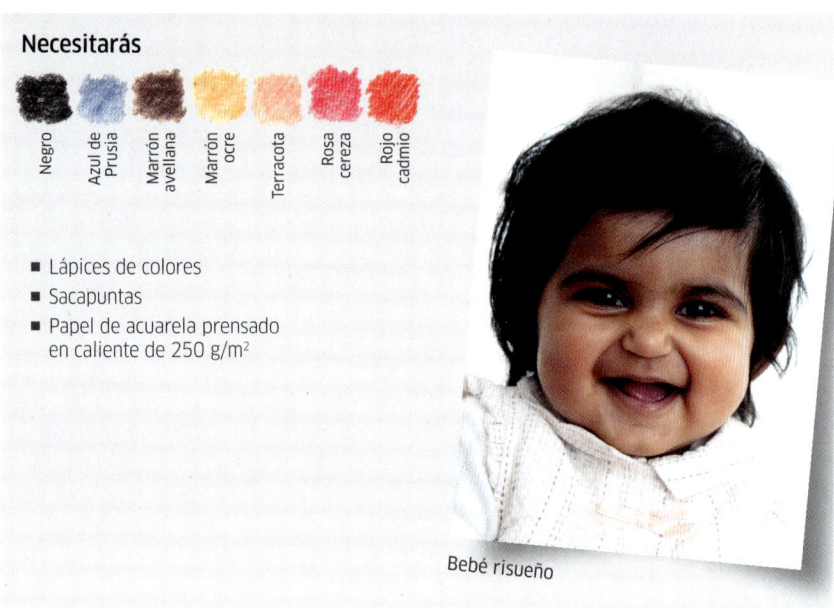

Negro · Azul de Prusia · Marrón avellana · Marrón ocre · Terracota · Rosa cereza · Rojo cadmio

- Lápices de colores
- Sacapuntas
- Papel de acuarela prensado en caliente de 250 g/m²

Bebé risueño

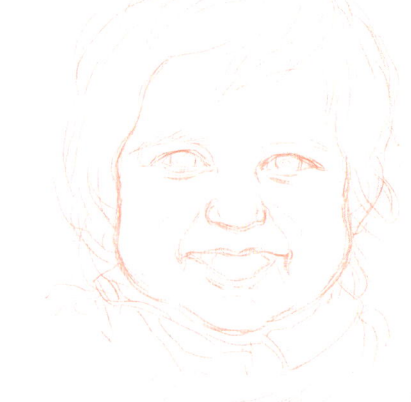

Añade puntos focales alrededor de los ojos

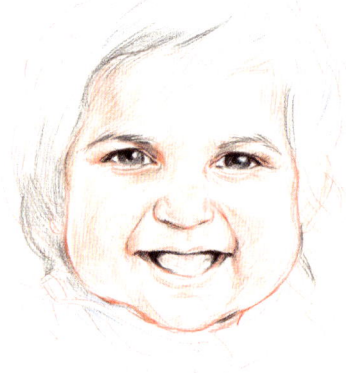

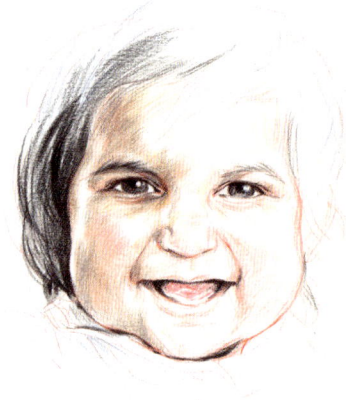

1 Tonos cálidos

El lápiz rojo del dibujo subyacente aporta un tono cálido a los rasgos que se verán en el dibujo acabado e intensifica la luminosidad del rostro. Los toques de un color medio cálido ayudan a constituir las formas y aportan luz y dirección a los colores que vendrán después.

2 Tonos oscuros

Añadir tonos oscuros a los rasgos aporta puntos focales al dibujo. Presta especial atención a los ojos, que serán las áreas con más contrastes. Superpón capas de trazos suaves para lograr una representación más compleja y matizada de los distintos colores y tonos de la piel.

3 Azules fríos

El azul de Prusia, para los sutiles tonos medios y las zonas oscuras, complementa a los cálidos tonos tierra. Da forma con colores como el terracota y el marrón ocre para construir el tono de la piel, y usa el rojo cadmio para el rubor de las mejillas y las sombras cálidas bajo los ojos.

«Crea un **retrato realista** combinando **cálidos tonos tierra** con una **paleta limitada** de **azules fríos, rojos intensos y amarillos apagados**.»

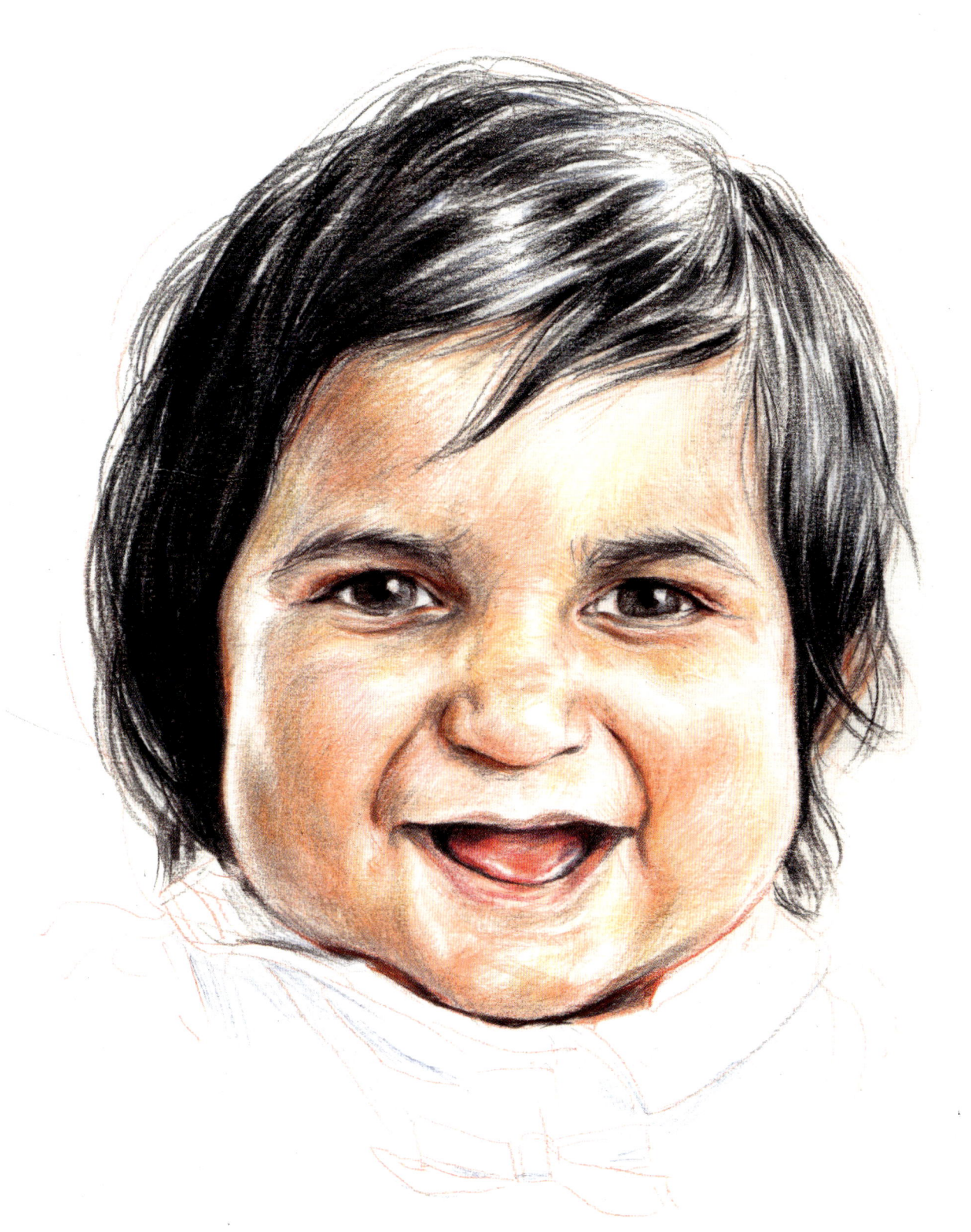

Combinar técnicas

USAR MÁS DE UNA TÉCNICA

Usar varias técnicas multiplica las opciones y las posibilidades. Los pasteles y los lápices de colores combinan muy bien: usa pasteles para cubrir áreas extensas con un color de base y desarrolla luego los detalles y los matices tonales con lápices de colores. Piensa en las necesidades de cada técnica cuando elijas la superficie y, por ejemplo, usa papel con grano que retenga el pigmento del pastel y sea lo bastante resistente como para tolerar las mezclas.

■ Capas, bruñido y difuminado

Este proceso te permite combinar múltiples colores para conseguir tonos y valores nuevos en un efecto suave y gradual con luces y sombras. Al eliminar los trazos de lápiz, se obtienen capas de color uniformes. El bruñido continuado produce una superficie brillante y resistente al color adicional. Rocíalo con espray fijador, espera a que se seque y añade más capas.

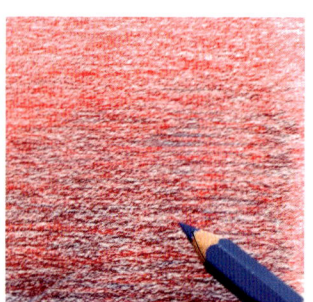

Capas
Comienza con el tono más claro y termina con el más oscuro, superponiendo un color sobre el otro. Trabaja el pigmento sobre el soporte tan uniformemente como te sea posible. Este proceso suele ser más efectivo en superficies lisas.

Satura la superficie con color

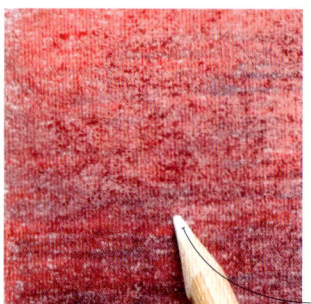

Difuminar y bruñir
Aplica mucha presión con un difumino para difuminar y pulir los colores hasta que se fundan los unos en los otros. Algunas marcas de lápiz producen cúmulos de pigmento, que se pueden eliminar raspando con cuidado el exceso con un escalpelo.

Usa un difumino incoloro

PONLO EN PRÁCTICA

La disposición de los guijarros y los patrones que forman el agua y la luz del sol refractada ofrece una interesante imagen abstracta con bloques de colores pastel y lápices de colores usados con precisión.

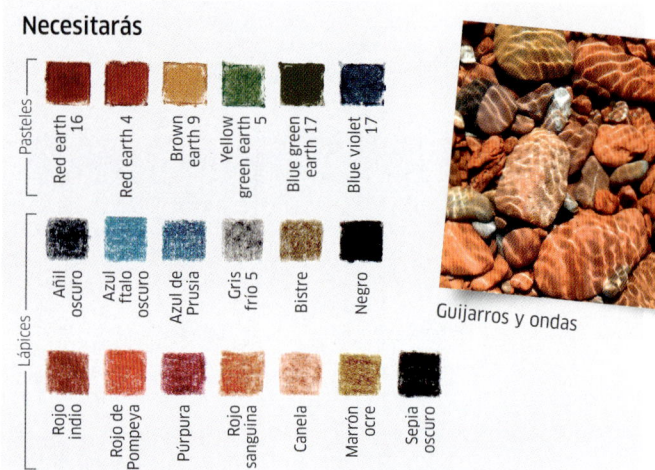

Necesitarás

Pasteles: Red earth 16, Red earth 4, Brown earth 9, Yellow green earth 5, Blue green earth 17, Blue violet 17

Lápices: Añil oscuro, Azul ftalo oscuro, Azul de Prusia, Gris frío 5, Bistre, Negro

Rojo indio, Rojo de Pompeya, Púrpura, Rojo sanguina, Canela, Marrón ocre, Sepia oscuro

Guijarros y ondas

- Lápiz HB
- Pasteles Unison Colour
- Lápices de colores Faber Castell Albrecht Dürer
- Difumino incoloro
- Regla
- Gomas de borrar

plástica y eléctrica
- Escalpelo
- Fijador
- Designer's Gouache blanco de Winsor & Newton
- Pinceles de marta (n.º 0 y n.º 3)
- Tabla de lienzo blanca

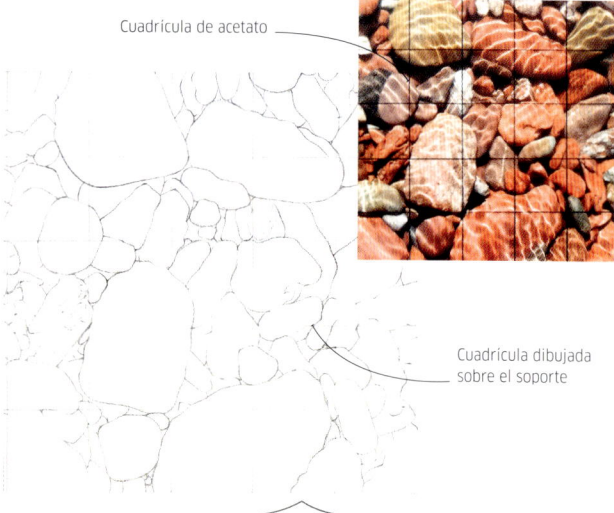

Cuadrícula de acetato

Cuadrícula dibujada sobre el soporte

1 Aumentar la escala de la composición
Dibuja sobre la fotografía una cuadrícula que te ayude a aumentar la escala de la imagen y guíe la composición. Traslada la cuadrícula al soporte y dibuja a lápiz las siluetas de los guijarros.

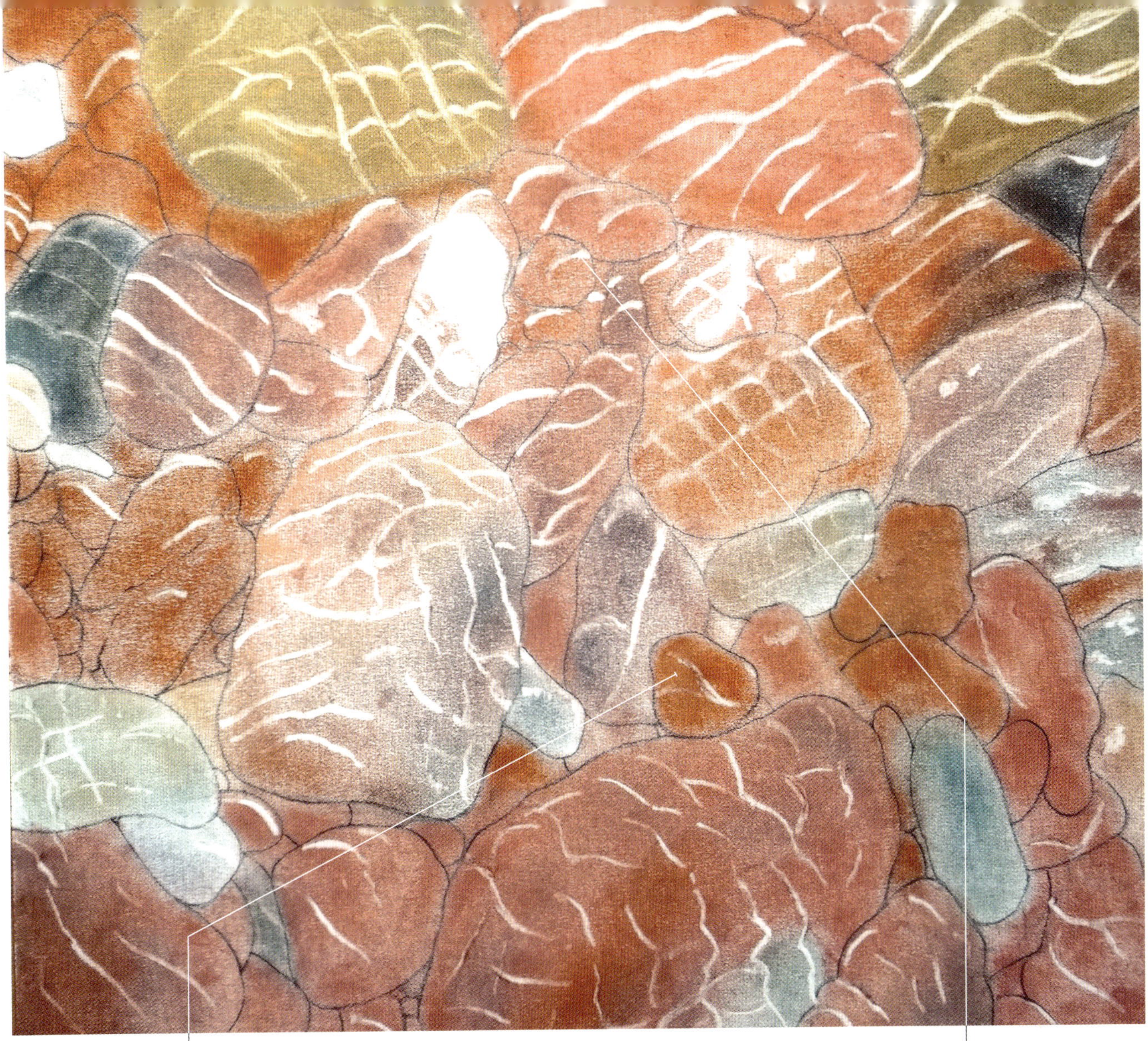

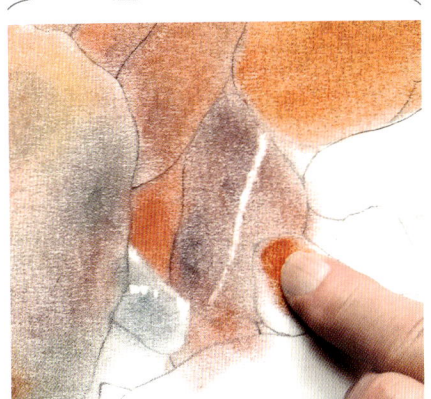

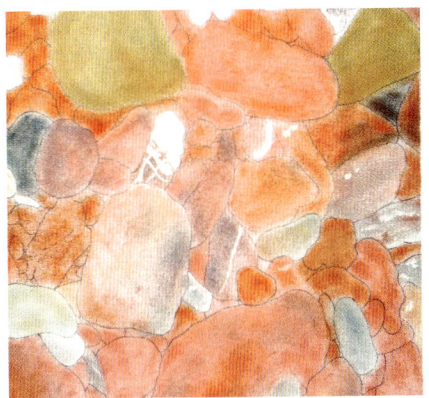

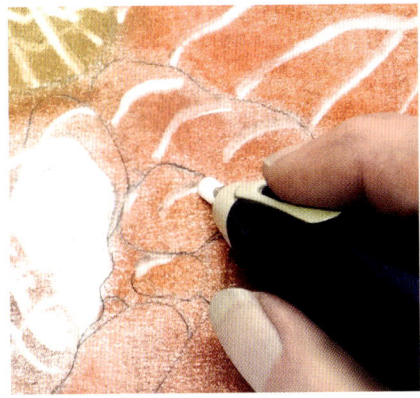

2 Aplicar pasteles suaves

Aplica pasteles empezando por arriba. Difumina y extiende el color con el dedo y presiona para introducir el pigmento en el papel.

3 Completar la base de pasteles

Varía la densidad de las marcas con un pañuelo de papel o con un bastoncillo de algodón y mantén limpios los bordes con una goma.

4 Levantar el pigmento con la goma eléctrica

Con la goma eléctrica, y empezando por arriba, levanta el pigmento en las ondas. Varía la presión para variar el ancho de las líneas. Aplica fijador.

5 Capa superior con lápices de colores

Comienza a añadir los detalles y haz los ajustes necesarios a los colores y a los tonos con capas de lápices de colores. Aplica color y difumina según lo que necesites, y trabaja de arriba abajo, para no emborronar ni ensuciar los colores. La base pastel te ofrecerá una superficie lisa sobre la que dibujar.

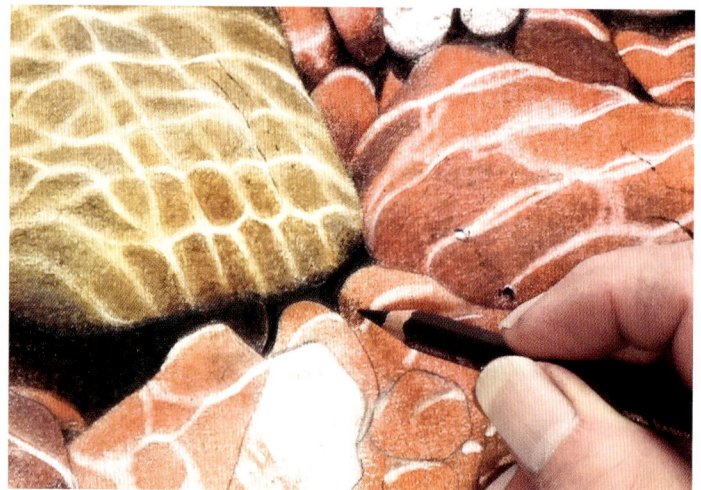

6 Difuminar y bruñir

Con un difumino incoloro, difumina y bruñe los colores de manera uniforme. Elimina los trazos de lápiz y minimiza la granulosidad. Refuerza los tonos oscuros entre los guijarros para sugerir las formas. Con un escalpelo afilado, raspa los grumos de pigmento que se hayan podido acumular.

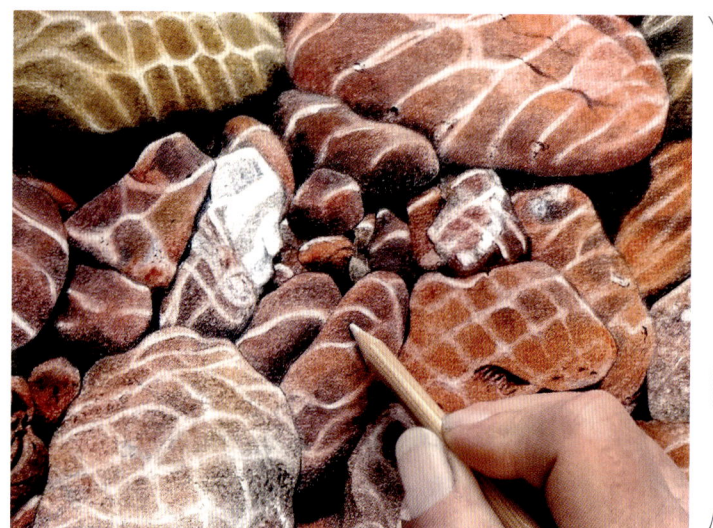

Las ondas se han limpiado con una goma

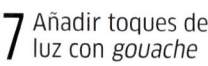

7 Añadir toques de luz con *gouache*

Con un pincel de marta fino, aplica *gouache* blanco para añadir toques de luz y reforzar las ondas. El *gouache* conservará su opacidad sobre las capas de pastel y lápiz.

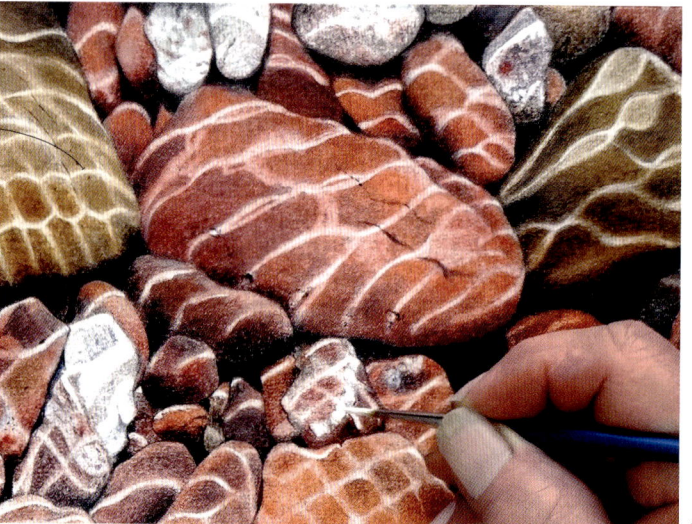

La base pastel proporciona un color intenso

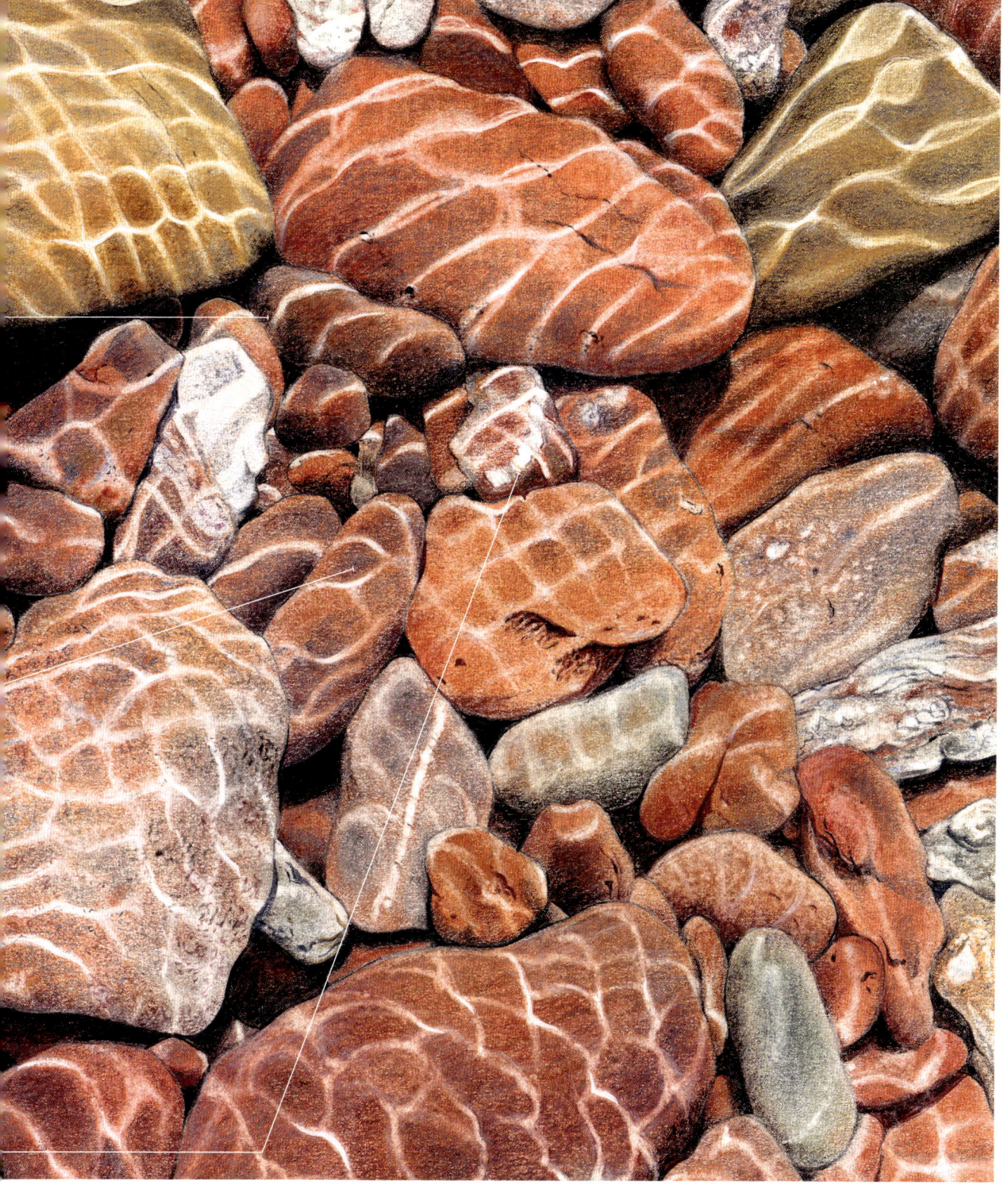

«Combinar distintos medios y **técnicas
en un mismo dibujo es** una manera
fantástica de ampliar la **práctica.**»

Lápices acuarelables

AÑADIR AGUADAS A LOS DIBUJOS

Los lápices acuarelables te ofrecen todos los beneficios de la acuarela junto a la practicidad y el control de los lápices de colores. Puedes crear aguadas de color para cubrir áreas extensas o trabajar directamente sobre una superficie húmeda y obtener colores fuertes y vibrantes. Haz esbozos *in situ* y, una vez en el estudio, trabájalos con agua.

▓ Difuminar las marcas con agua

Los lápices acuarelables se pueden usar de infinitas maneras y permiten combinar las aguadas y las marcas de lápiz. La diferencia principal reside en si añades el agua después de haber aplicado el color, para crear una aguada, o si humedeces el papel y dibujas sobre él para intensificar la potencia de la marca.

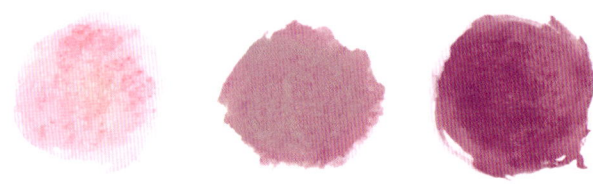

Aguada

Aplica una capa de color uniforme, carga un pincel con agua limpia y aplícalo sobre la superficie para crear una aguada clara. Para intensificar el color, añade capas de lápiz y mézclalas con el pincel húmedo.

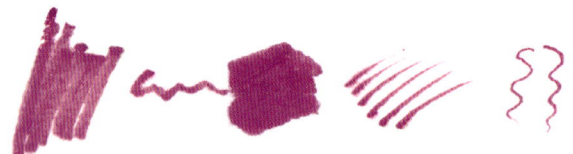

Dibujar sobre papel húmedo

Humedece el papel con agua limpia con ayuda de un pincel o un pulverizador y dibuja con el lápiz. Las marcas se mezclarán con la superficie del papel y concentrarán el pigmento, que producirá intensas capas de color.

PONLO EN PRÁCTICA

Estos nenúfares se han hecho con aguadas de fondo muy claras, sobre las que se han añadido detalles trabajados sobre la superficie aún húmeda y que han recreado a la perfección la vitalidad de las flores.

Necesitarás

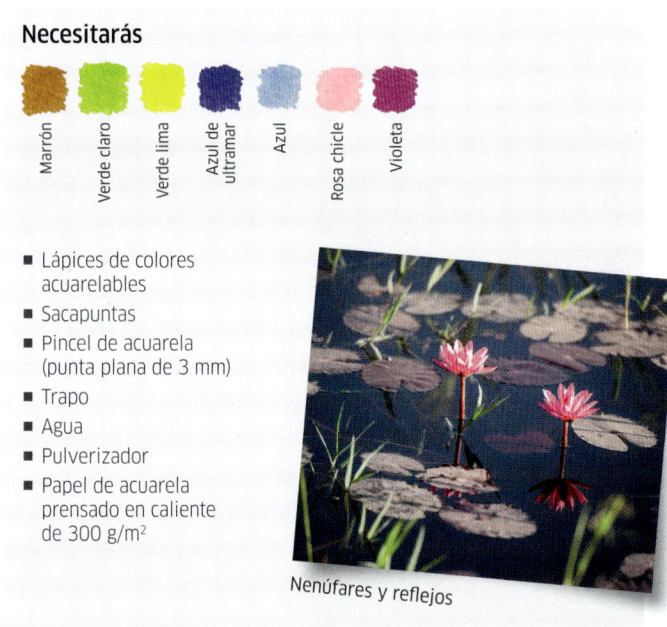

Marrón · Verde claro · Verde lima · Azul de ultramar · Azul · Rosa chicle · Violeta

- Lápices de colores acuarelables
- Sacapuntas
- Pincel de acuarela (punta plana de 3 mm)
- Trapo
- Agua
- Pulverizador
- Papel de acuarela prensado en caliente de 300 g/m²

Nenúfares y reflejos

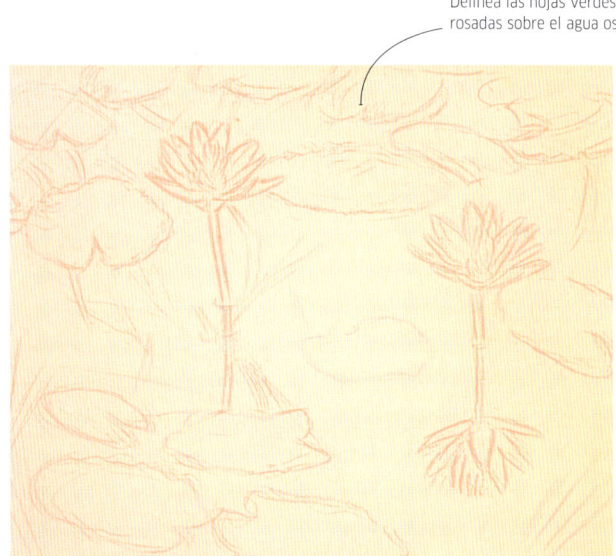

Delinea las hojas verdes y rosadas sobre el agua oscura

1 Contornos iniciales

Dibuja los contornos y las formas de las áreas tonales con el lápiz rosa chicle. No presiones demasiado, para que las marcas no deseadas no se entrevean una vez hayas acabado el dibujo.

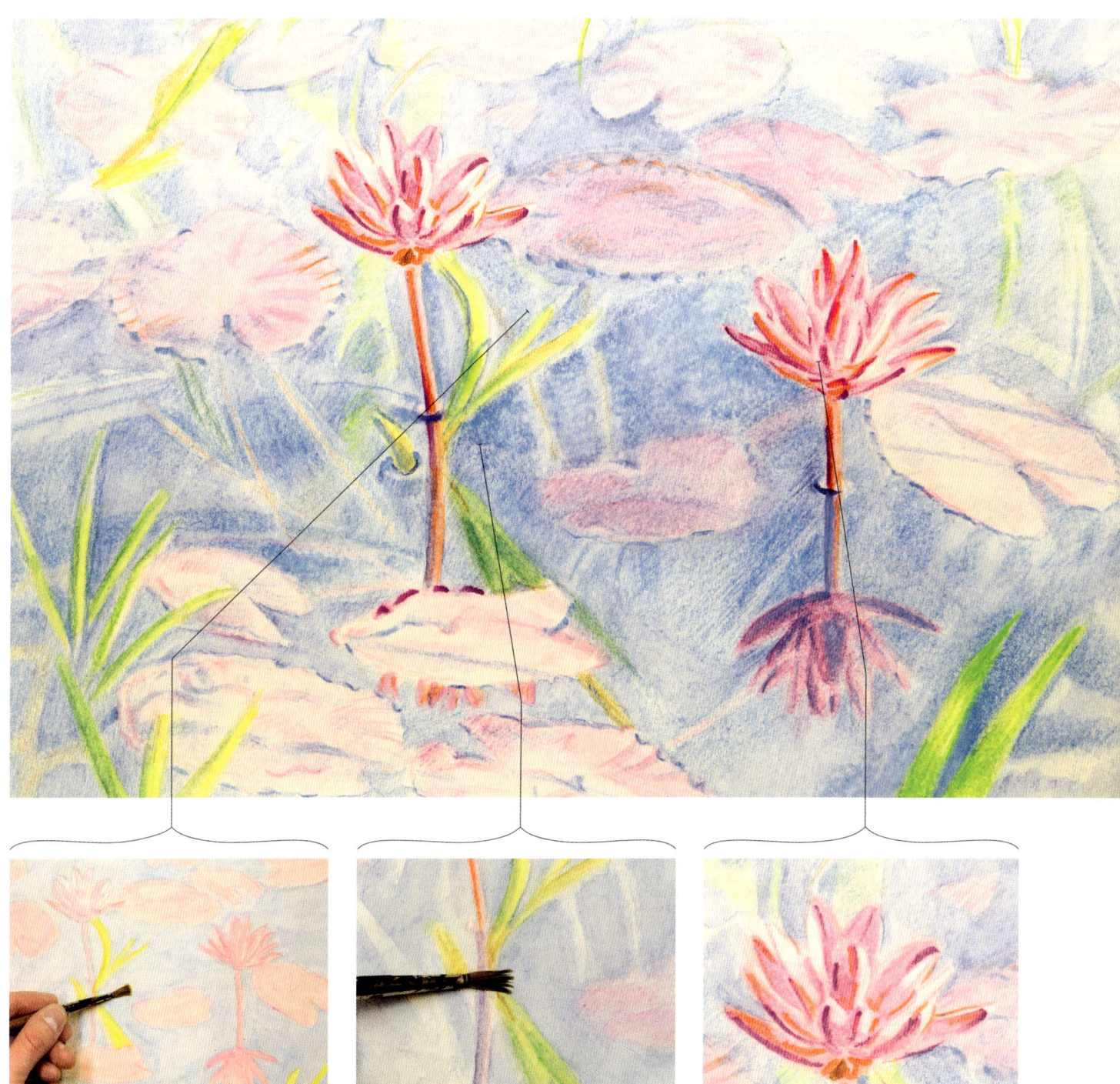

2 Primera aguada
Sombrea las áreas de color principales usando los lápices y sin presionar demasiado. Una vez hayas aplicado los colores, aplica agua con un pincel para crear aguadas y mover los colores. No es necesario que seas demasiado preciso.

3 Añadir profundidad
Vuelve a aplicar color y otra aguada para oscurecer más algunas zonas y añadir profundidad. Pasa el pincel sobre las marcas que queden, para eliminarlas con el agua. Las líneas iniciales impedirán que los colores se corran.

4 Detalles controlados
Ahora, añade los detalles, como los pétalos de los nenúfares, humedeciendo primero la superficie con un pincel o con agua pulverizada y, luego, dibujando encima con los lápices para crear áreas de color más precisas.

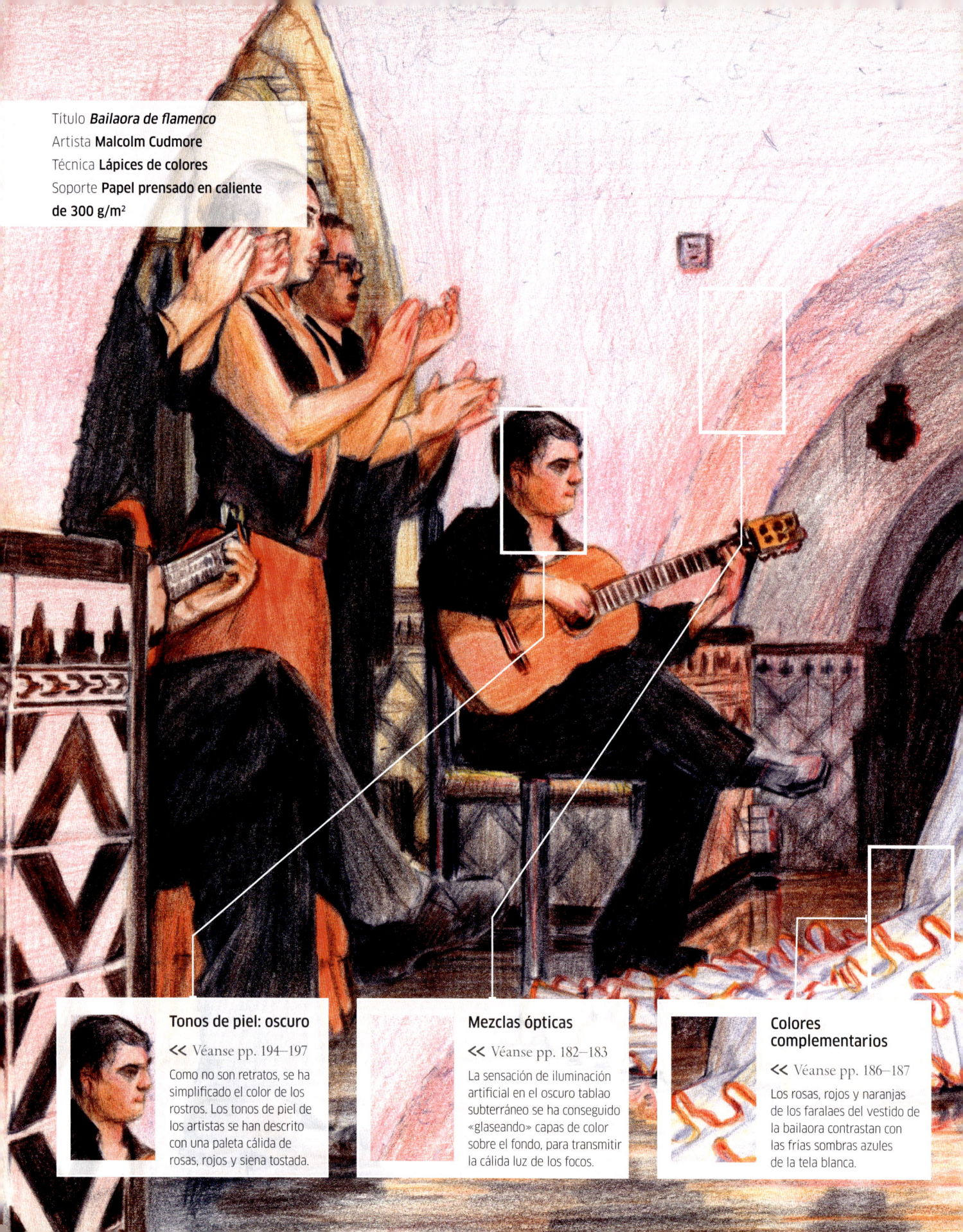

Título **Bailaora de flamenco**
Artista **Malcolm Cudmore**
Técnica **Lápices de colores**
Soporte **Papel prensado en caliente de 300 g/m²**

Tonos de piel: oscuro

« Véanse pp. 194–197

Como no son retratos, se ha simplificado el color de los rostros. Los tonos de piel de los artistas se han descrito con una paleta cálida de rosas, rojos y siena tostada.

Mezclas ópticas

« Véanse pp. 182–183

La sensación de iluminación artificial en el oscuro tablao subterráneo se ha conseguido «glaseando» capas de color sobre el fondo, para transmitir la cálida luz de los focos.

Colores complementarios

« Véanse pp. 186–187

Los rosas, rojos y naranjas de los faralaes del vestido de la bailaora contrastan con las frías sombras azules de la tela blanca.

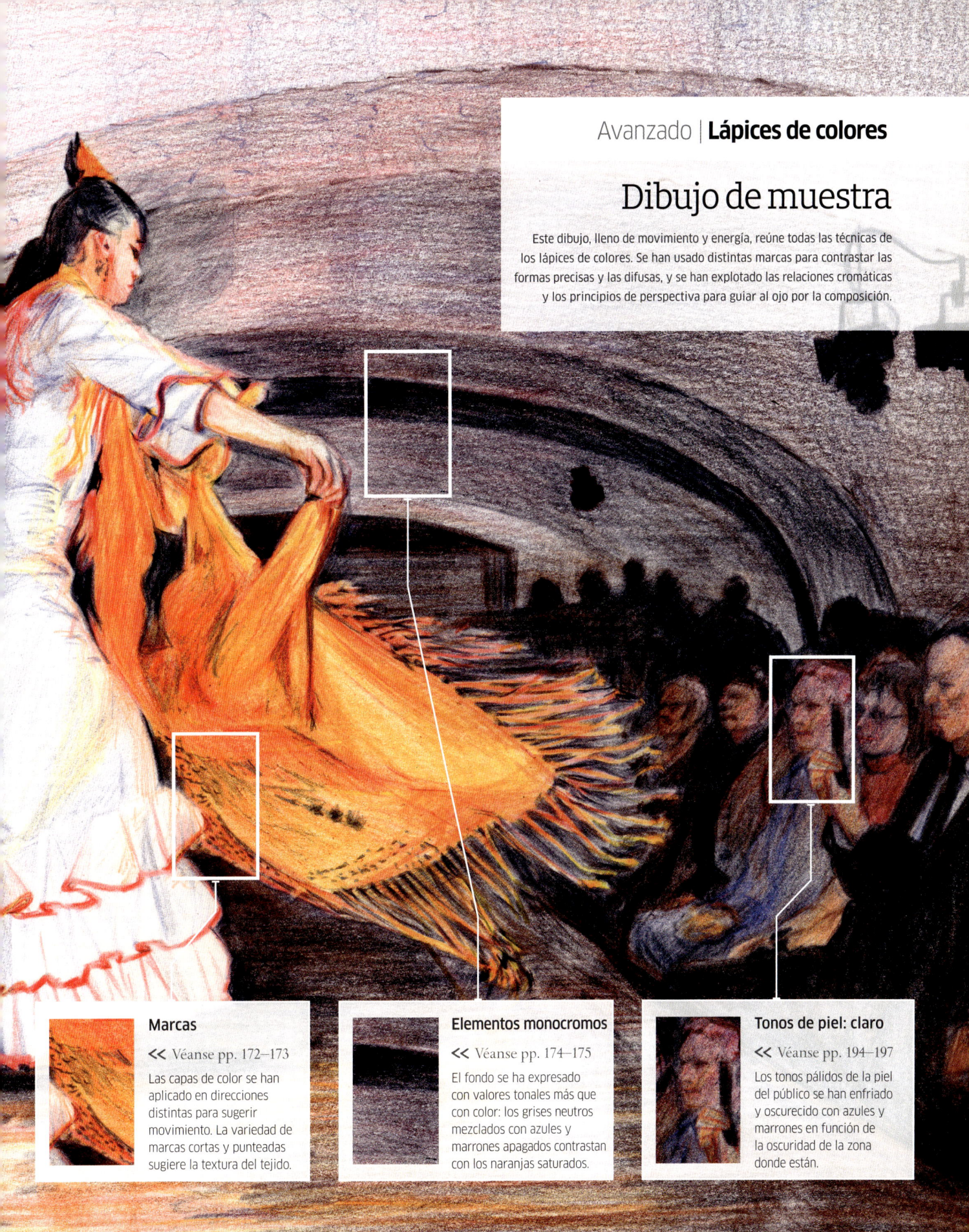

Dibujo de muestra

Este dibujo, lleno de movimiento y energía, reúne todas las técnicas de los lápices de colores. Se han usado distintas marcas para contrastar las formas precisas y las difusas, y se han explotado las relaciones cromáticas y los principios de perspectiva para guiar al ojo por la composición.

Marcas

≪ Véanse pp. 172–173

Las capas de color se han aplicado en direcciones distintas para sugerir movimiento. La variedad de marcas cortas y punteadas sugiere la textura del tejido.

Elementos monocromos

≪ Véanse pp. 174–175

El fondo se ha expresado con valores tonales más que con color: los grises neutros mezclados con azules y marrones apagados contrastan con los naranjas saturados.

Tonos de piel: claro

≪ Véanse pp. 194–197

Los tonos pálidos de la piel del público se han enfriado y oscurecido con azules y marrones en función de la oscuridad de la zona donde están.

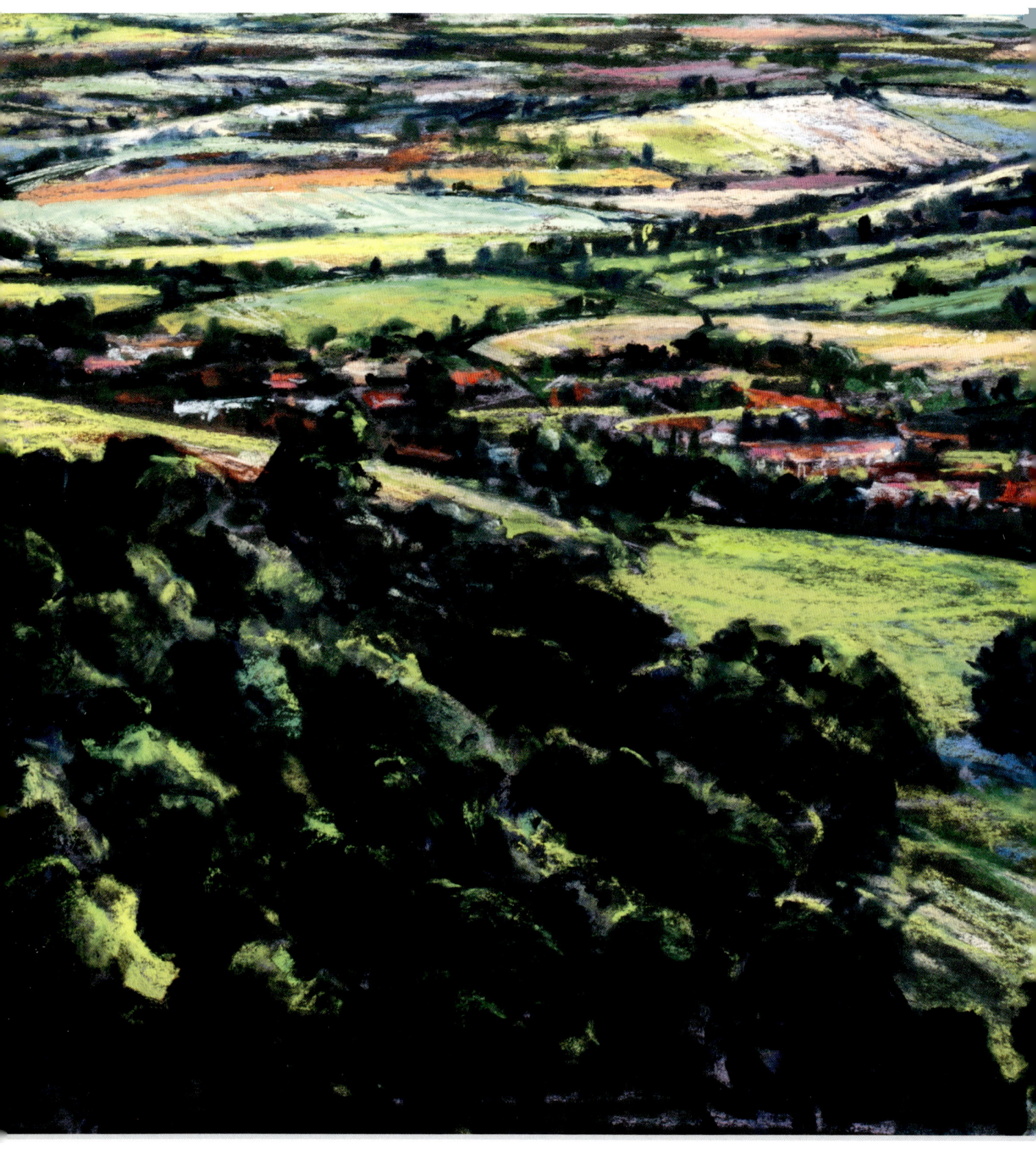

Pastel

Dibujar con **pastel**

La inmediatez es uno de los principales atractivos del pastel: solo hay que coger uno y empezar a usarlo directamente. Su facilidad de uso hace del pastel un medio muy versátil para crear marcas diferentes y efectos variados, como trazos anchos y fluidos de colores hechos a capas y difuminados o marcas precisas y detalladas. La riqueza e intensidad de los pasteles facilitan multitud de combinaciones visuales que permiten al artista dibujar y pintar al mismo tiempo.

En las páginas siguientes descubrirás las cualidades y la versatilidad de distintos tipos de pasteles, qué papel y soportes puedes usar y qué otros materiales necesitarás. A continuación, practicarás y desarrollarás tus habilidades con más de 30 técnicas de iniciación, intermedias o avanzadas. Cada sección concluye con un dibujo de muestra que plasma varias técnicas.

1 Técnicas de iniciación

■ Véanse pp. 216-241

En esta primera sección descubrirás cómo dejar marcas con pasteles de todo tipo. También aprenderás la importancia de la presión, cuándo difuminar, cómo trabajar con el color y cómo mezclar los colores más útiles.

2 Técnicas intermedias

■ Véanse pp. 242-267

En esta segunda sección explorarás el mundo del papel (textura y color) y aprenderás a trabajar en capas, a crear texturas visuales realistas y a usar con seguridad colores complementarios, cálidos y fríos.

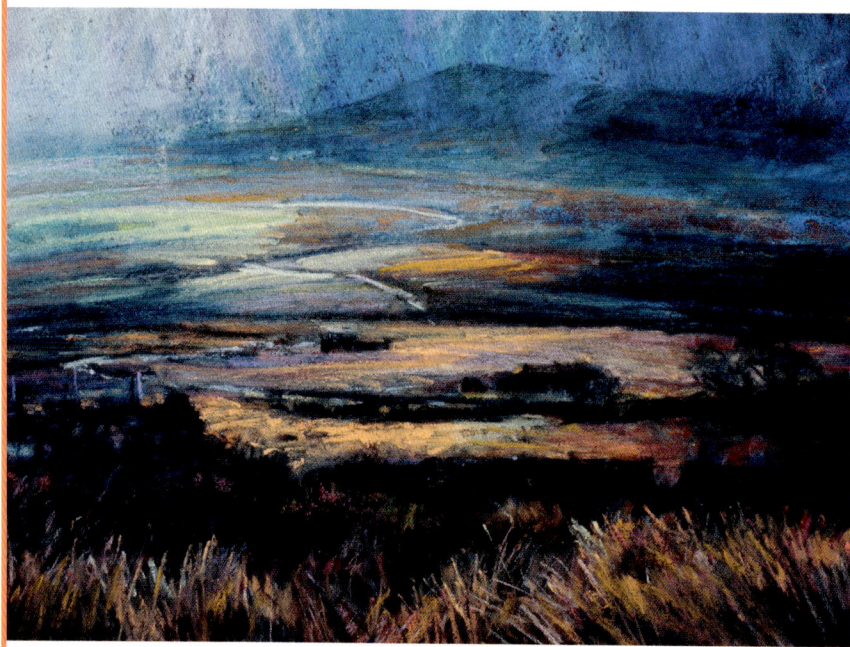

Dibujo de muestra de las técnicas de iniciación (pp. 240-241)

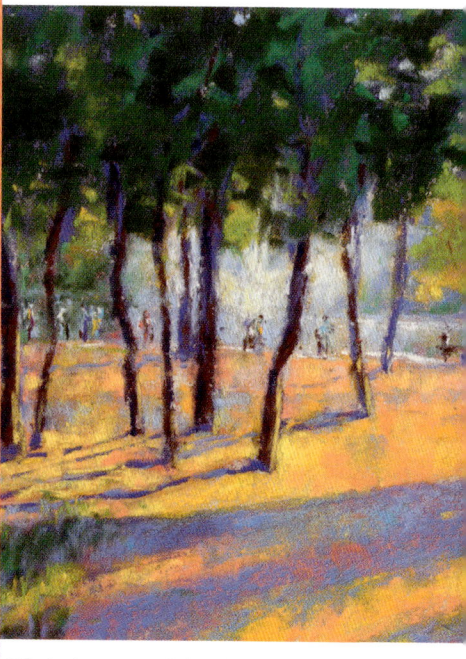

Dibujo de muestra de las técnicas intermedias (pp. 266-

Hace mucho tiempo que los artistas usan el pastel como un medio de expresión y exploración artística, sobre todo en estudios de desnudos y en dibujos preparatorios; pero fue Degas quien, en la década de 1870, y con sus estudios impresionistas de bailarinas de ballet, hizo que el pastel pasara de ser una «mera herramienta para esbozos» a un medio artístico de primer orden. Otros artistas, como Henri de Toulouse-Lautrec, Pierre-Auguste Renoir o Paul Gauguin, siguieron su ejemplo y explotaron la libertad cromática y expresiva que ofrece el pastel.

Colores intensos

En el Renacimiento, los pasteles solo estaban disponibles en negro, blanco y rojo, una paleta muy alejada del enorme espectro de colores de hoy. En esencia, el pastel es pigmento mezclado con algún aglutinante y enrollado o prensado en forma de barra. El aglutinante es lo que da a cada pastel sus cualidades. Los mejores son casi pigmento puro y ofrecen un color brillante y muy saturado que se puede potenciar aún más trabajando con fijador y en capas.

Facilidad de uso y versatilidad

Los pasteles se presentan en distintos niveles de dureza y de blandura, y acostumbran a estar envueltos en papel, para facilitar su manipulación e identificación en el etiquetado. No hay necesidad de pensar en pinceles, porque el pastel está concebido para trabajarse con la mano misma (bueno, con los dedos) y para superponer capas que se combinan visualmente. Muchos artistas sienten que el pastel se usa de un modo instintivo. Con él se pueden plasmar imágenes abstractas, paisajes sugerentes, retratos detallados y temas de todo tipo.

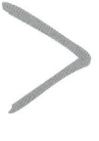

3 Técnicas avanzadas

■ Véanse pp. 268-293

Esta sección explica técnicas más sutiles que son muy útiles para dibujar figuras en movimiento, plasmar tonos de piel, crear puntos focales, captar las cualidades del agua o trabajar sobre superficies con textura.

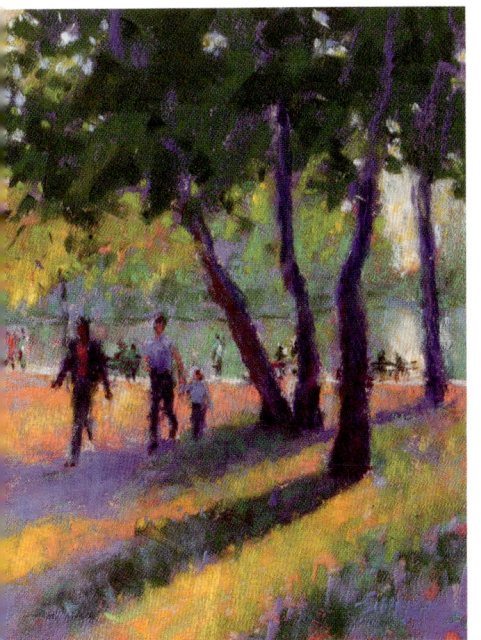

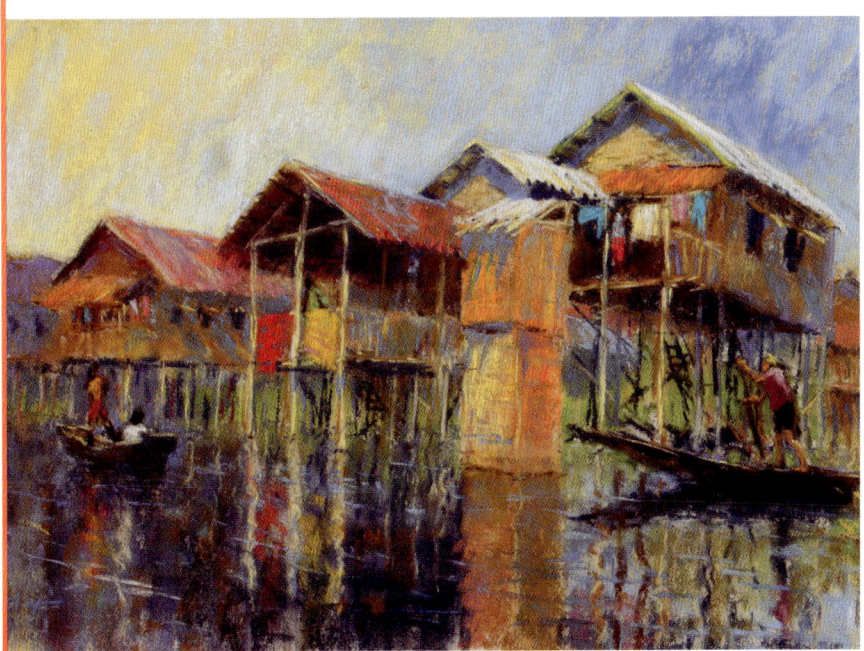

Dibujo de muestra de las técnicas avanzadas (pp. 292-293)

Pasteles

EL MULTICOLOR MUNDO DE LOS PASTELES

El pastel es una manera fantástica de añadir color. Es más expresivo que los lápices de colores y más manejable que la pintura: está a medio camino entre una herramienta de dibujo y una de pintura. Los hay de una inmensa variedad de colores que se pueden superponer y difuminar. Distintos tipos de pasteles ofrecen cualidades de dibujo diferentes, dependiendo del aglutinante usado.

Hay pasteles de varios tipos: duros y blandos, al óleo, acuarelables… Todos ellos son una combinación de pigmento y aglutinante a los que se ha dado forma de barra que se sujeta con facilidad. El aglutinante determina las propiedades que tendrá el pastel.

Propiedades de los pasteles

El tipo que elijas dependerá del efecto que quieras lograr o del estilo de dibujo que prefieras. Por ejemplo, los pasteles blandos se difuminan hasta el infinito y se emborronan con facilidad (se rompen y desmenuzan con la misma rapidez); como tienden a generar polvillo, hay

que fijarlos para que el pigmento permanezca sobre el soporte. Hay pasteles blandos de mil y un colores.

Por su parte, los pasteles duros contienen más aglutinante y menos pigmento. Esto significa que el color es menos intenso, pero tienen la gran ventaja de que no se desmenuzan con tanta facilidad. Son ideales para esbozos preliminares, capas de base, detalles y toques finales.

Los pasteles al óleo no se desmenuzan, no se emborronan y no producen polvillo. Tienen tanto pigmento como los pasteles blandos y duros de primera calidad, y producen colores limpios, luminosos

e intensos. Y no hace falta fijarlos. Sin embargo, nunca se secan del todo y hay que proteger con esmero el dibujo acabado. Son solubles en solventes y producen veladuras o aguadas que se prestan a trabajos vigorosos, como superponer varias aguadas y rascar.

Los pasteles acuarelables ofrecen una gama de colores más limitada, pero se pueden difuminar con agua, moverlos sobre el papel con un pincel y usar este para mezclar y «pintar» los colores deseados. Si te gusta trabajar con pincel, estos pasteles ofrecen interpretaciones creativas y emocionantes, tanto mojados como en seco.

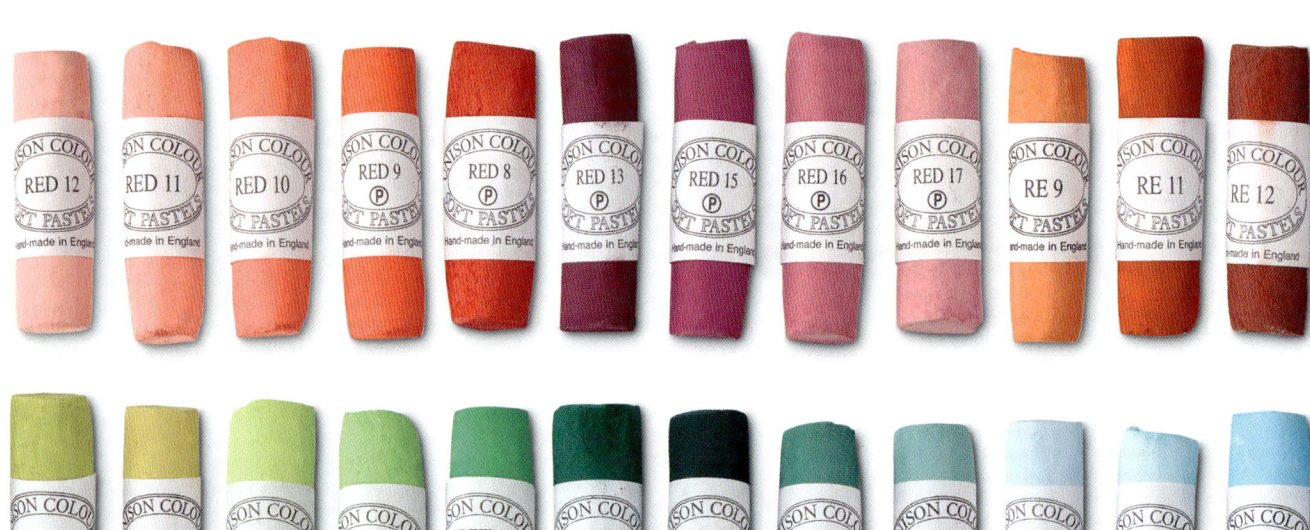

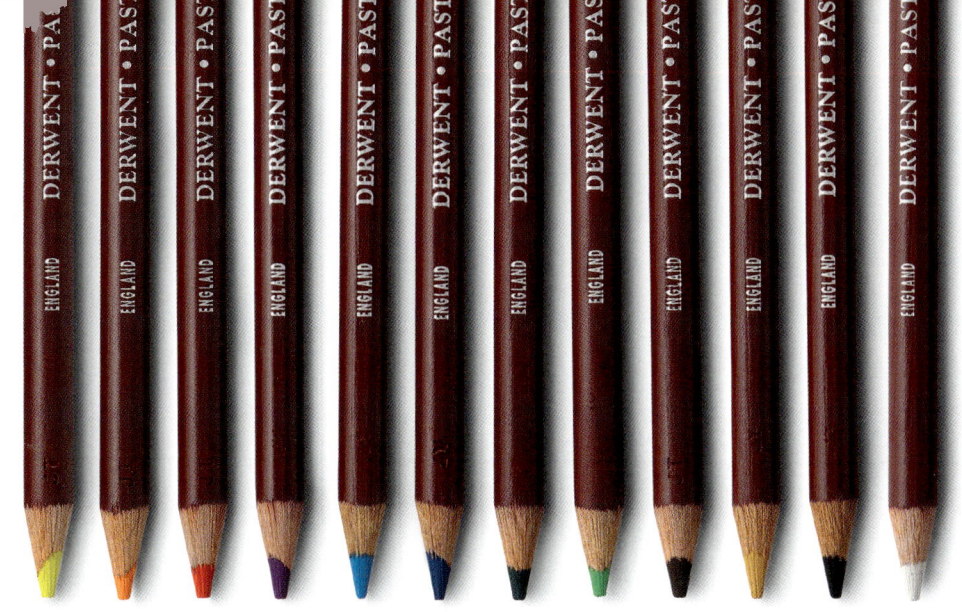

Lápices pastel

Si necesitas control y precisión para añadir detalles pequeños, opta por lápices pastel. Son muy útiles y combinan bien tanto con pasteles duros como blandos.

Comprar pasteles

Puedes encontrar pasteles de dos cualidades: escolar y artística. Aunque puedes comprarlos individualmente, si es la primera vez que compras pasteles quizá sea más barato adquirir un set básico al que puedas añadir colores a medida que los necesites. Hay artistas que creen que es mejor comprar menos pasteles de buena calidad que muchos más económicos y de peor calidad, porque estos últimos suelen dar resultados decepcionantes.

Hay varios fabricantes que agrupan colores concretos en sets útiles: por ejemplo, si te gusta dibujar al aire libre, un set de paisajes o de tonos tierra podría merecer la pena. Si prefieres los retratos, quizás te atraiga más un set de tonos de piel.

Cada marca usa sus propias fórmulas de fabricación, tiene colores propios y ofrece sensaciones distintas en la mano y en la página. Si puedes, prueba distintas marcas en alguna tienda de material artístico o en un centro de arte comunitario antes de decidir cuál prefieres.

> «Cada marca usa sus propias fórmulas y colores y ofrece sensaciones distintas en la mano y en la página.»

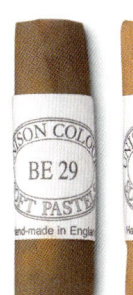 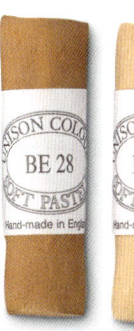 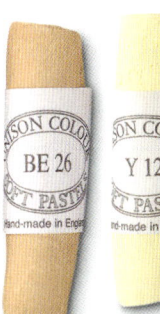 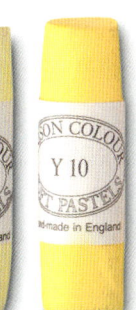 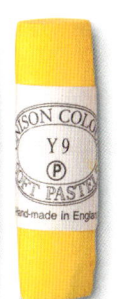 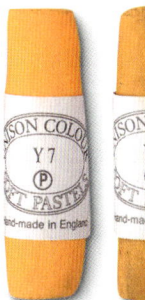 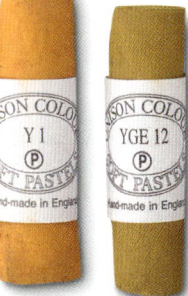 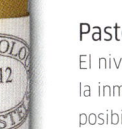

Pasteles blandos

El nivel de color, la inmediatez y las posibilidades de mezcla hacen de los pasteles un medio fantástico. La gama de colores es muy amplia.

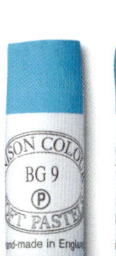 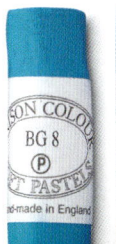 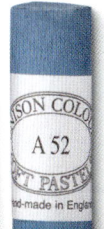 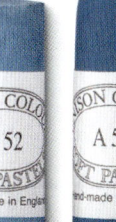 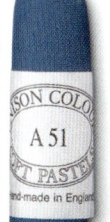 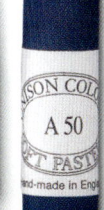 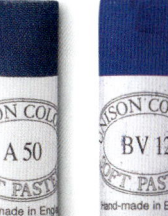 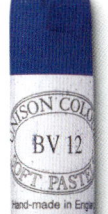 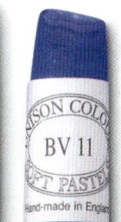 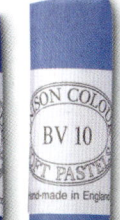 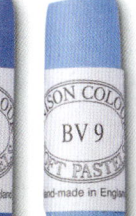 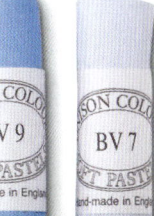 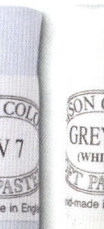 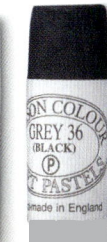

Pasteles y otros materiales

SACAR EL MÁXIMO PARTIDO A LOS PASTELES

Los pasteles de calidad son caros, porque están cargados de pigmento, pero has de saber que no necesitarás mucho más en términos de material caro cuando trabajes con pasteles. La mayoría de lo que necesitarás son materiales artísticos genéricos. Eso sí, una vez que empieces a trabajar con pasteles, determina la mejor manera de proteger tus obras maestras.

Otros materiales útiles

En función del tipo de pastel que vayas a usar, habrá utensilios y maneras de trabajar que marcarán una diferencia enorme en el dibujo acabado. Necesitarás, por ejemplo, cinta de carrocero, un escalpelo o un cúter, pinzas y una tabla de dibujo o un caballete.

Trabajar sin polvo

Trabajar con pasteles blandos tiene muchas ventajas y un solo inconveniente: producen polvillo mientras se dibuja con ellos. Como los pasteles son, básicamente, pigmento molido finamente y mezclado con un aglutinante, las diminutas partículas de pigmento se desprenden sobre la página, y las que no quedan fijadas a la superficie del papel o del soporte se pueden mover sin control. Sigue los siguientes consejos para obtener dibujos limpios.

- **Trabaja en vertical:** trabajar con caballete en lugar de en una mesa plana garantiza que el polvillo que se desprenda del soporte caiga y no impregne la página, lo que minimiza los borrones y las manchas de color.
- **Arremángate:** evita emborronar sin querer las marcas dibujadas.
- **Dibuja en un área bien ventilada:** así limitarás la exposición al polvo.

- **Protege los dibujos:** tapar los dibujos con una capa de papel de seda sin ácido limitará los borrones.

Artículos útiles para trabajar con pasteles al óleo

Los pasteles al óleo usan aceite o cera para ligar el pigmento antes de darle forma de barra y envolverlo en papel. Su carácter aceitoso hace que el pigmento forme una capa más gruesa en el dibujo; esta capa se puede rascar, en una técnica conocida como esgrafiado (*sgraffito* en italiano), para añadir textura o para revelar otras capas subyacentes (pp. 218-219). Aunque hay herramientas específicas

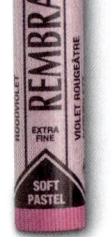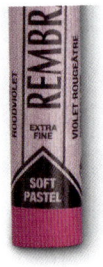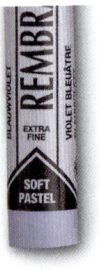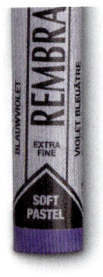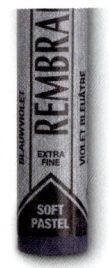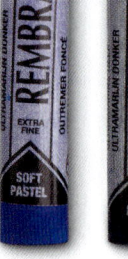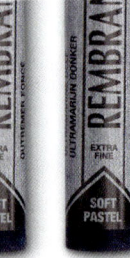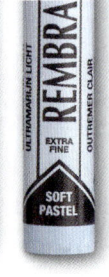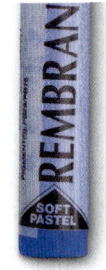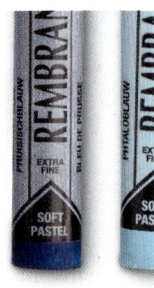

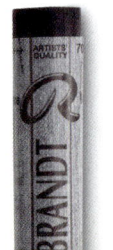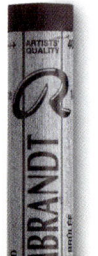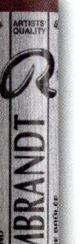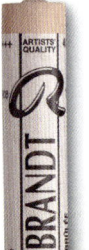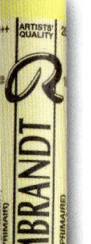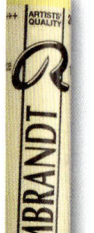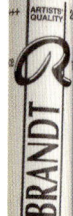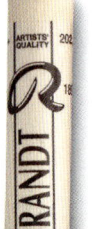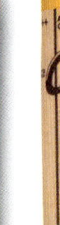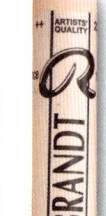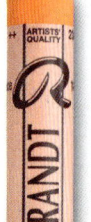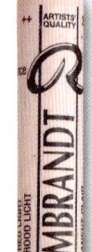

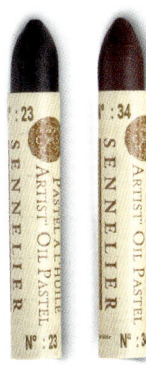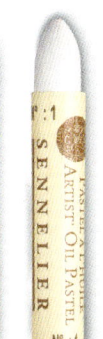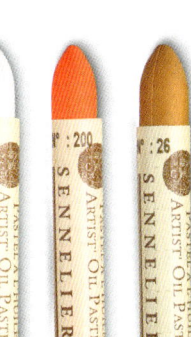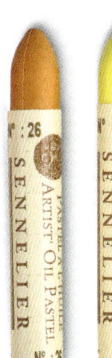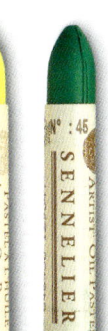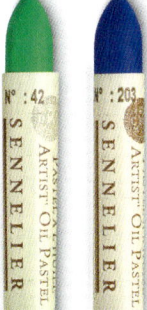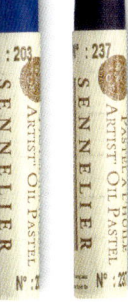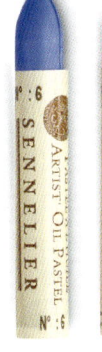

Pasteles al óleo

Son barras cilíndricas de pigmento con aceite o cera como aglutinante y envueltas en papel. Tienen una consistencia característica, y, en muchos aspectos, trabajar con ellos se parece más a pintar que a dibujar.

para esgrafiar, puedes usar un cúter o incluso un mondadientes. Los pasteles al óleo no producen polvo, pero ensucian igual, así que ten a mano pañuelos de papel para mantener limpios los dedos y los pasteles.

Proteger los dibujos

Ya sabes que hay que fijar tanto los pasteles duros como los blandos para que las partículas de pigmento no se desprendan del soporte. Sin embargo, si trabajas con papel lija (pp. 215 y 244–245), la necesidad de usar fijador se reduce. El fijador de pastel es una sustancia química en forma de espray y fácil de usar (eso sí, asegúrate de que aplicas una capa fina y en un área ventilada). Ten en cuenta que el fijador oscurece los colores.

Los pasteles al óleo no requieren fijador, pero como el aceite no se seca (a diferencia de la pintura al óleo), el pigmento se puede borrar o levantar una vez terminado el dibujo. Es buena idea proteger la superficie del dibujo con papel de seda sin ácido o enmarcarlo directamente para que el cristal lo proteja. De no ser así, atraerá polvo. De hecho, lo mejor es guardar (y disfrutar) los dibujos de pastel detrás de un cristal.

> «Trabajar con pasteles blandos tiene muchas ventajas y un solo inconveniente: producen polvillo mientras se dibuja con ellos.»

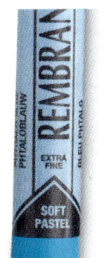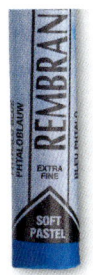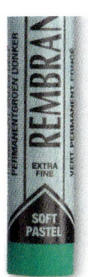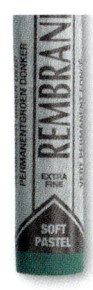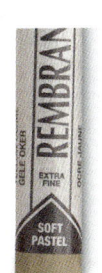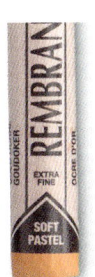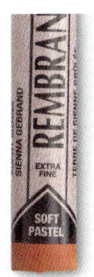

Pasteles duros y blandos

Que un pastel sea más blando o más duro depende de muchos factores y varía según el fabricante. Con la práctica, descubrirás cuáles prefieres y qué marcas son tus preferidas.

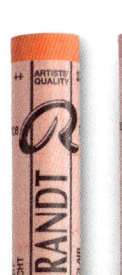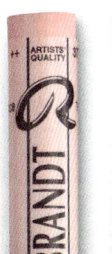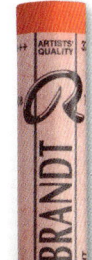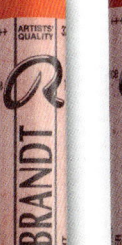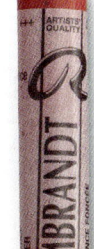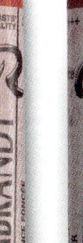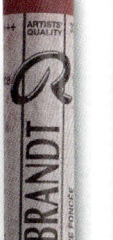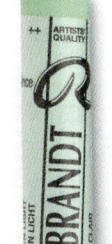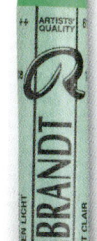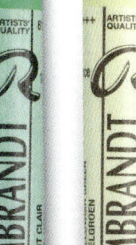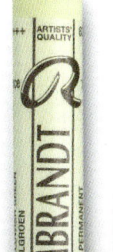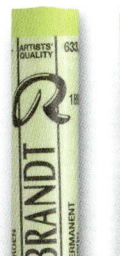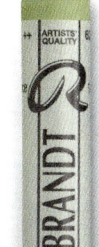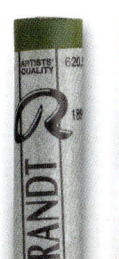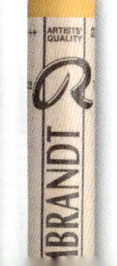

Soportes

ELEGIR LA SUPERFICIE ADECUADA SOBRE LA QUE DIBUJAR

Los pasteles son blandos y necesitan una superficie con textura que capte y retenga el pigmento. Al igual que existe una gran variedad de pasteles, hay multitud de tipos de papel y de superficies (o soportes) sobre los que trabajar. Además de papel concebido específicamente para pasteles, puedes usar todo tipo de papel, cartulina, superficies con textura e incluso madera.

El «grano» del papel

La textura superficial del papel, llamada «grano», retiene el pigmento de los pasteles. Si trabajas con pasteles blandos, la mayor parte del pigmento se desprenderá si dibujas sobre un papel muy liso con apenas textura, por lo que conviene que uses superficies con algo de grano. Merece la pena que pruebes varias hasta que encuentres la que mejor se adapte a tu estilo.

Propiedades del papel

Es importante que conozcas el peso, la fuerza y las propiedades del papel si vas a trabajar con pasteles. Como es muy posible que frotes, difumines y dibujes con fuerza, necesitarás un papel resistente con mucho grano. Los hay de distintos tamaños y formatos, tanto en hojas sueltas como en cuadernos. También puedes comprar tablas preimprimadas con *gesso* o imprimir tu propia superficie de distintas maneras.

Papel de colores

Trabajar con papel de distintos colores puede modificar infinitamente los efectos de los dibujos con pastel (pp. 246-247). Además de blanco y crema, hay papel para pastel en una amplia gama de tonos medios y oscuros. Los colores que funcionan bien como base para dibujos con pastel van de los grises, azules y verdes neutros a los rojos, morados y naranjas.

Soportes caseros para pasteles

Puedes preparar tus propias superficies de trabajo, como madera imprimada (pp. 278-281), y transformar el papel y la cartulina en superficies con una textura adecuada aplicando una imprimación, como piedra pómez en polvo, imprimación acrílica (con arena), imprimación con *gesso* o una

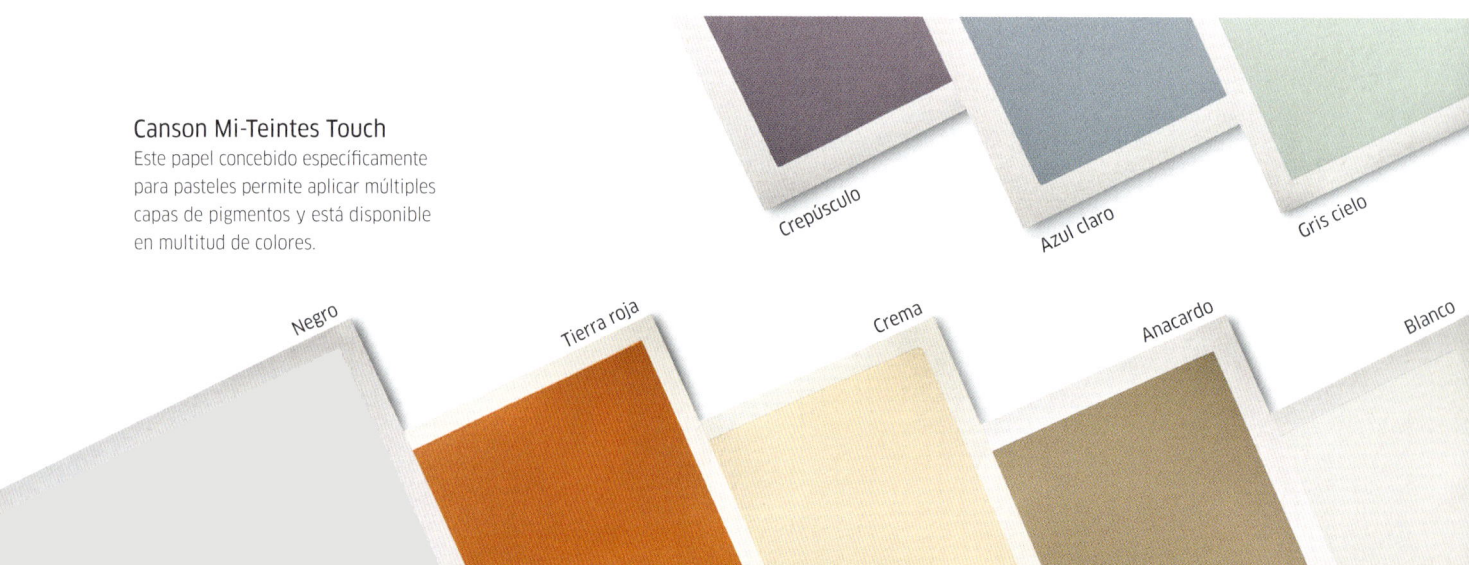

Canson Mi-Teintes Touch
Este papel concebido específicamente para pasteles permite aplicar múltiples capas de pigmentos y está disponible en multitud de colores.

Crepúsculo

Azul claro

Gris cielo

Negro

Tierra roja

Crema

Anacardo

Blanco

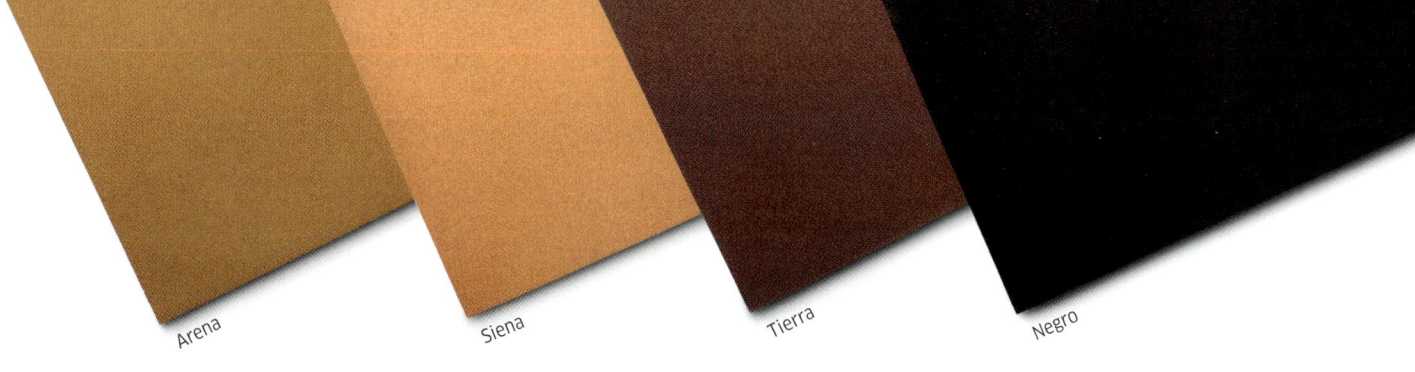

Arena Siena Tierra Negro

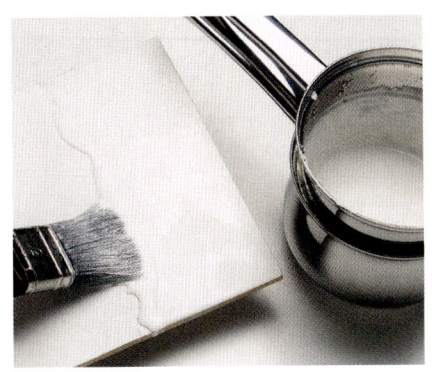

Imprimar con *gesso*

Añade textura a una tabla o a un papel pintándolos con una imprimación con textura, como el *gesso*. Si queda demasiado abrasivo, lo puedes lijar.

Papeles lija Sennelier

Estos papeles abrasivos de grano fino están disponibles en múltiples colores y no son más que uno de los múltiples papeles de pastel con los que puedes trabajar. El fino grano del papel lija retiene el pastel y permite superponer capas de color, lo que contribuye al efecto y a la atmósfera del dibujo.

imprimación al agua semiopaca. Según la imprimación que elijas, la tendrás que diluir antes de poder usarla, y recuerda que es posible que tengas que estirar antes el papel con un gramaje inferior a los 300 g/m^2.

contigo, son un recurso fantástico para plasmar colores que recordar luego y para capturar formas o composiciones concretas. Acuérdate de fijar o de cubrir con papel de seda los dibujos a pastel.

Pastelmat de 360 g/m^2 y UART papel lija *premium* de 400 g/m^2. Este último está disponible con distintos niveles de abrasión: desde el grano más grueso (grado 240) al más fino (grado 800).

Cuadernos de bocetos

En general, los cuadernos de bocetos contienen papel liso y ligero, que no es el mejor para dibujar con pastel. Sin embargo, como los puedes llevar siempre

Papel específico para el pastel

Los artistas de pastel de este libro usan distintos papeles específicos para pastel, con superficies que permiten trabajar en capas y que retienen las partículas de pigmento. He aquí una selección de papeles de distintos fabricantes: Canson Mi-Teintes Touch de 350 g/m^2, Sennelier La Carte de 360 g/m^2, Clairefontaine

Fijador de pasteles

Puedes usar el fijador de forma creativa (p. 216) para oscurecer los colores de forma selectiva, o bien, simplemente, aplicarlo para asegurarte de que tus dibujos a pastel permanezcan inalterados y tan brillantes como el día en que los terminaste.

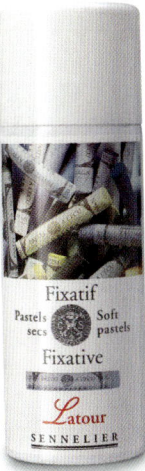

Papeles de color Sennelier

Tienen una superficie rugosa ideal para pasteles y están disponibles en un amplio abanico de colores, desde blancos rotos a casi negros.

Melocotón Blanco antiguo Azul-verde claro Verde Azul-gris oscuro

Marcas de color 1

EFECTOS CON PASTELES DUROS Y BLANDOS

Como cualquier otra técnica, tanto los pasteles duros como los blandos hacen marcas variadas, pero todas son de un color intenso. Descubre cómo difuminar o superponer colores y recrea la miríada de tonos que ves.

▧ Uso creativo del fijador

Piensa en el fijador como en una «herramienta» de pleno derecho para dibujar con pasteles. El fijador fija el color y el pigmento (es útil sobre todo al acabar el proyecto), pero también se usa para oscurecer los colores durante el proceso. Ambas cualidades te permiten lograr efectos diversos.

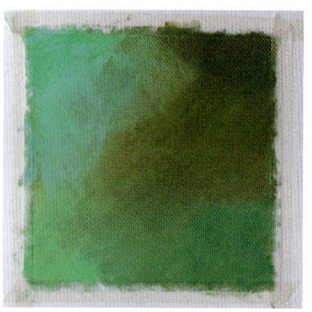

1 Superponer capas de pastel con fijador
Uno de los usos creativos del fijador consiste en tapar zonas de un dibujo antes de oscurecer con fijador las que quedan descubiertas. Aquí, hay un área de tono plano, con tonos claros, medios y oscuros difuminados.

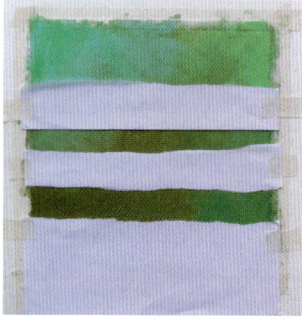

2 Franjas enmascaradas
Enmascara las áreas que quieras mantener claras con tiras de papel de dibujo blanco fijadas con cinta de carrocero.

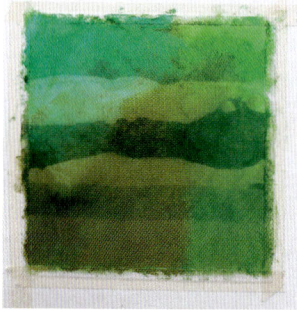

3 Bandas oscurecidas
Rocía toda la superficie y retira las tiras de papel, para ver las áreas oscurecidas por el espray. El color se correrá un poco.

PONLO EN PRÁCTICA

Puedes usar pasteles duros o blandos para combinar los colores de varias maneras y con marcas expresivas y llamativas. Una vez hayas aprendido estas técnicas básicas, las podrás aplicar a cualquier tema.

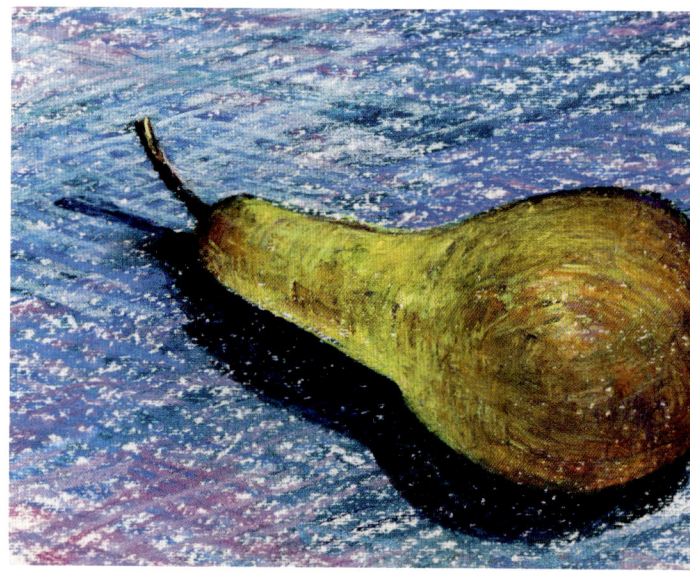

Marcas y marcas cruzadas
Usa líneas en una dirección concreta (marcas) y superpón líneas en la dirección opuesta (marcas cruzadas) para mezclar los colores. Las líneas curvas que siguen el contorno de la pera ayudan a describir la forma de esta.

Capas y barridos
En lugar de difuminar los colores con suavidad, carga generosamente el papel de color y deja que las capas y marcas de colores se mezclen visualmente (pp. 224-225). Aquí puedes ver las distintas marcas de barridos entretejidas y superpuestas (pp. 228-229).

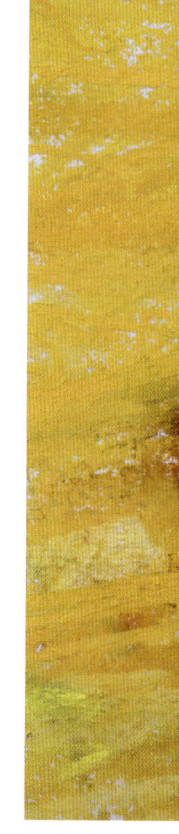

«Estas son algunas de las **marcas** que mejor funcionan para **crear dibujos vistosos.**»

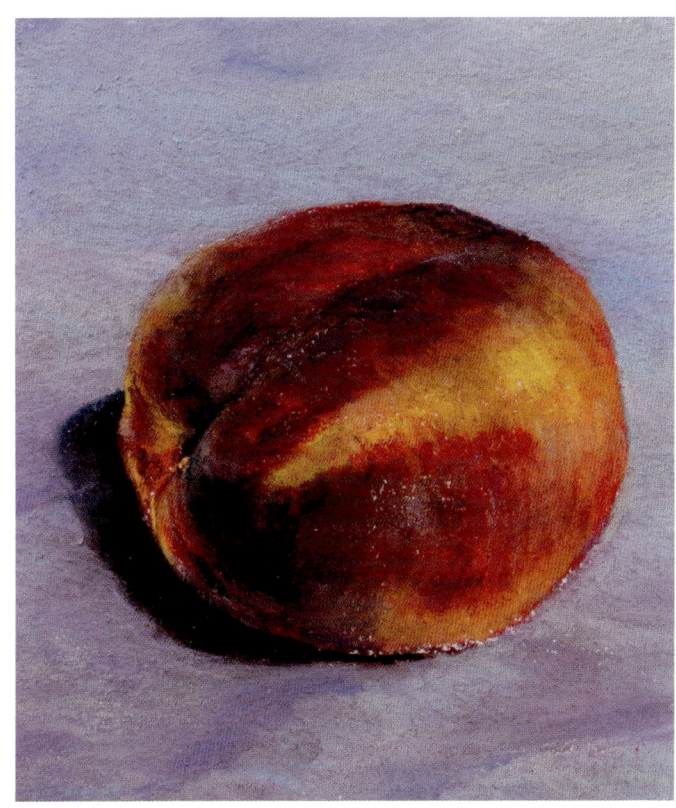

Difuminar

Difuminar te permite fundir un color en otro y lograr transiciones cromáticas graduales. Frota con suavidad un dedo o un trapo sobre uno o varios colores (yuxtapuestos) para mezclarlos (pp. 224-225).

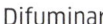

Restregar

El restregado consiste en aplicar con suavidad un color sobre otro, para sugerir textura o efectos velados. Para que los colores subyacentes no se muevan, usa el lateral de pasteles blandos sobre pasteles duros (pp. 268-269).

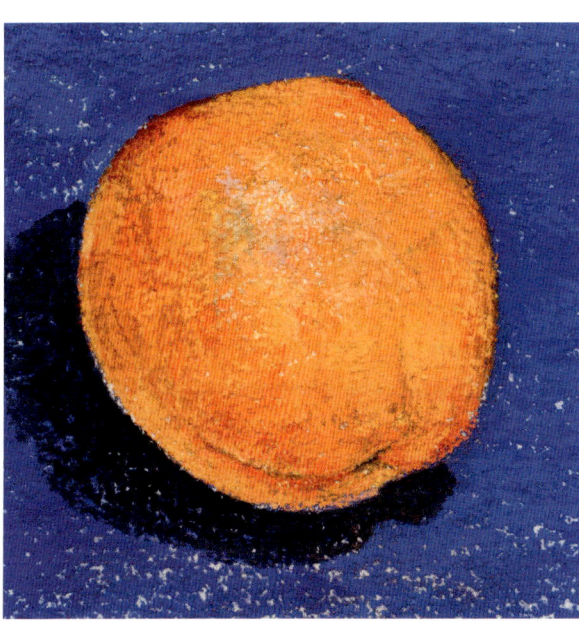

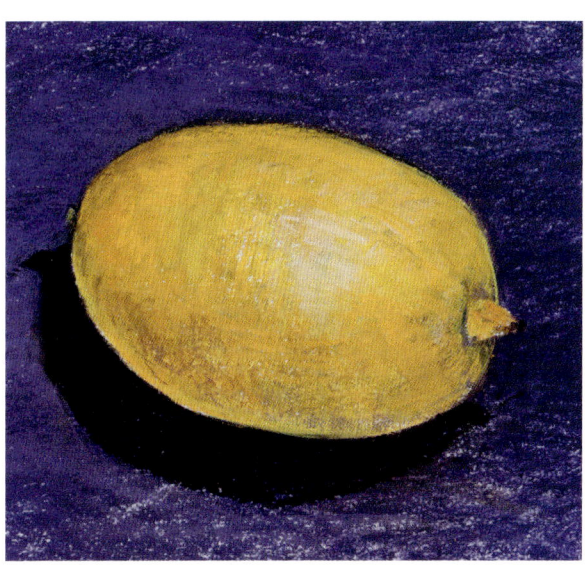

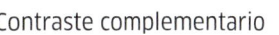

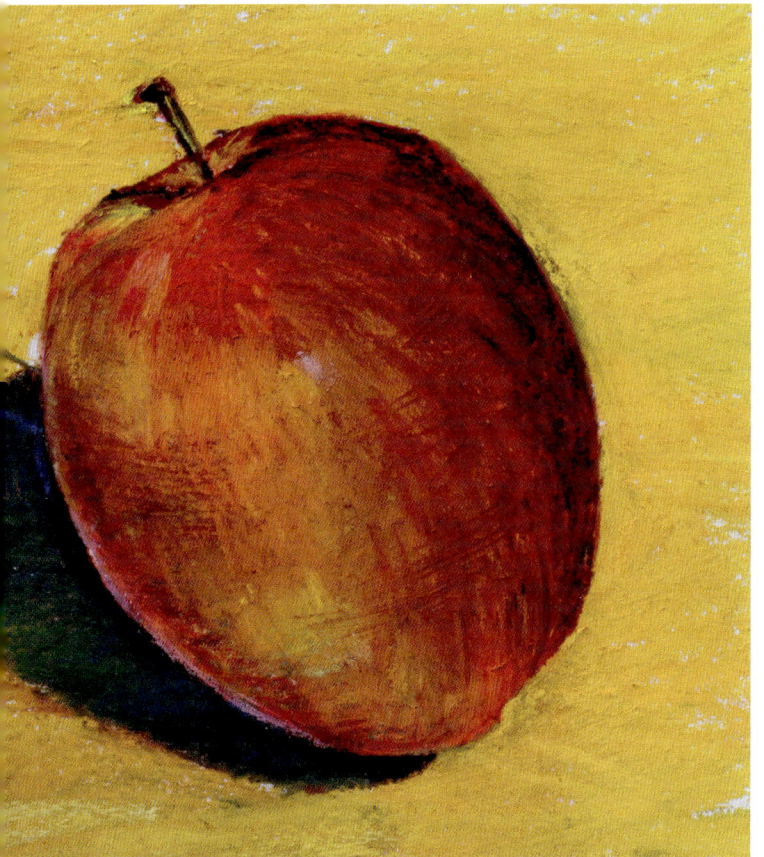

Contraste complementario

Vistos de lejos, los puntos, rayas o líneas de color superpuestos dan la impresión de que los colores se funden y se mezclan. Yuxtaponer colores complementarios, como en la imagen, multiplicará la energía del dibujo (pp. 262-263).

Marcas de color 2

EFECTOS CROMÁTICOS CON PASTELES AL ÓLEO

A diferencia de lo que sucede con los pasteles blandos y duros (pp. 216-217), hacer marcas con pasteles al óleo permite explorar un proceso más «fluido» y utilizar las cualidades cremosas de los pasteles al óleo.

■ Las ventajas de los pasteles al óleo

Hay artistas que prefieren trabajar con pasteles al óleo porque son más «limpios»: no sueltan polvillo (a diferencia de los pasteles duros y blandos) y, si conservas el papel que los envuelve, tampoco manchan los dedos. Sin embargo, usar los pasteles al óleo sin envoltura te proporciona una gama de técnicas para hacer marcas.

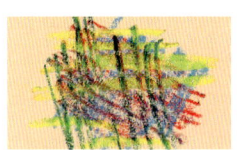

Marcas cruzadas
Los trazos cortos y superpuestos guían la mirada por distintas zonas del dibujo al tiempo que crean una mezcla visual de colores.

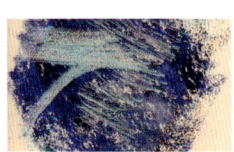

Esgrafiado *(sgraffito)*
Esta técnica es útil para añadir detalles. Aplica capas de pasteles al óleo y rasca la capa superior con la punta de un escalpelo afilado para revelar los colores subyacentes.

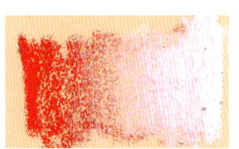

Tintas
Crea una versión más clara de un color (o tinta, p. 24), o bien aplicando menos presión, o bien añadiendo blanco encima.

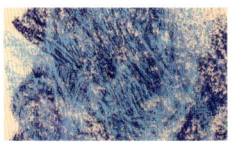

Restregado
Esta técnica ligera y divertida construye textura mediante marcas cortas de pastel. Puedes lograr efectos muy llamativos si aplicas un color sobre otros muy distintos.

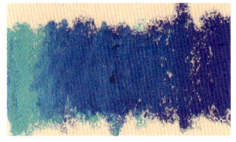

Difuminado en seco
Consiste en pintar o trabajar un pastel sobre otro mezclándolos. Otra alternativa es frotar suavemente con el dedo un color sobre otro.

PONLO EN PRÁCTICA

Este bosque cubierto de campanillas contiene áreas muy iluminadas y sombras oscuras. Es un tema perfecto para poner en práctica técnicas con las que crear un dibujo cálido y vibrante con pasteles al óleo.

Necesitarás

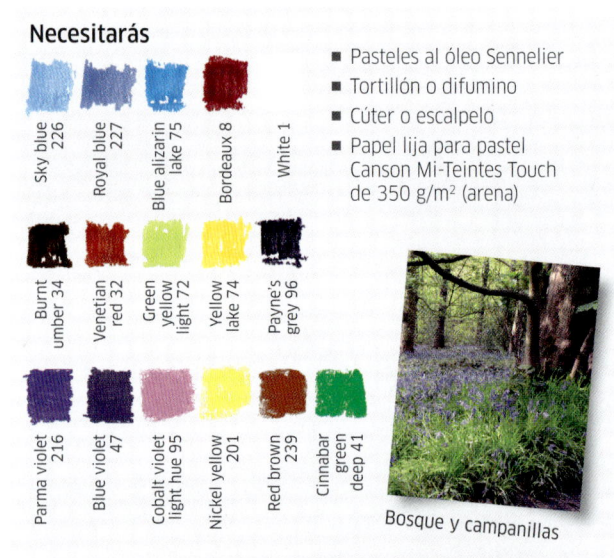

Sky blue 226 · Royal blue 227 · Blue alizarin lake 75 · Bordeaux 8 · White 1

Burnt umber 34 · Venetian red 32 · Green yellow light 72 · Yellow lake 74 · Payne's grey 96

Parma violet 216 · Blue violet 47 · Cobalt violet light hue 95 · Nickel yellow 201 · Red brown 239 · Cinnabar green deep 41

- Pasteles al óleo Sennelier
- Tortillón o difumino
- Cúter o escalpelo
- Papel lija para pastel Canson Mi-Teintes Touch de 350 g/m² (arena)

Bosque y campanillas

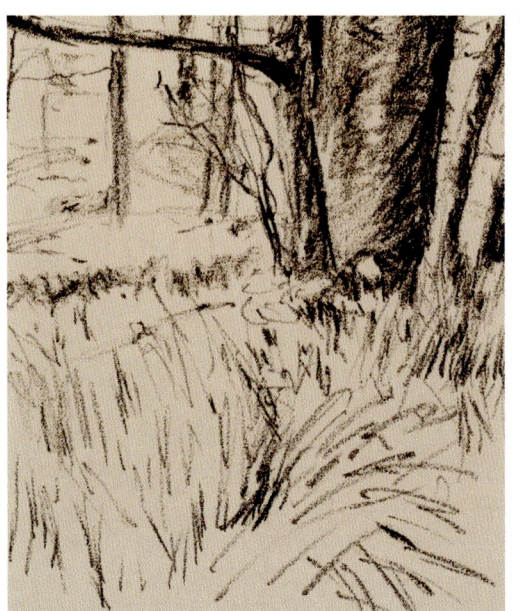

1 Primeras marcas
Esboza el dibujo subyacente con la punta de un pastel al óleo oscuro y aplica marcas de distintos tipos y distintos niveles de presión para construir una buena estructura. Luego, añade una guía tonal para las posiciones de los árboles, la hierba, la vegetación y las campanillas.

2 Marcas cruzadas a color
Siguiendo la dirección de la hierba, de los troncos y de la vegetación del fondo, aplica marcas cruzadas de varios colores. Deja que el papel se entrevea, como si fuera un color adicional.

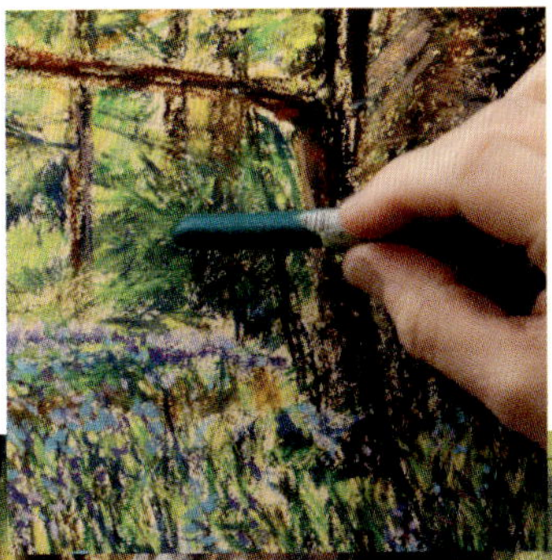

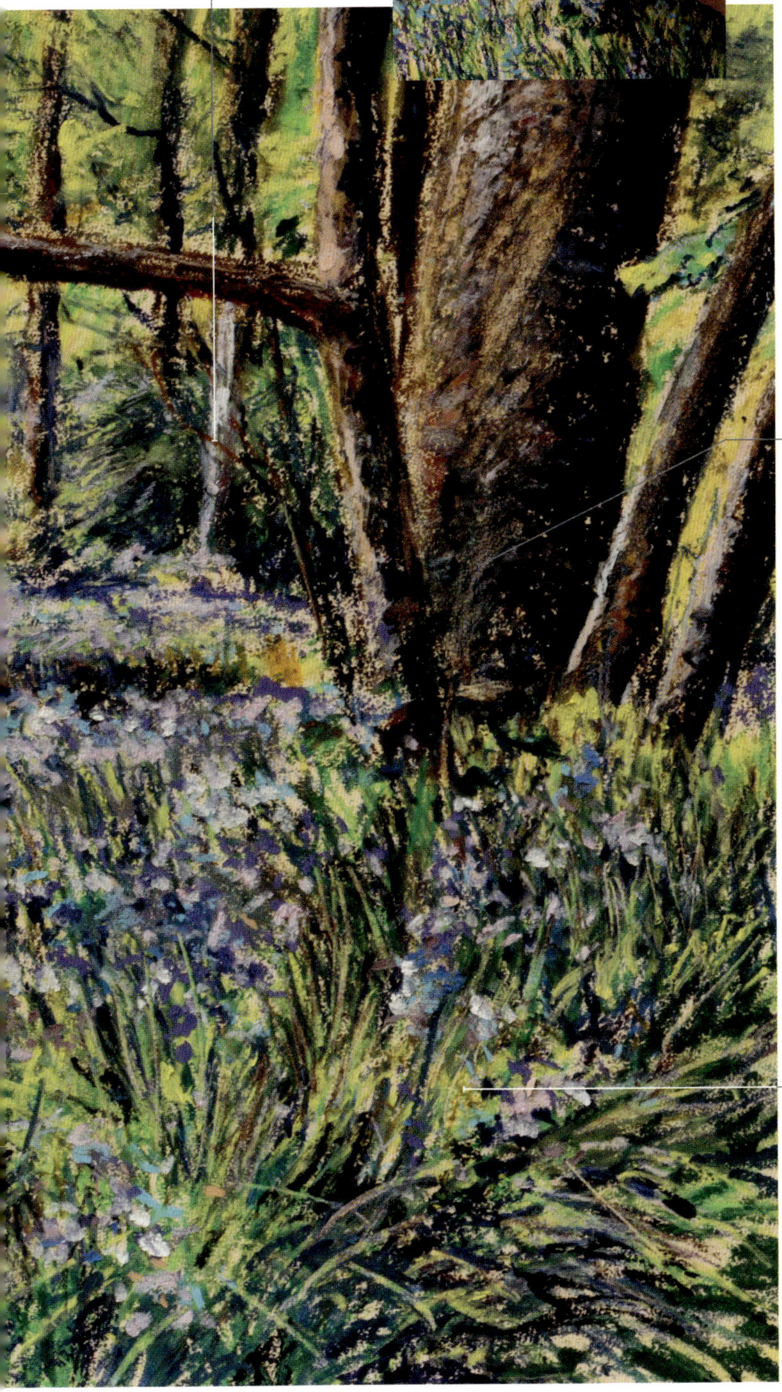

«Explora un enfoque más fluido y trabaja en armonía con los pasteles al óleo.»

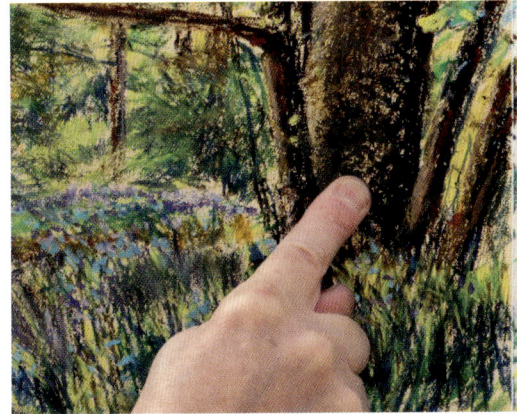

3 Difuminar gradualmente
Con la yema del dedo (o un tortillón o difumino, si lo prefieres, p. 79) difumina con suavidad un color en el otro hasta lograr una transición gradual. Esta técnica te será muy útil para los troncos.

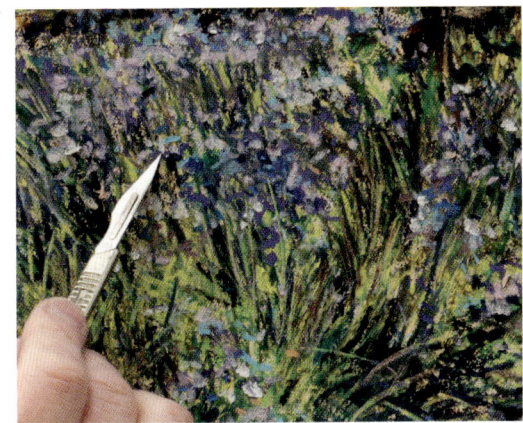

4 Esgrafiar los últimos detalles
Con la punta afilada de un escalpelo, rasca las capas de pastel al óleo para añadir detalles y líneas muy finas. Si rascas hasta llegar al papel, revelarás aún otro color y sumarás interés visual. Ten cuidado de no cortar o rasgar el papel.

Pasteles acuarelables

TRABAJAR CON PASTELES Y AGUADAS

Los pasteles acuarelables son muy versátiles y reúnen las ventajas del dibujo y de la pintura. Mezcla aguadas, trabaja húmedo sobre húmedo, dibuja en seco para crear textura o difumina con un pincel.

■ Efectos pictóricos

Estos pasteles son como tubos de pintura. Puedes usar el color sólido sobre el papel o mezclar aguadas y tintas en una paleta añadiendo agua y aplicando el color con un pincel. Cubre zonas con pastel seco de colores intensos o mezcla glaseados claros con agua para lograr un efecto más translúcido. Con un pincel seco, aplica aguadas con efectos de color roto.

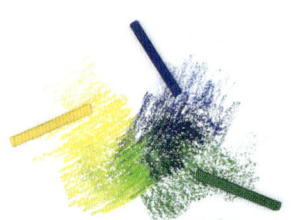

Tonos sólidos
Aplica vigorosamente pasteles acuarelables sobre las áreas del soporte que lo necesiten y satúralas de color. Si usas un pincel húmedo, obtendrás tonos fuertes y densos. Repite y superpón varias capas.

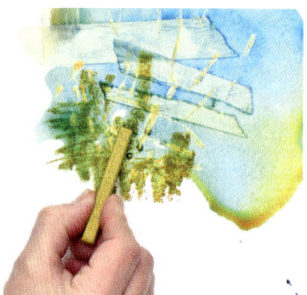

Enmascarar
Tapa algunas zonas con cinta de carrocero o líquido enmascarador y trabaja sobre ellas con pasteles húmedos o secos. Al retirar la máscara, quedarán limpias.

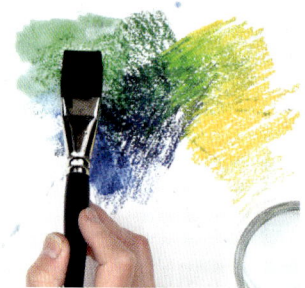

Disolver pasteles acuarelables para hacer aguadas
Haz una aguada con un pincel cargado de agua y mezclando y combinando colores para crear áreas de color semitransparente.

PONLO EN PRÁCTICA

La variedad de colores y texturas en esta naturaleza muerta semiabstracta (cerámica, vidrio, flores y tejidos) se refleja en las distintas técnicas con pasteles acuarelables aplicados en seco y húmedos que se han usado.

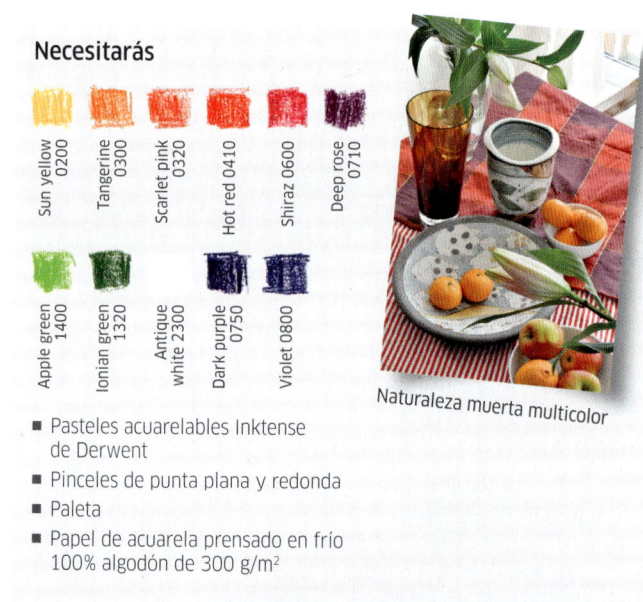

Necesitarás

Sun yellow 0200 · Tangerine 0300 · Scarlet pink 0320 · Hot red 0410 · Shiraz 0600 · Deep rose 0710

Apple green 1400 · Ionian green 1320 · Antique white 2300 · Dark purple 0750 · Violet 0800

Naturaleza muerta multicolor

- Pasteles acuarelables Inktense de Derwent
- Pinceles de punta plana y redonda
- Paleta
- Papel de acuarela prensado en frío 100% algodón de 300 g/m²

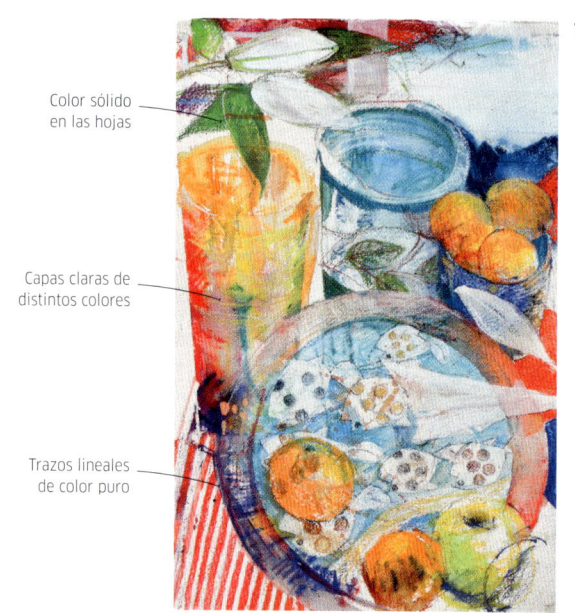

Color sólido en las hojas

Capas claras de distintos colores

Trazos lineales de color puro

1 Dibujo inicial
Cubre las principales áreas de color con múltiples trazos suaves y lineales de pastel seco, los unos sobre los otros. No insistas demasiado en esta composición inicial, porque las marcas serán permanentes. Ya intensificarás el color más adelante.

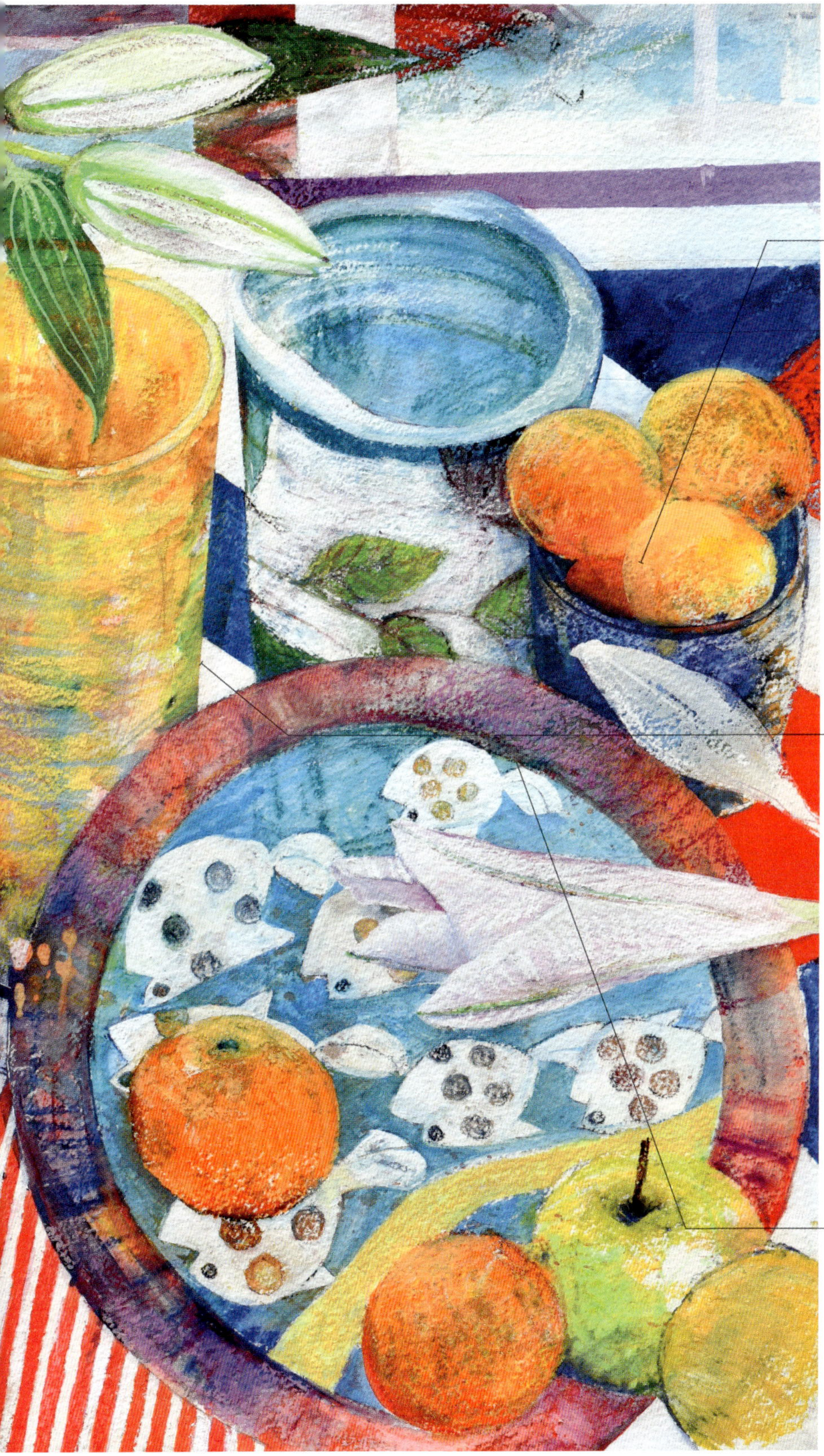

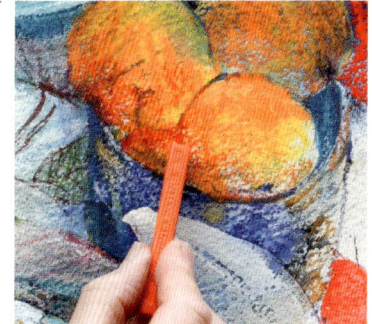

2 Húmedo sobre húmedo

Mezcla tintas con raspaduras de pastel y carga el pincel. Haz aguadas amplias y trabájalas con pasteles antes de que se sequen, para que se mezclen. Superpón capas para añadir profundidad.

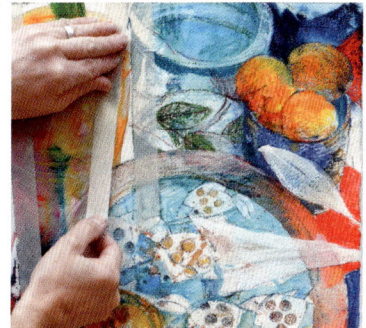

3 Bordes duros

Fija cinta de carrocero a lo largo de las zonas donde quieras bordes duros y pinta colores limpios en las áreas que quieras intensificar. Una vez secas, retira la cinta y revelarás los bordes.

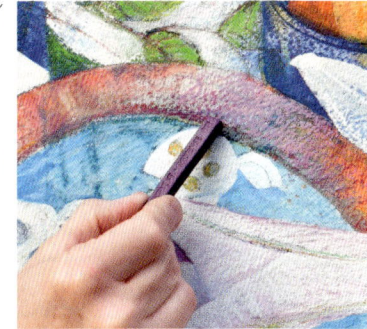

4 Textura seca

Usa pasteles secos sobre marcas secas para añadir brillo y toques de luz a los colores más claros. Varía la presión de los trazos, para obtener sutiles matices cromáticos.

Variaciones de presión

CREAR LÍNEAS DISTINTAS

Variar la presión es como cambiar la forma y el tamaño del pincel, y es un gran recurso expresivo que va de trazos ligeros y evanescentes a líneas enérgicas y potentes. Aplica presiones distintas y obtén texturas visuales, gradaciones tonales y efectos de mezcla óptica (pp. 216-217). Si das toques ligeros, podrás superponer más capas de color, mientras que, si aplicas mucha presión, depositarás más pigmento y obtendrás áreas de colores intensos.

PONLO EN PRÁCTICA

Se han usado trazos distintos con pasteles diversos para plasmar la forma sólida del camión y la hierba evanescente. Recuerda que, cuanto más blando sea el pastel, con más suavidad lo tendrás que aplicar.

1 **Presión ligera**
Superpón capas una a una para añadir áreas de color. Retira el envoltorio de papel y aplica los colores de base con todo el lateral del pastel. Con los pasteles duros, aplica siempre una presión muy leve y roza apenas la superficie del papel. Usa el restregado y el glaseado (pp. 216-217) para dotar de luminiscencia a la capa base.

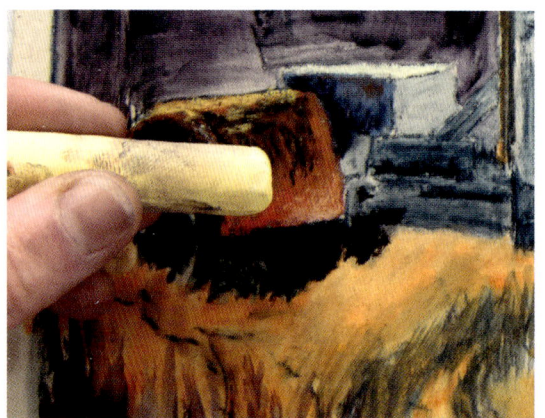

2 **Presión intermedia**
Aumenta ligeramente la presión y sigue sumando capas. Haz marcas cortas las unas junto a las otras para crear una mezcla óptica (pp. 216-217) o mezcla los pigmentos a medida que trabajas, superponiendo los colores oscuros a los claros.

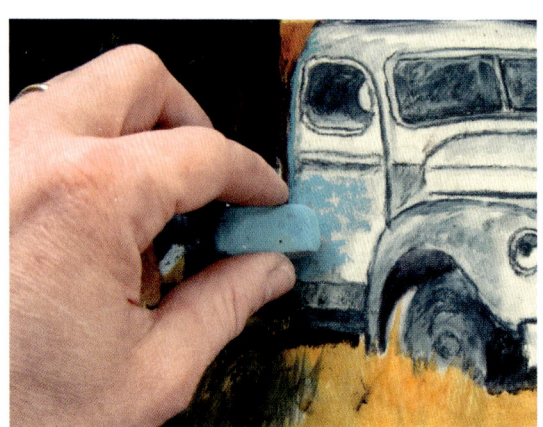

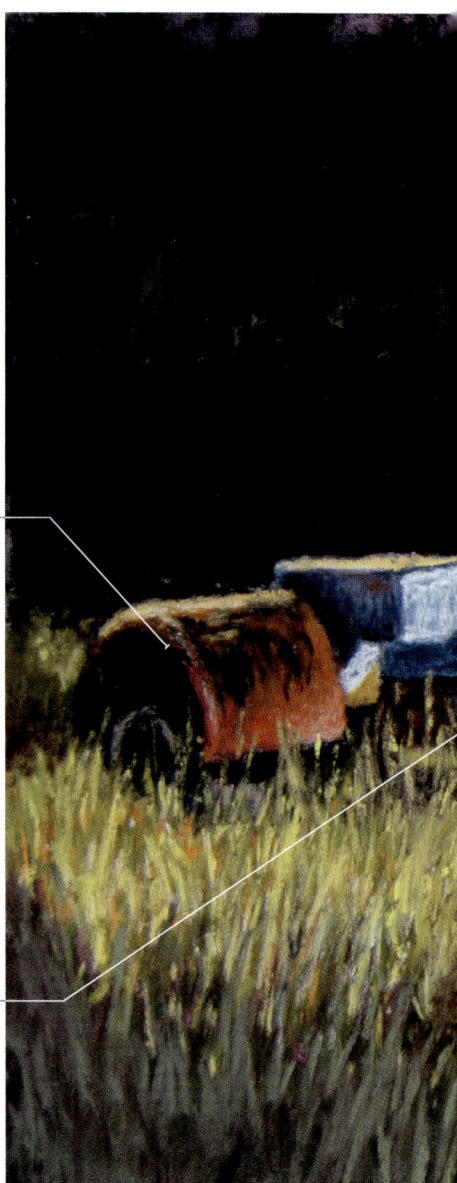

Necesitarás

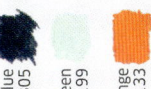 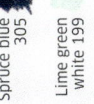 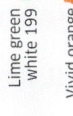 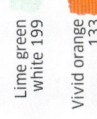 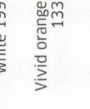 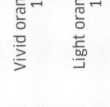 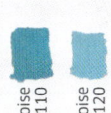 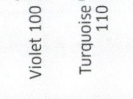

Spruce blue 305 · Lime green white 199 · Vivid orange 133 · Light orange 135 · Deep yellow ochre 145 · Mild green 549 · Phthalo green 557 · Dark ochre 183H · Dark olive green 309

Burnt carmine 265 · Violet 100 · Turquoise 110 · Turquoise 120 · Turquoise 130 · Turquoise 360 · Green 620 · Green 120 · Green 230 · Green 570 · Green 390 · Green 370 · Green 310 · Red 240 · Violet 330 · Neutral 160 · Neutral 230 · Neutral 130 · Neutral 210 · Dark orange 235.3 · Dark grey 704.3

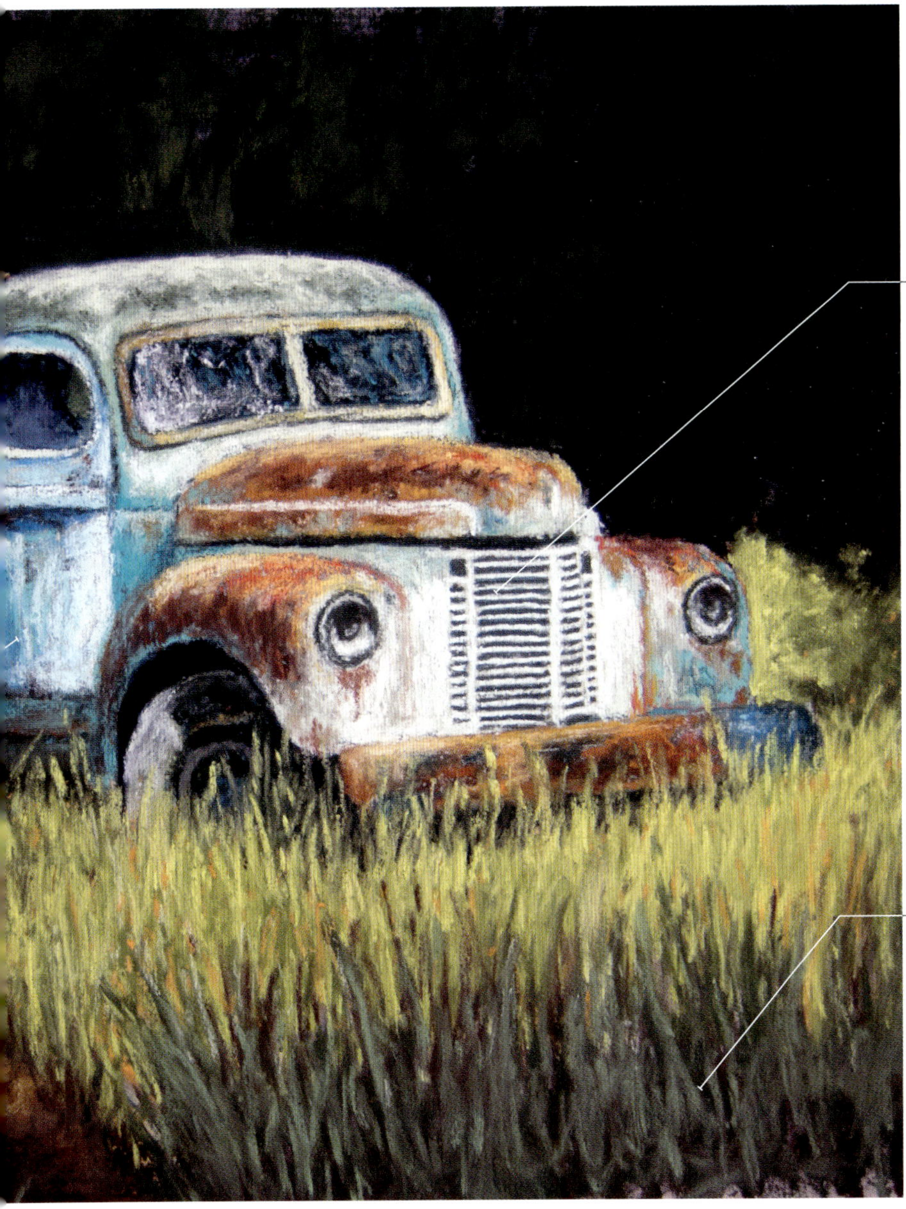

- Pasteles Nupastel de Prismacolor
- Pasteles Mungyo
- Pasteles Terry Ludwig
- Pasteles Rembrandt
- Papel lija *premium* para pastel UART de grado 320

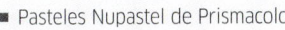
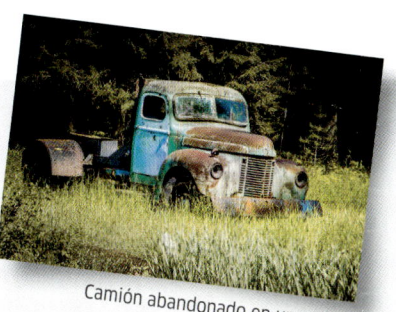

Camión abandonado en un campo

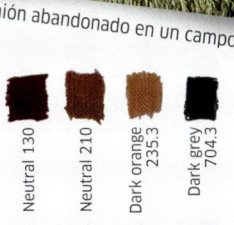

3 Presión intensa
Añade toques de luz y define bordes con marcas sólidas, opacas e intensas hechas con un pastel duro y de borde afilado. Los puntos de color intenso aplicados con mucha presión guiarán la mirada del observador.

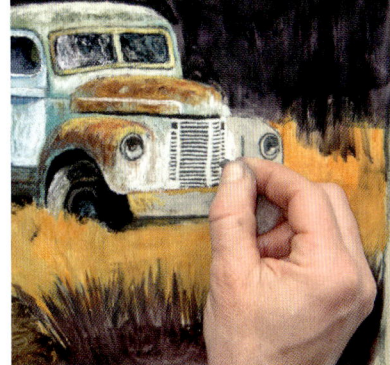

4 Trazos enérgicos
Aplica marcas descriptivas en la hierba aplicando más presión y dibujando con rapidez, para crear textura y movimiento y producir formas suaves que contrasten con la forma del camión. ¡Diviértete!

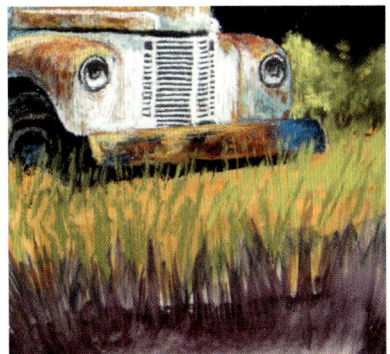

Superponer y difuminar

¿DIFUMINAR O NO DIFUMINAR? ESA ES LA CUESTIÓN

Difuminar o mezclar con el dedo o con otra herramienta (como un trapo o espuma de poliestireno) produce dibujos con superficies lisas y detalles suaves. Si no difuminas, los múltiples colores de las capas se verán y contribuirán al chispeante efecto final. Difuminar es una alternativa útil a la superposición de capas y te da opciones visuales que puedes usar para ampliar tus habilidades. ¡Y siempre tienes las herramientas a mano!

SUPERPONER

Has de aplicar los pasteles con suavidad, para garantizar que quede grano de papel disponible para aprehender el pigmento del resto de los pasteles. El papel lija (pp. 244-245) puede retener varias capas.

Necesitarás

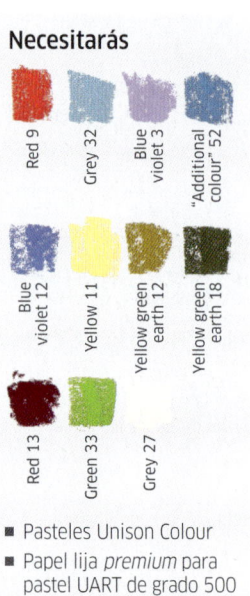

Red 9 · Grey 32 · Blue violet 3 · "Additional colour" 52

Blue violet 12 · Yellow 11 · Yellow green earth 12 · Yellow green earth 18

Red 13 · Green 33 · Grey 27

- Pasteles Unison Colour
- Papel lija *premium* para pastel UART de grado 500

Jarrón con tulipanes

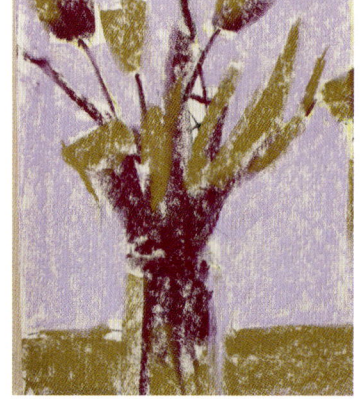

1 La capa base
Cubre áreas sencillas de color para plasmar los distintos valores (claro, medio y oscuro) con el lateral de los pasteles. Esta capa será la base del resto de los colores.

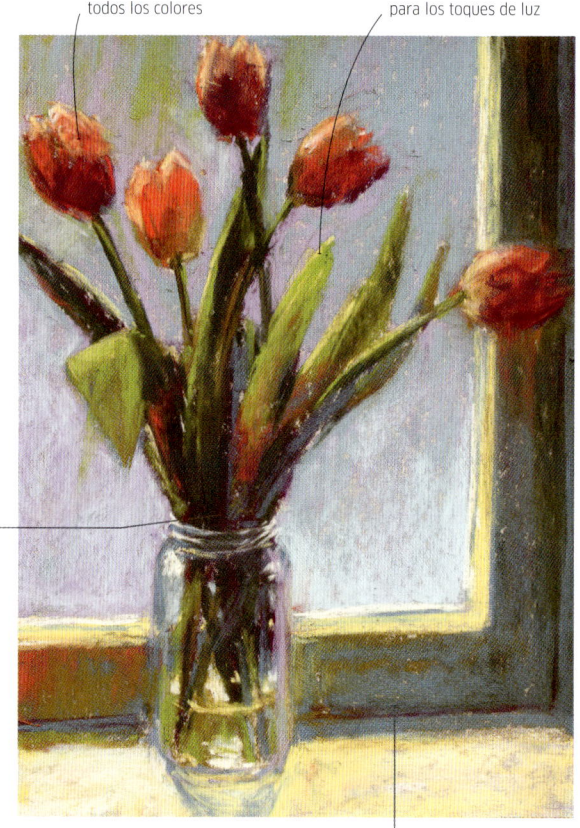

Se distinguen todos los colores

Usa la punta de un pastel para los toques de luz

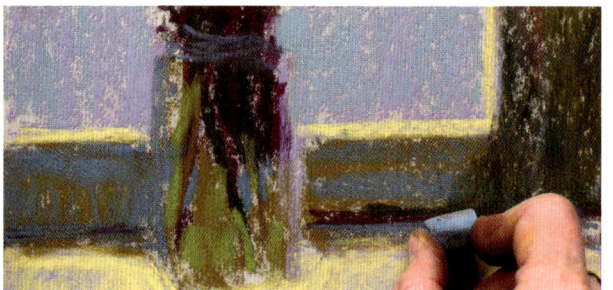

2 Superponer colores
Añade colores con trazos suaves que dejen entrever el color roto de las capas inferiores. Comienza por las áreas más grandes antes de concentrarte en las marcas más sólidas y de añadir detalles y los bordes duros de las sombras. Añade profundidad y brillo con toques de luz definidos.

■ Elegir el efecto

¿Qué efecto quieres conseguir? ¿Llamativo y expresivo o sutil y sólido? Las capas de bloques y trazos de color son emocionantes, vibrantes y complejas, mientras que las capas difuminadas son más apagadas y simples. Experimenta con los dos métodos en un mismo tema, como aquí, para comparar los efectos.

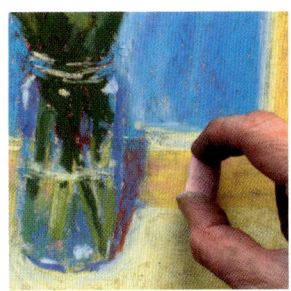

Superponer pasteles

Superponer pasteles y trazos de pastel conserva la energía de todos los colores y ofrece gran complejidad cromática.

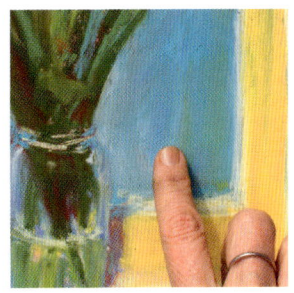

Difuminar con el dedo

Frota y mezcla los colores con el dedo, moviendo el pigmento sobre el papel para suavizar las transiciones.

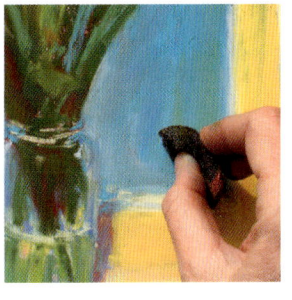

Mezclar con una herramienta

Si usas trapos u otras herramientas suaves no te ensuciarás los dedos, pero resérvalo para áreas grandes y sin detalles.

DIFUMINAR

Tanto si vas a usar el dedo como una herramienta distinta, difuminar colores yuxtapuestos en el papel produce un dibujo muy suave y más apagado que si usas capas de pastel superpuestas (p. anterior).

Necesitarás

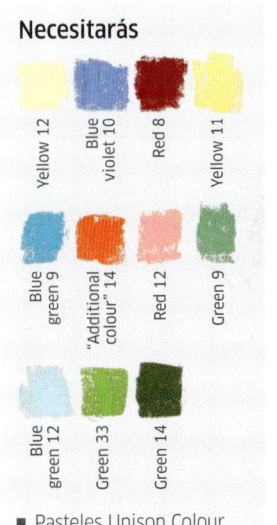

Yellow 12

Blue violet 10

Red 8

Yellow 11

Blue green 9

"Additional colour" 14

Red 12

Green 9

Blue green 12

Green 33

Green 14

- Pasteles Unison Colour
- Papel lija *premium* para pastel UART de grado 500

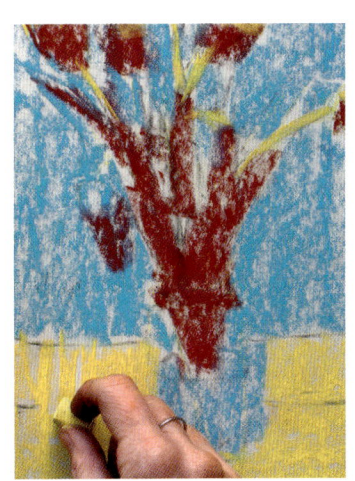

1 La capa base

Define los tres valores básicos de luz (claro, medio y oscuro) con el lateral del pastel, para una cobertura uniforme.

Usa el dedo para difuminar colores en las zonas más pequeñas

Un fondo suave y difuminado

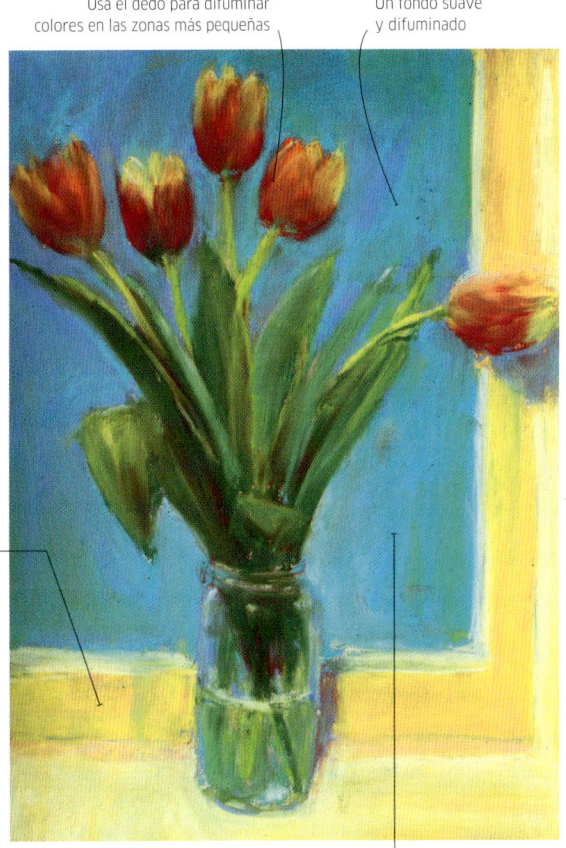

2 Difuminar los colores

Superpón otra capa de color y difumina. Usa alguna herramienta en las áreas más extensas, porque te será más fácil mantenerla limpia al cambiar de área y no te ensuciarás los dedos. En las áreas más pequeñas, límpiate el dedo antes de pasar a zonas en las que no quieras que los colores (o los valores) se mezclen.

Entender el valor

LIBERTAD CROMÁTICA

El valor es la clave del diseño y de la expresión cromática, porque indica la claridad o la oscuridad del color. Imagina una escala que comienza en el blanco y que pasa por varios grises antes de llegar al negro. Cada color tiene un espacio en un continuo similar. Si un color es claro, es un valor claro; si es un color oscuro, es un valor oscuro. Ver el valor no es fácil y exige práctica.

■ Ordenar los pasteles por valor

Clasificar los pasteles en tres valores (oscuros, claros y medios) te será muy útil a la hora de dibujar. Una vez clasificados, siempre tendrás el color adecuado del valor que necesites cuando lo necesites. Para muestra, la siguiente selección de verdes.

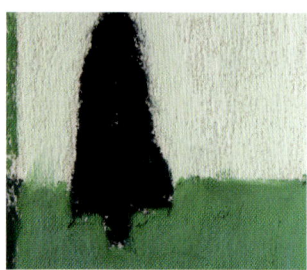

Rango completo de verdes
En esta miniatura a pastel, los colores abarcan todo el abanico tonal: del árbol muy oscuro al cielo muy claro, pasando por el suelo medio.

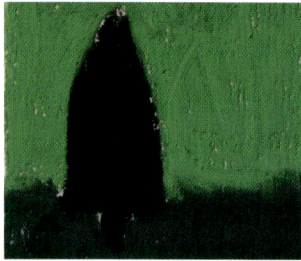

Un esbozo en clave baja
La clave de un dibujo (p. 25) describe su valor global. Aquí se han usado colores en el extremo oscuro de la escala.

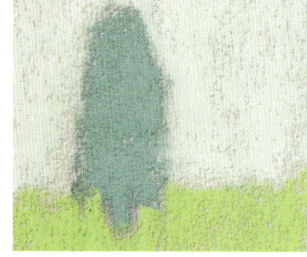

Un esbozo en clave alta
Este dibujo claro y luminoso es justo lo contrario. Usa colores del extremo claro de la escala tonal.

PONLO EN PRÁCTICA

Coloca un espejo. Una de las mejores maneras de ver el valor es entrecerrar los ojos, porque vemos más en blanco y negro: entrecierra los ojos y mírate en el espejo. Simplifica lo que veas en tres valores: claro, medio y oscuro. Luego, haz un esbozo rápido. Si la versión en blanco y negro tiene los valores correctos, podrás elegir pasteles del mismo valor para las versiones en color.

El valor medio es un gris oscuro

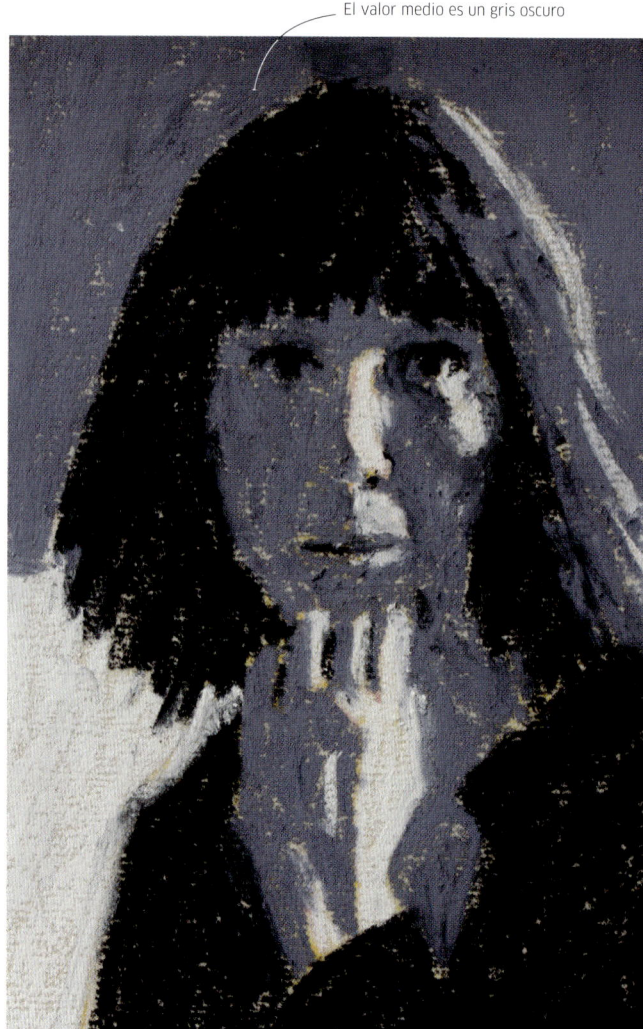

Negro, gris y blanco
Esta versión es un esbozo pequeño ampliado. Dibuja los contornos de las formas sobre papel lija con el esbozo inicial como referencia. Luego, rellena con un pastel negro las áreas oscuras. Haz lo mismo con el pastel blanco en las áreas claras y con el gris en las áreas de valor medio. Así tendrás una base para las otras versiones.

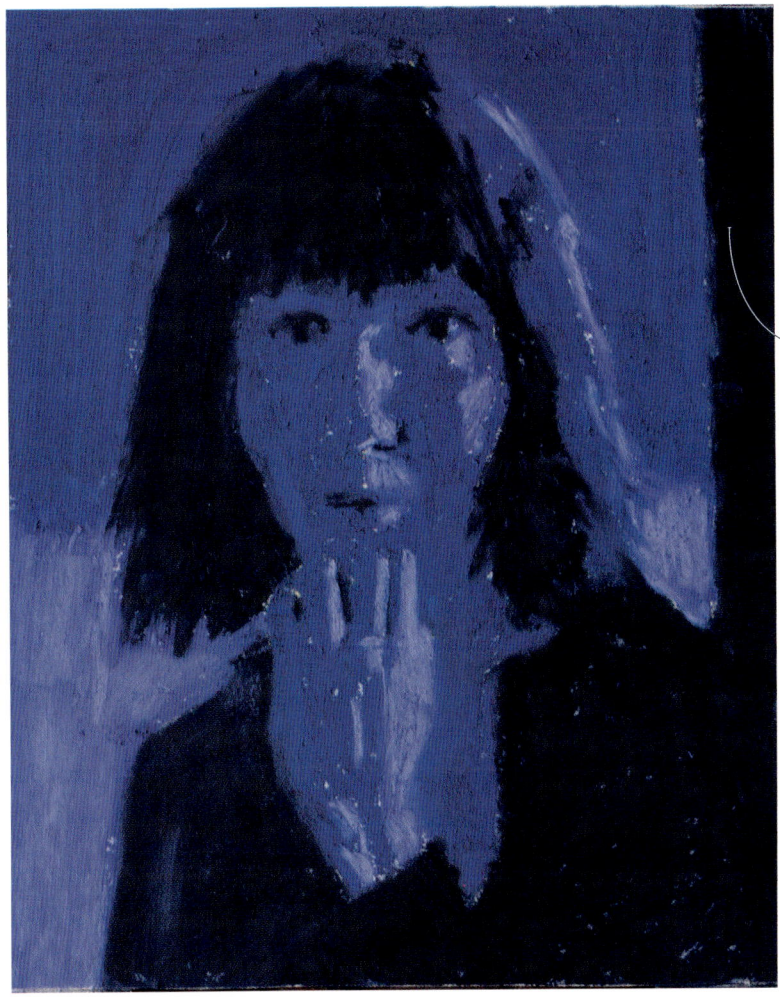

Azules oscuros (clave baja)

En este dibujo de clave baja, todos los colores que uses han de corresponder al extremo oscuro de la escala tonal. Elige varios azules, desde muy oscuros hasta medios; usarás los pasteles medios como los más claros. Cuando termines, entrecierra los ojos y comprueba que los tres valores sean claramente visibles.

El azul más oscuro se corresponde con el negro del primer boceto.

El rosa es el valor más oscuro

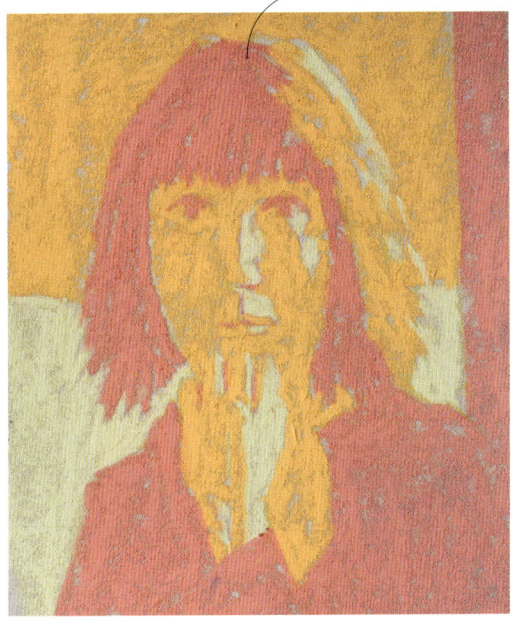

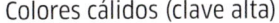

Colores intensos

Esta versión demuestra que puedes usar cualquier color para expresar tu creatividad siempre que elijas un pastel del valor correcto (claro, medio u oscuro). Fíjate en que todos los colores claros se mantienen en su sitio.

Colores cálidos (clave alta)

Al contrario que la versión en clave baja, este dibujo usa colores del extremo claro de la escala tonal. Sin embargo, si entrecierras los ojos, verás los tres valores con claridad. Aquí, elige colores cálidos, como amarillos, naranjas y rojos (rosas).

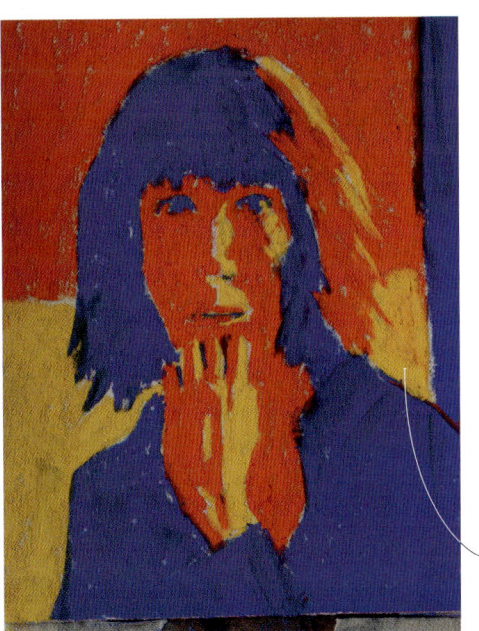

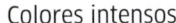

El amarillo es el valor más claro.

«Una de las mejores maneras de ver el valor es **entrecerrar los ojos**, porque así vemos **más en blanco y negro** que en color.»

Barrido

USAR LA PUNTA DEL PASTEL

El barrido consiste en hacer rápidos y ligeros trazos paralelos y lineales con la punta del pastel, para modificar el color de la base. Se puede hacer con vigor, para que resalte, o con sutileza. Es útil sobre todo para revitalizar áreas trabajadas en exceso y que han quedado apagadas, pero tiene muchos otros usos.

■ Aplicaciones del barrido

El barrido sirve para suavizar bordes, añadir vitalidad o riqueza a un área plana o apagada, reequilibrar colores cálidos y fríos, añadir más variedad cromática a un área pequeña, apagar un color saturado y armonizar los colores (llevar un color de una parte de un dibujo a otra).

Suavizar bordes

El barrido amarillo en trazos cortos suaviza el verde y rompe la línea dura entre los colores.

Añadir variedad

El azul sólido se hace más interesante con la suma de otro azul, más frío, pero de un valor similar al primero.

Calentar un área fría

Aplicar un pastel amarillo (de un valor similar al azul) barrido sobre un área azul añade calidez a esa área del dibujo.

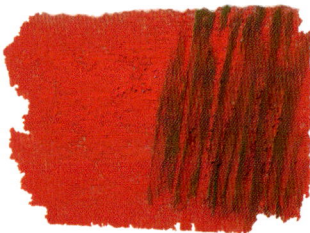

Apagar un color saturado

Elegir un pastel verde (el complementario del rojo) para barrer una zona de rojos intensos rebaja la intensidad de estos.

PONLO EN PRÁCTICA

Esta escena compuesta por una playa, el cielo y una barca ofrece múltiples oportunidades para practicar el barrido. Aprende practicando: serás testigo directo de los efectos de aclarar, revitalizar y oscurecer.

Necesitarás

Yellow 11 · Yellow 9 · Green 15 · Blue green 6 · Blue green 11

Red 11 · Blue violet 11 · Red 9 · Blue violet 10 · Grey 27

- Pasteles Unison Colour
- Papel lija *premium* para pastel UART de grado 400

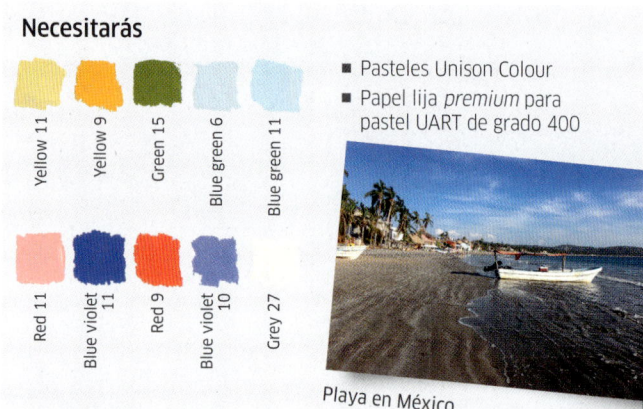

Playa en México

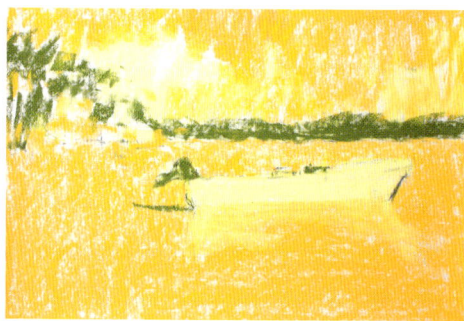

1 Bloquear formas grandes

El valor medio domina, mientras que el oscuro ocupa un área muy pequeña. Este dibujo usará mayoritariamente colores en el extremo claro del espectro tonal. Aplica el pastel con generosidad, pero con suavidad.

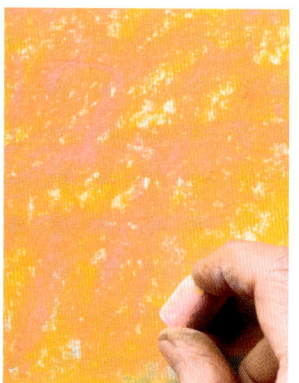

2 Enfriar y calentar

El segundo color enfría la intensa base amarilla pero deja entrever su calidez. Deja que el dibujo te guíe en un viaje de exploración. Aquí, la base amarilla ha marcado el camino.

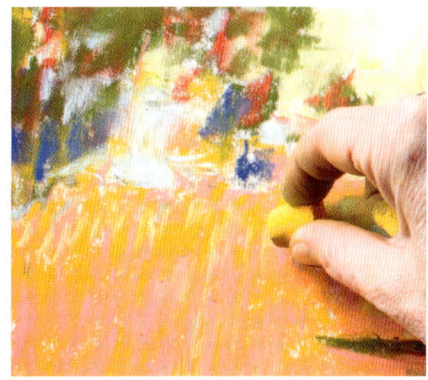

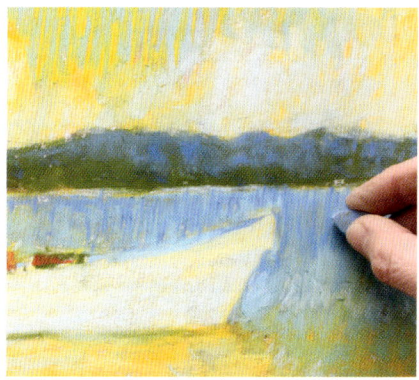

3 Aclarar la playa

La extensa playa tiene un mismo valor global, así que usa el barrido (en líneas diagonales respecto a las figuras) para aclarar una pequeña parte y dotarla de variación e interés.

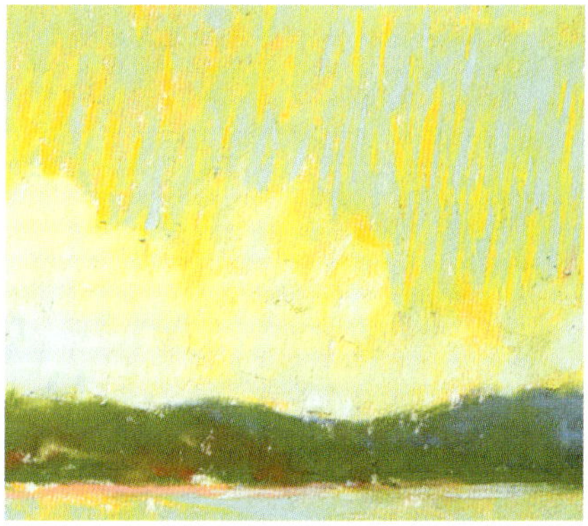

4 Revitalizar el cielo

Si el cielo parece algo plano, usa trazos cortos del amarillo original sobre el azul para inyectar vitalidad y energía a esta parte del dibujo.

5 Enfriar y oscurecer el mar

Usa el barrido para enfriar y oscurecer la pequeña zona de mar sobre la barca, o el agua parecerá demasiado clara y no podrá equilibrar la calidez de la escena.

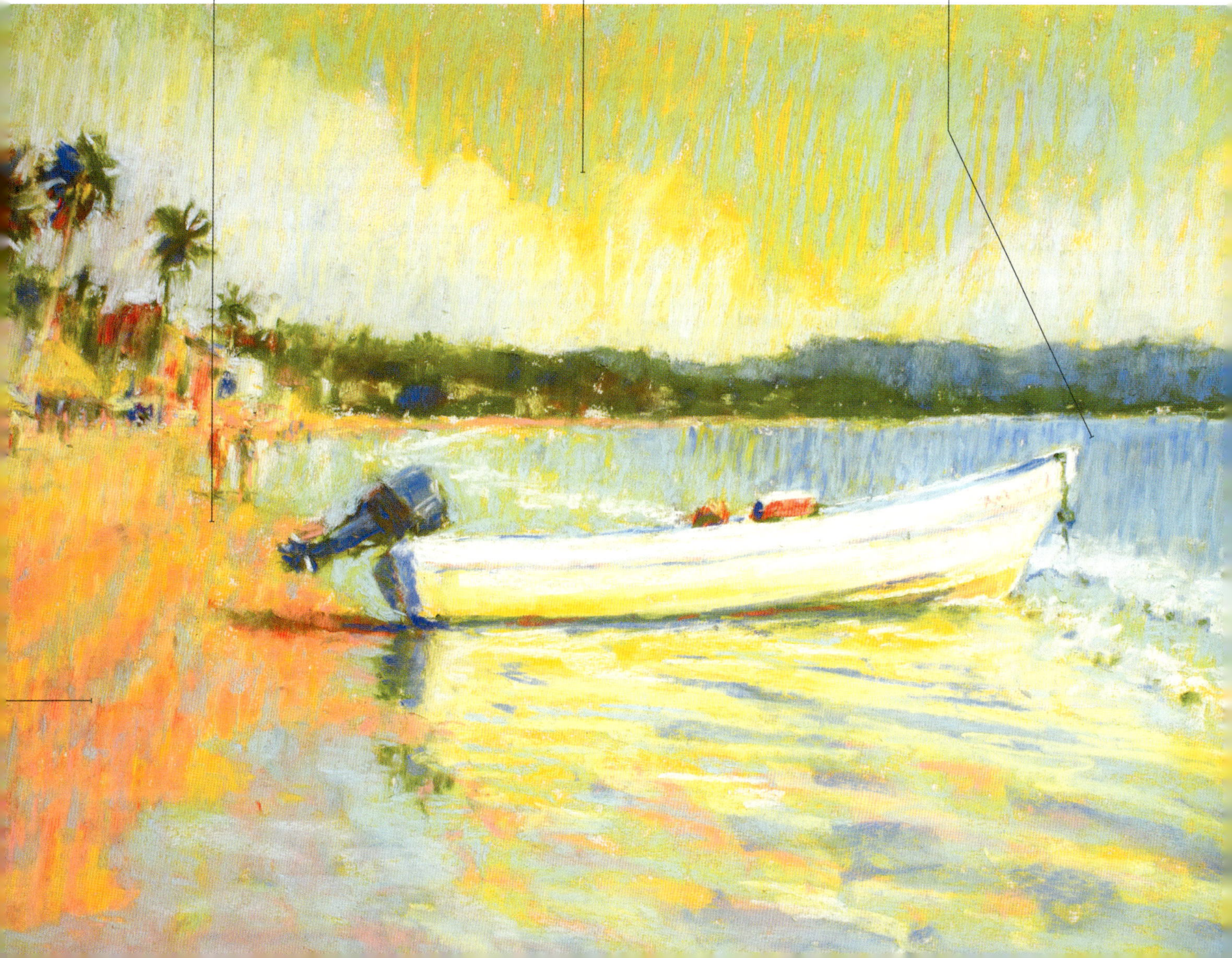

Bloques de color

COLOREAR LAS FORMAS GRANDES

Simplificar el tema en tres valores principales (claro, medio y oscuro) te puede ayudar a definir el «esqueleto» del dibujo. Colorea las áreas grandes con el lateral de tres colores pastel, de valores claro, medio y oscuro respectivamente. Aplica una presión ligera, para no saturar los granos del papel ya con la primera pasada.

■ Planificar la composición en términos de valores tonales

Tanto si trabajas en directo como si trabajas con fotografías, intenta simplificar lo que veas en los tres valores principales: claro, medio y oscuro. Algunas áreas se fundirán, por lo que es posible que, al principio, te parezca que las formas no se parecen en nada al modelo.

PONLO EN PRÁCTICA

La imagen de una figura casi recortada a contraluz muestra claramente los tres valores: claro, en los reflejos del sol en la pared, medios en las zonas de la figura y la butaca y oscuros en las sombras.

Necesitarás

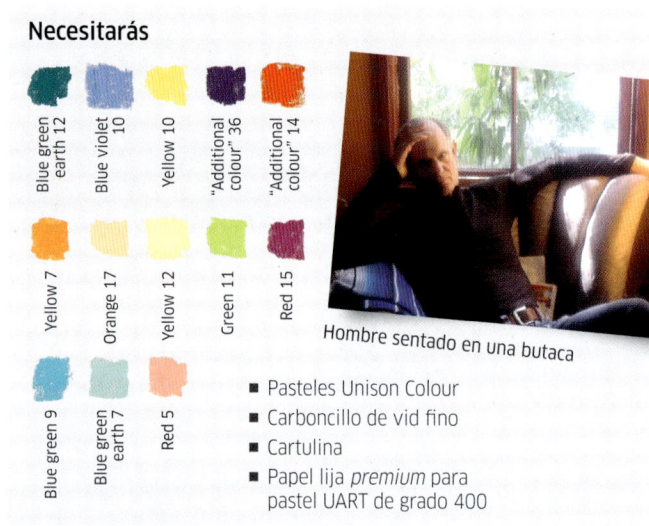

Blue green earth 12 · Blue violet 10 · Yellow 10 · "Additional colour" 36 · "Additional colour" 14

Yellow 7 · Orange 17 · Yellow 12 · Green 11 · Red 15

Blue green 9 · Blue green earth 7 · Red 5

Hombre sentado en una butaca

- Pasteles Unison Colour
- Carboncillo de vid fino
- Cartulina
- Papel lija *premium* para pastel UART de grado 400

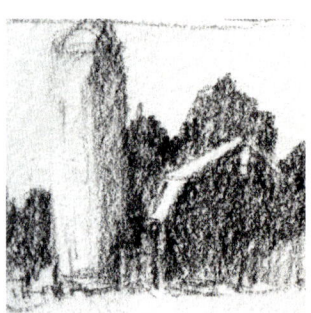

Haz un esbozo pequeño
Haz un pequeño esbozo a lápiz, carboncillo o pluma y tinta, según tus preferencias, y simplifícalo en los tres valores.

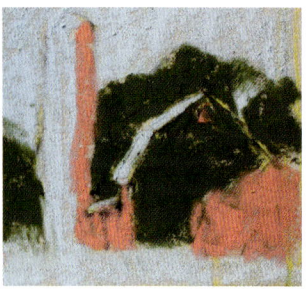

Pinta los valores en bloques de color
Traslada el dibujo a papel de pastel y, ahora con pasteles, colorea bloques con los tres valores siguiendo el esbozo.

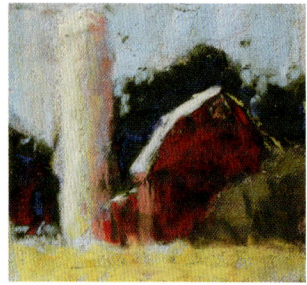

Capas
Aplica la segunda capa y las siguientes. Consulta el esbozo para asegurarte de que los tres valores siguen diferenciados.

Los valores oscuros del marco de la ventana contrastan con la claridad de la ventana

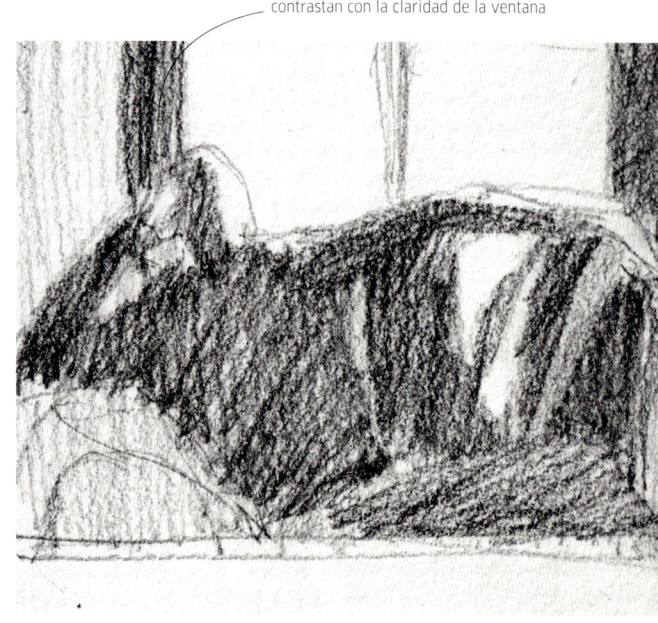

1 Esbozo pequeño
Este pequeño esbozo a lápiz sobre cartulina muestra los tres valores básicos del tema. Si lo comparas con la fotografía, verás que has de tomar decisiones: qué será claro (el blanco de la ventana), qué será oscuro y qué tendrá un valor intermedio. Estos últimos ofrecen más matices, sobre todo cuando hay variaciones de color.

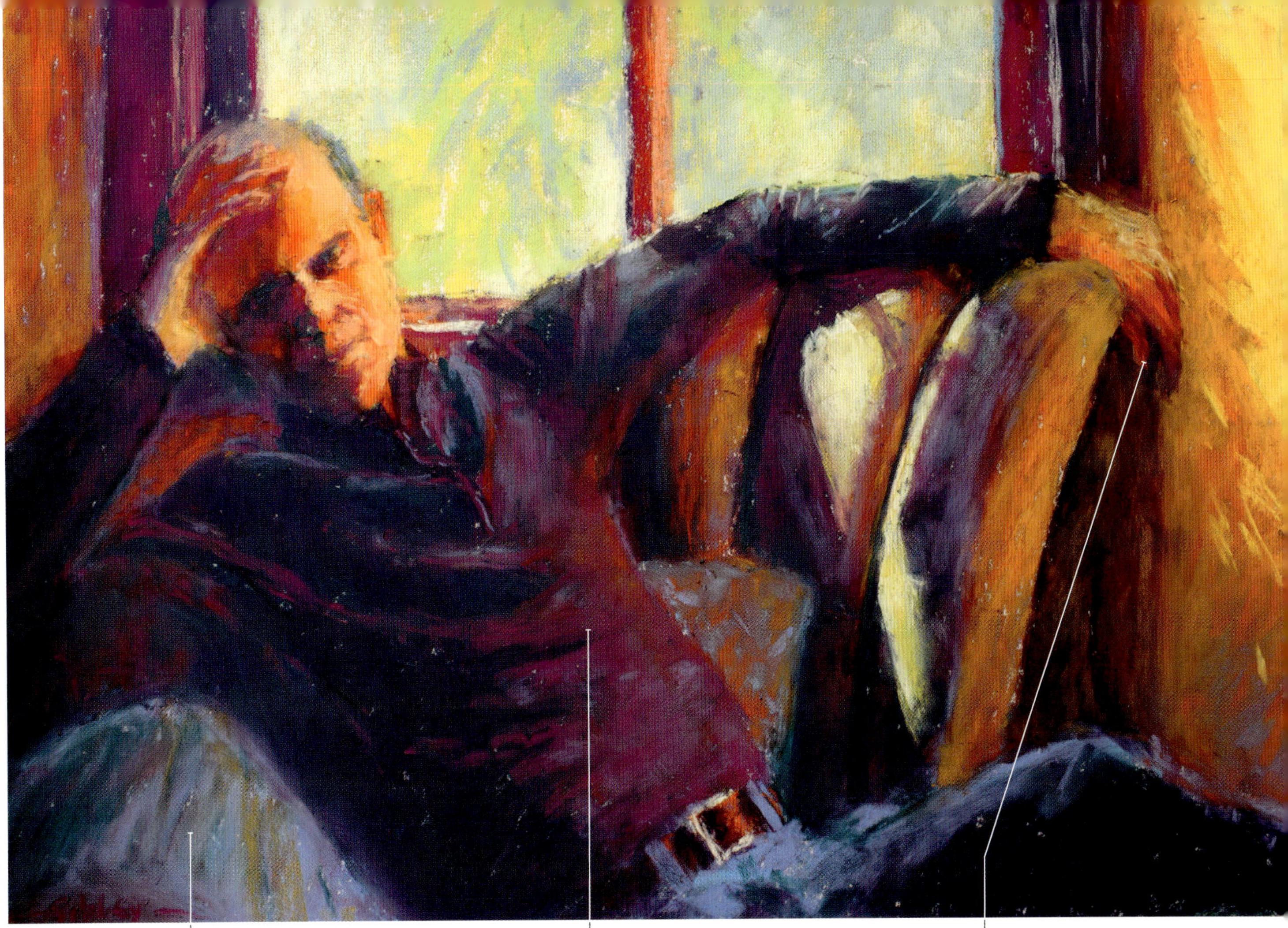

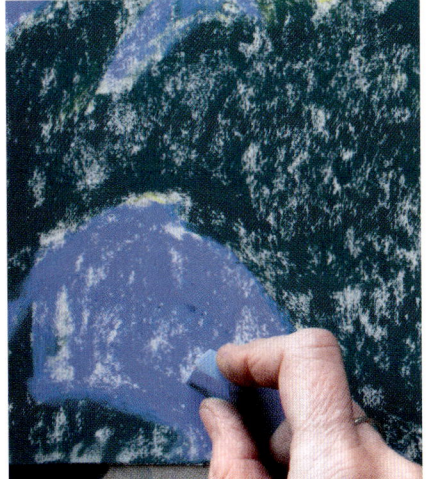

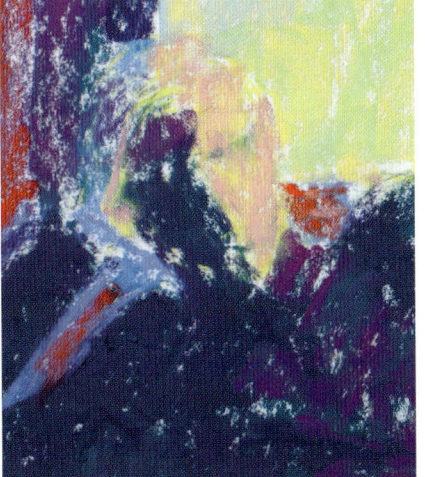

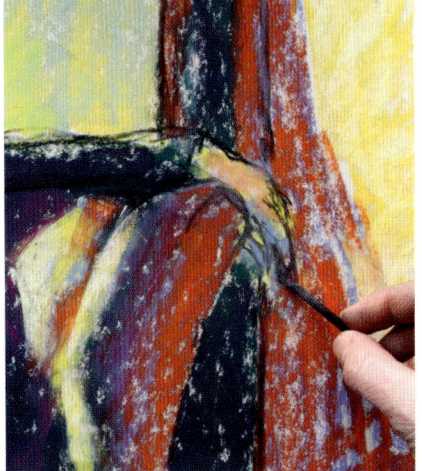

2 Bloques de color

Traslada el dibujo al papel de pastel con trazos suaves de carboncillo. Elige los tres colores que representarán los tres valores y aplica color en los bloques correspondientes. No te preocupes por los detalles ni por perder los contornos.

3 Capas

Ahora, añade varios colores a cada una de las áreas coloreadas por valor. Por ejemplo, superpón púrpura sobre azul en los valores oscuros, rojo sobre azul en los valores medios y azul claro y verde sobre las áreas claras detrás de la figura.

4 Contornos a carboncillo

Ahora, recupera la anatomía (rostro, manos y algunas otras partes) con el carboncillo de vid, y sigue añadiendo capas de color para representar estos y otros detalles del tema y añadir más variación e interés a la superficie.

Aclarar colores

ACLARAR COLORES CON EL PASTEL BLANCO

A veces, cuando se trabaja con una paleta limitada, no hay suficientes colores para plasmar lo que se ve: un amarillo pálido, un azul claro, un verde suave… Muchas veces, basta con aplicar pastel blanco sobre un color para aclararlo y resolver el problema. Luego, si es necesario, se puede aplicar más color con cuidado.

■ Un toque ligero

El truco para hacer uso del pastel blanco o más claro es aplicarlo con suavidad, para que el color original se siga viendo. Además, así también dejarás libre más grano del papel para añadir color sobre la capa blanca, o colores más claros sobre los oscuros, si fuera necesario.

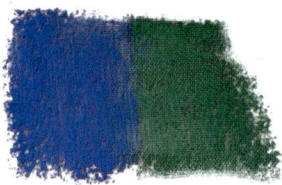

Capa base
Aplica un bloque de color sólido (como el azul y el verde del ejemplo) con el lado ancho del pastel sobre papel para pastel.

Capa de blanco
Evalúa los colores y, si necesitas una versión más clara, aplica con suavidad una capa de pastel sobre la capa base (azul y verde).

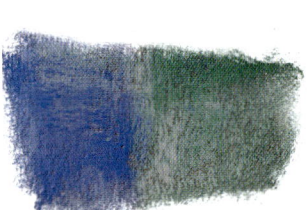

Reforzar los colores base
Para lograr el color preciso, aplica un poco más de azul o de verde hasta que el color coincida con lo que imaginas o lo que ves.

Dar luz a la oscuridad
En un ejemplo distinto, puedes usar los mismos azul y verde para aclarar un pastel oscuro. Con frecuencia, basta con una capa.

PONLO EN PRÁCTICA

Esta naturaleza muerta de un plato blanco con mantequilla amarilla clara y un fondo pálido ofrece una oportunidad fantástica para ver cómo aclarar con pastel blanco cuando se trabaja con una paleta limitada.

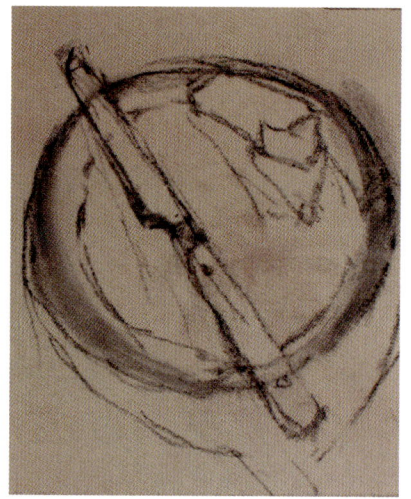

1 Contornos a carboncillo
Haz un esbozo ligero pero enérgico del tema y coloca *grosso modo* todos los elementos de la composición. Asegúrate de que las proporciones sean las correctas, y define las formas del tono y del color.

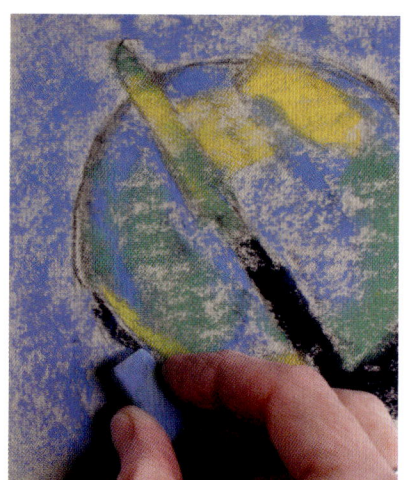

2 Trío de colores
Aplica los pasteles verde, amarillo y azul sobre las zonas de valores correspondientes y dentro de la silueta. No presiones demasiado todavía.

Necesitarás

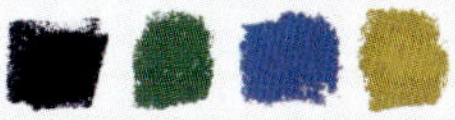

Additional colour 30

Green 9

Blue Violet 10

Yellow 10

Grey 27

- Pasteles blandos Unison
- Papel lija *premium* para pastel UART de grado 320

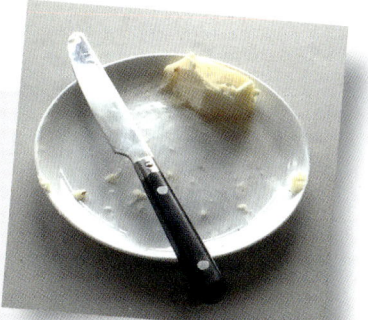

Plato de desayuno y cuchillo

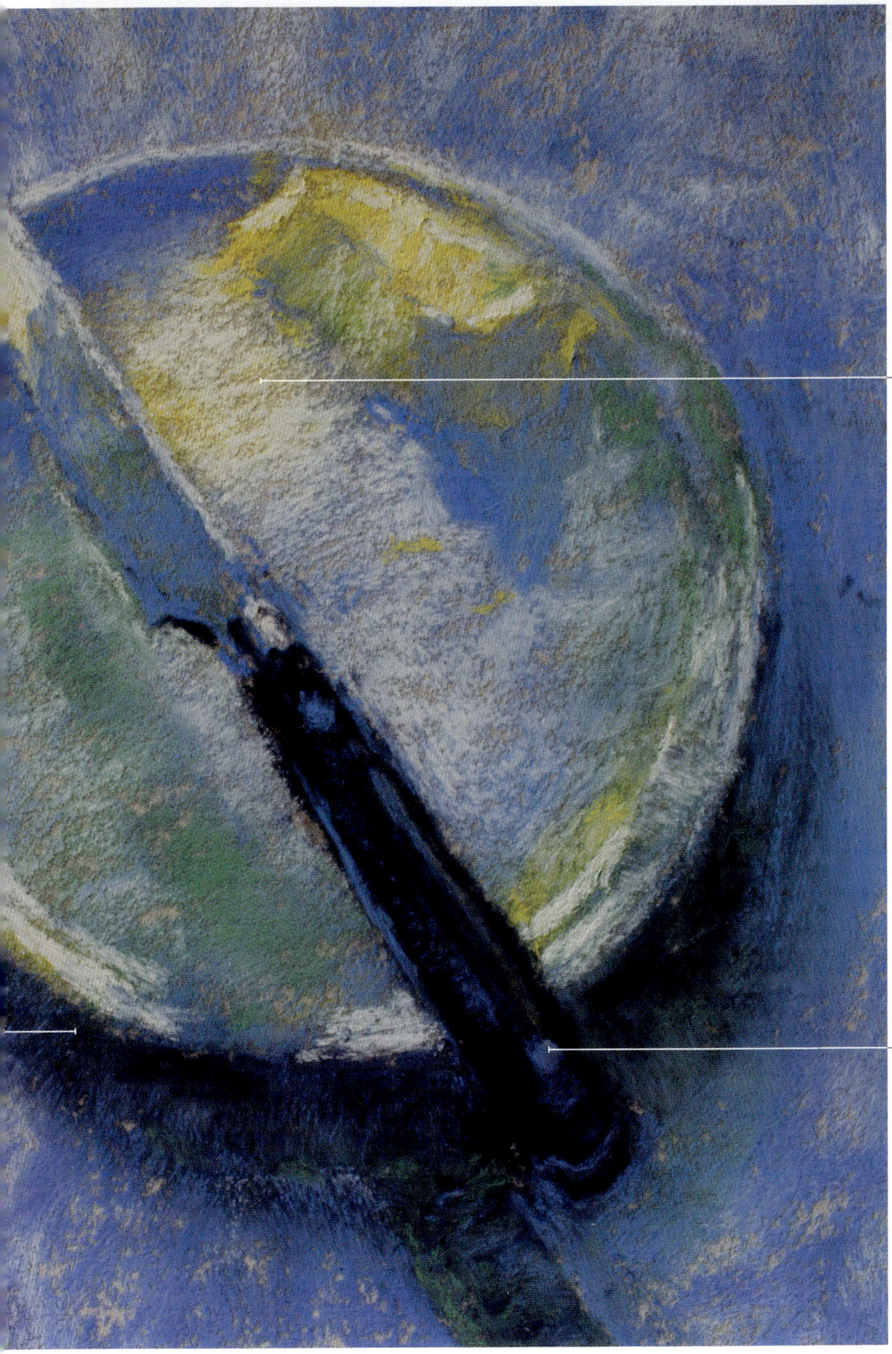

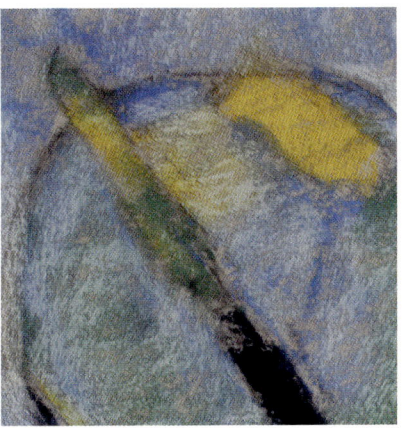

3 Capa de blanco

Aplica con precisión una capa ligera de pastel blanco para aclarar los tres colores del dibujo. Si te excedes, vuelve a aplicar el color original hasta que estés satisfecho.

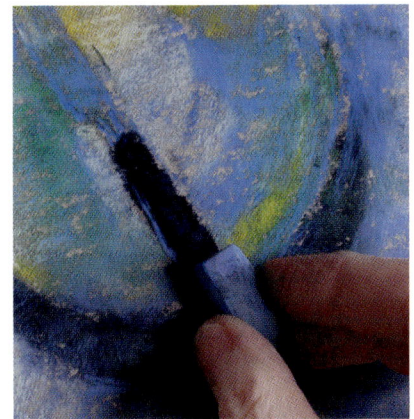

4 Últimos detalles

Ahora, añade toques de luz (el blanco alrededor del perímetro del plato) y los últimos detalles del cuchillo (en azul). Usa los pasteles tan minimalistamente como puedas hasta lograr el efecto deseado.

Oscurecer colores

DIBUJAR SOMBRAS OSCURAS CON EL NEGRO

A veces, cuando se pinta con una paleta limitada, no hay un pastel lo bastante oscuro para, por ejemplo, pintar escenas nocturnas. Muchos artistas prefieren no usar el negro solo, pero sí que lo mezclan, y con muy buenos resultados. Aplicar pastel negro como la sombra más oscura sienta una base sólida. Añade encima una capa de otro color oscuro de la paleta, como rojo, púrpura o verde o azul oscuros. Luego, vuelve a aplicar el negro para lograr un oscuro más denso.

PONLO EN PRÁCTICA

Cuando el sol se pone y el cielo arde pero todo lo demás pierde color y los árboles oscuros se recortan sobre el cielo, es el momento ideal para usar una base negra sobre la que construir sombras intensas.

Necesitarás

Grey 13   "Additional colour" 30   Green 13   Blue violet 17   Blue violet 16

Blue violet 10   Grey 2   "Additional colour" 15   Blue violet 15   Blue green 4

Red 5   Yellow 10   Yellow 12   Grey 27

- Pasteles Unison Colour
- Papel lija *premium* para pastel UART de grado 400

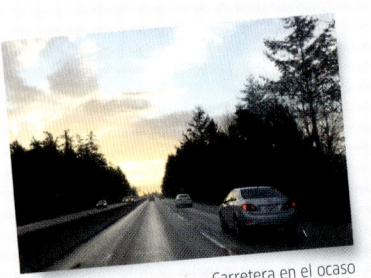

Carretera en el ocaso

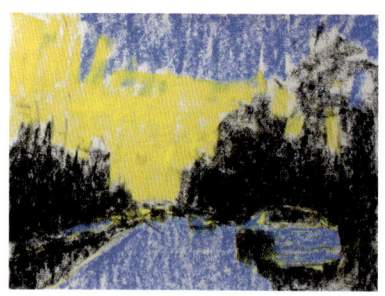

1 Bloques cromáticos de los principales valores tonales (oscuro, medio y claro)
Usa el pastel negro puro para colorear las zonas más oscuras, el azul para los tonos medios y el amarillo para las zonas más claras del cielo. Busca las sombras oscuras de los automóviles y describe las formas con negro. Esta capa base ha de ser ligera pero uniforme.

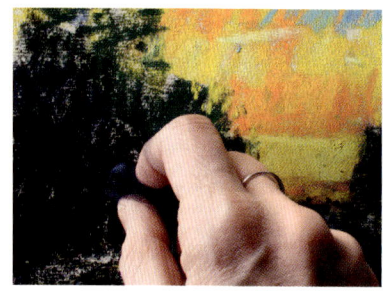

2 Color sobre negro
Aplica sobre el negro los colores más oscuros que tengas, cambiando la dirección de las marcas para seguir las formas. Trabaja sobre los tonos medios y claros también, para dar profundidad al color. Conecta las sombras con los objetos que las proyectan.

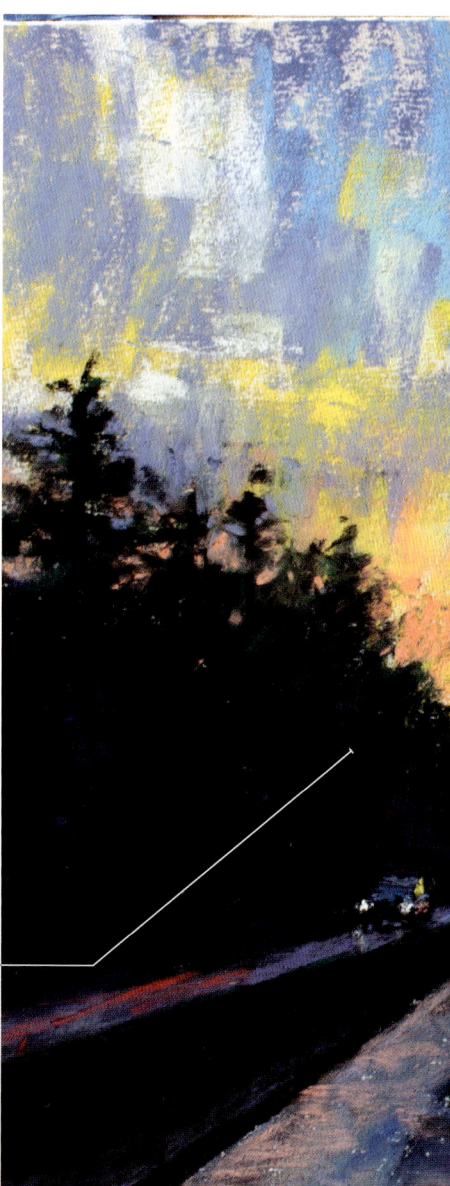

Trabajar con el color negro

El negro no tiene «color» y puede parecer muy duro. Busca colores en las sombras y en las zonas oscuras; añádelas sobre el negro para suavizar el efecto sin perder la intensidad del negro subyacente. Añade más negro sobre las capas de color adicionales para mezclar las sombras y lograr un efecto natural.

Negro puro

Aplica una base de pastel negro con una presión uniforme. Asegúrate de que cubres el papel, pero no demasiado.

Capa de color oscuro

Añade un color oscuro sobre el negro. No quedará tan oscuro como el negro y destacará sobre la base.

Sumar profundidad

Para intensificar la oscuridad, aplica más negro con cuidado. Hazlo con la punta del pastel y aplica más presión.

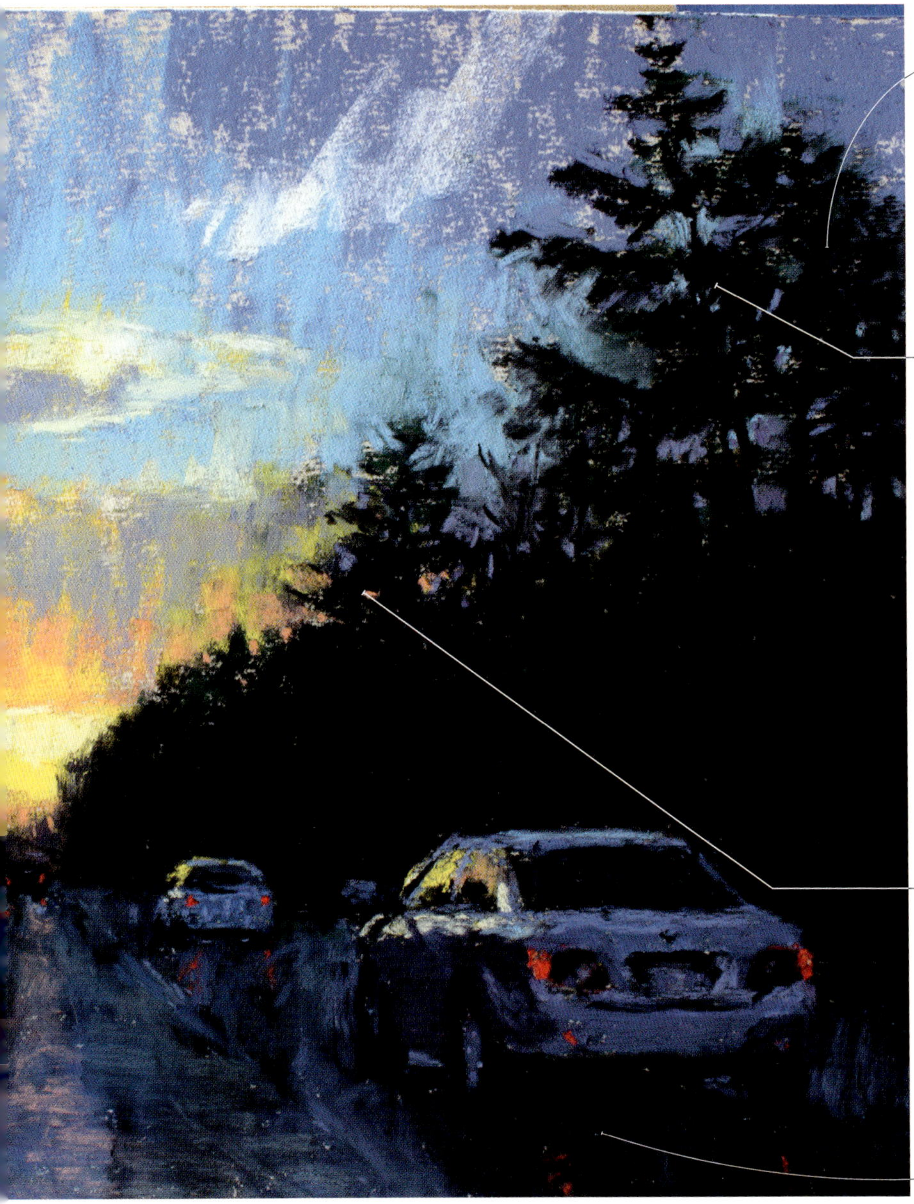

El verde oscuro sobre el negro base describe la forma de los árboles sobre el cielo aún claro

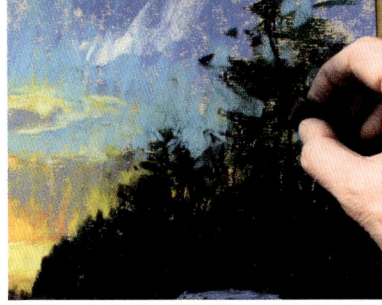

3 Añadir densidad

Densifica la oscuridad añadiendo más negro sobre algunas zonas de los colores oscuros, y difumina a medida que trabajas. Haz marcas con la punta del pastel y presiona para crear trazos sólidos.

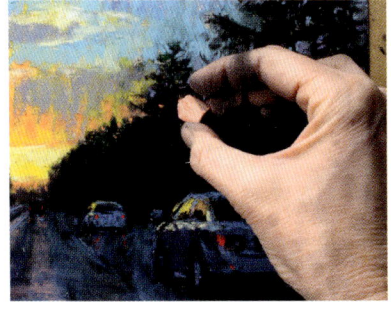

4 Toques finales

Refina la ilusión de la luz entre los árboles añadiendo toques de colores más cálidos en las zonas rosas del cielo.

El azul sobre el negro intensifica las sombras sobre el asfalto

Mezclar colores neutros

CREAR COLORES APAGADOS

En lugar de recurrir a un pastel marrón o gris, puedes conseguir colores neutros, ya sean vibrantes o sutiles, mezclando colores puros. Al superponer colores complementarios, como rojo y verde, apagas el color inicial y obtienes una versión agrisada. Varía la presión para conseguir tonos distintos.

▇ Colores neutros con valores tonales diferentes

La clave para crear colores neutros es mezclar colores del mismo rango tonal: claro, medio u oscuro. Por ejemplo, el amarillo puro es un valor claro, por lo que, para lograr un color neutro claro, combinará mejor con un malva pálido que con un violeta brillante. Los ejemplos siguientes muestran tres valores de azul mezclados con los correspondientes valores de naranja para apagar el color base. Se ha usado la punta del pastel para difuminar con suavidad.

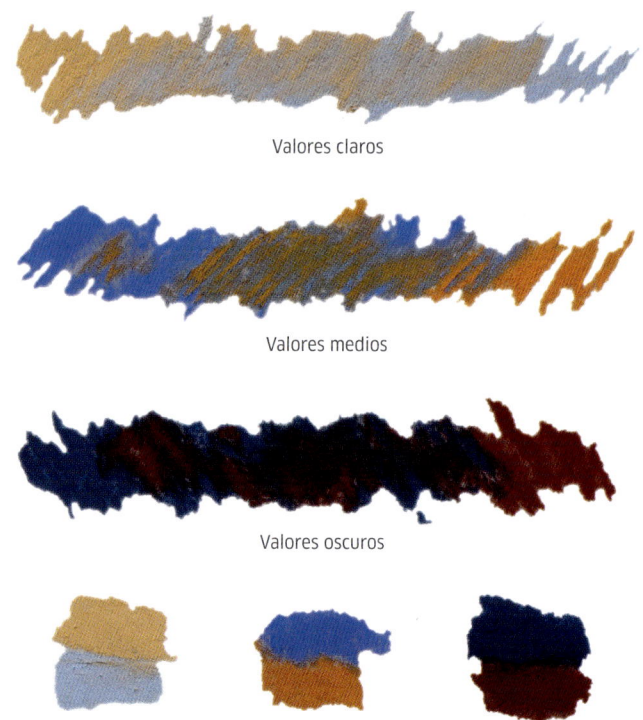

Valores claros

Valores medios

Valores oscuros

Valores claros, medios y oscuros creados con el lateral de un pastel

PONLO EN PRÁCTICA

Los tonos suaves de esta escena se han representado con varios colores neutros mezclados en valores claros, medios y oscuros a partir de colores complementarios. Los colores fríos y cálidos añaden profundidad a las sombras.

Necesitarás

Red 13   "Additional colour" 43   Blue violet 12   Yellow 1   Yellow green earth 12   Yellow green earth 18   Red 9   Blue violet 10

Blue violet 4   Blue violet 8   Orange 5

- Pasteles Unison Colour
- Papel lija *premium* para pastel UART de grado 500

Detalle de una calle en Budapest

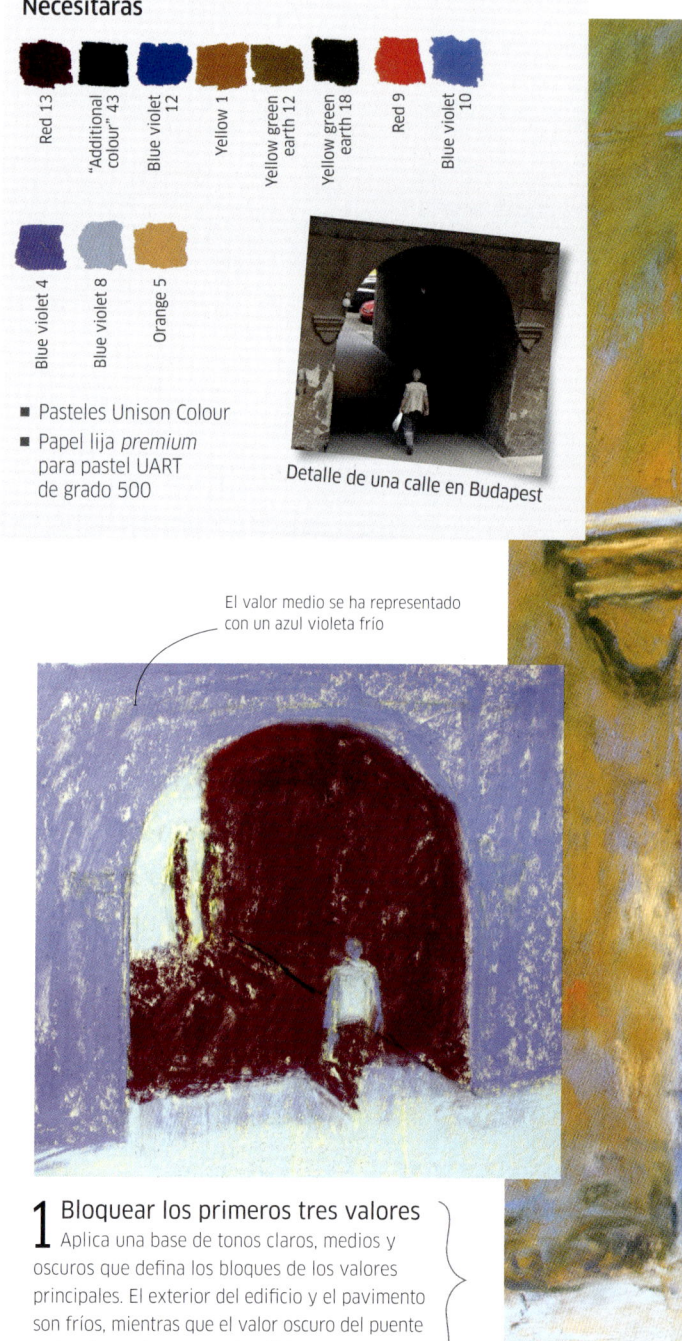

El valor medio se ha representado con un azul violeta frío

1 **Bloquear los primeros tres valores**
Aplica una base de tonos claros, medios y oscuros que defina los bloques de los valores principales. El exterior del edificio y el pavimento son fríos, mientras que el valor oscuro del puente se ha plasmado con un rojo cálido.

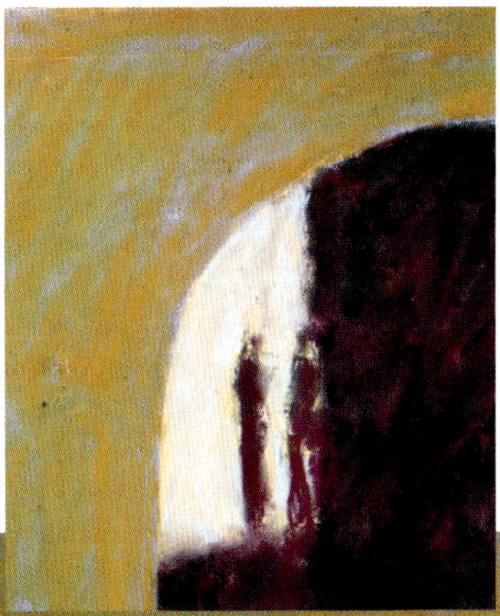

2 Mezclar colores complementarios
Obtén colores neutros superponiendo amarillo al violeta, verde al rojo y naranja al azul claro. Los colores de esta capa apagan la intensidad de la base.

«Consigue colores neutros vibrantes o sutiles mezclando colores puros.»

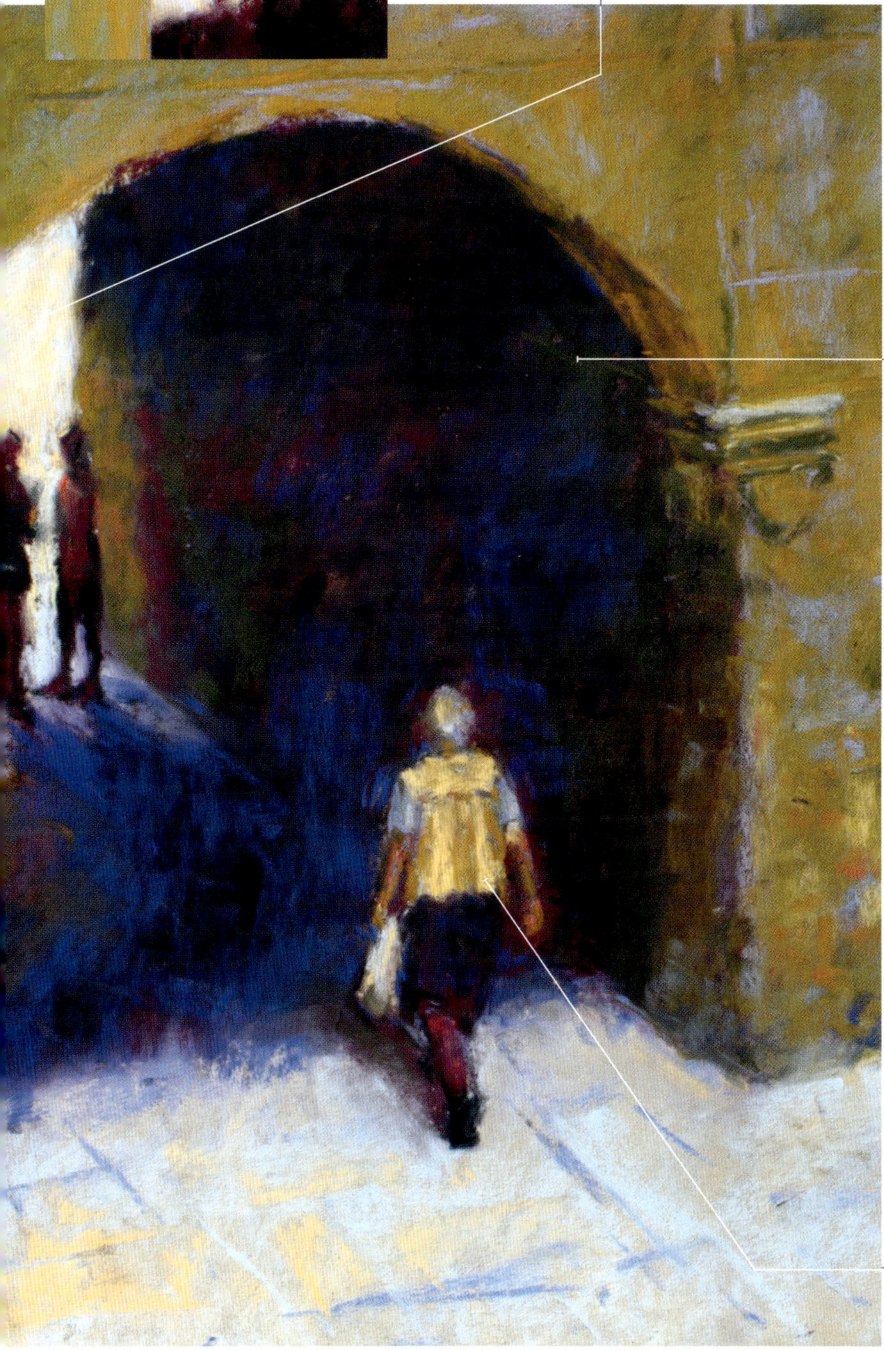

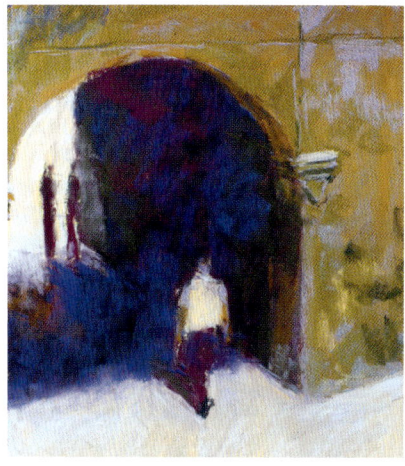

3 Equilibrar la temperatura de los colores neutros
Realza las capas con más colores y equilibra los colores cálidos y fríos de valores similares. En las sombras, el cálido rojo se superpone al verde. En el pavimento se ha añadido un azul frío.

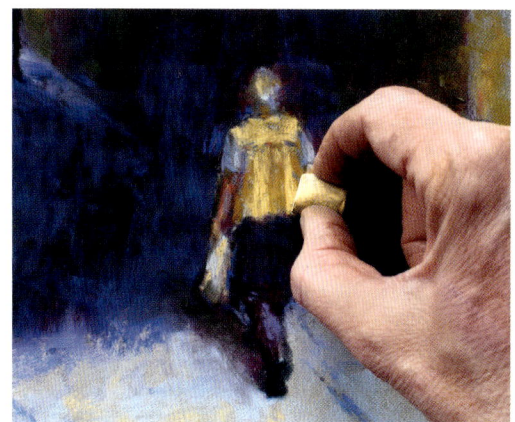

4 Acentos de color
Hacia el final, añade acentos de color puro sobre los neutros, para crear puntos focales. La chaqueta amarilla contrasta sobre las sombras azules y resalta en la escena.

Mezclar verdes

CREAR UNA GAMA DE VERDES

Aunque es probable que en tu reducida paleta cuentes con un par de verdes, seguramente no te ofrezcan la variedad cromática que necesitas. Seguro que tienes un par de azules y de amarillos, así que mézclalos y multiplica los verdes. Aplicar verde sobre un color de base también puede ofrecer resultados muy interesantes.

▣ Un espectro de verdes

Prueba a combinar todos tus azules y amarillos de distintas maneras. No te preocupes si no siempre son del mismo valor. En las tiras siguientes, una mitad es amarilla y la otra, azul. Los colores resultantes se han obtenido superponiendo con suavidad un color sobre el otro.

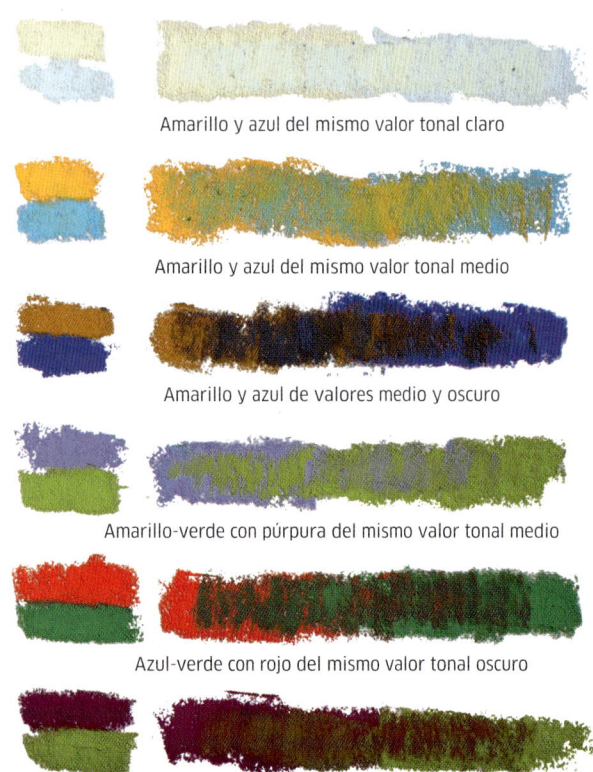

Amarillo y azul del mismo valor tonal claro

Amarillo y azul del mismo valor tonal medio

Amarillo y azul de valores medio y oscuro

Amarillo-verde con púrpura del mismo valor tonal medio

Azul-verde con rojo del mismo valor tonal oscuro

Amarillo-verde de valor medio con rojo violeta oscuro

PONLO EN PRÁCTICA

Como sucede en tantas escenas al aire libre, aquí hay muchos verdes que captar: el edificio, las frondas de las palmeras, los reflejos... Usa azules, amarillos y verdes distintos sobre un color base.

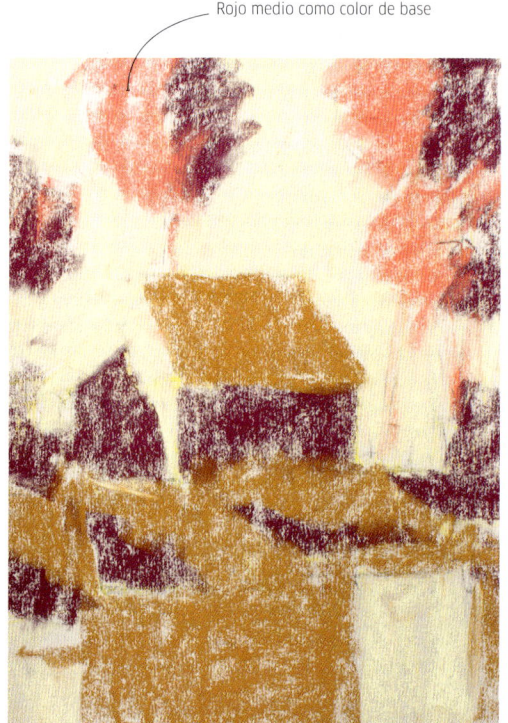

Rojo medio como color de base

1 **Crear bloques con los primeros valores**
Se han usado azules y dos amarillos para crear una amplia gama de verdes, mientras que los dos rojos han formado la capa base sobre la que añadir los pasteles verdes. Aplica el color en los lugares adecuados con marcas sueltas y vivaces.

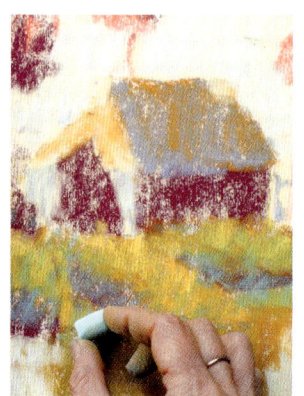

2 Mezclar los verdes
Ahora, coge los pasteles azules y aplícalos sobre los amarillos del cielo y de la hierba, y luego capta el color del agua. Fíjate en el azul violeta que se ha añadido al tejado de paja amarillo oscuro para lograr un color neutro.

Necesitarás

Green 1	Yellow green earth 18	Green 15	Yellow 1	Yellow 9	Yellow 10	Yellow 12	Red 14	Red 10	Blue violet 10	Blue violet 4	Blue green 9	Blue green 6

- Pasteles Unison Colour
- Papel lija *premium* para pastel UART de grado 400

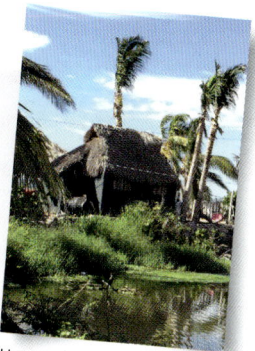

Una exuberante escena tropical

3 Una combinación interesante de verdes

Aplica dos verdes del valor adecuado sobre la base pintada de rojo oscuro y rojo más claro. Fíjate en cómo la capa base afecta a los verdes y los hace más naturales y un poco más apagados. Además, también añade interés al verde del edificio.

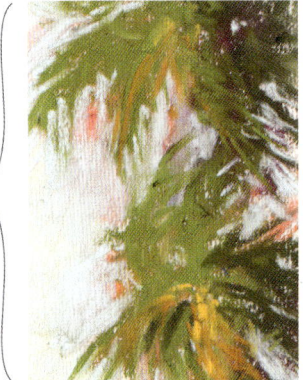

4 Atención al resto de los colores

Ahora, descansa del verde y céntrate en trabajar las zonas del dibujo que sean de otro color: el tejado, el cielo, el murete, la valla y los troncos de las palmeras. Más adelante volverás a prestar atención a los verdes.

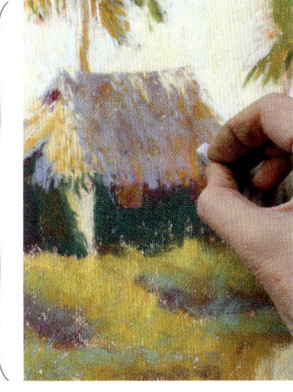

5 Ajustar los verdes obtenidos

Evalúa el dibujo, sobre todo en lo referente a los toques de luz y los tonos más oscuros. Aclara y oscurece los verdes que has mezclado, y sigue aplicando capas hasta que logres los colores deseados. Añade más detalles hasta que quedes satisfecho.

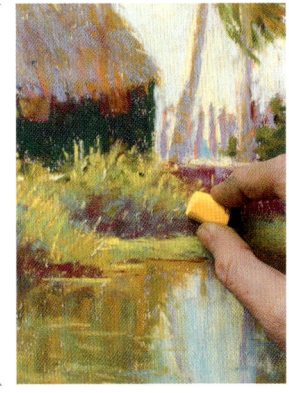

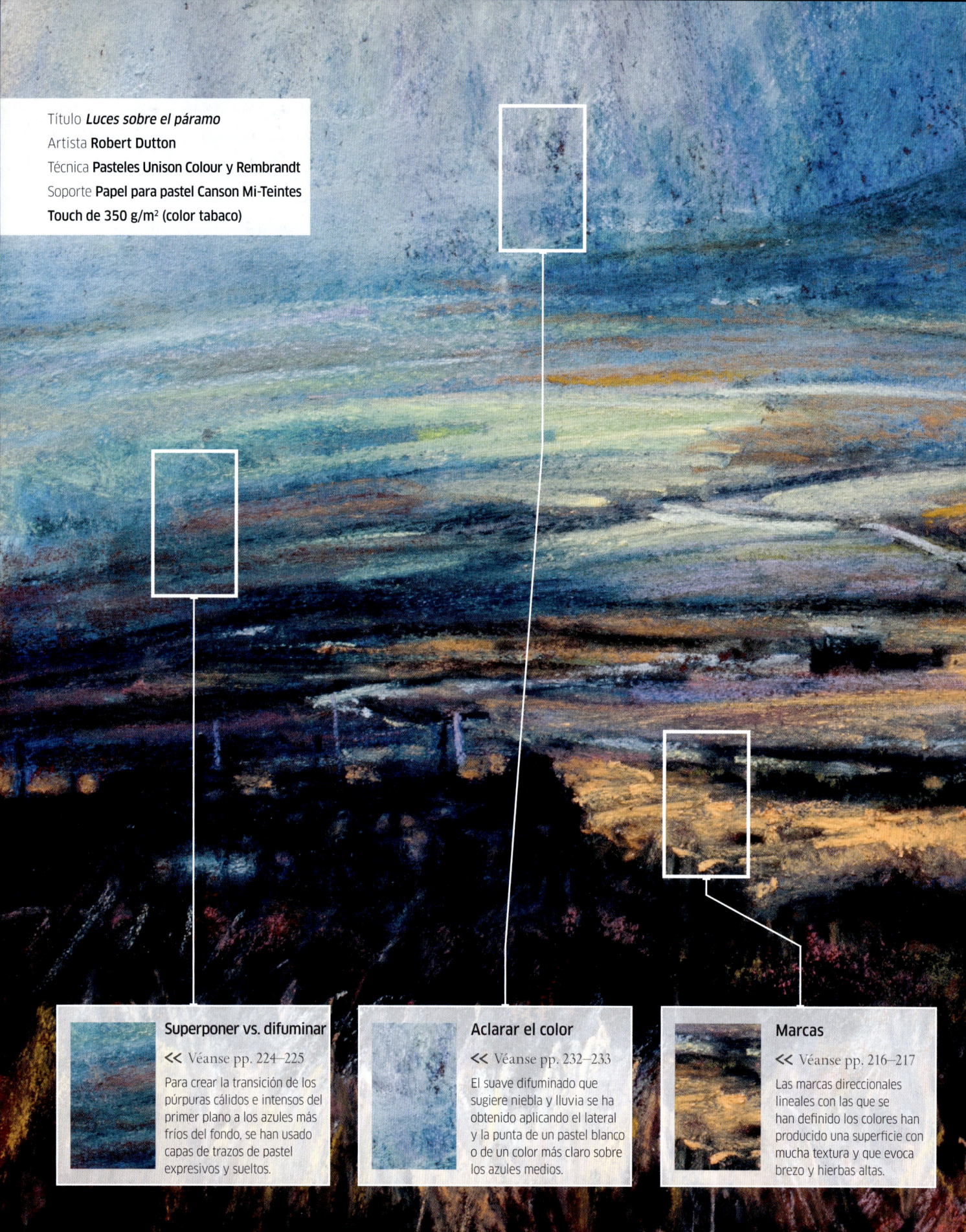

Título *Luces sobre el páramo*
Artista **Robert Dutton**
Técnica **Pasteles Unison Colour y Rembrandt**
Soporte **Papel para pastel Canson Mi-Teintes Touch de 350 g/m² (color tabaco)**

Superponer vs. difuminar

‹‹ Véanse pp. 224–225

Para crear la transición de los púrpuras cálidos e intensos del primer plano a los azules más fríos del fondo, se han usado capas de trazos de pastel expresivos y sueltos.

Aclarar el color

‹‹ Véanse pp. 232–233

El suave difuminado que sugiere niebla y lluvia se ha obtenido aplicando el lateral y la punta de un pastel blanco o de un color más claro sobre los azules medios.

Marcas

‹‹ Véanse pp. 216–217

Las marcas direccionales lineales con las que se han definido los colores han producido una superficie con mucha textura y que evoca brezo y hierbas altas.

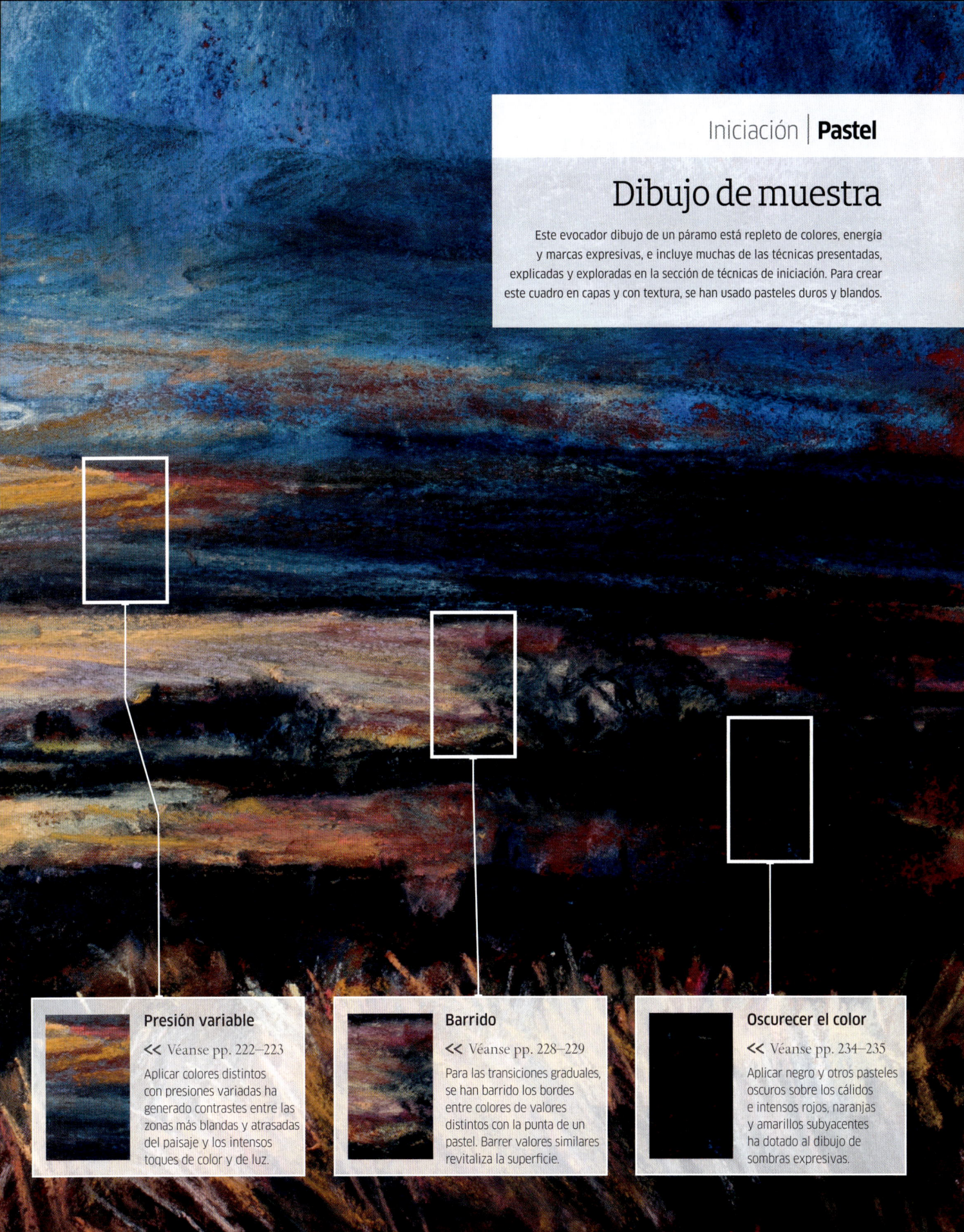

Dibujo de muestra

Este evocador dibujo de un páramo está repleto de colores, energía y marcas expresivas, e incluye muchas de las técnicas presentadas, explicadas y exploradas en la sección de técnicas de iniciación. Para crear este cuadro en capas y con textura, se han usado pasteles duros y blandos.

Presión variable

« Véanse pp. 222–223

Aplicar colores distintos con presiones variadas ha generado contrastes entre las zonas más blandas y atrasadas del paisaje y los intensos toques de color y de luz.

Barrido

« Véanse pp. 228–229

Para las transiciones graduales, se han barrido los bordes entre colores de valores distintos con la punta de un pastel. Barrer valores similares revitaliza la superficie.

Oscurecer el color

« Véanse pp. 234–235

Aplicar negro y otros pasteles oscuros sobre los cálidos e intensos rojos, naranjas y amarillos subyacentes ha dotado al dibujo de sombras expresivas.

Textura del papel

ELEGIR EL PAPEL CON LA SUPERFICIE ADECUADA

Aunque el pastel se puede usar sobre múltiples superficies, es preferible que tengan algo de textura. Si el papel es muy liso, no «atrapará» al pastel, y, si tiene mucho grano, se «comerá» la barra. Los papeles más lisos son adecuados para esbozos, mientras que los más abrasivos admiten múltiples capas. Depende de ti.

■ Papeles con textura

Compara las marcas hechas sobre papeles distintos para ver cómo se desliza el pastel, la intensidad de la marca, la capacidad para superponer capas y el efecto de textura. Aquí se han usado la punta y el lateral de un pastel azul y, luego, se ha superpuesto un verde y se ha difuminado el azul.

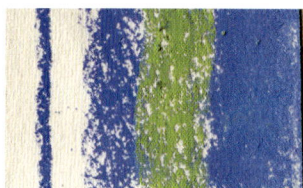

La cara lisa del Canson Mi-Teintes (crema) permite que los pasteles fluyan con facilidad

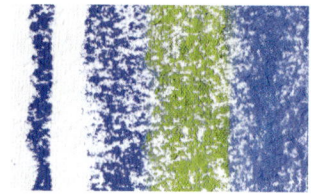

La superficie del BFK Rives para grabado (blanco) es suave y lisa

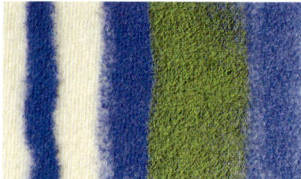

La superficie aterciopelada del Hahnemühle Premium Velour (amarillo) atrapa muy bien el color

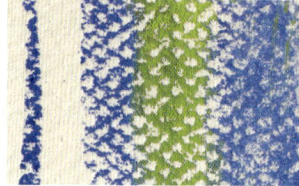

La cara rugosa del Canson Mi-Teintes (crema) añade una textura interesante

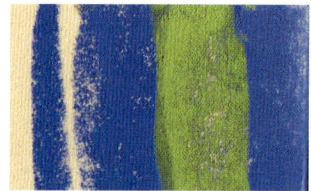

El Clairefontaine PastelMat (maíz) admite múltiples capas de pastel

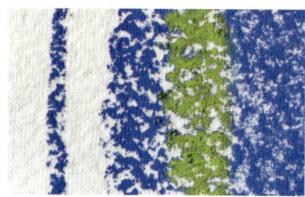

El papel de acuarela prensado en frío de Arches (300 g/m²) añade textura

TRABAJAR SOBRE PAPEL CON TEXTURA

En este dibujo, se ha usado la cara lisa del papel de pastel, sobre la que los pasteles blandos se deslizan con rapidez y sin apenas superponerse.

Necesitarás

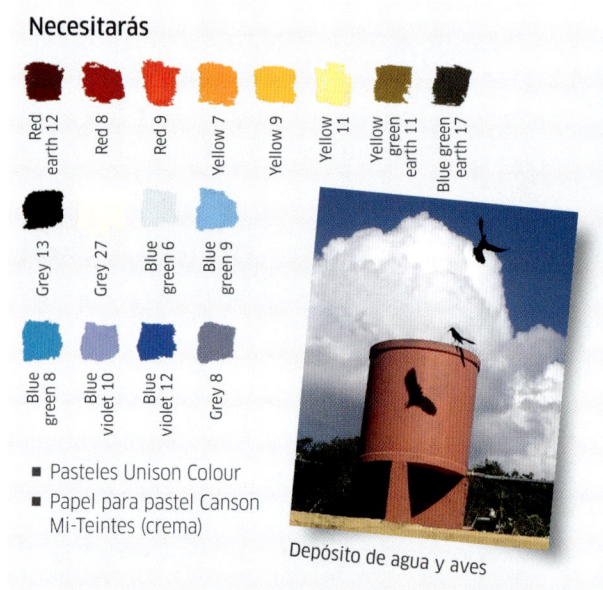

Red earth 12 · Red 8 · Red 9 · Yellow 7 · Yellow 9 · Yellow 11 · Yellow green earth 11 · Blue green earth 17

Grey 13 · Grey 27 · Blue green 6 · Blue green 9

Blue green 8 · Blue violet 10 · Blue violet 12 · Grey 8

- Pasteles Unison Colour
- Papel para pastel Canson Mi-Teintes (crema)

Depósito de agua y aves

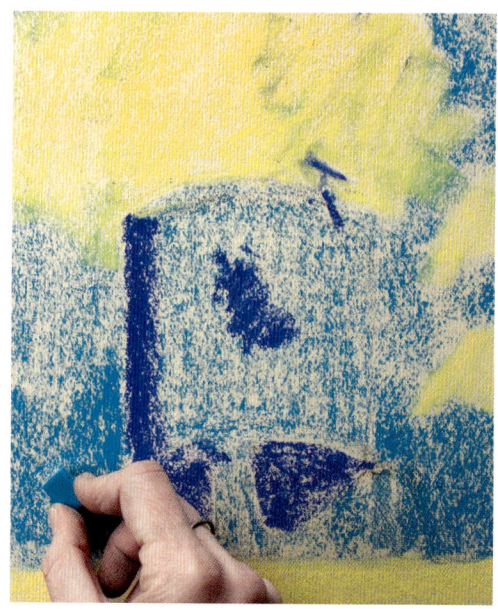

1 Primera capa clara

Aplica el pastel con muy poca presión y define los tres valores (claro, medio, oscuro). El papel tiene muy poco grano, por lo que podrás aplicar muy pocas capas, y conviene evitar saturarlo con la primera.

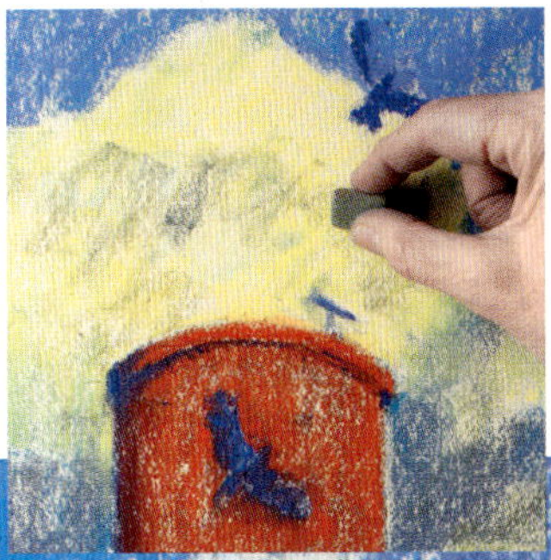

2 Desarrollar el color

Desarrolla la imagen sumando a la primera capa colores de los valores adecuados (claro sobre claro, oscuro sobre oscuro). Usa valores más oscuros en las nubes, para darles forma. Siempre las puedes aclarar después.

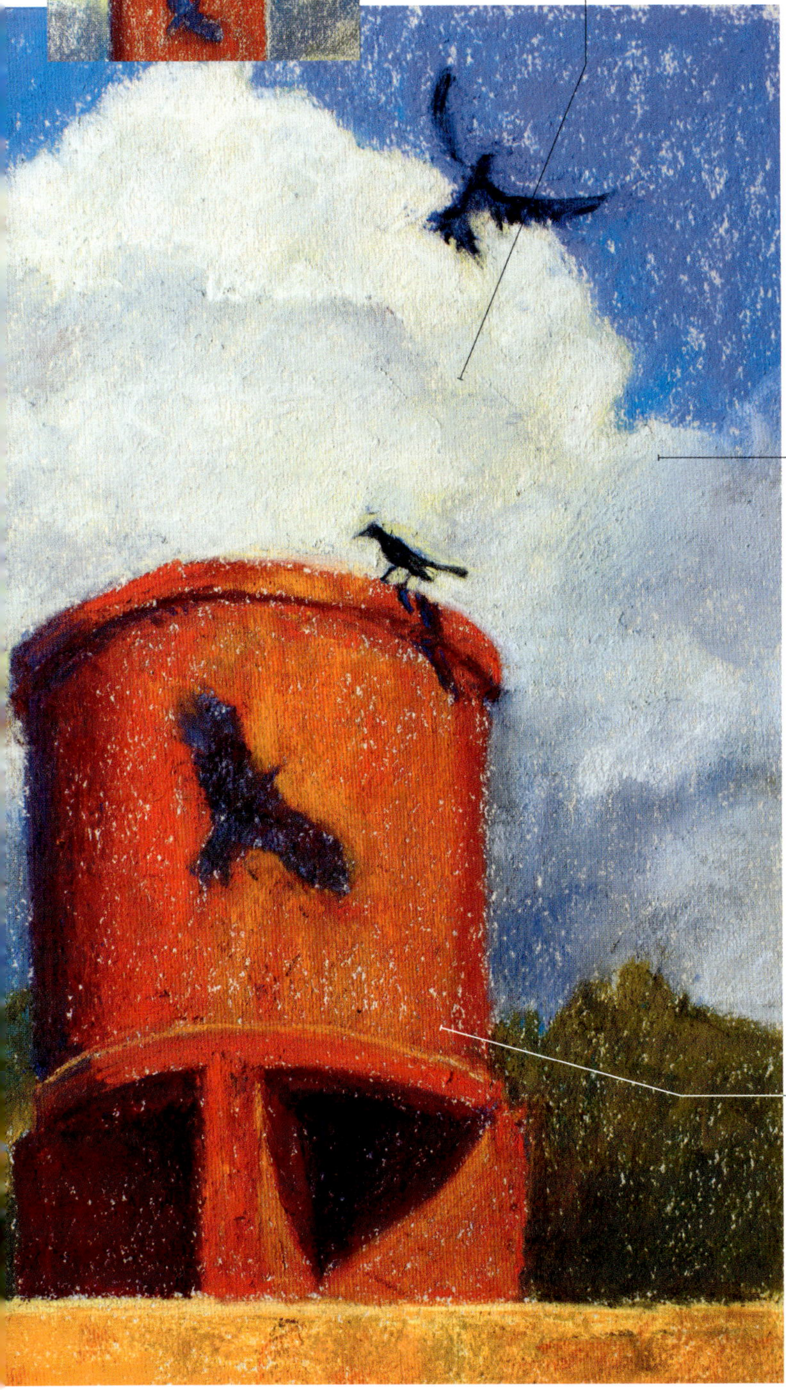

«Los **papeles con textura** son adecuados para **esbozos**, y los papeles más abrasivos admiten varias capas de color.»

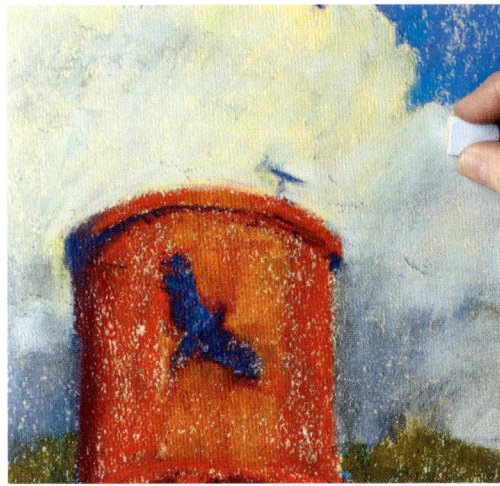

3 Unificar el tono

Pasa un pastel azul claro muy pálido por toda la nube, para unificarla y aclararla, incluidas las áreas que al principio parecían demasiado oscuras.

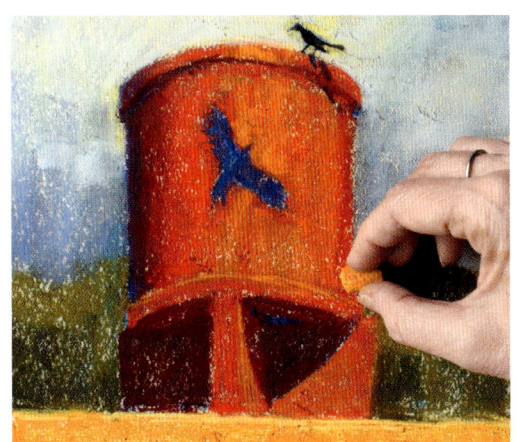

4 Definir las formas

Añade tonos claros para dar forma a los elementos principales, sobre el depósito de agua y a los árboles del fondo. Mantén los valores; si los pasteles empiezan a resbalar porque el grano ya está saturado, detente.

TRABAJAR CON PAPEL LIJA

Aquí se ha usado un papel lija con mucho grano. Admite un color más intenso y más cobertura y, además, permite superponer más capas que el papel que se ha usado en la página anterior.

Necesitarás

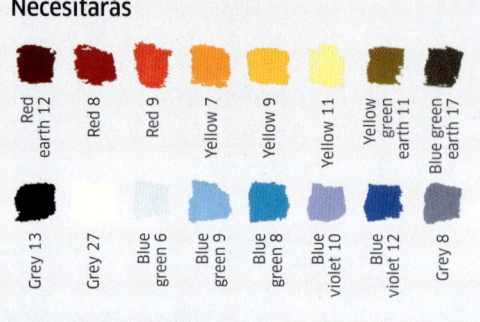

Red earth 12 · Red 8 · Red 9 · Yellow 7 · Yellow 9 · Yellow 11 · Yellow green earth 11 · Blue green earth 17

Grey 13 · Grey 27 · Blue green 6 · Blue green 9 · Blue green 8 · Blue violet 10 · Blue violet 12 · Grey 8

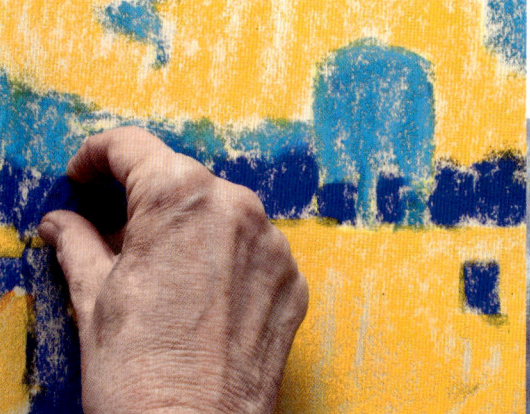

1 Pintar los valores principales

Aplica capas de color saturadas en los tres valores (claro, medio y oscuro) usando los mismos colores que en el dibujo anterior. En este, las colinas son de un valor oscuro en lugar de medio.

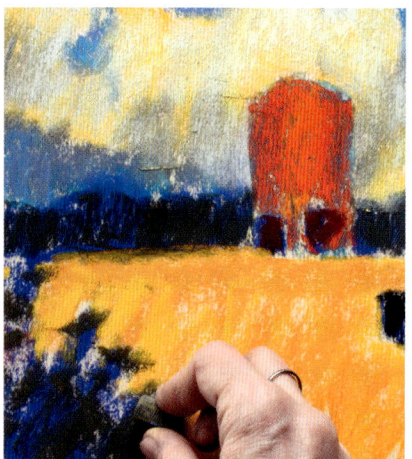

2 Añadir capas de color

Trabaja sobre los valores base con una capa de color y añade turquesa al cielo, azul claro a las nubes y rojo al depósito de agua. Añade verde sobre las colinas para aclarar y apagar ligeramente la intensidad del azul oscuro. Empieza a dar forma a la planta en primer plano añadiendo una capa de pastel verde.

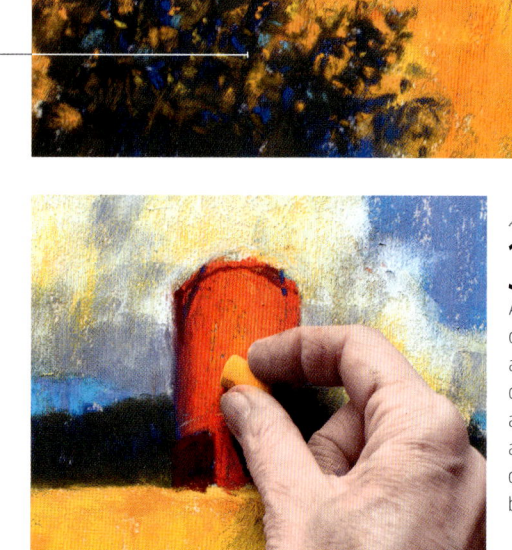

3 Definir los bordes y los colores

Añade naranja a la franja central del depósito para añadir tonos cálidos, aclarar la zona y crear la sensación de volumen. Marca las sombras de las aves que añadirás al final y comienza a incluir algunos detalles. El grano del papel mantendrá limpios los bordes de las formas dibujadas.

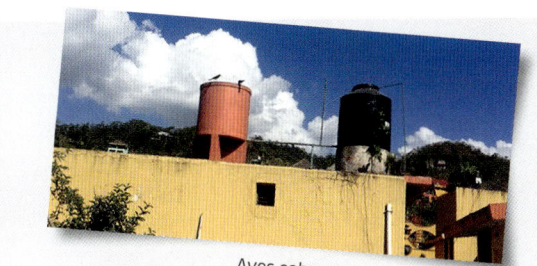

Aves sobre un depósito de agua

- Pasteles Unison Colour
- Papel lija *premium* para pastel UART de grado 320

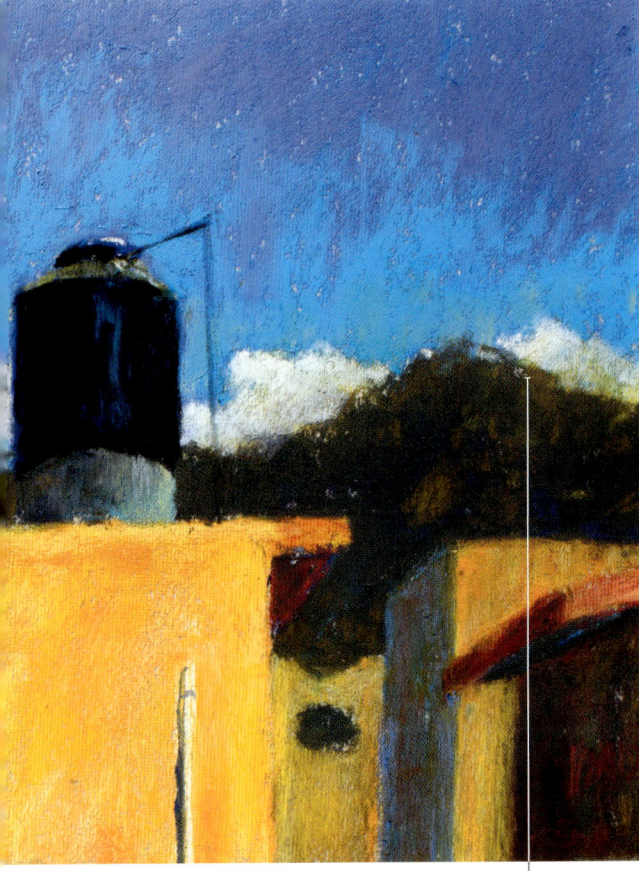

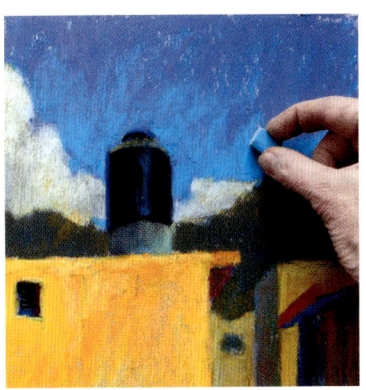

4 Últimos detalles
Diversifica los amarillos del muro principal con trazos de color. Rellena el cielo e intensifica su color cubriendo los puntos de papel claro que se entrevén. El grano de la superficie aceptará más pigmento para crear una vibrante profundidad de color.

▪ Papel lija

Los papeles con más grano o textura aceptan más pigmento, que queda incrustado en el papel y produce colores intensos y múltiples capas. Las superficies más abrasivas rompen el color, un efecto que realza la textura y la intensidad del dibujo. El papel lija facilita transiciones más suaves.

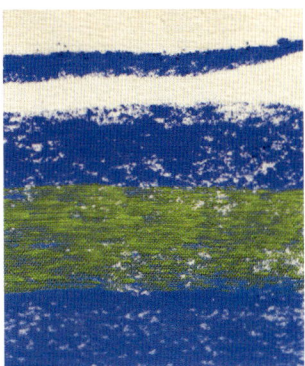

El papel Pastel Premier (beige) tiene grano suficiente como para admitir varias capas

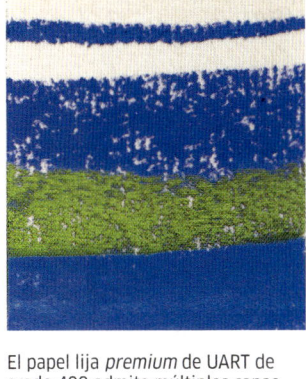

El papel lija *premium* de UART de grado 400 admite múltiples capas

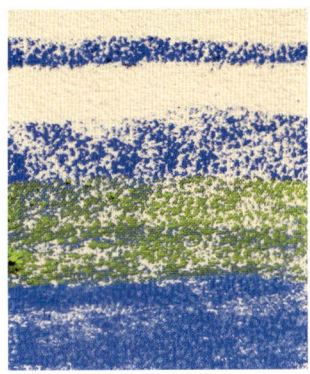

El papel lija Canson Mi-Teintes Touch (crema) tiene un grano medio

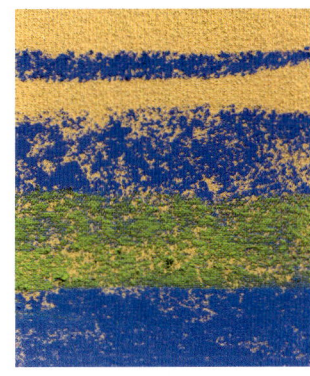

El papel para pastel *premium* de Richeson (arena) tiene un grano bastante grueso

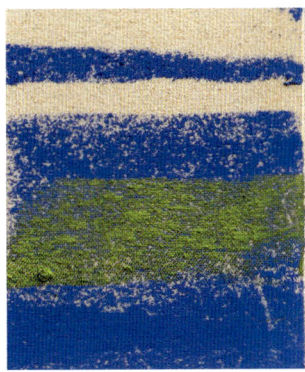

El papel lija La Carte (blanco antiguo) de Sennelier retiene bien el color

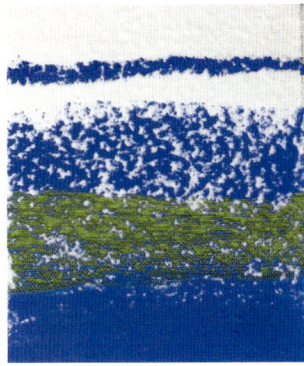

El papel Art Spectrum Colourfix (natural) retiene moderadamente el pastel

Papeles de colores

EL COLOR DEL PAPEL INFLUYE EN EL DIBUJO

El color del papel es un elemento clave en el aspecto final del dibujo acabado. Elegir un tema y unos pocos colores sirve de ejemplo para ver cómo influye el color del papel en el resultado final: fíjate en cómo cambia el dibujo usando los mismos pasteles sobre papeles de distinto color.

PONLO EN PRÁCTICA

Este dibujo contiene un amplio abanico tonal, colores cálidos y fríos, un color neutro y colores intensos. Inspirada por una margarita rosa, la artista ha usado su propio esquema de color.

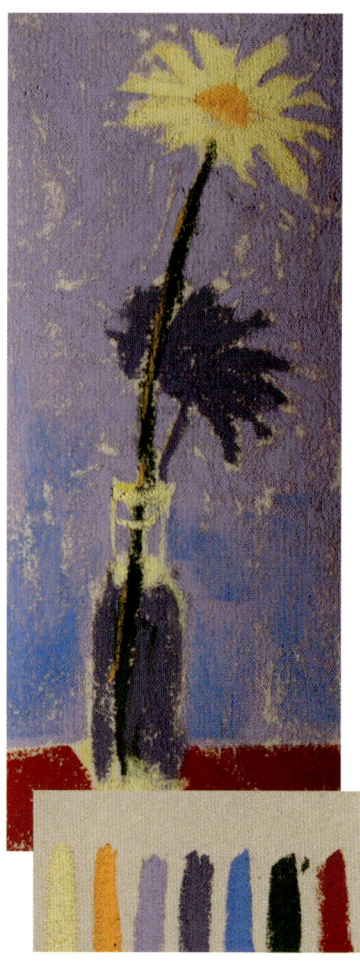

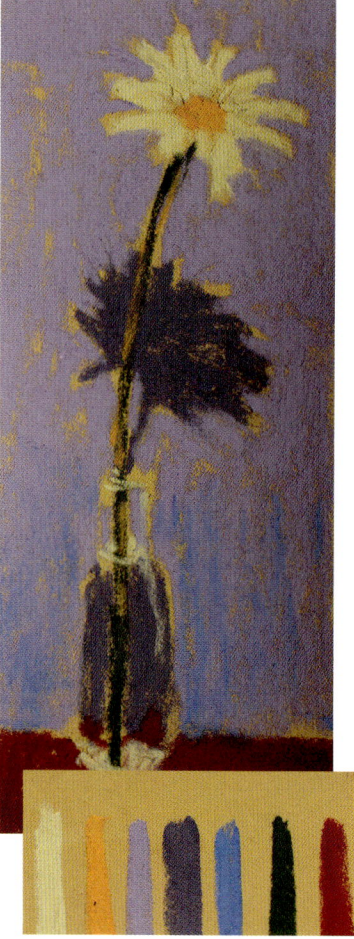

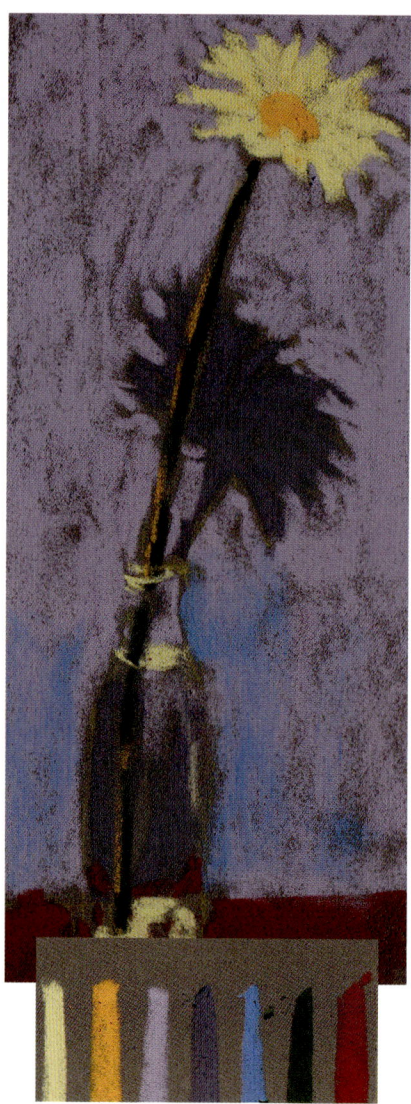

**Papel para pastel UART
de grado 280: crema**
Casi todos los tonos se oscurecen sobre un papel claro. Fíjate en lo oscuros que parecen la mayoría de los colores.

Clairefontaine PastelMat: botón de oro
El papel de tono cremoso da un brillo cálido a todo el dibujo. Además, el crema es complementario de los púrpuras, los cuales realza.

Clairefontaine PastelMat: gris oscuro
Un papel neutro de valor medio hace que los claros y los oscuros destaquen, mientras que los medios quedan más disimulados.

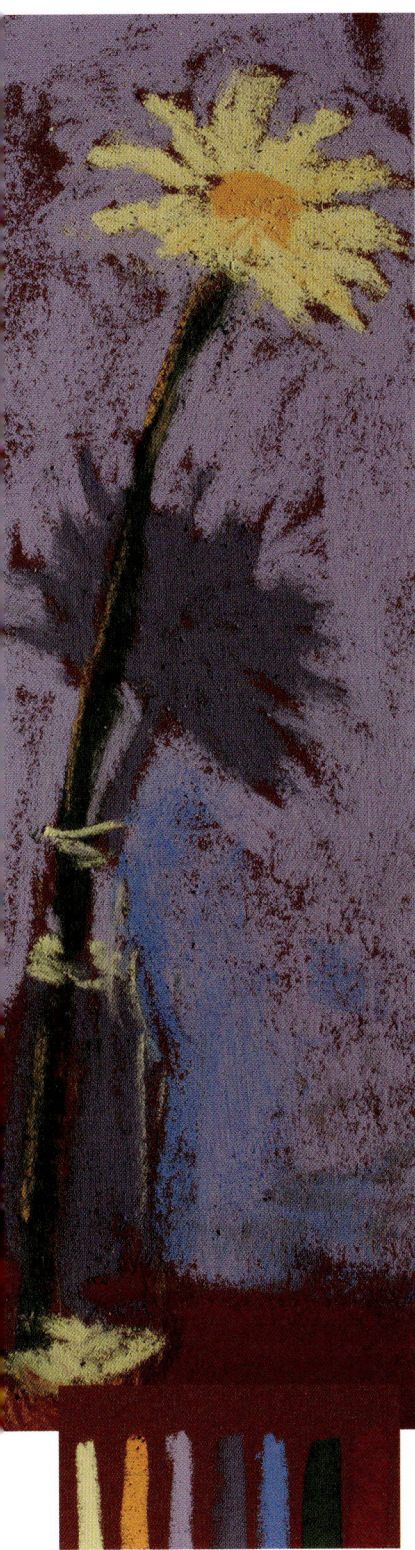

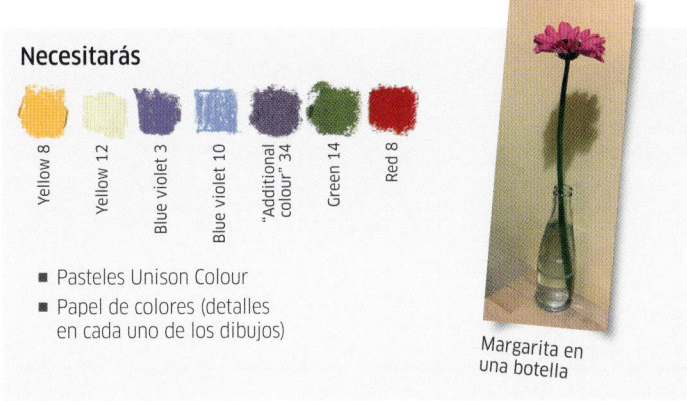

Necesitarás

Yellow 8   Yellow 12   Blue violet 3   Blue violet 10   "Additional colour" 34   Green 14   Red 8

- Pasteles Unison Colour
- Papel de colores (detalles en cada uno de los dibujos)

Margarita en una botella

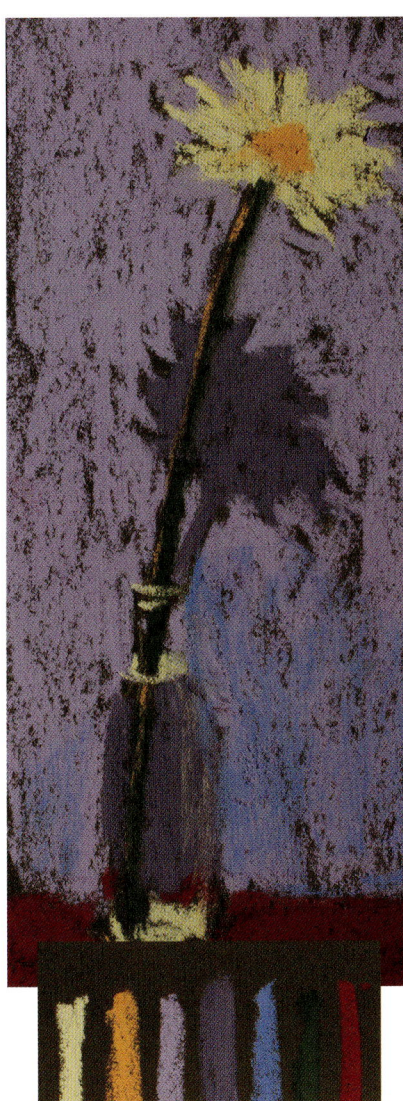

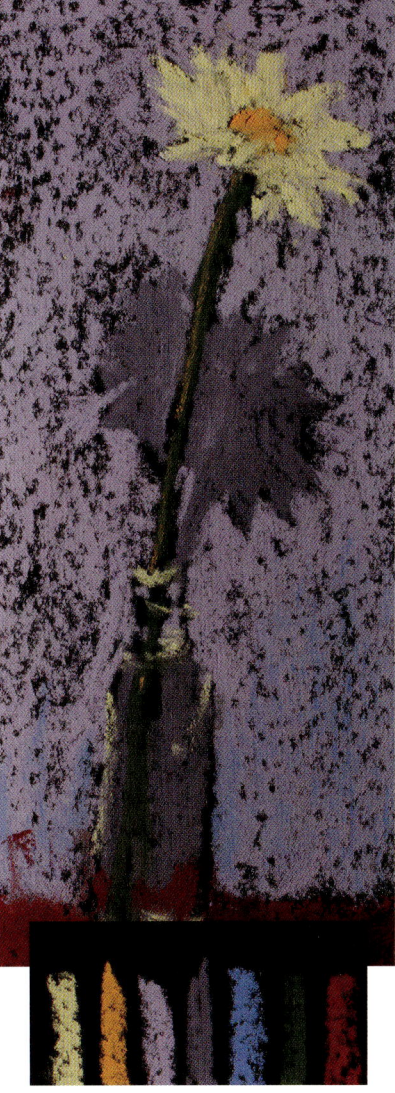

Pastel Premier: terracota
El rojo y el púrpura oscuro casi desaparecen sobre el terracota, pero el verde destaca sobre su complementario de valor similar.

Art Spectrum Colourfix: verde oliva
Aunque este color verdoso es de un valor similar al terracota, es un tono subyacente menos vibrante y permite que los colores destaquen.

Art Spectrum Colourfix: negro
Todos los colores parecen más claros y brillantes sobre el negro. Además, el negro se ve mucho más que los colores de los otros papeles.

Colores complementarios

CREAR EFECTOS VISUALES Y ARMONÍA

Yuxtaponer colores complementarios hace que ambos parezcan más brillantes y ayuda a realzar los puntos de interés. Usa pares de colores para atraer la mirada, intensificar sombras y conectar distintos elementos. Crea colores neutros mezclando colores complementarios para añadir armonía, pero yuxtaponlos de vez en cuando para volver a atraer al observador.

■ Los pares de colores complementarios

Fíjate en que, cuando miras una escena abierta, da la impresión de que los colores cálidos avanzan y que los fríos retroceden. El rojo y el verde, que suelen ser de valores más próximos que el resto de los complementarios, tienden a «vibrar». Para un efecto óptico óptimo, usa pares de colores complementarios en distintas proporciones. Piensa en toda la composición y equilibra el uso de los distintos pares complementarios, para no sobrecargar la imagen ni perder detalle.

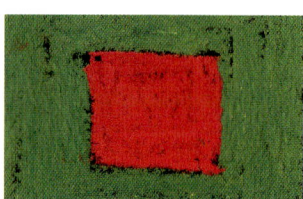

Rojo y verde
Parece que el pequeño cuadrado rojo «flota» sobre el verde que lo rodea. Esto es útil para destacar elementos.

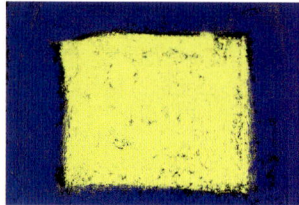

Amarillo y violeta
Aquí, el cuadrado amarillo más grande avanza sobre el violeta. Puedes aprovechar el efecto para añadir profundidad al dibujo.

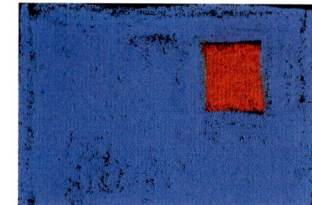

Naranja y azul
Descentrar el cuadrado naranja sobre el fondo azul realza el azul que, además, parece más cálido.

PONLO EN PRÁCTICA

El uso dinámico de los pares rojo y verde y azul y naranja da vida a este paisaje. Los colores se difuminan en las sombras y añaden toques de luz desde el medio plano hasta el horizonte para conectar los distintos elementos.

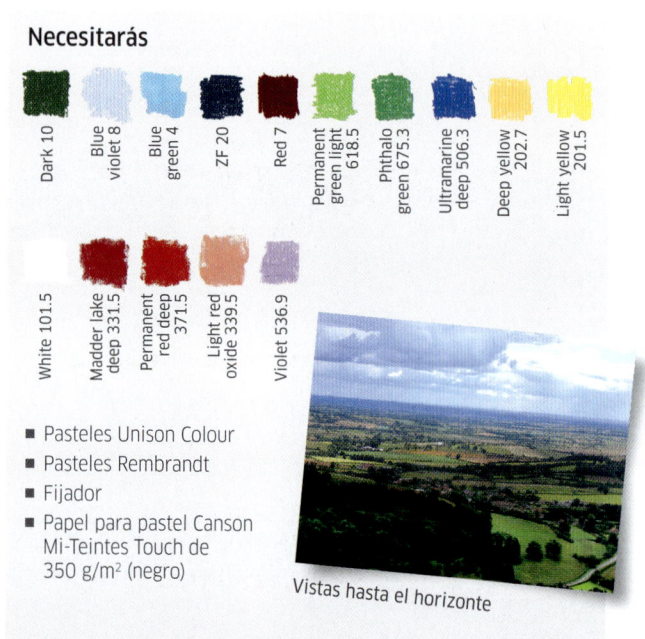

Necesitarás

Dark 10	Blue violet 8	Blue green 4	ZF 20	Red 7	Permanent green light 618.5	Phthalo green 675.3	Ultramarine deep 506.3	Deep yellow 202.7	Light yellow 201.5

White 101.5	Madder lake deep 331.5	Permanent red deep 371.5	Light red oxide 339.5	Violet 536.9

- Pasteles Unison Colour
- Pasteles Rembrandt
- Fijador
- Papel para pastel Canson Mi-Teintes Touch de 350 g/m² (negro)

Vistas hasta el horizonte

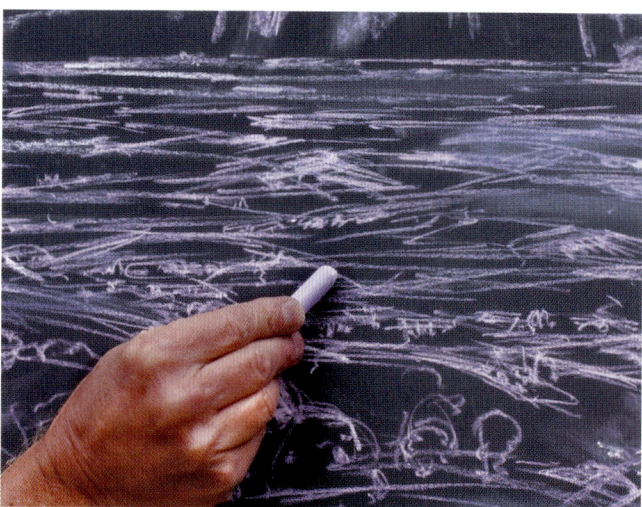

1 Preparar el dibujo
Esboza el dibujo y la composición con un tono medio aplicado con suavidad. Aquí, el púrpura ayuda a conservar la calidez de las sombras; además, el papel oscuro ofrece una base fantástica para el oscuro primer plano y, luego, añadirá profundidad al cielo. Fíjate en la línea del horizonte. Repasa la regla de los tercios (p. 18).

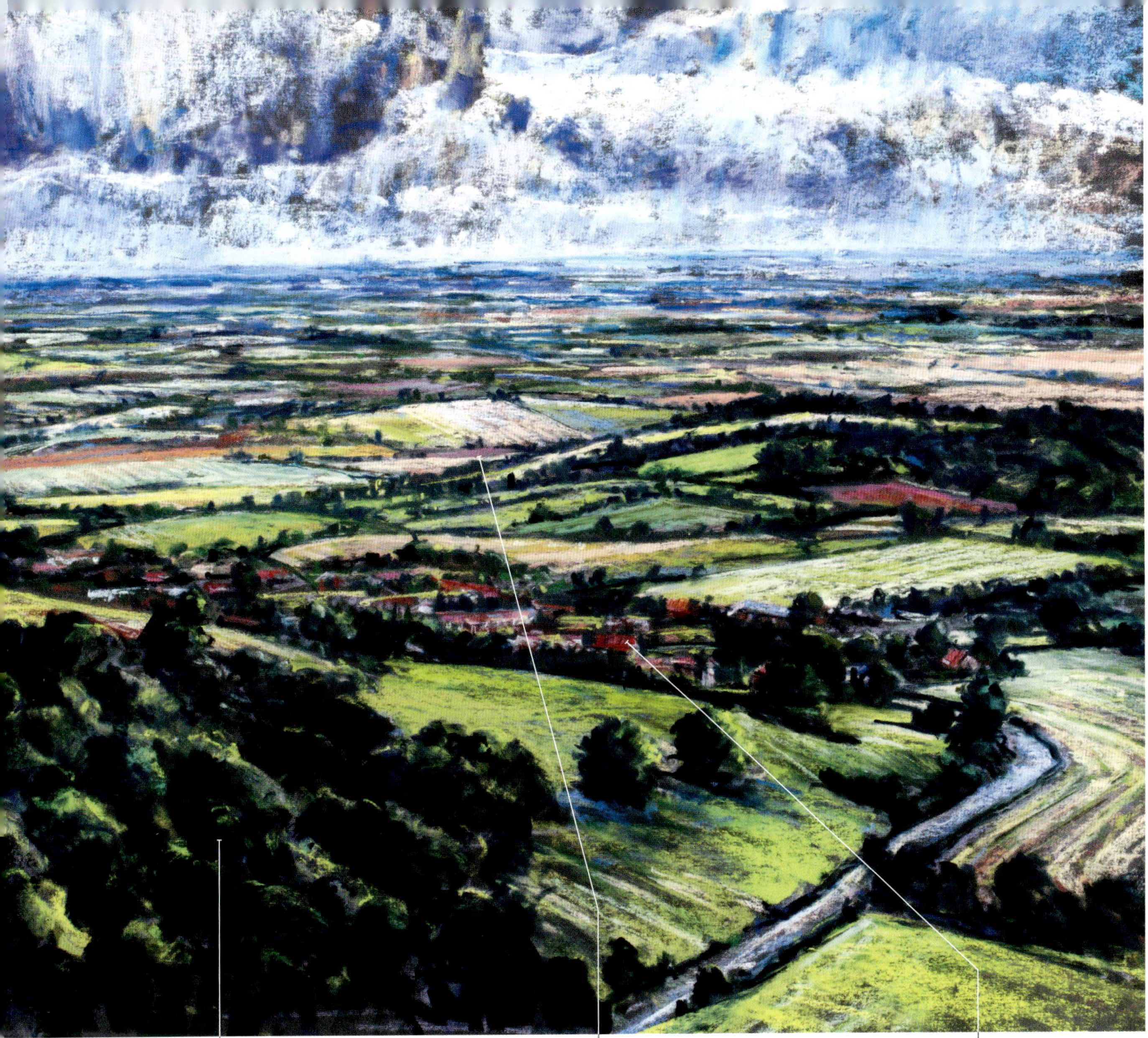

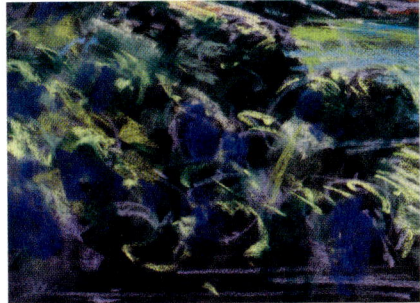

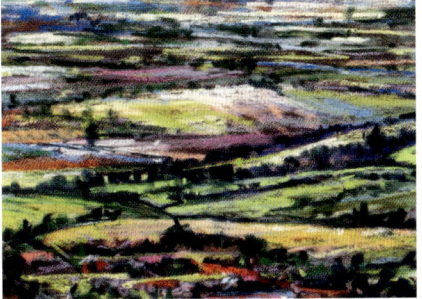

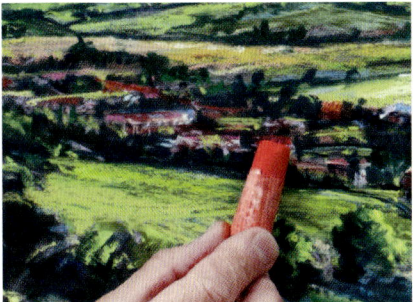

2 **Colorear bloques**
Ubica *grosso modo* áreas de color «locales»
usando colores intensos en el primer plano
y más claros en el fondo, para dar sensación
de lejanía. Las áreas de tonos azules tienen
toques de luz amarillos que ayudan a definir
y a realzar la zona.

3 **Definir**
Intensifica la profundidad del color de las
sombras, ya sea superponiendo colores o con
ayuda de un fijador. Define algunas áreas
yuxtaponiendo colores complementarios,
como azul y naranja en los campos, de
modo que destaquen sobre las sombras.

4 **Añadir puntos de interés visual**
Añade áreas de colores complementarios
potentes que atraigan la mirada y den cohesión
al paisaje. Bastan unos trazos de rojo sobre los
tejados para que «se eleven» entre los campos,
un truco popular entre los artistas impresionistas.

Capas

TRABAJAR EL COLOR CON PASTELES

Superponer varias capas permite capturar la luminiscencia única de los pasteles. Aplica el color con suavidad y respetando la temperatura de color y el valor de las distintas capas, porque, si superpones colores fríos y cálidos, obtendrás tonos sucios. Primero deposita el color con pasteles duros y, luego, añade toques de luz con pasteles blandos y mezcla colores con técnicas como el restregado.

Necesitarás

Greyish blue 727.7 · Light ultramarine 505.10 · Ultramarine deep 506.2 · Medium aqua blue 570.9 · Ultramarine 505.3 · Prussian blue 508.5 · Prussian blue 039 · Violet 100 · Violet 390 · Red 150 · Red 240

Red 010 · Green 570 · Bohemian green light 548 · Green 390 · Green 310 · Red oxide 315 · Wine red 223 · Deep carmine red 212 · Rose carmine 235 · Faded orange 138 · Light vermilion 202

Deep vermilion 225 · Orange 208 · Vermilion orange 203 · Vivid orange 133 · Medium orange 231.3 · Light orange 236.5 · Apricot 165 · Pink beige 407 · Light cream 149 · Yellow 070 · Yellow 060

- Pasteles Rembrandt
- Pasteles Mungyo
- Pasteles Terry Ludwig
- Pincel de cerdas duras
- Fijador
- Papel lija premium para pastel UART de grado 320

Melocotón ofrecido

PONLO EN PRÁCTICA

Para plasmar la textura aterciopelada y la gama de colores de la piel del melocotón, se han difuminado, restregado y glaseado varias capas sobre el papel. La amplia gama de colores utilizada ha aportado intensidad y ha contribuido a crear un efecto vibrante. Aplica fijador entre una capa y la siguiente (pp. 252-253).

Keep edges soft

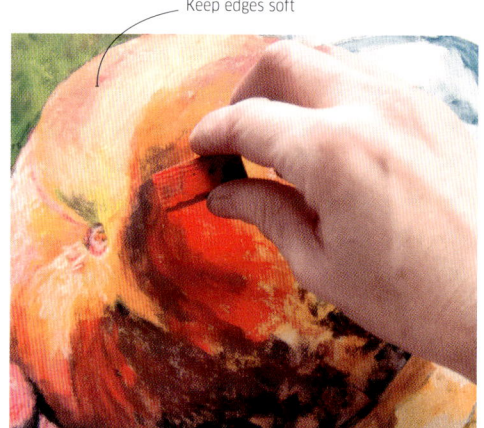

1 Difuminar
Usa pasteles de una consistencia similar para mezclar físicamente las capas de color sobre el papel y deslizarlas hacia delante y hacia atrás. Difumina con el dedo o con una herramienta (pp. 224-225), con cuidado de no apagar los colores.

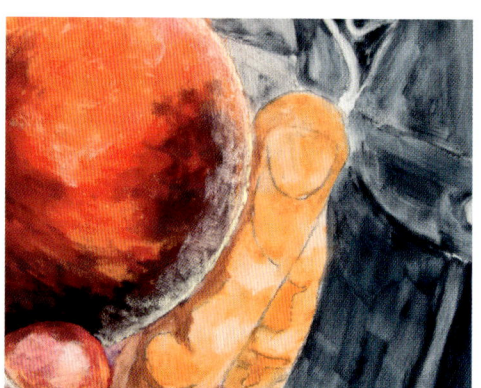

2 Restregar
Cambia el valor y el color aplicando claro sobre oscuro. No aprietes y roza apenas el papel, para conservar el brillo de las capas subyacentes. Si solo quieres un toque de color, aplica un poco de pastel con la punta del dedo.

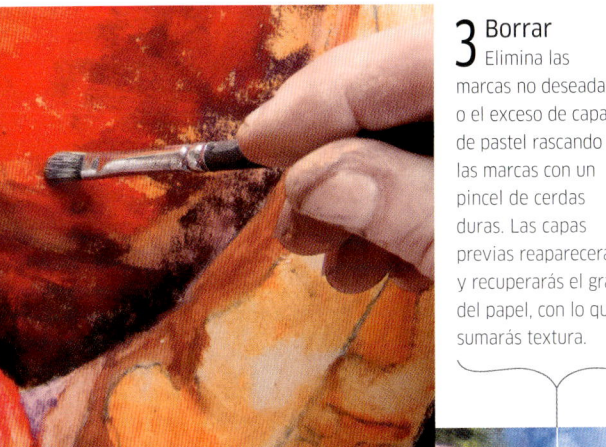

3 Borrar

Elimina las marcas no deseadas o el exceso de capas de pastel rascando las marcas con un pincel de cerdas duras. Las capas previas reaparecerán y recuperarás el grano del papel, con lo que sumarás textura.

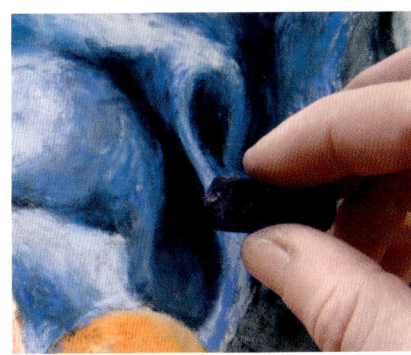

4 Reforzar

Aplica un glaseado (capa translúcida) sobre áreas donde quieras intensificar un color o aclarar un valor. Si vas a aplicar muchas capas, usa un fijador para reforzar el tono y ayudar a que las capas adicionales se adhieran.

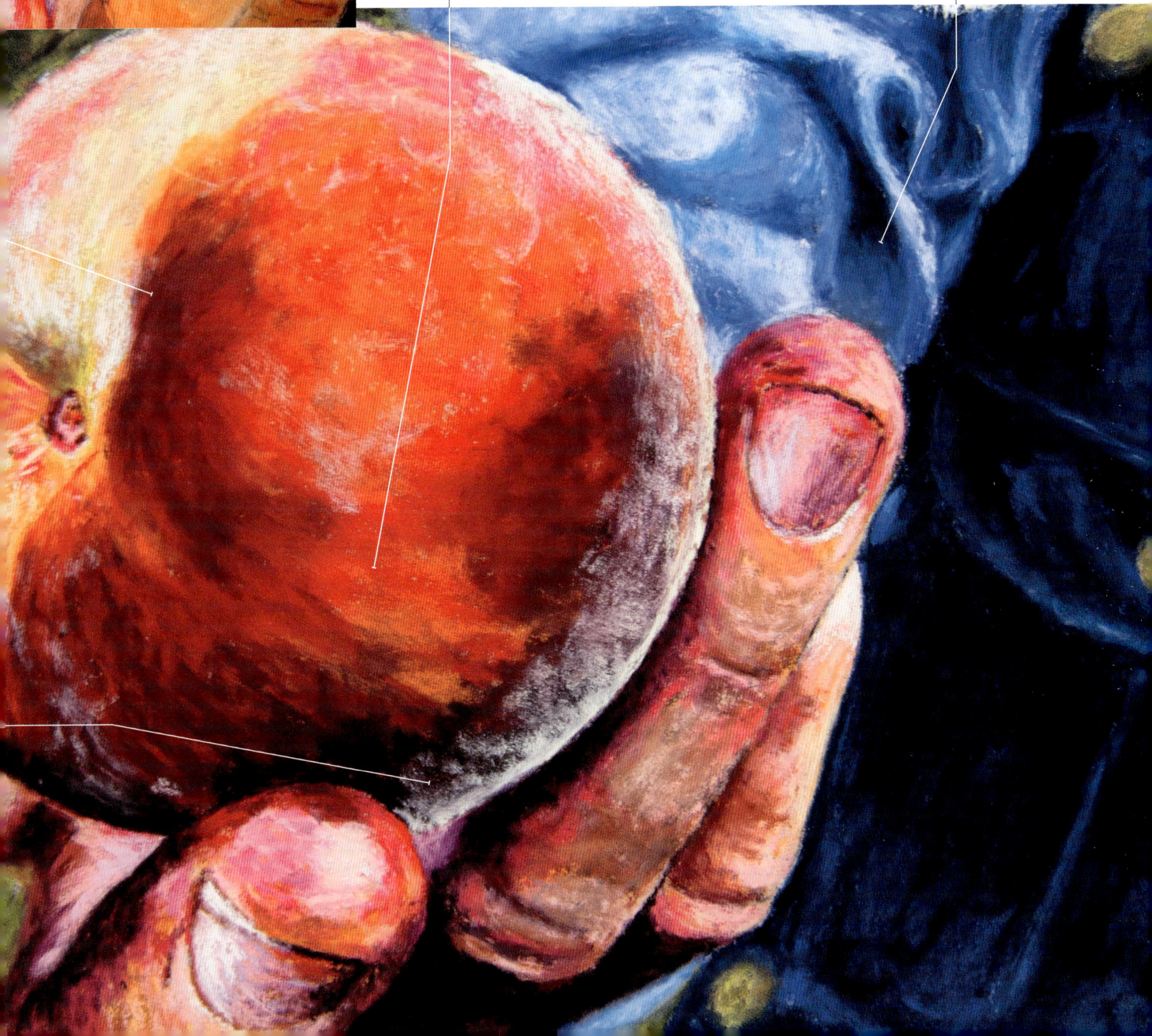

Uso creativo del fijador

INTENSIFICAR LOS TONOS PARA AÑADIR INTENSIDAD

El fijador es utilísimo para los artistas al pastel. Si se aplica mientras se dibuja, oscurece los colores y reduce el brillo. Aunque podría parecer un efecto negativo, lo puedes usar en tu beneficio para intensificar el color y aumentar el impacto de las áreas tonales. Aplica fijador sobre toda la superficie o en áreas concretas. Si quieres controlar más el resultado, también puedes usar máscaras (p. 216).

■ Intensificar los colores

Compara tu composición y la imagen original e identifica las zonas más profundas u oscuras. Aplica capas de fijador sobre ellas a medida que trabajes y presta atención también a los tonos claros, para potenciarlos y darles profundidad. Sigue trabajando sobre el área fijada y añade color y difumina más si quieres resultados más intensos.

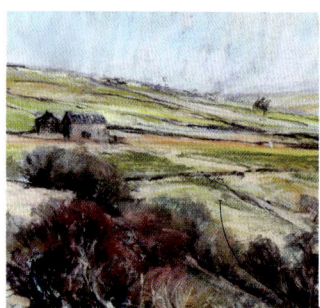

Antes de fijar
En el dibujo original, los tonos son relativamente uniformes en todo el paisaje, y solo hay una sutil transición entre el plano medio y el cielo. Los árboles oscuros del primer plano dominan la escena, y el efecto general está algo desequilibrado.

Tonos uniformes

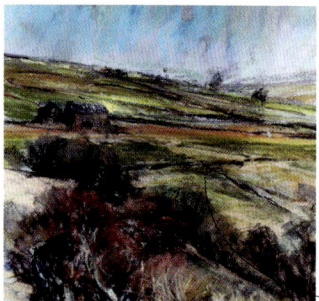

Después de fijar
Se ha aplicado fijador en espray sobre algunas de las áreas del dibujo para realzar los colores del cielo y de los campos y darles más presencia en la composición. Ahora, los colores oscuros del edificio conectan visualmente con los árboles del primer plano.

Colores realzados

PONLO EN PRÁCTICA

Este paisaje marino es muy expresivo, rebosa dramatismo y tiene infinitos toques de luz. El fijador realza el contraste entre las rocas y el mar y enriquece los tonos del cielo. El papel gris cielo cohesiona la escena.

Necesitarás

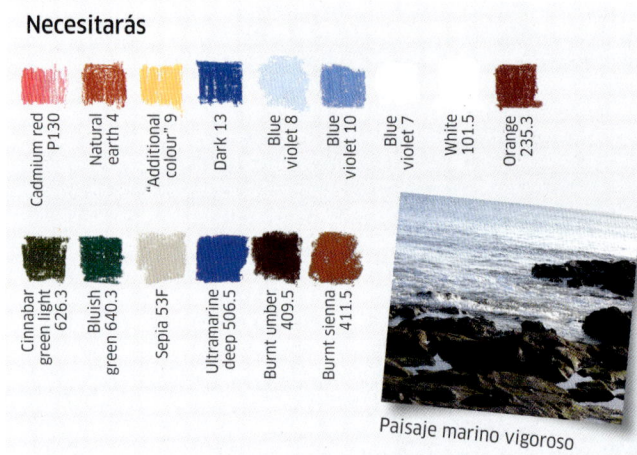

Cadmium red P130 · Natural earth 4 · "Additional colour" 9 · Dark 13 · Blue violet 8 · Blue violet 10 · Blue violet 7 · White 101.5 · Orange 235.3

Cinnabar green light 626.3 · Bluish green 640.3 · Sepia 53F · Ultramarine deep 506.5 · Burnt umber 409.5 · Burnt sienna 411.5

Paisaje marino vigoroso

- Lápices pastel Derwent
- Pasteles Unison Colour
- Pasteles Rembrandt
- Cinta de carrocero
- Fijador

- Cúter
- Bloque de lija
- Papel para pastel Canson Mi-Teintes Touch de 350 g/m² (gris cielo)

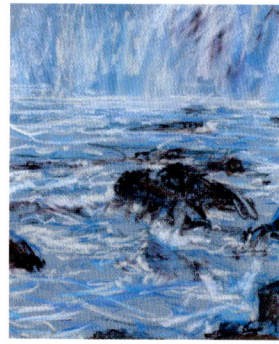

1 Enmarcar la vista
Antes de empezar a superponer capas de color, define las distintas áreas del dibujo con trazos amplios y flexibles hechos con el lateral de los pasteles duros y blandos. Fíjate en las rocas oscuras y en la espuma blanca.

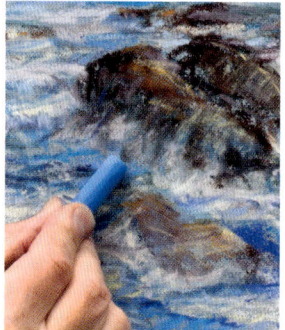

2 Marcas expresivas
Traza marcas expresivas con el lateral y la punta de los pasteles duros y blandos a la vez y difumina a medida que avanzas, para añadir movimiento. Deja que el soporte se entrevea y cohesione el dibujo.

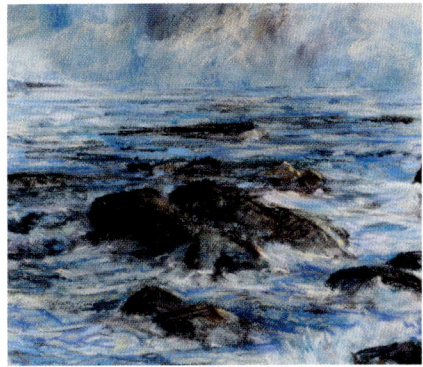

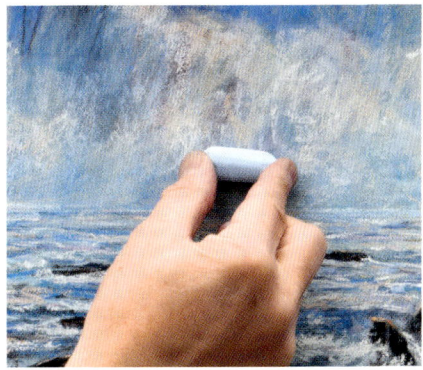

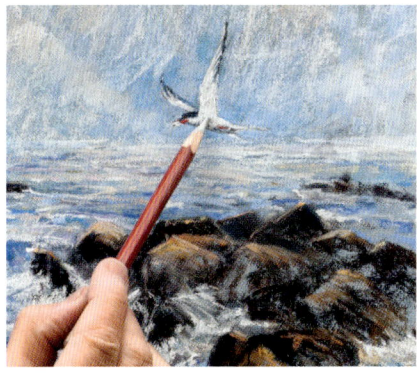

3 Oscurecer colores

Aplica fijador con precisión para oscurecer áreas elegidas (incluso en las zonas más claras del dibujo). Si es necesario, repite para oscurecer aún más los colores.

4 Más capas

Aplica más capas de pastel sobre las áreas más fijadas (claro sobre oscuro u oscuro sobre claro) y trabaja en direcciones distintas para revelar el grano del papel. Fija de nuevo si lo deseas.

5 Detalles precisos

Añade los últimos detalles. Usa lápices de pastel para las zonas que requieran un detalle finísimo, como el pájaro, para crear un punto focal respecto al fondo tormentoso.

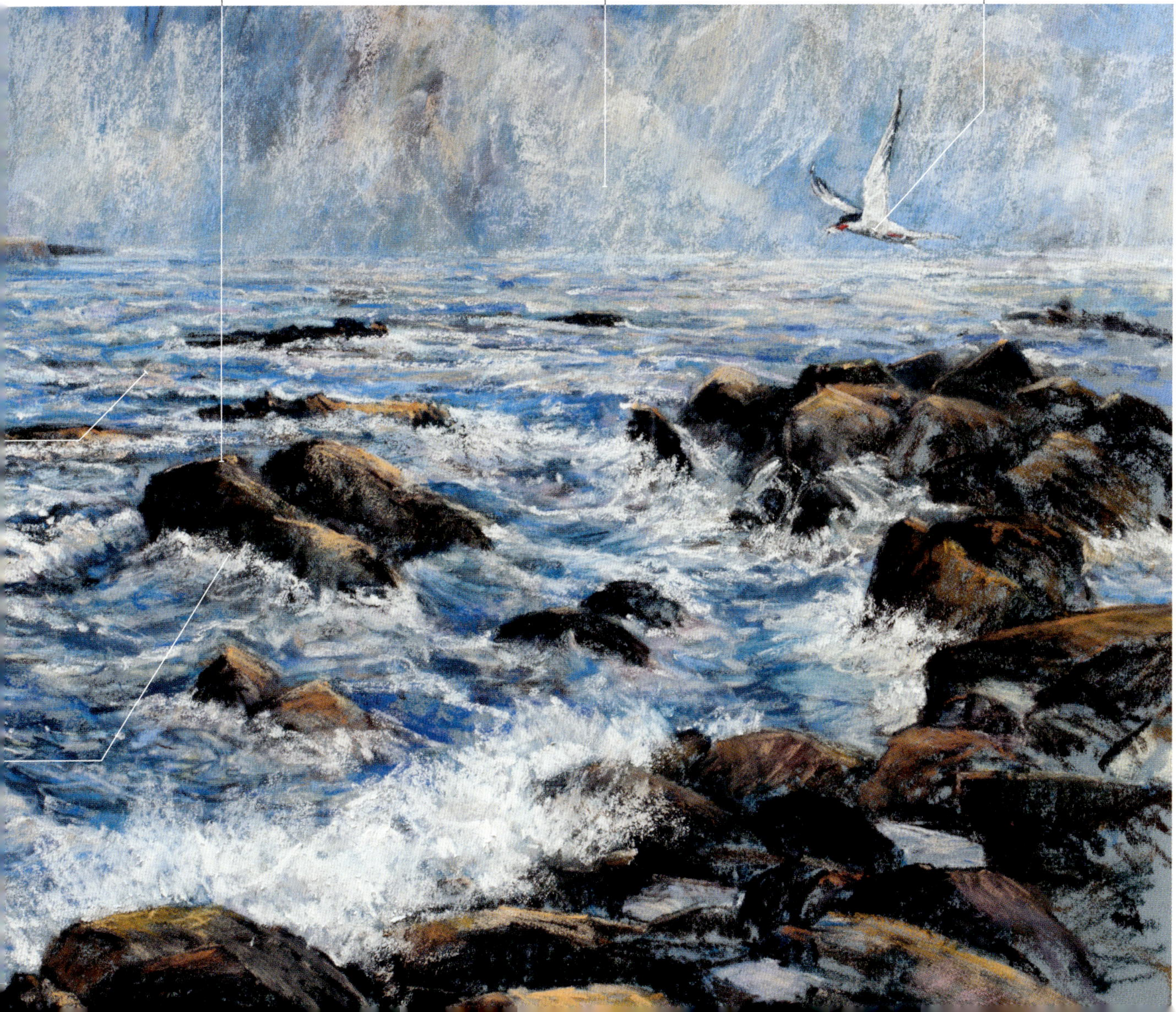

Trabajar los bordes

BORDES DUROS, BLANDOS, PERDIDOS Y ENCONTRADOS

El borde es el punto donde se encuentran dos formas. Las formas pueden tener valores equivalentes o dispares, y los bordes pueden ser duros, blandos, perdidos o encontrados. Reflexionar sobre los bordes con antelación dota al dibujo de más interés, profundidad y vitalidad.

■ Aprovechar el efecto de los bordes

Los colores que elijas (armónicos o contrastados) y la decisión de suavizar o no las transiciones determinarán el impacto de tus bordes.

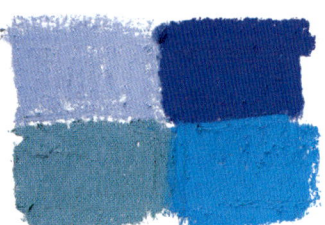

Bordes duros
Los cuatro colores (cada uno de un valor) pertenecen a la familia de los azules. Todos tienen un borde duro entre ellos.

Bordes blandos
Se han usado los mismos azules, pero se han suavizado todos los bordes. El efecto es muy distinto al de los bordes duros.

Borde perdido
Cuando se unen formas de valores iguales o parecidos, el borde se pierde incluso si hay un borde duro.

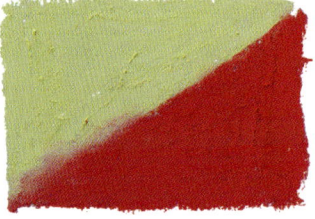

Borde encontrado
El borde entre estos dos colores de valores distintos es duro y blando. El borde suavizado no merma el borde encontrado.

PONLO EN PRÁCTICA

Esta escena interior a contraluz parcial ofrece muchas oportunidades para buscar y usar bordes con los que realzar el dibujo. Observa bien y encuentra los distintos tipos de borde en toda la escena.

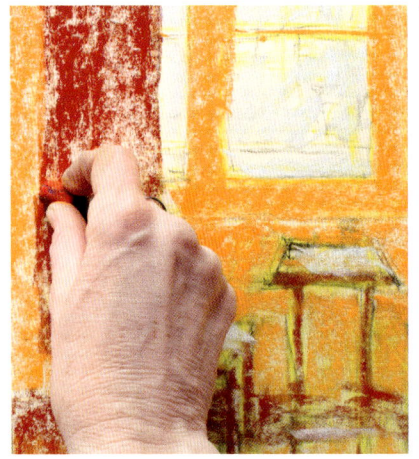

1 Colorear los valores principales
Si simplificas el dibujo en tres valores principales, podrás ver todo el dibujo de forma abstracta. Empezarás a ver dónde podrían aparecer los distintos tipos de borde.

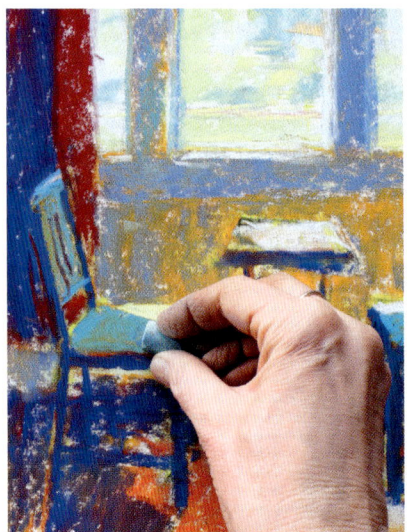

2 Suavizar y endurecer los bordes
Toma decisiones meditadas. Los bordes duros tienden a avanzar, por lo que crear uno llamará la atención. Los bordes suaves son más mesurados, como los del fondo. Un borde duro separa la luz de la sombra en la silla.

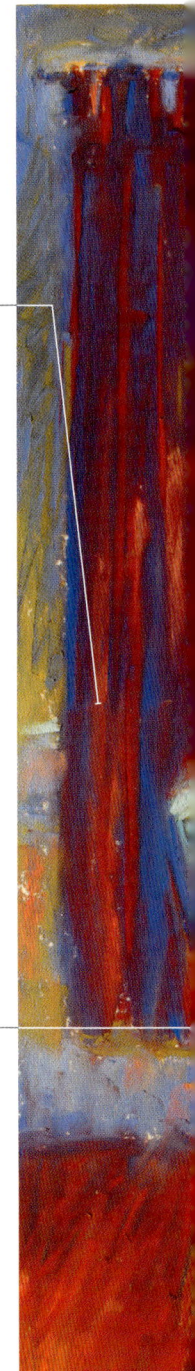

Necesitarás

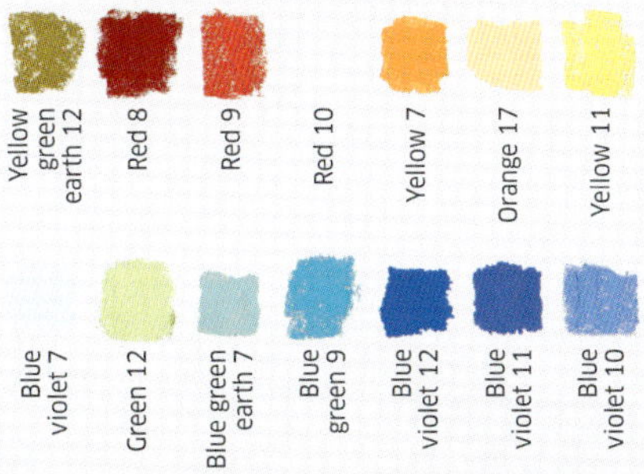

Yellow green earth 12 · Red 8 · Red 9 · Red 10 · Yellow 7 · Orange 17 · Yellow 11 · Grey 27

Blue violet 7 · Green 12 · Blue green earth 7 · Blue green 9 · Blue violet 12 · Blue violet 11 · Blue violet 10

- Pasteles Unison Colour
- Papel lija *premium* para pastel UART de grado 400

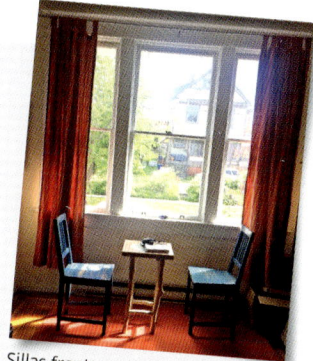

Sillas frente a una ventana soleada

En la escena exterior, los bordes perdidos son de valores similares, y solo el color cuenta. Si entrecierras los ojos, muchos de los bordes desaparecerán.

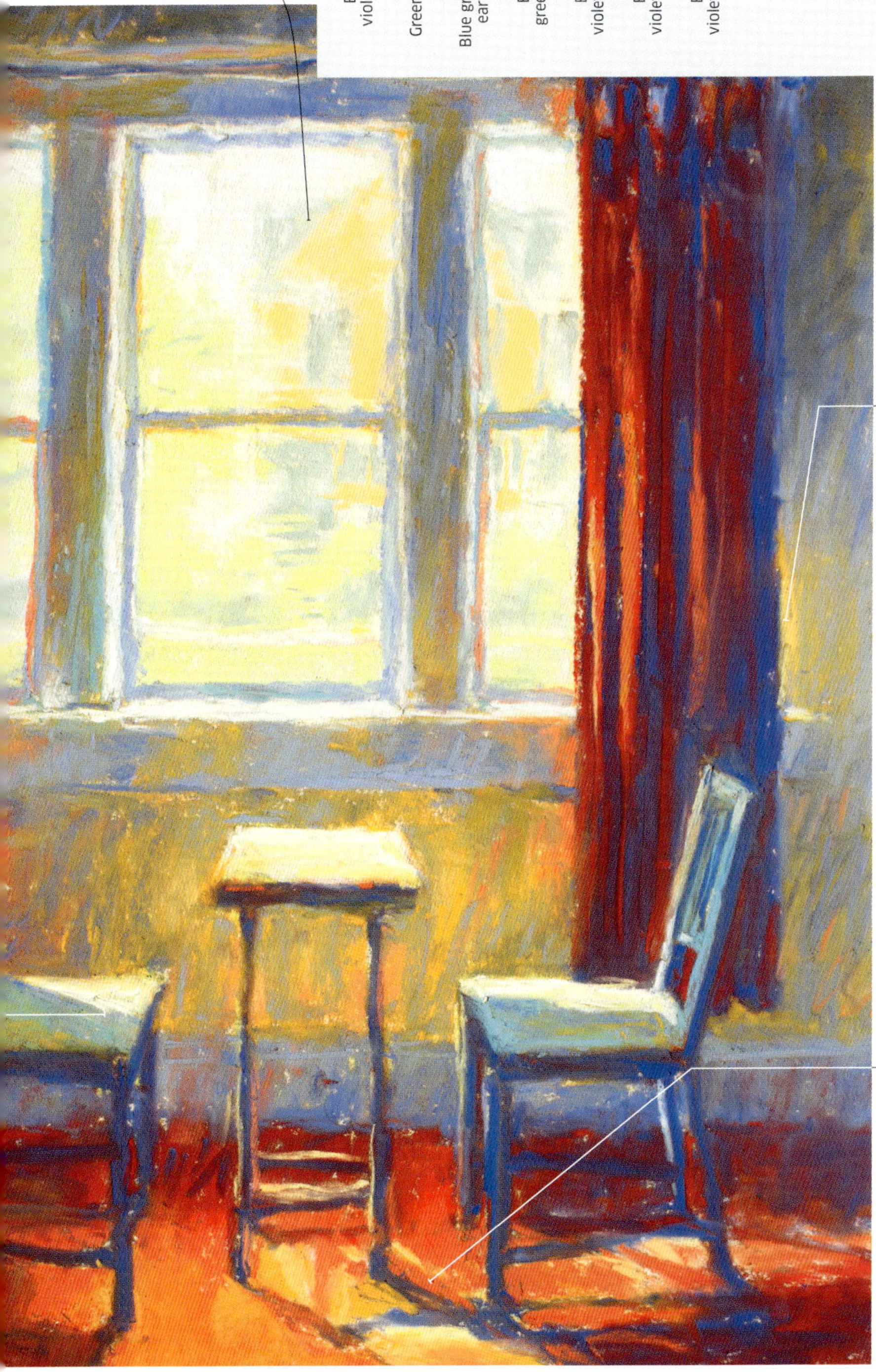

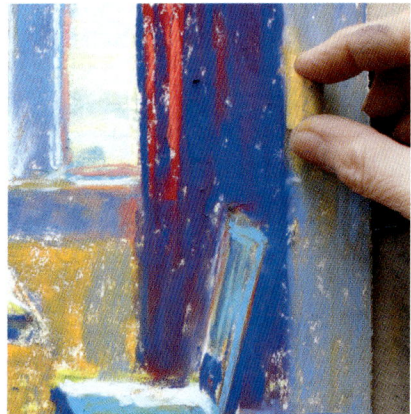

3 Perder y encontrar bordes

Los bordes de la cortina y la pared en la esquina superior derecha del dibujo se pierden (entrecierra los ojos y desaparecerán del todo). Más abajo, la luz crea un borde encontrado entre la cortina y la pared.

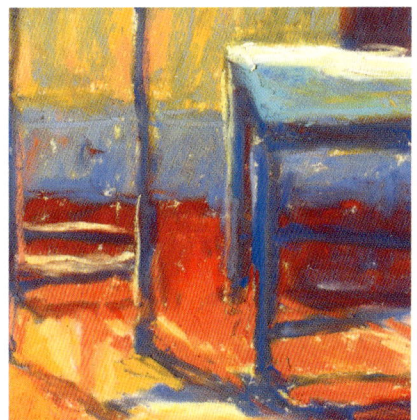

4 Jugar con los bordes

Las sombras del suelo están muy definidas en la foto, pero aquí llamarían demasiado la atención sobre esa esquina. Suaviza también el borde entre la pared y el suelo.

Perspectiva aérea

USAR EL COLOR PARA EVOCAR DISTANCIA

La perspectiva aérea, o perspectiva atmosférica, es una manera de simular distancia mediante el uso del color. La distancia no solo reduce el tamaño de los objetos, sino que también atenúa el color de estos: parecen más claros y apagados, mientras que los del primer plano parecen más intensos y vibrantes.

Necesitarás

Violet 536.3
Blue violet 548.8
Permanent red 372.3
Permanent red Deep 371.7
Light oxide red 339.5
Red violet 545.8
Light orange 236.9
Phthalo blue 570.9
"Additional colour" 34
RD13
"Additional colour" 10

Yellow 9
Yellow 16
JS10
Light 18
SC13
Green 29
Green 22
Yellow green earth 22
Yellow green earth 17
Light 1

- Pasteles Rembrandt
- Pasteles Unison Colour
- Fijador
- Papel para pastel Canson Mi-Teintes Touch de 350 g/m² (negro)

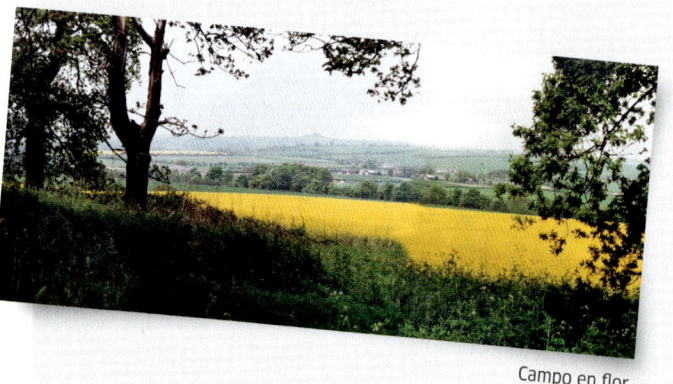

Campo en flor

PONLO EN PRÁCTICA

Las colinas lejanas tras los campos de cultivo se funden con el cielo, casi como en una neblina. Esta claridad contrasta con la oscuridad del primer plano y con las vibrantes flores amarillas.

El tronco de un árbol fija la perspectiva

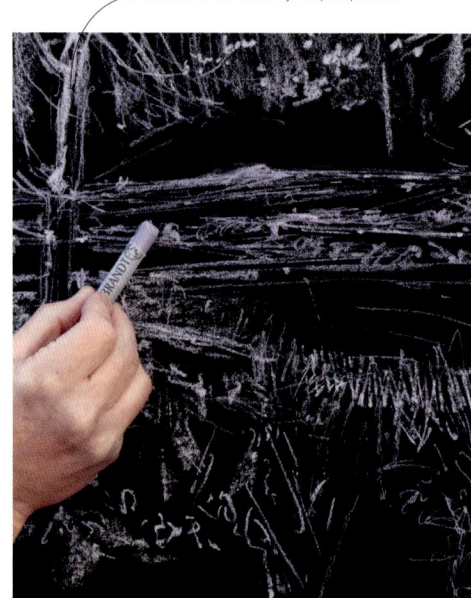

1 Formas y contornos principales
Esboza con marcas suaves el horizonte, los árboles a ambos lados y los límites del campo, para empezar a dar forma al dibujo. El púrpura claro se ve muy bien sobre el negro, por lo que es una buena opción.

«Las **sombras** son más **intensas** en el primer plano, con **colores** oscuros y saturados, y más **suaves** en la distancia, con **blanco** añadido para **crear tintas**.»

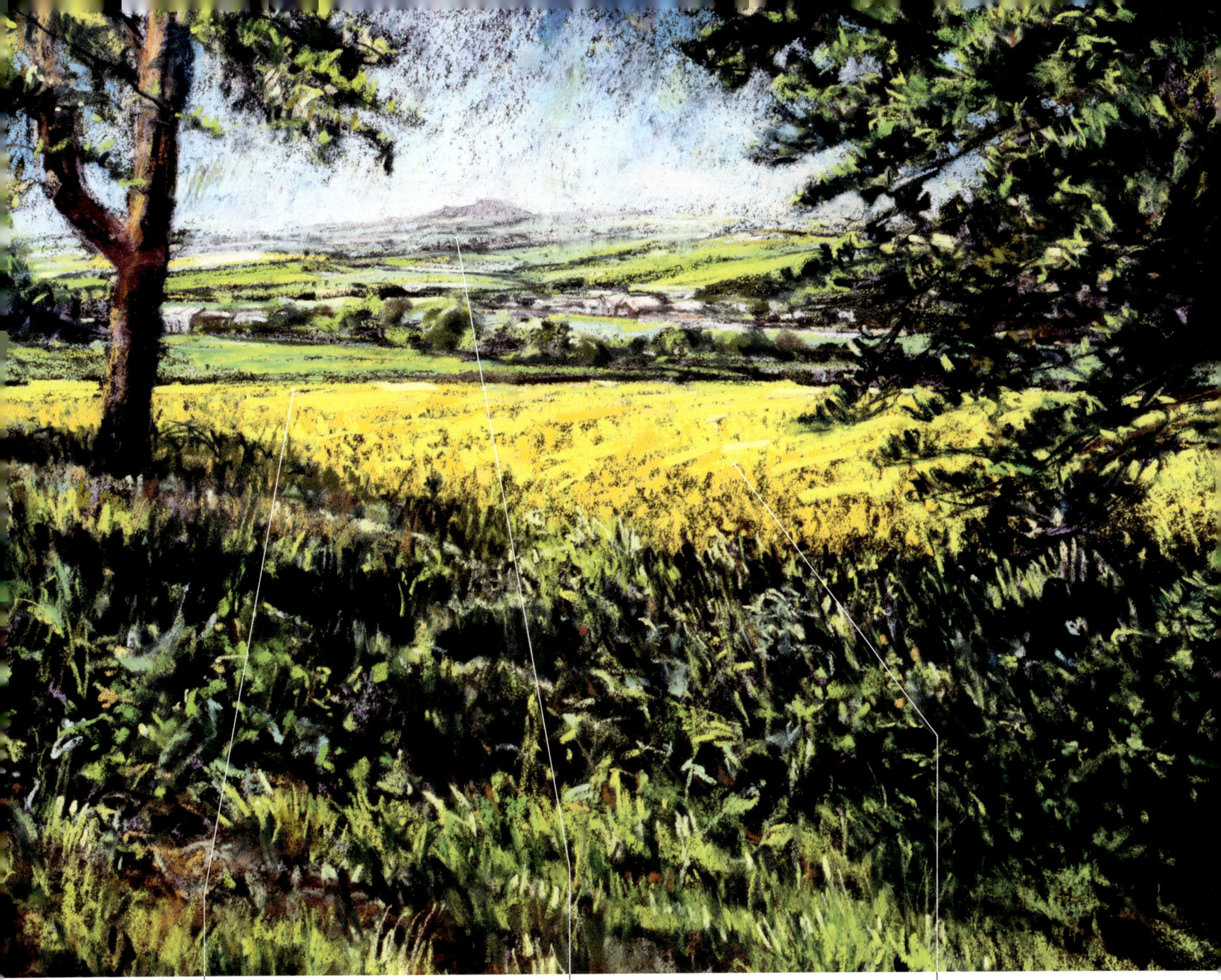

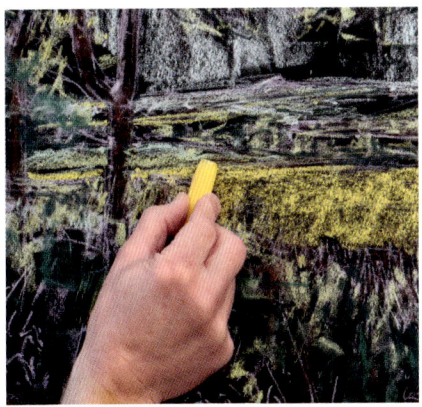

2 Colores fríos y cálidos

Colorea las áreas de colores cálidos (como el campo amarillo, por ejemplo) con el lateral del pastel, y luego repite con los colores fríos (como el cielo y las colinas en el horizonte).

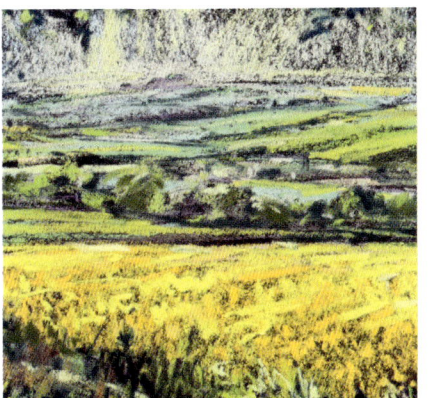

3 Colores intensos y detalles

Los colores del primer plano son más intensos y contribuyen a la sensación de distancia. Añade algunos detalles a las áreas oscuras del primer plano y elige tintas claras para el fondo.

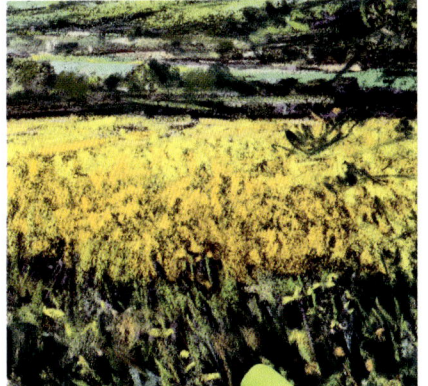

4 Toques de luz y sombras

Mira las luces y las sombras. El tono de las sombras del primer plano es más potente y refuerza la ilusión de profundidad. Conserva los toques de luz vibrante en el primer plano y en el medio.

Pintar pelo y pelaje

USAR TRAZOS DESCRIPTIVOS

Plasmar el pelaje animal con pasteles requiere de un enfoque más interpretativo que el del detallado dibujo con líneas, y pide trazos sueltos de tonos diversos. Sigue la dirección del pelo con marcas expresivas y fluidas usando pasteles blandos; y usa pasteles duros en los detalles.

■ Observar la textura

Piensa en la naturaleza global del pelaje en lugar de intentar dibujar cada pelo individual: ¿es suave, denso, a mechones, largo, húmedo, brillante? Busca los múltiples tonos del pelaje e identifica los toques de luz que evocan un pelo húmedo o brillante.

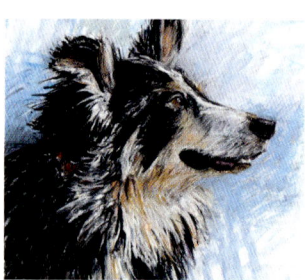

Pelo húmedo

El pelo húmedo tiende a formar mechones acabados en punta. Para recrearlos, dibuja ángulos puntiagudos con trazos a distintas presiones y con pasteles duros y blandos. Para mostrar el brillo del agua sobre el pelo, deja algunas áreas muy claras.

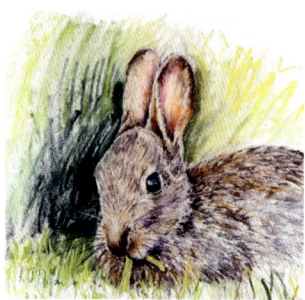

Pelo corto

Identifica los colores del pelo y aplícalos el uno sobre el otro «a toquecitos». Usa lápices pastel para las marcas más precisas y para sumar variedad al pelo corto.

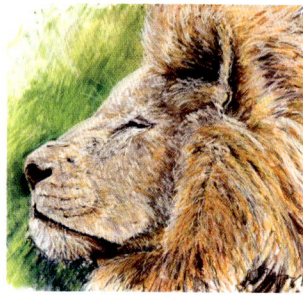

Pelo largo

La melena se presta a trazos fluidos y largos hechos con la punta y el lado de pasteles blandos y duros. Arrástralos con suavidad para mantenerlos sobre el papel durante más tiempo.

PONLO EN PRÁCTICA

Esta ardilla roja se ha dibujado con marcas expresivas que combinan el carboncillo con pasteles blandos y duros sobre papel de acuarela suave. Las propiedades únicas del papel han contribuido a la textura del dibujo.

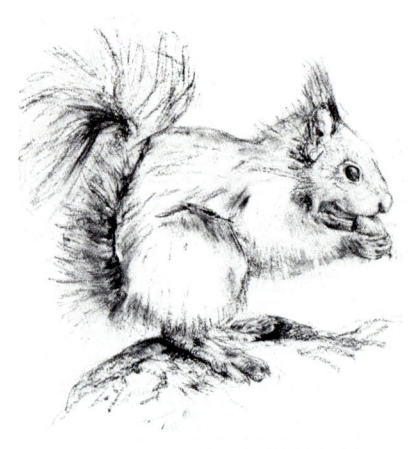

1 Dibujo de base

Para comenzar, define la forma principal y los tonos y sombras más oscuros con trazos sueltos de carboncillo blando. Ajústalos si es necesario, y aclara o corrige las marcas exploratorias con una goma de borrar.

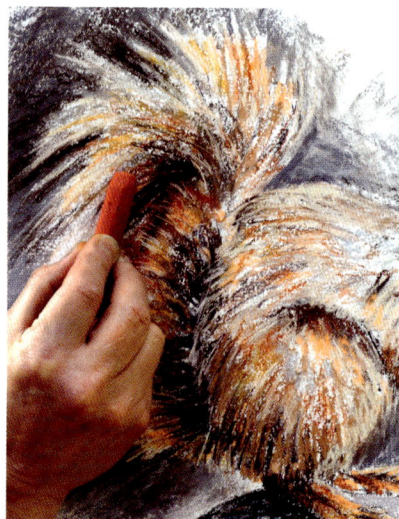

2 Dar volumen

Define la forma del cuerpo usando tonos distintos y cambiando entre pasteles duros y blandos sobre el esbozo en carboncillo. Concéntrate en añadir volumen.

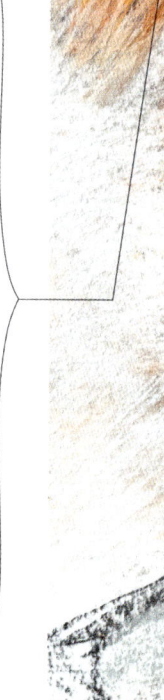

Necesitarás

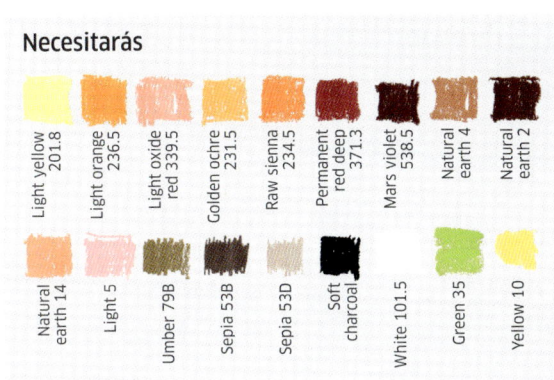

| Light yellow 201.8 | Light orange 236.5 | Light oxide red 339.5 | Golden ochre 231.5 | Raw sienna 234.5 | Permanent red deep 371.3 | Mars violet 538.5 | Natural earth 4 | Natural earth 2 |

| Natural earth 14 | Light 5 | Umber 79B | Sepia 53B | Sepia 53D | Soft charcoal | White 101.5 | Green 35 | Yellow 10 |

- Pasteles Rembrandt
- Pasteles Unison Colour
- Lápices pastel Derwent
- Carboncillo blando
- Goma de borrar
- Sacapuntas
- Fijador
- Papel prensado en frío para acuarela Somerset Velvet de 240 g/m²

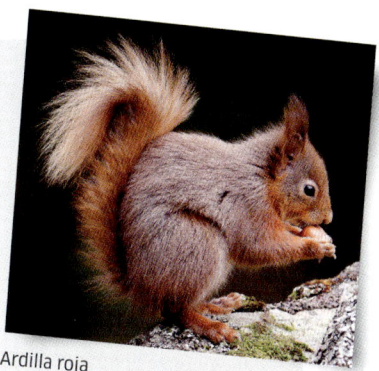

Ardilla roja

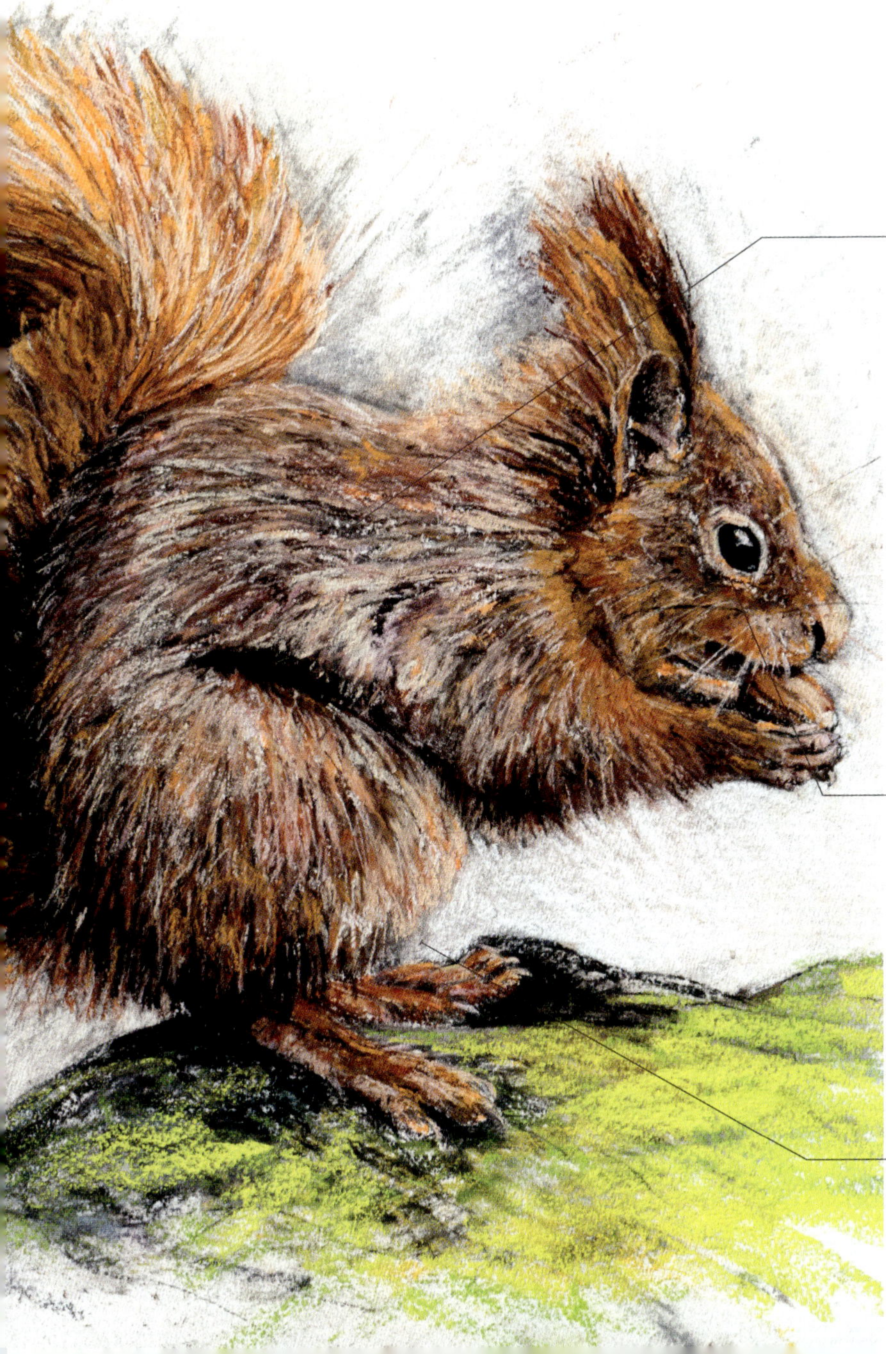

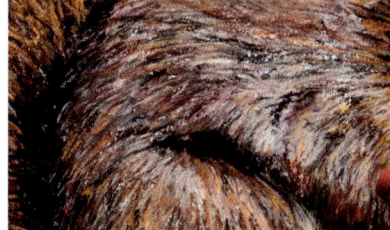

3 Realzar el pelo

Aplica carboncillo en las zonas oscuras y sedosas y dales brillo con pasteles claros sobre oscuros. Los trazos ligeros con lápices pastel muy afilados realzan la textura esponjosa.

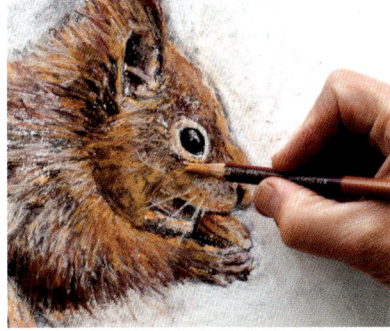

4 Rasgos faciales

Define el rostro con los bordes afilados de pasteles duros y de lápices pastel. Deja que se vea el papel blanco en el ojo, para que brille, y añade azul para un efecto tridimensional.

5 Sombras tonales

Añade sombras suaves a las zonas oscuras, sobre todo en la roca, con pasteles oscuros afilados. Si es necesario, usa fijador para oscurecer colores.

Colores cálidos y fríos

CÓMO USAR LA TEMPERATURA DE COLOR

Tener en cuenta la temperatura que domina en el tema y elegir la paleta de colores en consecuencia te ayudará a crear dibujos impactantes. Si entiendes la temperatura de los colores, la podrás usar para intensificar la atmósfera y la sensación que transmiten los dibujos. Antes de empezar a dibujar, reflexiona sobre el color del papel que usarás, porque puede cohesionar toda la obra.

■ La temperatura de color

fríos (por ejemplo, el rojo es cálido y el azul, frío), lo cierto es que todos los colores tienen versiones cálidas y frías. Por ejemplo, el amarillo cadmio es cálido, mientras que el amarillo limón es frío. Si te familiarizas con las diversas temperaturas de color, podrás trabajar con los colores para crear estados de ánimo y acentuar contrastes.

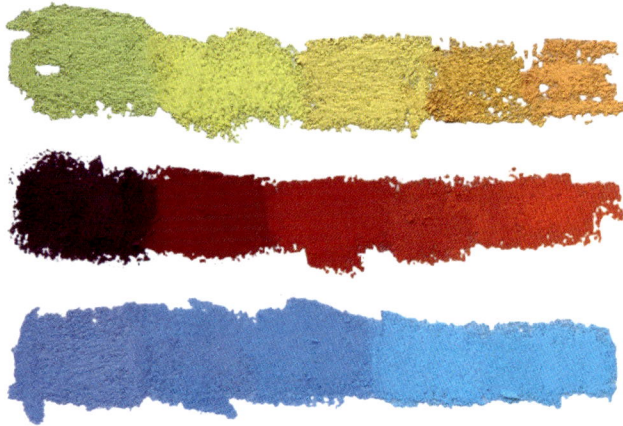

Versiones cálidas y frías
Cada línea de colores primarios comienza con versiones frías a la izquierda y acaba con versiones cálidas a la derecha. Si vas a mezclar colores cálidos y fríos, asegúrate de que una tendencia domine sobre la otra. Si los combinas a partes iguales, obtendrás tonos planos y apagados.

COLORES FRÍOS

El papel gris acero marca el tono de esta escena invernal. Fíjate en los azules y grises helados del lago y del cielo y en cómo las notas cálidas de las velas rojas hacen que los tonos azules dominantes parezcan aún más fríos.

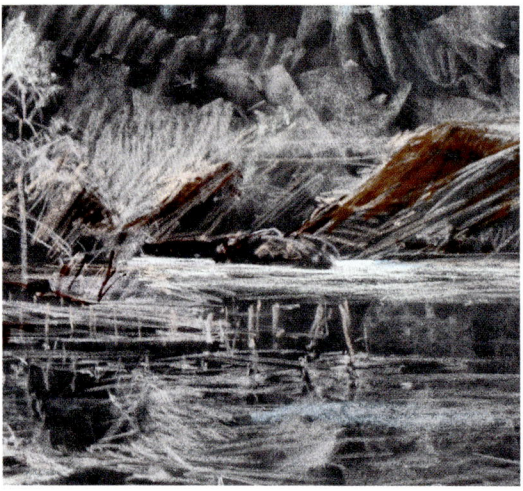

1 Tonos fríos
Define la composición con marcas sueltas de colores fríos. Aplica tonos pálidos en el cielo para plasmar el contorno de las colinas y define el horizonte lejano con el tono más pálido, claro y frío que tengas.

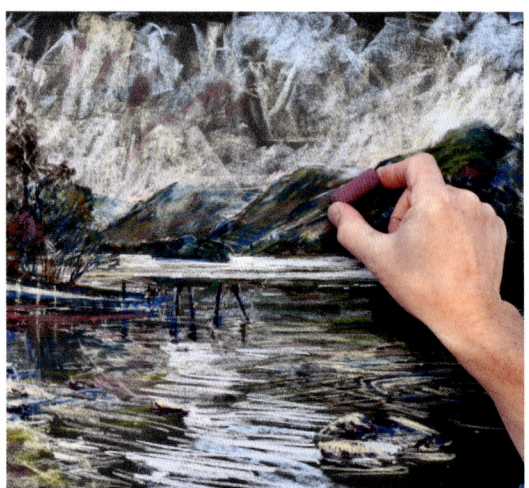

2 Colores sobre y en el agua
La superficie del lago refleja los colores de las nubes; cuando apliques un color en un área, asegúrate de reflejarlo también en el agua. Lleva los tonos más oscuros hacia las colinas.

Necesitarás

Green 1	Violet 536.9
Green 11	Red violet 545.3
RD13	Burnt umber 409.7
SC13	Phthalo blue 570.9
Dark 3	Light yellow 201.8
Dark 12	Permanent yellow green 633.5
Light 18	Green 35
Permanent red 372.8	Carmine 318.5
Raw sienna 234.7	

- Pasteles Unison Colour
- Pasteles Rembrandt
- Fijador
- Papel para pastel Canson Mi-Teintes Touch de 350 g/m² (gris acero)

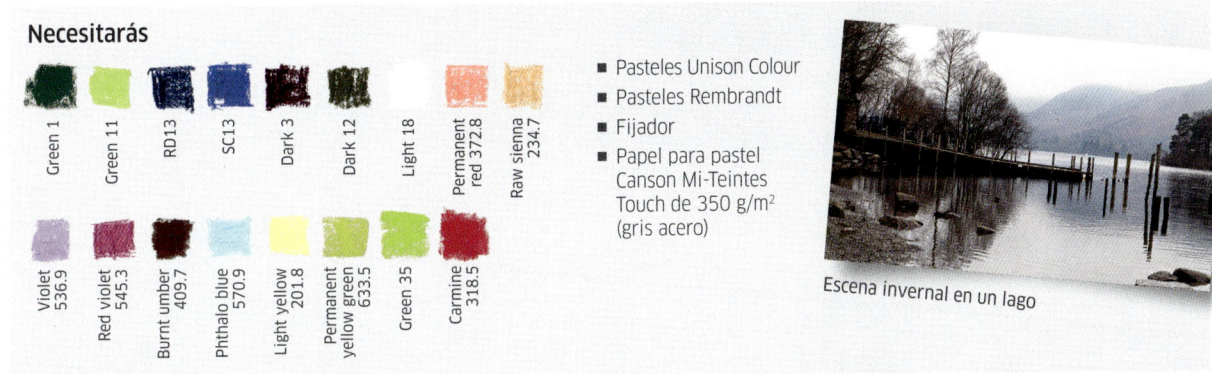

Escena invernal en un lago

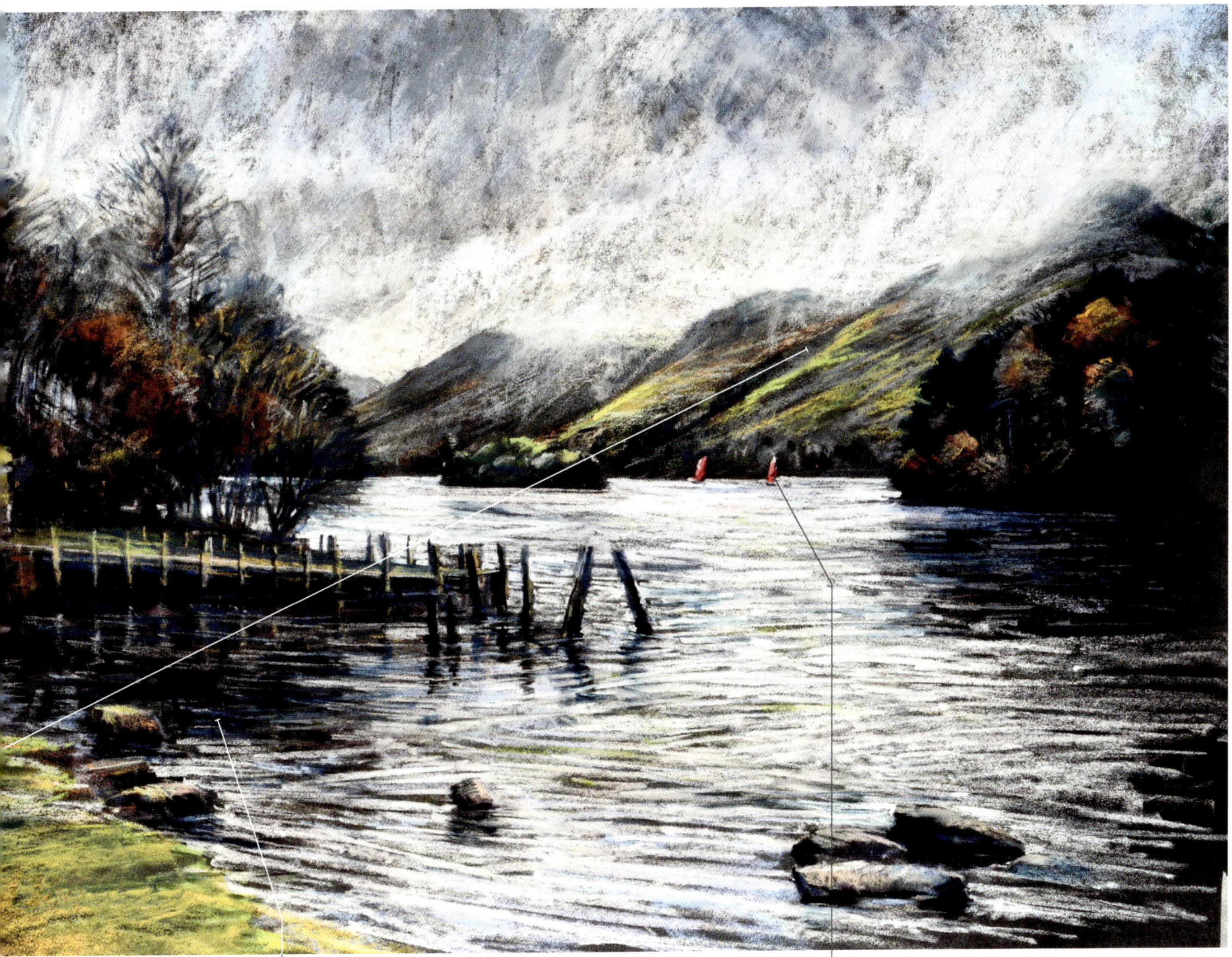

3 Claros y oscuros

Refuerza las sombras frías y define las sombras oscuras de las colinas y de los árboles desnudos contra el cielo. Busca toques de luz y hazlos duros y brillantes.

4 Detalles cálidos

El tono cálido de las colinas y los árboles lejanos equilibra la tendencia al frío. Haz las velas a motitas (aquí son una mezcla de rojo violeta y siena natural) para añadir un punto focal y calidez.

COLORES CÁLIDOS

Esta escena otoñal tiende al cálido, con un atardecer luminoso
sobre sombras frías y oscuras. Los tonos azules fríos hacen que
el paisaje cálido parezca más luminoso y añaden profundidad,
lo que equilibra la imagen y evita que los tonos cálidos dominen.

Necesitarás

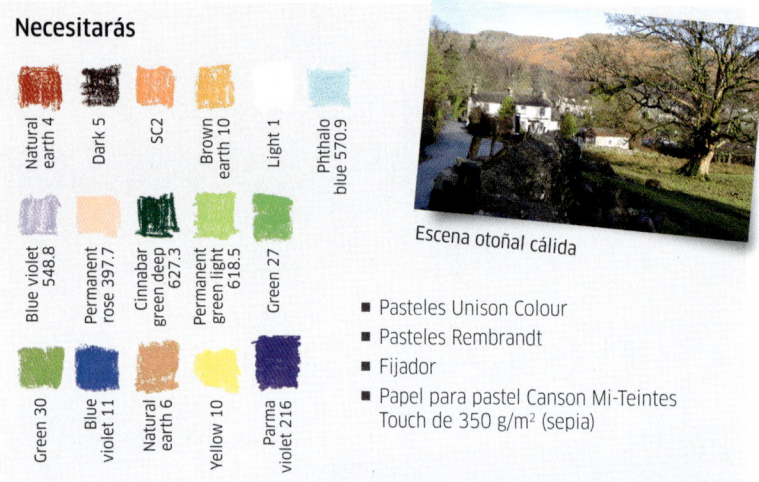

Natural earth 4 · Dark 5 · SC2 · Brown earth 10 · Light 1 · Phthalo blue 570.9

Blue violet 548.8 · Permanent rose 397.7 · Cinnabar green deep 627.3 · Permanent green light 618.5 · Green 27

Green 30 · Blue violet 11 · Natural earth 6 · Yellow 10 · Parma violet 216

Escena otoñal cálida

- Pasteles Unison Colour
- Pasteles Rembrandt
- Fijador
- Papel para pastel Canson Mi-Teintes
  Touch de 350 g/m² (sepia)

1 Base cálida
El cálido papel de tono
medio proporciona un fondo
armonioso. Colorea las áreas de
tonos cálidos, de claro a oscuro,
y usa variaciones sutiles para
seguir las formas principales
e identificar los colores cálidos
en las zonas oscuras, como en
el muro de piedra.

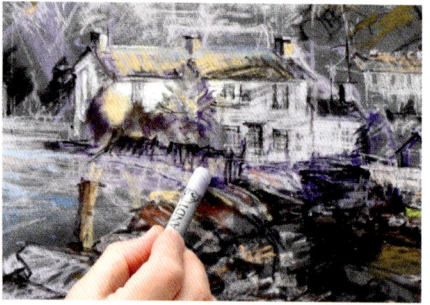

2 Contrastes fríos
Aplica una primera capa
suave de colores fríos al cielo y
al camino, y después da forma
a los árboles, a las colinas y al
fondo, trabajando los tonos fríos
junto a los cálidos. Aprovecha
al máximo los contrastes
interesantes.

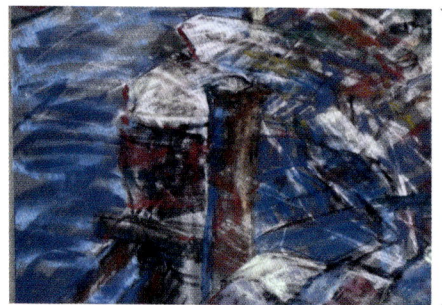

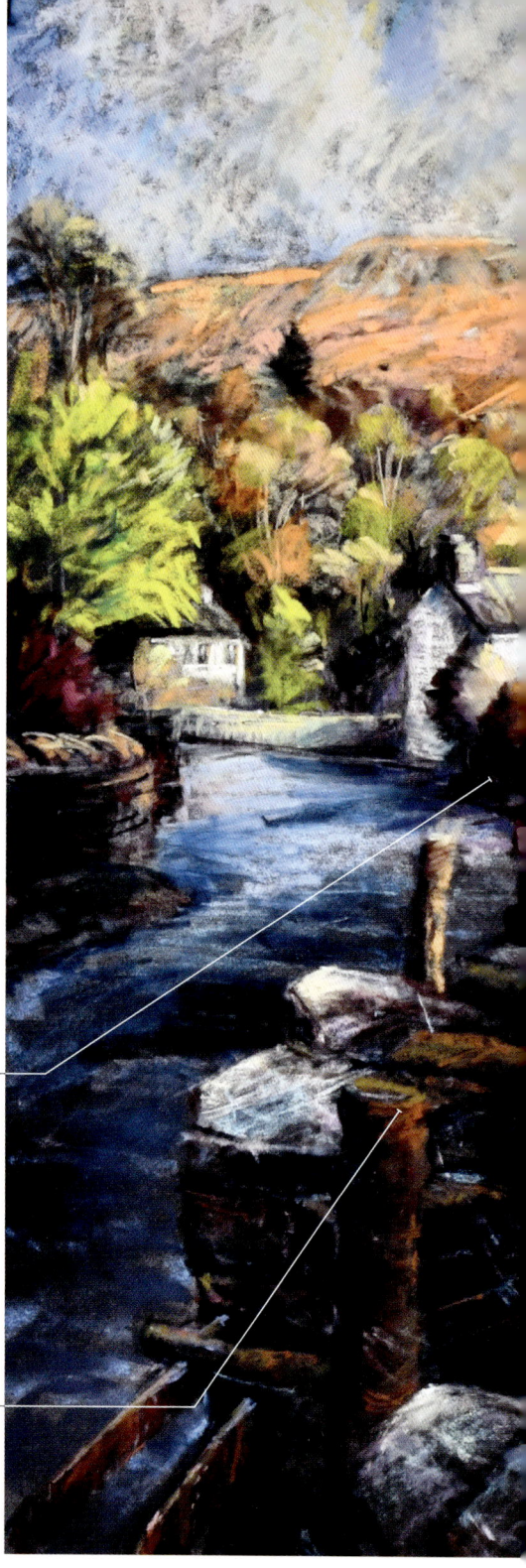

«La **tendencia cálida o fría** crea la
atmósfera del dibujo y marca el **tono**
de este y la **sensación** que transmite.»

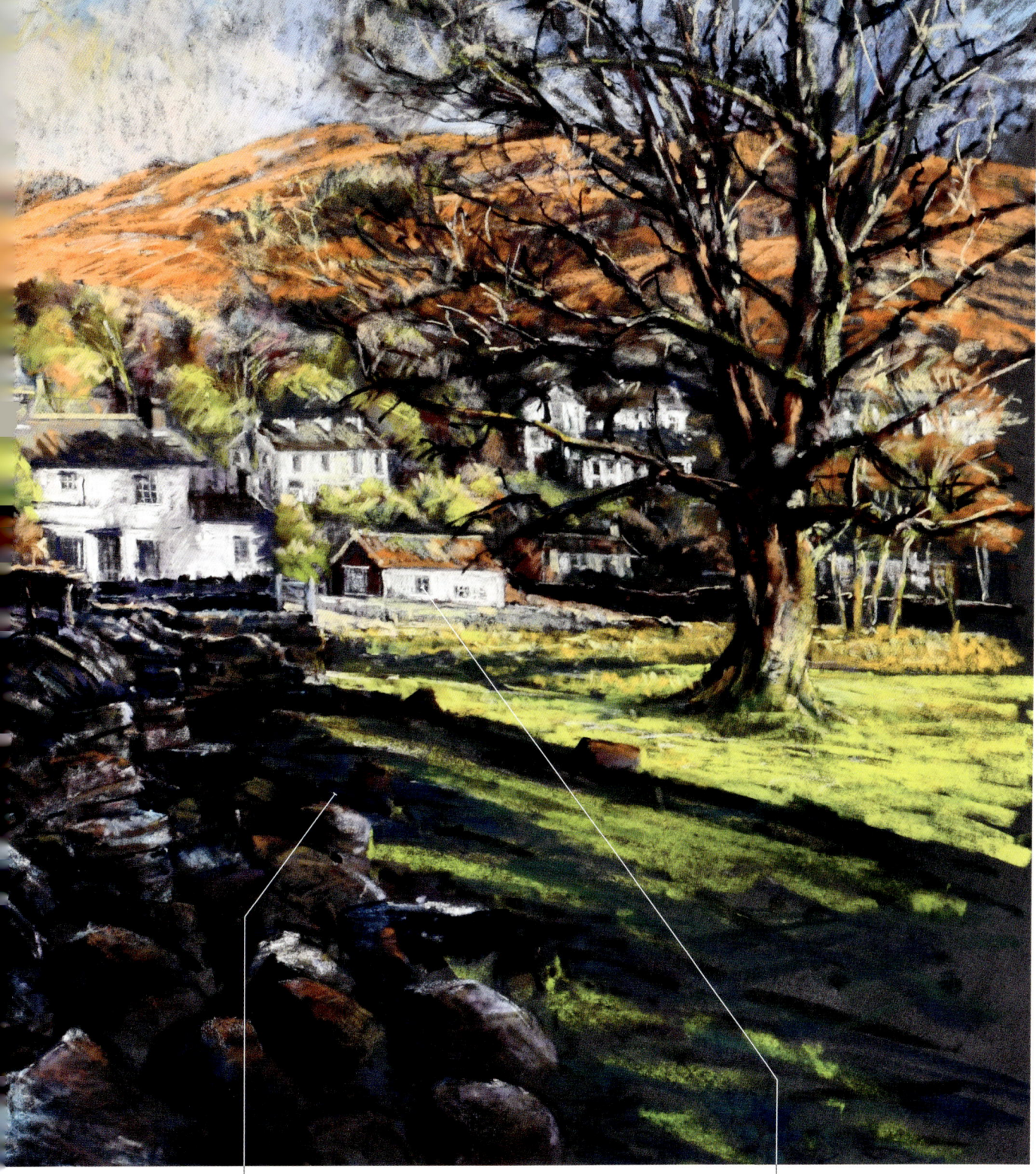

3 Intensificar el tono
Da más intensidad al dibujo con más capas de colores cálidos y fríos. Fíjate en los cálidos tonos púrpura de las sombras y refuerza esas zonas con un glaseado o con fijador para destacar el contraste con la luz del sol.

4 Refinar los detalles
En las últimas etapas del dibujo, añade toques de luz con el borde duro del pastel y dibuja detalles precisos, como las ventanas de los edificios y las ramas pequeñas de los árboles. Estos detalles añadirán puntos de interés que realzarán la composición.

Efectos expresivos

USO DE AGUADAS CON PASTEL

Los pasteles acuarelables permiten dibujar y pintar a la vez, con aguadas delicadas y controladas y pinceladas enérgicas. Los dibujos grandes conceden una gran libertad expresiva y posibilitan dejar abundantes marcas fluidas, tanto pintadas como dibujadas, lo cual es ideal para dibujar animales.

■ Técnicas de glaseado

El glaseado es un fino velo de pigmento aplicado sobre otro color para darle profundidad. El efecto sobre el dibujo con pastel variará en función de cómo combines los glaseados. Úsalos para oscurecer, ajustar valores tonales o crear forma.

Dar profundidad al color
Aquí, el color claro subyacente se ha oscurecido con una aguada, o glaseado, más oscura aplicada encima. La transparencia del glaseado crea delicados cambios tonales.

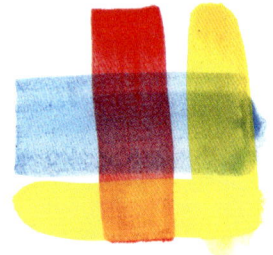

Ajustar colores
El glaseado permite hacer sutiles mezclas de colores. Aquí, los colores primarios han producido tonos secundarios que ajustan la temperatura de color del área subyacente.

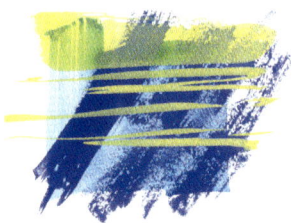

Glaseado opaco
Aplicar un glaseado más opaco (espeso) sobre la aguada permite crear efectos tridimensionales. La técnica de pincel seco también te ayudará a sugerir textura.

PONLO EN PRÁCTICA

El denso y suave plumaje de este magnífico búho real se ha plasmado mediante aguadas superpuestas, sobre las que se ha aplicado pastel seco para captar la textura y añadir detalle.

Necesitarás

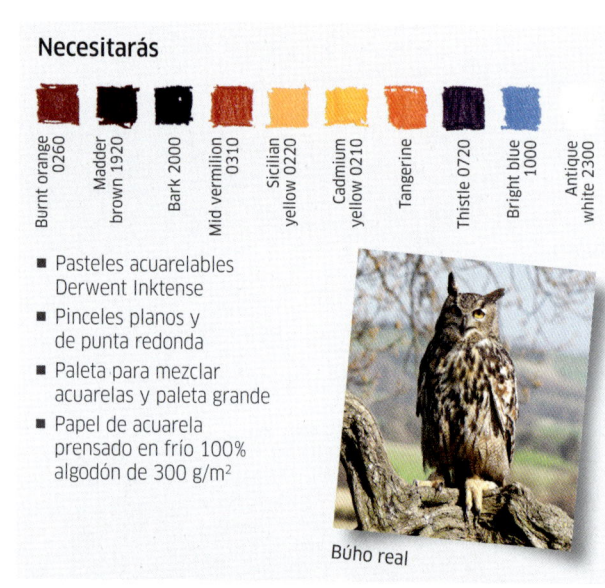

Burnt orange 0260 · Madder brown 1920 · Bark 2000 · Mid vermilion 0310 · Sicilian yellow 0220 · Cadmium yellow 0210 · Tangerine · Thistle 0720 · Bright blue 1000 · Antique white 2300

- Pasteles acuarelables Derwent Inktense
- Pinceles planos y de punta redonda
- Paleta para mezclar acuarelas y paleta grande
- Papel de acuarela prensado en frío 100% algodón de 300 g/m²

Búho real

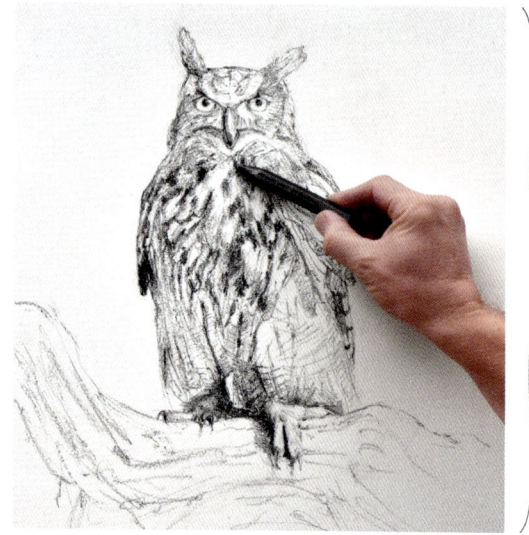

1 Preparación
Dibuja la composición y marca las siluetas principales y los tonos más oscuros. Prepara aguadas añadiendo cantidades distintas de raspaduras de pastel y de agua a los pocillos de la paleta. Conviene que prepares todas las mezclas antes de empezar.

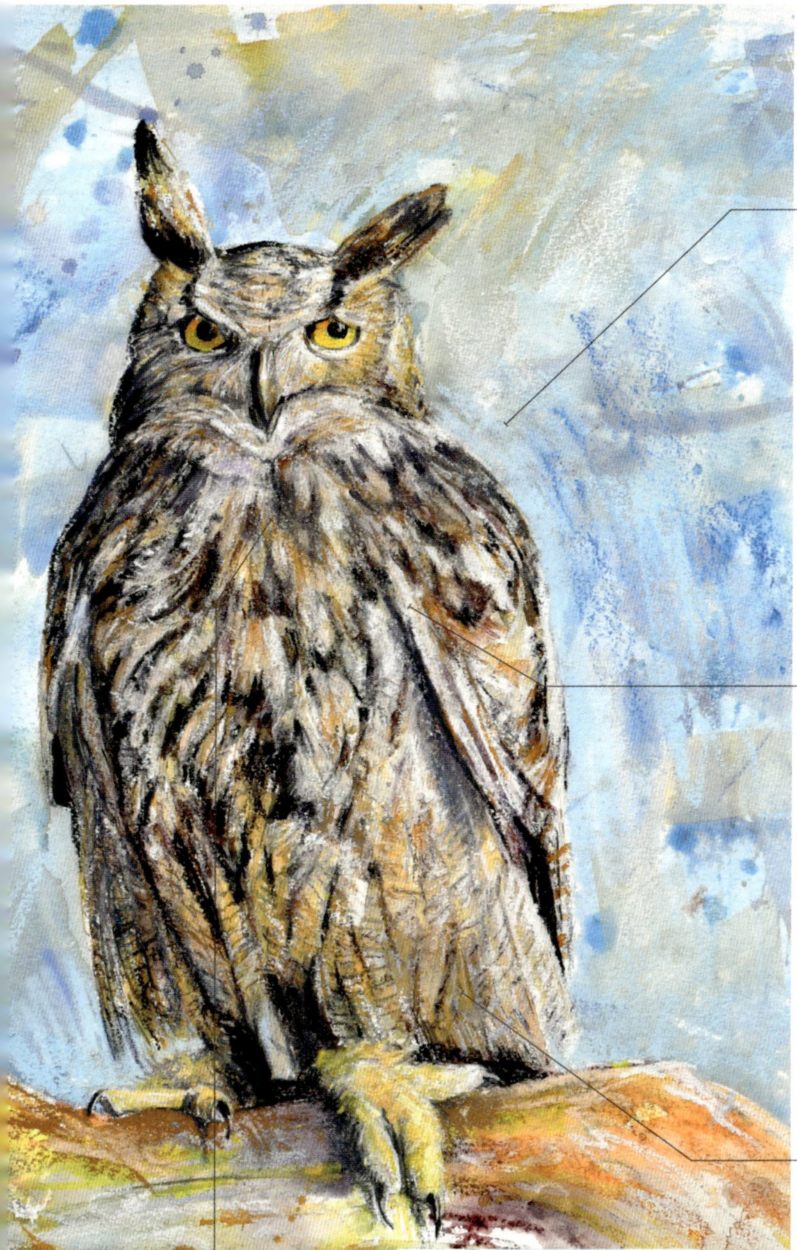

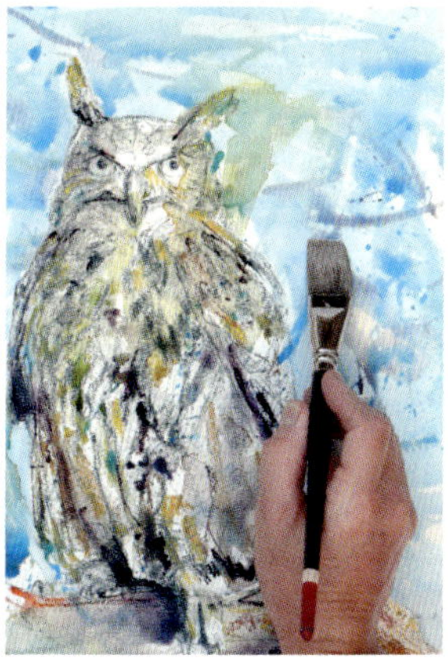

3 Aguadas superpuestas

Trabaja el dibujo superponiendo capas de pigmento intensas y aplicadas con pinceladas expresivas. Alterna entre colores fuertes y aguadas más diluidas, sobre todo en el fondo. Usa el glaseado para variar los tonos.

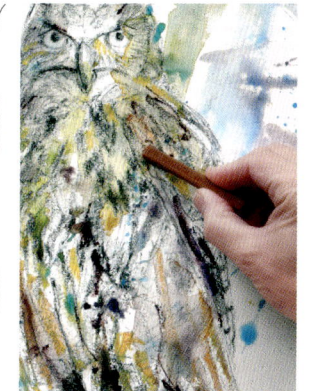

4 Efectos suaves

Usa un pastel seco como herramienta de dibujo para las plumas lisas y mezcla delicadamente los pigmentos, uno sobre otro. Usa un pincel más pequeño cargado de agua limpia para mover y mezclar los pasteles sobre la superficie y lograr un efecto liso.

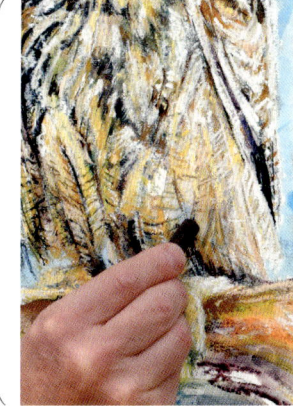

5 Textura rugosa

Dibuja las texturas más rugosas, como la corteza del árbol, con trazos laterales de pastel seco. Superpón colores y aplica pastel seco para intensificar los colores y dar interés a las texturas.

2 Marcas pintadas sueltas

Dibuja y pinta al mismo tiempo con el pincel, usando muchas aguadas lineales y planas. Deja que los colores se mezclen y formen marcas interesantes.

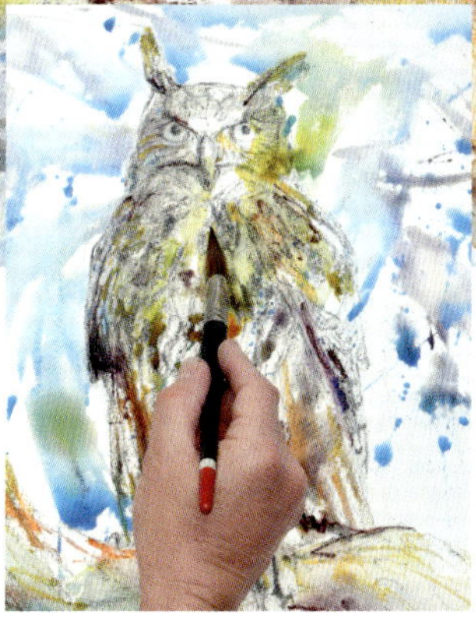

«Logra **efectos pictóricos** con **glaseados** y **aguadas** de pasteles acuarelables.»

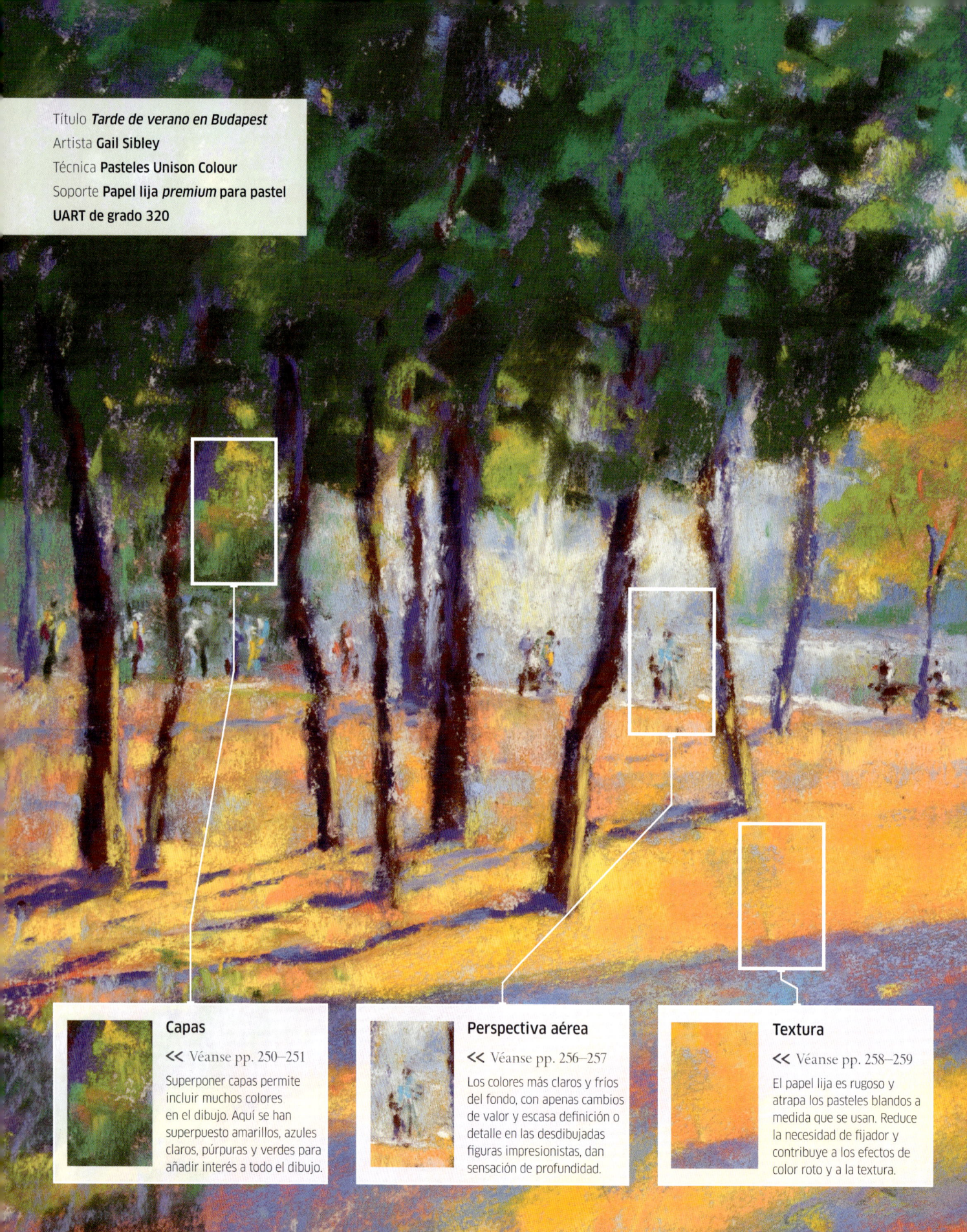

Título *Tarde de verano en Budapest*
Artista **Gail Sibley**
Técnica **Pasteles Unison Colour**
Soporte **Papel lija** *premium* **para pastel**
UART de grado 320

Capas

<< Véanse pp. 250–251

Superponer capas permite incluir muchos colores en el dibujo. Aquí se han superpuesto amarillos, azules claros, púrpuras y verdes para añadir interés a todo el dibujo.

Perspectiva aérea

<< Véanse pp. 256–257

Los colores más claros y fríos del fondo, con apenas cambios de valor y escasa definición o detalle en las desdibujadas figuras impresionistas, dan sensación de profundidad.

Textura

<< Véanse pp. 258–259

El papel lija es rugoso y atrapa los pasteles blandos a medida que se usan. Reduce la necesidad de fijador y contribuye a los efectos de color roto y a la textura.

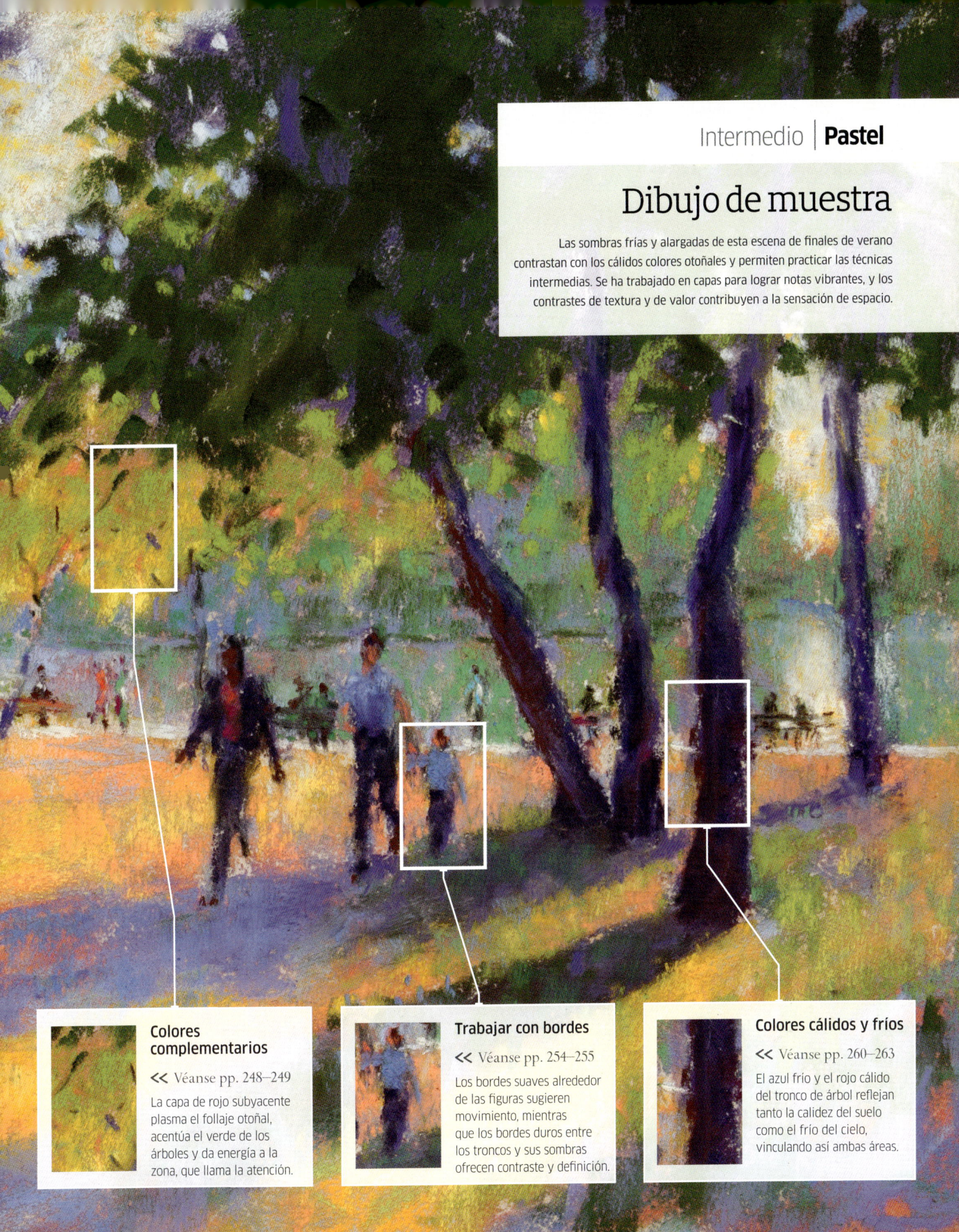

Dibujo de muestra

Las sombras frías y alargadas de esta escena de finales de verano contrastan con los cálidos colores otoñales y permiten practicar las técnicas intermedias. Se ha trabajado en capas para lograr notas vibrantes, y los contrastes de textura y de valor contribuyen a la sensación de espacio.

Colores complementarios

<< Véanse pp. 248–249

La capa de rojo subyacente plasma el follaje otoñal, acentúa el verde de los árboles y da energía a la zona, que llama la atención.

Trabajar con bordes

<< Véanse pp. 254–255

Los bordes suaves alrededor de las figuras sugieren movimiento, mientras que los bordes duros entre los troncos y sus sombras ofrecen contraste y definición.

Colores cálidos y fríos

<< Véanse pp. 260–263

El azul frío y el rojo cálido del tronco de árbol reflejan tanto la calidez del suelo como el frío del cielo, vinculando así ambas áreas.

Restregado

USAR CON SUAVIDAD EL LATERAL DEL PASTEL

El restregado necesita una mano muy delicada que aplique una presión levísima, como un susurro. Restregar consiste en aplicar una fina capa de color sobre otra previa, para crear una capa semiopaca encima. Se hace sobre todo para añadir color y textura.

■ Efectos variados

El restregado permite que los colores inferiores se entrevean, y es que el objetivo no es taparlos. Con esta técnica, usa el lateral del pastel, no la punta. Puedes aplicar el pastel en trazos verticales, horizontales, diagonales o circulares. Acuérdate de trabajar con suavidad.

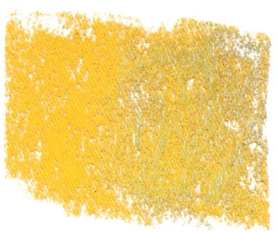

Enfriar
Se ha aplicado un sutilísimo azul claro (parte dcha.) sobre el cálido amarillo de la base para contrarrestar la calidez del mismo.

Dar calidez
El azul pastel azul oscuro ha ganado calidez gracias al ocre restregado por encima (parte dcha.)

Velos de luz
Aclara un color oscuro, como este rojo, con trazos de pastel blanco restregados por encima (parte dcha.).

Añadir interés
Aumenta el interés visual restregando un pastel verde lima sobre partes de la zona coloreada con turquesas.

PONLO EN PRÁCTICA

Los colores planos te ofrecen la oportunidad de practicar el restregado, para aclarar y unificar, dar calidez a un tono frío y añadir interés.

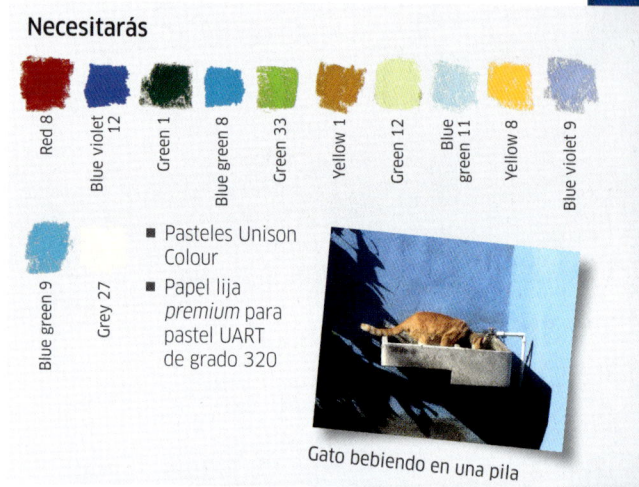

Necesitarás

Red 8 · Blue violet 12 · Green 1 · Blue green 8 · Green 33 · Yellow 1 · Green 12 · Blue green 11 · Yellow 8 · Blue violet 9

Blue green 9 · Grey 27

- Pasteles Unison Colour
- Papel lija *premium* para pastel UART de grado 320

Gato bebiendo en una pila

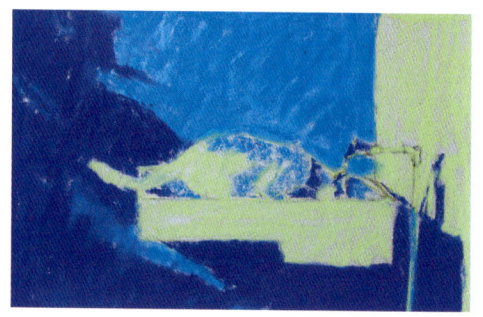

1 **Colorear con los valores principales**
Colorea las áreas correspondientes a los tres valores. Aquí, se han usado azules para los valores oscuros y medios, y un verde claro para los valores claros.

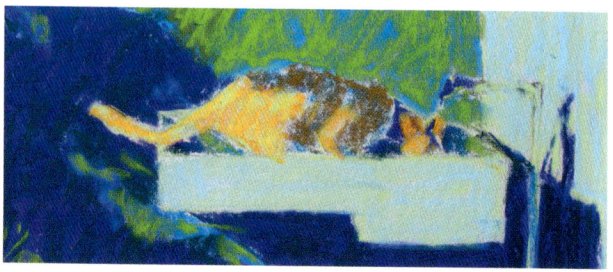

2 **Dar calidez**
Añade verdes cálidos sobre los azules fríos (en la pared), un amarillo de valor medio y un naranja-amarillo (para el gato) y un azul pálido (para la pared iluminada por el sol).

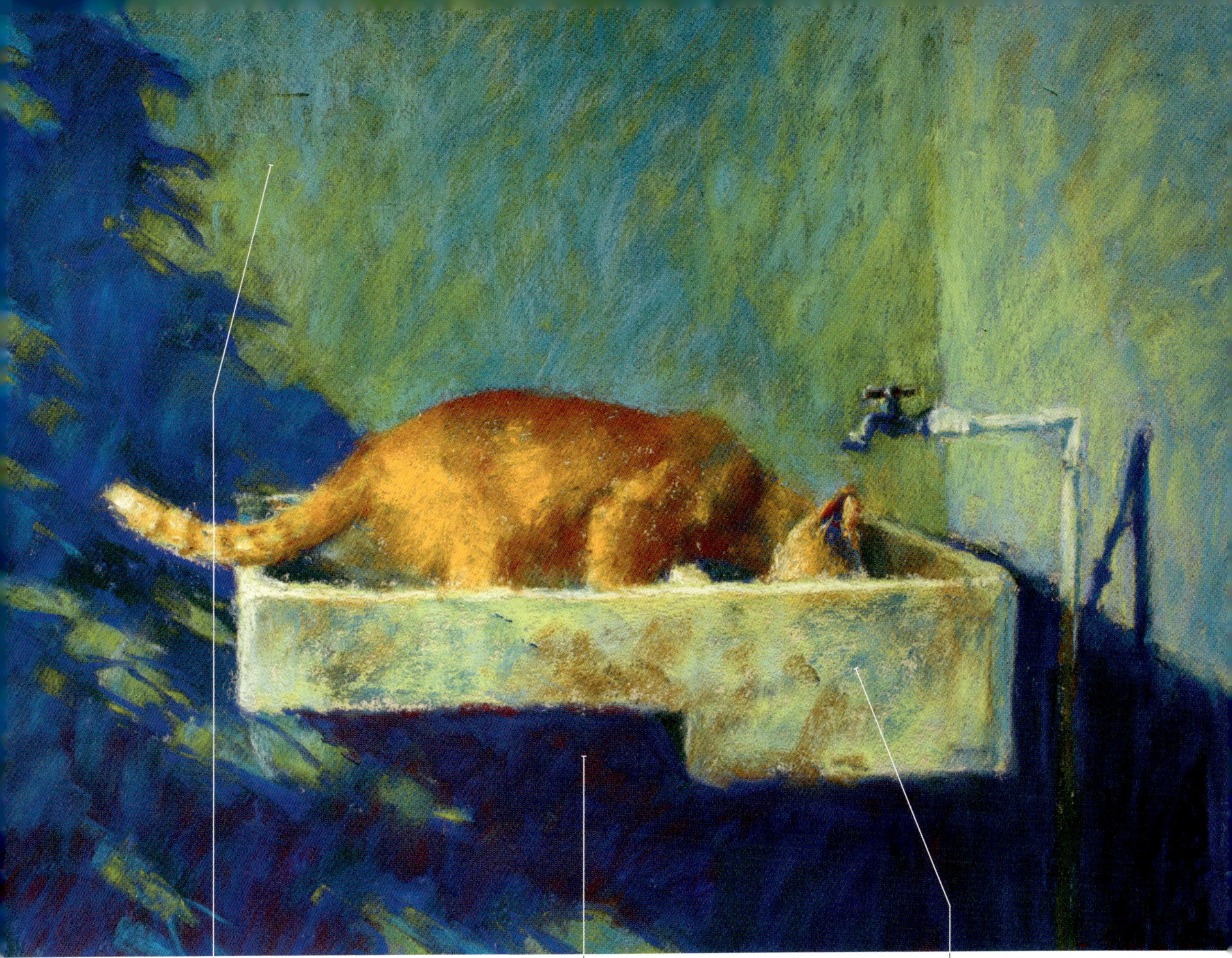

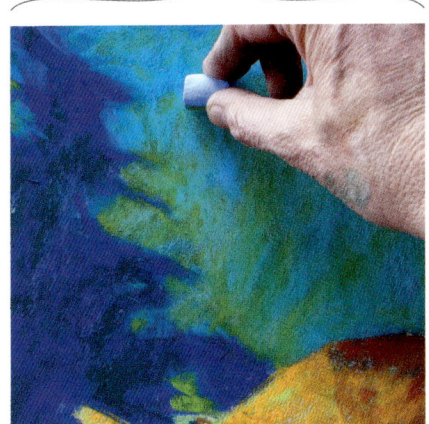

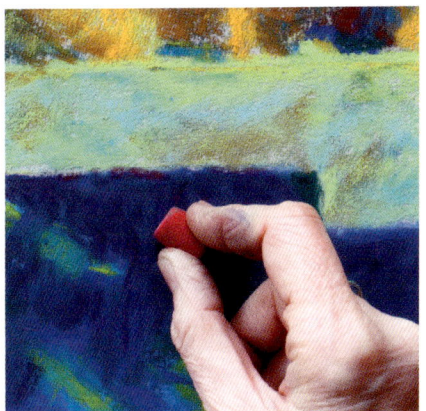

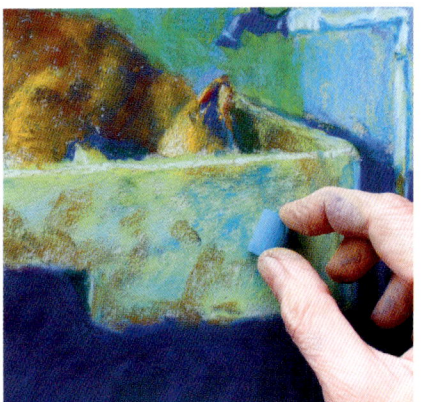

3 Restregar para aclarar

Para aclarar el área de pared sobre el gato (que quizá antes parecía oscura y era demasiado llamativa), restriega un azul claro frío sobre esa zona de la pared.

4 Corregir el equilibrio frío/cálido

Con tantas sombras azules, es fácil que el dibujo tienda al frío. Aporta calidez añadiendo rojo bajo el fregadero y a lo largo de la parte inferior de la pared.

5 Dar vitalidad a la pica

Si la pica queda demasiado plana, añade interés restregando dos de los colores que ya has usado (el amarillo medio y el azul-verde medio) en zonas pequeñas sobre el fregadero de hormigón.

Crear focos visuales

VIAJAR POR EL DIBUJO

Son varios los elementos que contribuyen a crear efectos realzados, retener la atención del observador y guiarlo en su recorrido por el dibujo. Estos elementos son la composición, las relaciones de tamaño, los contrastes entre luces y sombras, el tratamiento de las líneas y de los bordes y las líneas de perspectiva y direccionales. Si aciertas con ellos, cautivarás al observador.

■ Mantener el interés visual

Los contrastes drásticos son muy interesantes y llaman más la atención que las áreas planas de valores similares. En el jardín formal de la derecha, el tamaño de los elementos verticales contrasta con los setos bajos, mientras que el retroceso del color y del tamaño refuerza la profundidad del dibujo y crea una escena atractiva.

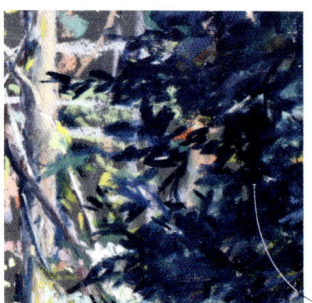

Elementos que atraen la atención

Los contrastes añaden dramatismo a las composiciones, pero no te excedas o perderán potencia. Distribuye por la escena las áreas de contraste (de color y de valor, por ejemplo) para atraer de forma natural la mirada del observador.

Los colores oscuros destacan sobre el fondo

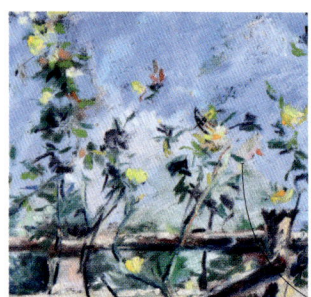

Elementos más serenos

Equilibra el dibujo con áreas que no llamen la atención y que retrocedan casi al fondo para que la mirada se detenga y se dirija a otro lugar. Las áreas de colores con valores bajos similares transmiten calma y realzan los elementos dramáticos.

Los colores de valores similares parecen fundirse

PONLO EN PRÁCTICA

Merece la pena probar puntos de vista distintos e identificar la escena con más interés visual antes de empezar a dibujar. Aquí, el sendero central y los setos ayudan a dirigir la mirada hacia la media distancia.

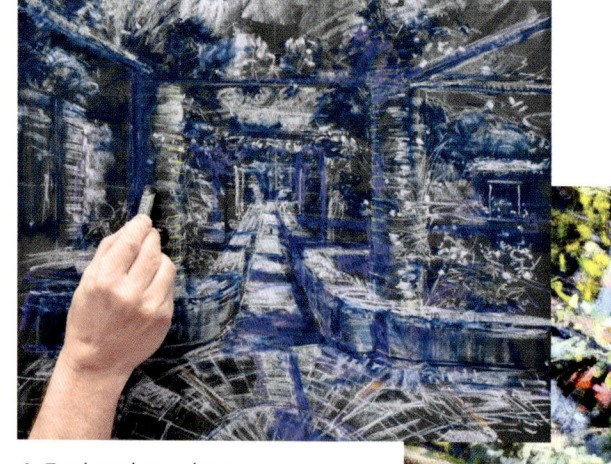

1 Evaluar los valores

Comienza por un esbozo tonal. Evaluar el rango completo de claros y oscuros de la composición te ayudará a traducirlos en colores. Usa un pastel claro sobre el papel negro para esbozar la estructura inicial y, luego, añade los tonos oscuros con un azul oscuro.

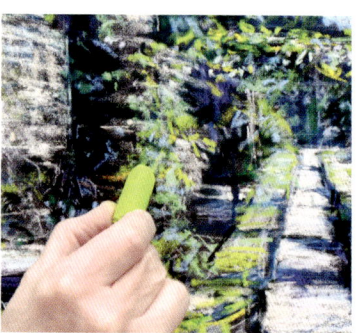

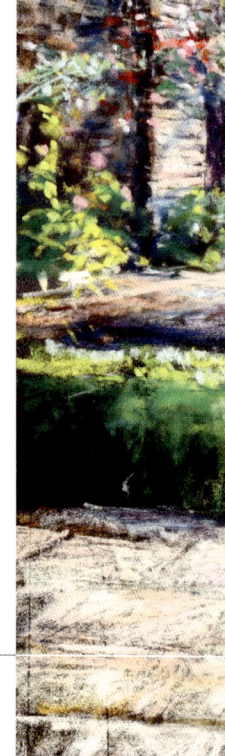

2 Identificar las formas principales

En esta composición, el punto de vista elegido contiene «cuadrados dentro de cuadrados» que disminuyen uno dentro del otro en la composición. Busca las formas principales y dibújalas. Mezcla tintas más claras para, por ejemplo, los setos, cada vez más pálidos a medida que se alejan hacia el fondo.

Necesitarás

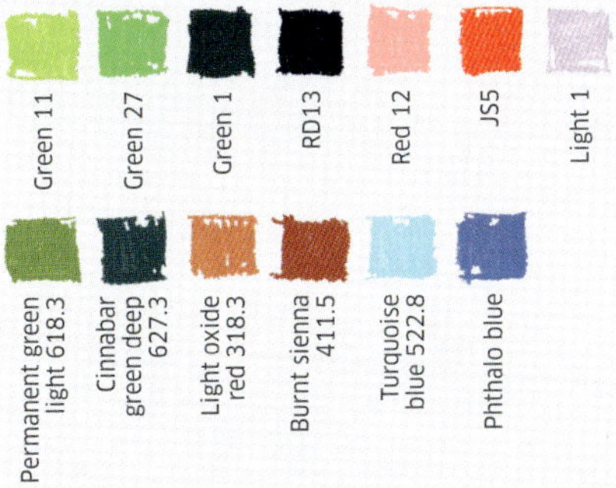

Green 11	Green 27
Green 1	RD13
Red 12	JS5
Light 1	

Permanent green light 618.3	Cinnabar green deep 627.3
Light oxide red 318.3	Burnt sienna 411.5
Turquoise blue 522.8	Phthalo blue

- Pasteles Unison Colour
- Pasteles Rembrandt
- Fijador
- Papel para pastel Canson Mi-Teintes Touch 350 g/m² (negro)

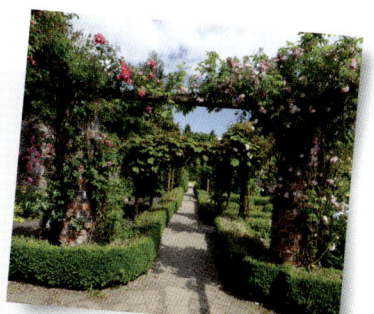

Rosaleda de
Ripley Castle

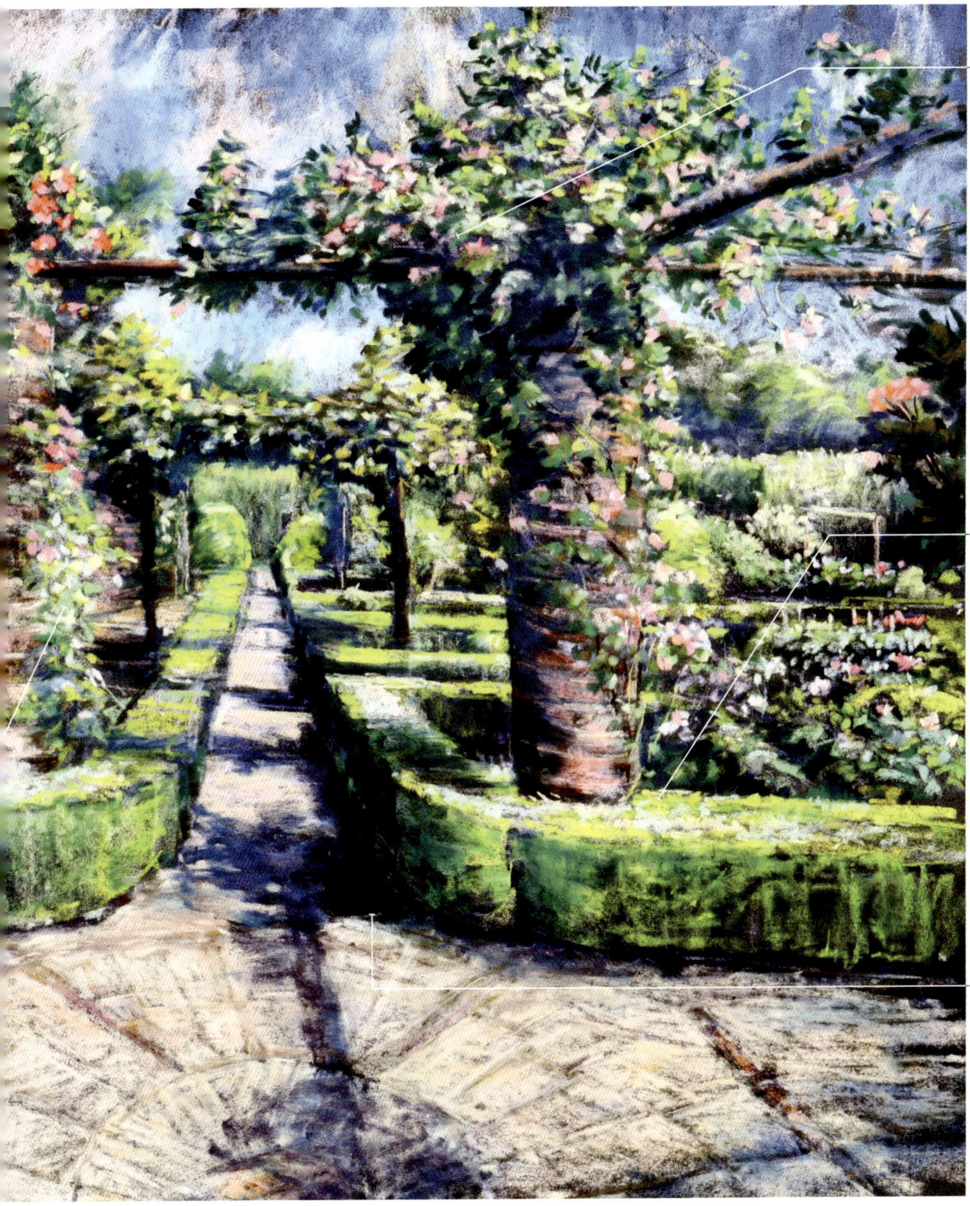

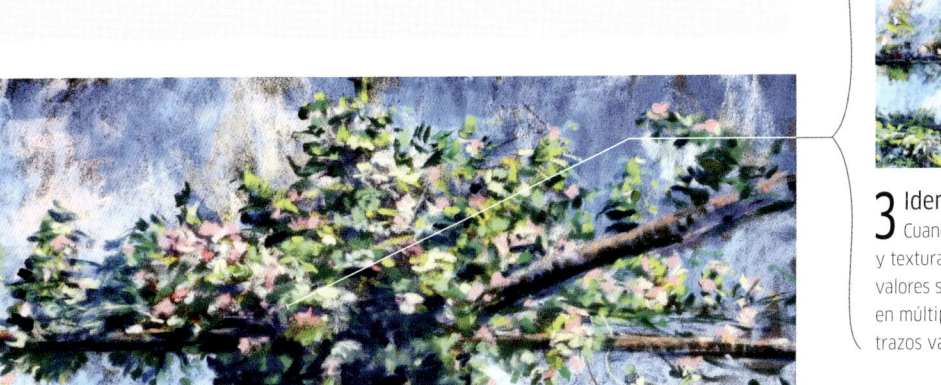

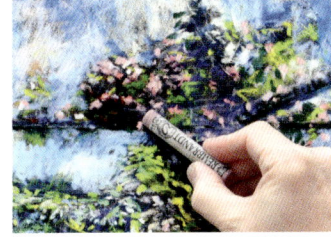

3 Identificar las texturas

Cuando puedas, aporta profundidad y texturas interesantes a formas de valores similares aplicando el pastel en múltiples direcciones y con trazos variados.

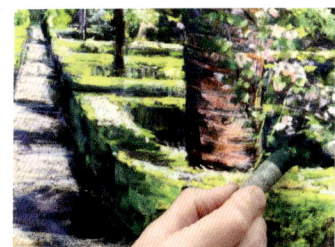

4 Reforzar la perspectiva

Refuerza la profundidad con líneas de perspectiva en el emparrado, los ladrillos, los setos y el camino. Asegúrate de que los colores también se apaguen a lo largo de las líneas.

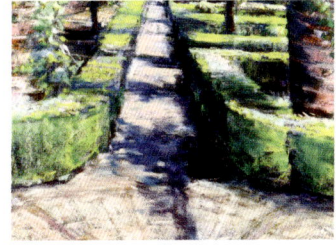

5 En las sombras

Un elemento oscuro sobre otro claro llama la atención y dirige la mirada. Aprovecha el efecto cuando des los últimos retoques a las sombras y los toques de luz.

Trabajar las sombras

USAR LUZ DIRECCIONAL EN LA COMPOSICIÓN

La posición del sol a lo largo del día determinará lo largas o cortas que serán las sombras del dibujo, ya sea este un paisaje o un bodegón con luz natural. Fíjate en dónde caen las sombras y usa sus formas y sus tonos como parte de la composición. Los fuertes contrastes del mediodía producen formas fuertes y direccionales que atraen la mirada, mientras que los tonos más suaves de la tarde crean luces y sombras difusas que crean ambiente.

PONLO EN PRÁCTICA

La luz de esta escena de principios de primavera proyecta las complejas sombras de los árboles sobre la carretera iluminada. Traslada los colores fríos del cielo a las sombras para unificar la composición.

Necesitarás

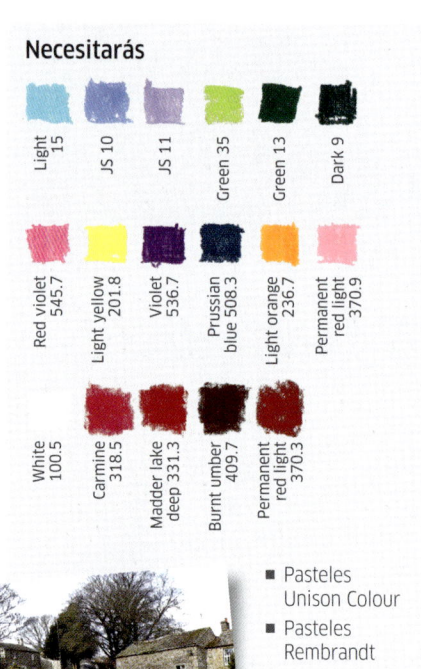

Light 15 · JS 10 · JS 11 · Green 35 · Green 13 · Dark 9

Red violet 545.7 · Light yellow 201.8 · Violet 536.7 · Prussian blue 508.3 · Light orange 236.7 · Permanent red light 370.9

White 100.5 · Carmine 318.5 · Madder lake deep 331.3 · Burnt umber 409.7 · Permanent red light 370.3

- Pasteles Unison Colour
- Pasteles Rembrandt
- Fijador
- Papel para pastel Canson Mi-Teintes Touch 350 g/m² (negro)

Camino rural

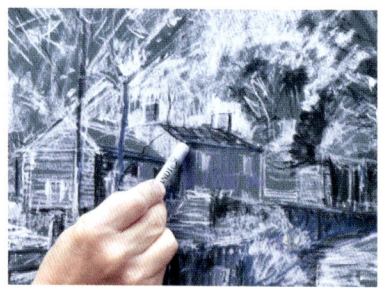

1 Definir los tonos
Esboza la composición y los contornos principales con un color de tono medio que unifique los elementos de la imagen. Marca los toques de luz y las sombras oscuras. Si te centras en las formas negativas, te será más fácil dibujar las sombras de las ramas sobre la carretera y de las barras de la cancela en el primer plano.

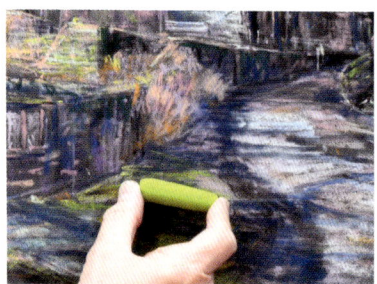

2 Colores cálidos y fríos
Sigue trabajando el dibujo y aplica marcas en distintas direcciones para imitar el aspecto moteado de la luz. Alterna las zonas cálidas y las frías (cálidas al sol y frías a la sombra) para diferenciarlas.

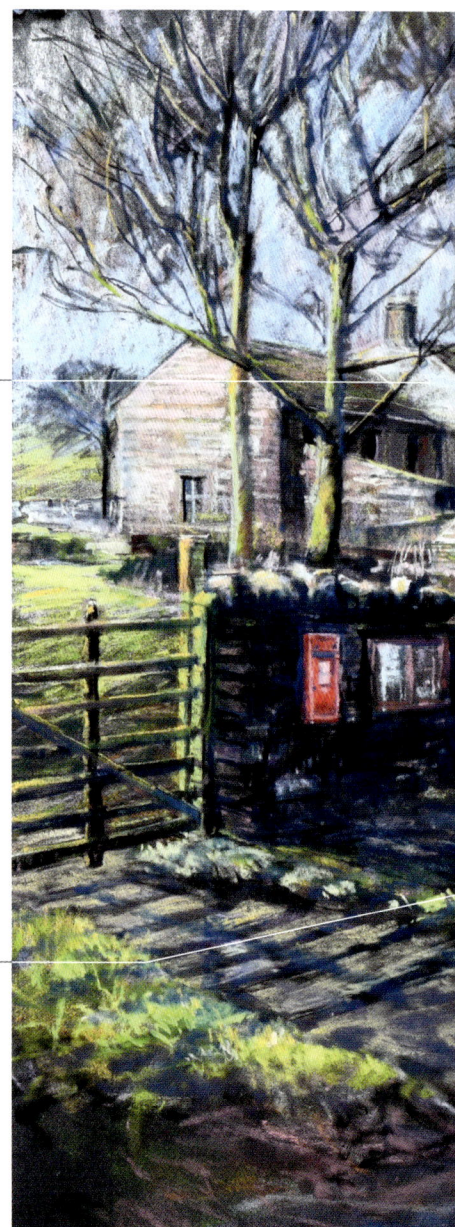

■ Construir sombras

Cuando compongas una escena
con mucha luz solar, piensa en la hora
del día y en la posición y el ángulo del
sol, y determina también la fuerza y
longitud de las sombras proyectadas.
Si las plasmas bien, anclarán los objetos
en su sitio y establecerán el ambiente
de la escena. Ten en cuenta la forma de
las sombras, la profundidad del tono y
la superficie sobre la que se proyectan.

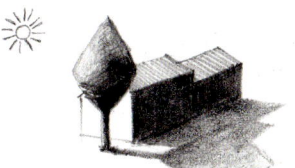
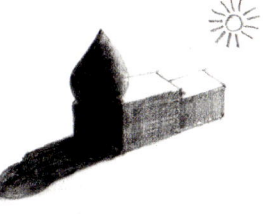

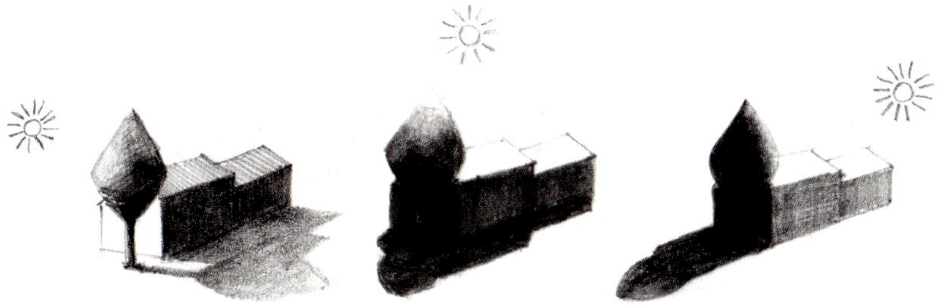

Formas de sombra
El sol bajo a la izquierda
proyecta las sombras
de los objetos sólidos,
con bordes suaves en
el exterior y tonos más
oscuros en la base.

Sombras cortas y oscuras
El sol de mediodía es el más
potente y está directamente
encima: proyecta las sombras
más oscuras y cortas, con grandes
contrastes de luces y sombras.

Sombras largas
A medida que el sol de
la tarde desciende, las
sombras se alargan y
los colores se oscurecen.
Las sombras proyectan
formas muy interesantes.

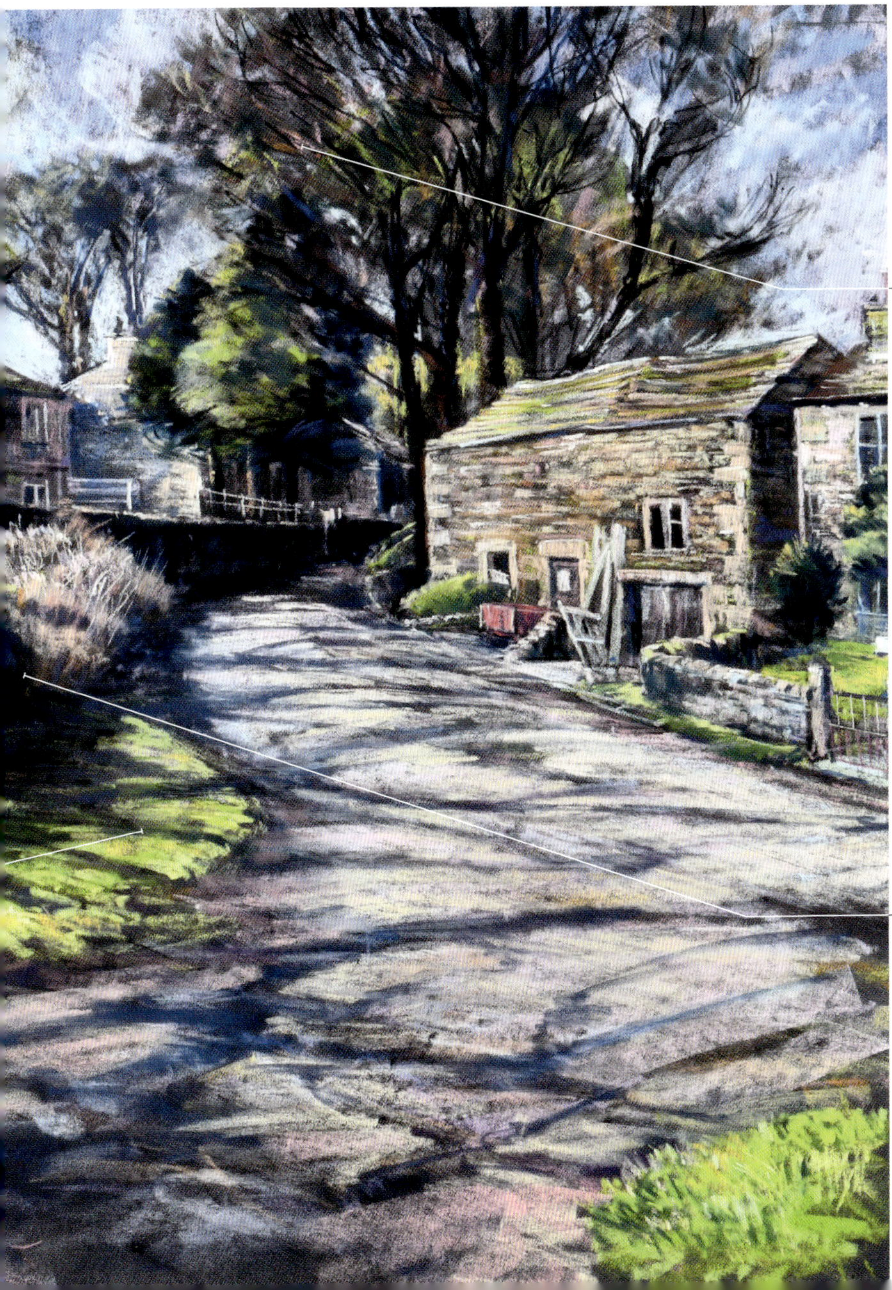

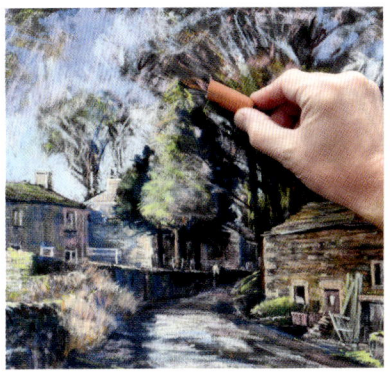

3 Intensificar el color
Rocía con fijador las áreas del dibujo
que quieras oscurecer y también las
sombras para darles más profundidad
(pp. 252-253). Usa pasteles duros y
blandos juntos, para depositar capas
de color interesantes y atractivas.

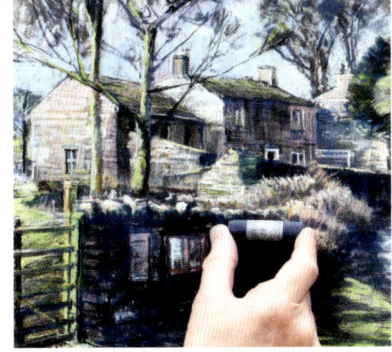

4 Aumentar el contraste
Define los contrastes y aumenta la
profundidad con los oscuros más oscuros
y los claros más claros. Evalúa las sombras
y, para difuminar las transiciones, suaviza
los bordes con un ligero restregado de
marcas frías sobre cálidas o viceversa.

Dibujar a personas en movimiento

CONCENTRARSE EN LAS FIGURAS HUMANAS

Aunque las personas en movimiento y en lugares públicos son de los temas más emocionantes y complejos, dibujar personas, sobre todo cuando se convierten en el foco principal, inyecta vida a la obra. Esboza a transeúntes en movimiento o ubícate en una escena más estática en la que puedas cambiar de punto de vista para captar de la mejor manera la interacción entre las personas y su entorno.

■ Observar y esbozar

Si vas a dibujar a personas en una escena con muchos elementos, haz fotos y esbozos desde distintos puntos de vista para captar vistas y opciones de composición distintas y poder consultarlas luego. Observa la posición de las figuras y presta atención a la percepción espacial, a la escala relativa, a las sombras y a las proporciones de los elementos, como las sillas o los edificios. Usa grupos o personas individuales para guiar la mirada por la composición.

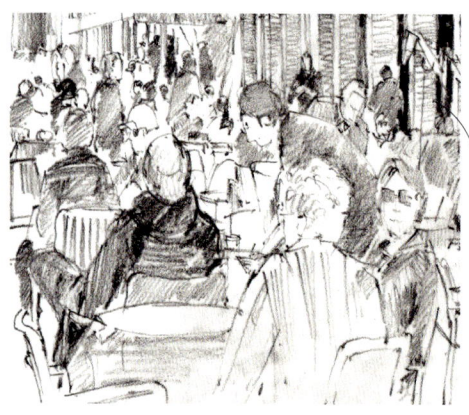

Las marcadas líneas de perspectiva orientan la escala relativa de las figuras del primer plano y del fondo

Trabajar con rapidez

No te preocupes si hay personas que se levantan y se van mientras las dibujas. Esboza con rapidez y haz tantos dibujos preparatorios como sea necesario. Más adelante, los podrás desarrollar y decidir la composición final.

PONLO EN PRÁCTICA

Las escenas movidas exigen trabajar con rapidez. En estos dibujos, simplifica las formas y mantén los detalles al mínimo. Limitar la paleta de colores también facilita los trabajos rápidos.

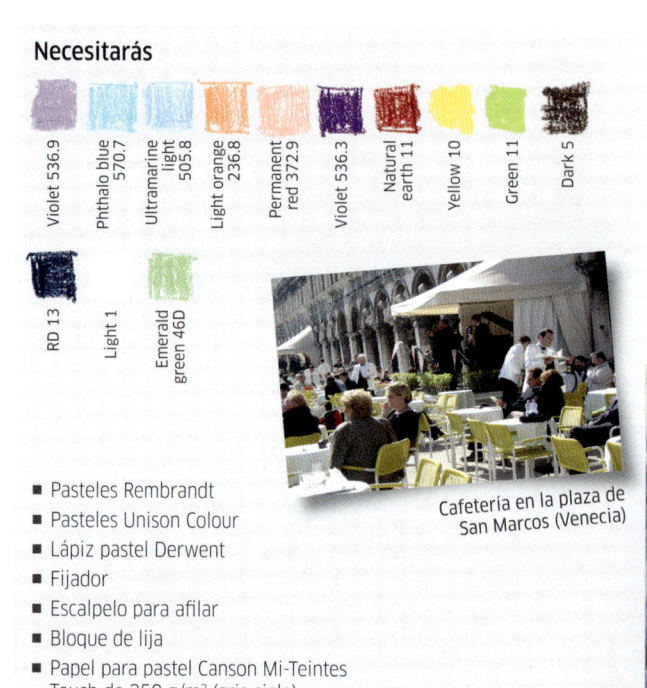

Necesitarás

Violet 536.9 · Phthalo blue 570.7 · Ultramarine light 505.8 · Light orange 236.8 · Permanent red 372.9 · Violet 536.3 · Natural earth 11 · Yellow 10 · Green 11 · Dark 5

RD 13 · Light 1 · Emerald green 46D

Cafetería en la plaza de San Marcos (Venecia)

- Pasteles Rembrandt
- Pasteles Unison Colour
- Lápiz pastel Derwent
- Fijador
- Escalpelo para afilar
- Bloque de lija
- Papel para pastel Canson Mi-Teintes Touch de 350 g/m² (gris cielo)

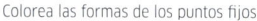
Colorea las formas de los puntos fijos

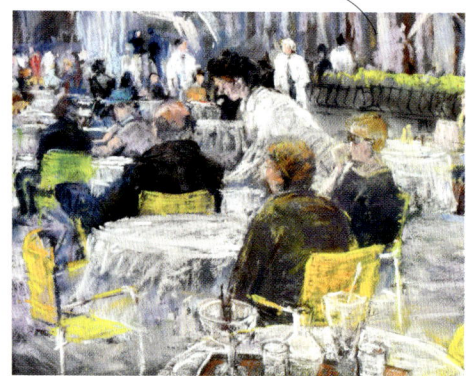

1 Las formas básicas

Observa la escena y decide la composición (qué incluir y qué eliminar). Colorea las formas básicas con el lateral de los pasteles, para dar la impresión de figuras sentadas, en pie y en movimiento. Mantén las figuras y los objetos desdibujados, pero en proporción con el entorno.

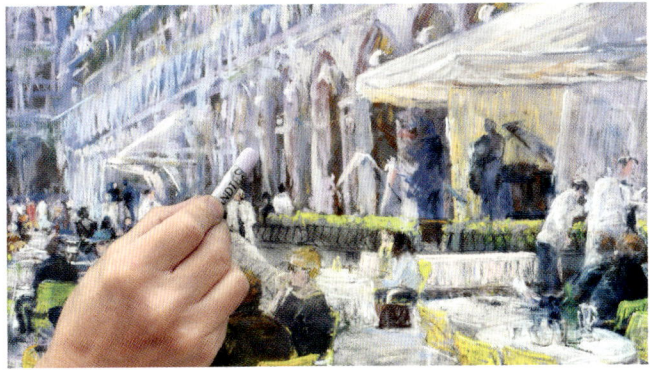

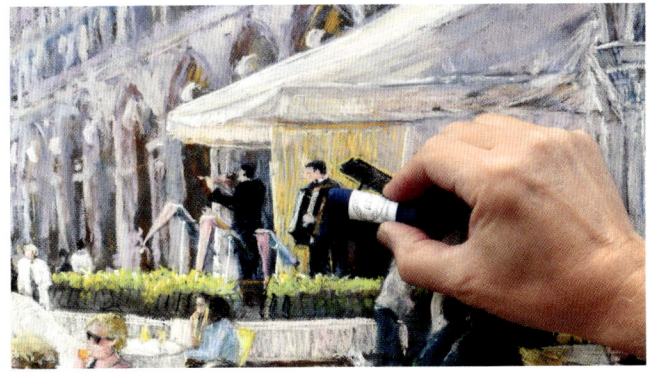

2 Añadir estructura

Refina el dibujo y céntrate en el tono, las formas y el color. Observa cómo cae la luz y ubica las sombras con suavidad, sobre todo las de las figuras, para anclarlas al suelo. Mantén las sombras claras y equilibra la escena en su conjunto.

3 Interacción entre las figuras

Fíjate en los ángulos de las figuras (sentadas, en pie o en movimiento) para plasmar las relaciones entre ellas. Ubica los distintos elementos usando las formas negativas entre la luz y la oscuridad, y da profundidad al dibujo reforzando los tonos del primer plano.

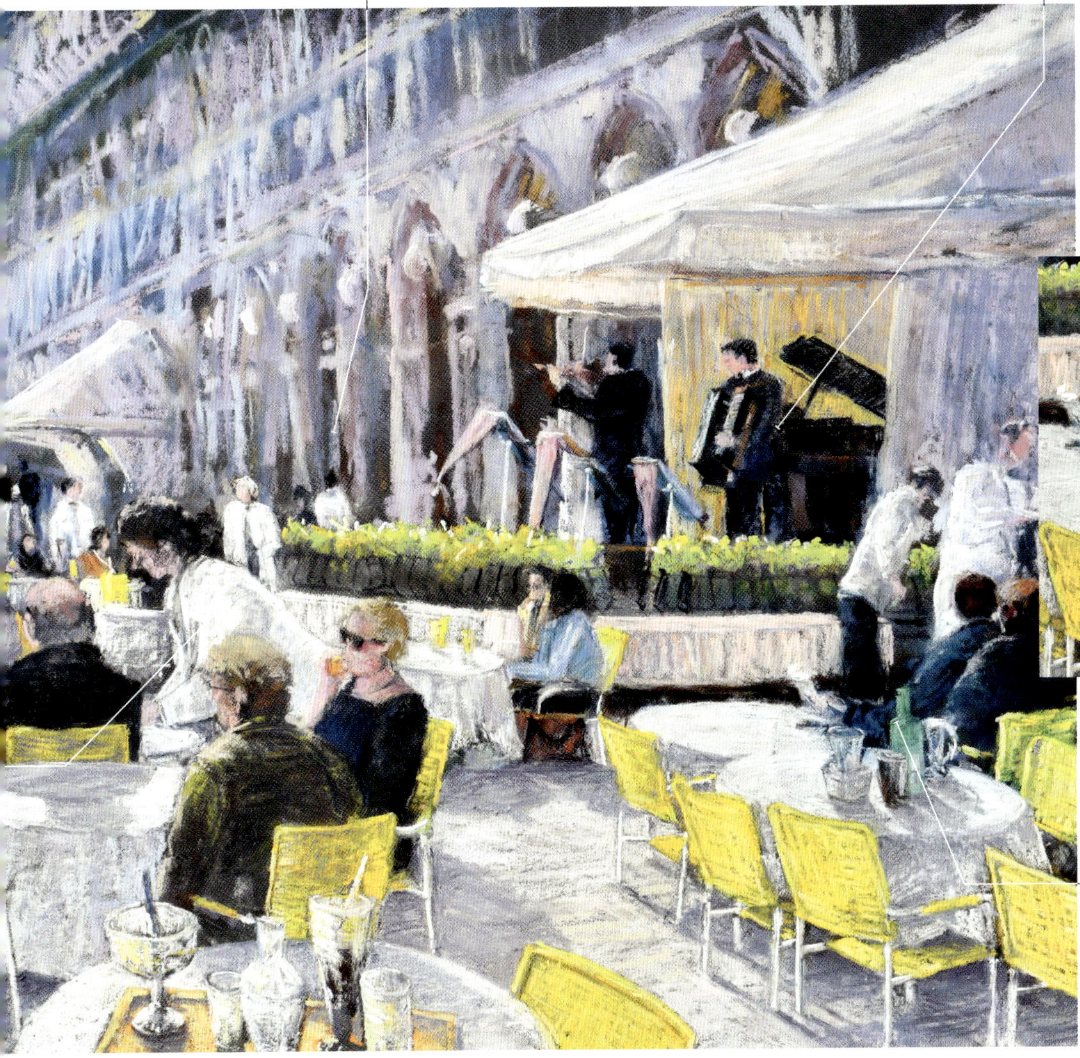

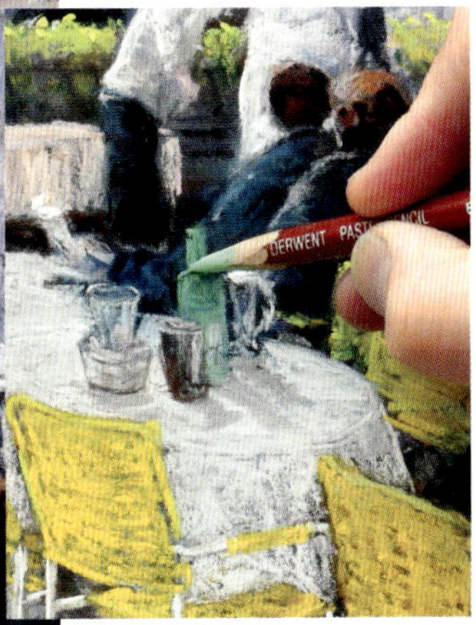

4 Toques de luz y detalles

Añade detalles y toques de luz cuidadosamente seleccionados para cohesionar el dibujo, sin insistir demasiado en ninguna área. Haz trazos sueltos que capten lo efímero del momento.

Edificios impresionistas

DAR AMBIENTE A LOS PAISAJES URBANOS

Difuminar capas de pasteles duros y blandos da solidez a los paisajes urbanos sin perder su carácter impresionista. Las formas sólidas se definen con líneas duras y técnicas de enmascarar, y la restringida paleta armoniza el dibujo. El punto de vista elevado sobre parte de la ciudad la hace más impactante.

■ Definir las formas

Plasma la forma y el tono de los edificios tridimensionales usando contrastes fuertes entre los bordes sólidos y duros del primer plano y el fondo más suave. Las sombras son fundamentales para definir las formas, así que identifica dónde se anclan los bordes al objeto con dureza o dónde son más suaves y graduales hasta desvanecerse.

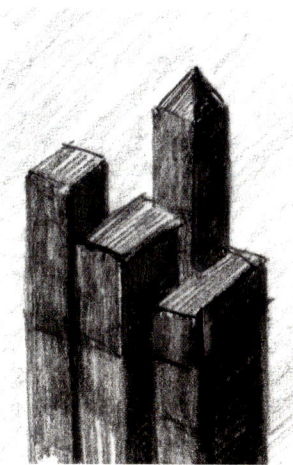

Formas de alto contraste
Una forma oscura superpuesta sobre otra más clara destaca mucho, porque parece que sea de un tono más profundo, y la diferencia entre las zonas claras y la masa oscura se intensifica. Es lo que se denomina alto contraste.

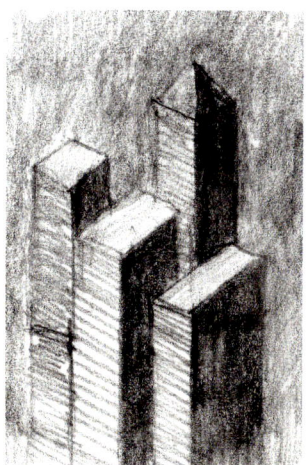

Formas de bajo contraste
Se habla de bajo contraste cuando parece que una forma se funde o se desvanece en otra de similar claridad u oscuridad. Los edificios del fondo (dcha.) son de bajo contraste, porque muchos se funden con el cielo a sus espaldas al final de la calle.

PONLO EN PRÁCTICA

Logra un dibujo impactante mezclando bloques cromáticos. Define las sombras y las líneas duras con cinta de carrocero y añade detalles precisos al final, para dar cohesión al conjunto.

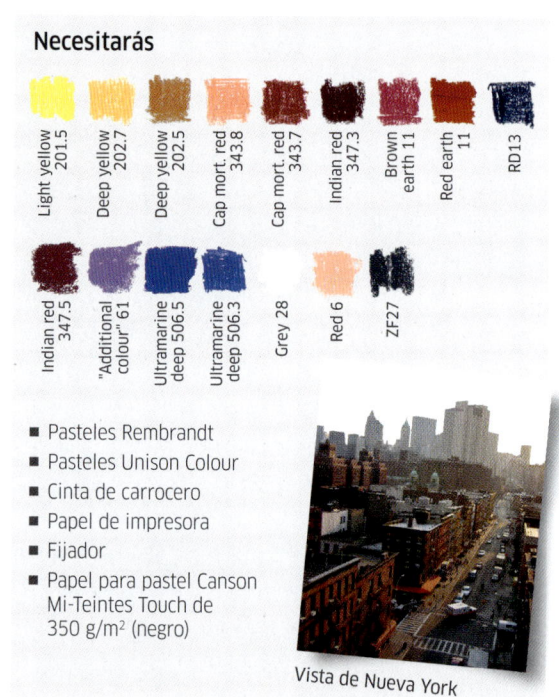

Necesitarás

Light yellow 201.5 · Deep yellow 202.7 · Deep yellow 202.5 · Cap mort. red 343.8 · Cap mort. red 343.7 · Indian red 347.3 · Brown earth 11 · Red earth 11 · RD13

Indian red 347.5 · "Additional colour" 61 · Ultramarine deep 506.5 · Ultramarine deep 506.3 · Grey 28 · Red 6 · ZF27

- Pasteles Rembrandt
- Pasteles Unison Colour
- Cinta de carrocero
- Papel de impresora
- Fijador
- Papel para pastel Canson Mi-Teintes Touch de 350 g/m² (negro)

Vista de Nueva York

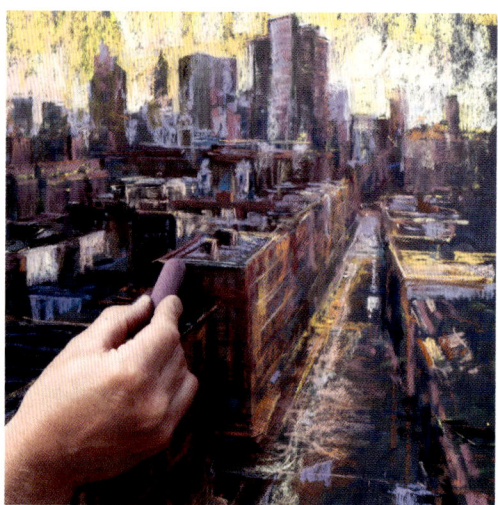

1 Bloques de color intenso
Dibuja todo en proporción, concéntrate en las áreas principales y sé directo. Colorea las áreas intensas con una paleta reducida de pasteles duros y blandos. Aplica trazos variados con el lateral de todos los pasteles.

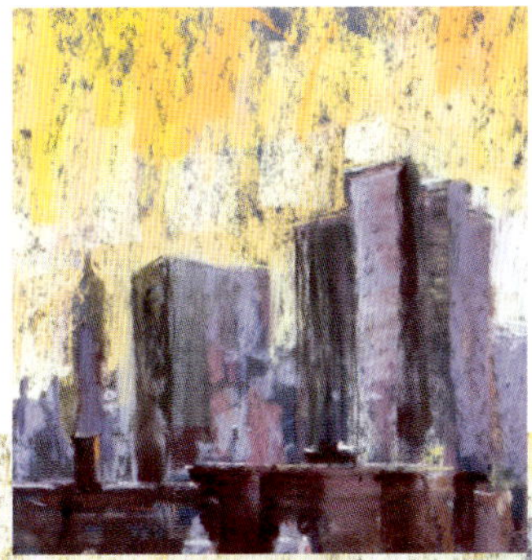

2 Mezclar capas

Difuminar los colores te será más fácil si la superficie está cargada de pigmento. Usa marcas enérgicas una sobre otra en lugar de difuminar, para que la propia superficie sugiera textura.

«La **paleta reducida** y el **contraste tonal** aportan **drama** e **interés** a los paisajes urbanos.»

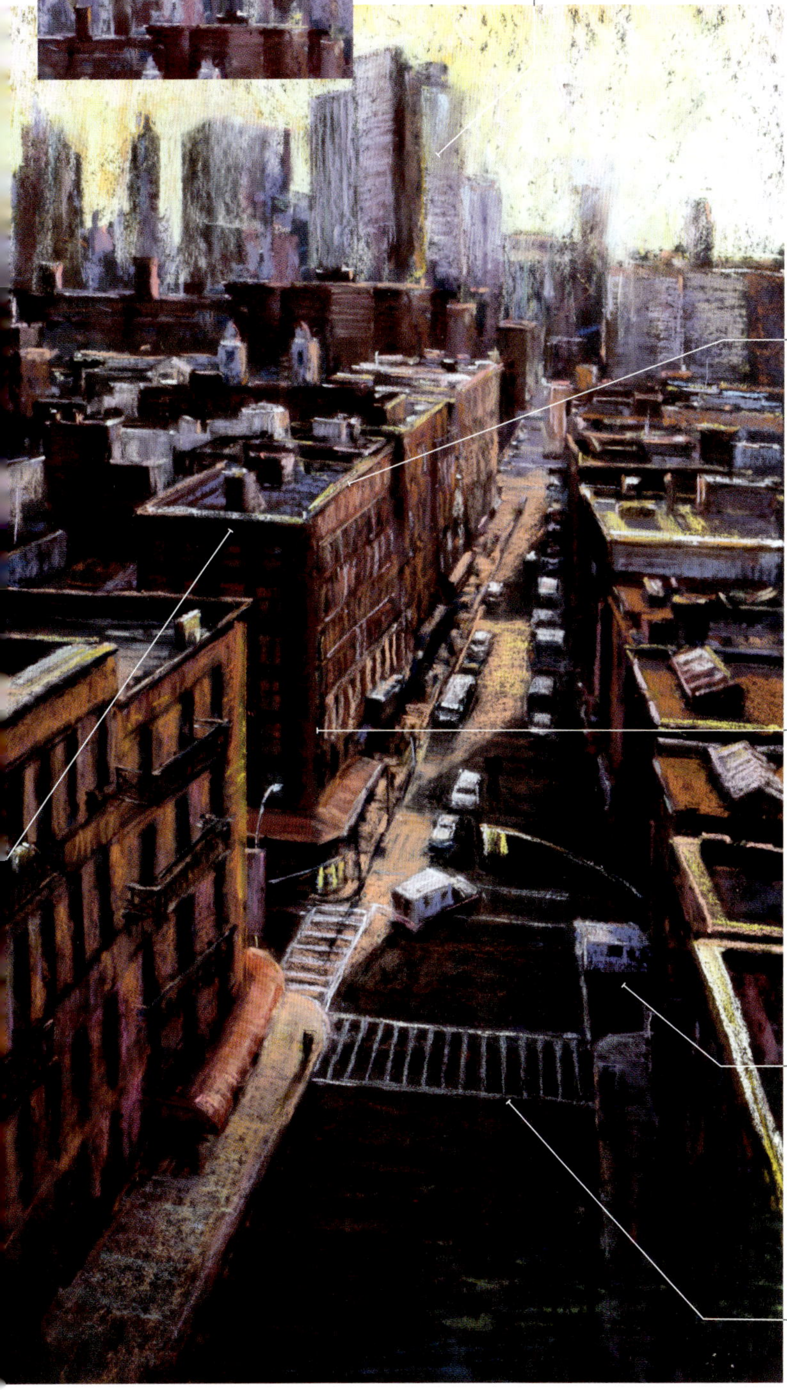

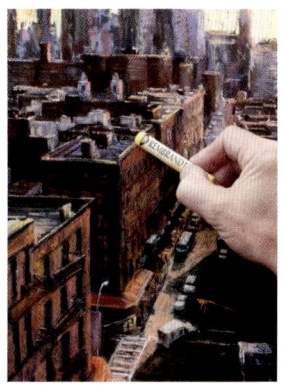

3 Modelar formas

Usa pasteles duros para dar la ilusión de planos y lados claros y oscuros. Define los bordes de las formas sólidas del primer plano, como las esquinas de los edificios y de las azoteas.

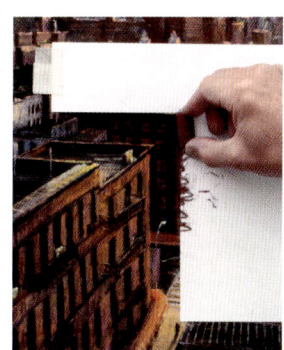

4 Bordes duros

Para los bordes muy marcados, por ejemplo en las esquinas de los edificios, usa técnicas de enmascarar con papel fino de impresora perfectamente cortado. Sujétalo con cinta de carrocero y desliza el pastel sobre el borde del papel.

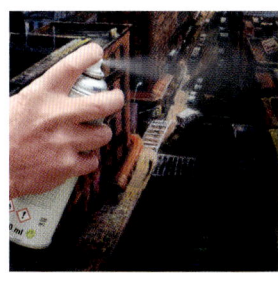

5 Oscurecer las sombras

Oscurece las sombras en los puntos de unión con mucho fijador, y usa un poco menos en el borde exterior, para difuminar los tonos y sugerir transparencia.

6 Últimos detalles

Define los detalles pequeños, como los pasos de cebra, y añade puntos de interés con el borde afilado de un pastel duro.

Superficies con textura

DIBUJAR SOBRE MADERA CON PASTELES

La madera es un soporte versátil que ofrece al dibujante con pasteles varias opciones para añadir textura al dibujo. Usa trazos ligeros sobre una superficie con grano y áspera para crear efectos rotos, o bien consigue áreas de color liso e intenso superponiendo múltiples capas de pastel incrustadas en el grano. El mismo fondo de madera añade interés visual.

■ Preparar el soporte de madera

Puedes construir un lienzo apto con trozos de madera de grosor similar. Casi todos los tipos de madera son adecuados, y la textura que transmitirán será mayor cuanto más grueso sea el grano. Limpia la madera antes de comenzar. Para que tenga un aspecto gris y desgastado, lávala con un té fuerte y, luego, con vinagre que haya estado durante varios días en contacto con estropajo de acero.

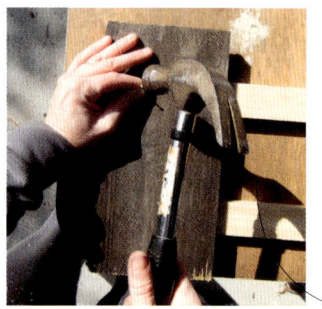

Fijación sobre listones
Elige los trozos de madera o tablero, y córtalos a la medida deseada si es necesario. Limpia y prepara los trozos, y tíñelos si quieres. Colócalos sobre listones de madera y clávalos a ellos, desde la cara que será tu soporte.

Clava los clavos por delante

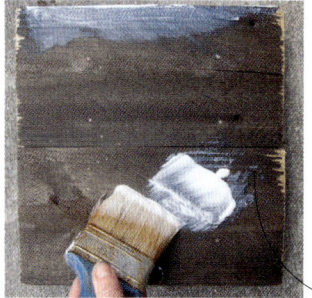

Imprimar el soporte
Con una brocha, aplica una capa de imprimación de acrílico para pasteles (como *gesso*). Así prepararás la superficie para las capas de pastel cuando quieras lograr un acabado áspero. Espera a que se seque; luego, puedes clavar en los listones unos ganchos para colgar el cuadro.

Da imprimación a toda la superficie

PONLO EN PRÁCTICA

El tablero de madera rústico es el fondo ideal para el tema de este dibujo. El plumaje multicolor del gallo se ha descrito con capas de colores intensos.

Necesitarás

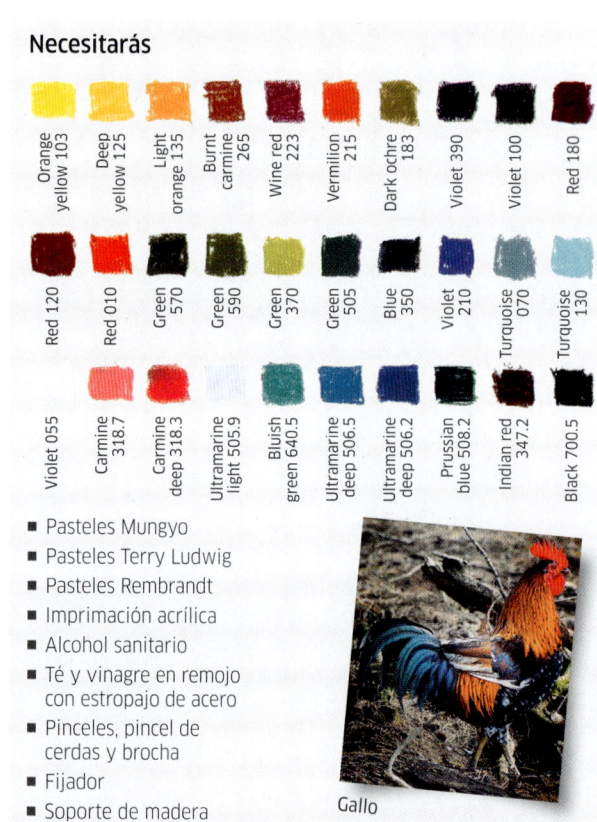

Orange yellow 103 · Deep yellow 125 · Light orange 135 · Burnt carmine 265 · Wine red 223 · Vermilion 215 · Dark ochre 183 · Violet 390 · Violet 100 · Red 180

Red 120 · Red 010 · Green 570 · Green 590 · Green 370 · Green 505 · Blue 350 · Violet 210 · Turquoise 070 · Turquoise 130

Violet 055 · Carmine 318.7 · Carmine deep 318.3 · Ultramarine light 505.9 · Bluish green 640.5 · Ultramarine deep 506.5 · Ultramarine deep 506.2 · Prussian blue 508.2 · Indian red 347.2 · Black 700.5

- Pasteles Mungyo
- Pasteles Terry Ludwig
- Pasteles Rembrandt
- Imprimación acrílica
- Alcohol sanitario
- Té y vinagre en remojo con estropajo de acero
- Pinceles, pincel de cerdas y brocha
- Fijador
- Soporte de madera

Gallo

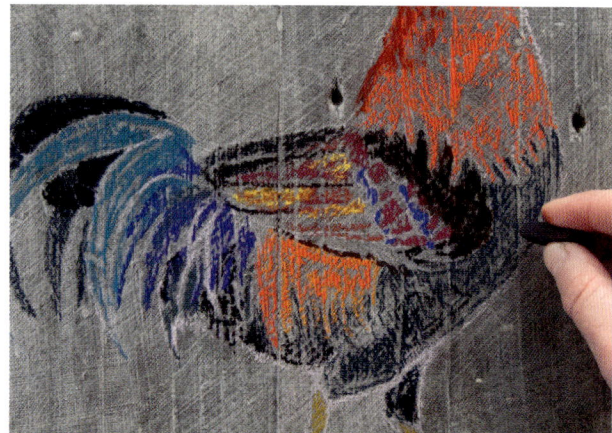

1 Dibujo subyacente
Da una imprimación a la superficie de la madera, y deja secar. Esboza la silueta del gallo. Define los distintos bloques de color, comenzando por los más oscuros, para cubrir el soporte de madera y depositar las capas base.

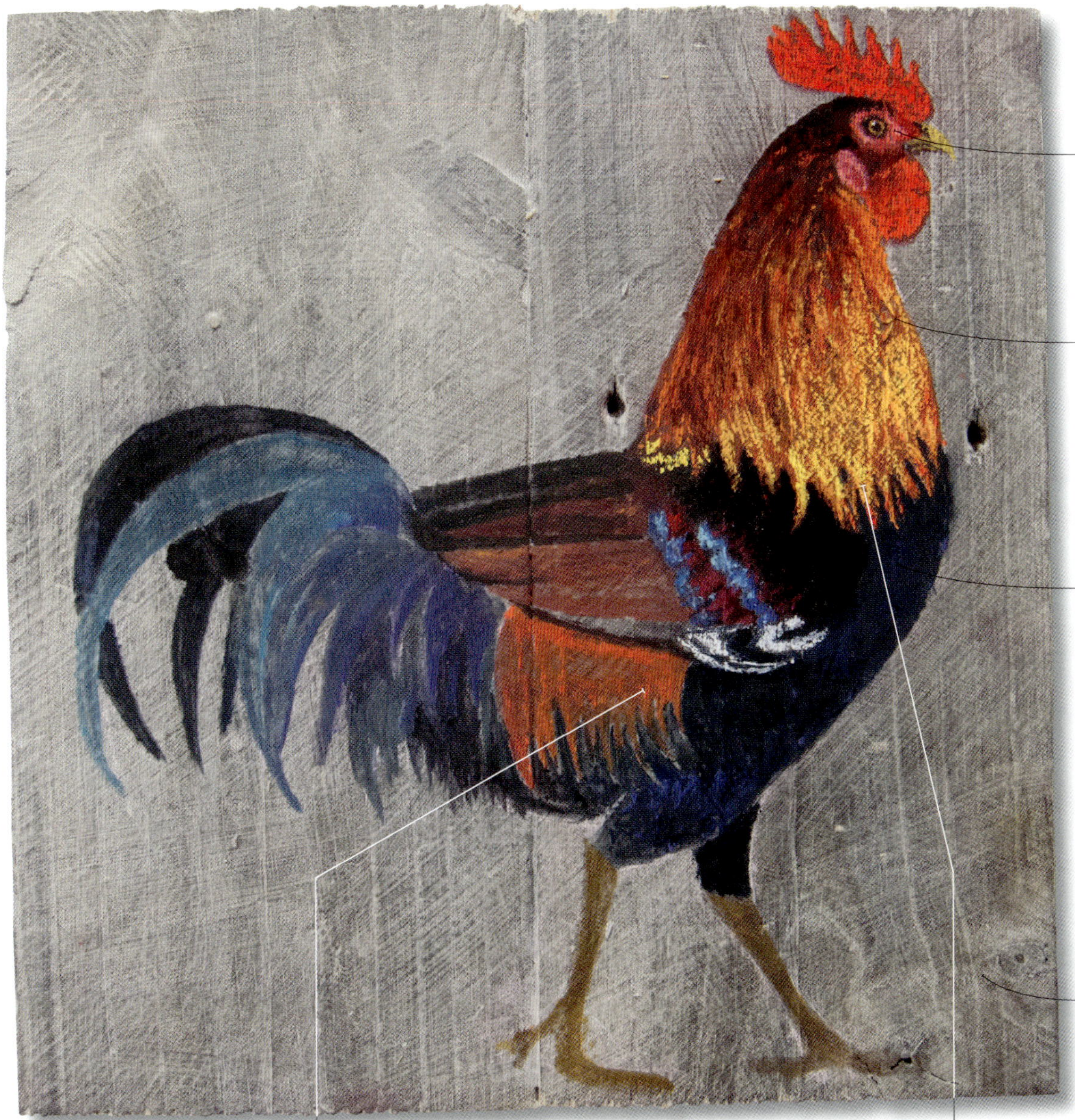

Los detalles más finos
se han añadido con
esquirlas de pastel

La mezcla óptica
de amarillo sobre
rojo produce un
naranja encendido

Los colores sólidos
se han conseguido
incrustando pigmento
en el grano

Soporte de madera
clara preparada con
imprimación acrílica

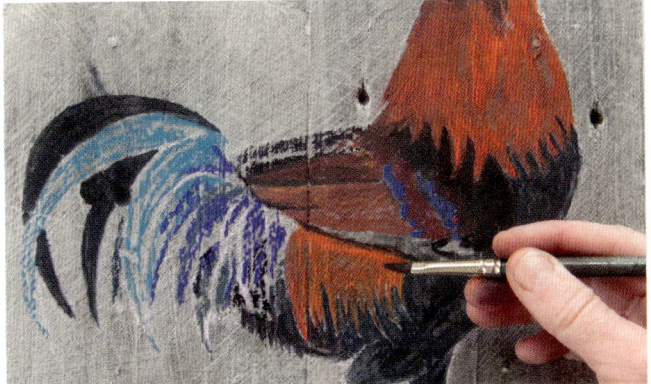

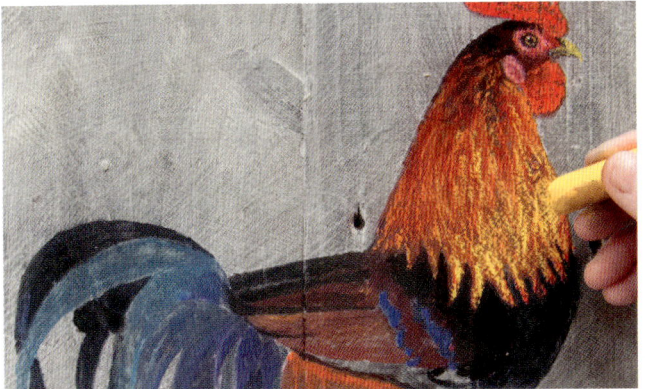

2 Superponer capas

Pinta sobre la capa base con presión de media a firme, y trabaja el color
incrustando el pigmento en el grano. Aplica alcohol sanitario con pincel; empieza
por los colores más claros y retira con un trapo donde sea necesario.

3 Mezclas ópticas

Rocía con fijador para seguir sumando capas de color. Varía los trazos, y
usa barridos ligeros (pp. 228-229) para lograr mezclas ópticas que aporten
intensidad y textura. Usa pasteles duros para difuminar las capas más blandas.

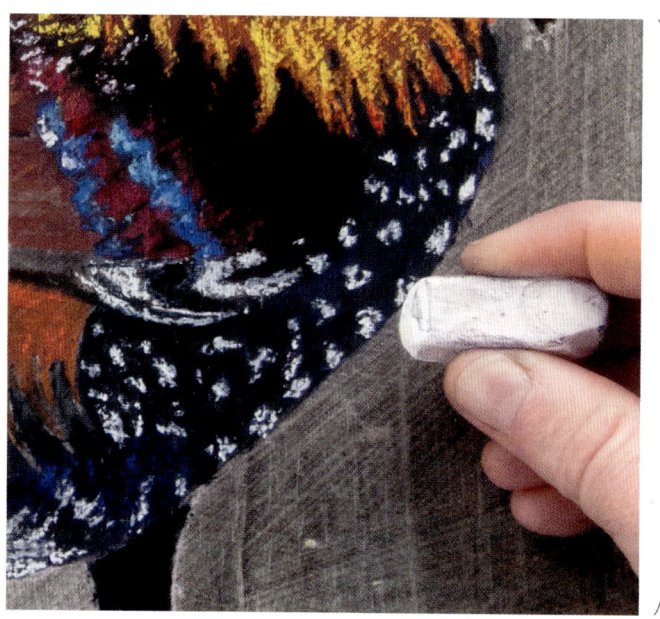

4 Suaves reflejos

Usa toques de pastel blando para crear los reflejos brillantes del patrón moteado de las plumas del pecho. Si es necesario, y para evitar borrones, retira antes con un pincel de cerdas duras el color donde pondrás los reflejos puntuales. Sigue superponiendo capas de color, trabaja de oscuro a claro y difumina sobre la madera. No hace falta que lo hagas con el dedo, porque la madera acepta mucho pigmento.

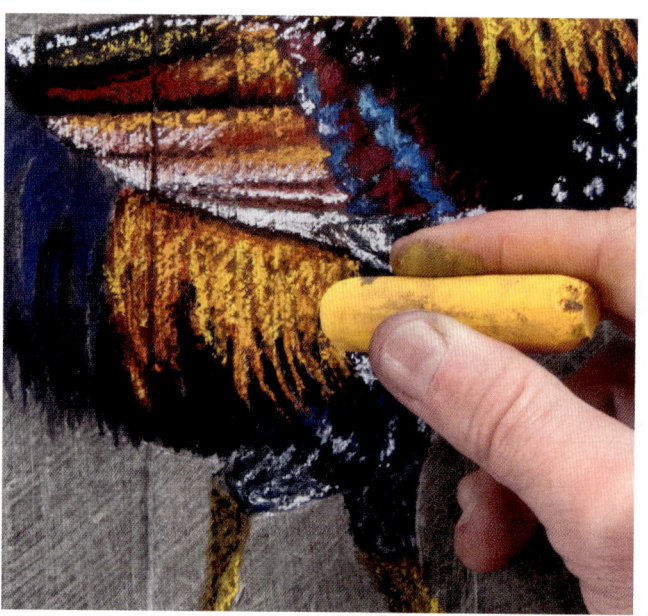

5 Restregado

Aplica el restregado con suaves trazos direccionales de pasteles más claros para plasmar el brillo de las plumas en el cuerpo y en la cola. Estas capas irregulares permitirán que las capas rotas de los colores sólidos subyacentes se entrevean y añadan interés y variedad visual.

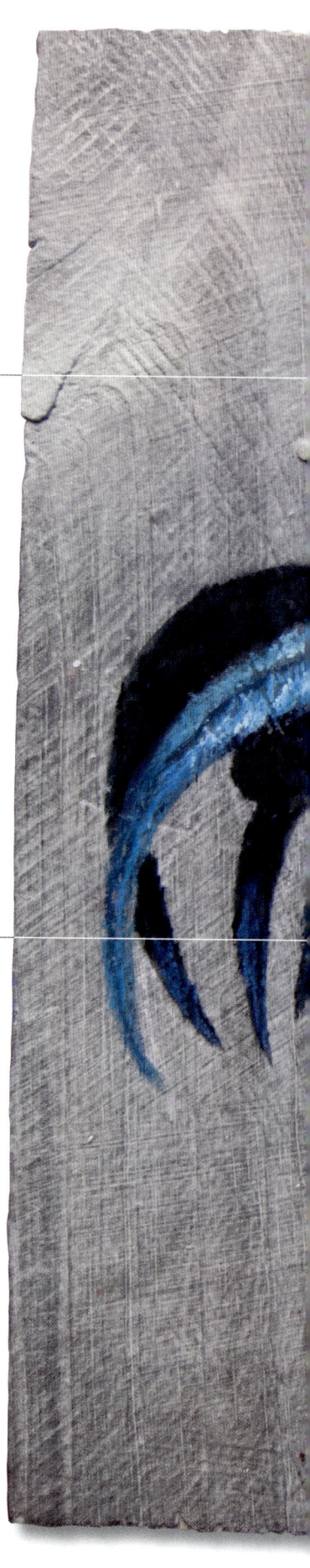

«La superficie rugosa intensifica la textura y proporciona una base para superponer múltiples capas de color brillante.»

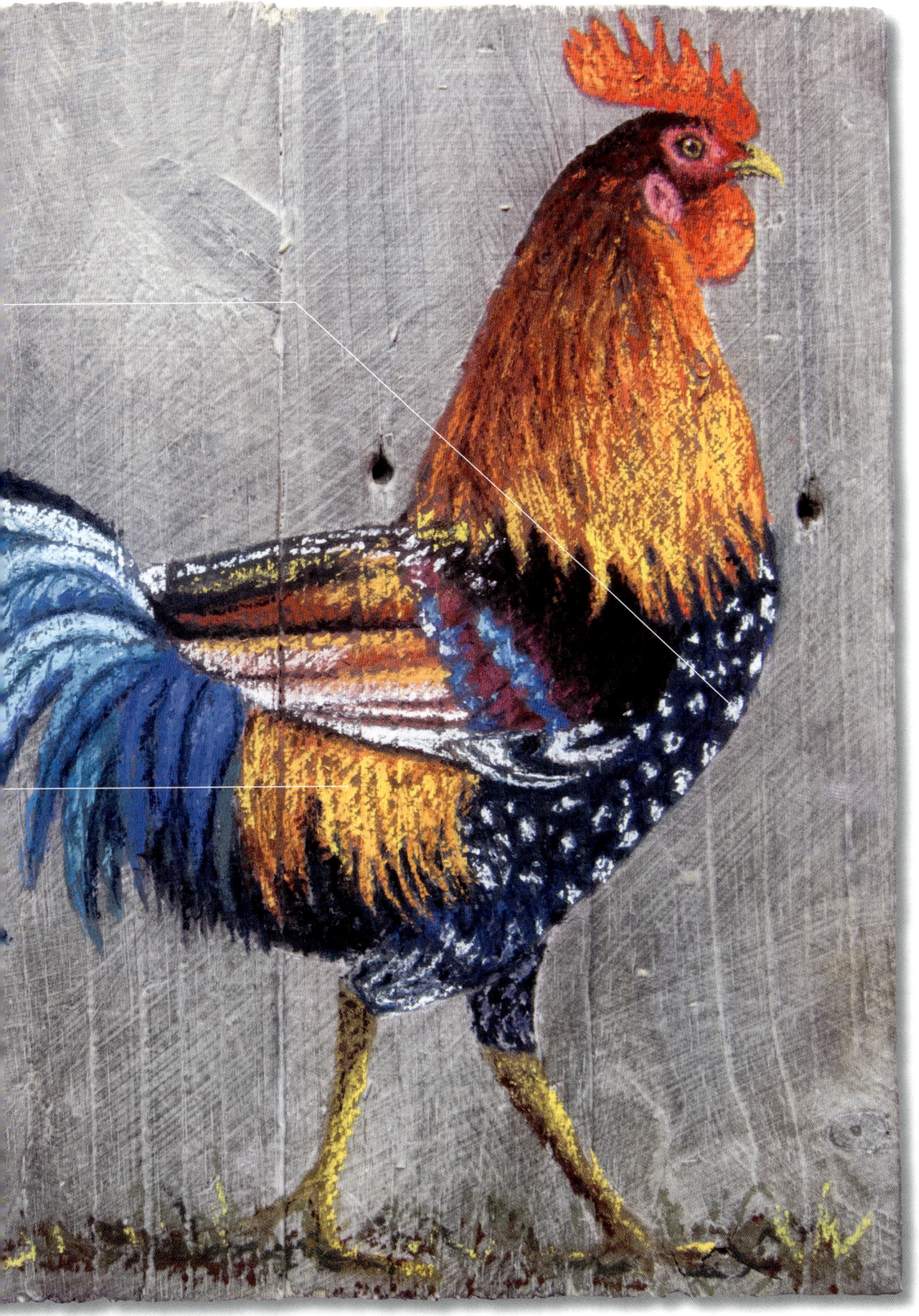

Tonos de piel

LAS SUTILEZAS DE DIBUJAR EL COLOR DE LA PIEL

La clave para dibujar tonos de piel es la observación. Los tonos, casi infinitos, van de claros y pálidos a intensos y oscuros. La temperatura, la luz, los colores reflejados y el contexto hacen que cada tono de piel sea tan único como el modelo. Para crear la paleta de un tono de piel, busca colores cálidos y fríos y determina un rango de colores a partir de los que lograr un efecto natural, como amarillos y verdes en la piel oliva o morados y azules en la piel muy oscura.

▪ Evaluar los tonos de piel

El color de la piel se evalúa como el de cualquier otro tema que quieras dibujar. Primero, determina el color real de cada área de la piel, y, luego, decide lo oscura o clara que es y cuán saturados o apagados son los colores. Elige la paleta de colores en consecuencia.

Tonos de piel clara

Tonos de piel oliva

Tonos de piel oscuros

Tonos de piel medios

Tonos de piel clara

Esbozo tonal

Contar con un plan tonal que defina los tres tonos principales es útil incluso al dibujar piel clara. Aquí hay muchos toques de luz en el cabello y donde la luz incide sobre la piel.

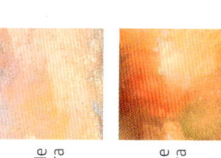
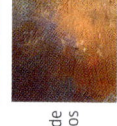
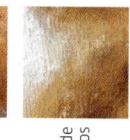

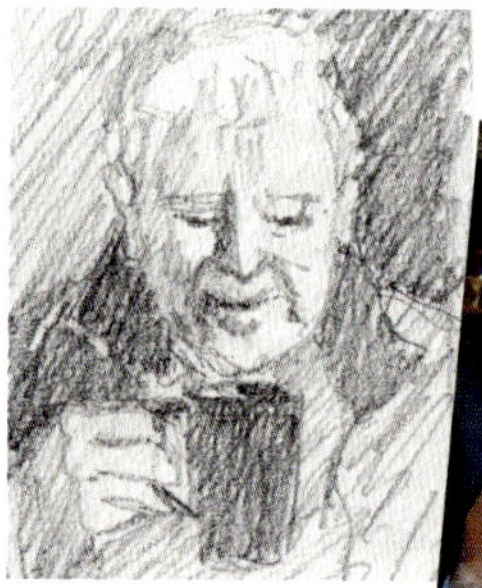

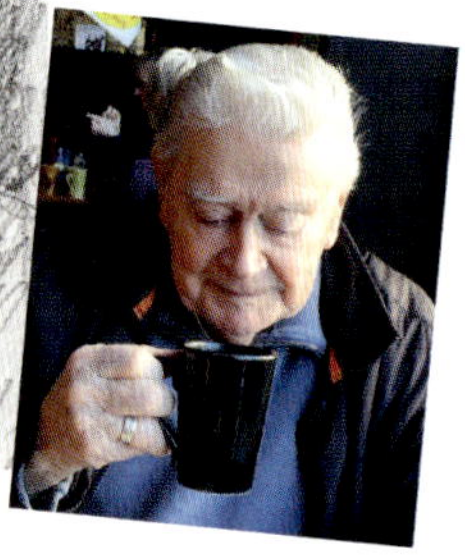

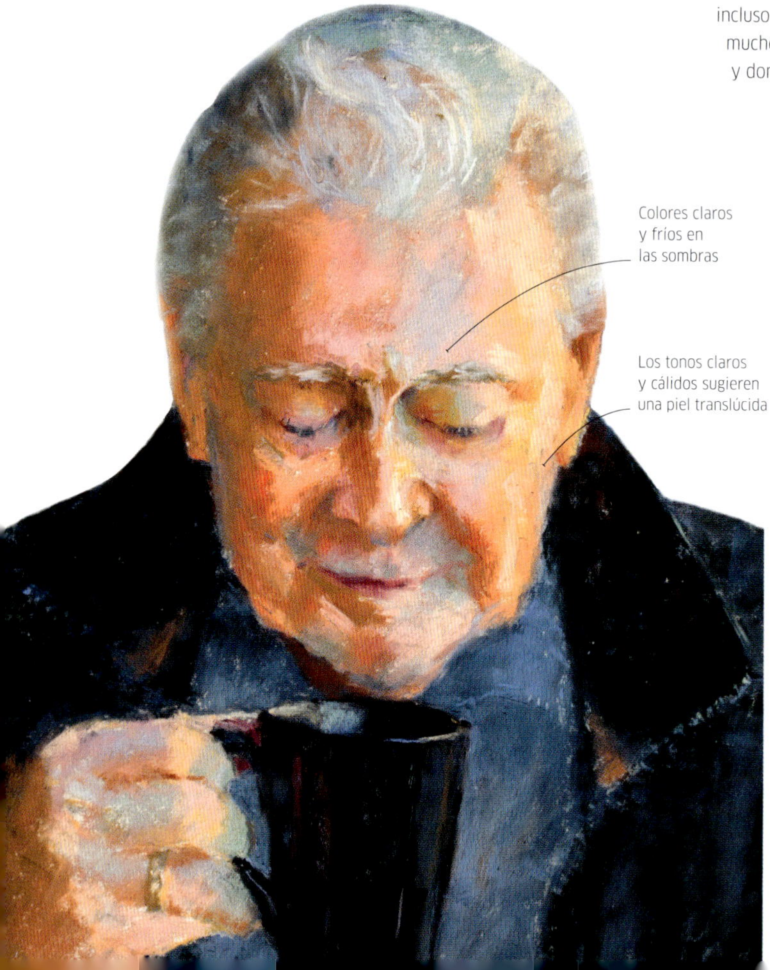

Colores claros y fríos en las sombras

Los tonos claros y cálidos sugieren una piel translúcida

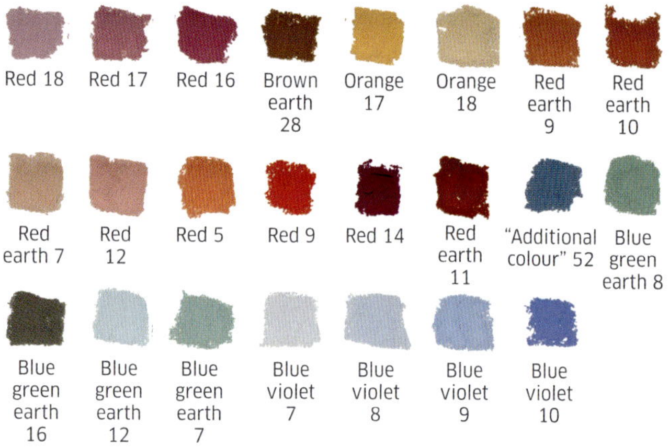

Red 18	Red 17	Red 16	Brown earth 28	Orange 17	Orange 18	Red earth 9	Red earth 10
Red earth 7	Red 12	Red 5	Red 9	Red 14	Red earth 11	"Additional colour" 52	Blue green earth 8
Blue green earth 16	Blue green earth 12	Blue green earth 7	Blue violet 7	Blue violet 8	Blue violet 9	Blue violet 10	

Paleta para piel clara

La piel clara es translúcida y deja entrever los vasos sanguíneos y los folículos de pelo bajo la piel. Para crear un tono de piel claro, combina rojos cálidos y azules y verdes fríos. Fíjate en que las sombras son bastante claras. No necesitarás colores demasiado oscuros.

Tonos de piel oliva

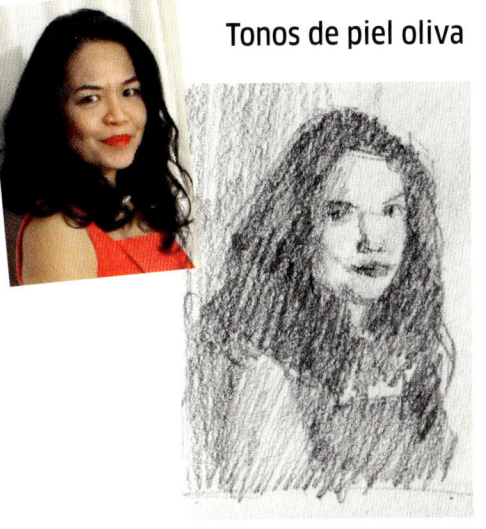

Esbozo tonal

Los oscuros se concentran en el cabello, los ojos y los labios, y la piel es de un color medio relativamente uniforme. Para describir la forma, observa los colores que se forman en las sombras y en los reflejos de luz.

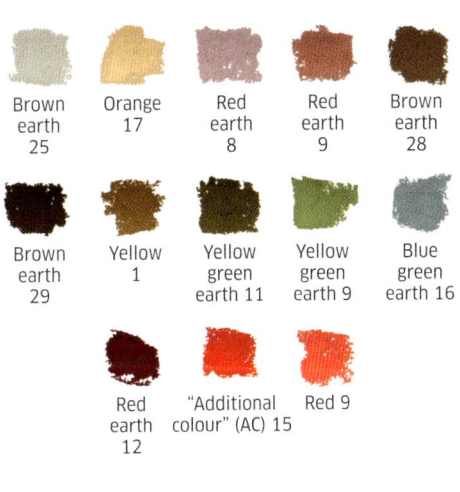

Brown earth 25	Orange 17	Red earth 8	Red earth 9	Brown earth 28
Brown earth 29	Yellow 1	Yellow green earth 11	Yellow green earth 9	Blue green earth 16
	Red earth 12	"Additional colour" (AC) 15	Red 9	

Paleta para piel oliva

Los tonos oliva se basan en rojos cálidos que tienden a un marrón apagado, a lo cual se suman amarillos y verdes cálidos para los tonos medios y los toques de luz. El rojo oscuro de los pómulos y la nariz equilibra los labios y el vestido.

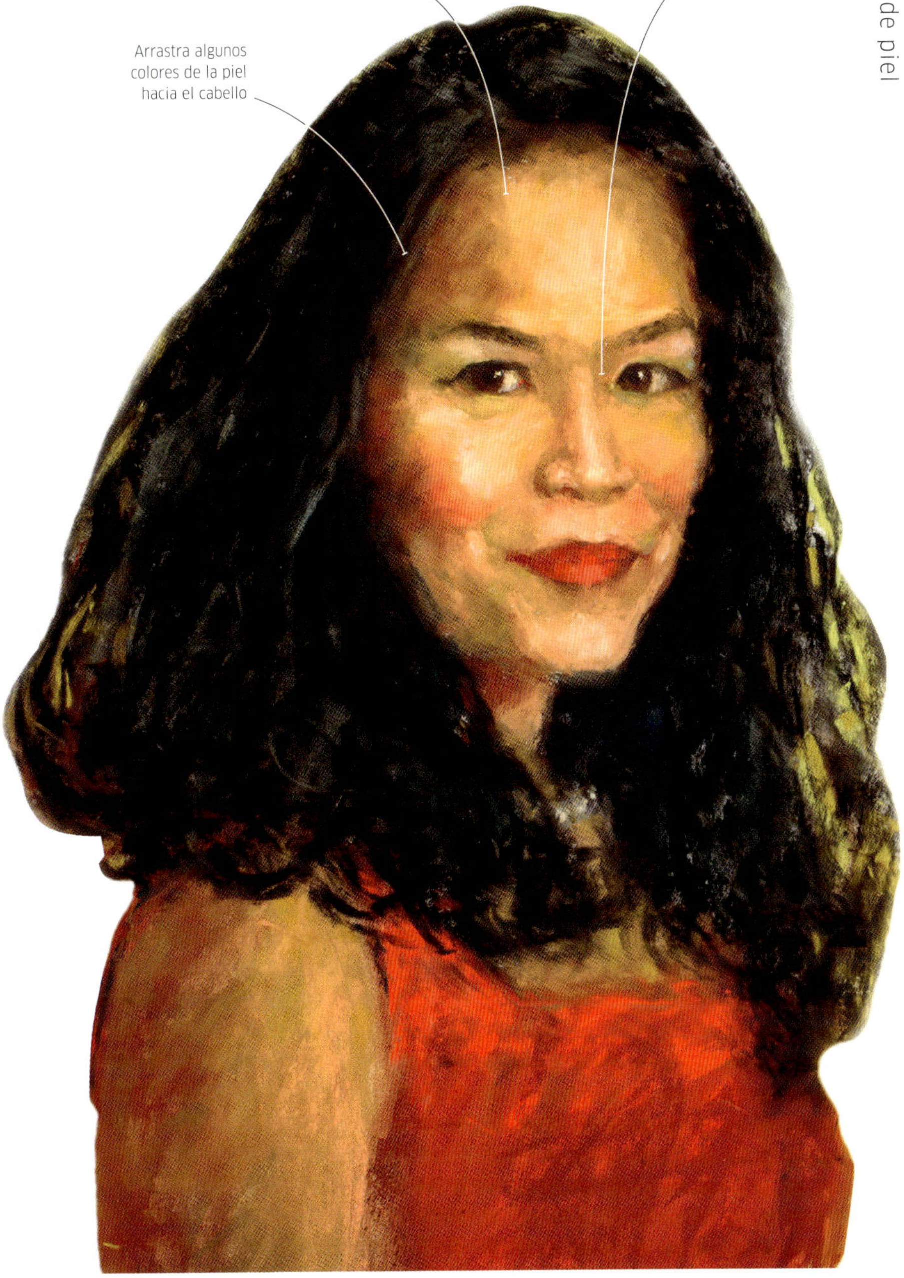

La paleta de tonos medios cálidos incluye marrones suaves

Se ha usado un cálido color tierra amarilla-verde en los tonos medios

Arrastra algunos colores de la piel hacia el cabello

«La **luz** siempre afecta al **aspecto de los tonos de piel**. Observa bien y no recurras a una paleta estándar: identifica las sutilezas de tu modelo.»

Tonos de piel oscura

Esbozo tonal

La piel oscura requiere muchos colores oscuros, lo que no impide reflejar las diferencias de tono en un esbozo. En general, tendrás que usar pocos colores claros, que sí aparecen en los toques de luz.

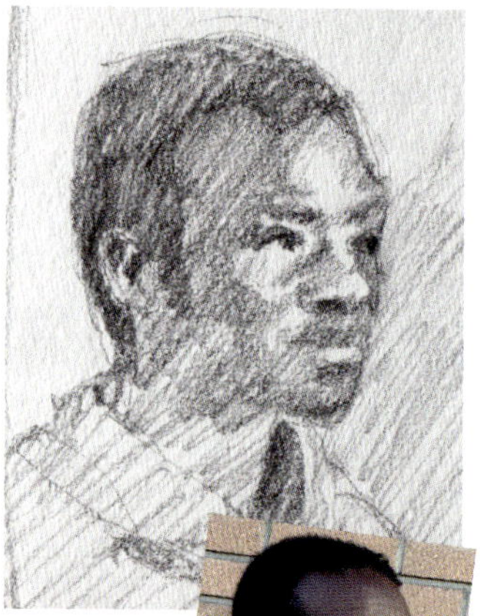

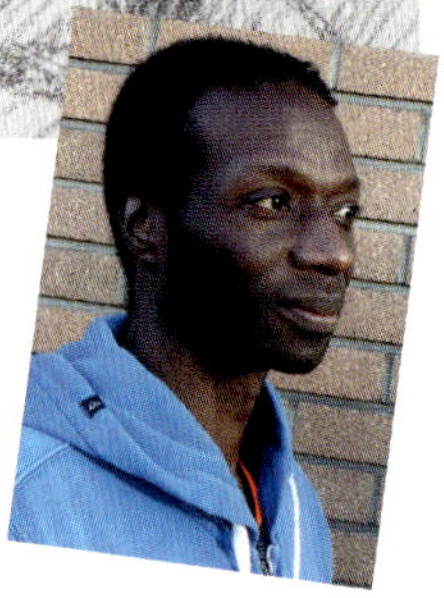

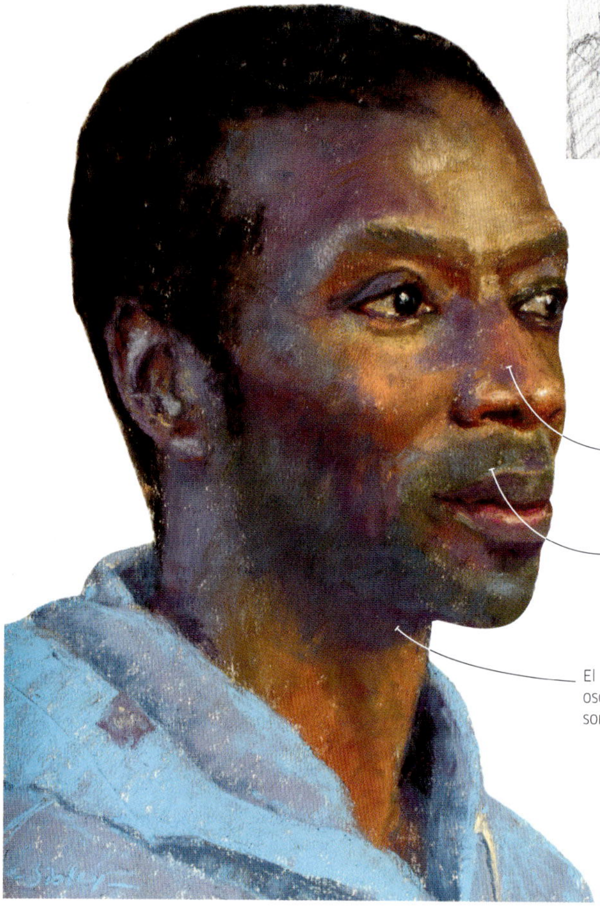

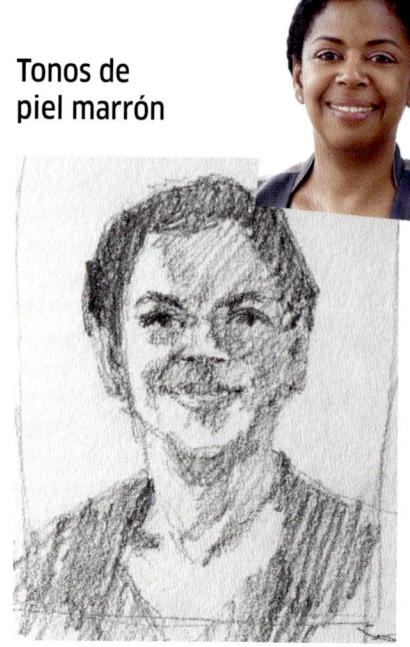

Un cálido tierra roja proporciona el tono medio

Verdes y azules oscuros para el vello facial

El azul-violeta oscuro describe sombras frías

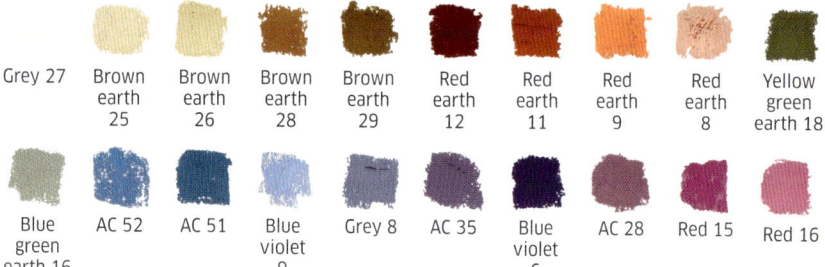

Grey 27 — Brown earth 25 — Brown earth 26 — Brown earth 28 — Brown earth 29 — Red earth 12 — Red earth 11 — Red earth 9 — Red earth 8 — Yellow green earth 18

Blue green earth 16 — AC 52 — AC 51 — Blue violet 9 — Grey 8 — AC 35 — Blue violet 6 — AC 28 — Red 15 — Red 16

Paleta para piel oscura

Los marrones cálidos y los púrpuras y azules fríos oscuros constituyen la base de esta paleta. Usarás un rojo cálido, más apagado en la piel y más intenso en los labios, en las narinas y en las comisuras de los ojos. Los azules y violetas oscuros se mezclan en los tonos más oscuros.

Tonos de piel marrón

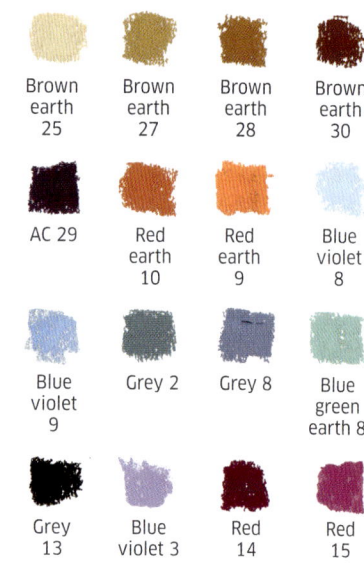

Esbozo tonal

Las áreas oscuras, medias y claras son discernibles incluso con una modelo bañada en luz. Los toques de luz son muy claros, en contraste con el amplio abanico de tonos medios en la piel tostada.

Brown earth 25 — Brown earth 27 — Brown earth 28 — Brown earth 30

AC 29 — Red earth 10 — Red earth 9 — Blue violet 8

Blue violet 9 — Grey 2 — Grey 8 — Blue green earth 8

Grey 13 — Blue violet 3 — Red 14 — Red 15

Paleta para piel marrón

Esta paleta tiene notas de azules y verdes fríos, pero es predominantemente cálida, con rojos y marrones apagados. Hay más variedad de tonos medios, y los oscuros no llegarán a precisar de los colores más oscuros de que dispongas. Los toques de luz son amarillos claros terrosos y azules claros.

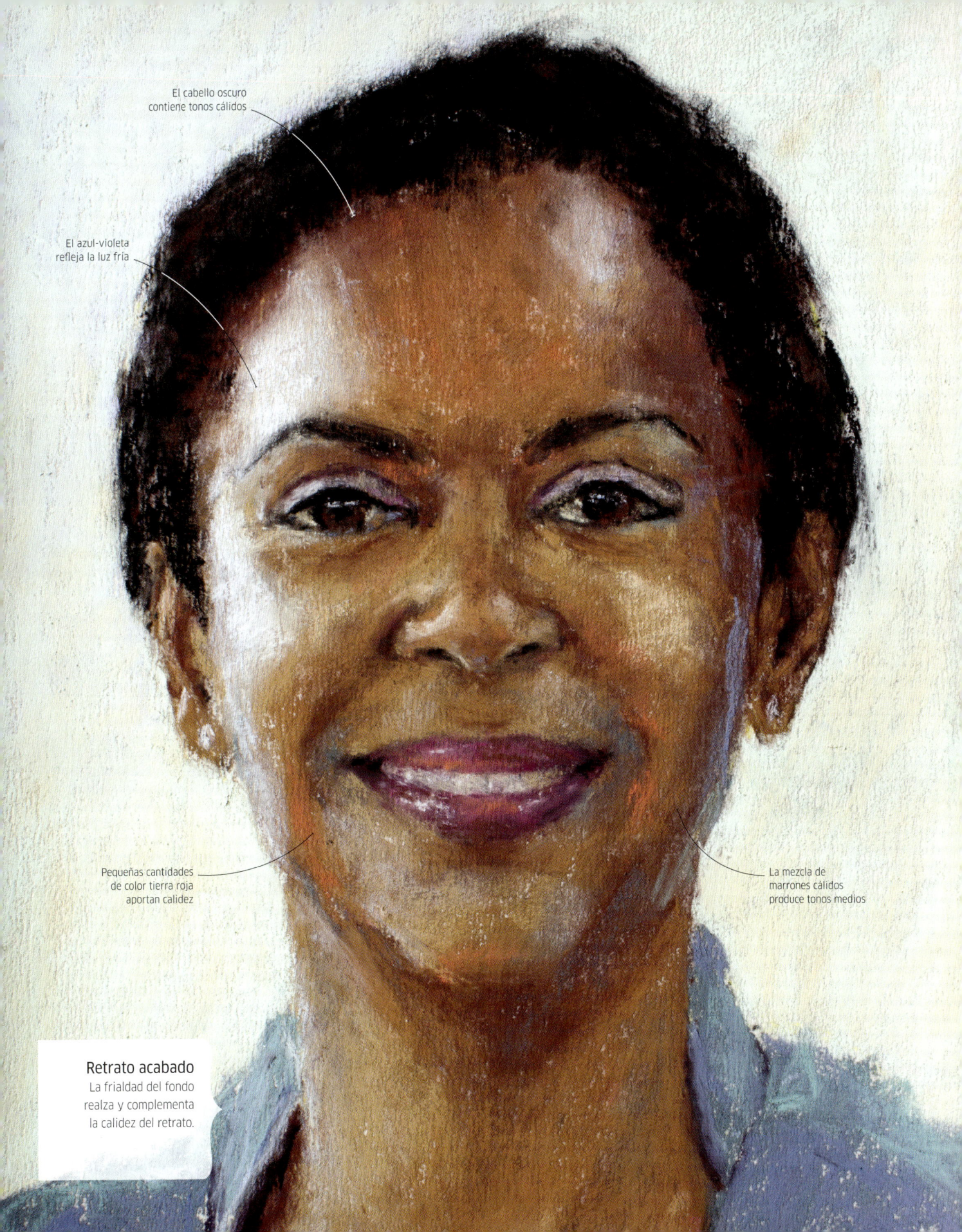

El cabello oscuro contiene tonos cálidos

El azul-violeta refleja la luz fría

Pequeñas cantidades de color tierra roja aportan calidez

La mezcla de marrones cálidos produce tonos medios

Retrato acabado
La frialdad del fondo realza y complementa la calidez del retrato.

Dibujar agua

CAPTAR AGUA QUIETA Y EN MOVIMIENTO

El agua se comporta de maneras muy distintas y se halla en formas diversas, desde estanques lisos como espejos hasta mares tempestuosos, pasando por ríos, arroyos y mareas. La hora del día, la dirección de la luz, el tiempo y las corrientes influirán en los colores, los patrones y las formas que se reflejen en el agua quieta y en movimiento.

■ Superficies de agua con y sin reflejos

El aspecto de la masa y de los reflejos del agua depende tanto de la fuerza que mueva la masa (como las mareas y las corrientes) como de lo que mueva o perturbe la superficie, como el viento o un objeto (una barca, por ejemplo). Observar correctamente los patrones de la superficie, la dirección de la luz y los colores del agua te ayudará a lograr dibujos más convincentes.

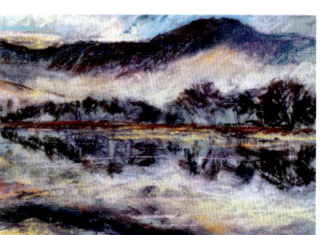

Calma chicha
Aquí, el agua está casi completamente lisa, y ofrece reflejos como si fuera un espejo. Los tonos de los colores reflejados son algo más apagados, pero las formas de las masas sólidas se reflejan casi a la perfección, con apenas distorsiones.

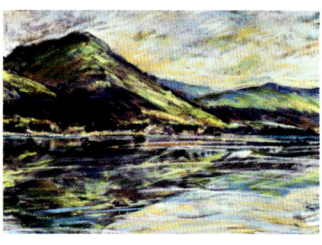

Superficie ligeramente ondulada
Cuando la brisa o un objeto perturba el agua, los reflejos se refractan y la superficie ondulada se rompe. Las líneas sueltas o restregadas plasman ese efecto con reflejos aún visibles, pero difusos.

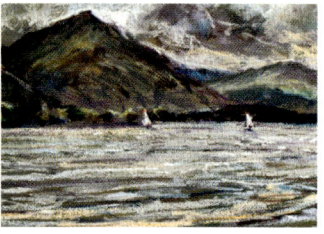

Superficie agitada
Las olas y las ondas crean una superficie irregular que puede hacer que los reflejos desaparezcan del todo. Busca los colores de la luz refractada sobre el agua y plásmalos restregando glaseados desde el cielo.

AGUA EN MOVIMIENTO

Los canales de Venecia son una oportunidad ideal para practicar técnicas con las que dibujar agua en movimiento constante, ya sea por el paso de las góndolas, por la brisa o por las corrientes.

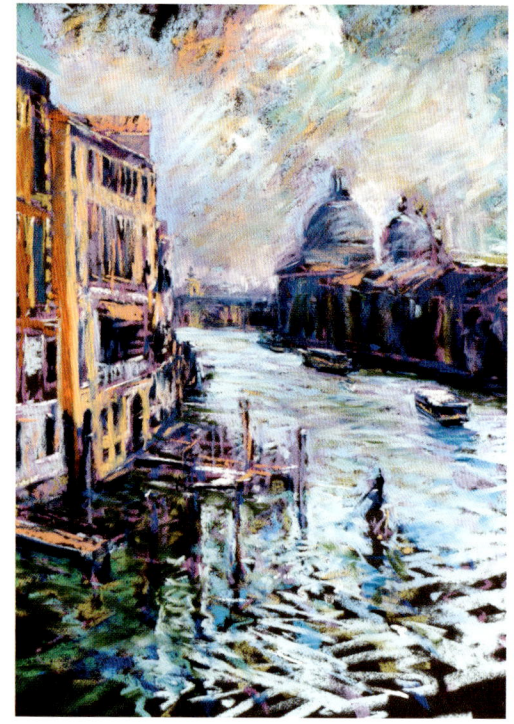

1 Siluetas iniciales
Comienza por ubicar los colores reales del lugar (no alterados por la luz) en las áreas correctas del dibujo. Haz marcas sueltas y sugerentes que transmitan energía; no intentes plasmar los detalles todavía. Los colores intensos funcionan muy bien sobre el papel negro.

«Presta atención a los **patrones de la superficie**, la dirección de la **luz**, y los **colores del agua**.»

Necesitarás

Blue green 4	Blue green 12	ZF34	Red earth 14	RD13	Green 27	Green 30	Blue violet 4	Blue violet 8	Blue violet 9

White 101.5	Light yellow 201.5	Deep yellow 202.7	Brown ochre 57B	Ultramarine light 505.7	Ultramarine deep 506.5	Cap mort red 343.9	Raw sienna 234.5	Permanent red deep 371.9	Permanent red deep 371.5

- Pasteles Unison Colour
- Pasteles Rembrandt
- Lápiz pastel Derwent
- Fijador
- Papel para pastel Canson Mi-Teintes Touch de 350 g/m² (negro)

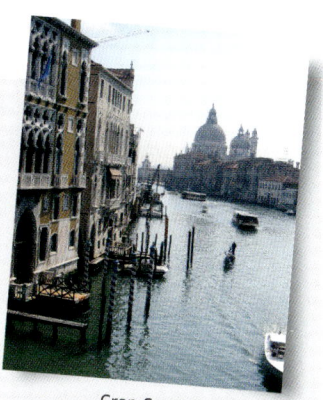

Gran Canal de Venecia

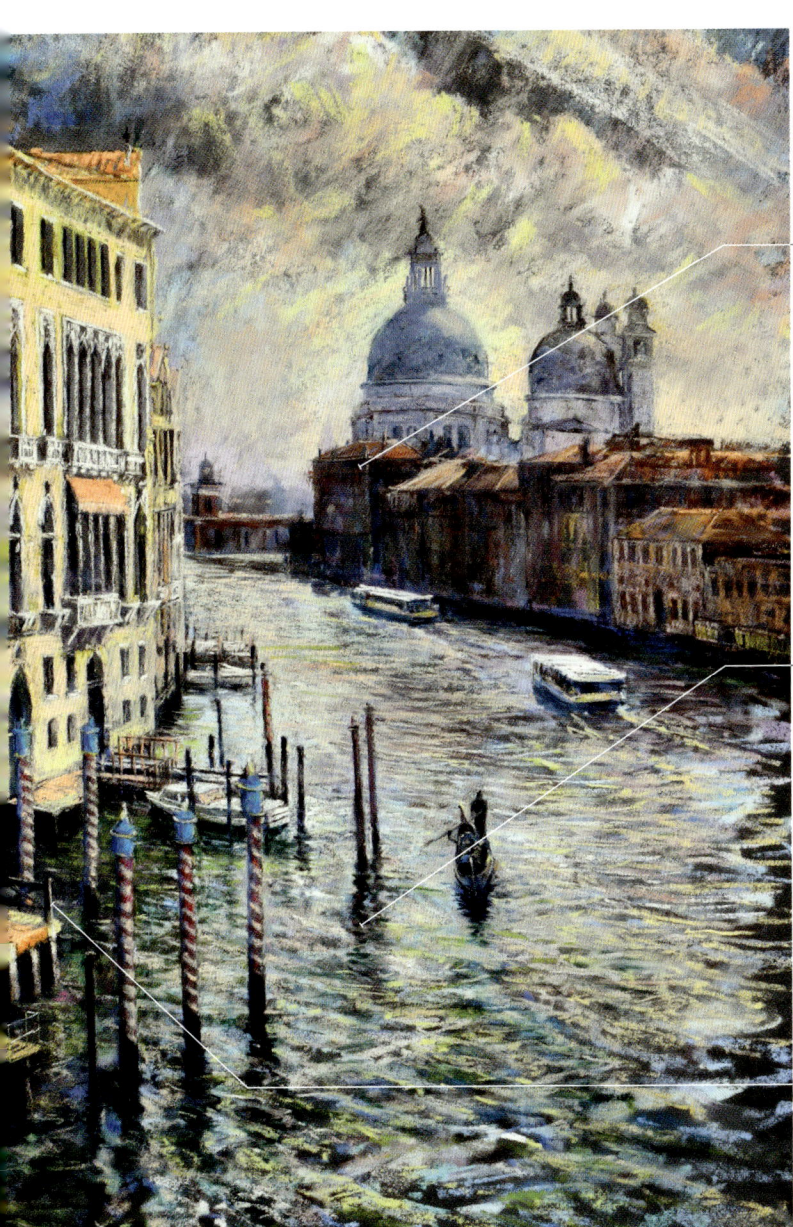

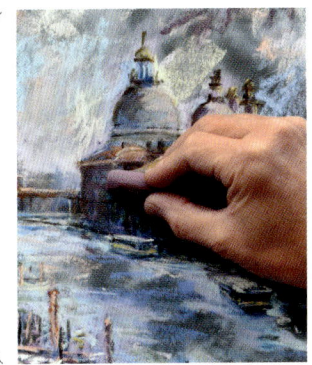

2 Trazos direccionales

Define las formas sólidas usando trazos direccionales de anchos y colores distintos. Aplica grises apagados con trazos laterales para plasmar los reflejos suaves a media y larga distancia y para añadir profundidad al agua.

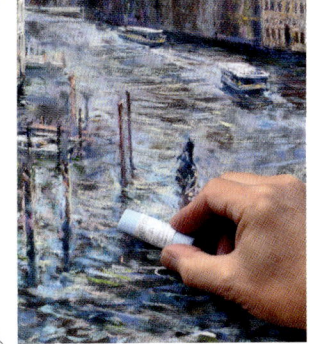

3 Fijar y restregar

Rocía el dibujo con fijador para conservar las capas que ya has dibujado. Pinta con colores claros y medios en distintas direcciones para imitar la luz rota sobre la superficie del agua y plasmar la dirección de la corriente.

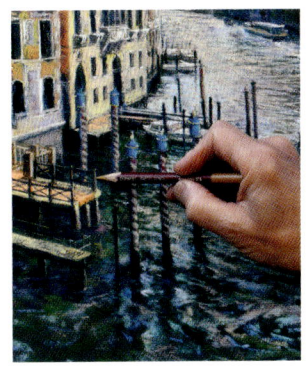

4 Últimos detalles

Añade los últimos toques de luz y trabaja con todo el espectro de colores. Presta atención a las ondulaciones del primer plano y a los colores más oscuros del agua profunda. Si es necesario, refina los detalles con lápices pastel.

AGUAS SERENAS Y REFLECTANTES

Los estanques ofrecen reflejos espectaculares y multitud de elementos interesantes. Aquí, los llamativos reflejos contrastan acentuadamente con las oscuras palmeras. Los colores elegidos dependerán de la estación del año y de la hora del día. Esta escena primaveral se dibujó a media mañana, y los colores son definidos, limpios y saturados.

Necesitarás

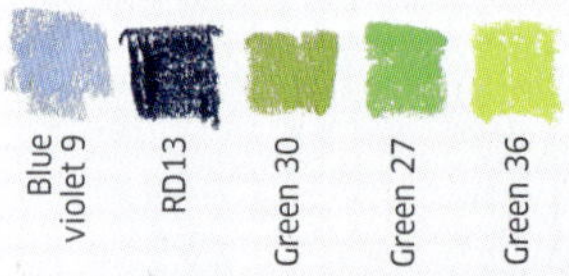

Blue violet 9

RD13

Green 30

Green 27

Green 36

Light yellow 201.5

Turquoise blue 522.8

Burnt sienna 411.9

Light orange 236.5

Cinnabar green deep 627.3

Permanent red 372.10

Permanent red light 370.5

Ultramarine deep 506.5

White 100.5

- Pasteles Unison Colour
- Fijador
- Papel para pastel Canson Mi-Teintes Touch de 350 g/m² (negro)

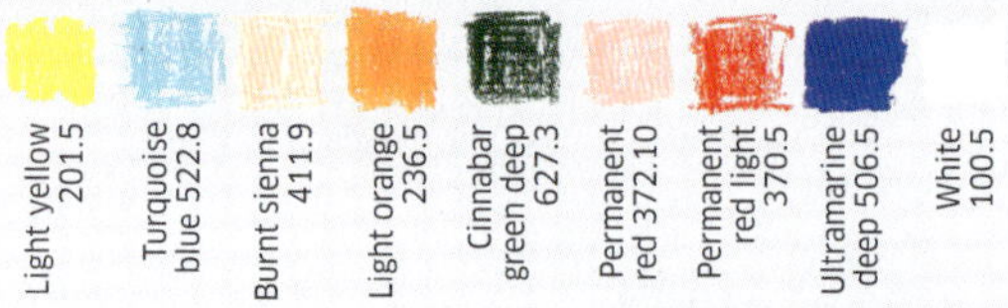

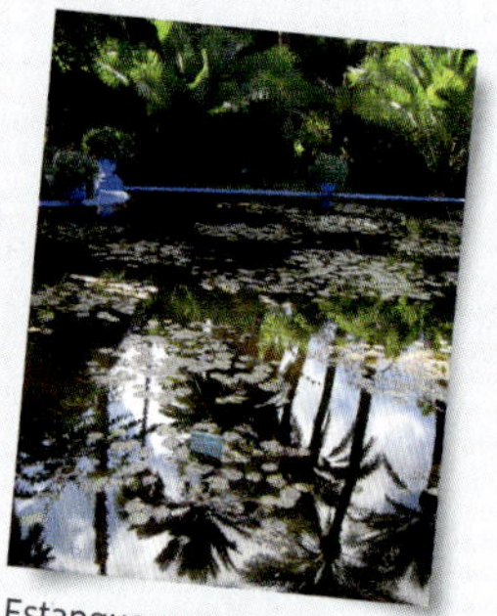

Estanque profundo y reflectante

1 Luz del sol y sombra

Determina las áreas de luz y de sombra usando tonos más cálidos en el primer plano y más fríos en el fondo. Incluye las sombras oscuras de las palmeras y define los reflejos especulares, que contrastan con los toques de luz claros. Aplica trazos en distintas direcciones y alterna entre las zonas cálidas y las frías. Haz marcas sueltas y variadas para plasmar una impresión general del estanque.

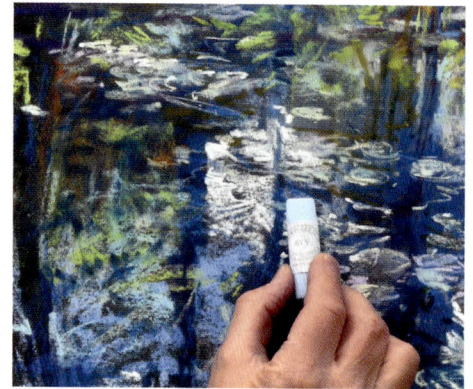

2 Intensificar el color y la forma

Céntrate en los claros más claros y en los oscuros más oscuros, y después en los tonos intermedios. Superpón capas de colores distintos usando las puntas y los laterales de los pasteles. Rocía con fijador y espera a que se seque antes de seguir dibujando. Como la mirada tiende a seguir la dirección de los trazos, usa trazos descendentes para los reflejos oscuros, como los troncos y las frondas de las palmeras, y horizontales para los reflejos más claros.

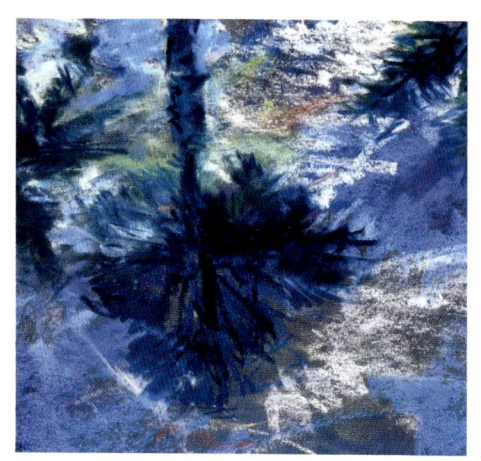

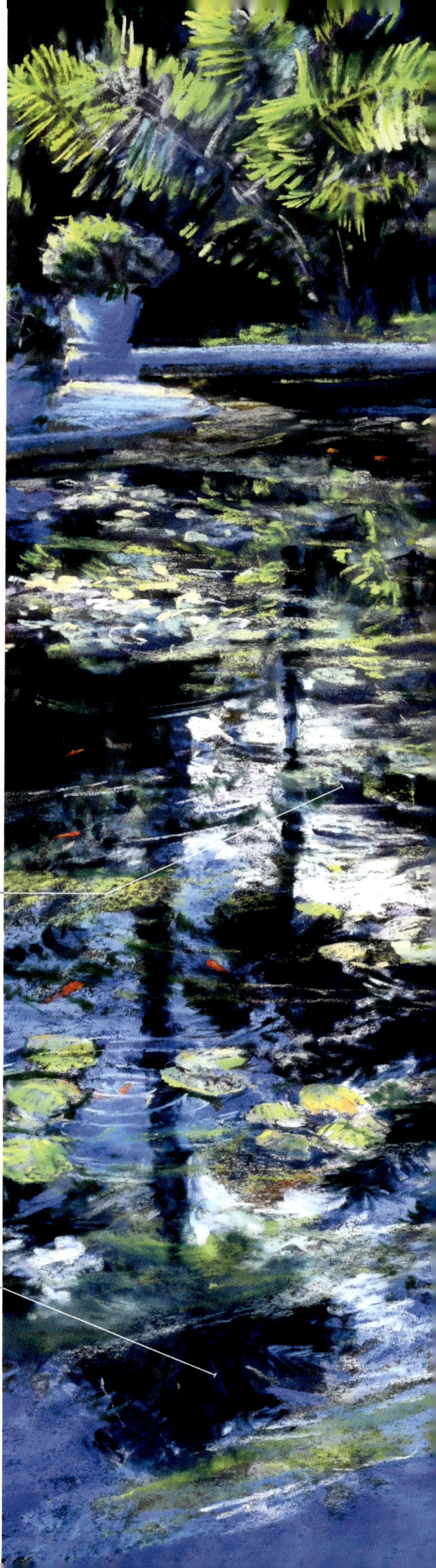

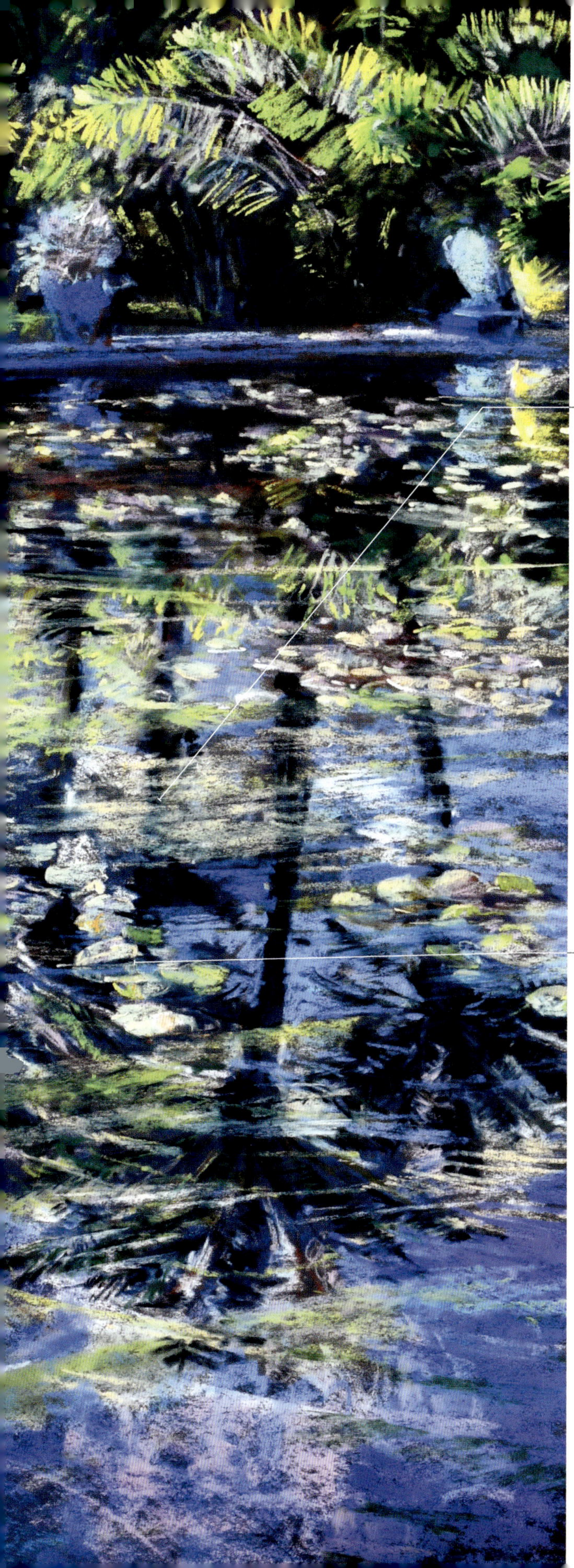

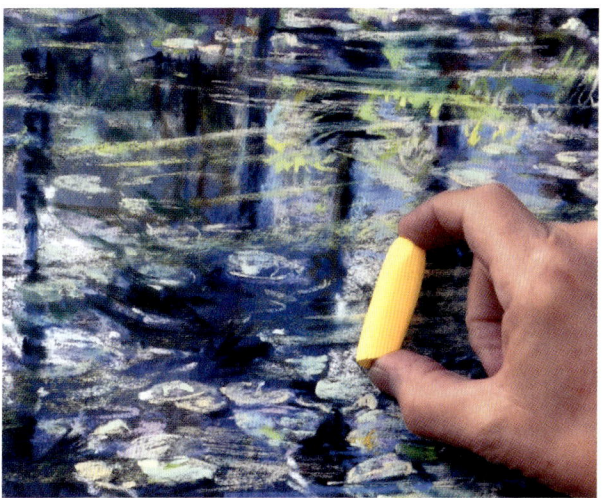

3 Detalles de la superficie

Las capas que has aplicado hasta ahora habrán creado la ilusión de profundidad en el agua. Ahora, trabaja las características de la superficie en sí y añade brillo para transmitir el centelleo de la luz. Usando el lateral del pastel y fragmentando el color, restriega sobre la superficie pasteles claros y suaves de colores cálidos para que el agua oscura siga siendo visible.

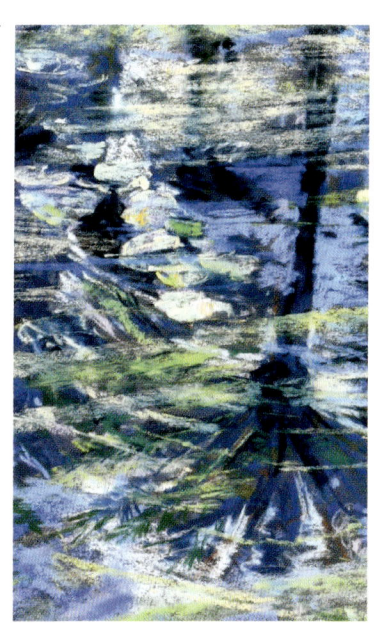

4 Ajustes finales

Evalúa el dibujo y haz los últimos retoques, como intensificar los oscuros, añadir toques de luz o usar colores complementarios para insistir en elementos concretos, como los nenúfares de color amarillo claro sobre el agua violeta pálido. Haz marcas de un rojo brillante para indicar los peces de colores, guiar la mirada por las áreas más oscuras y añadir puntos de interés visual.

«El horizonte alto intensifica el énfasis sobre el área abarcada por el reflejo del estanque.»

Pasar a la abstracción

SIMPLIFICAR E INTERPRETAR

Una manera de trabajar de forma más abstracta es elegir un tema (un paisaje, una figura o una naturaleza muerta) y simplificarlo eliminando los detalles y revelando las formas subyacentes. Aléjate del realismo y experimenta con colores alternativos y marcas interpretativas.

◼ Experimentar con lo abstracto

Elige una imagen y esboza vistas distintas usando formas simplificadas que plasmen el detalle tonal. Experimenta con opciones de colores y cambia la clave, la temperatura de color o los valores.

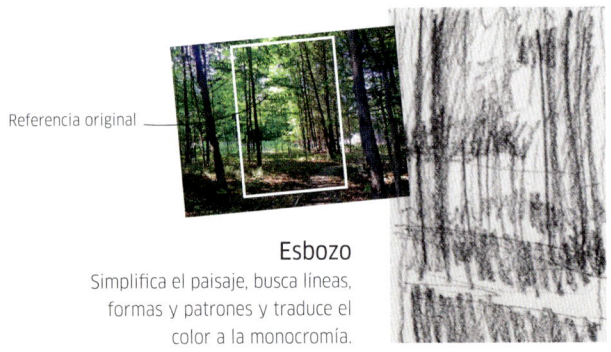

Referencia original

Esbozo
Simplifica el paisaje, busca líneas, formas y patrones y traduce el color a la monocromía.

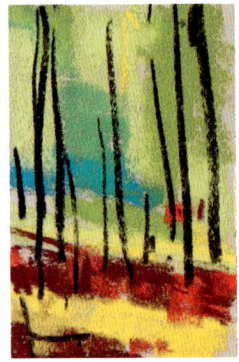

Estudio en colores naturales
Prueba un esquema de color y marca la luz y la sombra con formas coloreadas. Estos colores se basan en la fotografía original.

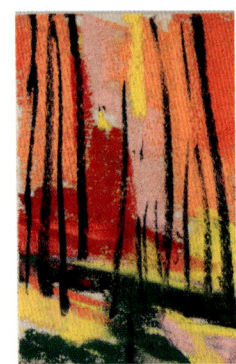

Estudio en colores vivos
Prueba con colores que no veas en la naturaleza. No te reprimas. Una paleta de colores inusuales te aproximará a la abstracción.

PONLO EN PRÁCTICA

Las potentes líneas verticales y los contrastes de luz y de sombra de esta escena boscosa aceptan muy bien la paleta abstracta de colores vivos y las marcas libres.

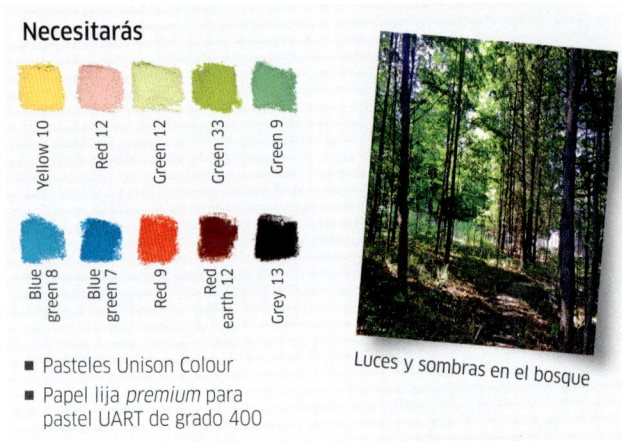

Necesitarás

Yellow 10 Red 12 Green 12 Green 33 Green 9

Blue green 8 Blue green 7 Red 9 Red earth 12 Grey 13

- Pasteles Unison Colour
- Papel lija *premium* para pastel UART de grado 400

Luces y sombras en el bosque

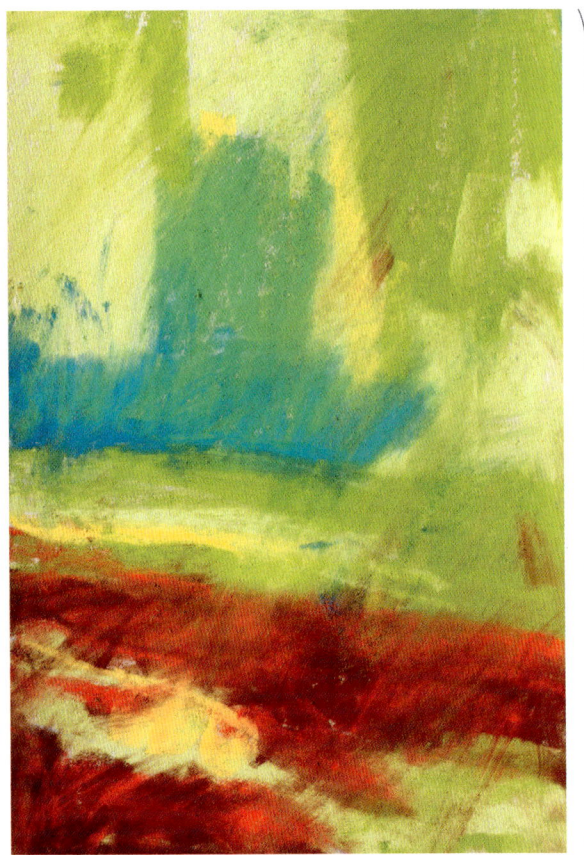

1 La paleta de colores
Aplica los colores básicos de tu paleta. Aquí, los rojos y naranjas cálidos contrastan con los verdes y azules fríos. Solidifica los colores pasándoles un pañuelo de papel por encima.

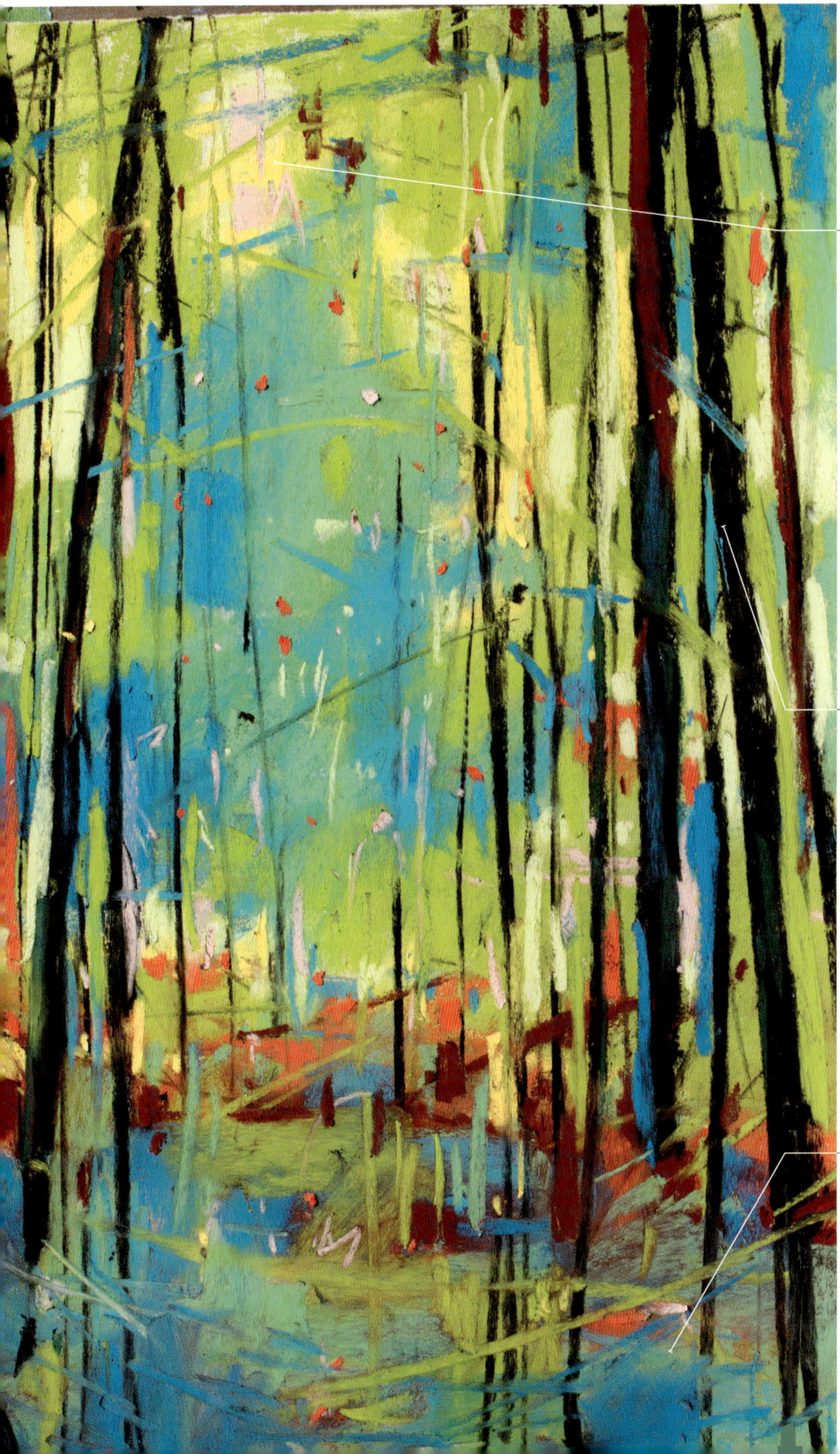

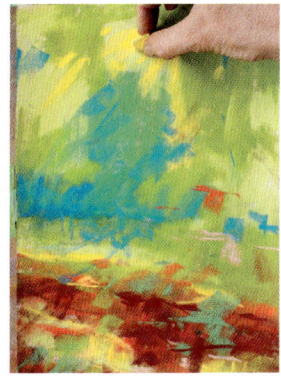

2 Superponer marcas
Plasma la luz añadiendo marcas sueltas y rotas sobre la capa restregada. Usa los mismos colores que en la primera capa.

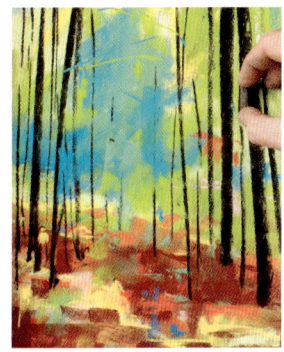

3 Añadir las verticales
Los troncos realzan la vista y el formato. Añade la esencia de las líneas verticales con marcas aleatorias y aplicadas con rapidez.

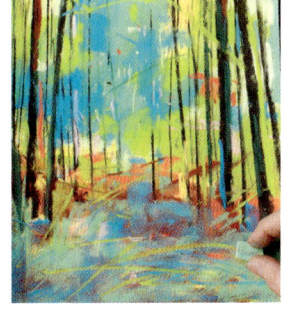

4 Ir más allá de la fotografía
Añade tu propia interpretación cromática a la parte inferior del dibujo, que no aparece en la imagen de referencia. «Escucha» al dibujo. ¿Qué te pide?

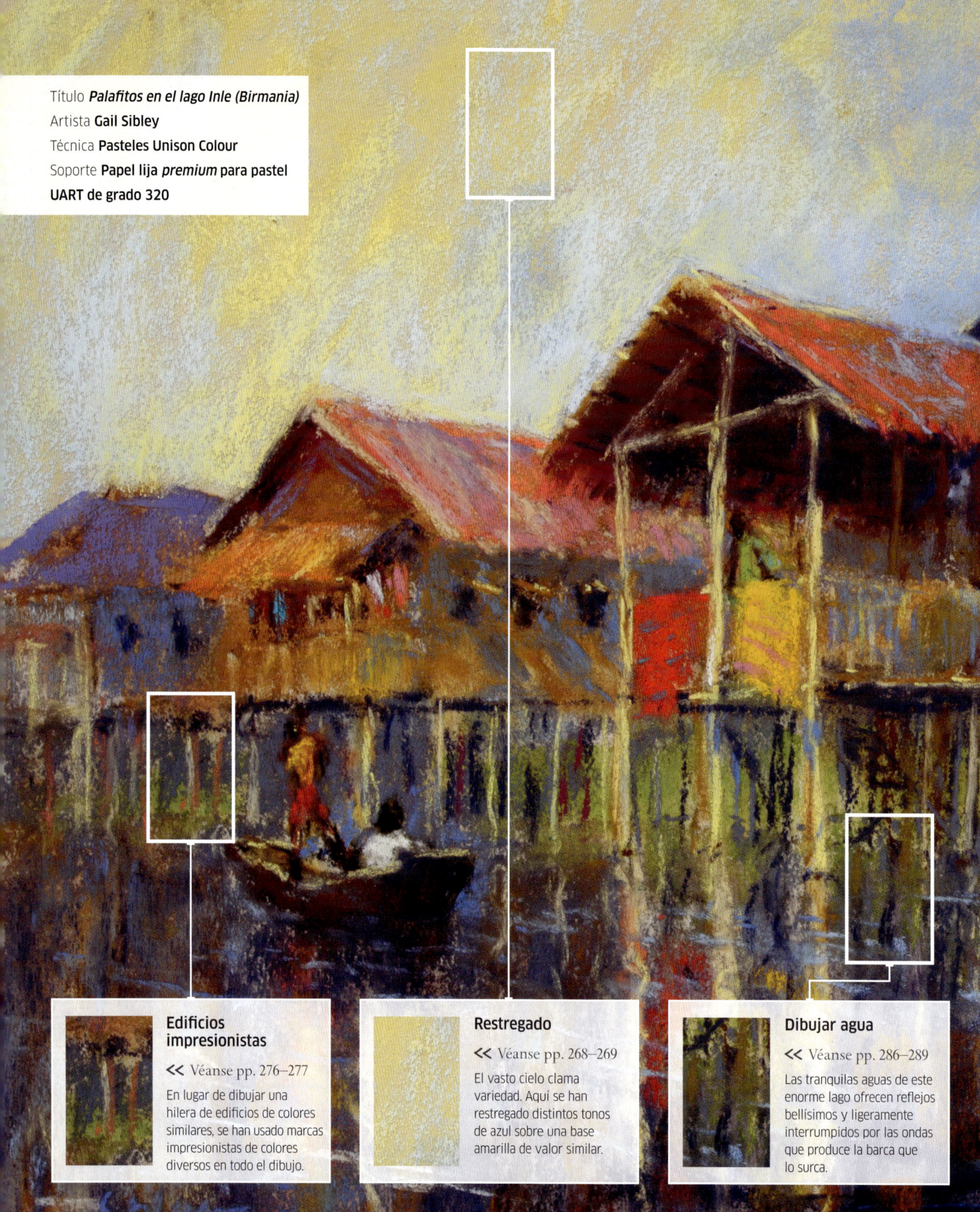

Título *Palafitos en el lago Inle (Birmania)*
Artista **Gail Sibley**
Técnica **Pasteles Unison Colour**
Soporte **Papel lija** *premium* **para pastel**
UART de grado 320

Edificios impresionistas

« Véanse pp. 276–277

En lugar de dibujar una hilera de edificios de colores similares, se han usado marcas impresionistas de colores diversos en todo el dibujo.

Restregado

« Véanse pp. 268–269

El vasto cielo clama variedad. Aquí se han restregado distintos tonos de azul sobre una base amarilla de valor similar.

Dibujar agua

« Véanse pp. 286–289

Las tranquilas aguas de este enorme lago ofrecen reflejos bellísimos y ligeramente interrumpidos por las ondas que produce la barca que lo surca.

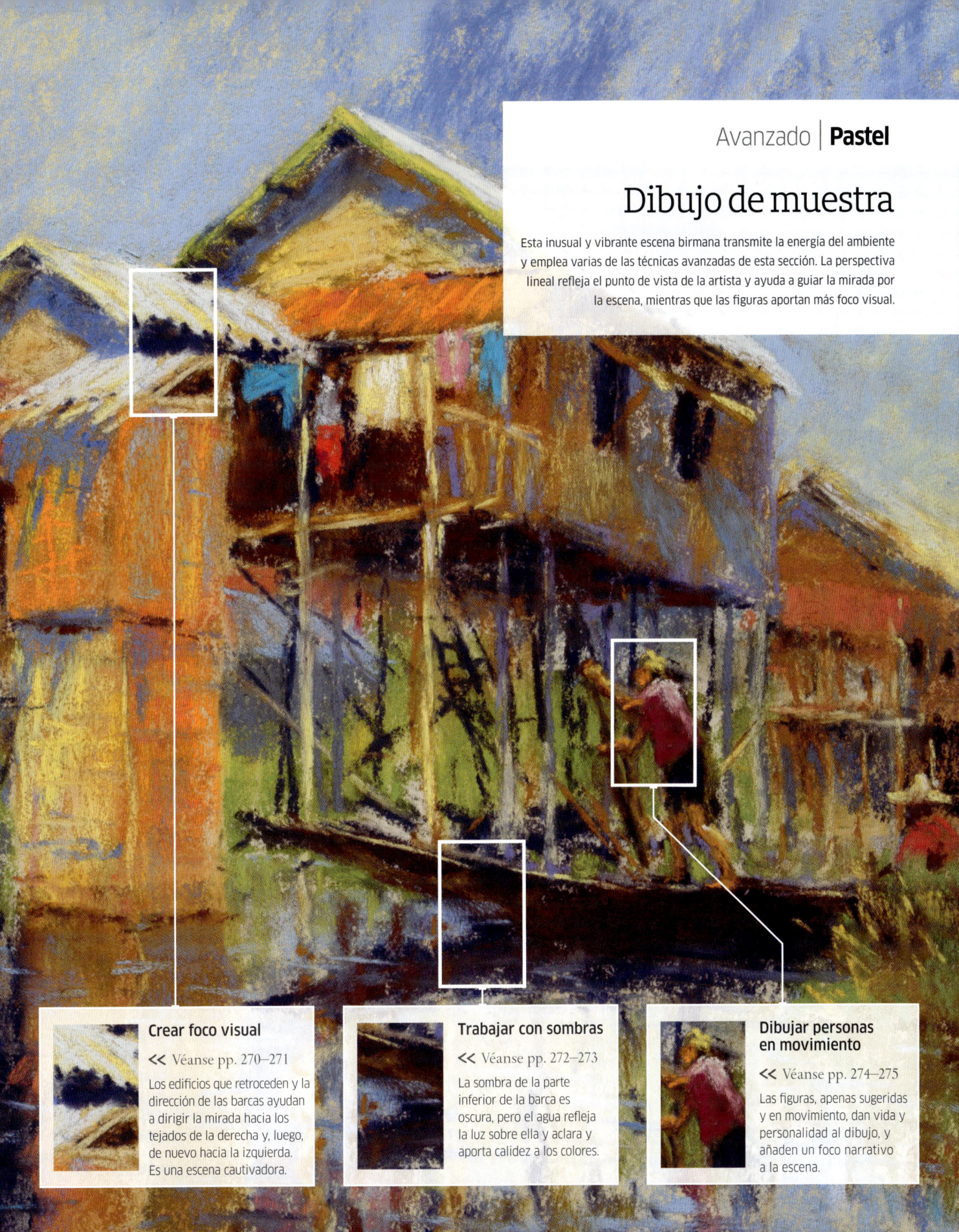

Dibujo de muestra

Esta inusual y vibrante escena birmana transmite la energía del ambiente y emplea varias de las técnicas avanzadas de esta sección. La perspectiva lineal refleja el punto de vista de la artista y ayuda a guiar la mirada por la escena, mientras que las figuras aportan más foco visual.

Crear foco visual

<< Véanse pp. 270–271

Los edificios que retroceden y la dirección de las barcas ayudan a dirigir la mirada hacia los tejados de la derecha y, luego, de nuevo hacia la izquierda. Es una escena cautivadora.

Trabajar con sombras

<< Véanse pp. 272–273

La sombra de la parte inferior de la barca es oscura, pero el agua refleja la luz sobre ella y aclara y aporta calidez a los colores.

Dibujar personas en movimiento

<< Véanse pp. 274–275

Las figuras, apenas sugeridas y en movimiento, dan vida y personalidad al dibujo, y añaden un foco narrativo a la escena.

Glosario

Los términos con entrada propia aparecen en **negrita**.

aguada
Dilución de un color o pigmento en agua, con otros aditivos o sin ellos.

barrera
Aplicación de un material que repele el lápiz, la tinta o la acuarela para proteger los toques de luz en el papel que queda debajo.

barrido
Técnica que usa tonos o líneas claras para lograr transiciones sutiles entre colores y suavizar bordes.

bordes (duros y blandos)
Método para definir un tema con bordes claros y definidos (duros) o desdibujados (suaves) usando diversos medios.

brazaletes
Véase **contornear**.

capas
Aplicaciones de un color sobre otro para crear profundidad o tono o enriquecer colores.

círculo cromático
Sistema de ordenación de los colores para mostrar la relación entre los **colores primarios, secundarios, terciarios y complementarios**.

claro a oscuro
Técnica para construir color desde tonos claros hasta oscuros.

claroscuro
Crear contrastes de luces y sombras para lograr efectos impactantes.

clave tonal
Valor tonal global de un cuadro: los cuadros claros tienen una clave alta y los oscuros, una clave oscura.

color desaturado
Color que se ha apagado añadiendo un poco de su complementario. Cualquier mezcla de dos **colores complementarios** da un color neutro gris, café, color tierra o quebrado.

colores análogos
Colores contiguos en el círculo cromático. Pueden ser primarios, secundarios o terciarios.

colores cálidos
Colores de tono rojizo o anaranjado. Los colores cálidos parece que avancen en un cuadro, lo que se puede usar para crear **perspectiva aérea**.

colores complementarios
Pares de colores situados en lados opuestos del **círculo cromático**: rojo y verde, amarillo y púrpura y azul y naranja.

colores fríos
Colores de tono azulado. Parece que se alejan en la imagen, por lo que se pueden usar para crear una **perspectiva aérea**.

colores neutros
Colores que no aparecen en el círculo cromático, incluyendo el blanco, negro, gris y tonos marrones o quebrados.

colores primarios
Colores que no se pueden obtener a partir de mezclas de otros; son tres: rojo, amarillo y azul. La mezcla de dos primarios produce un **color secundario**.

colores secundarios
Colores obtenidos mezclando dos **colores primarios**; son el verde (mezcla de azul y amarillo), naranja (mezcla de rojo y amarillo) y púrpura (mezcla de rojo y azul).

colores terciarios
Colores situados entre los **colores primarios y secundarios** en el **círculo cromático**. Se crean mezclando una mayor proporción de color primario en el color secundario.

composición
Manera en que se ordenan los elementos de un dibujo para crear un todo armonioso.

composición dinámica
Usar líneas diagonales potentes para transmitir energía y animación.

contornear
Técnica de dibujo que usa las líneas de contorno para sugerir la forma.

contorno
Línea que se dibuja alrededor de una forma curva para crear ilusión de tridimensionalidad.

contraluz
La fuente de luz está detrás del objeto y deja en la sombra los detalles, lo que aporta a la composición una atmósfera especial.

dibujo subyacente
Dibujo inicial, a menudo monocromo o hecho con lápiz blando, que sitúa los elementos principales de la composición.

difuminar
Técnica en la que dos colores se mezclan gradualmente en el dibujo.

difumino
Papel suave enrollado, muy prieto y con forma de lápiz que se usa para mezclar, difuminar, retirar o dibujar con carboncillo

esbozo
Croquis o boceto preparatorio que se usa para evaluar los elementos principales de una composición en términos de líneas, tono y color.

escala
Representación correcta de los distintos elementos de un dibujo en proporción entre ellos.

escorzo
Efecto de la perspectiva por el que una línea o forma se dibuja más corta de lo que es en realidad para crear la ilusión de **retroceso** o proyección.

esgrafiado
Técnica en la que se rasca la capa de la superficie para revelar un color inferior o el papel, que así contrastan.

espacio negativo
Espacios entre objetos. Es tan importante como las **formas positivas** para crear una buena composición.

forma positiva
Silueta de un objeto.

formas sombreadas
La forma de las sombras, que se puede usar para definir áreas tonales en el dibujo.

fuente primaria
Un esbozo, fotografía o referencia original creada por el artista y usada como modelo para trabajar.

fuente secundaria
Material de referencia encontrado (no creado) y usado por el artista como modelo para dibujar.

glaseado
Aplicación de capas transparentes o de **aguadas** de color.

grafito
Forma del carbono que se mezcla con arcilla y agua y que se hornea para confeccionar un útil de dibujo. Un lápiz es una barra de grafito rodeada de madera.

grano
La textura de la superficie del papel. Algunos medios, como el carboncillo y el pastel, necesitan un papel con más grano que retenga el pigmento. También alude a la dirección en la que se alinean las fibras del papel.

húmedo sobre húmedo
Añadir capas de **aguada**, tinta, pastel o lápiz acuarelable sobre papel húmedo o sobre pintura aún húmeda. Produce bordes blandos y desdibujados.

húmedo sobre seco
Añadir capas de **aguada** sobre colores que ya se han secado. Este modo de pintar produce colores vivos con bordes potentes.

líquido enmascarador
Líquido de látex que se aplica sobre el papel y hace de **barrera** al lápiz, la tinta o la **aguada**, por lo que protege el papel que hay debajo.

marcar bloques
Aplicar color a áreas de un dibujo para definir los bloques principales de **valores tonales** claros y oscuros.

marcas cruzadas
Líneas paralelas y cruzadas que crean tono y densidad.

medio
Material o técnica usado para dibujar, como lápiz, carboncillo, pluma y tinta o pastel.

modelar
Utilizar el tono o el color para sugerir formas tridimensionales mediante la luz y la sombra.

monocromo
Trabajo con un solo color.

NOT (papel)
Véase **papel prensado en frío.**

oscuro a claro
Ir de un tono oscuro a un tono claro superponiendo colores. Se puede lograr al **retirar** tonos en dibujos de grafito o de carboncillo.

paleta
El conjunto de colores elegidos para dibujar o pintar.

papel de acuarela
Papel de calidad destinado a la acuarela y que también se puede usar para dibujar. El **papel prensado en caliente** y liso es adecuado para dibujar a lápiz; el **papel prensado en frío (NOT)** tiene una textura más rugosa y más adecuada para el carboncillo o el pastel o para añadir efectos de textura a la pluma y la tinta.

papel de algodón
Papel hecho con algodón de color natural y cuya superficie tiene textura.

papel lija
Papel con **grano** ideal para el pastel, porque la superficie rugosa acepta múltiples aplicaciones de pasteles duros y blandos.

papel prensado en caliente
Papel con una superficie muy lisa, adecuado para dibujos a lápiz o con pluma y tinta o para **aguadas.**

papel prensado en frío
Papel con una superficie de textura rugosa que retiene bien el pigmento y es adecuado para los detalles. En inglés también se lo conoce como papel **NOT** (apócope de «no prensado en caliente»).

perspectiva
Método para dar sensación de profundidad sobre una superficie plana mediante el uso de la técnica de **modelar**, la **perspectiva lineal** y la **perspectiva aérea.**

perspectiva aérea
Ilusión de profundidad, cuando los objetos distantes parecen ser de tonos más suaves y fríos en comparación con los detalles más cálidos y detallados y enfocados de los objetos del primer plano.

perspectiva lineal
Ilusión de tridimensionalidad y de profundidad que muestra cómo las líneas paralelas convergen a lo lejos.

pigmento
Partículas de color inherente que se pueden utilizar en dibujos y en pinturas. Suelen estar mezclados con algún aglutinante.

plano de la imagen
Superficie plana del dibujo.

presión
Fuerza aplicada cuando se hacen las marcas y que afecta a la intensidad y a la densidad de estas.

punto de fuga
En la perspectiva lineal, punto en la distancia en el que convergen las líneas paralelas.

punto de vista
La posición que el artista elige y desde la que dibuja una escena o un tema. Puede ser a vista de pájaro, a vista de gusano o al nivel de la vista.

puntos
Aplicación de puntos o rayas pequeñas para describir la forma y el tono o para construir áreas de color mediante la mezcla óptica.

puntos focales
Puntos de interés en una composición que atraen la mirada, ya sea por la **perspectiva**, el color o la forma.

rayado
Líneas paralelas que indican sombras y formas. Variando el peso, la longitud, la dirección y el ángulo de las líneas se consiguen efectos diversos.

regla de los tercios
Guía de composición que divide con líneas una imagen horizontal y verticalmente en tercios para crear una cuadrícula. Para un mayor efecto visual, los puntos de interés se sitúan en dichas líneas, y los puntos focales, en las intersecciones.

restregar
Aplicar capas de color irregulares sobre una superficie ya pintada de modo que queden visibles fragmentos del color inferior.

retirar
Quitar las marcas de carboncillo con una goma para dibujar sobre tonos ya existentes y crear así toques de luz y contrastes.

retroceso
Pasar de cerca a lejos. Se puede crear profundidad mediante la perspectiva y el uso de colores cálidos y fríos.

saturación
Intensidad y pureza de un color cuando se aplica sobre una superficie.

sombra
Color oscurecido con negro. También es la oscuridad que se proyecta cuando se bloquea la luz, ya sea sobre un objeto o a partir del mismo.

sombrear
Técnica de añadir forma y contorno a los objetos variando la presión y la densidad de las marcas trazadas.

soporte
Cualquier superficie sobre la que se hace el dibujo, como papel o madera.

técnica
Véase **medio.**

temperatura de color
Lo cálido o frío que parece un color. El **círculo cromático** se divide en rojos y amarillos cálidos y en azules fríos.

tendencia cromática
Propiedades cálidas y frías de un color en relación con otros tonos similares. El amarillo cadmio tiende al naranja (cálido), mientras que el amarillo limón tiende al verde (frío).

tinta
Color aclarado con blanco.

tono
Otra palabra para aludir al color. También, claridad u oscuridad relativas de un color y gradaciones de valores claros y oscuros de un dibujo.

tonos medios
Todas las variaciones de tono entre el más oscuro y el más claro.

toque de luz
Marca del tono más claro. Se pueden lograr dejando el papel en blanco, retirando tono con una goma o añadiendo énfasis con colores blancos.

tortillón
Similar a un difumino, pero más fino.

valor tonal
Posición tonal de los colores en una escala de claro a oscuro.

visor
Dispositivo, con frecuencia hecho con dos cartulinas con forma de «L», que ayuda a enmarcar o aislar los elementos de un tema para ayudar a la composición.

Índice

Sobre los artistas

Cynthia Barlow Marrs es miembro electo de la Society of Graphic Fine Art - The Drawing Society, la única sociedad de Reino Unido dedicada exclusivamente al dibujo. Estuvo en el consejo de la SGFA y fue responsable de las técnicas digitales. Vive en Inglaterra y participa en exposiciones colectivas anuales en Windsor y en Londres, y expone en solitario en y cerca del valle del Támesis. Sus dibujos aparecen en el libro *Pen and ink: contemporary art, timeless techniques*, de James Hobbs. Los dibujos de paisajes de Cynthia aparecieron en el número de verano de 2016 de la revista estadounidense *Drawing*. Las obras de Cynthia forman parte de colecciones privadas de todo el mundo.

Cynthia ha escrito y creado todas las obras de la sección de dibujo con tinta, excepto las de las pp. 152-153. Su obra también aparece en las pp. 11, 15, 22-23 y 28 (arriba) de la sección «Lo básico».

Graham Brace fue diseñador gráfico durante treinta años antes de empezar a trabajar a tiempo completo como artista e ilustrador de paisajes en el año 2000. Sus obras más recientes se centran en las formas y los variados patrones naturales de los rincones más pequeños de los paisajes. Es miembro fundador de la UK Coloured Pencil Society (UCKPS), y vive y trabaja en el Pembrokeshire Coast National Park (Gales).

Graham ha participado en la técnica de lápices de color de las pp. 198-201.

Malcolm Cudmore ha disfrutado de una carrera profesional ecléctica como músico, actor, gestor cultural y mago profesional antes de encontrar plena satisfacción como artista y tutor a tiempo completo. Vive en el bellísimo valle del río Waveney, en la frontera entre Norfolk y Suffolk en el este de Inglaterra, y es especialista en arte figurativo realista. Sus temas incluyen el paisaje y el agua, animales rurales y personas. Pinta y dibuja en directo siempre que puede, y se inspira en los antiguos maestros flamencos, en artistas del siglo XIX y principios del XX y en muchos realistas contemporáneos. Ha ganado la medalla de plata de la UKCPS.

Ha contribuido a las técnicas con lápices de color de las pp. 170-175, 178-179 y 186-187, así como en los dibujos de muestra de las pp. 192-193 y 204-205.

Robert Dutton, licenciado en artes, trabajó durante más de 25 años como diseñador gráfico e ilustrador antes de convertirse en artista a tiempo completo. Ha recibido varios premios de prestigio por sus obras de pastel y técnicas mixtas, escribe para la revista *The Artist* e imparte talleres de enseñanza en Reino Unido y en todo el mundo. Lo representan varias galerías británicas y aparece en múltiples exposiciones y exhibiciones, como The Pastel Society, en The Mall Galleries de Londres.

Robert ha participado en la mayor parte de la sección sobre pastel, con el dibujo de muestra de las técnicas iniciales y las técnicas de las pp. 216-217, 218-219, 220-221, 240-241, 248-249, 252-253, 256-257, 258-259, 260-261, 262-263, 264-265, 270-271, 272-273, 274-275, 276-277 y 286-289.

Katarzyna Kmiecik es artista e ilustradora profesional y arquitecta en Polonia. Nació en Puławy y estudió arquitectura en la Universidad de Tecnología de Varsovia. En agosto de 2012 fundó la escuela de arte KRESKA, donde desde entonces enseña dibujo de perspectiva a adolescentes y a adultos.

Katarzyna ha realizado los dibujos de las pp. 48-49, que aparecen también en las pp. 12-13.

Mark Langley, vive en Derbyshire (Inglaterra), y el Peak District National Park es una gran inspiración para él. Es conocido sobre todo por sus obras con lápices de color, que se han descrito como «expresionismo realista fotográfico», y por su particular estilo «semidibujado».

Ha aportado la técnica de lápices de color de las pp. 190-191.

Ashley Mortenson es médico en activo además de artista. Se graduó en medicina en el Pratt Institut (Nueva York) en 1998 y, tras años trabajando como médico, recuperó su primer amor, el arte, en 2016. Trabaja sobre todo en pastel sobre papel y maderas recuperadas. Disfruta dibujando objetos cotidianos y es aficionada a la jardinería.

Ashley ha escrito y ha proporcionado dibujos para las técnicas de pastel de las pp. 222-223, 250-251 y 278-281.

Kate Parkin se graduó en metalistería y orfebrería en el Camberwell College of Art. Desde entonces ha trabajado durante veinte años en el sector editorial como articulista y estilista para revistas de decoración. Hace poco ha renovado sus habilidades de dibujo y se ha embarcado en un curso de ilustración de cuentos. En sus obras usa acuarelas y lápices de color.

Kate ha desarrollado el contenido y ha escrito la sección «Lo básico» (pp. 10-29) y ha hecho los dibujos de las pp. 14 (izda.) y 19.

Charlie Schaffer terminó su grado en bellas artes y se especializó en pintura en la Universidad de Brighton en 2014. Ahora vive y trabaja en un estudio en Whitechapel (Londres). Ha expuesto en múltiples ocasiones, como en la exposición Royal Society of Portrait Painters y con el London Group. Ha recibido varios premios, como el premio al Artista Joven del Año en el Premio Lynn Painter-Stainers de 2014, y lo seleccionaron para el premio EWAAC Japan de 2017. También ha aparecido en dos ocasiones en «Portrait Artist of the Year», del canal Sky Arts.

Charlie ha escrito y aportado obras para las técnicas con tinta de las pp. 152-153 y para las técnicas con lápices de color en las pp. 176-177, 182-185, 188-189, 194-195 y 202-203.

Gail Sibley es conocida por sus obras de colores vibrantes, su pasión. Cree firmemente que la clave de la libertad cromática reside en entender los valores tonales. Nació en Jamaica y se graduó en bellas artes, y luego hizo un máster en historia del arte en la Queen's University (Canadá). Ha expuesto nacional e internacionalmente, y coleccionistas de todo el mundo poseen sus obras. Además de pintar y enseñar (en línea y en persona), Gail escribe el prestigioso blog HowToPastel.com. Vive en Victoria (Canadá).

Gail ha desarrollado el contenido de gran parte del capítulo sobre el pastel, y también ha escrito y proporcionado obras para las pp. 224-225, 226-227, 228-229, 230-231, 232-233, 234-235, 236-237, 238-239, 242-245, 246-247, 254-255, 266-267, 268-269, 290-291 y 292-293. Su obra también aparece en las pp. 22-23.

Katie Sollohub vive en Sussex (Inglaterra) y centra su interés en documentar y registrar los lugares donde vive y trabaja con dibujos, cuadros, representaciones, fotografías y poesía. Dibuja a diario, tanto digitalmente como en papel. También es una maestra inspiradora y usa sus propias experiencias y procesos para motivar a otros en su trabajo creativo.

Katie ha aportado el texto sobre el dibujo digital y la obra de dibujo digital de la p. 27.

Rupert Smissen es ilustrador, y ahora vive y trabaja en Londres. Estudió en el Norwich University College of the Arts, donde se graduó en ilustración. Le gusta dibujar y viajar, siempre con sus lápices.

Rupert ha dibujado la imagen de la cubierta del libro y la de la técnica de los lápices de color de las pp. 196-197.

Jake Spicer es artista, escritor y tutor de dibujo en Brighton (Inglaterra). Es director en la escuela de dibujo independiente Draw y codirector de The Drawing Circus. Su obra personal se centra en el retrato y en el dibujo de la figura humana.

Jake ha desarrollado el contenido para las secciones «Lo básico», «Lápiz», «Carboncillo» y «Lápiz de color»; ha escrito y proporcionado las obras de todo el capítulo sobre el dibujo con lápiz, excepto las pp. 48-49, y todo el capítulo sobre el carboncillo, además del dibujo de muestra de las técnicas de iniciación de los lápices de color, en las pp. 180-181. En la p. 14 aparece uno de sus dibujos de la figura humana, y en la p. 23 verás uno de sus cuadernos de bocetos.

Agradecimientos

Dorling Kindersley desea expresar su agradecimiento a Kevin Johnston por su permiso para reproducir su fotografía, que ha inspirado la obra de las pp. 222-223; a Mark Vangrunsven por su permiso para usar la foto de su gallo en las pp. 278-281; a Ofelia Warren por el uso de su fotografía en la p. 283; y a Craig Boyko por el uso de su fotografía en las pp. 284-285. También desea dar las gracias a Graham Webber, que trabajó en el libro Pintura: técnicas artísticas, por su ayuda y consejo durante la fase de planificación de este libro; a Gary Ombler, por las fotografías adicionales; a Corinne Maschiocchi, por la revisión; a Vanessa Bird, por la elaboración del índice analítico; a Emily Reid, del banco de imágenes de DK, y a Eleanor Ridsdale por su ayuda en el diseño.

Créditos fotográficos: Michelle Jacques / Photo: Craig Boyko © Art Gallery of Ontario (284 superior derecha)

Las demás imágenes © Dorling Kindersley Limited
Para más información: www.dkimages.com

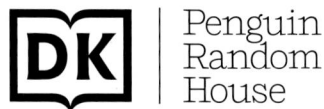

DK UK
Edición de proyecto Lucy Philpott, Shashwati
Tia Sarkar, Alison Sturgeon y Allie Collins
Edición Bob Bridle
Asistente de edición Jasmin Lennie
Coordinación editorial Angela Wilkes y Lisa Dyer
Edición artística Alison Gardner
Diseño Glenda Fisher, Simon Murrell y Helen Garvey
Gestión de derechos Becky Alexander
Coordinación de arte Marianne Markham
Dirección de arte Maxine Pedliham
Dirección de publicaciones Katie Cowan
Diseño de cubierta Nicola Powling y Eleanor Ridsdale
Asistente de cubierta Libby Brown
Coordinación de cubiertas Jasmin Lennie
Soporte técnico creativo Sonia Charbonnier
Preproducción Andy Hilliard
Coordinación de producción David Almond y Ché Creasey
Producción Luca Bazzoli
Dirección de publicaciones Mary-Clare Jerram

DK INDIA
Coordinación artística Neha Ahuja
Coordinación de maqueta Pushpak Tyagi
Maquetación Satish Gaur y Rajdeep Singh
Dirección de preproducción Balwant Singh

DE LA EDICIÓN ESPAÑOLA
Coordinación editorial Cristina Sánchez Bustamante
Asistencia editorial y producción Eduard Sepúlveda

Publicado originalmente en Gran Bretaña
en 2023 por Dorling Kindersley Limited
DK, One Embassy Gardens, 8 Viaduct Gardens,
London, SW11 7BW

Parte de Penguin Random House

Título original: *Artist's Drawing Techniques*
Primera edición 2023

© Traducción en español 2023 Dorling Kindersley Limited

Copyright © 2016, 2023 Dorling Kindersley Limited

Servicios editoriales: deleatur, s.l.
Traducción: Montserrat Asensio Fernández

ISBN: 978-0-7440-8897-7

Impreso y encuadernado en China

Todas las imágenes © Dorling Kindersley Limited
Para más información: www.dkimages.com

Para mentes curiosas
www.dkespañol.com

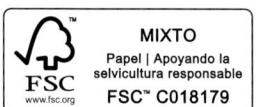

MIXTO
Papel | Apoyando la
selvicultura responsable
FSC™ C018179

Este libro se ha impreso con papel certificado
por el Forest Stewardship Council™ como parte
del compromiso de DK por un futuro sostenible.
Para más información, visita
www.dk.com/our-green-pledge.